巨人的碰撞
一部全新的苏德战争史

戴维·M.格兰茨　乔纳森·M.豪斯　著

赵玮　赵国星　译

江苏凤凰文艺出版社
JIANGSU PHOENIX LITERATURE AND
ART PUBLISHING

图书在版编目（CIP）数据

巨人的碰撞：一部全新的苏德战争史 /（英）戴维
·M.格兰茨 (David M. Glantz),（英）乔纳森·M.豪斯
(Jonathan M. House) 著；赵玮，赵国星译 . —— 南京：
江苏凤凰文艺出版社，2020.7
书名原文：When Titans Clashed：How The Red
Army Stopped Hitler
ISBN 978–7–5594–4951–1

Ⅰ.①巨… Ⅱ.①戴… ②乔… ③赵… ④赵… Ⅲ.
①苏联卫国战争 – 史料 Ⅳ.① E512.9

中国版本图书馆 CIP 数据核字 (2020) 第 104657 号

WHEN TITANS CLASHED: HOW THE RED ARMY STOPPED HITLER, REVISED
AND EXPANDED By DAVID M. GLANTZ AND JONATHAN M. HOUSE
Copyright: © 2015 by the University Press of Kansas
This edition arranged with UNIVERSITY PRESS OF KANSAS
through Big Apple Agency, Inc., Labuan, Malaysia.
 Simplified Chinese edition copyright:
2020 ChongQing Zven Culture communication Co., Ltd
All rights reserved.

版贸核渝字（2017）第287号

巨人的碰撞：一部全新的苏德战争史

[英]戴维·M.格兰茨　　[英]乔纳森·M.豪斯　著　　赵玮 赵国星　译

责任编辑	孙金荣	
策划制作	指文图书	
特约编辑	童　星	
装帧设计	杨静思	
出版发行	江苏凤凰文艺出版社	
	南京市中央路 165 号，邮编：210009	
网　　址	http://www.jswenyi.com	
印　　刷	重庆共创印务有限公司	
开　　本	787 毫米 ×1092 毫米 1/16	
印　　张	38	
字　　数	480 千字	
版　　次	2020 年 7 月第 1 版	
印　　次	2020 年 7 月第 1 次印刷	
书　　号	ISBN 978–7–5594–4951–1	
定　　价	169.80 元	

江苏凤凰文艺版图书凡印刷、装订错误，可向出版社调换，联系电话 025-83280257

本修订版献给促成原始项目的
西奥多·威尔逊（Theodore Wilson）教授。

CONTENTS 目录

战场形势图

正文表格

附录表格

修订版序

　　两位作者在1995年的本书初版得益于俄罗斯联邦解禁的第一批少量档案文献。这些文献从另一个方面增进了我们对这场战争的了解，让我们可以在往昔以德国视角为主的记录基础上增加大量俄方角度的内容。感谢这些第一批解禁的材料，本书第一版通过考证出一些因政治原因被遗忘或掩盖的战斗和对著名战役加入更多公正的细节描写，准确还原了苏联方面的一些事实。对于红军实际成就的更清晰了解也扭转了冷战时期很多战史对德国的偏袒。然而，尽管受益良多，1995年时的历史记录中仍然存在着很大缺口。最令人头疼的就是缺乏准确的数字来量化战斗的规模和激烈程度。但现在绝大部分缺口都已被补上，缺失的数据也渐渐变得易于得到。

　　随着时间流逝，可供更准确描述战争的档案材料数量，特别是苏方材料已经增加了不下百倍。在1995年，有60%的内容尚需推测，不过到2015年这个比例已经下降至10%——迷雾逐渐散去，真相愈发清晰。

　　读者有权了解新版添加和修改了哪些内容。首先，这一版利用了俄罗斯联邦国防部1995年后解禁的大量有关这次战争但之前并未公开的档案文献。这些文献囊括了诸多方面，内容也相当齐全——来自战时苏联国防委员会，最高统帅部大本营，红军和红海军总参谋部，国防人民委员部及其下属机关，红军作战方面军、集团军和部分军、师、旅，内务人民委员部及其下属分管边防、作战、内卫和基础设施保卫各机关的训令、命令和报告。本书第二版的正文及附录共有26个表格，而1995年版只有5个，这也很好证明了新的数据在描述苏联情况时的重要性。

　　此外，新版还扩大了对双方实际兵力的统计范围，加入了以往被忽视的内务人民委员部部队、轴心国仆从军和德国从苏联非俄罗斯民族中招募的伪军。本书也不认同一些德军将领鼓吹"只有希特勒一个人应当为德国所有错误和罪行负责"的观点；另外，书中还加入了最新的关于德国对战线后方占领区进行治安战和掠夺剥削的学术研究。

除俄罗斯官方解密的档案材料外，美军与俄军在20世纪90年代初的合作项目也促成了大量红军和红海军总参谋部关于战争经验材料的多卷本文献汇编——战时材料汇编（Сборники）——的解密。这些著作是根据不同课题分门别类的，包含曾被列为机密的对战时军事行动（如莫斯科、白俄罗斯、柏林和第聂伯河会战）及具体战斗类型（进攻、防御、强渡江河、两栖和空降作战等）的详尽而公正的研究。除此以外，还有不少伏罗希洛夫总参军事学院毕业生的军事论文，以及伏龙芝军事学院关于战时军事行动的教材（作为本书的参考材料）。

除这些官方资料外，自1995年以来，俄罗斯还涌现出大批民间军事历史学家。这些学者完成了大量的研究工作，对于战争整体以及诸多军事行动往往能提供难得的客观公正的研究成果。从我们更新的参考书目可以看出，他们的作品也为本书新版提供了不少养分。

如果说军事行动构成了苏德战争的主干，那么政治、经济和社会因素则说明了这些行动的依据和背景状况，同时也在影响着战场。比如，更详尽地了解红军的军事目标就能更准确地洞察斯大林在战时和战后的政治目标；同样，对人员和经济损失情况的披露也会让我们更好地理解这场战争在社会和经济层面对苏德双方造成了多大影响，并注意到人们在破坏军纪及由此引发的暴行方面是何等残忍；与这些主题密切相关的还有因极端纳粹种族主义等泛滥造成的悲剧和罪行（比如卡廷事件、针对犹太人的种族灭绝，或是娘子谷——Бабий Яр大屠杀）。

德意志民主共和国的消失也让人们发现了很多之前认为已经在战时被毁的德军文件。这一宝库为更权威的德国官方战史和西方学者大量论及从库尔斯克会战坦克数量到德国战时经济内幕的专著提供了原始材料。本书第二版也加入了新一代西方历史学家们一些关键的新发现，这使得我们可以更公平地记述这场战争，从而阐明对阵双方所面临的主要问题。

尽管新的档案材料层出不穷，本书新版也仍需精挑细选，避免把书写得太厚。我们将成百上千倍的新增信息浓缩提炼，只为本书添加了15%的内容——这样做是希望新版及其附录中更丰富的参考书目能成为读者们进一步研究战争史的一大跳板。

戴维·M.格兰茨

乔纳森·M.豪斯

致谢

作者要特别感谢那些长期致力于探寻苏德战争真相的历史学家们，其中有很多是俄罗斯军事历史学家——他们不仅要解决历史研究中通常会遇到的困难，还要面对从苏联时期意识形态到俄联邦时期要命的民族主义等陈腐思想的束缚。本书和其他同类著作就是这些克服重重障碍、发掘真相的历史学家们顽强意志和高超技能的证明。在西方军事历史学家中，早期的学者如马尔科姆·麦金塔（Malcolm Macintosh）和约翰·埃里克森（John Erickson）为后人开辟了道路，他们的研究成果经受住了时间的考验。厄尔·弗雷德里克·齐姆克（Earl F. Ziemke）、艾伯特·西顿（Albert Seaton）等人主要是利用德方档案材料，他们如同在回忆录中将战争描述为与一个模糊不清的对手交手一样的很多苏德老兵那样应该得到认可。

本书第一版旨在提供苏方视角，并简明扼要地将其介绍给读者。不过在那之后，苏德档案获取渠道的增加在西方和前苏联地区催生出了全新一代的历史学家。因此，这一版试图综合史学界的新观点，在保留原版偏向使用苏方资料的同时更加公正地解释战争何以是这样一个结果——事实的确如此，本书正是通过指出对德军失败的某些错误分析，更为清楚地展示了苏军取得的巨大成果及其原因。

但最重要的是，作者希望（以本书）向那些曾在这场巨大、残酷的决斗中战斗、承受苦难和逝去的千百万苏德将士致敬！他们的牺牲要求我们将其故事代代相传，并反复研究。

最后，衷心感谢堪萨斯大学出版社能干的编辑们，还有玛丽·安·格兰茨（Mary Ann Glantz）——她为这本书最终的付梓提供了很大帮助。此外，达林·格劳伯格（Darin Grauberger）和小乔治·F.麦克利里（George F.

McCleary. Jr）为第一版提供了很好的地图资料。关于修订版本，我们共同的朋友和同事克里斯托弗·加贝尔（Christopher Gabel）审阅了全部手稿；包括雅各布·基普（Jacob Kipp）、约翰·库恩（John Kuehn）、丹尼斯·詹格雷科（Dennis Giangreco）和布鲁斯·门宁（Bruce Menning）在内的其他人员也分别校对了手稿的一部分，他们大大提高了最终成稿的质量。

挪威
奥斯陆
瑞典
斯德哥尔摩
斯卡格拉克海峡
卡特加特海峡
丹麦
哥本哈根
易北河
德国
柏林
布拉格
多瑙河
慕尼黑
捷克斯洛伐克
克拉科夫
奥地利
维也纳
阿尔卑斯山脉
匈牙利
布达佩斯
意大利
罗马
南斯拉夫
贝尔格莱德
波的尼亚湾
芬兰
赫尔辛基
芬兰湾
塔林
爱沙尼亚
佩普西湖
波罗的海
里加湾
拉脱维亚
里加
立陶宛
柯尼斯贝格
但泽
东普鲁士
涅曼河
考纳斯
维尔纽斯
明斯克
布格河
华沙
普里皮亚季河
波兰
普里皮亚季沼泽
维斯瓦河
维斯瓦河
德涅斯特河
布格河
喀尔巴阡山脉
罗马尼亚
多瑙河
布加勒斯特
索菲亚
保加利亚
亚平宁山脉
亚得里亚海
迪纳拉山脉
瓦尔塔河
奥得河
桑河

战场形势图 1：苏德战场总览

苏维埃社会主义共和国联盟

山脉　丘陵　沼泽

奥涅加湖
苏霍纳河
拉多加湖
列宁格勒
沃尔霍夫河
维亚特卡河
伊尔门湖
洛瓦季河
雷宾斯克水库
伏尔加河
卡马河
瓦尔代丘陵
加里宁
大卢基
勒热夫
德维纳河
别雷
莫斯科
奥卡河
斯摩棱斯克
图拉
布良斯克
杰斯纳河
谢伊姆河
库尔斯克
沃罗涅日
顿河
基辅
别尔哥罗德
哈尔科夫
聂伯河
斯大林格勒
希格河
顿涅茨河
罗斯托夫
敖德萨
亚速海
库班河
克里木
塞瓦斯托波尔
格罗兹尼
黑　海
高加索山脉
第比利斯

序幕
1918—1941 年

第一章

红军，1918—1939 年

苏俄国内战争，1918—1921 年

在俄罗斯的历史上，一个具有讽刺意味的事实是——尽管布尔什维克们是通过破坏军队纪律和政府权威才在彼得格勒夺得政权，却又为了生存不得不建立起强大的武装力量。参加1917年十月革命的突击力量是富有战斗精神的士兵和水兵，但即使加上赤卫队的武装工人，这些力量也不足以消除新生的苏维埃政权所面临的威胁。

不管从哪个方面来看，国外敌人和俄国内部所谓的白卫军对于新政权都是极大的威胁。由于帝俄陆军在前三年的世界大战中消耗殆尽，加上有不少人哗变和开小差，新政权已经没有任何力量去抵挡战无不胜的德国陆军了。1918年3月，德军要求签订停战协议，然后毫无阻碍地占领了俄国西部。[①]即使是1918年11月在西线被协约国军队击垮后，德军也依然支持着独立出来的波罗的海沿岸国家——拉脱维亚、立陶宛、爱沙尼亚，以及乌克兰的分离主义运动。布尔什维克政府与德国签订停战协议后，沙俄的协约国盟友同样开始了干涉，以颠覆革命为目标并使俄国回到世界大战中。为了支持白军，美国和英国士兵从北方的阿尔汉格尔斯克和摩尔曼斯克登陆。与此同时，英国和法国军队于敖德萨、克里木和高加索地区采取行动。在西伯利亚，战斗力很强的捷克军

---

① 译者注：指苏俄与德国在3月3日签订的《布列斯特-立托夫斯克和约》，苏俄被迫放弃了大片国土。

团——招募自被俄国抓获的该国战俘，被用来反对奥匈帝国——控制了横穿欧亚大陆的铁路线以支持白军。此外，日本和美国等国军队还在西起西伯利亚的伊尔库茨克、东至太平洋畔的海参崴的广阔战线上干涉俄国革命。

（这些事件共同导致的）结果就是发生于1918—1921年间的俄国国内战争，这对苏维埃国家和红军来说都是第一次经历战争考验。1918年到1919年，弗拉季米尔·伊里奇·列宁和他的陆海军人民委员列夫·达维多维奇·托洛茨基利用铁路线将他们有限的预备队从这里运输到那里，以避免一次接一次的失败。这被称作"军运梯队战争"①，其中大部队可通过铁路（梯队）实施内线机动，以增援一条条受到威胁的战线；在战争中，有些步兵师甚至转移战线达5次之多。这种经历使指挥官们感觉总是需要战略预备队，并且必须把部署在很大的纵深之内。[1]

形势迫使列宁宣布实行"军事共产主义"，即采取强制征用和政治镇压的手段。为建立起一支强有力的军队，新政权必须（不分范围地）征召拥有任何社会背景的男子入伍并允许数千名前沙俄军官服役；而出于保证这些"军事专家"政治忠诚性的需要，政治委员制度也在所有部队中建立起来，这些政委会审批那些名义上的指挥员的一切行动。②最终，新政权取得了胜利。1920年初，西伯利亚的捷克军团指挥官将自封的白俄领导人——海军上将亚历山大·瓦西里耶维奇·高尔察克——交给苏维埃，以换取不受限制地离开俄国；同年晚些时候，红军挫败了旨在支持乌克兰分离主义的波兰入侵者，但自己也在华沙战役（波兰人称之为"维斯瓦河上的奇迹"）中被击败。随后几年里，红军的领导人就谁应当为惨败负责而争吵不休。尽管在波兰被击败，不过截至1920年11月17日，红军还是将最后一批白军逐出了克里木，外国干涉军也随后撤出。经过在土耳其斯坦③和远东的零星战斗后，战争结束了。

在这一过程中，第一代苏维埃的军事指挥员对战争形成了独特看法。在一战的西线上，虽然很多人想尽办法、试图打破僵局，但堑壕僵持战仍然是最常

----

① 译者注："军运梯队战争"详见《苏联军事百科全书·军兵种和勤务卷》中文版第528页。
② 译者注：国内战争结束前，这些军事专家占到了红军和红海军指挥人员总数的34%～37%。所谓政治委员——Военный Комиссар——的准确译名应为"军事委员"，与后来的兵役委员会负责人名称一致。
③ 译者注：某些外国人沿用对里海以东广大中亚地区的称呼。

见的场景；然而战线更长的东线上情况与之相反，甚至从未出现过法国那样的堑壕体系。更重要的是，苏俄国内战争的特点便是以少量部队防守辽阔战线。有鉴于此，苏俄指挥员试图将所有的战术行动都纳入总的旨在夺取敌军纵深目标的战役计划中。事实证明，要想取得胜利，关键的两点就是在一个特定的"点"集中优势兵力压倒敌军，然后迅速机动——比如实施侧翼突击、突破，并包围和消灭分散的敌军。实施这种机动的前提是（必须）拥有一支机动性很强的进攻力量，这在国内战争中主要表现为装甲列车和汽车，还有骑兵。红军的精锐——苏联元帅谢苗·米哈依洛维奇·布琼尼的骑兵第1集团军——涌现出了新一代的军官，他们高度认同机动能力和高机动性的价值，并且很快接受了机械化部队（可以）作为战斗利器（的观点）。[2]

大纵深战役理论的崛起，1922—1937年

在战争刚结束的一段时间里，苏维埃经济百废待兴，无力维持一支庞大的常备军。截至1925年，红军被缩减到了562000人，这仅是战时最高兵力的十分之一。骑兵和一些靠近国境线的步兵师在裁减兵力后被保留下来，但大多数存留的师只剩下了必要的一小部分；这些师依靠某些特定地区的预备役军人来进行补充。该制度在1924—1925年间被采纳，军队改由常备的基干部队和地方民兵两部分组成，战时可扩充至接近140个师，不过和平时期它的能力（和作用）将极其有限。[3]

在精兵简政的这一时期，用于进行武器试验为数不多的资金和设备来源之一就是苏联和德国的秘密军事合作。这两个曾经的敌人都害怕波兰，也迫切希望逃避一战后协约国的限制。1919年的《凡尔赛和约》将德国军队（Reichswehr，具体是指魏玛共和国国防军）的规模限制在10万人，并禁止其拥有坦克、毒气和飞机等先进武器。正因如此，在1921年之后的10年内，德国提供了资金和技术援助以在苏俄①境内生产和测试这些武器。双方只有通过这种方式才获得了测试某些技术装备的机会。不过实际上，这些武器的数量还是

---

① 译者注：原文意为"苏联"，但《拉帕洛条约》签订于1922年4月，其时苏联尚未成立。

14

相对较少的。[4]

　　苏德合作还包括互派观察员观摩军事演习，但现在回顾看来，双方军事学说和理论的发展几乎都是独立完成的。20世纪20年代，红军开始培养自己的军官，同时还会使用国内战争中机动作战的经验来审视所有战争理论。前沙俄军官亚历山大·安德烈耶维奇·斯韦钦（A. A. Svechin）[①]发起了一场军事战略大辩论，此外米哈伊尔·瓦西里耶维奇·伏龙芝也在试图制定出一种适用于社会主义国家的统一的军事理论。[5]

　　与此同时，天才的国内战争指挥员米哈伊尔·尼古拉耶维奇·图哈切夫斯基和军事理论家弗拉季米尔·基里阿科维奇·特里安达菲洛夫[②]根据1920年苏波战争和1918年德军进攻法国的失败教训发展出了一套连续战役的战略理论。简而言之，他们认为现代军队过于庞大而富有弹性，很难以一次猛烈的会战便将其击垮；恰恰相反，进攻者必须实施一系列的进攻战斗，每次战斗后都要快速切入敌人后方，当防御者还在重新集结部队之时就实施另一次战斗。[6]

　　为了将这些战斗与战略背景相结合，苏联军人开始思考作战的新层面——单次战斗的战术和整场战争的战略的结合点——这个中间层面被称为战役法/战役学（Оперативное Искусство，直译为战役/行动的艺术）。战役法属于高级指挥员的领域，他们要在整个战局背景下计划和协调大兵团作战，即实施一系列旨在最终实现战略目标的行动。1927年，斯韦钦这样总结该理论的结构："战术是实现战役跳跃的坚定步伐，而战略会告诉我们该走哪条道路。"[7]

　　20世纪20年代末至30年代初，苏联理论家们完善了大纵深战斗（Глубокий Бой）的战术观点。他们计划使用新的技术装备——尤其是坦克和飞机——来突破一战时那种精心构筑的防御体系。大纵深战斗概念的首次出

---

　　① 译者注：亚历山大·安德烈耶维奇·斯韦钦（1878—1938），苏联军事历史学家，1918年进入苏军，毕业于总参学院（1903年）。他参加过日俄战争和第一次世界大战，时任少将（1916年），1917年时为集团军参谋长，后还担任方面军参谋长；1918年3月时任斯摩棱斯克地域军事领导人，8月任全俄总司令部参谋长，1918年11月任工农红军总学院教授；1918—1921年兼任战史委员会主任委员，为最早的第一次世界大战历史编纂学家之一，写有军事学术史、战术和战略方面的著作。
　　② 译者注：弗拉季米尔·基里阿科维奇·特里安达菲洛夫（1894—1931），苏联军事理论家，1918年进入苏军，1919年加入苏联共产党，毕业于工农红军军事学院（1923年），参加过第一次世界大战。他在俄国国内战争时期历任营长、步兵团长和旅长，1923年起先后任工农红军司令部处长、作战局局长、步兵军军长兼政委、工农红军副参谋长，撰有多部研究战役法的军事历史和军事理论著作，后在一次飞机失事中牺牲。

现是在《1929年野战条令》里，并在6年后，即1935年出版的《大纵深战斗守则》一书中得到了全面阐述。

到1936年为止，技术变革使得大纵深战斗扩大成了大纵深战役（Глубокая Операция）。图哈切夫斯基等人不再计划用单次大纵深战斗来突破敌人，而是筹划在100公里甚至更大的纵深内达成突破并发展胜利。这种大纵深战役的本质就是用现代化武器在尽可能最大的纵深以猛烈一击彻底瘫痪敌军全部防御体系，然后快速巩固胜利以使防御方无法及时重新部署部队——这意味着必须在多个地点精心协调，并同时发动战役。用亚历山大·伊里奇·叶戈罗夫①的话说便是："军事艺术首要的和基本的任务就是阻止（防御方）建立坚固防线，赋予战役行动以毁灭性的打击力量和快速的节奏。"[8]

最初，图哈切夫斯基等理论家们计划使用国内战争中的武器和兵种——装甲汽车支援下的步兵、炮兵和骑兵来实现这一设想。可如果是这样，图哈切夫斯基的战术便和其他国家军队没什么差别了。一战刚结束时，大多数西方军事理论家都将坦克视为协助步兵突破敌方预设有准备的防御体系的支援武器。但苏联的作战理论发展很快，到20世纪30年代初期，红色理论家们就已经考虑使用所有机械化力量，认为其可以作为诸兵种高度合成的队伍使用。步兵在坦克的引导和炮兵及工程兵的支援下会突破敌方防御；与此同时，其他炮兵和航空兵将打击敌人后方纵深，后续还会投入大量独立的空降兵和装甲部队。为达成这一目标，坦克部队会被分成三个梯队——一部分坦克负责引导步兵进行突破，另一部分在已经形成的突破口短距离内扩大战果；还有一部分坦克会组成大规模诸兵种合成机械化兵团，负责追击和包围遭到重创的敌军。[9]这些概念早在1929年便已付印，之后还被系统地编纂进入了1936年的工农红军暂行野战条令。

在当时，大纵深机械化战役的想法并非独一无二。所有主要国家军队的军事理论发展大方向是一致的，即都不同程度地运用了机械化装备来突破敌军防御以取胜或者避免陷入堑壕对峙的僵局；然而只有苏联理论史无前例地得到了本国领导人约瑟夫·维萨里昂诺维奇·斯大林（I.V.Stalin）的官方认可。斯

---

① 译者注：1935年时的苏联元帅。

大林将第一个五年经济发展计划的很大一部分投入到了为大纵深战役理论提供必需的工业生产力和产品中去；鉴于一战期间俄国工业暴露出的缺陷以及坚信共产主义革命依然容易受到资本主义的攻击，他高度优先地发展了军事工业。

这方面的努力在极短时间内就取得了成果。尽管本国的经济（发展状况）不容乐观，但1931年日本入侵中国东北还是给了苏联重点生产武器装备很好的理由。除少量试验车外，它直到1929年才开始生产第一款国产坦克，也就是基于美国沃尔特·克里斯蒂(Walter Christie)设计方案的MS-1①。四年后，俄国的工厂已经可以每年生产3000辆坦克装甲车辆；类似的迅速增长同样出现在了飞机、火炮和其他武器装备的生产上。[10]

官方支持为机械化部队编制的稳步成长奠定了基础。1927年，莫斯科成立了第一个试验性质的坦克团，共装备有60辆国外制造的坦克（但红军第一个坦克团早于1925年初就已组建）。[11]在三年后的1930年5月，第一个试验型机械化旅诞生，其编制内包括有装甲兵、摩托化步兵、炮兵和侦察分队。[12]

大纵深战役理论的发展要求编制更庞大的机械化兵团来突破敌军防御，然后快速取得胜利。1932年3月9日，陆海军人民委员部②下辖的一个特别委员会建议在各级指挥部下组建装甲部队——每个12500人（战时为18000人）的步兵师下辖一个坦克营（57辆轻型坦克），每个骑兵师下辖一个机械化团（64辆轻型坦克）；每个步兵军应有一个坦克旅作为总预备队，独立机械化军则扮演在国内战争时期被发明出来的"快速集群"角色，负责向纵深发展胜利。这些由两个坦克旅和一个步兵旅组成的机械化军都是诸兵种合成部队，编有坦克兵、摩托化步兵、炮兵、工程兵和高射炮兵，但实际上它比西方的一个师大不了多少。

1932年秋，苏联组建了第一批两个机械化军，这比德国组建第一批装甲师早了三年；随后几年里，装甲兵、机械化步兵和空降兵部队的数量及复杂程度都在稳步增长。其中精锐的空降兵部队主要是由曾在共青团（全联盟列宁共产主义青年团）开办的俱乐部中学过跳伞的坚定的共产党员组成。大规模军事

---

① 译者注：设计方案参考了法国雷诺FT-17坦克，而且MS-1即T-18是从1928年开始生产的；另外，早在1920年8月红色索尔莫沃工厂就根据法国雷诺FT-17生产出了苏俄第一辆国产坦克——"自由战士列宁同志"号。
② 译者注：原文为国防人民委员部，有误。1923年11月12日—1934年3月15日期间，领导苏联武装力量的中央指挥机关是陆海军人民委员部，此后才改组为苏联国防人民委员部。

演习检验了合成机械化及空降兵进攻理论；与此同时，红军的其他部分也取消了与地方民兵相结合的基干制[①]，逐渐过渡到单一的常备军基干制。截至1938年6月，红军已经是一支拥有150万人的职业化部队。面对日益增长的来自德军的威胁，红军逐渐开始动员，到1939年12月1日已有170个不满员的步兵师，总兵力力达230万人；到1940年2月1日拥有161个步兵师，共450万人；到1941年6月有196个步兵师，共500万人。[13]

当然，苏联机械化部队的发展也并非十全十美。和战前的德国一样，苏联所产大多数坦克的装甲都很薄，希望以高速度来获取生存能力；而且该国的步子迈得太大，在30年代前中期生产的大量武器装备到1941年战争来临时已经过时且几近报废。由于这时普通的苏联士兵们并不熟悉汽车，因此在野战条件下很难进行装备维护；对于战场调遣至关重要的无线电通信器材更是出了名的不可靠。1935年时，鉴于机械化军编制过大、难以机动，红军缩小了它的编制。此外，过于强调机械化突击导致红军忽视了防御作战的计划和训练，至少在战役层面上是这样。如果不受干扰，那么苏联的"坦克手们"还要再花上几年时间才能解决上述问题。

尽管存在诸多不足之处，20世纪30年代中期时，苏联在机械化部队的生产、规划、部署方面还是领先于世界的。红军不管是在理论设想还是装甲战实践经验上都远远超过了他们的德国同行。在德国，海因茨·古德里安（Heinz Guderian）等装甲战理论家从政府和军队领导人那里得到的支持非常有限。希特勒将坦克作为对其他大国进行外交讹诈的一种手段，其真正重视的是德国空军（Luftwaffe）。该国实际生产出的坦克也更多是用于支援步兵，而非进行诸兵种协同作战。在《凡尔赛和约》长达15年的严重束缚下，整支德国军队的发展经历了很多困难；甚至在1940年的战局中，其在战役层面对坦克部队的大规模使用都仍带有试验性质。[14]简而言之，假设20世纪30年代中期苏德开战，那

[①] 译者注：基干制（基干体制），即国家在和平时期维持一支缩编军队的体制，这支部队保持着必要且最低数量的基干兵团、部队，以便培训出受过训练的预备役（后备）兵员，以及在战争开始时实行动员，扩充军队并进行作战。基干制可使国家在和平时期节约用以维持武装力量的经费，同时保持战斗准备。实行这一制度时，士兵、水兵及大部分军士都会在较短的期限内（苏联为2—3年）服满现役、复员并转入预备役（后备队）。苏联在20世纪20—30年代实行与地方民兵制相结合的基干制。1935—1939年，在遭受战争威胁的情况下，苏联武装力量逐渐过渡到了单一的基干制。

么红军比起其对手会有相当大的优势。

混乱的军队，1938—1939年

截至1939年，苏联方面这些优势都消失了，主要原因在于其对军官团的清洗——这是新的苏维埃国家的痼疾。20世纪20年代中期和30年代中期，政府将大约47000名军官开除现役，其中有很多人曾在沙皇军队里服役，这些人中的3000人被判决有罪。[15]从1934年开始，斯大林开始系统地对苏联社会的各个阶层进行清洗，到1937年终于轮到了红军。

关于这次清洗的动机仍然存在着很多争论。有人认为斯大林确实担心发生兵变，其他人则认为军队这个机构可能制约了他的权力。[16]此外，这位独裁者总是不太喜欢图哈切夫斯基等拥有创新精神的理论家。和希特勒一样，斯大林喜欢忠诚、正统和不如自己聪明的人。他那古板的亲密战友——国防人民委员克利缅特·叶夫列莫维奇·伏罗希洛夫对年轻的骑兵专家非常嫉恨，这也助长了斯大林的成见。伏罗希洛夫热衷于散布以图哈切夫斯基为中心形成的军事阴谋集团的谣言，后者之前在已经被流放的托洛茨基手下的工作经历和他曾经对德国长时间的访问都成了被怀疑的理由。1937年5月27日，图哈切夫斯基元帅及其一些同事被逮捕。[17]

和对非军事部门的清洗不同，这些（军事部门里的）被告只会经过仓促而秘密的审讯，这表明他们并非自愿认罪。一位军官（指副国防人民委员、工农红军政治部主任扬·鲍里索维奇·加马尔尼克——Ya. B. Gamarnik）宁可选择自杀也不愿去审判图哈切夫斯基，但其他高级军官（包括苏联元帅谢苗·米哈伊洛维奇·布琼尼——S. M. Budenny以及瓦西里·康斯坦丁诺维奇·布柳赫尔——V. K. Bliukher）还是参加了审判。1937年6月12日，伏罗希洛夫宣布处决苏联元帅图哈切夫斯基、2名军区司令和其他6名高级将领。在接下来4年里，直到德军入侵，苏联军官都在以惊人速度消失着，很多人被处决或流放到了西伯利亚的劳改营。被清洗者除了莫斯科的9位总部首长外，还包括全部16个军区的所有司令，90%的副司令、参谋长和司令部部门领导，80%的军长和师长，91%的团长、副团长和团参谋长。

清洗名单中还包含红空军接连2名主官[①]、15名海军将军、5名苏联元帅中的3人。总计有16名集团军级指挥员中的14人、199名师级指挥员中的136人、50%的团长屈辱下狱甚至惨遭处决。在武装力量的大约75000名到80000名军官中，至少有30000人甚至可能是54700人被开除现役。政委和内务人民委员部的安全军官也损失惨重。[18]当1941年战争降临到苏联人头上时，清洗仍在进行着。被清洗的人中有一些是未来的苏联元帅梅列茨科夫这样的幸运儿，他们在战争爆发后就被立即释放以充实关键岗位，为红军打赢了生死之战。[19]

几乎没有任何被判刑的指挥员的确有罪，（大清洗）看起来唯一的准则就是要清除掉那些不为自己的职业生涯对斯大林感恩戴德因而可能会挑战其权威的指挥员们。在那些坐牢的人里，有11500人最终官复原职。也许这些曾经的囚犯中最著名的便是康斯坦丁·康斯坦丁诺维奇·罗科索夫斯基——他在战争结束时作为苏联元帅指挥一个方面军。

整整一代的指挥员、政府及工厂管理人员都被干掉了，缺乏经验和训练的年轻人们发现自己被推到了高级领导的岗位。比如1938年时，时任少校的谢尔盖·谢苗诺维奇·比留佐夫（S.S. Biriuzov）在结束自己的参谋军官培训后到伊尔库茨克步兵第30师报到；他发现师长、政委及参谋长和所有主要的参谋军官（除一位幸免以外）都被捕了，现在让自己当的是师长，而这个岗位实际需要比他高三级军衔且多出十年经验的人才能胜任。[20]

在这个新人填补空缺的过程中，伏罗希洛夫总参军事学院1938级学员们领章上的星星也不断增加着。这一届学员中有一半人在1937年就提前毕业，其中包括像亚历山大·米哈伊洛维奇·华西列夫斯基（A. M. Vasilevsky）、阿列克谢·因诺肯季耶维奇·安东诺夫（A. I. Antonov）和马特维·瓦西里耶维

---

① 译者注：实际上红空军最高领导层只有雅科夫·伊万诺维奇·阿尔克斯尼斯是在大清洗时期被处决的，洛克季奥诺夫、两次"苏联英雄"斯穆什克维奇和"苏联英雄"雷恰戈夫是在1941年被捕并于10月遭枪决。根据托多尔斯基（Тодорский, Александр Иванович）的计算，战前被镇压人数如下：伏罗希洛夫手下全部11名副国防人民委员；按军衔统计包括5名苏联元帅中3人、4名一级集团军级指挥员中2人、12名二级集团军级指挥员中12人、67名军级指挥员中60人、199名师级指挥员中136人、397名旅级指挥员中221人，2名一级舰队旗舰司令中2人、2名二级舰队旗舰司令中2人、6名一级旗舰司令中6人、15名二级旗舰司令中9人，2名一级集团军级政委中2人（斯米尔诺夫和自杀的加马尔尼克）、15名二级集团军级政委中25人、97名师级政委中79人、36名旅级政委中35人。罗伊·亚历山德罗维奇·梅德韦杰夫在《让历史来审判：斯大林主义的起源及其后果》中认为此数字不完整。根据《1941—1945苏联伟大卫国战争简史》第6卷（莫斯科，1965年，第124—125页）的说法，从1937年5月至1938年9月，大约半数团长，几乎全部旅长和师长，全部军长和军区司令，全部军区军事委员会委员和政治处长，绝大部分军、师、旅的政治工作人员，三分之一的团政委，许多高等和初级军事院校教员都曾被镇压。

奇·扎哈洛夫（M. V. Zakharov）这样的未来新星，他们被出人意料地送到了高级参谋和指挥岗位。[21]尽管提拔很快，但清洗和红军逐渐的扩军依然使部队严重缺乏各级指挥人员。新上来的人大多没有战斗经验，而且被捕甚至遭处决的风险也让那些有才智却没经过历练的军官们只能在战斗中照本宣科，不敢越雷池一步。此外，指挥机关的混乱同样给军队训练和日常运转造成了负面影响。由于大纵深战役理论与图哈切夫斯基有关，其本人的被处决也让机械化部队和相关学说声名扫地，图哈切夫斯基的许多理论著作都被红军回收并销毁。[22]

可无论如何，这些风波都不意味着苏联武装力量会改变其进攻意识和姿态。从理论上讲，苏联领导人认为在未来的战争中，红军要挺进中欧和西欧，在其他国家引发无产阶级革命；从更为实际的角度看，莫斯科的领导人们认为资本主义会率先发难，而且他们也计划立即发动反击，以保卫自己国家的领土。[23]

1936年到1939年的西班牙内战——可谓二战的盛装预演——进一步干扰了苏联武装力量的发展。苏联向（西班牙）共和政府一方支援了数量有限的坦克和坦克兵，德国和意大利则向弗朗西斯科·佛朗哥提供了装备和人员上的支持。但苏联人的坦克装甲太薄，那些临时拼凑的乘员更没法和接受支援的讲着西班牙语的步兵互相沟通；而且在战斗中，坦克总是会甩开伴随的徒步步兵，这使得防守的法西斯分子可以相对轻松地将其击毁。在西班牙作战的苏联最高指挥员之一德米特里·格里戈里耶维奇·帕夫洛夫（D. G. Pavlov，回国后担任工农红军装甲坦克局长）十分沮丧地回国了。他总结说，新的机械化部队编制过于庞大，控制起来十分不灵活，在炮兵火力面前十分脆弱，很难突破预有准备的敌军防御以实施大纵深战役；简而言之，装甲部队不能单独进攻，必须与其他兵种配合作战。[24]

公平地说，在20世纪30年代末期，其他国家的军队也在机械化方面遇到了困难。除法国以外，其他所有国家生产的都是缺乏足够装甲防护的坦克，而且都选择将这些坦克用于独立的骑兵侦察分队，而不是与其他兵种密切协同作战。[25]然而在苏联，帕夫洛夫描述的缺点让大清洗引起的疑虑变得更加严重了。

1939年7月，苏联人成立了一个特别委员会来重新讨论装甲部队的建设问题。这个委员会由斯大林另一位亲信——副国防人民委员格里戈里·伊万诺维奇·库利克（G.I. Kulik）担任主席，其他成员包括布琼尼元帅和谢苗·康斯坦丁诺维奇·铁木辛哥等幸存的国内战争时期的英雄。几乎没有拥有经验的装甲兵军官和图哈切夫斯基思想拥护者被允许参与到委员会的研究中来。8月，该委员会决定采取折中办法，指示将摩托化步兵从坦克军（即1938年时的机械化军）和坦克旅中分离出来，将后者降格为步兵支援力量。库利克委员会确实也建议组建4个新的摩托化师，这些师和当时德国的装甲师很相似，用于独立实施有限的突破战斗，或是在骑兵-机械化集群编成内遂行方面军级别的向纵深发展胜利的任务。尽管国防人民委员部正式撤销了坦克军，但实际上仍有2个被保留下来。11月15日，根据库利克委员会的建议，国防人民委员伏罗希洛夫命令将红军改编为170个步兵师，包括3个摩托化步兵师、10个机械化步兵师、16个山地步兵师和141个普通步兵师。普通步兵师有三种编制，和平时期的兵力分别为12000人、6000人和3000人（在和平时期，波罗的海沿岸国家的3个步兵师编制为14000人，10个机械化师编制为10000人，31个步兵师编制为12000人，44个步兵师编制为6000人，66个步兵师编制为3000人，16个山地步兵师编制为4550人。机械化步兵师下辖1个装备240辆坦克的坦克团，前者在同一份文件中也被称为机械化师。）。此外还有36个各种类型的坦克旅以及4个轻型坦克团。[26] 总体来说，苏联此时的机械化理论和红军的兵力架构相比1936年已经大大倒退了。[27]

哈桑湖和哈拉哈河

　　红军中最后被大清洗波及的人在西伯利亚和远东，那里远离莫斯科，加上外部存在威胁，使得斯大林的屠杀受到限制而没有造成太大混乱。日本在1931年侵占中国东北并于1937年后占领华东，这导致20世纪30年代后期莫斯科和东京之间爆发了两次不宣而战的激烈冲突。苏联政府对发起挑衅的日本人反应激烈，尽管付出沉重代价，但还是成功震慑住了后者，使其不敢开战。

　　1938年7月至8月间，苏日两国在距海参崴西南112公里（70英里）的哈桑湖畔为争夺一块狭长地带进行了多次较量。8月11日，在付出了650人死亡、2500人受伤的代价后，压力巨大的日本人要求停火，最终主动撤退；虽然苏联人取得胜利，可由于选择正面强攻、诸兵种协同能力较差也造成了960人死亡失踪、3279人伤病。[28]

　　日本人并未就此收手，他们选择了哈拉哈河——位于外蒙古（苏联盟友）

和日本的傀儡政权"伪满洲国"之间的一条河流——这样一个偏僻地方来再一次试探苏联人的决心。1939年5月，日军占领诺门罕村。这一地区的公路条件很差，苏军很难调来大量兵力应战，日方希望在这里挑战敌人。但经过最初交火后，苏军的指挥权就被移交给了图哈切夫斯基最天才的追随者之一——军级指挥员格奥尔基·康斯坦丁诺维奇·朱可夫（G. K. Zhukov）。在不为日军察觉的情况下，朱可夫克服了诺门罕地处偏远的劣势，集中起3个步兵师、2个坦克旅、3个装甲汽车旅、1个机枪火炮旅和1个空降兵旅，共计有57000人、498辆坦克、385辆装甲汽车。1939年8月20日，星期日，凌晨05:45，朱可夫发起了反击。空袭后，一个从当地刚被动员起来的师在日军防御阵地前沿陷入苦战；不过与此同时，苏军机动部队往两翼迂回，包围了防守的日军主力。守军在8月27日尝试突围，但以失败告终；9月15日，日本人在莫斯科签署协议，结束了这次不宣而战的战争。这次短暂的军事行动造成苏军9703人死亡失踪、15952人伤病，日军死伤被俘者合计有61000人。[29]

哈拉哈河战争带来两个明显后果——第一，日本政府认定自己之前严重低估了苏联人的实力，东京开始选择到其他地方拓展势力范围；这最终导致了与美国的冲突，但也让日本人在整个二战期间忍住没配合希特勒对苏联发动进攻，保证苏联不至于后门起火。第二，朱可夫这颗新星迅速崛起，同时还带动了他很多部下升职，很多人后来在卫国战争中成了卓越的军事指挥员；比如朱可夫在哈拉哈河战争时的参谋长谢苗·伊里奇·波格丹诺夫（S.I. Bogdanov）[①]，他后来指挥了最终击败德国的精锐之一的近卫坦克第2集团军。

哈拉哈河战争在有限的范围内证明了苏军理论和部队结构的可行性，但这只不过是整幅凄凉昏暗的画卷上一个小小闪光点罢了。在朱可夫大获全胜一周后，德军入侵波兰，这场战役使德国和苏联在东欧发生直接接触。然而可悲的是，红军并没有为这一挑战做好准备。

---

① 译者注：谢苗·伊里奇·波格丹诺夫（1894—1960），苏联装甲坦克兵元帅（1945年），获得过两次"苏联英雄"（1944年及1945年），于1918年进入苏军，1942年加入苏联共产党。他毕业于机械化和摩托化学院进修班（1936年），参加过第一次世界大战和国内战争，曾任连长、营长；战后历任团长、机械化旅旅长、坦克师师长；在伟大卫国战争中历任坦克师师长、集团军副司令、坦克军和机械化军军长，1943年起任坦克第2集团军（1944年起为近卫坦克第2集团军）司令；战后任苏军驻德军队集群装甲坦克和机械化兵司令，后还担任苏军装甲坦克和机械化兵第一副司令和司令（自1948年起），1953年起任机械化集团军司令，1954—1956年间任装甲坦克和机械化兵军事学院院长，苏联第二至第四届最高苏维埃代表。

第二章

剑拔弩张，1939—1941 年

莫洛托夫—里宾特洛甫协定

自从阿道夫·希特勒在1933年掌权后，德国和苏联之间的冲突似乎就是不可避免的了。希特勒能当权的部分原因是他把自己和自己的党描述成唯一能够抵御国际共产主义蔓延的保障。除意识形态上民族社会主义和马克思共产主义的对立外，两国在地缘政治上更是天然的对头。俄国不断遭到西方入侵的历史使得莫斯科的任何一个政府都会谋求在中欧和东欧建立缓冲区；同样，德国的强权政治和纳粹思想也将其在同一地区的政治经济扩张视作民族复兴和经济安全不可分割的一部分。

希特勒夺取政权后几个月内，苏德双方自动停止了秘密军事合作。这两种社会制度在西班牙内战期间就利用代理人打了起来，双方派遣志愿者和装备来帮助内战中的对立两派。1938年时，俄国轰炸机甚至在西班牙海岸附近击沉了一艘德国军舰，而苏联军舰也为补给船只提供护航，防止其在地中海遭到不明法西斯潜艇的袭击；与此同时，莫斯科还在谴责德国人对中欧提出的一次又一次领土要求。

但斯大林不愿在没有盟友的情况下和希特勒开战。20世纪30年代末，苏联经济刚刚从之前的军事冲突和内部清洗中逐渐恢复；此外，斯大林也不想打一场会削弱年轻的社会主义国家、却为西方资本主义消除了德国威胁的战争。苏联外交人民委员马克西姆·马克西莫维奇·李维诺夫（M. M. Litvinov）徒劳地在为建立应对德国侵略的集体安全体系四处奔走。1938年时出卖捷克斯洛伐克的慕尼黑阴谋（原文为慕尼黑危机）使得斯大林确信英法不会对希特勒采取有效措施，如果有机会他们甚至将十分愿意牺牲苏联。尽管本国武装力量为震慑德国和打动潜在的盟友进行了部分动员，可英法两国甚至都没有邀请苏联参加慕尼黑会议；[1]而且当希特勒在1939年撕毁《慕尼黑协定》、吞并捷克斯洛伐克时，英国仍然没有联合苏联一起采取措施。内维尔·张伯伦对波兰1921年国境线保证的目的在于打消德国人的想法，但也会与斯大林收回波兰占领的前俄罗斯帝国领土互相矛盾。

经过冗长的外交协商后，英法两国的军事代表终于在1939年8月到达莫斯科——显然是来商讨对抗德国的联合行动相关计划。然而这些代表们很低的军衔和英国人所许诺极其有限的兵力都使苏联人更加怀疑对方是否在真心实意地合作。谈判在讨论到部队在波兰的过境权时僵持住了，负责谈判的苏方代表伏罗希洛夫元帅自然坚持认为为了联合应对德国人进一步的侵略，红军应被允许进入波兰。但搞不清楚这是苏联方面真心的提议还是只不过想试探一下西方的决心。可不管苏方目的何在，能够理解的是，波兰强人约瑟夫·贝克上校[1]反对过境权，他怀疑苏联这个曾经的敌人有领土上的野心；同样，罗马尼亚国王卡罗尔二世[2]也反对苏军在其领土上的过境权。

到这时，斯大林觉得与其指望这些莫衷一是、举棋不定的西方国家，倒还不如与希特勒妥协来得实在；很可能他也担心德国与英国会结成针对苏联的同盟，这可是苏联领导层心头挥之不去的阴影。不管怎样，1939年5月3日，李维诺夫被维亚切斯拉夫·米哈伊洛维奇·莫洛托夫（V. I. Molotov）所取代。这清楚地表明莫斯科正在放弃针对希特勒的集体安全政策，接下来几个月里，两个死对头甚至达成了经贸协定。德国人最初很怀疑苏联人的提议，因为这时后者和英法代表的谈判仍在进行。但随着波兰问题的激化，希特勒想赶紧抽

---

① 译者注：时任波兰外交部长。

② 译者注：卡罗尔二世（Carol II, 1893年10月15日—1953年4月4日）是罗马尼亚国王，于1930年6月8日到1940年9月6日间在位。他是罗马尼亚国王斐迪南一世同玛丽王后所生的长子。其在继承人时代由于婚姻问题而放弃继承权，由自己的儿子米哈伊一世即位。1930年6月8日，卡罗尔二世与罗马尼亚国内的政治家发动政变，逼迫米哈伊一世退位，随后自己登基；但在1940年，他又被迫让位给米哈伊一世；此后，卡罗尔二世开始了流亡生活，于1953年4月4日在葡萄牙逝世。

出手来迅速解决波兰，而斯大林也不想在没有可靠盟友的情况下过早被拖入战争。1939年8月20日，希特勒致信斯大林，请求苏联领导人在8月23日之前接见德国外交部长约阿希姆·冯·里宾特洛甫（Joachim von Ribbentrop）。里宾特洛甫飞往莫斯科，并很快签署了一份互不侵犯条约。这份条约于8月24日对外公布，震惊了整个欧洲大陆。[2]

《莫洛托夫—里宾特洛甫协定》公开的内容是承认双方的友谊和互不侵犯，背地里却划定了彼此在东欧的势力范围。起初，势力范围的划分并不明晰，但总体来说，德国将占领波兰西部和中部；相应地，苏联将控制波罗的海沿岸国家，并占领桑河和布格河以东的波兰领土。双方并不指望协定能无限期延长，而且这份协定也没有妨碍德国人的日本盟友在亚洲向苏联发起挑衅（正如本书第一章所言）。不过，柏林和莫斯科还是解决了最迫切的两线作战问题，也可以先专心消化分给自己的战利品。尽管要猜透斯大林的想法是一大难题，但他肯定希望希特勒能够忙着在波兰与西方对抗，以便为苏联加强国防和从大清洗中恢复元气争取几年时间——他当时显然没有料到德国会在西方如此迅速地取得胜利。

波兰和波罗的海沿岸国家

德国在1939年9月迅速占领波兰还是让莫斯科既震惊又不快。苏联分析人士以为波兰能抵抗上几个月，可在开战还不到两个星期时，后者的崩溃就已经显而易见了。但斯大林仍然犹豫不决，直到德军已牢牢掌握局面后才加入战争。[3]

为了实现收复波兰东部的领土主张并防止德国人背约，苏联政府这时终于紧急集结部队。1939年9月5日，莫斯科开始征召更多的预备役人员返回现役，不久之后又实行了普遍兵役制度。[4]这种突然从工厂征集一百万熟练工人的局部动员严重影响了苏联的工业，结果就是1940年的（工业）产量严重下滑；同时，位于苏波边境线上的乌克兰和白俄罗斯军区（和平时期的管理机构）都已转为战时编制——方面军——相当于集团军群。

9月14日，莫洛托夫通知德国人，红军会提前进入之前划分好的波兰领土，三天后就越过边境。由于动员较为仓促，苏军大部分集团军并未到达指定集结地域。每个方面军都组建有1个由2个骑兵军和1个坦克军组成的快速集群。[5]各快速集群的任务是突破脆弱的波军边境防御，然后快速前出至新的苏联国境线。

由于后勤部门属于临时拼凑而成，因此出现了补给（尤其是油料）不足的状况，即使是那些精选出来的部队也举步维艰——比如白俄罗斯方面军骑兵第6军军长安德烈·伊万诺维奇·叶廖缅科（A. I. Eremenko）就在不停遇到各种麻烦。其所辖由1个坦克团和1个摩托化步兵营组成的先遣支队在第一天便突破了将近100公里纵深。为继续扩大优势，他不得不将自己三分之一车辆的油抽出让另外三分之二能够先跑起来。等到在比亚韦斯托克碰上德国人的时候，叶廖缅科已经必须依靠空运来紧急补充燃料了。[6]

除后勤上的困难外，苏联人还要面对波兰残余力量的抵抗。根据俄罗斯官方数字，在这些战斗以及苏德之间的少量小规模冲突中，红军总计死亡失踪1475人、负伤患病3858人。[7]苏联领导人后来宣称波兰东部的乌克兰人和白俄罗斯人张开双臂热烈欢迎他们。到10月底，据称当地人民举行了集会，要求加入乌克兰和白俄罗斯苏维埃社会主义共和国，这些新的领土也被批准并入苏联版图；无疑的是，部分当地人宁可受苏联管辖也不愿被波兰或德国统治，但波兰军队领导层显然不这么想。1940年春，总计15131名被俘的波兰军官、军校学员和士官在苏联的卡廷森林等地遭处决，然后被埋进万人坑。莫斯科后来指责是德国人所为，但这起屠杀其实是内务人民委员部（NKVD）根据斯大林相关命令实施的。[8]

急于履行《莫洛托夫—里宾特洛甫协定》的斯大林下一步占领了波罗的海沿岸国家。1939年9月28日至10月10日，苏联强迫爱沙尼亚、拉脱维亚和立陶宛签订互助条约。三国政府被迫允许苏联在自己的领土上建立海军、空军和海岸炮兵基地，它们同样承诺一旦遭到攻击就互相支援；作为交换，莫斯科把从波兰夺取的维尔纽斯交给了立陶宛。[9]

此时，德国即使有撕毁《莫洛托夫—里宾特洛甫协定》的想法，也因正忙于防备英法而无暇支持波罗的海沿岸三国。但这三个国家的民族主义政府仍然和德国保持着传统的经济往来，还试图加强国防以对抗莫斯科。当地民众与占领军之间更是发生了不少小摩擦。

即使是这种有限的独立也没能持续太长时间。1940年6月14日，斯大林对立陶宛政府发出最后通牒，要求以有针对苏联驻军的"挑衅行为"的罪名，将两名反苏的部长解除职务并送上法庭，同时还要求允许红军全面占领立陶宛主要城市。24小时后，苏军占领立陶宛，并对拉脱维亚和爱沙尼亚发出类似通牒。（立陶宛）当地的共产党组成了政府，然后立刻请求成为苏联的加盟共和国；原有的国防军被合并，大部分领导人被送进西伯利亚的监狱。到1940年8月，苏联已经完成对这三个共和国的吞并，其在波罗的海的主要海军基地也移到了爱沙尼亚的不冻港——塔林。[10]

1940年6月，莫斯科又开始执行莫洛托夫—里宾特洛甫这一密约的剩余部分。为防止英国在巴尔干提升影响力，斯大林向罗马尼亚政府施加压力，要求将石油资源丰富的比萨拉比亚地区割让给苏联；遭到拒绝后，前者以基辅特别军区和敖德萨军区部队组建了南方面军，司令为朱可夫。6月28日至30日，在空降兵对罗马尼亚关键目标实施突袭的同时，伊万·瓦西里耶维奇·博尔金中将（I. V. Boldin）[①]指挥南方面军下辖的第9集团军入侵比萨拉比亚，强行将这块土地并入苏联。[11]斯大林这时并没有意识到德国最近在法国已经大获全胜，可以抽出手来转向东面——虽然苏联扩张势力的范围完全符合《莫洛托夫—里宾特洛甫协定》，但还是让德国人如鲠在喉。[12]

第一次苏芬战争，1939—1940年

吞并上述国家前，苏联于1939—1940年间还在芬兰吃过一次亏。从前者角度来看，后者过于靠近列宁格勒，简直为德国或英国的攻击大开方便之门，而斯大林的种种举措也让这成了可能的现实。1939年10月，苏联政府要求芬兰做出一系列让步，包括割让列宁格勒水路通道上的科伊维斯托岛[②]和霍格兰岛，同时在遥远的北方调整边境线，并割让卡累利阿地峡——这是一道横亘在芬兰到列宁格勒直线距离之间、从芬兰湾到拉多加湖的58公里宽沼泽地带。芬

---

① 译者注：伊万·瓦西里耶维奇·博尔金（1893—1965），苏联上将（1944年授予），1918年加入苏联共产党，1919年参加苏军，毕业于伏龙芝军事学院（1936年），参与过第一次世界大战。在俄国国内战争时期，他任连长、营长、步兵团长；国内战争后，任团长兼政委、师长兼政委、步兵军军长、加里宁军区司令、敖德萨军区司令、西部特别军区副司令；1940年6月4日晋升中将。伟大卫国战争期间，他指挥西方面军军队集群，于1941年11月起指挥第50集团军，1945年4月后任乌克兰第3方面军副司令；1945年起任西伯利亚军区联合部队司令、军第一副司令；1958年起在苏联国防部总监组任职。

② 译者注：Koivisto，苏联占领后改名为普里莫尔斯克，意为"海滨"，在维堡的南面。

兰已经在地峡构筑了由大量碉堡组成的防线，并以本国军事领导人及俄国国内战争时期的英雄卡尔·古斯塔夫·曼纳海姆的名字命名。苏联的要求意味着（芬兰必须）放弃这些有限的防御工事。除了过分的领土要求外，莫斯科还希望租借位于芬兰西南的汉科半岛30年；作为回报，苏联人将提供给后者拉多加湖北面尚未开发的土地。

从1939年10月14日至11月3日，芬兰代表一直在莫斯科讨价还价，但也表示可以放弃一个岛和部分有争议的边境地区。当芬兰人最终拒绝租借汉科时，莫洛托夫终止了谈判。11月26日，苏联人制造了一起边境事件，然后要求芬兰军队从国境线后撤24公里。两天后的11月29日，莫斯科撕毁与赫尔辛基的互不侵犯条约，断绝了外交关系；次日，苏军发起进攻。[13]

芬兰政府预料到苏联会发动进攻，已经逐渐动员了相当于14个师的兵力，将其中6个用于守卫曼纳海姆防线。该防线在国境沿线有一道防守体系简单的前沿地带，之后则是两道由野战防御工事、带刺铁丝网和雷区组成的防御地带。这些防御工事与卡累利阿地峡各种河流及水障碍相结合，只有在地峡中央——即苏马镇附近32公里长、没有河流的地段上，芬兰人才构筑了大量混凝土碉堡和火炮掩体；而在其他地区，他们的防御要薄弱得多，主要是依靠偏僻和难于通过的地形来限制侵略军的规模。芬兰陆军虽然都受过良好的极地作战训练，但相当缺乏重武器和技术装备。比如一个芬兰步兵师只有不到3000人的兵力，同时炮兵还不及苏军步兵师中同类编制的三分之一。其全国共有大约100辆装甲车辆，以及270架老式飞机，然而这些车辆和飞机多数都已过时。[14]与苏联不同，芬兰缺乏一个能支持长期战争的大工业基地，而地理上的孤立同样使其难以大量进口军火。

尽管存在各种不足，芬兰武装力量至少也进行过冬季战争的准备，而他们的对手却不经准备就急不可耐地展开了进攻。如同9月在波兰战局期间一样，斯大林命令红军在进行极其短暂的准备后便入侵芬兰。为此，从乌克兰的基辅特别军区（按照俄罗斯的标准来看，这里气候可谓宜人）调来的一些师被突然调到接近北极圈的地方进行冬季作战，这种仓促的调动意味着几乎没有任何苏军部队有时间进行侦察和地形研究。红军对曼纳海姆防线的详细情况一无所知，然后就这样盲目乱闯；参谋军官们建议将主要精力放在卡累利阿半岛

苏芬战争，
1939—1940 年

挪威

巴伦支海

佩特萨莫

104 RD　摩尔曼斯克

拉普兰集群

14 A

科拉地峡

萨拉　122 RD

白海

瑞　典

罗瓦涅米

泰帕莱

凯米

凯米耶尔维

库萨莫

9 A

163 RD

苏奥穆斯萨尔米

44 MRD

奥卢

波的尼亚湾

芬兰北方集群

54 RD

瓦萨

芬　兰

约恩苏

155 RD

8 A

139 RD

卡累利阿集群
（第 4 步兵军）

洛伊莫拉

奥涅加湖

米凯利

彼得罗扎沃茨克

18 RD

15 A

索尔塔瓦拉

萨尔米

波罗的海

地峡集团军

168 RD
(2.40)

图尔库

拉多加湖

维伊普里
（维堡）

苏马

赫尔辛基

科伊斯维托

7 A

013 A (25.12.39)

汉科

芬兰湾

列宁格勒

塔林

苏　联

.... 冬季战争前苏芬国境线

⊢•⊣•⊢ 冬季战争后苏芬国境线

◀ 苏军进攻方向

104RD: 步 104 师
MRD44: 摩步 44 师
14A: 14 集

战场形势图 2：苏芬战争，1939—1940 年

上，但斯大林指示沿国境发起全线总攻。可列宁格勒以北几乎没有任何交通线。苏军指挥员的补给线细如鞋带，只能通过区区一条铁路线来补给所有部队。最后，只有原列宁格勒军区部队才接收到了一些对芬兰作战的政治鼓动，而那些新来的根本不知道自己要打什么仗。[15]

和芬兰人一样，由基里尔·阿法纳西耶维奇·梅列茨科夫（K.A. Meretskov，二级集团军级指挥员）指挥的列宁格勒军区部队也将主力集结于卡累利阿地峡。弗谢沃洛德·费多罗维奇·雅科夫列夫（V. F. Yakovlev）[①]的第7集团军约有20万人、1000辆坦克和700架飞机，在冲击的第一梯队展开了2个军（5个步兵师和2个坦克旅），第二梯队展开3个师，还有1个步兵师和1个坦克军用于增援和利用预定突破口扩大胜利成果。[16]在拉多加湖北面，尽管投入十分有限，苏军依然在兵力和装备数量上超过了芬军。第8集团军在湖北展开5个步兵师，还有5个师沿直到北方的摩尔曼斯克的芬兰边界线分布着。最大的威胁也许正是用3个师指向苏奥穆斯萨尔米城附近、芬兰狭窄"脖子"的第9集团军——如果在此处进攻得手，苏军就可以一直冲到波的尼亚湾，将芬兰一切为二。[17]

从11月30日开始的最初攻击搞得过于仓促和拙劣。短暂的狂轰滥炸后，第7集团军就越过边境向前推进，打退了弱小的芬兰掩护部队，但也暴露出了（苏军）对地形的无知和步兵、炮兵、装甲兵协同方面的很多问题。为解决这些问题，12月9日，红军最杰出的理论家之一——格里戈里·萨莫伊洛维奇·伊谢尔松[②]走马上任，担任第7集团军参谋长。可惜他扔下了整个参谋班子，试图对整场战役行动进行微操，最终却让部队协同变得更加糟糕。[18]与此同时，莫斯科迅速正式承认了建立在边境村庄特里约基（Terjoki）的傀儡政

---

① 译者注：弗谢沃洛德·费多罗维奇·雅科夫列夫（1895—1974），苏联中将（1940年），1918年参加苏军，1919年加入苏联共产党，毕业于伏龙芝军事学院（1934年），参与过第一次世界大战。他在俄国国内战争时期任营长和步兵团长，战后历任步兵团长、步兵师长和政委、步兵军长；1938年1月起任白俄罗斯军区副司令，4月起任贝加尔军区司令；1939—1940年参与苏芬战争，先后任第7集团军司令和副司令；从1940年起任基辅特别军区副司令，从1941年起任该军区第一副司令，在伟大卫国战争中先后任西南方面军后勤部长、副总参谋长；1941年9月起先后任第4集团军和第52集团军司令；1943年起任草原方面军司令助理；1943年10月起任白俄罗斯军区司令；1946年任斯摩尔斯克军区司令，后任司令。

② 译者注：G. S. Isserson（1898—1976），出身犹太医生家庭，参加过一战，1918年自愿加入红军后曾在第6集团军政治处工作，担任过团政委、副团长、方面军情报部长，以及各种参谋和指挥等职务。他于1936—1937年间担任总参军事学院集团军战役教研室主任，1937年时该教研室改名为战役法教研室；1941年6月被捕，次年1月因参与军事阴谋集团和在苏芬战争中的罪行而被判枪决；3月时改为10年劳改；1955年得到平反，并以上校军衔退役后在《军事思考》杂志社工作。

权——芬兰民主共和国，前者显然是计划以其为白手套合法吞并整个芬兰。12月12日，第7集团军已经前出至保护着维伊普里（即今维堡）的曼纳海姆防线第一防御地带；4天后，雅科夫列夫将兵力集中于苏马筑垒地域发起总攻，因为他误以为这里是最薄弱的一点。苏军虽然打开了一个突破口，雅科夫列夫却没有集中预备队来扩大战果。

尽管部分部队前仆后继，但一切都乱套了。苏军的进攻完全是死板教条、墨守成规——每天下午约15:00，炮兵就漫无目标地朝芬兰军队阵地的大概位置进行30分钟的炮击；如果天气许可，红空军也会加入进攻，但由于被分散到了整条防线上，同时缺乏引导，因此总体来说没什么效果；苏军工兵在破坏苏马防线前的反坦克障碍物时遇到了困难，坦克同样被困在了这些障碍物之间。大部分坦克的装甲太薄，无法抵御芬军的反坦克武器；而且与在西班牙一样，这些坦克也和伴随步兵分开了。当雅科夫列夫在月底转为发动夜间攻击后，芬军指挥员就改用密集的机枪火力和探照灯加以应对。到12月20日，莫斯科被迫放弃了在卡累利阿地峡的进攻。苏军在防御时倒很有成效，很快便打退了芬军4个师在12月23日发起的反击，不过现在他们显然落了下风。[19]

苏军在遥远北方的进攻同样收效甚微。在最北端，步兵第104师面对有限抵抗取得了一场小小的胜利，但这远不能弥补己方在苏奥穆斯萨尔米因拙劣表现导致的损失。1939年12月7日，步兵第44师（来自基辅）[①]与步兵第163师分别从东面和北面展开进攻。两天后的12月9日，步兵第44师到达苏奥穆斯萨尔米，可是当地居民为了不给侵略军留下宿营地而将城市烧毁，大雪和严寒使得该师只能待在唯一一条从边境通往该城的硬质公路上。苏军的车辆无法在两侧森林中机动，而通过滑雪机动的芬兰军队却来去自如；结果就是这个乌克兰师（步兵第44师）在公路上呈一字长蛇阵，形势非常危险——这对芬兰第9步兵师来说是个理想目标，因为该部有数个装备滑雪板的营。12月11日，芬军靠一

---

① 译者注：参加苏芬战争的以肖尔斯命名的红旗基辅步兵第44师前身为传奇英雄尼古拉·亚历山德罗维奇·肖尔斯（也译作邵尔斯、晓尔斯）领导的红色游击队，后依次被改编为乌克兰苏维埃博贡第1团、乌克兰苏维埃第1师、步兵第44师，基辅特别军区司令基尔波诺斯上将曾在该师战斗。1941年，该师被改编为以肖尔斯命名的红旗基辅山地步兵第44师，8月在乌曼包围圈中全军覆没，番号因此撤销。师长特卡琴科少将被俘后曾在战俘营计划起义，但被发觉，于1945年2月2日与其他战俘袭击押送他们行刑的德军，最终惨遭杀害。该师也是红军诸多国内战争时期老部队的一个缩影。

次反击便将步兵第44师赶出了苏奥穆斯萨尔米。芬兰人在公路上设置障碍物，将该师分割包围，使其无法互相支援；然后他们采取打了就跑的战术，就这样逐渐消灭了孤立无援的苏军。整个步兵第44师几乎都被消灭了，人员或遭击毙或被俘虏。而当步兵第163师试图从北面发起进攻将铁钳合拢时，它自己也被切断了；幸存者抛弃了大部分火炮、坦克和卡车，越过冰冻的湖面向东逃窜。这两个苏联师实际上已经土崩瓦解。[20]

莫斯科的第一反应是典型的斯大林主义风格，也就是找到一只替罪羊。列夫·扎哈洛维奇·梅赫利斯（L. Z. Mekhlis）[①]，一位在大清洗后期起了重要作用的高级政治委员，来到第9集团军调查苏奥穆斯萨尔米的惨败。根据他的命令，步兵第44师师长立即遭枪决，大量高级军官也被撤换。[21]但事实上，采取这些措施依然很难激发出其他指挥员的积极性。

总的来说，红军在发动新一轮攻势之前就彻底改进了自己的指挥体系和战术。幸存的国内战争时期高级指挥员之一——谢苗·康斯坦丁诺维奇·铁木辛哥（S. K. Timoshenko）担任西北方面军司令，负责指挥进攻曼纳海姆防线的行动；第7集团军也更换了一位新指挥官——从整场战役指挥员职位上被贬下来的梅列茨科夫，同时接收了2个为其补充的步兵师。更重要的是，第7集团军已经奉命进攻一个更加狭窄的正面，而新投入的第13集团军会被布置在其翼侧，即地峡东面。红军机械化作战的高级参谋军官——德米特里·格里戈里耶维奇·帕夫洛夫以1个步兵军、1个骑兵军和1个坦克旅组成了1个小型快速集群。他的任务是越过芬军防御西南端附近的冰面，并夺取维伊普里。苏军全体都为冬季作战进行了强化训练，也为突破固定防御工事而精心组织了演习。他们建立了专门的强击群，每个群由1个步兵排、1个机枪排、3辆坦克、狙击手、工程兵和相应的支援炮兵组成；少量新式的KV-1重型坦克也被送来，红

① 译者注：列夫·扎哈洛维奇·梅赫利斯（1889—1953），苏联上将（1944年），1918年加入苏联共产党，1919年参加苏军（有间断），毕业于红色教授学院（1930年），曾参与第一次世界大战。他在俄国国内战争时期历任旅政委、步兵师政委和乌克兰第8集团右岸军队集群政委，1921—1936年间负责苏维埃和党的工作，1937—1940年间任工农红军总政治部主任，1940年起任苏联国家监察人民委员部人民委员；伟大卫国战争时期任工农红军总政治部主任和副国防人民委员（截至1942年6月），之后历任沃罗涅日方面军、沃尔霍夫方面军、布良斯克方面军、波罗的海沿岸第2方面军、西方面军、白俄罗斯第2方面军和乌克兰第4方面军的军事委员会委员；1946—1950年间任苏联国家监察部部长。1939年起，他当选为苏共中央委员（自1934年就为候补委员），1938—1952年间为联共（布）中央组织局委员及苏联第一、二届最高苏维埃代表和主席团委员。

军的炮兵同样有所改进和加强。所有这些准备工作都需要在严格的时间限制内完成，因为要发动新的攻势就必须赶在冬天结束之前——这种天气可以让地面保持冰冻，也使近距离空中支援成为可能。2月初，苏军侦察部队展开有限的进攻以查明芬军主要防御地带；随后在1940年2月12日，红军发动了一次前所未有的攻势——炮兵火力不仅猛烈，也（较以往）精准得多，他们不断直接命中芬军碉堡，让芬兰人大惊失色；步兵在炮兵徐进弹幕之后以疏开队形前进，不再像先前战斗中那样认为可以轻松对付芬兰人；一旦有可能，强击支队还会迂回到敌人阵地侧后方实施进攻。

　　经过两天半的激烈战斗后，苏军步兵第50军在重要的苏马防御地段突入第一道防线，3个坦克旅开始扩大突破口。兵力上处于劣势的芬军别无选择，只能退向掩护着维伊普里城的第二道防线；曼纳海姆不得不撤换在卡累利阿地峡精疲力竭的芬军指挥官。2月21日，一场下得很大的暴风雪让苏军的进攻暂停3天，但铁木辛哥也利用这段时间以二线新锐部队替下了先头的几个步兵师；2月24日，帕夫洛夫的快速集群越过冰面去夺取科伊维斯托岛，并准备在芬军的南翼继续推进。

　　从2月28日开始，苏军12个师和5个坦克旅开始进攻第二防御地带。经过4天战斗后，进攻者抵达维伊普里外围，此时帕夫洛夫的快速集群也从西南面进攻该城，切断了通往赫尔辛基的主要道路。背水一战的守军向帕夫洛夫所部发起反击，并开闸放水①淹没了维伊普里附近的乡村。苏军步兵和工兵趟过了齐胸深的冰冷河水，继续肃清那些已经被大部队放弃的城中残敌。

　　芬兰人别无选择。3月9日，卡累利阿地峡的芬军指挥官埃里克·海因里克斯中将（Erik Heinrichs）承认他的部队已经疲惫不堪，停战协议于3月13日生效。莫斯科没能吞并整个芬兰，但也获得了比最初要求多得多的领土。

　　然而有得必有失。红军付出了死亡失踪131476人、伤病264908人和损失653辆坦克的代价；[22]芬军有22830人死亡失踪、43557人负伤、50辆坦克被击毁

---

　　① 译者注：1940年2月底，芬兰统帅部命令部队在尤斯蒂拉（Juustila）的萨伊马运河（Saimaan kanava）大坝开闸放水，以阻挡苏军，具体内容可见卡尔·范戴克（Carl Van Dyke）作品《苏联对芬兰的入侵，1939—1940》（The Soviet Invasion of Finland 1939-40）第169页。另外，直到莫斯科时间3月13日正午12点，即战争结束时，芬兰军队尽管放弃了维伊普里城南并将木质房屋付之一炬，但实际上仍然牢牢控制着市中心；之后，芬军降下维伊普里城堡中的国旗，并于次日上午离开该城。

或缴获。由于苏联的侵略行径，国际联盟①将其开除，使其在外交和军事上更为孤立。芬兰之战对苏德关系的影响同样巨大。苏联在军事上的拙劣表现无疑鼓舞了希特勒及其指挥官，使他们相信苏方无力自保，但这些人并未留意到红军在2月时的战斗力已经显著提高；[23]与此同时，英法迟迟不占领斯堪的那维亚半岛以增援芬兰，这也让希特勒下定决心要在1940年4月攻取挪威。不过那样就会反过来，使德军距离苏联人的北极领土过近，令后者十分不快。

总的来说，苏联在波罗的海国家和罗马尼亚的行动让德国政府如坐针毡，尽管这些已经被写进了《莫洛托夫—里宾特洛甫协定》。

1940年改革

在芬兰的失败使苏联武装力量开始了认真的反思和改革。[24]政府首先采取措施以大大提高职业军官们的职权和名誉，莫斯科也恢复了已经搁置良久没有设立的传统将军军衔，大批高级军官因此得到奖励和晋升；与此同时，那些在大清洗期间重获一票否决权且招人嫉恨的政治委员们又被削弱到从属地位，这样就再次统一了指挥权（这在苏芬战争期间往往是无法实现的）；1940年10月，一部严苛的新军法也让指挥员们拥有了与之前沙俄军官们差不多的权威。

红军高级指挥层为自己的错误付出了代价，但有的确有其事，有的却是捕风捉影。斯大林认为伏罗希洛夫在苏芬战争和与日本的冲突中的表现是不称职的。1940年5月，苏联元帅铁木辛哥就任国防人民委员，而被贬职的伏罗希洛夫得到了苏联人民委员会副主席②和国防委员会主席的名誉头衔。学识渊博的前沙俄军官、一级集团军级指挥员鲍里斯·米哈伊洛维奇·沙波什尼科夫（B. M. Shaposhnikov，1940年5月晋升为苏联元帅）曾在苏芬战争期间提醒过要注意芬军防御，但当时无人理睬，现在竟也丢掉了总参谋长之职，取而代之的是刚刚获得平反的基里尔·阿法纳西耶维奇·梅列茨科夫（于1940年6月4日晋升大将）。[25]

---

① 译者注：简称国联，《凡尔赛和约》签订后成立的国际组织。
② 译者注：原文为部长会议副主席，有误。

伏罗希洛夫被免职为苏联机械化部队的重生扫除了绊脚石。德国人在1940年春对法国和低地国家的顺利征服与苏军在芬兰差劲的大规模行动形成了鲜明对比，而且更重要的是，这给苏联统帅部敲响了警钟。[26]新任的汽车装甲坦克局局长雅科夫·尼古拉耶维奇·费多连科中将（Ia. N. Fedorenko）①说服了铁木辛哥和斯大林撤销库利克委员会关于裁撤大型机械化部队编制的决定。经过长达数月的讨论，1940年7月6日，人民委员会正式批准建立8个新的机械化军。[27]其编制实际要比先前的"军"大得多，各下辖有2个坦克师和1个摩托化步兵师，共计1107辆坦克和超过36000名士兵。1941年2月12日，国防人民委员部决定再组建21个机械化军，使其总数达到29个；另外还批准建立了一些独立坦克师和摩托化步兵师。[28]

苏联元帅布琼尼牵头组成了一个委员会，以检讨芬兰战役的战术得失；同时，铁木辛哥巡视全国，开展一系列重要的训练演习，并剔除了那些不合格的指挥员。在哈拉哈河战争和第二次进攻芬兰中取胜的指挥员被调到全军指挥岗位上。其中，哈拉哈河的胜利者朱可夫接替铁木辛哥，担任关键的基辅特别军区司令；然后，他在1941年1月又接替梅列茨科夫，成为工农红军总参谋长。芬兰战役期间还是师长的米哈伊尔·彼得罗维奇·基尔波诺斯晋升上将，于1940年6月升任列宁格勒军区司令，而后又从1941年2月开始担任基辅特别军区司令；不过当1941年6月的战争来临时，他在这里更多显示出的是勇气而非作战技巧。在卡累利阿地峡指挥第7集团军的梅列茨科夫当上了总参谋长，直到被朱可夫取代。从长远来看，这些指挥岗位的调整对红军应该会有好处，可是在短期内大量换人只会让大清洗造成的人心惶惶和战力被削弱情况继续下去。总参在8个月内从沙波什尼科夫、梅列茨科夫，直到朱可夫换了三任领导；截至1941年6月，75%的军官都只在他们的现任岗位上待了不足一年。[29]

1940年12月底，大批红军和红空军高级指挥员齐聚莫斯科，参加会议和

---

① 译者注：雅科夫·尼古拉耶维奇·费多连科（1896—1947），苏军装甲坦克兵元帅（1944年），苏共党员（1917年入党），1918年参加苏军，毕业于高级炮兵指挥学校（1924年）、伏龙芝军事学院（1934年）。他于俄国国内战争时期任装甲列车车长兼政委，战后任装甲列车营营长和团长；1934年起任装甲车团团长、机械化旅旅长；1937年起任军区汽车装甲坦克兵主任；1940—1942年间任苏军汽车装甲坦克局（后为汽车装甲坦克总局）局长，1942年12月时任苏军装甲坦克和机械化兵司令；曾以最高统帅部大本营代表身份参加过许多战役，1946年4月起任陆军装甲坦克和机械化兵司令，还是苏联第二届最高苏维埃代表。

兵棋推演。[30]一系列坦诚的谈论表明军官团在作战理念上有很大分歧。普罗科菲·洛格维诺维奇·罗曼年科中将——机械化第1军军长，一名参与过西班牙内战和苏芬战争的老兵——甚至批评朱可夫的观点也过于保守。[①]实际上他是在呼吁回归图哈切夫斯基的战役思想。罗曼年科指出，德国人之所以能在法国快速取胜，全部原因就在于他们建立起了一支机动能力很强的军队，其中编有得到炮兵及航空兵支援的机械化和空降兵团。但是当讨论到贯彻机械化作战理论的组织架构时，斯大林插进来，表示支持库利克元帅等持保守观点军官们的论点。结果就是新的机械化军继续作为红军最大的机动编制而存在着。可即使如此，这些军也没有在后勤上得到优先补给，以配齐装备和开展训练。[31]

莫斯科会议引发了新一轮麻烦的人事变动，会议结束后还进行了战役即题作业（提供地图等信息，考核指挥员的战役技能）和战略战役演习（即兵棋推演）。在两次兵棋推演中，有一次"蓝方"（敌军）指挥员朱可夫击败了"红方"（苏军）。考虑到后来发生的事情，有一点值得注意——推演场景被设定在德军发动进攻大约两个星期后，而参谋军官们居然认为红军能打退侵略，并解决所有问题[32]。战略战役演习后，斯大林意外地召集了参与者到克里姆林宫立即进行讲评，当时措手不及的总参谋长梅列茨科夫在做介绍时显得磕磕巴巴；斯大林此时估计正找借口，于是立刻炒掉梅列茨科夫，并换上了朱可夫。在接下来的日子里，上至军区司令下至师长被再次重新洗牌，这显然是为了将一些有经验的军官放到西伯利亚，以应对跟日本和德国的两线作战。于是从1941年开始，红军指挥员们也再一次对自己的职位乃至性命提心吊胆起来。[33]

苏联战备情况

自1935年以来，苏联的作战计划就着眼于应对日本和德国的双重威

---

① 译者注：罗曼年科这名未来第一位坦克集团军司令批评朱可夫的观点只能反映1932—1934年间的技术手段和军事思想，而德军考虑到了在现代战争中应以机械化和空降兵团组成打击力量，并将所有坦克编成战役兵团，以实施集中作战并遂行决定性的独立战役任务。因此，他建议组建诸如4~5个机械化军、3~4个航空兵军、1~2个空降兵军和9~12个炮兵团的突击集团军。另外，远东方面军司令施特恩被朱可夫批评了自己在哈拉哈河战争中的战役情况后，也指出后者应考虑用坦克部队打开突破缺口的做法有问题——应该使用诸兵种合成集团军实施突破，再投入坦克部队发展胜利。这实际上与卫国战争实践中的"纯突破口"概念完全一致。具体参见《俄罗斯档案：伟大卫国战争》第12卷第1-2册《1940年12月23—31日工农红军高级领导层会议资料》【Русский архив: Великая Отечественная Т. 12 (1-2). Материалы совещания высшего руководящего состава РККА 23-31 декабря 1940 г.】。

胁。1938年11月，在总参谋长沙波什尼科夫主持下完成的战略计划同时考虑到了这两个威胁，但还是将西部战争作为主要的那个。普里皮亚季沼泽[指普里皮亚季河流域的波列西耶（Polesye）沼泽地带]将西部战场分为南北两块，给计划制订者带来了一些特别的麻烦。[34]最关键的问题就在于德国人会将主攻方向放在普里皮亚季沼泽北面，以此进入白俄罗斯，还是从南面进入乌克兰？[35]

1938年时，沙波什尼科夫的计划会同时应对两个方向的威胁（根据华西列夫斯基回忆录所述，沙波什尼科夫认为德军的主攻方向是在桑河以北，即普里皮亚季沼泽至波罗的海一线）。1939年瓜分波兰后，苏军总参谋部根据德国日益增长的威胁重新修订了战略计划。由总参作战局副局长亚历山大·米哈伊洛维奇·华西列夫斯基少将制订的1940年7月计划假定德军会沿着明斯克—斯摩棱斯克方向突入白俄罗斯，因为该方向上有一条（从质量上讲附近不多的）良好公路。动员计划也因此有所修改，以便与之相适应。梅列茨科夫就任总参谋长后，又主导进行了另一次评估。1940年10月的战略计划将战略重心从西北方向转移到西南方向上，或许是因为斯大林担心重要食品产地乌克兰；当然，他还受到了以当时基辅特别军区司令朱可夫为核心的"基辅派"的影响。战略重心的变化同样需要动员计划进行相应调整——沼泽南面地域最终配置了8个机械化军。

1941年1月在莫斯科举行的战役战略演习本意是验证（去年）10月计划的正确性。但令斯大林大为震惊的是，防御和反攻两个场景都表明总参高估苏军的防御能力，而低估了德军的进攻潜力。[36]在演习结束后几个月里，总参再次修订了动员计划，很可能还举行过新的兵棋推演来改善防御，以应对德军日益增长的进攻威胁。有零星证据表明这些仓促的谋划关注到了当时常常被忽略的防御问题，然而并未落实到野战部队身上，而且他们（计划制定者）还在想着要发起猛烈的反攻。

斯大林和苏联外交官们仍然装着一副天下太平、苏德关系形势大好的样子。尽管如此，到1941年4月，苏联情报机关已经察觉到德国正在为进攻做准备，其中还包括向苏联新占领土派出破坏分子。[37]为防止万一，斯大林认为不能把赌注全压在保持和平上，因此在4月指示国家进入"特别威胁战争时期"①，采取战争迫在眉睫时的特别战备措施。这意味着苏联在外交上还忙着维持和平的同时也会进行部分动员。斯大林既执迷于和平幻想（哪怕只是短期和平），又想实施谨慎的防御政策，这造成了极大的混乱，也为红军在1941年的惨败埋下了伏笔。如此一来，苏联人一边在进行部分动员，一边却禁止了边境各军区那些战备程度最高的部队采取一些对他们来说生死攸关的措施。

在保持和平的最后三个月里，苏联人加快了实际上从1937年就在逐渐执行的"龟速进入战争"进程。从4月26日至5月10日，外贝加尔、乌拉尔和西伯利亚军区以及远东方面军的一些部队被调到西部边境军区，同时当地也组建了新的师补充空缺。5月13日，总参将28个步兵师和4个野战集团军司令部（第16、第19、第21及第22）从内地调至边境军区，另有3个集团军（第20、第24、第28）开始向多个地域集结。上述动作预定于7月10日完成。[38]但到德军在6月22日发起入侵时，实际只有第20集团军集结到了莫斯科以西，而第24和第28集团军都尚未出发。最后，从5月末到6月初，总参还征召80万名预备役人员充实到了100个基干师和大量筑垒地域中去，尽管德军入侵时有很多人还在前往相应部队的路上。[39]

虽然采取了各种办法，可苏联既没有为1941年6月的战争做好准备，也不打算先发制人（详见第三章）。尽管总参用了超过三年的时间来制订防御计划，情报人员更是已经搜集到足够的情报来发出明确告警，但苏联军队依然缺乏完善的组织、训练和装备。苏联的政治领导层甚至幻想能将和平维持到至少1942年。于是，美好的愿望遮住了残酷的现实，而苏联红军和人民最终都将为此付出代价。

决断

一路势不可挡的德国人在1940年夏天逐渐将贪婪的目光转向苏联。除意识形态上的根本对立外，斯大林在波罗的海沿岸国家和巴尔干地区的活动虽然属于《莫洛托夫—里宾特洛甫协定》中的约定内容，却也让德国领导层十分不满。

---

① 译者注：Особое угрожаемый военный период，通常是指战争开始前的一段时间。

此外，德国正日渐依赖于苏联所提供的原材料，并与这个东方邻国有着严重的贸易逆差。当时，斯大林更愿意用原材料和食品去交换德国人的技术，但后者并不指望这种关系能无限维持下去。德国领导人可以肆无忌惮地动用本国和占领区的经济资源，却无法单方面决定与苏联的贸易协定。他们觉得如果控制了俄罗斯的欧洲部分，就能攫取更多资源，即使自己的计划会让当地居民食不果腹；特别是希特勒还坚信这样一点——哪怕是为了与正在形成的美英同盟潜在的军工生产能力相匹敌，他也必须得到这些资源。[40]

这样，无论从经济、政治还是意识形态角度，德国进攻苏联都是不可避免的。然而这并不意味着德国的独裁者对于这次进攻有过一个明确的时间表或精心的计划，因为希特勒终其一生都是在等待时机出现，并且靠直觉将其牢牢抓住。

1940年6月法国陷落后，德国独裁者和他的很多下属都希望和大不列颠握手言和。当伦敦使这一愿望落空后，希特勒显然觉得目前支持英国继续战斗的仅有支柱就是遥远的苏联和美国（中的至少一方能加入对德战争）。在他看来，这是迅速出击、消除苏联干涉威胁的又一理由。1940年7月21日，德国陆军总司令、陆军元帅瓦尔特·冯·布劳希奇劝说希特勒采取对策；10天后，希特勒还没等到德国空军败于不列颠之战的消息就作出指示，开始计划向东方发起进攻。[41]

第三章

苏德两军对比，1941年

德国陆军的实力

    无论从哪个方面来看，1941年的德国陆军皆处于巅峰。传统上，普鲁士军官团和后来的德国军官团都非常善于机动进攻作战（德文为Bewegungskrieg，意为"机动作战"），其特点是哪怕兵力处于劣势也要进行快速运动，以免遭到打击。自从1806年被拿破仑击败后，普鲁士人便已经使用统一的训练和军事思想，并允许下级军官发挥主动性，因为他们才明白指挥官的意图，也知道友邻部队在相同形势下会有何反应。一战后，汉斯·冯·塞克特将军（Hans von Seeckt）主持进行了一系列全面的研究工作，最终建立起了一门连贯的军事学说，具体来讲就是综合运用不同兵种来实现对敌防御的快速突破，随后发展胜利，并打乱敌人的组织体系。[1]

    20世纪30年代末，关于如何使用装甲部队的争论让这一学说产生了裂痕。埃瓦尔德·冯·克莱斯特在1940年指挥的装甲集群（该集群给苏军将领留下了深刻印象）便是这一背景下的一次尝试。那些老派的指挥官坐等他们吃败仗，接着顺理成章地将机械化部队收归步兵指挥——然而胜利证明这些信奉机械化战争思想的人才是正确的。[2]

    坦克师，或者说装甲师已经成为实施该进攻学说的关键力量。希特勒入侵苏联就需要组建大量这样的编制，为此，他在1940年底到1941年初的冬季削减了现有和新组建装甲师的坦克数量。1941年时，1个装甲师只下辖2~3个装甲营，合计应有150～202辆坦克；但实际能投入战斗的（坦克）平均只有约150辆。此外，尽管火力和装甲防护性能都很贫弱的Ⅰ号和Ⅱ号存在明显缺陷，可德国人也没有足够的新型坦克来为战斗部队替换这些早期型号。除那些坦克以外，每个装甲师还下辖有5个步兵营（4个营乘卡车，1个营混乘摩托车和其他类型车辆；装甲师一般辖有2个含4个射击兵营的射击兵团和1个师属摩托车射击营）。只有很少一部分步兵（通常是摩托车射击兵营中的1个连）装备了装甲人员输送车，因此大部分（人员）损失都挂在步兵账上也就不足为奇了。只有第1和第10装甲师例外，因为这两者分别辖有2个和1个搭乘半履带车辆的营。1个典型的装甲师还编有装甲侦察营、工兵营和3个由卡车或履带牵引车拖带的105毫米榴弹炮营；加上通信、反坦克及高炮单位，这个装甲师共计约有17000人。摩托化步兵师稍小一些，只有1个大号的装甲营、7个摩步营和3～4个炮兵营。[3]

1个典型的1941年型摩托化军（1943年时更名为装甲军）下辖3个机动师——要么是2个装甲师和1个摩步师，要么是1个装甲师和2个摩步师，外加1个或更多的步兵师来掩护侧翼和交通线。然后2～4个摩托化军会组成1个装甲集群，但这种编制不多，所以直到1941年底才更名为"装甲集团军"，而且大多数情况下是在常规的步兵军被调入装甲集群时才会改名。

总的来说，步兵师保持着《凡尔赛和约》所强制要求的三三制。1个步兵师的核心由3个步兵团组成，每团下辖有3个步兵营和少量炮兵、工程兵、反坦克及侦察分队。1个典型的步兵师还下辖了1个装备150毫米榴弹炮、3个装备105毫米榴弹炮的炮兵营，外加1个摩托化坦克歼击营和各种支援分队。然而，很多于动员后期组建的步兵师都严重缺乏车辆和装备。[4]

在1939—1940年间的战斗中，德军几乎没有出现过需要防御敌人精心组织的进攻的情况，因此他们的防御学说大多还停留在1918年。这一特别有效的思想依赖于步兵在纵深内建立起严密防御，并将主力留作预备队使用而非配置在一线。当敌人进攻时，前沿分队可以后撤，同时准备发动迅猛的反击以击退侵入敌军。这一理论的实现基于以下三个假设：1.德军有足够的步兵建立纵深防御；2.敌军的进攻主要由下车作战的步兵实施；3.德军指挥官有权自由选定阵地，并根据实地情况实施灵活防御。可惜这三个条件在俄国并不存在。当时德军主要的反坦克武器仍然是37毫米反坦克炮，不过事实证明这种火炮连法国和英国的重型坦克都无力对抗；大部分部队里只有炮兵营和著名的88毫米高射炮（由德国空军指挥）才能有效打击此类坦克。[5]

德国陆军的局限

1941年时，德国陆军、空军和党卫军拥有的近期作战经验、灵活而又充分放权的指挥体系与苏军相比有着很多优势。但如果德国人并未像预期那样快速获胜，他们就不得不面对自己在持久消耗战中存在的各种严重缺陷。

首要问题自然是德国的人口还不到苏联一半。1939年时，德国只有大约8000万，而苏联有1.65亿。[6]当然，这些数字实际上并不能完全说明两国在受过训练的官兵总量上的差距。

1919年的《凡尔赛和约》将德国陆军官兵数量限制为10万人（另外海军被限制为1.5万人），所有人的服役年限都必须超过12年（士兵最低12年，军官最低25年，以防德军培养后备力量）。尽管德国人会玩弄一些小伎俩来规避限制，但1920—1934年间达到兵役年龄的青年（所谓"空白一代"）几乎都没有参军受训的经历。即便是在1935年德国正式恢复义务兵役制后，营房和武器的短缺同样限制了每年接受训练士兵的数量。同理，空白一代中的志愿兵也仅仅进行过8个星期基本训练。这样，尽管1941年德国国防军和党卫军总数达到了将近700万人（其中有300万人在东线），却几乎没有后备兵员。为了给"巴巴罗萨"行动组建最后的20个师，包括正常应于1942年服役的青年在内的三个级别义务兵役人员都在1941年5月完成了个人训练，此时距离入侵苏联只有1个月；除这些师以外，还有不超过32.1万的现役人员可以作为训练有素的预备力量。不过这些兵员在对苏战争头几个月里就被用光了，之后也再没有更多的补充。相比之下，当德军发动进攻时，苏联除500万现役军人外，还有1400万受过训练的预备役人员可供使用。[7]

如果仔细分析，我们就会发现红军的预备役人员年龄太大而且接受训练的年头太早，无法与德军后备人员相比，所以这方面问题不大。但由于《凡尔赛和约》的限制，德军人力储备中也有很多人属于相同情况。或许这10万（陆军）人员个个训练有素，可还是不足以支撑起扩充后的德国陆军和空军。转职的警察、奥地利军官、超龄退团的希特勒青年团员以及之前爆发的战争都大大扩充了指挥人员的规模，然而第三帝国成立时间太短，无法让这些人变成数量充足的士官、连级军官和营长，因此无法满足大大扩编后的国防军的需求。真正能胜任这类符合以上级别且成熟稳重而又经验丰富领导人员（岗位）的主要还是那些在一战中就担任过类似岗位的中年人。1941年1月，德军仍有50万一战老兵或在野战部队中服役，或在国内的训练场里任职，有些参谋军官甚至早已年满70岁。[8]即使是高级军官们，其岁数相对于自己的职务也往往偏大——1941年，德国野战集团军司令的平均年龄为58岁，军长为55岁。红军则要年轻得多，他们1941年时集团军和方面军司令的平均年龄仅为44岁。[9]

这些老兵不仅会成为德军的营连指挥人员，同时也是德国工业的技术和中层管理骨干。除原材料和油料不足外，德国经济还受到了劳动力短缺这一问题的严重制约。因此从1938年吞并奥地利开始，德国政府就在如何使用人力资源上摇摆不定，时而动员人们参军打仗，时而复员部分人回家上班。但这种拆东墙补西墙的手段到1941年5月21日便再也玩不出花样了。为了平息工业界的不满，德国国防军统帅部（Oberkommando der Wehrmacht，缩写为OKW）下属的国防军指挥参谋部（曾用"国防军指挥局"一名）发布命令，表示熟练工人只需在1941年6月1日至9月30日期间服现役——换言之，德军希望能在4个月内击败苏联，然后就（让这部分人）复员。[10]

到1941年6月，德国工业已经需要依赖于占领区内的300万外国工人。随着军队不断征兵，劳动力短缺的现象日趋严重。希特勒指望着能如前两年那样打赢一场速决战，而非陷入持久战。他的目光早已越过1941年的战局，开始筹划组建新的机械化和空军部队，然后接着在北非和小亚细亚地区开战。[11]

除了缺乏熟练工人外，德国工业发展还受到原材料匮乏和希特勒野心的制约。作为一个政客，他既需要大炮也需要黄油，还必须用消费品哄老百姓开心。[12]以上这些事实，加之德国人并未预料到入侵波兰会引发世界大战（的想法）意味着该国工业根本没有能力（更没有想过）为整支军队提供武器装备。优先级最高的是德国空军，可即便是这个如传奇一般的军种也只是一支战术力量，采用4台发动机的轰炸机等远程战略飞机少之又少；党卫军等被看作精锐的部队占据了第二优先级，尽管其数量在1941年时相当有限。这也就代表着德国陆军根本没法成为一支完全机械化或者哪怕是摩托化的作战力量。除34个装甲/摩步师外，他们绝大多数在东线部队的装备和在上次战争（即一战）中差不多；步兵使用两条腿行军，炮兵和后勤部队则是靠牲口拉车——第一批入侵苏联的德军部队至少装备了60万甚至75万匹马。为了准备1941年时的侵略，德国人在波兰占领区征用了大量马匹和1.5万辆农用马车。不过草料同样成了一个很严重的后勤问题，尤其是这些欧洲重型挽马需要吃饱肚子才能拉着大炮穿泥过雪；而且此类马匹和德国的火车头一样不能适应俄罗斯的严酷环境，特别是在冬季。[13]

德国不仅存在以上方面的问题，就连为了给部队提供足量装备往往也得东拼西凑。于1940—1941年间新组建的部分部队装备了大量缴获的捷克坦克和火炮，以及产自法国的卡车。比如第6、第7、第8、第12、第19和第20装甲师便主要装备捷克38t型坦克；[14]第3摩托化步兵师、第11和第20装甲师拥有很多法国卡车，尽管这些车辆并不适合长途驾驶，无法满足闪电战进行长途奔袭的要求。[15]另外，德国人更没有能力为入侵苏联时提供侧翼掩护的仆从国军队哪怕象征性地供应一些现代化技术装备——结果就是这些仆从军根本没有为苏德战争中作为主流的高强度机动作战做好准备。

德国人在占领的西欧和中欧通过征用商用卡车的方式弥补了车辆不足，但由于缺乏相应的零配件、指导手册和工具，这些车辆的故障率相当惊人；即使是那些装备德制车辆的部队也没有足够的维修能力来应对这样一场大战。与普通汽车不同，坦克和装甲车辆是很复杂的技术装备，出现机械故障（的概率）更频繁，还需要对其进行大量的维护保养工作。对德制坦克的不断改进更是意味着每个坦克营/连皆存在各种不同的型号，而且其零配件往往不能通用——有一次统计（的数据）表明德军入侵苏联时装备了2000多种车辆、170多型火炮、73个型号的坦克和52个型号的高射炮。[16]备用零件和受过训练的维修人员总是处于极端匮乏中，而且很多需要大修的车辆都必须送回德国国内的工厂（至少在头半年如此）。甚至在1939年波兰战役那相当有限的路程里还曾出现因过度使用装甲部队，导致整整一个摩托化军需要大修（但未及时修理）而到战役末期集体趴窝的场景。而在俄罗斯的欧洲部分，战场范围还要比波兰大得多。[17]一些在1941年6月进攻苏联的部队（尤其是南方集团军群部队）曾经于春季参与巴尔干战局（斯大林鼓动南斯拉夫发起反德政变后）。两次行动

（入侵波兰及进攻苏联）之间他们当然有空修理装备，然而在进入辽阔的俄罗斯平原前，其备用零件和坦克履带肯定都已经用得差不多了。

简而言之，德国国防军是支典型的西方军队，他们的目标在于利用机动优势发起进攻并赢得速决战——必须速胜，否则一切都是一场空。

"巴巴罗萨"行动

为了快速取胜，德国人打算在新的苏波边境线附近实施一系列包围战以歼灭苏军主力，使其无法后撤并重整旗鼓。考虑到后来对此战役目标存在一些争论，我们有必要首先回顾一下德国陆军总司令部（Oberkommando des Heeres，缩写为OKH，有别于国防军统帅部——OKW）起草且经过希特勒修改的最初方案。[18]尽管早在1940年夏就开始紧急起草，但第21号指令——"巴巴罗萨"方案直到1940年12月18日才正式发布。该指令显然更重视消灭红军，而非实现某一特定的领土或政治目标：

> "装甲矛头应果敢作战，楔入敌深远纵深，歼灭部署在俄国西部地区的俄国陆军（即红军）主力，阻止其尚有作战能力的部队撤至本国纵深地区。
>
> "然后，务必快速追击以形成这样一条战线——俄国空军从该线出发将不再能攻击到德意志帝国的领土。" [19]

在两周之前的一次会议上，希特勒已经明确指出，与摧毁苏联武装力量相比，"莫斯科无关紧要"。[20]按照元首的意思，指向莫斯科的（中央）集团军群应当足够强大，可以依靠自己的力量转向北面；至于到底是突进至莫斯科还是莫斯科以东地域，这要等消灭了南北两个预期的合围圈中的敌军后再做决定。要点在于不能让苏联人建立起后方防御阵地。[21]

德国人预判苏方遭到攻击后会迅速瓦解。其中有部分原因在于本国政府官员和军官中普遍存在的一些错觉，即不仅低估了红军的战斗力，还因为自己仇视共产主义就认为一旦德军发动侵略，同样憎恨苏维埃政权的该国人民就会将其抛弃。然而，哪怕有大量苏联人的确心怀不满，但德国人还是严重低估了这些人民对祖国的热爱和认同，也没能发现该国军队拥有在一线部队被歼灭的同时以相同速度组建后备部队的能力。只有到1941年末，当红军和苏联政府都没表现出崩溃的迹象时，德国人这才萌生出了在冬季来临之前攻占莫斯科以使对手放弃抵抗的念头。

为消灭红军，希特勒在东线集中了相当于152个德国师的兵力，其中有19个装甲师和15个摩步师（内含党卫军的3个摩托化师、3个摩托化旅/团）。（相关战斗序列见表3-1，作战编成和实力见附录表1和表2）

这些德军装备了3350辆坦克、60万辆车辆、60万匹马、7146门火炮和2770架飞机。在其南北两面分别有罗马尼亚和芬兰军队配合进攻，另外还有来自匈牙利和斯洛伐克等国的少量仆从军。[22]东线的最高指挥机构是陆军总司令部，而国防军统帅部指挥其他所有战场。（东线）侵略军共有300多万德军和超过65万仆从军。德军计划将这些部队分为处在最北方的挪威集团军，以及从波罗的海到黑海的北方、中央和南方集团军群。四者各由一个航空队进行空中支援。陆军元帅费多尔·冯·博克指挥的中央集团军群担任主要突击力量，下辖有4个装甲集群中的2个（第2和第3集群）。这两个装甲集群将在明斯克会师，形成本次战役中第一个重要的包围圈。如此一来，德军进攻力量的主力就被放了普里皮亚季沼泽的北面，后者凭借难以通过的地形将战区分割为南北两块；1941年春季的大雨甚至使这些沼泽变得更加危险。

俄罗斯欧洲部分幅员辽阔，远远超出了德军补给和维护体系在先前各次战役中所面对的情况（即距离），给他们有限的汽油供应造成了巨大消耗。更要命的是，这里只有总长为64375公里（约40000英里）可全天候通行的硬质路面公路。

1940年11月12日和15日，德国陆军总军需长爱德华·瓦格纳少将（Edouard Wagner）向陆军总参谋长弗朗茨·哈尔德上将提交了一份后勤评估报告。事后看来，这些评估都非常准确。瓦格纳估计陆军的燃料最多足以推进500~800公里（300~500英里），食品弹药可以支撑作战21天；[23]随后，他推断陆军必须暂停几个星期来补充给养，并依靠缴获的苏联铁路网才能实施更深远的穿插。整个苏联只有82000公里（51000英里）长的铁路，而且全部使用比德国和东欧更宽的轨距。瓦格纳（正确地）预计侵略者（即德军）将无法获得大量苏联车皮，必须通过战俘和当地劳工重新铺设铁路，以便那些使用欧洲轨

表3-1　1941年6月两军战斗序列

轴心国军队	苏联军队
挪威集团军 （尼古劳斯·冯·法尔肯霍斯特上将）	北方面军 （M.M.波波夫上将） 第7集团军
芬兰集团军	第14集团军
	第23集团军
北方集团军群	机械化第1和第10军
（陆军元帅威廉·冯·莱布）	西北方面军
第16集团军	（F.I.库兹涅佐夫上将）
第18集团军	第8集团军
第4装甲集群（3个装甲师、2个摩步师）	第11集团军
	第27集团军（位于东面400公里处）
	机械化第3和第12军
	空降兵第5军
中央集团军群	西方面军（D.G.帕夫洛夫大将）
（陆军元帅费多尔·冯·博克）	第3集团军
第4集团军	第4集团军
第9集团军	第10集团军
第2装甲集群（5个装甲师、2个摩步师）	第13集团军（只有司令部）
第3装甲集群（3个装甲师、3个摩步师）	机械化第6、第11、第13、第14、第17和第20军
	空降兵第4军
南方集团军群	西南方面军
（陆军元帅卡尔·鲁道夫·格尔德·冯·伦德施泰特）	（M.P.基尔波诺斯上将）
第6集团军	第5集团军
第11集团军	第6集团军
第17集团军	第12集团军
第1装甲集群（6个装甲师、2个摩步师）	第26集团军
罗马尼亚第3集团军	机械化第4、第8、第9、第15、第16、第19、第22和第24军
罗马尼亚第4集团军	空降兵第1军
	南方面军 （于6月25日组建，由I.V.秋列涅夫大将指挥） 第9集团军
	第18集团军
	机械化第2和第18军
	空降兵第3军
	大本营预备队（展开中） 第16、第19、第20、第21、第22和第24集团军
	机械化第5、第7、第21、第25和第26军

资料来源：

霍斯特·博格（Horst Boog）、于尔根·弗尔斯特（Jürgen Förster）、约阿希姆·霍夫曼（Joachim Hoffmann）、恩斯特·克林克（Ernst Klink）、罗尔夫-迪特尔·米勒（Rolf-Dieter Müller）、格尔德·R.于贝尔舍尔（Gerd R. Ueberschär）著《德国和第二次世界大战》第4卷《攻击苏联》（Das Deutsche Reich und, der Zweite Weltkrieg: Der Angriff auf die Sowjetunion）英文版《Germany and the Second World War, vol. IV, The Attack on the Soviet Union》（英国，牛津，克拉伦登出版社，1999年——Oxford: Clarendon Press, 1999）第222～224页。译者为迪安·S.麦克缪里（Dean S. McMuriy）、埃瓦尔德·奥泽斯（Ewald Osers）和路易丝·威尔莫特（Louise Willmot）。摘录《苏军的战斗编成》第1卷《1941年6—12月》【Боевой состав Советской Армии：ЧАСТЬ I（июнь-декабрь 1941 года）；莫斯科，伏罗希洛夫总参军事学院，1963年】第7～14页。

备注：

集团军群和陆军总司令部预备队内也编有大量机动及步兵部队。每个集团军群还有3个用于后方警戒的师。罗马尼亚军队在收复苏联夺取的本国领土后就改成了由德军指挥。

距的火车可以继续为陆军提供补给。[24]与此同时，正在不断推进的作战部队与铁路终点之间就存在着巨大的（距离上的）空缺。这样看来，哈尔德的主要突击方向——莫斯科正西方——与希特勒倾向的南方目标相比由于无法提供什么给养，因此价值不大。哈尔德认为一个成功的后勤体系需要增加汽车运输，并加强对填补战斗部队与铁路节点之间空缺的相关管理。然而如前文所述，德国陆军严重缺乏用于战斗部队的汽车，也缺少汽油产品；另外，后勤人员估计卡车运输的最大有效距离为来回300公里（180英里），一旦超出这个距离，卡车消耗的汽油量便会超过运送量。[25]

12月初，哈尔德的副手、第一军需长（即作战部长）弗里德里希·保卢斯进行了一次兵棋推演，以检验战局中的一些预案。和其他的战争筹划者不同，保卢斯预计苏联人可以在从西伯利亚调兵的同时新组建40个师；再考虑到俄罗斯欧洲部分的广阔地域，这意味着在德军深入苏联的过程中，侵略者们很快就会发现自己面对防御方时很难再维持战斗力方面的优势。不过鉴于当时的乐观气氛，保卢斯没敢向上级说明他的担忧。[26]

从某种程度上讲，德国筹划者希望（苏联）公路和铁路的匮乏能变成优点，因为这也会使苏军主力无法在被包围前向东方撤退。但事实证明德国情报分析人员过分强调了红军在前沿地带的集中程度，原因一部分在于他们对敌人的无知，一部分在于苏联人为了吓阻德军的进攻而精心策划了更多部队非正常靠前部署的欺骗性举措；更重要的是，这些分析人员对苏军在第聂伯河以东组建了很多集团军作为预备队，以及新建的机械化军都一无所知。[27]

德国人对于自己任务的无知甚至延伸到了地图上——他们的地图并没有反映出苏联欧洲部分的人口增长和城市化。不过，尽管德文和俄文字母有所不同，但这些德国指挥官还是很快就学会了如何使用缴获而来、准确得多的苏制地图。[28]

陆军总司令部在12月1日的简报中提交了关于如何实施德军粗略战略的战役思想。陆军总参谋长哈尔德试图说服希特勒将战役目标放在苏联的政治中心莫斯科，而最终目标是控制阿尔汉格尔斯克到伏尔加河一线以西区域。自信于德军能够征服一切他所想要目标的希特勒对此不置可否，反而强调了要在红军撤退之前将其歼灭，然后占领南北两翼的经济要地，比如乌克兰的核心农业区和波罗的海沿岸工业区。结束最初的边境交战后，德军三个集团军群竟然有三个互相偏离的推进方向——北方集团军群指向列宁格勒，中央集团军群指向莫斯科，南方集团军群指向基辅。无论希特勒还是陆军的筹划者都判断德国陆军拥有足够力量，担负主攻任务的中央集团军群还可以定期分兵支援两翼的合围战。[29]

这样，"巴巴罗萨"行动从一开始便存在着因兵力分散而无法同时吃掉所有目标的风险。德国领导人并未明确规定预想的终止状态，而达到这一状态的手段——机械化合围战（的要求）也很快超出了德军的后勤补给能力。

红军，1941年

如前两章所述，1941年时的红军正处于极度混乱中。尽管其战略已修改为防御性质，但相关军事思想和部队部署仍然呈现出了图哈切夫斯基和特里安达菲洛夫所创立进攻性大纵深战役理论的特点。与德国人不同，苏联人在强调反攻和反突击（Контрудар）重要性的同时还多多少少发展了一些防御思想和步骤。其基本思想是使用国境筑垒地域迟滞进攻者，迫使其展开部队，以便己方主力发动反击。可惜苏联人拆除了原苏波国境线上的地雷、带刺铁丝网和火炮阵地，以在1939年时新占领土地（所谓"特别军区"）上设置20个新的筑垒地域（然而到1941年仍远未完工）。[30]

作为防御一方的苏联人也和德国筹划者那样面临着很多相同的后勤问题。尽管在两次世界大战期间付出了很多努力，但苏联西部的铁路网还是与1914年的俄罗斯帝国一样无法满足将内地部队快速动员并投送到边境的需要。苏联参谋军官们唯一能想到的办法是在冲突爆发之前便将部队和补给集中至靠近边境的地方，不过直到战争爆发，这一过程都还在进行中。铁路方面的限制就足以解释红军和红空军为什么会摆出一个看上去是如此具有侵略性甚至稍微莽撞的靠前部署阵势来了。

由于大清洗影响，苏军严重缺乏训练有素的指挥参谋人员来实践官方军事思想。尽管军队中有少量参加过对日本或芬兰战争的优秀指挥员，他们却没有德国国防军军官团的经验与自信。与愿意发挥下级主观能动性的德国人不同，红军的领导层知道任何独立做主的迹象都可能引来杀身之祸。虽然像朱可夫之类的部分人愿意承担风险并让结果来验证自己的决定（是否正确），但很多人还是更倾向于不顾现场形势和地形照本宣科。此外，为了避免犯下丢失国土的大错，无论在进攻还是防御中，苏军常常会把兵力均匀分布在整条战线上，而非将其集中在最需要的地方。

有才能的领导干部的缺乏加剧了红军官兵中独断专行和小偷小摸的现象，政府对马克思主义理论的强调更是加速了"无产阶级"与农民的阶级分化，加之不断扩军和动员造成的人事变动——早在苏芬冲突之前，这些问题就严重降低了很多部队的士气和凝聚力。[31]

虽然苏军并没有为战争做好准备，但出于种种原因，他们仍然将兵力部署得过于靠近新国境线。除了铁路会限制部队的快速投送外，还有个原因就是莫斯科决心保卫苏维埃的每一寸国土。另外，基于1914年时的经验，苏联军事理论家们认为在发起大规模军事行动前至少会有两个星期的准备时间；然而这一理论并未考虑到德军攻击波兰、丹麦和挪威时都没有出现任何征兆。到1941年春，他们早已逼近苏德国境线，彻底消除了1914年时尚且需要的动员时间。实际上红军已经没有任何时间来对敌人的进攻迹象做出反应。[32]虽然存在以上这些问题，但从1941年4月起，斯大林便不再将赌注完全压在战争不会爆发上，而是采取了一系列谨慎措施，还动员了大量兵力，最终打破了德国速胜的企图。（详见本章"苏联的计划"一节）

　　1941年时，斯大林最担心的一种情况就是德军并不发动全面入侵，而是只夺取某一小块突出部来挑衅苏联。这种担心让苏军更倾向于在国境线上实施绵亘的正面防御，而非采取国内战争时期使红军相当高效的机动作战。尽管在1941年春总算做了一些工作，可直到德军发起进攻，苏联的新国境防御布置都远未完成——负责保卫这些阵地的师被分散于整条边境线上，前线步兵部队在距离国境80公里（50英里）处驻扎着；为避免激怒德国人，边境实际上是由内务人民委员部边防军的少量兵力把守——到6月22日，苏军的多处前沿防御阵地在还没来得及派人把守的情况下就被（德军）突破了。

　　作为防守方的苏联人与其对手一样存在着诸多后勤方面的问题，但在自己熟悉的土地上作战也有无与伦比的优势，而且还可以撤向己方的补给基地。在俄罗斯的冬季远未到来之前，人们就发现苏军士兵只需要比其他国家士兵少得多的补给即可坚持生存和战斗。随着战火持续向东蔓延，苏军补给线变得越来越短，因而更加易于支持己方部队；与此同时，德军的交通线却越来越长，另外他们还需要处理数百万被俘的敌军和平民。当然，这其中也有一个问题，那就是苏联绝大部分基本的战争工业都分布在莫斯科以西。尽管苏联人已经将数百家工厂东迁至乌拉尔地区，但关键的矿产资源却没法搬走，这无疑导致了1941年（苏联）战时生产量的骤然下降。另外，很多位于前线的苏军补给站还没来得及疏散或将库存发给己方部队便被快速推进的德军占领了。[33]

　　虽然从纸面上看红军规模庞大（详见表3-1），兵力结构似乎同样说明了他们的强大，实际上却相当笨拙不堪；而且正如他们在1938年到1940年所表现出的那样，各级指挥机构存在的问题也十分严重。

　　首先也是最重要的一点就是，红军没有像德军装甲集群那样可以独立实施大规模突破任务的编制。如前文第二章所述，苏联机械化军的编制过于死板和笨拙，无法与机动灵活的德国摩托化军（后被改编为装甲军）相媲美。每个机械化军以2个坦克师为核心，每师编有10940人和375辆坦克，下辖2个坦克团、1个搭乘卡车的步兵团和若干（以营为编制的）侦察、反坦克、防空、工兵及通信部队。[34]这些师的构成很不均衡，尽管为此机械化军还添加了1个摩步师和各种支援分队，使其总数达到36080人，但坦克的数量与其他兵种相比仍然显得太多了。[35]

苏联大部分已有的机械化军都呈分散布置状态，同一军中的下辖各师相距甚至多达100公里。另外，有些机械化军仍隶属于步兵集团军，被用于支援步兵军实施局部反击；其他同类部队则是用于在方面军指挥下参加主要的反突击任务。这样一来，机械化部队在地理分布和组织上就被拆散了，很难集中起来实施集团军以上级别的反击——尽管他们应该参与独立纵深战役，但分散配置的兵力和糟糕的后勤结构使得这几乎是不可能完成的任务。

这些机械化军之间的实力差距也很大——有的在装备数量上相当可观，比如驻于立陶宛的机械化第3军拥有669辆坦克，其中的101辆是新式KV-1重型坦克或T-34中型坦克；部署在利沃夫、归属西南方面军第6集团军指挥的机械化第4军则装备了979辆坦克，其中有414辆KV-1或T-34。[36]其他的军，尤其是那些远离边境线的便相当弱了。[37]比如西方面军第4集团军下辖的机械化第14军只有528辆老旧的T-26轻型坦克、6辆BT系列轻型坦克和10辆T-37A/38/40轻型两栖坦克，而按照编制他们应该有1031辆重型和中型坦克。[38]西南方面军的机械化第19军只有不足编制数70%的干部和区区450辆坦克，其中仅有7辆是现代化型号，余者皆为轻型的T-26或T-37A。[39]此外，该军绝大部分轮式车辆都是征用而来的民用型号；而当战争爆发时，他们有150辆卡车无法开动，所辖2个坦克师中的摩托化步兵团不得不徒步行军193公里（约120英里）投入战斗，这也使得那些还能用的坦克必须降低速度（来等待步兵）。[40]新型坦克的数量还是太少（仅有1861辆KV-1和T-34，仅占编制需求量的6%），就连那些齐装满员的机械化军同样是不同型号车辆的大杂烩；[41]加之零配件的紧缺，维护保养情况变得异常复杂；另外，苏军在无线电通信、后勤补给和驾驶员训练上依然问题严重，这便使得他们在遭到德军突然袭击、一片混乱的情况下几乎不可能协调动作，以组织有效的防御。

苏军步兵的编制从表面上看和德军差不多，每师编有14483人，下辖3个三营制步兵团，还有2个炮兵团及其他勤务兵种。3个步兵师再组成1个步兵军，一般2~3个步兵军加1个机械化军可组成1个野战集团军。但很可惜，实际上哪怕到了战争前夜，红军的兵力仍然严重不足，大多数师都只有8000人甚至更少。这些师严重缺乏机枪、120毫米迫击炮、高射炮，更不要说相应的弹药。[42]1941年5月末，苏联政府试图通过额外征召80万预备役人员和让各类军事院校的学员提前毕业来解决这个问题；不过到战争爆发时，这些新补充人员才刚刚进入自己的部队。

从纸面上看，1个1941年编制的野战集团军应该由3个步兵军（各有5个师）、1个机械化军，以及数个独立炮兵和工程兵团组成。实际上，这其中很多是只包含有6～10个师的2个步兵军，外加1个不满编的机械化军，以及很少的维修或火力支援部队。

为这些野战集团军提供支援的后勤基地更是不堪。[43]负责此类"后方勤务"的总参谋部没能在新取得土地上建立起有效的组织结构——这意味着他们不仅无法较好地补给前线部队，甚至都没有机械设备抢在德军杀来之前转运现有的补给。

在希特勒和陆军总司令部设想的短期战斗中，德军相较苏军不仅有明显的质量优势，甚至还有数量优势。但是，如果第一次猛攻不能使共产主义政权垮台，后者就会爆发出完全超越侵略者的潜力来。除可以将大量部队从西伯利亚和远东调至欧洲外，1941年的红军也已经开始接收性能明显优于德军所有已装备和在研型号的新一代T-34和KV-1；而侵略者对此几乎一无所知。此时，德军很多装甲部队使用的是III号或IV号中型坦克，这两种第二代坦克虽然性能可靠，却只能与轻装甲的苏制T-26和T-37A坦克相抗衡。1941年时，德国人还给所有III号换装了中等（炮口）初速的50毫米主炮，不过IV号仍在使用低初速75毫米炮。这两种火炮都没有足够的动能来击穿苏联最新坦克的厚重前装甲，而侵苏德军步兵师所装备的德制37毫米和缴获的法制47毫米反坦克炮也同样无能为力。但德军在大口径反坦克枪上占有优势，尽管这些武器不能击毁新式苏制坦克，却至少可以击穿轻装甲的装甲人员输送车和那些老式坦克。[44]

与德国坦克相比，T-34更重（达26.5吨，IV号为25吨）、更快（时速为50公里，IV号为38公里）、火力更强（配有一门76.2毫米高初速火炮）。47.5吨重的KV-1坦克装有相同型号火炮，几乎可以无视德军除著名的88毫米高平两用炮（由德国空军操作）之外的任何武器。不过苏军的坦克很少装备无线电，这使得部队在战斗中即使可以互相指挥和控制，但具体过程也都相当困难。考虑到德军步兵单位中反坦克武器十分稀少，这两种新型坦克无疑将成为他们的梦魇。大部分KV-1和T-34坦克被分配到了驻于边境的5个机械化军中，超过半数是由基辅特别军区的机械化第4军和西部特别军区的机械化第6军装备；剩下约300辆被平均分给了机械化第3、第8和第15军。而其他军就普遍缺乏新式坦克了，加之训练和后勤方面的问题，使其战斗力大打折扣。[45]然而可以预料的是，德军在遇到苏军大量新型坦克时一定会大惊失色。

空军对比

苏德两国空军的优势和缺点与其地面部队十分相似。如本国陆军一样，德国空军尽管在不列颠之战中损失了一些久经沙场的飞行员和空勤人员，但在空中作战经验方面还是有着巨大优势。用于支援"巴巴罗萨"行动的2770架飞机占到了德国空军一线飞机总数的65%。为避免泄露意图，直到发起进攻前几周，很多飞机都还留在西线继续对英国实施空袭。梅塞施密特Bf-109f战斗机设计非常出色，然而其他（类型）的德制飞机很快就会过时——特别是有名的Ju-87"斯图卡"俯冲轰炸机，它速度缓慢（时速约314公里），只能在敌空军不起作用的环境中生存。一开始，德军利用空袭充分夺取了制空权，使得"斯图卡"可以大胆出击，但这种情况不可能永远持续下去。德军的主力轰炸机——道尼尔Do-17和容克Ju-88——已经在不列颠之战中暴露出了航程和载弹量上的不足；而Ju-52运输机尽管皮实可靠、用途广泛，却也在航程和载重量方面有很大的局限性。

德国的工业未能完全补充军队在不列颠之战中的损失，事实上德军1941年时的轰炸机比上一年春少了200架；同样，发生于1941年5月的克里特岛空降作战也使德国伞兵和运输机蒙受了惨痛损失——146架Ju-52被击落，还有150架遭重创。[46]这样一来，加上只能在临时建成的前线野战机场起降，德军飞行员便很难在辽阔的俄罗斯欧洲部分天空中有效掌握制空权或实施空中进攻了。此外，德国空军基本上还是一支战术力量，只适合用于支援短期地面进攻而不能持久实施大纵深空中战役。

工农红军空军（Военно-Воздушные Силы РККА，俄文中"空军"缩写为ВВС，英文为VVS）有着很多和红军一样的问题，对德国空军的直接威胁相当有限。[47]它虽然是世界上规模最大的空中力量，拥有10743架飞机（共9099架可用），其中10266架是作战飞机（共8696架可用），但大都属于过时货色，已经超出了使用寿命，而且故障频发。[48]大清洗使飞机制造和设计队伍也像空军指挥员们那样遭到了沉重打击，这让苏联在航空领域的领先地位不复存在。至少就有一位设计师因试验机坠毁而被扣上"从事破坏活动"的罪名遭到枪决，很多工程师也被丢进了监狱中的设计所继续工作。

　　尽管存在各方面的限制，一些新式苏联飞机（比如高速的米格-1、米格-3歼击机和性能卓越的伊尔-2强击机）与德国机型相比仍然毫不逊色。这些飞机到1941年春才服役，很多部队都是新旧型号混合装备。由于空军的快速扩充加上对受过训练的领导干部、飞行员、管理人员及机械师的清洗，大约有25%的航空兵团实际只是存在于纸面上。在飞机一旦失事便会导致指挥员被扣上"从事破坏活动"的罪名而遭逮捕的大环境下，空军领导们对于训练飞行员适应新机型和进行夜间飞行非常谨慎。在1941年前三个月里，波罗的海沿岸特别军区的飞行员平均只有15.5个飞行小时的训练经验，那些在基辅的甚至只有4小时。到6月22日，2800名飞行员中只有932人完成了换装训练。[49]很多地面部队成员和飞行员并不熟悉新型飞机，在战争爆发后甚至出现过错误地朝己方飞机开火的情况。

　　红空军还存在大量其他问题，其中许多是在大扩军时出现，比如军械和零配件数量的严重短缺。鉴于苏联国境线前移，需要建设大量新的空军基地，但其中很多并未配置条件良好的补给和防护设施。修得最好的机场往往在最西面，因此常常会第一批落入敌手。很多航空兵团也都没有进行过疏散飞机、转场或组织歼击机与被护航轰炸机协同行动的相关演习。

　　苏联空军部队还被拆分开来，分属给了不同的指挥机构。有些航空兵师被用于支援特定的陆军集团军或方面军，其他师则直属总参谋部，还有一些师负责区域国土的防空任务。在初期一片混乱、通信和指挥链中断的情况下，这种无法统一指挥的体系使得在关键地域组织空中力量进行反击变得十分困难，何况1941年时的苏联飞机中本就很少装备有无线电。

　　红空军在领导层面的问题导致了20世纪30年代在西班牙，以及1941年在战争初期僵化战术的盛行。苏军轰炸机近乎顽固地坚持从2400米高度发起进攻，这对精准投弹来说显得过高，但对那些杀过来的德军战斗机而言又太低。个别苏联歼击机飞行员多次撞击德国飞机，表现出了极大的勇气，可他们的战术过于保守，根本无法与惯于格斗的对手有效抗衡。

苏联的计划

尽管红军和红空军存在着这样那样的缺陷，苏联军事计划制订者们还是坚信他们能在第聂伯河一线之前就阻挡德军所有攻势，然后迅速转入战略反攻。

1940年7月，总参谋长沙波什尼科夫批准了华西列夫斯基少将的作战计划。该计划认为进攻会由德军发起，并得到来自意大利、芬兰、罗马尼亚（可能还有匈牙利和日本）的支援。敌军共有270个师，其中233个集中在苏联新的西部国境线上。华西列夫斯基认为德军的主力——123个步兵师和10个装甲师——将集结于普里皮亚季沼泽的北部，目标是明斯克、莫斯科和列宁格勒。因此他主张将红军主力部署在这一地区。[50]

国防人民委员铁木辛哥可能预感到了斯大林不喜欢这份计划，因而将其驳回。1940年8月，梅列茨科夫在担任总参谋长时又让华西列夫斯基和总参其他人员一起制订了新方案。第二份草案有两个备案，主要是根据政治形势决定到底将军队主力部署在普里皮亚季沼泽的北部还是南部。10月5日，斯大林审阅这份草案，他没有公开反对北部方案，但做了备注，指出希特勒最可能想要的目标是乌克兰的粮食、顿巴斯的煤及其他矿产资源。据此，总参拟好了新计划并在1940年10月14日得到批准，该计划将部队重点集中到了西南方向上。经过少量修改，这一计划就成了"41年国防计划"[①]和相应"41年动员计划"（MP-41，即МΠ-41）的基础。

41年国防计划将171个师沿新国境线依次配置于3个地带（或者说是战役梯队）。[51]第一梯队作为掩护力量，其57个师中每师均有长达70公里的国境线需要防守；另两个梯队集结了规模更庞大的部队，各有52个和62个步兵师，俄罗斯欧洲部分20个机械化军的绝大部分也驻于其中。所有上述部队平时隶属于苏联西部的各军区，由其进行管理；一旦战事爆发，以上军区会被改编为5个集团军群司令部，名为"方面军"。这些方面军是基于和平时期分界线而分布的，因此并不能直接对应德军的3个集团军群。比如列宁格勒军区在改编后是

---

① 译者注：英文缩写为DP-41，但未找到相应俄文资料。

北方面军，他们既要防御当时北面的芬兰人，后来还要抵抗西面的德国北方集团军群。

在前线三大防御地带的5个方面军后方，苏军还以另外5个野战集团军建立了第二战略梯队（详见后文对斯大林关于1941年4月起转入动员的论述）。1941年6月，这个未来的后备方面军开始集结在第聂伯河和西德维纳河一线，然而直到战争爆发时仍远未满编[①]。实际上，由于缺乏铁路和公路，这些集团军很难支援在一线的各方面军。如此的部署风格体现了苏军大纵深梯次配置的原则，但事实上德国情报机关在战前对此一无所知。不过相关集团军和很多前沿部队直到4月末才开始展开——正因如此，即德军发起进攻的同时苏军还处于编制、领导层、技术装备及军事学说的转型期，他们也刚好打在了后者变更部署的节骨眼上。

苏联的防御者们完全错误估计了形势，不仅将部队部署得过于靠前，而且希望敌军的主攻方向是在普里皮亚季沼泽南面。20世纪60年代，当人们喜欢将所有错误都归咎于斯大林的时候，很多回忆录均宣称这位独裁者驳回了其军事顾问的正确建议；但从长远来看，他坚持希特勒对经济资源更感兴趣的看法是正确的。斯大林的指挥员们显然也赞成他的兵力部署，因为他们希望可以用西南方向的部队反击自北面入侵德军的侧翼，甚至1941年2月时接任总参谋长之职的朱可夫同样没打算改变这一想法。这样一来，红军便错误地将其主力集中在了西南方向，而德军机械化部队主力的进攻地点却在北面。[52]

苏联先发制人的问题

1985年起，从苏联叛逃到西方的弗拉季米尔·波格丹诺维奇·列尊（Vladimir Bogdanovich Rezun）化名"维克多·苏沃洛夫"发表一连串文章，将1941年的事件做了一番完全不一样的解释。根据他的说法，斯大林本打算挑起战争，利用希特勒击败西方列强的机会实施迟迟没有爆发的无产阶级革命。苏沃洛夫列举了很多论据，其中包括斯大林要求红军军官做好进攻战役准

---

① 译者注：后备方面军组建于1941年7月14日，由6个集团军组成，司令为波格丹诺夫中将。后于25日撤销，相关部队被编入了西方面军和朱可夫大将的预备队方面军。

沼泽

丘陵

山脉

苏维埃社会主义共和国联盟

斯大林格勒

罗斯托夫

沃罗涅日

别尔哥罗德

哈尔科夫

库尔斯克

图拉

莫斯科

加里宁

勒热夫

别雷

布良斯克

斯摩棱斯克

大卢基

维亚济马

明斯克

列宁格勒

赫尔辛基

塔林

爱沙尼亚

拉脱维亚

里加

科纳斯

立陶宛

柯尼斯堡

东普鲁士

西北方面军

西方面军

西方面军

西南方面军

基辅

敖德萨

罗马尼亚

主要突击 2

主要突击 3

60~90 个步兵师
1~2 个装甲师

但泽

华沙

波兰

克拉科夫

主要突击 1

135~160 个步兵师
14 个装甲师

捷克斯洛伐克

布达佩斯

匈牙利

南斯拉夫

贝尔格莱德

日托米尔

瑞典

斯德哥尔摩

丹麦

哥本哈根

德国

柏林

布拉格

奥地利

维也纳

意大利

慕尼黑

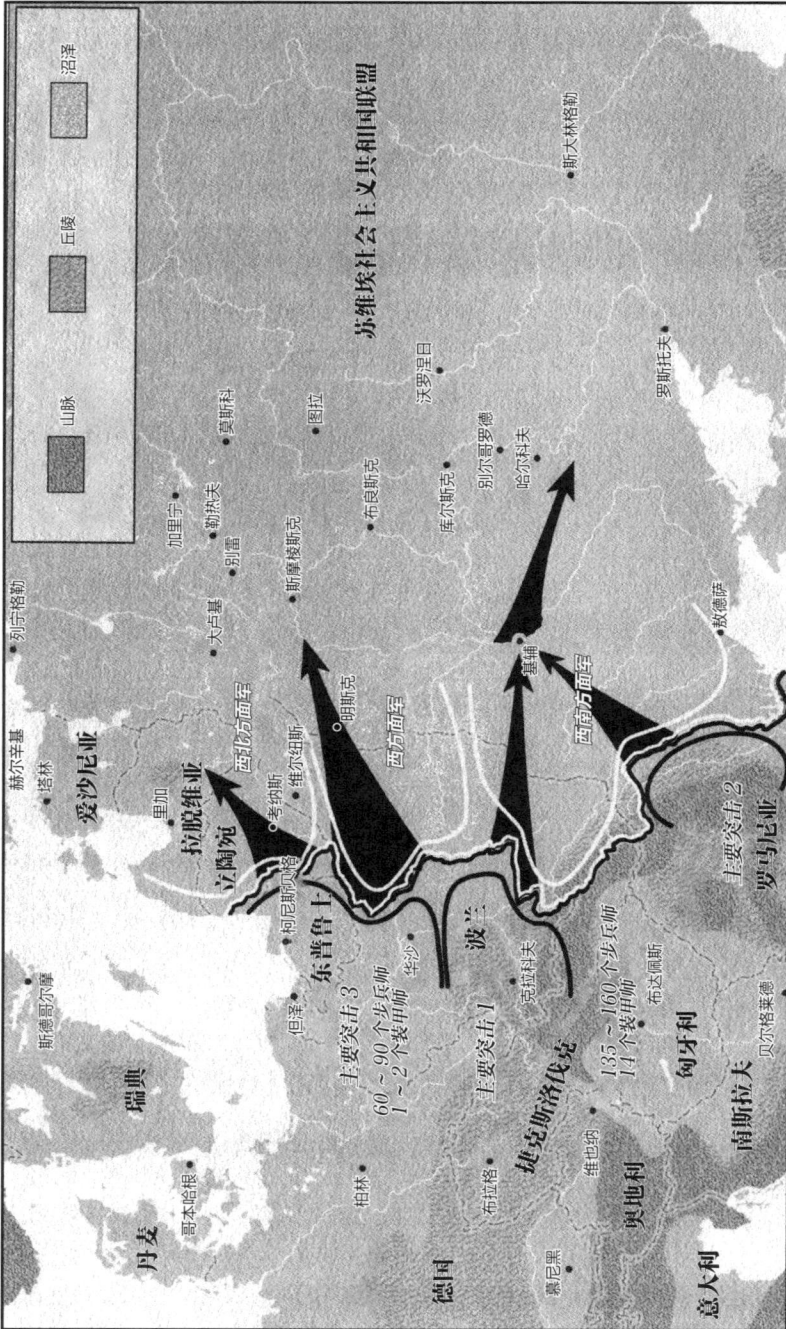

战场形势图 3：威胁评估和动员计划，1940 年 10 月

备的演说，以及苏军编有空降兵和机械化部队等进攻性力量的事实。按他所说，"巴巴罗萨"行动之所以进行得如此顺利，很大程度上就是因为苏联人当时在调整军队部署，准备对德国发动突然袭击。这本书的名字叫《破冰船》（Icebreaker），因为根据苏沃洛夫的说法，苏联领导人正是在怂恿和操纵希特勒作为削弱西方资本主义的"破冰船"——这一论点显然迎合了反共阴谋论者的口味；而德国的辩护士们也发现他的观点很好用，因为这样一来希特勒的侵略行径便转而成为自卫反击了。[53]

苏联的信条无疑一直在说要发动进攻，鼓舞工人们起来反抗资本家，然后"解放"资本主义的欧洲。然而斯大林无论如何还是希望等德国精疲力竭，红色革命出现可能性之后再进入战争状态。[54]同样，如前所述，红军的理论和组织有进攻倾向只是为了确保未来战争发生在别国而非本国领土上。这种倾向或许已经让斯大林和他的将领们变得过于自信，直到朱可夫在5月发觉德国的威胁即将来临（见下文）。[55]这样说来，实际上并没有确凿证据能证明德国人或苏联人认为苏联会在1941年首先挑起战争；恰恰相反，本章已经指出双方都很清楚红军和红空军的缺陷和战备不足。德国迅速战胜英法让斯大林大吃一惊，使他不得不提早对抗这个意识形态上的死敌。另外，德国人早在1940年中期就开始准备侵略苏联，这甚至远远早于苏联的任何备战迹象。

苏沃洛夫唯一可以拿来说事的只有斯大林于1941年5月15日或之后不久收到的一份提案（предложение）。[56]这份来自朱可夫的提案标题为《给人民委员会主席的关于苏联武装力量的战略部署计划的报告》，并说服了铁木辛哥也在文件上署名。朱可夫主张先发制人，时间最好是在1941年7月中旬，这不是为了实现红色革命的政治目的，而是为了通过破坏性进攻打乱正在逼近的侵略威胁。这份半成品计划反映了德军会将主攻方向放在普里皮亚季沼泽南面的主流观点。随后他建议用152个师歼灭德军在波兰展开的大约100个师；西南方面军将穿过波兰南部把德国人与其南方盟友分割开来，西方面军则对付德军主力并最终占领华沙。

可当时红军面临诸多问题，这样一次进攻简直是场铤而走险的赌博。朱可夫至少应该已经意识到苏联的铁路网无法维持长期力量投送，这便让人感觉他的提案更像是一份仓促之作，而非深思熟虑的突袭计划。[57]如果真像某些观察人士所言，斯大林有可能并不完全清楚红军战备不足的程度，但他至少应当知道前沿地域急缺油料弹药等物资的情况。因此从可行性方面来看，红军虽然摆出了前沿部署的架势，却不曾真正准备发动进攻。无论长远目标如何，斯大林忽略朱可夫的提案都是正确的。[58]结合上述观点，这个提案和斯大林的不批准并且不支持反而有力驳斥了《破冰船》的论点。不过尽管这个观点漏洞百出，朱可夫的提案很可能还是被纳入了苏联战争计划"DP-41"中，作为一种回击（ответный удар）或反击方案，主要用于西南方向的军事行动。

迹象和预警

关于1941年德军进攻为什么能在政治和军事上取得如此巨大的突然性仍然存在一些疑惑。事后看来，当时已经有足够的迹象表明战争即将爆发。[59]瑞典铁路工人中的共产党员、波兰的抵抗战士和很多特工都报告了东线有大量（德军）部队正在集结；苏联边防军注意到了对面正在加紧运送军用物资、建造前线机场，以及在河流渡口准备船只和浮桥；德国高空侦察机实施了300多次越境侦察，但苏联人只是不停地提出外交抗议而很少采取实质性防御措施；1941年春，德国外国与谍报局①特工和由德国支持的乌克兰游击队频繁出没于苏联西部；从6月16日起，位于莫斯科的德国大使馆撤出了所有不必要人员；到21日，那些在苏联控制下的港口内已无哪怕一艘德国商船。

乍一看，人们很容易赞同斯大林因为固执地对这些迹象视而不见，所以要为苏军惨败负责的标准解释。他也常常被拿来当作典型的"因为怀疑对手进攻动机就无视其拥有进攻能力的领导人"。无疑，斯大林在幻想将战争推迟至少一年以完成对武装力量的重组这个问题上是有罪的。他于整个1941年春都在拼命试图改善防御态势和推迟苏德不可避免的对抗；可与此同时，这名苏联领导人也做了两手准备，命令采取了一些转入动员的措施。

斯大林不愿相信德国会立刻发起进攻还有其他几个原因。首先，苏联担

---

① 译者注：Amtsgruppe Ausland/Abwehr，一战之后，德国为规避《凡尔赛和约》在国防部内设立了保卫组（Abwehrgruppe），"Abwehr"在德文中意为"保卫、防御"，曾被音译为"阿勃维尔"，著名的国际义人（以色列犹太人大屠杀纪念馆认定的、在纳粹种族灭绝中冒着巨大风险拯救犹太人的非犹太人）奥斯卡·辛德勒曾在此工作。

心德国的其他对手——尤其是英国和波兰抵抗力量——为了将莫斯科拉下水而提供假情报。同样，苏联领导人也担心在前线集结这么多部队和加强战备会激怒希特勒，要么发生意外要么授人以口实，结果招来德国人的有限反应，比如要求占领边境上的一块土地或者索要更多的经济援助。这样一来，众所周知直到6月16日，斯大林都还在咒骂那些报告德国即将发动进攻的情报人员是在故意传递假消息。[60]毕竟这位苏联独裁者不是第一个看不透希特勒的欧洲领导人，他相信后者有足够的理智，不会在西线还没击败英国人时又到东线惹事。当然，希特勒本人的逻辑倒是别有一番特色——他认为打垮苏联人才能断绝英国人的最后希望。

　　苏联领导层担心激怒一个理智的德国（或是自己被激怒），这就足以说明为什么他们不断下令禁止苏军向侵犯边境的德方人员和侦察机开火了；这还有助于解释为什么苏联人仍然谨慎地履行着现有苏德经贸协定。斯大林显然希望通过向希特勒提供对德国经济十分重要的稀有物资来消除其立即开战的一大动机。因此，在德军入侵前的18个月里，苏联共计向德国输送了200万吨石油产品、14万吨锰、2.6万吨铬和大量其他物资。[61]不幸的是，如前文第二章所述，制订德国经济计划的人反而觉得占领苏联能攫取更多资源。直到德军发起攻击的几个小时之前，最后一列来自苏联的货运列车仍然越过边境，正在向德国境内隆隆驶去。

　　苏方情报机构没能料到希特勒的计划中还有组织机构上的原因。大清洗既毁掉了苏联的军事指挥体系，也暂停了本国的情报工作，使其无法开展战略分析和预警。只有军事情报机构总参侦察局①基本未受影响。在1940年7月至1941年7月间担任局长的菲利普·伊万诺维奇·戈利科夫中将（F. I. Golikov）

---

① 译者注：Разведывательное управление，总参谋部侦察局，缩写为РУ，1942年2月16日升格为侦察总局（Главное Разведывательное Управление），缩写为ГРУ，音译为"格鲁乌"。习惯上分别将两者译为"总参情报局"和"总参情报总局"，但考虑到该部门的前身曾在1934年被短暂命名为"情报统计局"，文中仍直译为"侦察局"。另外，其外勤人员被称为"侦察员"。戈利科夫之前连续7任领导都被枪决了，有的人是在卸任之后。阿列克谢·帕夫洛维奇·潘菲洛夫于1941年7—9月任代理局长，1941年10月—1942年8月正式担任局长。此后至1945年7月的局长为伊万·伊万诺维奇·伊利乔夫。1942年10月23日，侦察总局划归国防人民委员部，由伊利乔夫领导，负责国外和敌占区情报搜集与破坏工作。总参也成立有自己的军队侦察局（Управление войсковой разведки ГШ），但该局只负责搜集军事情报。由于效果不佳，1943年4月19日，总参军队侦察局改组为总参侦察局，得以领导敌占区的侦察和破坏工作，局长为费奥多尔·费奥多罗维奇·库兹涅佐夫。国防人民委员部的侦察总局只负责国外的谍报侦察。1945年6月，两个局合并为总参侦察总局，库兹涅佐夫担任局长。2010年，俄罗斯武装力量总参侦察总局更名为总参总局（Главное управление Генерального штаба），缩写为"ГУ"，读作"古"。

是一名一线军官而非职业的分析专家。由于缺乏经验，加上斯大林喜欢干掉那些犯颜直谏者，戈利科夫显然被德国人的欺敌行动给骗了。他会按时汇报德国战备的情况，但给这些报告都打上了问号，同时还强调德国一直保持着克制。其他情报官员更是因为害怕惹恼斯大林，所以在报告中也倾向于否定战争爆发的可能性。[62]

德国人的欺骗行动进一步迷惑了苏联人。首先，原本打算登陆英国的"海狮"行动作为"巴巴罗萨"行动的掩护仍然继续进行着。德国国防军统帅部秘密通知苏联人他们于东线集结的部队实际上是为了迷惑英国情报人员，德军需要在远离英国轰炸机和侦察机作战半径以外的地方为"海狮"计划做准备。在1941年6月某期报纸上，德国宣传部长约瑟夫·戈培尔放出了即将入侵英国的假消息。但他很快就大张旗鼓地回收所有已发行报纸，随后更是装出了一副因"过失"而受责罚的样子。

希特勒指示德军摆出一系列防御苏联进攻的架势，这让苏联人愈发不敢放手调动部队。其他大量假情报还显示德军下一步的目标会由瑞典转移到直布罗陀。然后在1941年5月，德国外交部和国防军统帅部鼓动散布谣言，说柏林可能会要求苏联改变其政策或调整本国经济需求。这便让很多苏联指挥员相信开战前德国人会发出最后通牒或者其他外交预警了。[63]

德军于1941年4—5月入侵南斯拉夫和希腊同样为掩盖"巴巴罗萨"行动起到了作用。这次入侵不仅使德军集结于东线看上去合情合理，而且还确实延迟了他们入侵苏联的动作。这样一来，那些正确报告了（德军）原定于1941年5月15日发起进攻的情报人员在这一天平安无事度过后顿时名誉扫地。到6月末，由于如此多的预警都被证明是错误的，因此也就再没有什么能打动斯大林及其顾问们的情报了。

综合看来，苏联在战略上感到震惊是十分值得理解的。要在一大堆自相矛盾的情报和敌人精心散布的假消息之中判断出即将到来的威胁确实非常困难。6月21日深夜，斯大林同意向他的司令们发出一份模糊的预警通知。[64]但不幸的是，由于通信系统过于老旧，很多司令部都没能在德军进攻前收到消息；只有各海军基地和敖德萨军区因为距离前线较远，所以才在德国轰炸机到来前做好了战斗准备。

也有一些指挥员冒着惹恼斯大林的风险采取了自己的预防措施。基辅特别军区司令米哈伊尔·彼得罗维奇·基尔波诺斯（M. P. Kirponos）上将一直与内务人民委员部边防军保持着密切联系，并在德军集结于边境线时就向自己的部队发出了警报。不过类似的主动性只是个例，并非普遍现象。

事后看来，苏联最严重的问题不是被德军达成了战略或战术，而是体制上的突然性。1941年6月，红军和红空军正处于转型期，他们忙于改革组织、更换领导、更新装备、改换训练方法、调整部队部署及修改防御计划。假设希特勒在四年前或哪怕是一年后发动战争，那么德国国防军便很难与苏联武装力量相抗衡。不管是出于偶然还是直觉，这名德国独裁者的确选择了一个绝佳时机，他自己的武装力量仍然接近巅峰状态，而其头号大敌却处于最虚弱之时。这一体制上的突然性才是导致苏军1941年惨败的最主要因素。

两个独裁者

阿道夫·希特勒和约瑟夫·斯大林两人不仅要为战争本身，还要为冲突开始后的种种误判承担主要责任，因为他们的决定导致了千百万人死亡。这也让战后很多将领可以方便地将所有失败和错误都推到两个独裁者身上。然而事实却与此有些差别。

斯大林在初期误判对手以后就控制住自己的情绪，并最终学会了如何组织起一切力量来保卫苏联。面对德军的"巴巴罗萨"行动，他冷血无情地坚持不断发动进攻战役；在莫斯科城下，他等待着正确时机，最终发动决定性的反攻，这一切都有力挽救了他的政权。希特勒则多多少少地在执迷于成为一个"全知全能"的元首。以前在外交和军事上的成功让他和高级将领们都坚信自己（希特勒）的判断不会出错，这种幻觉促使他去监督甚至会不时干涉总参军官们自身的工作范围。很多回忆录和历史著作已经关注到了这些干涉，并使其成为对德军战略决策方式的主流描述。但在1941年和1942年德军顺风顺水的时候，希特勒还只是偶尔参与进来。即使已经发布了军事公告，只要将领们能对自己倾向的最佳方案给出合理的（否定）解释，他同样不会一意孤行。哈尔德和一些野战部队指挥官们总是设法不去执行这名独裁者的要求，在多数时候也不会受到责罚。此外，希特勒是一个有天分的业余人士，他的"专业"下属们更是谈不上算无遗策。直到事后这些将领打算推卸责任时，德国独裁者才因为"干涉"承担起了严重干扰作战的责任。起初明明支持"巴巴罗萨"计划的哈尔德之流现在居然回想起来自己当年如何表现出了极大的顾虑，只是按照他们的说法，"希特勒宣布反对无效。"

随着战争的进行，德国人逐渐失去主动权，希特勒和斯大林的领导风格也发生了互换。前者逐渐无法容忍自己认定的下级所犯错误和对命令的违抗，因为这似乎导致着胜利离自己而去。最终他使用了纳粹版的政委——督导军官（Führungsoffizier）——来确保下级在意识形态上的忠诚。相反，自1942年开始，斯大林逐渐对越来越多的职业军官产生了信心，给予他们如德国军官团拥有的（来自上级的）信任，同时允许那些人发挥主观能动性——而这也恰恰是德国军官团表现得如此优秀的关键所在。

结论

对苏联人来说，他们从20世纪30年代开始充满了希望，后来却饱经挫折。苏联面临着来自德国和日本日益增长的政治军事威胁，而西方列强对建立集体安全体系却无动于衷。苏联感觉自己在国际舞台上被孤立了。外交上，莫斯科积极推动全球裁军；同时在国内强行推动集体化和工业化，推进国防现代化，努力扩张军事力量。苏联在20世纪30年代初就拥有先进的战略战役战术理论，1935年后又出现武装力量的稳步扩充，这一势头直到1941年6月都仍未减弱。这种和平时期的逐步动员使得苏联军队成了世界上规模最庞大的武装力量。

但规模并不等同于能力。按苏联人常用的术语来说，"内部矛盾"对苏军的发展起到了反作用，并且削弱了苏维埃政权抵御外部威胁的能力。这些"内部矛盾"中最主要的便是斯大林的偏执，这使他扼杀了军内的创新思想，无情地让军人们都屈从于自己的意志。1937年后，摧毁红军大脑的"大放血"击垮了部队的士气，更扑灭了独立创新的火花，整支军队变得外强中干——苦酒已经酿成。

比较不明显的是苏维埃政权固有的政治矛盾。苏联式专制在国际政治中倾向于使用暴力，也鼓励其军事领导人员用科学方法研究战争，发明先进的军事理论来为国家服务。然而由于要求军官团屈从于党和国家，这就导致他们被动接受了之后的"大放血"。正如政治领导人尼古拉·伊万诺维奇·布哈林（N. I. Bukharin）承认对自己错误的叛国罪指控是为了"更大利益"一样，那些军事领导人员要么助长了斯大林的臆想，要么便因此被害。

这些矛盾削弱了红军保家卫国的能力，同时宣布了改革工作的失败。到最后，只有战争中那些前所未有的危机和可耻的失败才真正推动了改革走向成功。对于被阉割的军官团来说值得骄傲的是，当失败降临时，这些尚还幸存的军官们从20世纪30年代初的启蒙日子里得到了充足的遗产来解决体制问题，并将最终领导本国军队走向胜利。

红军所战胜的敌人也深受内部矛盾困扰。尽管在1939年到1941年取得了不世之功，但德国武装力量仍然极度脆弱，他们缺乏足量训练有素的人员和武器装备，以在茫茫的俄罗斯欧洲部分领土上实施持久战。希特勒和他的高级将领们显得过于自信，因此并没有给这场战争确立一个清晰的战略目标，只是用有限的地面和空中机动部队漫无目标乱打一气，同时还没有足够的后勤保障能力以支撑部队深入苏联。如果德国国防军无法在前期的一系列合围战中彻底消灭对手，那么后者就会利用充足的资源和国土来恢复力量，阻滞德军的猛烈进攻，然后不断完善作战技能和实力以发动反击。

战争第一阶段
1941 年 6 月—1942 年 11 月

第四章

德国的猛攻

敌航空兵掌握着绝对制空权,在整个白天,明斯克遭到了数次轰炸,每个波次都有8~50架敌机。城里到处是大火和被摧毁的建筑,方面军司令部和方面军空军大楼也被那些直接命中的炸弹严重破坏。

西方面军司令部, "5号作战报告", 1941年6月24日[1]

混乱

1941年6月22日清晨3:00刚过,30个经过精心挑选的德国空军轰炸机机组从高空飞越苏联边境线。这些轰炸机每3架1组,在3:15准时轰炸了苏军的10个主要空军基地;此时,一阵简短的炮击也发出了开始地面进攻的信号。当太阳刚升起时,德国空军又出动了500架轰炸机、270架俯冲轰炸机和480架战斗机,袭击苏军位于前沿的66个机场。[2]在战争的第一个早晨红空军就损失了超过1200架飞机。接下来几天里,尽管幸存的苏联空军飞行员奋起抵抗,可德国空军还是牢牢掌握着绝对制空权,苏军所有部队和他们在铁路上的行动都得到了毫不留情的"关照"。

德军最初的地面攻势在大多数地方只遭到了微弱抵抗。有些边防站在内务人民委员部边防部队集结之前便被踏平,而其他地方的边防军和当地筑垒地域部队往往会战至最后一颗子弹,这使攻击一方的推进被延迟了几个小时,与此同时红军也在加快进入防御阵地。在被德军4个装甲集群迂回绕过的苏军防

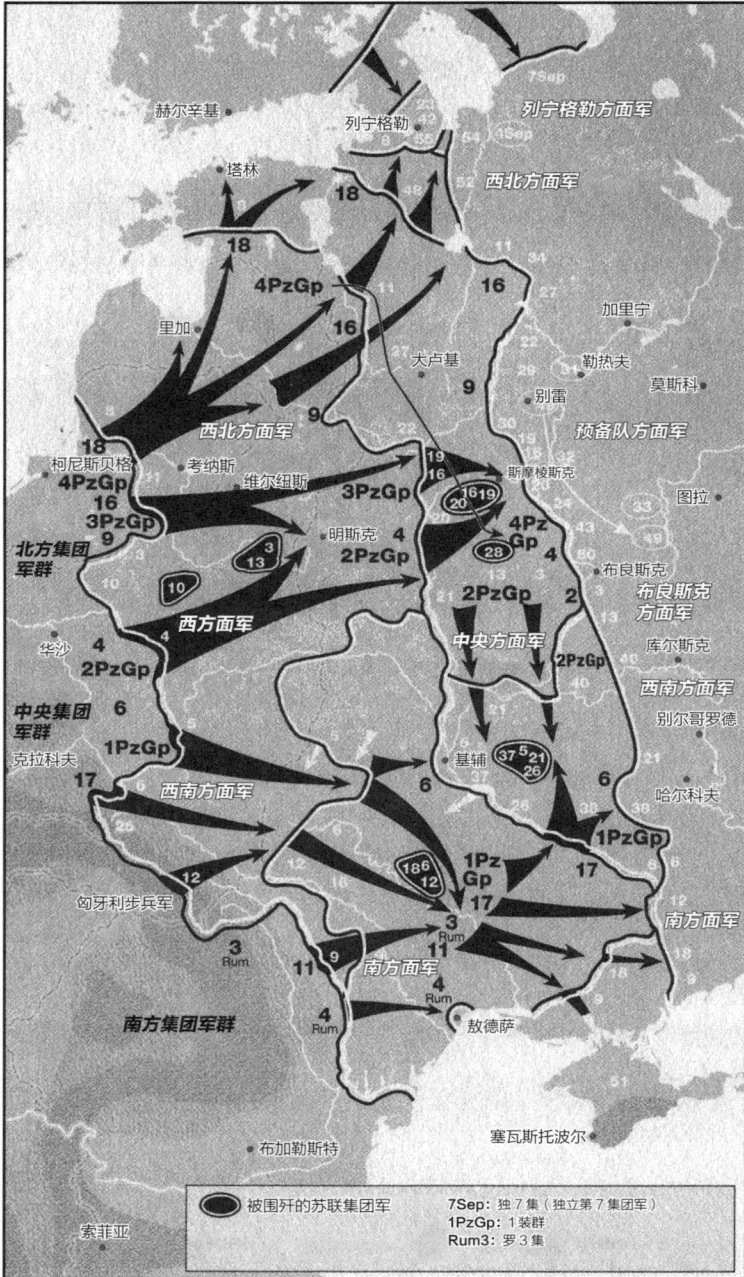

战场形势图4：夏秋战局（1），1941年6月22日—9月30日

御坚固的要塞中，只有位于西布格河东岸的布列斯特要塞与利沃夫西南的佩列梅什利要塞（守军）顽强抵抗到了月底。[3]

除内务人民委员部使用的高频无线电通信网以外，苏联的远距离通信就只能依靠通信人民委员部（即1932年之前的邮电人民委员部）的民用电话和电报网。只是这些通信网络在面对德军的进攻和铺天盖地的报告时便早已陷入了瘫痪。[4]

一支军队和一群乌合之众的不同之处就在于组织和指挥体系，只是红军的这两大体系很快都失去了作用。甚至在第一波空袭前，身着敌方制服的勃兰登堡特别行动部队（Brandenburger，隶属于外国与谍报局第二谍报处）便已经通过伞降或渗透的方式潜入苏军后方；他们的任务是切断电话线、占领关键桥梁并到处制造恐慌和混乱。在德军发起主攻的普里皮亚季沼泽北部，中央集团军群所属第2和第3装甲集群沿着比亚韦斯托克"突出部"两翼向东快速推进。突出部南面，亚历山大·安德烈耶维奇·科罗布科夫中将（A. A. Korobkov）的第4集团军司令部和上下级均失去联系；在该集团军北面翼侧，西方面军的另两个集团军——康斯坦丁·德米特里耶维奇·戈卢别夫中将（K. D. Golubev）的第10集团军和瓦西里·伊万诺维奇·库兹涅佐夫中将（V. I. Kuznetsov）的第3集团军倒是与方面军司令保持着微弱的无线电联系，但他们作为指挥机关却几乎无法履行职责。战争头一天里，西方面军作战处长伊万·瓦西里耶维奇·博尔金（I.V. Boldin）中将坐飞机穿过一大群敌机，来到了比亚韦斯托克（Bialystok）城外的第10集团军司令部。该司令部的两个帐篷设在一条机场跑道旁边的小树林里。尽管有线电话网遭到破坏，无线电也一直受干扰，简直一团乱麻，集团军司令戈卢别夫还是尝试向德军发动反击。6月23日，他按照战前计划命令手头可用的少量部队徒劳地向格罗德诺（Grodno）发起了一次反击。[5]然而几天后第10集团军就不复存在了，剩下的那些人更是四散奔逃，试图突破德军的包围圈。[6]

除兵力不足和德军推进太快之外，苏军作为防守方面对的最大困难便是缺乏关于前线形势的详细情报。事实比莫斯科想象的还要糟糕得多，这也是为什么他们会不断命令已经不复存在的部队发动反突击。6月22日晚，斯大林和国防人民委员铁木辛哥签署了向德军发起总反攻的第3号训令，接下来几天里，他们固执地要求前线各方面军执行该训令。在多数情况下，下属司令们即使了解实际情况也会向下传达这一命令，原因仅仅是他们害怕抗命（所导致）的下场。几天后，惨败早已是显而易见的了。但即使到这时，莫斯科的总参谋部还是很难得到及时准确的前线情报。很多参谋军官被派到前沿巡视，并在每天晚上进行汇报。不过这些参谋人员很多时候都只是打电话给各村庄和集体农庄的共产党领导人来确定德军情况（而非亲自去现场观察了解）。[7]

第一波打击

在普里皮亚季沼泽北面，尽管德军遭到了苏军散乱却顽强的抵抗，但他们初期攻势的进展仍很顺利。北方集团军群的第18和第16集团军以第4装甲集群为先导，很快穿过立陶宛，杀入了拉脱维亚。6月24日，苏军坦克兵少将叶格尔·尼古拉耶维奇·索良金指挥机械化第3军坦克第2师的51辆KV-1和KV-2重型坦克在杜比萨河（Dubysa）附近的拉塞尼艾（Raseinai）截击第6装甲师。虽然苏军坦克的汽油已消耗殆尽，只能在河西岸充当固定火力点，不过第6装甲师还是被挡住了两天。德军直到用88毫米炮和炸药包摧毁这些铁甲怪兽后，才发现它们连瞄准器都没有校准，因此无法射击——苏军坦克兵得到的命令仅仅是撞击德国坦克。[8]

与此同时，列宁格勒军区空军司令亚历山大·亚历山德罗维奇·诺维科夫少将奉命攻击盘踞在芬兰机场、袭扰北方苏军的德军第5航空队。6月25日，诺维科夫出动263架轰炸机和224架歼击机，德军顿时惊慌失措。然而由于情报不准确，此次空中反击成果甚微。[9]很多（对苏方而言）原本唾手可得的胜利转瞬即逝。在之后几天内，第4装甲集群的第41摩托化军就绕过了机械化第3和第12军的各坦克师。后者的反击与其说是被敌人击败，还不如说是由于缺乏协同、油料和弹药才导致（失败）的。在战争爆发后的第一个星期里，苏军几乎所有机械化军都损失了90%的坦克。[10]

第4装甲集群的另一前锋——由步兵将军埃里希·冯·曼施泰因指挥的第56摩托化军也遭到了一些无组织抵抗，随后在道加瓦皮尔斯（Daugavpils，即陶格夫匹尔斯）夺取了西德维纳河上几座完好的桥梁。尽管苏军轰炸机飞行员奋不顾身地发动空袭，这些桥梁还是保持着可用状态，不过德军在此停滞了6

天（6月26日—7月2日），以等待落后的步兵。[11]注意这是后来即将发生的问题的先兆，因为北方集团军群过于注重快速推进，在其所属第16集团军与中央集团军群左翼第9集团军之间已经形成了一个缺口。

在中央集团军群作战地段，第3装甲集群沿西北方面军和西方面军薄弱的结合部向东推进，绕过苏军西方面军第3集团军，于6月23日夜抵达维尔纽斯。西方面军司令德米特里·格里戈里耶维奇·帕夫洛夫大将（D. G. Pavlov）十分惊慌，但在6月24日试图组织一次反击，由其作战处长博尔金中将实施。博尔金接手了机械化第6、第11军和骑兵第6军的指挥权，然后命令部队向北面的格罗德诺发起进攻，以阻止德军包围暴露在比亚韦斯托克的友军。可由于缺乏有效的通信联络、空中掩护、后勤支援和足够的新型坦克，这次反击从一开始就已经注定失败。苏军指挥员遇到了德军面对机械化攻击时的标准反应——先头部队很快后撤，引诱敌坦克陷入反坦克炮的火力网中（这些火炮总是紧随先头部队之后）。截至6月25日，骑兵第6军伤亡过半，其中大部分是由空袭造成；机械化第6军的坦克第4师已把弹药打光。博尔金的部队几乎被全部围歼，最终突围到斯洛尼姆（Slonim）的只有3辆坦克、12辆装甲人员输送车和40辆卡车。[12]

博尔金发起的牵制行动使很多部队得以从比亚韦斯托克地区逃向东面的明斯克，但这种轻松的状态并没有持续太久。随着第3装甲集群在西方面军北翼向明斯克推进、第2装甲集群在南翼平行前进，帕夫洛夫只能选择后撤。6月25日晚至26日凌晨，他试图将全军撤过夏拉河（Shchara）到斯洛尼姆（Slonim），与敌人脱离接触。但不是所有部队都接到了撤退的命令，而且（所有部队中）大多无法与敌方脱离接触。帕夫洛夫的方面军已经失去了大部分燃料和汽车，所以部队只能在德军不断的空中打击下徒步撤退。在这一过程中，德军先头部队伏击了费奥多尔·尼基季奇·列梅佐夫中将（F. N. Remezov）的第13集团军司令部，当时该部正在前出，以作为方面军的第二梯队。德军因此缴获了很多保密文件。[13]由于夏拉河上多座桥梁被炸毁，第10集团军只有少量的部队得以通过（河流）。

6月26日，惊慌失措的帕夫洛夫向莫斯科报告说："（第3装甲集群的）多达1000辆坦克正从西北方向包抄明斯克……无法阻挡他们。"[14]机械化第20军和空降兵第4军部分部队在斯卢茨克（Slutsk）附近阻击德军的最后努力也失败了。[15]到6月底，第2和第3装甲集群于明斯克以西将铁钳合上，把红军第10、第3、第13集团军主力都困在了这个巨大的包围圈中。西方面军实际上已经不再是一支有组织的力量。考虑到斯大林政权的偏执特点，不久后帕夫洛夫被处决也丝毫不令人吃惊。[16]他的继任者安德烈·伊万诺维奇·叶廖缅科中将（A. I. Eremenko）根本没时间在明斯克以东的别列津纳河组织防御，因为德国人的装甲矛头已于7月初渡过了此处，此时正向第聂伯河推进。[17]

尽管在这首次（对包围者而言）出色的合围战中，德军杀死或困住了超过417000名苏军士兵，但此次胜利还是有些瑕疵。[18]包围方发现自己很难集中起足够兵力来封锁合围圈，因此被围方有大量部队在抛弃重装备后得以逃脱。希特勒担心装甲集群推进过快，所以命令他们停下，等待步兵赶上来肃清包围圈；当然，也正是这种裹足不前的做法给了红军调整部署的时间。德国陆军总参谋长弗朗茨·哈尔德将军（Franz Halder）只能寄希望于第2装甲集群司令海因茨·古德里安（Heinz Guderian）会主动继续进攻。就如在1940年时的法国那样，古德里安请求为再次推进做一些侦察准备；哈尔德同样注意到苏军往往会死战到底，而且本国情报机关低估了敌军部队的数量。这对他们的将来可不是个好兆头。[19]

为了改善对现有及未来合围圈的控制，7月4日，陆军总司令部将第2和第3装甲集群划归陆军元帅京特·冯·克卢格（Günther von Kluge）的第4集团军指挥。而克卢格将几乎2个步兵军转隶给了第2集团军。由此形成的"第4装甲集团军"看上去可以实现统一指挥，但实际上只要装甲集群的指挥官们不喜欢，就还是会继续不理睬克卢格和哈尔德的命令。[20]

西南方向的反击

西南方面军司令米哈伊尔·彼得罗维奇·基尔波诺斯上将只是一个称职的师长，后来连升三级到达现在的岗位。[①]不过他也拥有一些优势，所以才阻滞了普里皮亚季沼泽南面的德军。首先，很长一段国境线是由西布格河分隔，

---

① 译者注：基尔波诺斯在1939—1940年苏芬战争期间指挥步兵第70师，因表现突出荣获"苏联英雄"称号；后于1940年4月升任步兵第49军军长，6月担任列宁格勒军区司令，从1941年2月开始指挥基辅特别军区。

这减缓了敌军的进攻速度，给了内务人民委员部和红军部队虽不多却堪称宝贵的反应时间；更重要的是，如前文第三章所述，基尔波诺斯在战前一直与边防军保持着密切联系，并能根据警报程度从容地调动部队。由于战前苏联人坚信德军的主攻方向是乌克兰，西南方面军也因此幸运地得到了大量兵力，其中包括8个机械化军，故能迎击埃瓦尔德·冯·克莱斯特上将（Ewald von Kleist）的第1装甲集群。从纸面兵力上看，苏德两军在这一方向的坦克数量分别为3800辆和800辆。尽管其中没有1个（机械化军）得到了充足的装备、训练和支援，但这些机械化军还是要比西方面军的同类部队打得好得多。[21]

渡过布格河后，第1装甲集群的先头部队——北面第3摩托化军的第13和第14装甲师及南面第48摩托化军的第11装甲师——穿过苏军第5集团军的阵地径直向东扑去，紧随其后的是德军第6集团军步兵。基尔波诺斯将军于6月22日晚收到了3号训令，然而他的部队还在400公里以外的驻地进行集结，后者需要穿过德军的空中遮断一直前进。基尔波诺斯不得不将兵力零碎地投入战斗，往往草草地从行进间转入进攻，以打击德军突破口的两翼。

事实上，问题不仅在于红军的机械化部队隶属于不同集团军或方面军，关键还在于他们很难组织起坦克、炮兵和下车的步兵根据预定时间和地点采取协同动作。苏军指挥员缺乏有效的侦察力量来勘察路线，而且到处都有惊弓之鸟在报告（此处）出现了德国坦克和伞兵，反而真伪难辨。与此同时，德军于第5和第6集团军中间撕开了一条口子这种事情却直到数小时后才上报。为解决以上林林总总的问题，6月22日晚些时候，斯大林派大将朱可夫前去协调基尔波诺斯的反击。该反击计划与总参谋长5月15日提交给斯大林的提案有着惊人的相似之处。[22]

6月23日，伊格纳季·伊万诺维奇·卡尔佩佐少将（I.I. Karpezo）所指挥机械化第15军的坦克第10和第37师从德军突破口南面的布罗德地域（Brody）向北推进，打击敌人的右翼。此举是为了搭救被围于布格河东面米利亚京（Miliatin）附近的步兵第124师，德军第11装甲师已在此处撕开了防线。由于缺少卡车，该军（第15军）的"摩托化"第212师被落在了后面，不过这也是当时的普遍情况：步兵们负担很重，不仅要携带由多人操作的重武器，还要等德国飞机扫射后重新集结人员。德军的空中打击同样迟滞了2个坦克师的前进。跟在第11装甲师之后的德军第197步兵师因此有了足够预警时间在其暴露的南翼建立坚固的反坦克防御阵地。苏军2个坦克师的69辆T–34坦克从未被集中使用。[23]尽管有少数T–34在那么一瞬间把德国人吓坏，但后者的反坦克炮随即在极近距离上开火，加之有88毫米炮进行支援，最终打退了这次进攻。到晚上，第11装甲师已经恢复了向东推进，只留下第197师阻击苏军。

第二天，即6月24日，苏军第5集团军的米哈伊尔·伊万诺维奇·波塔波夫坦克兵少将精心组织了一次反突击，目标是卢茨克以西、文尼察（Voinitsa，也作Vinnytsia）附近的德军北翼。尽管与支援的步兵和炮兵协同很差，机械化第22军的坦克第19师和摩托化[①]第215师还是成功挡住了德军第14装甲师和第298步兵师并使其付出惨痛代价。[24]不过机械化第22军军长谢苗·米哈伊洛维奇·孔德鲁谢夫少将（S. M. Kondrusev）在第一次战斗中就牺牲了。经过36个小时的混战，第14装甲师于6月25日迂回至苏军侧后，向东直奔斯特里河（Styr River）而去。这迫使波塔波夫停止了进攻转而后撤，以避免被敌军包抄。

于是到6月26日，埃瓦尔德·冯·克莱斯特上将的第1装甲集群已经渡过斯特里河，占领卢茨克（Lutsk），打退了敌军对侧翼的两次进攻，摆好阵势准备通过罗夫诺（Rovno）和1939年时的旧国防线——斯大林防线，并进击乌克兰的工业及政治中心——基辅（Kiev）。但这时，基尔波诺斯也有了能力集中起3个新锐的机械化军，即机械化第8、第9和第19军。不幸的是，由于方面军预备队中对于反攻至关重要的3个步兵军仍未到达前线，因此4个不满编的机械化军在没有支援的情况下就展开了进攻。和之前一样，波塔波夫的第5集团军试图协调北翼的攻势，这次用的是康斯坦丁·康斯坦丁诺维奇·罗科索夫斯基少将（K. K. Rokossovsky）的机械化第9军和尼古拉·弗拉季米罗维奇·费克连科少将（N. V. Feklenko）的机械化第19军。然而这两个军的摩托化师均缺少交通工具，无法配合进攻。在南面，基尔波诺斯的汽车装甲坦克兵部主任罗季翁·尼古拉耶维奇·莫尔古诺夫少将（R. N. Morgunov）奉命协调机械化

---

① 译者注：原文为"机械化"，疑有误。

第8军和早已遭到削弱的机械化第15军的动作。两翼部队都得到了空中支援，不过和其他很多时候一样，事实证明苏军参谋人员缺乏经验，无力向进攻的坦克兵提供有效支援。

6月26日，机械化第8军把德军第57步兵师打退了10公里。[25]入夜后，该军接到命令向杜布诺（Dubno）挺进，直插德军的中心。6月27日，以伊万·瓦西里耶维奇·瓦西里耶夫上校（I. V. Vasil'ev）的坦克第34师为核心组建的一个快速集群试图执行该命令，甚至切断了德军第11装甲师的交通线。但兵力分散的机械化第8军遭到了德军航空兵、炮兵和装甲兵（新赶来的第16装甲师）的包围和沉重打击；该部（机械化第8军）残余人员于7月1日成功突破包围圈，向东逃离。在更西面向北发起进攻的友邻机械化第15军各师同样遭敌空军和沼泽地阻滞，因而进展甚微。6月26日，机械化第19和第9军也曾在其北面一侧试图推进，不过迎头撞上了前进的德军第13和第11装甲师，最终被赶回罗夫诺。[26]

机械化第9军军长罗科索夫斯基少将对战场形势知之甚少，但很清楚（执行）反攻的命令并不现实。他于6月27日遵照命令开始进攻，不过随后与机械化第19军失去联系，其麾下那些陈旧的T-26和BT轻型坦克蒙受了巨大损失。当次日接到继续进攻的命令时，罗科索夫斯基决定采取守势，伏击前往罗夫诺的德军第13装甲师先头部队。这或许是开战以来德军头一次在撞进苏军炮兵的密集火网后遭受的惨重损失。在经受了敌军2天内越来越猛烈的空中和地面打击后，罗科索夫斯基奉命开始后撤。[27]

苏军的猛烈反击和在罗夫诺的战斗虽然不算成功，却也将南方集团军群迟滞了至少一个星期，并促使希特勒最终把中央集团军群部分兵力从莫斯科方向转至南方，以击败红军第5集团军且肃清乌克兰。在西南边境进行的战斗同样证明了德军装甲部队并非天下无敌。这些战斗给苏军未来的指挥员，如罗科索夫斯基等人上了一堂机械化战争课——虽然昂贵，但相当有益。[28]

即使苏联的机械化军输掉边境战斗，德国南方集团军群，特别是第1装甲集群也仍然遭遇了激烈抵抗。在战争头两个星期里，第1装甲集群有100辆坦克被击毁或重创，已经无法修复（以继续使用）。骑兵将军埃伯哈德·冯·马肯森（Eberhard von Mackensen）的第3摩托化军直到7月的第一个周末才突破苏联旧国境防线，并开始向基辅穿插。[29]如此一来，德军先头装甲部队就呈现出了一个尖锐的三角形，其南北两腰上都有积极抵抗的苏军。尽管马肯森的坦克在7月10日早已够得着基辅，可他们还无法趁此良机占领这座城市。原本应该处在三角形顶角上支援第1装甲集群的第6集团军不得不分兵防守普里皮亚季沼泽一面侧翼——波塔波夫的第5集团军不断在这里袭击着侵略军。在遥远的南面，德军第17集团军当面集结有不少苏军部队（第6和第12集团军），后者威胁着突向基辅的克莱斯特的南翼。结果，克莱斯特按照希特勒的命令在基辅面前停止了进攻，然后挥师南下，前去肃清位于侧翼的威胁。

虽然面前有很多障碍，但到8月16日，德军南方集团军群在第17集团军和朝乌克兰西南方向推进的罗马尼亚军队支援下，已经在基辅以南185公里处的乌曼（Uman）附近合围了苏联第6、第12集团军，以及第18集团军一部。[30]到月底，德军包围敖德萨，逼近了基辅，并且正在肃清防守第聂伯河西岸的红军。不过由于缺乏弹药，德国人尚无法完全消灭乌克兰南方的敌军。[31]

人心向背

德国人的速胜计划部分基于这样一个假设，即大多数苏联人愿意从斯大林主义中被解放出来。德军进攻后初期受到热烈欢迎的情况说明这一假设看上去有点道理。大部分立陶宛人、拉脱维亚人和爱沙尼亚人，还有相当多的乌克兰人和其他少数民族对于政权更迭即使谈不上兴高采烈，至少也是配合的。排除关于民族方面的考虑，俄罗斯欧洲部分的很多老人都还记得1917—1919年间德军的占领虽然严酷却还能忍受，因此他们选择静观其变，而不是背井离乡或者打游击。莫斯科别无选择，只好将波罗的海沿岸国家的大量人口以及伏尔加德意志人苏维埃社会主义自治共和国的50万德裔少数民族迁往东方。

但德国人的占领政策从一开始就对当地人明显不友好。在入侵开始前，德国国防军统帅部便根据莫斯科并未签署《日内瓦》《海牙》相关战争公约这样一个微不足道的借口发布了三道命令。其中的"政治委员命令"宣布苏联政治军官并非战俘，抓到后应该立即枪决；第二道命令规定如果德国士兵侵犯了平民或战俘，应由其所属部队指挥官决定是否处罚；第三道命令则指示要处决任何"攻击"德国军人的平民。[32]

某些德国高级军官在回忆录中宣称，他们拒绝传达这样的命令，并向上级提出了抗议。后来这些人又认定德国国防军从未执行过这些政策，绝大部分暴行都是跟在军队后面的党卫队、负责种族灭绝的别动队（Einsatzkommando，其上级机关是别动总队——Einsatzgruppen）和其他纳粹党占领势力干的。[33]

毫无疑问，别动突击队确实犯下了无耻的罪行，可要说"国防军是干净的"也没有什么事实依据。德国历史学家费利克斯·勒默尔（Felix Römer）研究了全部13个野战集团军、44个军和超过90%的步兵师对苏军政委的处决报告——充其量有一些部队是为了避免因处决战俘而影响士气，所以将后者移交给了保安单位。[34]尽管有的高级指挥官可能会抱怨这种做法影响了部队军纪，但原则上也不会反对。比如埃里希·冯·曼施泰因显然受到反犹主义的严重影响，于是很轻易地就相信了"犹太人都是共产党，他们会威胁后方安全"的神话故事，在自己的地盘上积极配合搜捕犹太人。[35]在挪威，国防军驻当地司令尼古劳斯·冯·法尔肯霍斯特上将（Nikolaus von Falkenhorst）给部队发了一些传单，提醒他们防备苏联人使用生化武器，还要"特别注意牧师、政委和犹太人"。[36]

年轻的连一级军官和士兵皆是在纳粹统治下长大成人的，不管有心还是无意，他们大都受到了纳粹思想的影响。1941年时对三个师的相关统计表明，有29%的军官为纳粹党员，他们与自己同事相比受教育程度和社会地位更高，这自然决定了部队的风气。[37]

国防军中有不少人把苏联人民看作傻里傻气又包藏祸心的"劣等人"。从本质上来说，这倒算不上什么特别的精神病。士兵们在心理上需要将对手非人化和妖魔化，以此克服对杀戮的本能抗拒，于是频繁的暴行便接踵而至。不过德军对于苏军战俘和平民的暴行几乎从战争第一天就开始了——早在纳粹党组织到来前，首批进入村镇的德军部队便会杀几个苏联人以杜绝反抗。当地的指挥官将"政治委员命令"等犯罪性指示理解为任何被认定为共产党员或看上去像犹太人的（人员）都要处决。即使接到了命令将这些人移交安全机关审讯，部队往往也会将其就地枪决。其他俘虏常常被强迫执行清除地雷等德军觉得太危险的任务。此外，有些人不等纳粹经济官员来征收粮食便将食物等值钱的东西洗劫一空。等到寒冬降临时，这些部队还会从平民手中抢夺衣服和房屋。[38]

跟在德军后面的是负责统治和剥削占领区人民的各种组织机构。每个德国集团军群都有3个师负责保护后方安全。其中一个典型就是中央集团军群的第221保安师，该部搜罗了2个团的后备军官和老头，基本没什么重武器和车辆，主要任务便是在后方巡逻。[39]该师大部分士兵只接受过三个月训练，战力有限。他们不仅和年轻的德国士兵一样怀有种族主义思想，还不得不配合其他装备更好的部队，这样在维持治安时同样能得到对方的帮助。比如在1941年6月27日，第221保安师一部放任第309后备警察营于比亚韦斯托克屠杀了2000多名犹太人；以后发生的事情也只会更糟。

在其他地方，别动突击队等德国单位还怂恿当地斯拉夫人攻击犹太人。1941年德军推进期间，大约有50万名犹太人被杀害。[40]这些做法不久后还成了官方政策，以便恐吓当地人，使其屈服。然而犹太人和斯拉夫人逐渐意识到了屈膝求饶同样难免死路一条。早在7月1日，中央集团军群司令博克就关心起骚扰他补给线的游击队来，并很快调动了正规部队协助位于后方的保安师。[41]

德国人对欧洲犹太人令人发指的种族灭绝行径引起了全世界人民的愤慨。但在他们的丑恶罪行中，常常被忽视的还包括那些针对非犹太人——比如苏联斯拉夫人的残酷政策。这些罪行的规模实在过于庞大，以至于很难精确计算出到底死伤了多少人。有将近300万俄罗斯人、白俄罗斯人及乌克兰人被运到德国当牛做马，他们的工作环境十分恶劣，常常因此出现死亡和残废。另外，德军手中至少有330万苏军战俘死于饥饿、疾病和受冻，这一数量占到了战俘总数的58%。[42]从道义上讲，无论在谁看管期间发生了战俘死亡事件都是俘房他们（即战俘）的德军的责任。实际上，德国人1941年间为相当一大群战俘提供的供给非常之少，以至于很多为了求生而投降的苏军俘房在几个月内反而死于缺乏食物和收容场所。寒冬临近时，那些衣着单薄的德军士兵还经常将战俘们的大衣和靴子抢来占为己有。

矛盾的是，德国到1941年末对劳动力的需求反而改变了俘房和被捕者们的命运。作为潜在的奴工，这些倒霉的俘房终于对抓获自己的人有了一点价值。可即使如此，他们在前往德国的路上还是吃尽了德军种族主义态度的苦头。有些指挥官为避免这些"劣等人""玷污"了德国火车，甚至打算让俘房们徒步穿过新征服的土地前往德国。结果，让德国人略感意外的是，德国工业在1942年前从这些奴隶中获益甚微，而强制他们进行劳动的生产效率更是从未到达过德国工人的水平。[43]

对那些留在被占领土地上的居民来说，德国对食物和原材料的系统剥夺政策使其一直处于慢性死亡的境况，无数平民在列宁格勒和占领区忍饥挨饿。根据某些说法，罗马尼亚军队在苏联西南方的占领（政策）甚至更为严苛。

面对着如此野蛮的对待，哪怕是那些积极配合占领军的苏联公民也未必真心拥护占领者。1941年，德军后方除了少数内务人民委员部的"歼击营"和红军的"漏网之鱼"外，早已没有多少强力的游击队。[44]不过随着战争进行，由于德军对平民的苛刻政策，加上内务人民委员部和红军不断加强对游击运动的组织，俄罗斯游击队已经成为德国占领区中仅次于南斯拉夫游击队的第二大威胁。但反过来看，游击队的激烈斗争同样招致了德军在徒劳搜捕这些看不见的敌人时更为残酷的报复。综上所述，红军和苏联人民从一开始就在以牙还牙、以眼还眼。

德国人残忍的种族主义还激起了红军的民族主义情绪；苏维埃政权为鼓舞人民保家卫国，也公开揭发了侵略者的很多暴行。每一个死战到底的合围圈都会让德军损失时间和人员装备，使其更加难以征服领土辽阔的苏联，闪击战的势头因此一再遭到减弱。[45]

斯摩棱斯克合围圈及反攻

7月3日，德国陆军总司令部总参谋长[①]弗朗茨·哈尔德将军在他的日记中写道："粉碎德维纳（河）和第聂伯（河）这一侧（西侧）俄军主力的目标已经达成……在（这些河流的）东面除了（苏军）小股部队我们不会遇上任何东西了……因此可以毫不夸张地说，俄国战局将会在两周内取得胜利。"[46]希特勒在筹划"巴巴罗萨"行动时的基本判断似乎快要成为事实了。

德军在如此短的时间内就已经消灭西方面军一线3个集团军，重创了西南和西北方面军的一线集团军。侵略者们早已站在西德维纳河与第聂伯河的河岸

---

① 译者注：请注意，陆军总司令部的名义首脑是陆军总司令，但实际主管者为陆军总参谋长。

82

上，一俟补给完成和步兵跟上胜利进军的装甲集群便能继续发展胜利。可能很多德军指挥官都和哈尔德一样，觉得这场战争已经结束了，但实际上真正的搏杀才刚刚开始。几天后，这些指挥官及其部队就会大吃一惊，因为相当多的红军新锐部队出现在了这些河流的东岸，其目标不仅是守住阵地，还包括奋不顾身地发动反突击。

至于红军是如何从突然袭击中清醒过来并准备接下来一系列防御战役的，我们将在下一章加以讲述，此处只要列出以下事实就够了：到7月4日，防守德维纳河与第聂伯河的不仅有西方面军第4和第13集团军残部，还包括苏联元帅布琼尼麾下预备队集团军集群（于5月底开始组建）里5个正在组建的集团军。[47]7月1日，斯大林派出连德国人都钦佩有加的铁木辛哥指挥西方面军，并将预备队中的第20、第21和第22这三个集团军都转隶于他，另外还有从基辅地域调来的第19集团军；第五个（集团军）是米哈伊尔·费多罗维奇·卢金中将（M. F. Lukin）的第16集团军，此时他手下只有2个步兵师和1个机械化军，正在防守明斯克—莫斯科公路上的下一座重要城市——斯摩棱斯克。这次兵力调遣使上述集团军无法按照原先预设计划成为战略反攻力量。为了在其他集团军动员同时恢复失去的纵深，战时动员起来的第一批集团军——第24和第28集团军——被集中到了斯摩棱斯克以东的维亚济马和斯帕斯–杰缅斯克（Spas-Demensk）地域，以掩护通向莫斯科的接近地。与此同时，以内务人民委员部边防军和共产党志愿者为核心仓促建成的第29、第30、第31、第32和第33集团军——由内务人民委员部的将军们指挥①，被部署在了更东面的位置。[48]

所有这些部队都缺少坦克、通信器材、反坦克武器和高射炮；高级指挥员几乎是一天一换，司令部的人员也缺乏经验，无法较好地协调各战斗及勤务兵种的动作；新组建的部队没有时间做好战斗准备，常常会在经过长途铁路和土质公路行军后分批投入战斗，实战表现参差不齐。[49]然而德国人一直对这些部队一无所知，直到与其迎头撞上。结果就是苏联人于斯摩棱斯克地域发动了一系列协同很差不过十分猛烈的反攻，其中声势最大的当属7—9月间的三次大

---

① 译者注：其中第32集团军司令尼古拉·库兹米奇·克雷科夫中将是红军出身。

反攻。尽管准备不足的苏军在这一过程中损失惨重，但反攻部队终于抵挡住了德军中央集团军群，这在开战以来还是头一次。

不过，当铁木辛哥根据统帅部大本营的命令，指示帕维尔·阿列克谢耶维奇·库罗奇金中将（P. A. Kurochkin）的第20集团军自7月6日起迟滞德军向第聂伯河推进之时，上述事件还未发生。在随后的进攻中，库罗奇金的机械化第5和第7军在2个步兵军支援下，拼死向列佩利（Lepel'）和先诺（Senno）附近的德军第7和第17装甲师发起了正面突击。由于未进行充分侦察，加之步兵和装甲兵协同不佳，这两个军的老破坦克在德军标准反坦克防御面前完全是羊入虎口。红军总共损失了832辆坦克，余部随后慌忙撤退。[50]真正的战斗发生在7月10—11日的南面，这时古德里安的第2装甲集群已渡过第聂伯河，开始下一阶段的行动。他先碰上的是刚从明斯克口袋里逃出来的第13集团军。该集团军仅有4个实力很差的步兵师，无装甲部队，因而只进行了微弱的抵抗。到7月13日，古德里安的第46摩托化军已经通过莫吉廖夫城北，其第24摩托化军穿过城南，包围了此处（莫吉廖夫城）第13集团军的步兵第61军和机械化第20军。被围部队坚持抵抗到了7月26日，但这并没能阻止德军扩大战果。[51]

与此同时，铁木辛哥正在组织各部，准备通过发起一场反攻来切掉第2装甲集群的前锋。可惜这位上了岁数[①]的元帅制订的计划只是空中楼阁，他仅仅考虑了战略目的，却未顾及己方新组建部队存在的各种问题。还没等红军集结好兵力发动进攻，铁木辛哥的规划就被不断推进的德军提前打乱了。[52]后者（德国人）因此嘲讽其为"铁木辛哥攻势"。

铁木辛哥的反击计划也与打击其他两个集团军群的行动一起展开。7月10日，朱可夫严厉批评了西北方面军司令部，督促其迅速加入战斗。五天后，红军第11和第48集团军准备于普斯科夫以东的索利齐[②]打击德北方集团军群。在进攻过程中，机械化第10军包围了第8装甲师绝大部分兵力；尽管后者突出重围，却损失了将近半数的坦克（70辆）。北方集团军群不得不停下来休整三个星期，然后才继续向列宁格勒前进。此时在乌克兰，波塔波夫的第5集团军在

---

① 译者注：此处为意译，其实铁木辛哥当时才46岁，仅比朱可夫大了2岁。
② 译者注：Sol'tsy，位于诺夫哥罗德州伊尔门湖以西，距离普斯科夫很远，但离旧鲁萨很近。

附近剩余装甲力量配合下，也攻击了位于基辅以西科罗斯坚（Korosten）地域的第1装甲集群。[53]

虽然苏联人在两翼取得了一些进展，可由于指挥和控制体系欠缺经验，导致无法扩大战果。不过斯摩棱斯克以西的所谓"铁木辛哥攻势"同样在短期内取得了一些战果。从7月13日开始，费奥多尔·伊西多罗维奇·库兹涅佐夫上将（F. I. Kuznetsov）指挥第21集团军的20个师，在第3集团军残余部队的支援下向博布鲁伊斯克出击，打击古德里安的南翼，试图在快速推进的德军坦克和正不断赶上来的第2集团军之间插入一个楔子。尽管组织得不好，但进展还是很顺利，苏军渡过第聂伯河，在被德军第2集团军第53步兵军挡住去路之前，于7月13—15日间推进了80公里。红军还派出了3个骑兵师向敌后大胆穿插。中央集团军群被迫投入预备队第43步兵军，以掩护古德里安的侧翼。不过到7月20日，德军已经遏制住了库兹涅佐夫的短暂前进势头。[54]

在北面，伊万·斯捷潘诺维奇·科涅夫中将——苏军未来的一名高级将领，在首次与德军交手时便感到焦头烂额。他的第19集团军于7月11—13日，差不多刚下火车时就投入了反突击作战，但这仅仅是夺回维捷布斯克（Vitebsk）突出部的一次徒劳尝试罢了。赫尔曼·霍特上将（Hermann Hoth）的第3装甲集群轻松击退了科涅夫。到7月13日，第19集团军几乎完全失去战斗力。不过这次胜利让霍特有些忘乎所以，他指示第57摩托化军向北前进，离开正在形成的斯摩棱斯克包围圈。尽管先头战斗群在7月20日已经前出至斯摩棱斯克西北约320公里的大卢基，但第19装甲师仍不得不掉头后撤，因为该军另一个师——第14摩步师此时损失惨重，甚至有被苏军第22集团军所部合围的危险。[55]

由于上述各反击战大多宣告失败，因此希特勒、陆军总司令部，以及战后历史学家们都忽视了"铁木辛哥攻势"其实是一次有组织的反攻。虽然如此，在莫斯科强烈坚持下，所有三位方面军司令仍然在试图寻求新的机会来实施反攻计划。这一点在南方表现得尤为突出——基尔波诺斯正在反复冲击科罗斯坚的德军，哪怕他始终一无所获。

在战场中央，古德里安此时不想被铁木辛哥的反击所分心，尽管他的大多数部队已经被缠住。第2装甲集群没有转向北面与霍特会合，而是继续冲向斯摩棱斯克东偏东南约82公里处叶利尼亚（El'nia，某些德国资料写作Yelnia）

的一些高地。古德里安希望将叶利尼亚当成未来向莫斯科进军的跳板，这很符合他向敌后大胆穿插的作战风格。7月19日晚，第46摩托化军的第10装甲师抢占了一些高地，但已耗尽汽油，也几乎打光了弹药。[56]前锋部队的坦克已经达到了初期推进的后勤极限。

趁德国人被各种问题困扰之时，铁木辛哥堵上了斯摩棱斯克移动防线上的窟窿，以免前者再次发动攻击，将第16和第20集团军合围。结束西南方向的边境交战后又被调到西方面军的罗科索夫斯基此时奉命在沃皮河（Vop'）流域的亚尔采沃（Iartsevo）地区守卫渡河口，抗击德第3装甲集群。他以步兵第38师和坦克第101师为骨干，收罗退下来的部队和散兵游勇。不过坦克第101师此时只有区区40辆过时的坦克（然而根据罗科索夫斯基回忆录相关内容，此时该师拥有80辆旧式轻型坦克和7辆新式重型坦克）。[57]虽然不断遭到德军空袭，罗科索夫斯基手下的残兵败卒还是在7月18—23日间顶住了第7装甲师的进攻，并于24日参与大反攻。[58]

最后，尽管第2和第3装甲集群据称已在7月27日会师，但古德里安和霍特其实完全没有把斯摩棱斯克的口袋扎紧。红军有多达2万人向东突围，渡过第聂伯河，甚至还携带了部分技术装备。截至此时，德军的战斗力因为作战损失和日常消耗也大打折扣，尤其是各装甲师和摩步师所属、负责在斯摩棱斯克以东防守外层合围圈的步兵，毕竟其编制架构完全不适用于艰苦的防御战。各装甲集群和装甲师的坦克消耗同样很大——第18装甲师在7月23日将红军第16集团军逐出斯摩棱斯克后只剩下12辆坦克可以战斗，古德里安的第2装甲集群坦克数量也从6月22日的953辆下降到了7月29日的286辆。[59]

此外，与之前被围的部队不同，现处于合围圈中的红军部队组织体系并未被打乱，继续坚持了至少一个星期的时间。铁木辛哥指定由库罗奇金将军统一指挥被围的第16、第19和第20集团军部队，另组织防御。[60]德军第4和第9集团军中的步兵因为在肃清明斯克口袋时遭遇长期抵抗，所以直到7月底才赶了上来。与此同时，一直缺乏步兵支援的德军装甲和摩步师面对着被围的库罗奇金和斯摩棱斯克以东的其他红军部队，承受了巨大压力。而且德军在叶利尼亚以南和以西的侧翼已经被拉得很长，堪称岌岌可危。

古德里安的坦克向叶利尼亚快速推进，加上德军投入第2集团军迎击第21

集团军的事实促使苏联总统帅部大本营采取了措施，以巩固西方面军左翼的防御。据此，大本营在7月23日将西方面军拆成两部分，由铁木辛哥指挥负责防御斯摩棱斯克及叶利尼亚当面德军的各集团军，而费奥多尔·伊西多罗维奇·库兹涅佐夫上将指挥由第13和第21集团军组成的中央方面军。后者的任务是掩护西方面军左翼，防止德军在南面突破索日河（Sozh），前往戈梅利（Gomel'）和基辅地域。

从7月23日开始，由新调来的第29、第30、第28和第24集团军组成的战役集群在斯摩棱斯克以东，从北面的别雷（Bel'yi）穿过亚尔采沃到南面的罗斯拉夫尔（Roslavl）的战线上，向战线过长的德军中央集团军群各装甲及摩步师发起了进攻。朱可夫所策划这一系列仓促实施的攻击是战争中首次真正由大本营进行协调的反攻——依托罗科索夫斯基的亚尔采沃军队集群的防御，以西方面军4个新锐集团军司令命名的马斯连尼科夫、霍缅科、加里宁和卡恰洛夫将军集群①发起向心突击，目的是突破中央集团军群防线并迂回包抄其两翼，解救被围的库罗奇金所部3个集团军，收复斯摩棱斯克，且尽可能歼灭斯摩棱斯克及叶利尼亚地域的德军。尽管在时间上没有配合好，红军的攻击还是给予了敌人极大压力，双方均损失惨重。但最终，由于没有组织好甚至根本没有组织步兵、装甲兵和炮兵的协同作战，加之火力支援薄弱以及几乎完全缺乏后勤支援，这些反击都失败了。[61]

此时，德军的装甲前锋部队守住了松散的合围圈，然而代价就是不断下降的战斗力再次遭到削弱。[62]自开战以来，中央集团军群的装甲和摩步师第一次被迫组织了防御，这是他们不适合并且不习惯的一种作战形式，第18装甲师师长瓦尔特·内林少将（Walther Nehring）沉痛地指出，德军需要减少伤亡，"如果我们不想为了胜利而战死的话。"[63]

---

① 译者注：红军会组建一些临时的"军队集群"，并以指挥员名称命名一些"某某将军集群"。

第五章

苏联的反应

面对德军的侵略，苏维埃政权要做的远不止调兵遣将那么简单。战争爆发后头几个星期里，莫斯科在指挥控制、部队编制和军工生产方面进行了根本性的变革。在这场危机中，为适应现代战争的实际情况，苏联人暂时修改或放弃了战前的许多教条，第一次做出了大量艰难但确实有效的调整。

指挥和控制

在头六个星期内，苏联国家统帅机构的名称和组织进行了频繁变更，不过这对战争本身而言并没有什么实际帮助。[1] 6月23日，国防人民委员部的战时机构——统帅部大本营（Ставка Главного Командования，等同于美国的国家安全委员会）开始运转；委员会主席为国防人民委员谢苗·康斯坦丁诺维奇·铁木辛哥，成员包括斯大林、外交人民委员维亚切斯拉夫·米哈伊洛维奇·莫洛托夫以及最高级的一批指挥员，例如格奥尔基·康斯坦丁诺维奇·朱可夫和谢苗·米哈伊洛维奇·布琼尼[①]。在经过一系列名称和成员方面眼花缭乱的变化后[②]，8月8日，该机构以最高统帅部大本营的形象出现（Ставка Верховного Главнокомандования，俄文缩写为Ставк ВГК，英文缩写为Stavka

---

① 译者注：还包括苏联元帅伏罗希洛夫及海军人民委员、海军上将尼古拉·格拉西莫维奇·库兹涅佐夫。

② 译者注：7月10日时改组为总统帅部大本营（Ставку Верховного Командования），斯大林任主席，总参谋长沙波什尼科夫为成员。

VGK。注意一战时期俄罗斯帝国的最高统帅机构是最高统帅大本营），斯大林获得最高统帅头衔。实际上，人们在使用"大本营"（Ставка）一词时往往是不严谨的，因为其所描述的既包括最高统帅部本身，也包括为其提供服务的总参谋部。从理论上讲，国防委员会（Государственный Комитет Обороны，俄文缩写为ГКО，英文缩写为GKO）才是凌驾于最高统帅部大本营和总参谋部之上的最高机构。国防人民委员部（Народный Комиссариат Обороны，英文缩写为NKO）下属的局和总局——如炮兵、汽车装甲坦克兵、工程兵总局等——在国防委员会领导下提供专业技术咨询和对特定部门进行监督。另还单独设立有红军空军司令（Командующий ВВС Красной Армии）来整顿灾难中的红空军（司令为空军中将帕维尔·费奥多罗维奇·日加列夫）。[2]

实际上在最初几天里，苏联人并未采取强有力的集中管理措施。当然，斯大林同样没有像后来某些人批评的那样精神崩溃，反而是频繁与下属磋商，仅仅在6月22日当天就做出了20项重要决定。[3]他直到7月3日才亲自对全国发表广播演说，号召组织游击队进行抵抗，毁坏或疏散一切对侵略者有利的东西。从这篇演说开始，斯大林就不再强调忠于苏维埃政权，而开始强调俄罗斯民族主义，这种论调也将贯穿整个战争时期。

问题不仅在于能否下定决心，更在于下定决心后整理信息并传达下去。战争刚爆发时，斯大林的军事顾问们便离开首都赶赴各地，拼命试图查明实际情况并多少控制一下局面。铁木辛哥、朱可夫、亚历山大·米哈伊洛维奇·华西列夫斯基（A. M. Vasilevsky）、布琼尼等人四处奔走，视察了多个司令部。到8月，苏联人终于建立起了一个粗糙的军事体系，由多病的苏联元帅鲍里斯·米哈伊洛维奇·沙波什尼科夫（B. M. Shaposhnikov）在莫斯科担任红军总参谋长（直到他的身体在1942年春完全垮掉），而其他受斯大林信任的高级指挥员则作为战场指挥者或救火队员。这些不久后被称为"最高统帅部大本营代表"的高级将领需要到处奔波，以表明对危机地域必要的重视。

这个新体系的一部分就是在7月10日设立的3个战区级别司令部（均辖有多个方面军）——方向军队总指挥部（Главные командования войск направлений）。[4]起初，相关总司令分别为苏联元帅克利缅特·叶夫列莫维奇·伏罗希洛夫（西北方向，含波罗的海和北方舰队）、铁木辛哥（西方向）

和布琼尼（西南方向，含黑海舰队）。这三个方向的政治军官（也称"军事委员会委员"）是苏联共产党未来的三位领导人——安德烈·亚历山德罗维奇·日丹诺夫（A. A. Zhdanov）、尼古拉·亚历山德罗维奇·布尔加宁（N. A. Bulganin）及尼基塔·谢尔盖耶维奇·赫鲁晓夫（N. S. Khrushchev）。实际上，斯大林和大本营经常绕过3个方向军队总指挥部，直接给下面的方面军、舰队和集团军司令部下达命令——事实证明这一指挥层级既多余又无用，因而于1942年被撤销，由大本营代表取而代之。

按照斯大林主义的一贯传统，最初的失败导致了政治委员们重新掌权，他们获得了与部队指挥员及参谋长同等的地位。当许多职业军人被释放出来与侵略者作战时，有些人则在一片猜忌的气氛中顶替了前者在牢房里的位置。[5]德米特里·格里戈里耶维奇·帕夫洛夫大将（D. K. Pavlov）并不是唯一一个遭草率处决的指挥员。斯大林主义政权完全不考虑谁都有马失前蹄或惊慌害怕的时候，也没审查一下那些士兵是否经过了苦战，而是将所有失败（的原因）都归于蓄意叛变。很多逃出德军包围圈返回苏军战线的士兵被内务人民委员部"后方警卫"部门解除武装并逮捕，然后还要接受严厉讯问以查明破坏分子。7月16日，国防委员会恢复了政委等政治工作人员的军事权威；次日，政府重新设立"特别处"（Особый отдел，缩写为OO），以铲除叛徒和间谍。[6]此外，截至6月底，莫斯科已动员了95000名共产党员和共青团员，有一部分进入了专门组织的民兵突击队，其余人则被用来补充残存红军部队的编制。[7]

（作者认为）在当时的军队中恢复苏联共产党的影响和威压是不必要的，因为实际上所有士兵在即使没有这种威胁的情况下同样会竭尽全力。让党插足军队事务的幕后主使是阴险的列夫·扎哈罗维奇·梅赫利斯（L. Z. Mekhlis），他于6月23日出任红军总政治部主任。[8]伏罗希洛夫、朱可夫及大部分职业军官都很鄙夷梅赫利斯在大清洗中的所作所为，并抵制政治委员们插手高层军事问题。最终，后者于1942年失势，但还是会继续（对军队）指手画脚。

苏联初期的很多失败都是由于幸存的红色军官团经验不足直接造成的。野战部队指挥员缺乏随机应变的实际经验和自信，因此倾向于墨守成规，比如无视实际地形而按照教材上的图表将所属部队均匀分配在战线上。结果，其兵力并没有集中在德军的必经之路上，而且攻防手法都是程式化、可预判的，于是那些老道的德国人可以轻易反击或躲过苏军打击。[9]为了教会下属解决这一问题，很多师、集团军和方面军一级更有经验的指挥官们觉得有必要在命令和指示中讲解战术动作的最基础知识——于是命令就变得相当冗长、事无巨细，甚至这种倾向一直持续到了战争结束。

各级指挥部也缺少训练有素的参谋军官来协调兵力机动、火力支援和后勤供给。发生于乌克兰的边境战斗便是个典型例子，野战集团军司令部难以组织多支机械化部队同时发起进攻，也无法指引仅剩的少量飞机为地面部队提供支援。当然这并不绝对，但红军组织体系的整体表现的确相当差劲，在很多时候还会加剧部队遭遇突袭后的混乱。所以很多德国和西方军事观察家都认为红军（已经）到达土崩瓦解的边缘也就不足为奇了。

苏军参谋人员更是缺乏有效的通信手段来指挥下属并向上级汇报情况。甚至军区（经动员后成为方面军司令部）也缺少远距无线电设备和熟练的操作员。苏军现有的密码非常繁琐，以至于指挥员们常常明码发报，这就让德军无线电侦听单位截获到了足够丰富的战术情报。

换言之，红军指挥部（的数量）对于现有训练有素的参谋军官和通信手段来说实在是太多了。此外，战争初期的失败使得各师、军及集团军的平均实力发生了灾难性下降，剩余部队已经不需要如此复杂的指挥体系。另外，那些新组建的部队相当缺乏坦克、反坦克、工程和高射炮等专业分队。这一切都要求红军的组织结构必须进行大幅度精简。

重组

在穷于应付由于德军推进所形成的一个又一个危机时，红军领导层依然想出了重组方案并付诸实施——这要归功于他们的智慧和勇气。这些领导人员选择回归更简单的组织架构，虽然暂时放弃战前理论，但最终拯救了军队。在接下来两年里，他们会逐渐对部队结构进行改良。

发布于1941年7月15日的最高统帅部大本营1号训令标志着部队结构改编和数量削减的开始。[10]野战指挥员们得到指示——取消军一级司令部，将野战集团军的规模缩小至只有5~6个步兵师，外加2~3个坦克旅、1~2个轻骑兵师和几个牵引炮兵团。到年底，原先的62个步兵军已经只剩下6个。这让更有经验的集团军司令和参谋人员们得以直接指挥步兵师。那些师同样经过了精简，放弃了和平时期师建制内的很多反坦克、防空、装甲、工程和野战炮兵分队——相关的技术装备极度匮乏，新体系将所有专业技术装备集中了起来，以便集团军司令将其分配到肩负最重要任务的下属部队那里去。在此过程中，1个步兵师的编制人数由14500人下降到了略少于11000人；火炮数量也降至24门，卡车数减少了64%。此外，大部分师的实际兵力还要更少一些，随着时间推移，很多这种被削弱的（师级）部队都被组建或改编成了独立旅。1941年秋到1942年初，大本营组建了约170个步兵旅，而没有新建步兵师。这种拥有4400人的"半师"级部队由直属旅指挥部的3个步兵营和各种提供相应支援的其他营组成——对于那些经验不足的苏军指挥员来说，指挥这样的部队就轻松多了。

7月15日相关训令还取消了机械化军，因为苏军目前缺少有能力的指挥员和现代化坦克，所以这种编制便显得相对多余了。原机械化军编制内的31个摩托化步兵师大部分更名为普通步兵师，实际上（之前）也的确没实现"摩托化"。剩余的坦克师仍被保留下来，不过编制数缩减成了每师180～215辆坦克。有些早期番号数字很大、尚未参战的预备坦克师被拆散，以向那些新编成的师提供更多装甲分队。[11]实际上在1941年夏秋时节，坦克本就相当稀缺，以至于这一时期新组建的最大装甲兵编制仅为坦克旅。其中，于8月13日下达的命令要求新建120个坦克旅，但直到12月才组建了79个。这些旅在名义上辖有93辆坦克，包括7辆KV重型坦克、22辆T-34中型坦克和64辆T-60轻型坦克；不过在9月组建的旅只有67辆坦克，于12月组建的只有46辆，而且维修等勤务力量（的数量）皆处在最低限度。[12]国防人民委员部还组建了不少装备有29辆坦克的独立坦克营。[13]此时，红军实际上已经放弃了其先前的大规模独立机械化部队构想，转而让剩余所有坦克都扮演支援步兵的角色。

1号训令还指出要大幅扩充骑兵部队，新组建30个辖有3447人的轻骑兵师。同年晚些时候，苏军已拥有82个骑兵师，但由于损失率太高，到12月底这些师都被合并到了骑兵军中。[14]显然，布琼尼等国内战争时期的老兵希望重现骑兵当年的机动性，不过他们忘记了马在（如今的）战场上是多么脆弱。德方相关记载将骑兵揶揄为毫无希望的落伍玩意，尽管他们在1941年时也有几支同类部队。只是考虑到缺乏各种交通工具，苏军指挥员觉得他们别无选择。在1941—1942年的冬季，当所有机械化部队由于寒冷和积雪动弹不得时，这些骑马机动的师还有新组建的滑雪营和滑雪旅证明了他们在斯大林和布琼尼所设想的远距离敌后破坏行动中同样极具价值。骑兵虽在战场上不堪一击，然而在作战中仍拥有相当不俗的机动性。

就如机械化部队进行独立战役的构想被放弃一样，红空军也暂时取消了远程轰炸航空兵总司令部。[①]负责执行战术任务的航空兵团原先编有60 ~ 64架飞机，但由于不便指挥，之后被削减到了30架。[15]

组织结构调整起来很容易，可要改变战术判断就不同了。直到1942年，自斯大林及其以下的很多苏联指挥员都表现得很奇怪，总的来说便是既精明又笨拙。苏军战役战术理论和实践中的大部分重大改变是从1942—1943年才开始做出的，但在危机重重的1941年，最高统帅部迈出了第一步。这一时期发布的很多指示看上去简单得有些荒唐，可以让人明显感觉到那些收到指示的指挥员是多么欠缺经验和主动性。7月28日，一份"炮兵防御命令"指示要在德军机械化部队前进的必经之路上布置综合的防坦克地域[16]，并且禁止指挥员将手头的火炮沿防线均匀部署。8月，最高统帅部批评了那些只设立狭长防线却毫无纵深，而且没有考虑反坦克方案的指挥员。事实上，由于相当多的部队缺少兵力、火炮和经验，要建立起这样的纵深确实不容易。但出于反制已知德军战术的需要，对此加以强调的做法还是值得肯定的。

不管进攻还是防御，苏联军官们都倾向于把部队当作一个僵硬的整体来调动，往往会向强大的德军主力发动正面强攻。无论什么时候这都是种糟糕的战术，在红军人员和装备严重不足时尤其显得鲁莽。苏军于1941年12月在莫斯科城下发动的反攻就因为采用正面进攻的形式吃了很多苦头，这让朱可夫十分恼火。12月9日，他发布指令禁止从正面突击，并命令指挥员们寻找德军暴露的侧翼以突入其后方。这种战术在12月的条件下是完全合适的（详见第六章），可在德国人胜利进军的6月到10月间却不见得能奏效。

---

① 译者注：Дальнебомбардировочной авиации Главного командования，缩写为ДБА ГК。红空军后于1942年3月恢复建立远程作战航空兵，并任命了远程作战航空兵司令，即亚历山大·叶夫根尼耶维奇·戈洛瓦诺夫。

扩军

机械化军的取消反而纠正了德国情报机关对红军估计中的一个明显错误。入侵前，德国人对红军现役兵力进行了相当准确的估算，但他们关于新的机械化军几乎一无所知。情报分析人员显然以为敌人还是1939年时的老样子，即大型机械化部队被撤销，以便为步兵提供支援。6月22日前，德国人只发现了前线军区10个机械化军中的3个。[17]当6月底这一大批机械化部队突然冒出来进攻第1装甲集群时，他们给德国人造成的震惊丝毫不亚于其第一次遭遇KV-1和T-34。

然而，德国情报机关犯下的最大错误还是低估了苏方重组被打散部队并从零开始组建新部队的能力；加上不断发起反突击和反击给德军造成大量人员伤亡，红军可以在被敌人消灭的同时以相同速度组建新的集团军和师的能力成了"巴巴罗萨"行动失败的主要原因。

在20世纪整个20年代和30年代大部分时间里，红军都保持着重视基干力量和动员力量的思想。和平时期其（红军）仅由少量现役军人组成，战时则会补充预备役人员和志愿者。20世纪30年代末，红军已经忽略了这一思想，逐渐将现有部队动员至满员状态。不过，据苏军战前的理论判断，军队每经过4—8个月的激烈战斗就必须彻底更换所有兵团。为满足这一需求，于1939年[①]通过的《普遍义务兵役法》将预备役人员的年龄上限提升至50岁，并创建了一大批为其提供培训的学校。这1400万受过训练的预备役人员使红军有了进行战争的潜力和弹性，而这也是国外观察家们基本看不见的。

从战争一开始，国防人民委员部便在之后几个月时间里组建新的步兵集团军，将其编成了集群或"波次"，此举目的不仅仅是补充被德军消灭的集团军数量（见战场形势图5和附录表2/3/4）——1941年新组建了57个（集团军），而被歼灭或撤销的仅为20个。

由于总参一直忙于处理当前作战行动，国防人民委员部和各军区就根据大本营的指示担负起了征兵任务。那些远离战区的军区则以现役部队为骨干，并逐渐补充预备役和应征人员。到6月底，有多达530万预备役人员入

---

① 译者注：原文为1938年，有误。

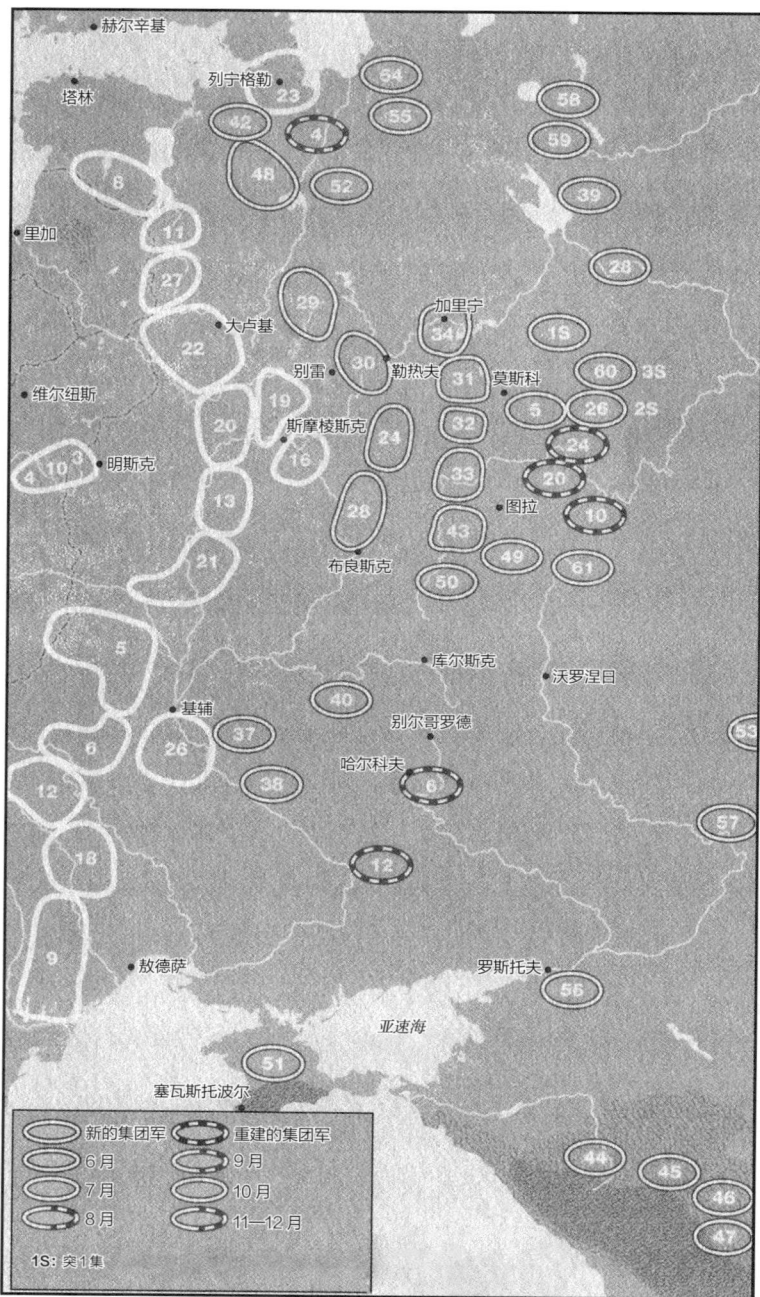

战场形势图 5：1941 年 7 月 30 日苏联的部署和截至 12 月 31 日的增援情况

伍，且动员仍在继续。6月底至7月间，苏军组建了13个新的野战集团军，8月组建19个，9月为5个，10月为7个。这个动员体系早就足以弥补1941年时被德军歼灭的20个集团军，而且它在1942年上半年又组建了11个新番号集团军和10个后备集团军。[18]那些幸存下来有经验的司令部人员往往会成为后续波次部队的核心。

到1941年12月31日，苏联的动员体系已经在动员基地里组建285个步兵师、12个经过改编的坦克师、88个骑兵师、174个步兵旅和93个坦克旅；另外，从内地和远东向西部输送了97个步兵师，其中27个来自远东、外贝加尔和中亚地区，剩余70个来自其他地区。[19]在新组建的师中，有25个是由"人民义勇军"①，即富有战斗精神的城市工人组成，其中一些人身体素质较差，也没有接受过充分的军事训练，无法成为合格的士兵。此外，以内务人民委员部的内卫部队为基础组建有20个师，海军也组建了17个海军步兵旅和一些小规模步兵旅。战前，德国人估计敌人（苏军）大约有300个师，但到12月苏联人已经将800支师级部队投入战场，其中有483个为步兵师——这便允许红军在损失了超过400万人、大约229个师后依然能继续战斗。[20]

当然，战前师和动员师并不能等量齐观。由于存在这样那样的缺陷，第一个星期里损失的师在训练和装备方面要比后来的师好得多。后者什么都缺，就是不缺步枪和政委；不过最重要的或许还是他们没什么时间作为一支部队来进行训练、演练作战步骤，以便士兵和下属部队了解自己在战斗中扮演什么角色。后来组建的师在部队凝聚力和表现上也相对不足，但不会太过严重。其实在评价1941年甚至1942年苏军步兵师的拙劣表现时，我们同样应该考虑到他们的组建速度是何等之快和指挥员及兵员的作战经验是何等匮乏。然而正是这种表现让德军产生了对手水平很差的印象，却完全没有意识到自己实际上已经失败。

工业搬迁

为避免落入德军手中，苏联的重工业体系被迫进行了搬迁，这也让苏军

---

① 译者注：Народное Ополчение，即所谓"民兵师"（Дивизия Народное Ополчение）；俄文中对应英文"民兵"（Militia）的"Милиция"实际上指"民警"。

1941年的装备弹药短缺状况雪上加霜。莫斯科在20世纪30年代建造这些工业设施时并未预料到本土会面临大规模入侵，因此绝大部分制造业均位于西部，特别是列宁格勒和东乌克兰一带。幸运的是，中央计划经济体制既然能以强力建成新工业设施，那么自然也能在德军入侵时将其疏散至安全地区。[21]早在6月24日，国防委员会就设立了疏散委员会，将受战争影响的工厂向东迁至乌拉尔和西伯利亚地区。这项任务的工作量相当巨大，起初负责的是拉扎尔·莫伊谢耶维奇·卡冈诺维奇（Lazar Moiseyevich Kaganovich），到7月3日改成尼古拉·米哈伊洛维奇·什维尔尼克（Nikolay Mikhailovich Shvernik），其副手为阿列克谢·尼古拉耶维奇·柯西金（Alexei Nikolayevich Kosygin）；协助他们的是苏联工业计划主管部门——国家计划委员会（Gosplan，Госплан CCCP）主席尼古拉·阿列克谢耶维奇·沃兹涅先斯基（Nikolai Alekseevich Voznesensky）。最后者（沃兹涅先斯基）是少数敢于对斯大林直言不讳的高层官员之一。7月4日，他获准实施第一个战时经济计划，实际的搬迁工作改由未来的苏联部长会议主席柯西金管理。[22]

国家计划委员会要做的不止是让工厂和工人搬个家那么简单。工业原料需要重新收集，工人需要住房和食物，工厂必须在那些一夜之间被扩大两倍的村镇中重建。位于原工业地区的发电厂必须工作到最后一刻，以便其他工厂的拆迁，然后前者也会迁移到新地址进行重建。所有这一切必须在工业按照战时需求转产，且有熟练工人参军的情况下完成。[23]

面对压力最大的是工厂疏散，尤其以那些位于乌克兰的第聂伯河下游和顿巴斯地区的（工厂）为甚。在这里，西南方面军实施的顽强迟滞战术获得了回报，他们不仅将德军部分兵力从莫斯科方向上吸引开来，还为拆卸机器设备争取了时间。德军侦察机拍到这一区域有大量铁路平车，但对此迷惑不解。[24]仅仅是为将一个主要的冶金联合体从顿巴斯的扎波罗热搬到乌拉尔的马格尼托戈尔斯克就动用了八千节货车，而且这些动作必须要冒着德军对工厂和铁路线的定期空袭以最快速度完成。

在列宁格勒地区，由于德军的推进是如此快速，以至于到城市被围时只有92座工厂完成迁移。该州的工厂搬迁直到10月5日才开始，不过到年底，原位于列宁格勒的一家坦克厂已经在"坦克格勒"（Танкоград）——位于乌拉尔地区车里雅宾斯克的巨大工业联合体中生产了500多辆KV坦克。[25]截至12月，有523家工厂和564248名工人及其家属已从莫斯科乘坐100334节车厢被疏散到安全区域，另外先后共有200万莫斯科人同样得以疏散。[26]

在将所有机器设备送往偏远地区时，管理部门并没有井然有序地加以安排，而且跟随（机器）一起的只有部分是熟练工人。有人计算过，共有270家工厂完好无缺地到达指定地点，另有110家只是部分机器设备到达。[27]列车到达时正值严寒冬季，不管是给任何种类建筑物打地基几乎都不可能。可无论如何，人们还是将机器卸下车，并运送到草草搭建、没有取暖设备的木屋里加以组装；即使在零度以下的夜里也会把电灯挂在树上，同时点起篝火，进行他们的工作。

苏联人宣称在1941年7月至12月间，共有1910家大型工厂（其中824家与军备生产相关）被搬迁至伏尔加河、西伯利亚和中亚地区，参与相关工作的包括3万节列车和150万节车皮。[28]尽管苏联人的记录普遍存在夸张现象，但规模如此巨大的重工业搬迁和重组确实是他们用毅力、组织能力和应变能力创造出的一项了不起的成就。由于搬迁，苏联的工业生产要花费将近一年时间才能发挥出全部潜力来。在1941年进行的那些决死战斗主要依靠的还是库存武器弹药。可哪怕困难重重，苏联还是在1941年生产出了6590辆坦克，其中有三分之二是T-34和KV-1，相比之下德国的坦克产量为5200辆。[29]由前者生产的作战飞机数量是后者的2倍更多，火炮数量为2倍，迫击炮数量为11倍（见附录表5）。[30]此外，部分新生产的（苏方）武器甚至来不及上漆便投入了战斗。

等逐渐缓过劲来，苏联工业体系的生产效率也变得越来越高。与时常调整坦克等武器装备设计以提高战斗力的德国人不同，苏联人总体上只会关注如何生产更多相同的基本型号武器装备。到1943年，由于采取了标准化和大规模生产措施，以工时计算，苏联工业生产武器的成本只有1940年时的60%。[31]这样一来，只要能挺过初期的惊慌失措，苏联一方自然就获得了进行长期消耗战所必需的优势。

焦土

尽管疏散委员会已经尽了最大努力，但还是不能将全部有价值的东西都搬走——比如占苏联煤炭供应量60%的顿巴斯煤矿。这种情况下，苏维埃政权不仅要在没有相应资源的条件中生存，还要防止侵略者使用那些工厂和矿产；通过五年计划好不容易收获的果实现在却不得不将其摧毁或至少不能由敌人享用。

苏联进行的自我破坏主要体现在交通运输和电力工业上。撤不走的火车头和机车维修站往往会被破坏，事实证明它们在冬季相当重要，因为德制火车头缺乏足够的隔热措施以保持蒸汽压力。苏军还在第聂伯河水电站的大坝上开了一道口子，工人们拆除并毁掉了水轮机和锅炉的关键部件。在乡村，各个地区对建筑物和农作物进行了不同程度的破坏。总体来说，俄罗斯要比位于其西部的白俄罗斯和乌克兰有更多时间和动力来准备和实施破坏工作。

命令进行破坏是一回事，而确保实际执行又是另一回事。对于莫斯科政权来说幸运的是，惨无人道的德国占领者让很多苏联公民打消了改换政权后可能出现的欢迎态度。苏联宣传机器也开足马力报道侵略者的暴行。1941年秋，随着侵略者包围列宁格勒并逼近莫斯科，苏联政权对大众的控制力发生了短暂下滑，有时甚至会出现趁火打劫和藐视政府的情况。[32]不过总体来说，对德国人的顽强抵抗加上针对俄罗斯民族的巧妙民族主义宣传还是保证了人民对国家的忠诚。

莫斯科在疏散和摧毁自己好不容易取得工业成就中获得的成功大大震惊了德国经济计划制订者们，他们之前还盘算着怎样用前者的资源来实现希特勒的生产目标并满足国内消费者需求。苏联的原材料，比如铬、镍和石油对德国战时生产都是不可或缺的；侵略一方甚至考虑过让苏联工人在被占领的当地工厂中（而不是前往德国）工作，以解决本国劳动力短缺的问题。

此外，苏联铁路车辆的成功转移也迫使德国人调集了2500辆机车和20万节车厢来支援东线部队。相应地，这便意味着如瓦格纳将军所料，德国人必须将占领区的大部分铁路网由俄式宽轨转换成窄轨。[33]仅仅在两种铁路网的连接处进行变换还算简单，但修复道岔、通信器材、水塔等基础设施则需要花费很长时间。另外，早在入侵开始之前，德国人的铁路货车数量就已经无法满足西欧和中欧占领区内运输煤矿等原材料的需求——结果便是这些地区的工业产量在不断下降。[34]这样一来，苏联人的疏散工作不仅为未来的战争保留了工业潜力，还在不经意间恶化了处于德国占领下欧洲的经济状况。

不过，尽管做出了这些努力，相当大一部分的苏联工农业生产体系还是落入敌手。从这一方面看来，德军的推进似乎确实是为了满足希特勒对额外经济资源的急切需求。

第六章

莫斯科之路

延伸过度

到1941年7月底，后知后觉的德国侵略者终于意识到了自己面对着多大一个烂摊子。这时，希特勒那些关于如何取胜的预判已经被证明具有错误性。尽管中央集团军群消灭了德维纳河与第聂伯河以西几乎所有的苏联军队，但后者并没有陷入崩溃。事实上，随着众多新锐的集团军不断抵达战场，红军在第聂伯河与斯摩棱斯克一带的抵抗也变得格外顽强。除这些令人震惊的事态变化外，随着3个集团军群向东推进，他们之间的缺口更是越来越大；此外，初期推进取得的巨大胜利使德国国防军甩开了其脆弱的后勤保障体系，这迫使陆军总司令部于7月30日发布了一道等同于停止前进的命令，而中央集团军群也终于得以休整。

到此时，在距离最近铁路末端达720公里的地方，第3装甲集群正疲于应对苏军从斯摩棱斯克东面和东北面发起的反复进攻，第2装甲集群的坦克和摩托化步兵则在死守杰斯纳河岸边的叶利尼亚桥头堡。如此一来，当希特勒强令这两个装甲集群扫清中央集团军群受到威胁的两翼时，后者却被死死缠住了；而且两者在处于其后方的步兵彻底肃清完斯摩棱斯克地域被围敌军之前，也无法甩手去执行其他任务。

由于公路并未铺设沥青，别说徒步行军的步兵，哪怕轮式车辆都很难跟上冲在前方的坦克（但它们的数量已经越来越少）。早在7月16日，一些迂回的红军和刚成型的游击队就开始袭击德军前锋部队中处于后方的补给车队。德军步兵的靴子磨损很快，参谋军官们也开始筹备冬装。到8月2日，3个集团军群已在6周内损失179500人，但只补充了47000人。[1]

与此同时，阿道夫·希特勒驳回了将新生产的坦克和大修装配设备补充部队的要求，而是准备在这一季节的战局结束后将其补充到新组建和重建的装甲部队中。从1940年底到1941年初的冬季及春季，相关部门曾专门采取措施加强地面部队武器弹药的生产，不过6月即告结束，这为改变生产优先级扫清了障碍。[2]7月14日，希特勒命令增加潜艇和坦克的产量，因而导致了地面部队弹药和维修配件（生产）优先级的降低。[3]他管得非常细，一个典型例子就是在8月4日中央集团军群司令部的会议上，一大群高级指挥官竟为了给III号坦克补充350台发动机而向这位独裁者苦苦哀求。[4]

国防军倒是不缺目标。曾误认为战争已经于7月初取得胜利的弗朗茨·哈尔德将军在8月11日的日记中承认了自己的错误：

"整个局势越来越清楚地表明我们低估了俄国这个巨人……按照我们的标准，苏军各个师根本就没有足够的武器装备，战术领导层往往也表现得很糟糕。但他们就是挡在那里。如果我们干掉了一打，俄国人轻易地便能弄出另一打……他们离自己的资源产地很近，我们却越来越远。因此，我们散布在漫长战线上毫无纵深的部队往往要经受敌人发动的无休止的进攻。"[5]

不是所有德国领导层都把局势看得如此清楚和悲观，然而很多人还是在试图找出让战争赶快结束的清晰明了的方法。甚至希特勒也抱怨过，如果事先知道海因茨·古德里安在战前给出的苏联坦克实力数据是如此准确的话，或许他就不会发动战争了。[6]由于希望找出尽快取胜的新办法，独裁者和他的很多高级指挥官都选择将先前绕过的苏军部队围歼掉，以免其主力突出重围；另外还要肃清中央集团军群两翼的苏军。这与"巴巴罗萨"计划的最初设想一致——集中全力消灭红军，而不是忙着攻城略地。此外，希特勒考虑到后勤捉襟见肘、机械化部队战斗力不断下降，因此正确地主张只在稍浅近纵深形成较小的合围圈。可是，诸如海因茨·古德里安和埃里希·冯·曼施泰因（Erich von Manstein）等较年轻指挥官反对这一做法，因为那样会放慢他们扩大战果的脚步，敌人在每一次被突破后也能重建防御体系。越来越长的补给线加上利用战术胜利乘胜进军的要求使德军愈发不堪重负，部队甚至无法停下来休整，而用于封锁已经形成的包围圈的步兵依然在肃清之前的包围圈。

对于中央集团军群司令、陆军元帅冯·博克来说，除了消灭被围敌军，他还要将重点放在打退红军为了救回斯摩棱斯克地域被围部队而发动的一次次进攻，以及支援叶利尼亚桥头堡上——此地是由古德里安的第2装甲集群抢下，可作为冲向莫斯科的一块跳板。不过希特勒仍然坚信，在继续向莫斯科推进前，德军应当肃清两翼的苏军，并占领列宁格勒和基辅。在此之前，他必须消灭斯摩棱斯克附近被围的10万苏军，让步兵接替装甲部队防守斯摩棱斯克以东，然后夺回反击的苏军在7月下旬占领的阵地，特别是第28集团军卡恰洛夫集群夺取的罗斯拉夫利（Roslavl'）。这样一来，他就不可避免要将中央集团军群，特别是该部的坦克部队调到两翼了。

然而，对面的斯大林和大本营还是认为铁木辛哥的西方面军和朱可夫新组建的预备队方面军必须收复斯摩棱斯克和叶利尼亚，并歼灭这里的中央集团军群；与此同时，费多尔·伊西多罗维奇·库兹涅佐夫的中央方面军在增加了1个新组建的第3集团军后，应当阻止德国人从叶利尼亚的预备队方面军和守卫基辅的西南方面军中间达成突破。斯大林的决心和因此发动的进攻给中央集团军群增加了压力，这也让希特勒更加关注如何才能找到在该集团军群两翼"减少抵抗的途径"，以夺取新的胜利。

斯摩棱斯克口袋及之后：希特勒意图的形成

7月19日，希特勒发布了第33号元首指令，开始调整其战略，要求南方集团军群歼灭第聂伯河以西和基辅以南的苏军，而北方集团军群继续向列宁格勒推进；中央集团军群应当肃清斯摩棱斯克地域被围的苏军，然后用两个装甲集群的主力掩护其他两个集团军群的翼侧。与此同时，不知为什么，冯·博克希望用步兵在一个摩托化军的支援下继续向莫斯科进军。四天后，元首在第33号指令的补充指示中重申了自己的打算，并将霍特的第3装甲集群主力移交给北方集团军群。

在7月最后一周，苏联西方面军对防守杜霍夫希纳（Dukhovshchina）和罗斯拉夫利的中央集团军群装甲部队发起多次反击，这促使希特勒重新审视并制订了新的战略。相应地，7月30日的第34号元首指令命令中央集团军群转入防御，将第2和第3装甲集群撤出战斗，进行短暂休整，然后准备对集团军群右翼戈梅利（Gomel'）地域的苏军第21集团军实施有限的作战行动；同时，北方集团军群应当向列宁格勒前进，并利用配属的第3装甲集群在其与中央集团军群之间的旧鲁萨和杰米扬斯克地域撕开一道口子；最后，南方集团军群应消灭第聂伯河以西的红军部队，并为第1装甲集群在基辅以南渡过第聂伯河创造条件。以上这条指令，以及第2装甲集群随后肃清了中央集团军群右翼苏军的事实促使他（希特勒）必然会在8月12日的第34号元首指令补充指示中要求全部三个集团军群利用结合部的部队一起突向大卢基和戈梅利。[7]

就在修订战略时，战场上发生的事也鼓舞了希特勒。在8月第一个星期里，冯·博克派出古德里安的坦克部队迎击红军第28集团军卡恰洛夫集群，后者为收复斯摩棱斯克并救出被围的第16和第20集团军发动了多次大胆而笨拙的进攻。自8月1日起，古德里安从西面和北面发动突袭，突破了卡恰洛夫集群的防御，围歼了该部主力，占领了罗斯拉夫利，俘虏了38000多名红军战士，并迫使其残部（不到10000人）匆忙向东撤过了杰斯纳河。[8]

与此同时，中央集团军群的步兵在斯摩棱斯克地域肃清了包围圈中的第16和第20集团军。尽管冯·博克俘虏超过10万人，但仍有不少于2万的红军从霍特与古德里安之间未完全封闭的一道口子中突出重围，向东渡过了第聂伯河。[9]中央集团军群最后用步兵替下了防守杜霍夫希纳东面的第3装甲集群，该部的装甲兵和掷弹兵苦战许久，现在终于可以撤出战斗进行休整。第2装甲集群也将叶利尼亚桥头堡的防御阵地移交给了第20步兵军。这两个装甲集群到达休整地域后就开始准备在中央集团军群两翼发起的作战行动。根据希特勒相关指令，冯·博克命令古德里安从罗斯拉夫利向南行军，渡过索日河，以便会同第2集团军向戈梅利进发；在斯摩棱斯克东面苦战且休整已毕后，第3装甲集群主力应当与其他部队一起，于8月下半月向大卢基和托罗佩茨发动突击。[10]

杜霍夫希纳、叶利尼亚和布良斯克

苏联最高统帅部大本营可不会给中央集团军群喘息之机，为挡住德军的推进并夺取战略主动权，斯大林于8月1日再次组建了包括6个集团军的预备队方面军——起初下辖第24、第31、第32、第33、第34和第43集团军，8月11日时为第24、第31、第32、第33、第43和第49集团军①，司令为其最信任的将军——朱可夫。[11]其中，康斯坦丁·伊万诺维奇·拉库京少将（Konstantin Ivanovich Rakutin）的第24集团军和帕维尔·阿列克谢耶维奇·库罗奇金中将（Pavel Alekseyevich Kurochkin）的第43集团军应当强击叶利尼亚，突破杰斯纳河，收复罗斯拉夫利；其余4个集团军的任务是在西方面军和预备队方面军后方占领防御阵地。[12]这些新动员的集团军具有以下特点：兵员主要为未接受过训练的应征入伍者和预备役军人，而且几乎没配备什么坦克和火炮。

不管怎么说，铁木辛哥麾下的第29、第30、第19和第16集团军，与朱可夫麾下的第24集团军在8月的第一个周末就开始了对中央集团军群于斯摩棱斯克以东和叶利尼亚的防御阵地的猛烈进攻。[13]这一次，苏军的重锤砸到了第9集团军和第20步兵军的步兵头上，而非霍特和古德里安的装甲部队。在别雷（Belyi）向南直到亚尔采沃（Iartsevo）的地段激战一个星期并损失惨重后，铁木辛哥的部队只取得了很小的战果；朱可夫的士兵在进攻时同样是如此笨拙，以至于他不得不在48小时内便停止了进攻。

古德里安没有在意北面的激战，而是于8月8日将坦克转向南面，渡过索日河。[14]第2装甲集群的突击攻破了中央方面军第13集团军的防御，并在不到一周的时间内围歼了该部半数兵力，然后开始向第21集团军右翼防线卷击。马克西米利安·冯·魏克斯上将（Maximilian von Weichs）的第2集团军在8月12日也开始与古德里安一起进攻，二者一道坚定地向南面的戈梅利推进。尽管第21集团军拼死抵抗，冯·魏克斯和古德里安还是合围并吃掉了守军的三分之一兵力，然后于8月21日占领戈梅利。[15]

到8月中旬，斯大林和他的主要军事顾问们终于意识到古德里安和冯·魏克斯做了什么，德军一路势不可挡的猛攻对整条防线形成了致命威胁。大本营据此指示西方面军和预备队方面军对杜霍夫希纳和叶利尼亚发动一次新的

---

① 译者注：《苏联军事百科全书》中组建日期为7月30日。此外，第49集团军是在8月7日转隶预备队方面军。

攻势，以击退中央集团军群。8月16日，莫斯科组建了布良斯克方面军来阻挡并击败古德里安。方面军司令安德烈·伊万诺维奇·叶廖缅科中将（Andrey Ivanovich Yeryomenko）手下有新建成的第50集团军和现有的第13集团军，此外加强了1个坦克师和若干坦克旅，8月25日时又增加第21集团军和新组建的第3集团军。[16]由于擅长使用装甲兵，叶廖缅科被称为"苏维埃的古德里安"，也因此被（众人）寄予厚望，希望他实至名归。[17]

铁木辛哥、朱可夫和叶廖缅科的三个方面军对冯·博克的集团军群和古德里安的装甲兵发动的这次进攻始于8月中旬，9月1日开始进入高潮，在9月10日到达顶点。在这一系列的激烈战斗中，铁木辛哥麾下集团军分别于8月17日和9月1日两次攻击了杜霍夫希纳和亚尔采沃的中央集团军群第9集团军的步兵；朱可夫的部队在8月21日之前就一直攻击防御叶利尼亚的德军，并于30日再次发动进攻；叶廖缅科所部则从8月29日开始投入战斗，在9月2日之后又发起了进攻。[18]

从战场推进情况和给德军造成的杀伤效果看，铁木辛哥和朱可夫战果最大，而叶廖缅科几乎一无所获。西方面军的第30和第19集团军于8月17日和20日发动进攻，无情地打击了德军第9集团军的第5和第8步兵军。内务人民委员部的霍缅科少将指挥第30集团军发起多次突击，在别雷西南向前推进了一定距离，并大量杀伤敌人，随后到8月17日失去进攻能力。科涅夫中将的第19集团军于8月17日至24日打垮了第9集团军第5步兵军的防御，在亚尔采沃北面的沃皮河（Vop'）西岸占领很大一块登陆场，令德军第161和第5步兵师损失惨重，随后还将反击的第7装甲师杀得铩羽而归。这次失败使冯·博克承认"第161师已经撑不住了"，不久又指出"第7装甲师在受到很大压力的第161步兵师防御地段发动的反击并未奏效……该师在这一过程中损失了大量坦克。"[19]铁木辛哥的第二次攻势在8月下旬陷入僵局，但大本营帮助他于9月1日以罗科索夫斯基的第16集团军，在新锐坦克第1师约100辆坦克支援下再次发动了大规模进攻。这次突击给德军第28步兵师和第14摩步师造成了沉重打击，然而最终由于苏联坦克在德军有效的反坦克防御体系面前被大量摧毁而宣告失败。[20]铁木辛哥的攻势终于土崩瓦解，因为亚尔采沃失守，而且德军第40摩托化军发起强大的装甲突击，突破西方面军右翼第22集团军的防线，一路冲过了托罗佩茨和安德烈亚波尔（Andreapol'）。由于损失很大，如果德军再次发动进攻，那么西方面军将无力抵挡。但后者（西方面军）给冯·博克带来的杀伤也为德军最终兵败莫斯科做出了贡献。至于铁木辛哥本人，因为在斯摩棱斯克打得非常坚决，大本营将在9月中旬面临巨大危机时指派他去领导西南方向的总指挥部。

朱可夫所部在叶利尼亚取得的胜利看上去与铁木辛哥在杜霍夫希纳相差无几，实则不然。[21]从8月8日至20日，在反复攻击德军设于叶利尼亚的防线后，朱可夫无计可施，只能再次停止只会造成无谓牺牲的进攻，以免拉库京的集团军因兵力完全枯竭而崩溃。同时，朱可夫的第43集团军也打得很差，没能强渡杰斯纳河并收复罗斯拉夫利。但他展现出了自己不屈不挠的特点，强令第24集团军在8月30日继续突击叶利尼亚。经过一周激战，希特勒最后允许冯·博克放弃了这座让第20步兵军损失23000人的桥头堡。[22]苏方记录习惯性地夸大其词，宣称朱可夫消灭了防御叶利尼亚的德军，但实际上冯·博克的部队大部分都平安撤回了杰斯纳河西岸。不过第4集团军和北面的第9集团军一样，将在该年剩下时间里一直无法恢复先前的战斗力。[23]

布良斯克方面军的组建和扩编是对古德里安所部（第2装甲集群和第2集团军）向南推进的直接回应。在8月绝大部分时间里，叶廖缅科主要关注的是以第50集团军在杰斯纳河一线及以西建立防线，以掩护布良斯克接近地，并将第13集团军残部撤到杰斯纳河西面的防御阵地。大本营也一直催促他去挡住古德里安。8月22日，装甲兵将军莱奥·盖尔·冯·施韦彭堡（Leo Geyr von Schweppenburg）的第24摩托化军占领杰斯纳河与第聂伯河中间的斯塔罗杜布（Starodub），切断了布良斯克方面军左右两翼的交通线，使叶廖缅科的处境更加艰难。简而言之，如果布良斯克方面军无法夺回斯塔罗杜布，那么古德里安通往杰斯纳河与基辅的通道就会完全敞开。因此，除了要对古德里安发动进攻外，叶廖缅科还必须用第13和第21集团军封堵斯塔罗杜布缺口，然而这是一项（对他来说）不可能完成的任务。[24]

令叶廖缅科最担心的事情还是发生了——8月25日，第2装甲集群按照其一贯风格，再次甩开了右翼第2集团军，一路向南推进。[25]在随后三天里，第24摩托化军的第3装甲师和第10摩步师夺取了杰斯纳河畔的诺夫哥罗德–谢韦尔斯基和科罗普（Korop），魏克斯的步兵也从北面逼近切尔尼戈夫，给布良斯克方面军（的防线）撕开了一道巨大的口子，而叶廖缅科无力将其堵上。由库兹马·彼得罗维奇·波德拉斯少将指挥的新建第40集团军姗姗来迟，但发动了猛烈的局部反突击，将第10摩步师从其中一个桥头堡逐出，合围并几乎全歼了其前卫部队。[26]南面，第1装甲集群准备在后续针对基辅的钳形攻势中作为该方向主要突击力量，然而在渡过第聂伯河时遭遇了类似麻烦，其下属的1个步兵师在3天之内就有1025人伤亡。[27]即使是恢复推进之后，因为补给困难、伤亡很大加之道路难行，德军前锋部队的力量同样在不断缩水。到月底，古德里安的前锋第24摩托化军只剩下86辆坦克可以投入战斗；中央集团军群司令冯·博克极不情愿地指定了党卫军"帝国"摩托化师[①]支援古德里安向前推进，然后在9月2日又命令第46摩托化军余部同去增援。[28]由于这些机械化部队被转交给了第2装甲集群，叶利尼亚突出部的德国步兵也因此更加孤立无援。

尽管大本营提供了大量空中支援，但叶廖缅科于9月1日发起的攻势还是迅速失败，对面的德军第47摩托化军轻而易举便打退了苏军的进攻。[29]在这一过程中，叶廖缅科那些纸面无敌的装甲部队更是被继续南下的古德里安前锋轻松摧毁。[30]

基辅

到8月底，无论希特勒还是斯大林都试图在当月的消耗战后寻找战机。为执行"巴巴罗萨"计划的最初战略，并在进军莫斯科之前扫清中央集团军群两翼，希特勒决心充分利用古德里安的成果，同时寻找冬季来临前尚且触手可及的目标。如果能占领苏联的工业区和农田，并将进行防御的苏军击退，使其轰炸机够不着罗马尼亚油田，至少就可以营造出"德国仍在不断取得胜利"的声势。古德里安向南推进时取得的巨大胜利提供了一个绝佳机会，德军可以用北面他的第2装甲集群和南面克莱斯特的第1装甲集群实施两面包夹，以消灭基辅地域的整个西南方面军。

对于防守方来说不幸的是，约瑟夫·斯大林仍然坚信德国人的主要目标

---

① 译者注：隶属于第46摩托化军。

是莫斯科，并据此划定了防御重心。如果说希特勒是被无数下属五花八门的建议搞得焦头烂额的话，那么斯大林则恰好相反，和平时期的清洗让很多将领不敢犯颜直谏。只有朱可夫一人曾警告说基辅恐怕守不住——因此得到的"奖赏"是被撤销总参谋长职务，由沙波什尼科夫代替[①]；随后根据他自己的请求，朱可夫开始指挥预备队方面军。

叶廖缅科的坚决进攻没能挡住古德里安向南的步伐。到9月7日，第24摩托化军下辖的"帝国"师与第3和第4装甲师一道向南渡过杰斯纳河，有力地突破了苏军防御。9月10日，未来的陆军元帅瓦尔特·莫德尔指挥第3装甲师向敌后大胆穿插，夺取了苏联人在基辅以东217公里的罗姆内（Romny）设置的补给仓库。但第2装甲集群由于战线拉得过长，只剩下少量装甲车辆可以继续向南推进。比如冯·施韦彭堡的第24摩托化军的2个装甲师在开战时尚有441辆坦克，到9月4日只剩137辆。[31]不过，古德里安已经完成了自己的那一半任务。

由于被禁止从正在形成的基辅口袋中撤退，9月10日，西南方面军司令基尔波诺斯提醒莫斯科方面注意危险，并要求得到增援——然而被沙波什尼科夫拒绝了。斯大林还给基尔波诺斯打过电话，重申没有命令便不得撤离基辅。[32]

在第2装甲集群位于罗姆内的前锋部队南面大约185公里时，第1装甲集群正准备从克列缅丘格东面的第聂伯河桥头堡向北进攻。降雨、泥泞、后勤问题和当地红军的反突击使德军的进攻推迟到了9月12日。维尔纳·肯普夫中将（Werner Kempf）的第48摩托化军先头第16装甲师旗开得胜，但一天后就用光了汽油，不得不停下等待补给。[33]待肯普夫的部队恢复元气后，9月15日，新上任的西南方向总司令、苏联元帅铁木辛哥再次试图挽救基辅地域的苏军。他派了一名参谋人员口头通知基尔波诺斯开始撤退。可以理解的是，后者自然会问起此举是否得到了莫斯科许可，不过直到9月18日才得到（莫斯科的）确认。[34]只是已经太迟了——尽管合围圈还不紧密，但两个装甲集群已于9月14日晚会师。在接下来几个星期里，基辅的保卫者们进行了殊死抵抗，少数军事首长，如铁木辛哥和赫鲁晓夫逃出了包围圈；而基尔波诺斯和他的参谋长瓦西

①　译者注：按照本书初版说法，9月11日，布琼尼和赫鲁晓夫告诉斯大林必须放弃基辅，但莫斯科的答复是将布琼尼换成铁木辛哥；9月14日，西南方面军参谋长图皮科夫少将试图让沙波什尼科夫明白局势多么危险，最终却没有任何结果。

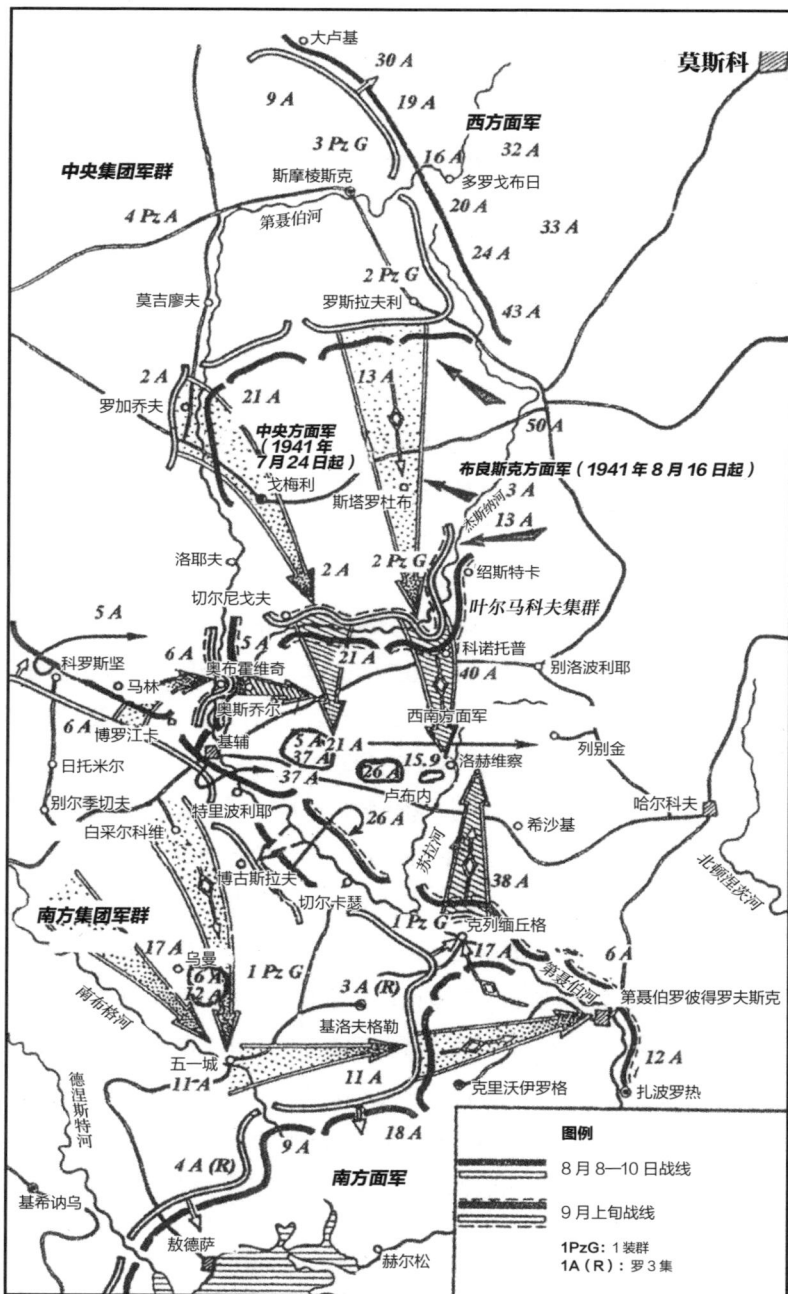

战场形势图 6：基辅合围

里·伊万诺维奇·图皮科夫少将都在试图突围时付出了生命的代价。德国官方宣称俘虏665000人，虽然这很可能是实际数值的3倍，却也接近苏军在整场战役中的损失——4个集团军（第5、第37、第26和第21），包括43个师、452720人、3867门火炮和迫击炮不复存在。[35]西南方面军和之前的西方面军一样，只能用成功突围的约15000人加以重建。德国人取得了巨大的战役胜利，但距离（取得）战略胜利仍很遥远。

扫荡翼侧：南方和北方集团军群

由于在基辅取得胜利，当第2装甲集群慢慢转向北面，准备重新挺进莫斯科时，南方集团军群同样正向南面和东面乘胜进军。第1装甲集群现更名为第1装甲集团军，于9月下旬进入北顿涅茨河流域的工业区，截至10月17日已占领该区域的绝大部分。克莱斯特的坦克再次甩开后勤部队和步兵，向着顿河畔罗斯托夫和远方的高加索地区狂奔。[36]在北面，第6集团军于10月25日攻陷哈尔科夫，第17集团军则堵上了第6集团军与第1装甲集团军之间的缺口。

与此同时，德国人在东线规模最大的盟军——罗马尼亚第3和第4集团军也遭遇了和前者一样的后勤问题。罗马尼亚地面及空中部队装备了五花八门的旧式武器；他们的野战面包房搭乘的是牛车，行动起来比德军后勤单位还要慢；除此以外还要考虑到语言障碍，加之翻译数量不足，而且绝大多数罗马尼亚军官此前学习的是法国军事理论而非德国的。[37]尽管问题多多，罗马尼亚独裁者扬·安东内斯库（Ion Antonescu）的部队还是为协助南方集团军群的作战出了不少力。1941年8月到10月，罗马尼亚人包围敖德萨。虽然德方提供了工兵和攻城炮兵支援，但战斗打得仍很艰苦，罗马尼亚第4集团军在两个月内伤亡了98160人，占其总兵力约30%。就在进攻者准备作最后一击时，红海军从海路将人员疏散开来，这样苏联人手里便只剩下了塞瓦斯托波尔这一座港口要塞。[38]与德国人相比，罗马尼亚人不仅同样能坚持到底，就连在虐待和杀害平民与战俘方面也毫不逊色。安东内斯库和希特勒一样狂热地相信犹太人和布尔什维主义有着紧密联系。根据一份资料，在罗马尼亚军占领比萨拉比亚期间，共有250000名犹太人和12000名罗姆人死亡。[39]

在北方，其实芬兰军队更有战斗力，只是不怎么配合德国人。在6月25日对苏联发动进攻后，曼纳海姆的部队将红军第23集团军打退到1939年前的国境线后方或推进至距离国境线特别近的某个适合防御的高地时便停了下来，随后为继续向列宁格勒前进只发动了几次有限攻势。在收复失地后，芬兰甚至开始将部分军人复员。[40]

如此一来，要完成向俄国革命诞生地推进的任务就只能靠北方集团军群了。苏联领导人从未料想过该城会在西面遭遇威胁，因而在这一方向上没有布置任何防御。当侵略军于7—8月踏过波罗的海国家滚滚向前时，包括不少妇女在内的50万平民都在城市四周努力构筑防御工事。有24000名红军为了保卫爱沙尼亚的塔林港而坚持到8月26日，然后红海军冒着德军猛烈的空袭将大部分人员撤了出来。

此时，彼得·彼得罗维奇·索边尼科夫少将的西北方面军（参谋长为尼古拉·费奥多罗维奇·瓦图京少将，红军中一颗冉冉升起的新星）正准备在旧鲁萨地域反击德军第16集团军。到这时，斯大林及其顾问们已经认清现实，驳回了瓦图京第一次上报的过于野心勃勃的计划。一段时间后，瓦图京在8月12日发动了一次有限攻势。[41]尽管进展不顺并遭到大本营严厉批评，此举还是将德国人的进攻迟滞了10天。之后，德军投入了冯·曼施泰因久经战阵的第56摩托化军，绕过瓦图京的侧翼继续推进。到8月底，斯大林主要考虑到在旧鲁萨的失利，于是撤销了西北方向总指挥部，将西北方面军和新组建的列宁格勒方面军置于大本营直接指挥下。几天后，他派朱可夫前去被围困的列宁格勒。虽然苏联人采取了上述一系列措施改善指挥，可还是无法阻止德国人前进。9月8日，德军第20摩步师到达拉多加湖南岸的什利谢利堡（Schlissel'burg），以强力切断了列宁格勒与苏联其他地区的联系。两天前，希特勒已经决定把兵力集中到基辅和莫斯科，而这座位于北方的城市（列宁格勒）只用火力将其炸平。因此，第35号元首指令把3个摩托化军和第8航空军转隶给了中央集团军群。尽管斯大林担心列宁格勒（可能）失守，但威廉·冯·莱布的北方集团军群此时只剩2个装甲师和2个摩步师，已无力在地面进攻中取得重大突破。德军只能用240毫米攻城炮来轰炸列宁格勒，德国空军也发动了一连串空袭。截至9月12日，德军的炸弹已经摧毁城中的主要谷仓——从此以后，列宁格勒必须经受长达两年的饥饿和苦难。[42]

"台风"行动的准备

就在轴心国军队轰炸列宁格勒和敖德萨时，第2、第3和第4装甲集群开始集结，为中央战线的新一轮攻势做准备，此次行动代号为"台风"。不过下列因素推迟了部队的集结：西南方面军一直拼死抵抗，导致第2装甲集团军无法抽身；在北方的冯·莱布尽管接到了将装甲部队转隶中央集团军群的命令，但仍在使用那些坦克；最重要的是，连续10个星期的转战使德军机动部队人员和装备的消耗都很大。第20装甲师便是其中一个特别极端的例子，甚至在战争爆发前就被认为训练很差；在转向北面后，到9月20日，该部只剩40辆坦克可以投入战斗，其中绝大部分还是油耗奇高的缴获车辆。现在又没有铁路可供机动，第20装甲师和其他兄弟部队只好基本按照原路返回斯摩棱斯克。与此同时，据报告由于轮式车辆运力紧张，德军不同部队的抢修部门为了争夺苏联卡车甚至大打出手，就连颇受照顾的党卫军"帝国"师也没有足量卡车来搭载全部步兵。[43]德国步兵部队同样在斯摩棱斯克地域的激烈战斗中遭到严重削弱。比如第161步兵师便在杜霍夫希纳一带的战斗中受到重创，因此在当年一直处于"丧失战斗力"（原文为法语"hors de combat"）的状态；其他部队境况相同，然而迫于现状只能继续战斗。

为了部分改善坦克部队所处的不良状态，9月中旬，希特勒下令从留给未来行动的库存中抽调出306辆坦克（包括60辆捷克产38t、150辆III号、96辆IV号）；自巴尔干战局后就留在后方休整因而几乎齐装满员的第2和第5装甲师也转隶第4装甲集群。但所有这些车辆和部队都必须设法赶到东方前线去。这样一来，到10月2日，冯·博克的集团军群名义上便指挥了3个装甲集群，共计20个装甲师和8个摩步师，可谓实力空前；[44]不过实际上，他在6月22日手里有2个装甲集群时就拥有几乎相同数量的坦克（10月有1535辆，6月有1530辆），尽管战斗力或许要差一些，而且进攻正面更宽。[45]

由于推进距离长达800公里，远远超出瓦格纳将军估计的最长后勤补给距离——500公里，不仅装甲部队精疲力竭，其余所有部队也是如此。德军的行动模式变得不太正常，因为他们通常是向前冲一点，然后便停下来为后续行动补充给养。德国空军在开战时拥有将近3000架飞机，但到9月6日只剩1005架可以出动，原因包括敌方行动造成损失、缺少零件，以及飞行员经验不足导致出现事故。到9月28日，德国国防军在三个月时间内的伤亡人数达522833人，是其最初兵力的14.38%。[46]如战争期间任何时候一样，这些损失主要是由战斗部队承担，某些步兵连甚至只剩下了原编制兵力的三分之一能够继续战斗。

从组织结构来看，三个装甲集群各指挥不下2~3个步兵军，这显然是意识到其进行机械化推进的两翼需要后者（步兵部队）提供掩护。此外，北方赫尔曼·霍特的第3装甲集群和中央埃里希·霍普纳（Erich Hoepner）的第4装甲集群分别隶属于第9和第4集团军。然而在陆军元帅冯·博克的南翼，海因茨·古德里安直属集团军群，实际上处于半独立状态。和克莱斯特的第1装甲集群一样，古德里安的部队不久后非正式更名为第2装甲集团军，而非某装甲集群。[47]

防守一方也存在指挥方面的问题。伊万·斯捷潘诺维奇·科涅夫上将曾在国内战争时期担任政委，在斯摩棱斯克会战中表现突出，在铁木辛哥转到西南方面军后于9月13日接管西方面军。[48]此时，西方面军下辖第22、第29、第30、第19、第16和第20集团军，把守着从北面谢利格尔湖（Seliger）到南面亚尔采沃之间340公里长的战线。科涅夫的任命导致了整个方面军指挥人员的大调动，同时加深了迷惘不定的气氛。另外还有苏联元帅布琼尼的预备队方面军，这让指挥体系变得更为复杂①。该方面军在科涅夫南面，沿杰斯纳河一线有2个集团军（第24和第43）位于一线，另外4个（第31、第49、第32和第33集团军）则在其东面约35公里的维亚济马地域作为第二梯队。[49]

9月20日，科涅夫报告德军正准备发动进攻，但大本营直到9月27日才发出全面警告。尽管他竭尽所能布置防御阵地，可由于兵力不够，因此很难为防御体系增加哪怕一点点纵深。每个集团军部署有5~6个步兵师在一线，仅留1个作为预备队。两个方面军的师都是由斯摩棱斯克会战的久战疲兵与训练装备水平很差的志愿部队组成。科涅夫的479辆坦克中只有45辆是新型号，另外方面军严重缺乏训练有素的军官、现代化飞机和有效的防空及反坦克武器。[50]他手头为数不多的坦克等兵器分布在漫长的战线上，作为防守一方的红军还一直缺少汽车，因此在机动能力上也无法与进攻的德军相媲美。

---

① 译者注：此处应该是指中央战线同时部署有两个方面军，二者互不统属、难以协调。

维亚济马和布良斯克

自9月下旬开始，天气变得阴雨连绵，夜间极低的温度预示着冬季即将来临，留给德国人的时间不多了。9月28日，按照惯例，古德里安率先发起了攻击，他命令肯普夫的第48摩托化军对布良斯克和西南方面军的结合部、布琼尼的预备队方面军南面发动翼侧打击。德军首次试探就招来了一次凌厉的局部反突击，加上地面泥泞不堪，肯普夫不得不停止前进，并命令第25摩步师仓促撤退。[51]

不过，到10月2日德军发起主攻时，其机动能力仍然远超科涅夫和布琼尼。前者进行了短暂炮火准备并释放烟幕，随后又发起空袭，使西方面军司令部暂时无法正常运转。德军集中了优势的航空兵，特别是沃尔弗拉姆·冯·里希特霍芬（Wolfram von Richthofen）的第8航空军——这是一支专业的对地攻击力量，为打垮未受过良好训练的防御者起到了决定性作用。[52]尽管红军守住了绝大部分前沿阵地，但第4装甲集群仍然沿着预备队和布良斯克方面军薄弱的结合部向前推进，包抄了第43集团军南翼；同时，第3装甲集群也在维亚济马西北突破了第19和第30集团军的结合部。两支装甲矛头且战且进，于当日在维亚济马会合。[53]

科涅夫的副手伊万·瓦西里耶维奇·博尔金中将负责指挥西方面军的反击，他又重演了自己在6月份扮演过的角色，而且同样不顺利。10月3日至4日，博尔金包含3个师和2个坦克旅的战役集群向第3装甲集群侧翼发起反击，试图掩护西方面军部队在10月6日的撤退。当德军已经明显达成突破时，大本营赶紧命令其后撤，可为时已晚，预备队方面军与第24和第43集团军司令部失去联系，很快科涅夫也联系不上博尔金了。在接下来的绝望挣扎中，当第3和第4装甲集群在维亚济马会合后，第19、第20、第24和第32集团军的绝大部分还有博尔金战役集群的大部分兵力都被围困在了此处以西。西方面军和预备队方面军的残余部队撤至莫扎伊斯克和卡卢加附近的下一道预定防线，第19集团军司令米哈伊尔·费奥多罗维奇·卢金中将接管了被围部队。面对不断试图突围的苏军，德军第9和第4集团军在封堵口袋时遇到了极大麻烦。10月12日夜到13日凌晨间，在德军装甲部队不能通行的一片沼泽地中，苏军至少有2个步兵师由此向东突破包围圈。之后，卢金命令毁掉重武器和车辆，被围部队大部通过化整为零得以逃脱。[54]

与此同时在南面，到10月2日，第2装甲集团军已经突破了布良斯克方面军阿夫克先季·米哈伊洛维奇·戈罗德尼扬斯基少将（A. M. Gorodniansky）所率、实力很差的第13集团军（的防线），第二天又向奥廖尔推进。斯大林给叶廖缅科打电话要求立即反击，但后者手头上没有什么坦克和预备队；不久，他（叶廖缅科）又接到沙波什尼科夫的电话，元帅严令死守，然而叶廖缅科自己无法把握分寸、机动应对。结果德军的突破是如此令人意外，以至于当第4装甲师冲进奥廖尔时，市区的有轨电车仍在运行。[55]在古德里安的装甲部队北面，德军第2集团军击退被迂回包抄的第13和第50集团军，然后将其连同布良斯克方面军司令部一同扫进了两个大口袋里。方面军司令部因此与大本营失去无线电联系，后者不得不通过其他部队来传达消息。[56]

一开始，最高统帅部的反应过于迟钝，来不及避开德军的前锋，但随后就求助于红空军。所有可以出动的苏军轰炸机都被集中起来攻击奥廖尔突破口，只是这些飞行员在轰炸时由于（飞行高度）太高根本没炸准，尽管炸弹震碎了当时古德里安身旁一座建筑物的玻璃。

这两个合围圈（即前文所述"口袋"）完全符合希特勒"台风"行动的意图，其目的不只是夺取莫斯科本身，更重要的是消灭苏联剩余有生力量。不过古德里安相对更希望继续向东北面乘胜进军，而非协助友军肃清布良斯克合围圈。独裁者显然又选择了妥协——10月7日，中央集团军群发布命令，批准坦克指挥官们根据汽油情况尽可能向前推进。在这一阶段，德国高级将领们有些得意忘形，甚至指望苏联人会向东面实施总退却，但他们的仓促却让合围圈再一次变得松散起来。[57]

最终，恶劣天气和苏军坚决反击迟滞了德军前进的步伐。10月6日夜至7日凌晨，中央集团军群的头上下起了该年第一场雪。虽然雪很快就融化了，可接下来便是多雨的泥泞季节（rasputitsa，字面意思是"没道路的时间"），即俄罗斯每年春秋换季时都会出现的烂泥期间。德军机械化部队的燃料少得可怜，消耗率却是原计划的三倍，每次推进都会变成从泥地里抢救车辆。在冬季地面被冻上前，未铺面公路上的无尽泥泞剥夺了侵略者的机动能力。

但早在糟糕的天气来临之前，苏军一系列凌乱的全线反击就使得局势稳定了下来。也许其中最有效那次正是10月6日古德里安第4装甲师一个战斗群逼近姆岑斯克时所遭遇的战斗。在此处，两名后来作为战地指挥员而名扬天下的苏联军官联手埋伏了德军。德米特里·丹尼洛维奇·列柳申科少将（D. D. Leliushenko）的近卫步兵第1军突然杀将出来，拦住了第2装甲集团军第24摩托化军的去路。前者的部队包括坦克第4和第11旅，以及飞到附近机场的空降兵第5军所属空降兵第10和第201旅。米哈伊尔·叶菲莫维奇·卡图科夫上校（M. E. Katukov）的坦克第4旅装备有新生产的T-34，展现出了侵略者从未见过的战术素养。这里道路不多，当德军前卫部队从其中一条经过时，卡图科夫的坦克就隐蔽在旁边树林里。列柳申科用七拼八凑的普通步兵和空降兵构筑了假阵地，并在正面顶住第4装甲师，随后卡图科夫从侧翼伏击德国人；火力和装甲性能不济的德制IV号坦克试图绕过卡图科夫，突出伏击圈，但很快便被指挥有力的反突击给挡住。有资料声称第4装甲师战斗群的损失十分有限，可即便如此，苏联人的这次胜利也给双方造成了精神层面的影响。第2装甲集团军受到的冲击尤其巨大，以至于他们迅速进行了一次专门调查。就连古德里安都不得不承认他的对手正在逐渐成长。[58]

　　不过这仍然是一场你追我赶的赛跑。按照往常习惯，斯大林将朱可夫从列宁格勒派到了受威胁最严重的地区，10月10日时让他担任西方面军司令。为方便工作衔接和保持司令部士气，朱可夫不得不恳求斯大林让他的老对头科涅夫（更是后来的竞争对手）担任副手。斯大林的这位救火队员发现已经没什么部队可以拿来防守通往莫斯科的道路了。但卢金在维亚济马口袋里的拼死战斗加上列柳申科的反击为苏军赢得了充足时间以重建一条薄弱的防线。可即便这样，此时朱可夫同样不得不后撤几公里，因为德军第3装甲集群已经拿下北面的加里宁，第9集团军也在南面前出至卡卢加，包抄了他的新防线。此举同时表明了德国人总想一次拿下太多目标，从而导致兵力过于分散。[59]

　　在莫斯科，很多人对于这次灾难的第一反应便是拒绝承认（防线）已被突破并寻找替罪羊。一旦了解到危险是多么巨大，斯大林就变得反应过度起来。10月13日，他命令将大部分共产党、大本营及民事部门从莫斯科疏散至喀山南面、伏尔加河畔的古比雪夫（即萨马拉），只留下骨干参谋人员。疏散的消息加上德军不断的空袭和关于维亚济马—布良斯克之战的各种谣言让10月

16—17日的莫斯科完全陷入恐慌。尽管大部分人坚定不移，但还是有不少人担心城市即将沦陷，因而纷纷挤上可用的火车试图逃命；直到广播通知斯大林本人仍留在城里后，这场恐慌才逐渐平息。[60]

兵临城下

到10月末，德国国防军和红军已经像两个打得头昏眼花的拳击手，虽然还能摇摇晃晃地维持站立，却也在迅速失去可以重创对手的力量。就如眼睛被打肿的职业拳手那样，他们无法足够清晰地观察对手，判断出谁能支撑更久。不过从后勤角度来看，随着防御一方逐渐撤向己方铁路枢纽，其优势同样在逐渐增加；更重要的是德军后勤补给线正越拉越长，说是脆弱都算客气的。红空军补充了更多飞机，并拥有丰富的寒冷气候作战经验，还有大量永久机场提供支持，因此获得了一定优势；而德军飞机只能在临时的前沿机场起降。[61]此外，德国人早已投入了最后的预备队，苏联人却保留有大量用于后续反攻的兵力。

事后看来，德军在1941年时已经推进得足够深远，需要准备过冬了。但此时，苏联最高统帅部还必须考虑这样一种可能，即如果第一次地面封冻使车辆可以继续行动，那么侵略者就有能力包围甚至攻陷列宁格勒、莫斯科和罗斯托夫，或许还会加上斯大林格勒。即使苏维埃政权能在政治上经受住这样的打击，可人力、交通枢纽及工业制造能力上的损失同样可能导致军事上的失败，尤其是那些搬迁的工厂尚在乌拉尔处于重新布置这段时间里。

在德军入侵之前和基辅被围期间，斯大林的固执酿成了惨祸；但在敌人逼近时，固执也让他能镇定自若。这位苏联的领导人决定展开下一"波次"的集团军（加里宁方面军的第22、第29、第31和第30集团军，西方面军的第16、第5、第33、第43、第49和第50集团军，其中许多部队在先前的战斗中被重创，尚未恢复战力），将其部署在新的防御阵地上，以掩护从加里宁向南，经过格扎茨克①、莫扎伊斯克、小雅罗斯拉韦茨、卡卢加，最终到图拉一线的莫斯科接近地，其防御最坚固处位于所谓的"莫扎伊斯克防线"。11月期间，斯

---

① 译者注：Gzhatsk，现以苏联第一位宇航员的名字命名为加加林。

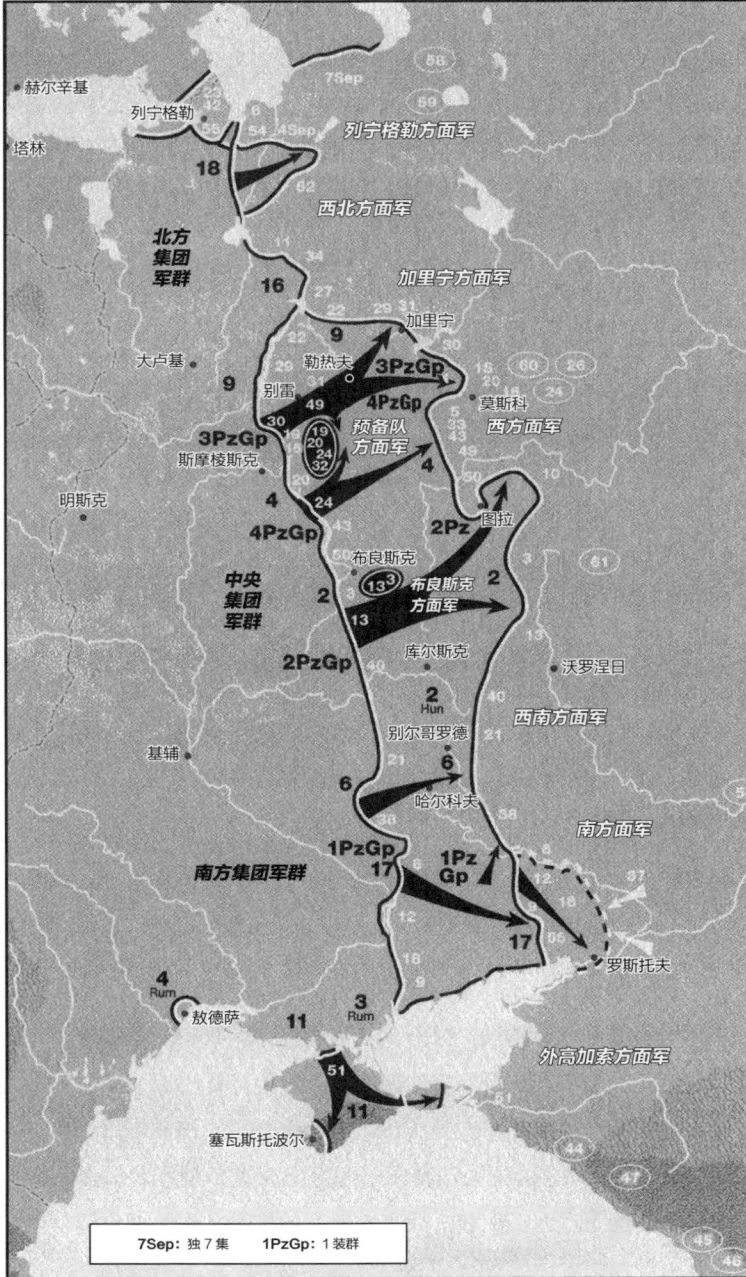

战场形势图 7：夏秋战局（2），1941 年 10 月 1 日—12 月

赫尔辛基
列宁格勒
塔林
7Sep
5B
59
54 49Sep
列宁格勒方面军
18
62
西北方面军
16
34
27
加里宁方面军
29
加里宁
北方
集团
军群
9
大卢基
勒热夫
3PzGp
60
26
24
别雷
49
4PzGp
莫斯科
9
30
19
20
24
32
预备队
方面军
西方面军
3PzGp
斯摩棱斯克
16
4
50
明斯克
24
43
4PzGp
4
2Pz
图拉
布良斯克
2
中央
集团
军群
2
13 3
布良斯克
方面军
2
61
13
库尔斯克
2PzGp
2
Hun
基辅
别尔哥罗德
21
西南方面军
沃罗涅日
6
6
哈尔科夫
5
58
南方面军
1PzGp
17
1Pz
Gp
5
37
12
18
86
17
罗斯托夫
南方集团军群
18
3
Rum
4
Rum
敖德萨
11
外高加索方面军
51
11
塞瓦斯托波尔
44
47
45
46

7Sep: 独 7 集　　1PzGp: 1 装群

大林还授权组建了10个新的集团军（见附录表4）。

和日益热衷于插手资源调配管理的希特勒相似，斯大林也将大部分坦克和重武器分散了出去，以填补防线上的缺口。同时，后者和大本营还必须为北方的独立第4集团军补充2个师。11月，红军在这里的季赫温地域发动了一次有限的反击，使德国人与芬兰人无法在拉多加湖一带会合。成功组织这次反击的指挥员是基里尔·阿法纳西耶维奇·梅列茨科夫（K. A. Meretskov），他刚从监狱里被放出来组织进攻，由于这次胜利更是被提拔指挥沃尔霍夫河东面新组建的沃尔霍夫方面军。通往列宁格勒的铁路公路线此时仍处于被切断状态，但苏联人还可以通过拉多加湖的冰面向城市输送给养并（向外）疏散人员。[62]

对于几乎所有德军部队而言，战争的形势同样不怎么让人放心。所有汽车中只有三分之一可以开动，各师实力普遍下降到了原来的三分之一到二分之一。继续向东进军或许会在战术层面上十分顺利，可代价就是后勤更加紧张。加之现有的铁路列车和长途卡车数量不足——它们能够提供油料弹药以延续攻势，却没有多余运力来运输保暖用的被服和建筑材料；然而不管攻势如何顺利，这些物品对冬季的人员生存来说都至关重要。由于上述原因，11月4日，陆军元帅卡尔·鲁道夫·格尔德·冯·伦德施泰特（Karl Rudolf Gerd von Rundstedt）要求批准他的南方集团军群立即停下来，为来年能发动进攻而休整；其他指挥官也表达了类似想法。11月13日，陆军总司令部的主要参谋军官会见了三个集团军群的参谋长，以商讨军队应该继续推进多远距离。会议在奥尔沙举行，此地位于明斯克和斯摩棱斯克的中点。奥尔沙会议使哈尔德将军确信东线的各集团军早已比他担心的还要虚弱，1941年能够取得的最大成果或许也只不过是包围列宁格勒和能威胁到莫斯科罢了。[63]

就连希特勒本人都赞同这将是一场旷日持久的博杀，再没有提什么摧毁苏联政府或者立即攻陷其主要城市的说法。不过他这样说部分是在文饰之前自己的错误，但实际上也显然不愿经历1939年代价高昂的华沙攻城战后又一次陷入巷战。早在6月30日，这位独裁者就已经提出警告，禁止装甲部队在没有大量步兵支援的情况下进入莫斯科。后来在斯大林格勒发生的事实更是证明了他的想法确有道理。[64]

鉴于德军第18集团军停在列宁格勒南面，而第1装甲集团军在遥远的东南方逼近了罗斯托夫，显然德军的最后一次进攻应该会采取对莫斯科和西方面军实施两面包夹的形式。为此，第3和第4装甲集群继续向克林（Klin）和莫斯科—伏尔加运河挺进，从北面逼近莫斯科；而第2装甲集团军从西南面向图拉和卡希拉发起了突击，以期在莫斯科以东与其他装甲部队会师。[65]

11月初，西方面军情报分析人员发觉德军在为这次合围做准备。朱可夫不停地向斯大林进谏，要求获准向侵略者发起一系列的破坏性进攻，而其他方面军只需要把守住由莫斯科市民修筑的掩护着首都接近地的防御工事。[66]其中一次进攻是由别洛夫的骑兵集群所实施，成功打击了古德里安右翼的第112步兵师。该部配备由法国制造的武器装备，不过缺乏可以有效对抗T-34的反坦克武器——11月17日，该师绝大多数部队被打得仓皇逃窜，这在德国陆军中是前所未有的事情。[67]但仅在前一天，红军骑兵第44师在克林西南穿过一片积雪覆盖的开阔地，实施了一次骑马反冲击；两千名骑兵及其战马遭到德军第106步兵师的炮兵和机枪火力屠戮，而后者没有出现任何伤亡。[68]事实证明马匹有助于部队进行战场转移，特别是冬季，可它们在激烈的战斗中就显得太脆弱了。

到11月15日，地面已经被冻得足够的硬，冯·博克也得以恢复攻势。苏联西方面军在北翼得到加里宁方面军第30集团军增援后，已拥有多达24万人的作战部队，装备1254门火炮和迫击炮、502辆坦克和180～200架作战飞机。朱可夫的防御重心是处于莫斯科前方精心构筑的莫扎伊斯克防线，其他部队则从北面的加里宁延伸到了南面的图拉。[69]此时，冯·博克的中央集团军群约有30万人，大概900辆坦克。然而，朱可夫还有大本营预备队的突击第1集团军、第20和第10集团军合计169369人作为后盾，这样双方的兵力对比就大致持平了（见附录表6）。

在北面，霍特将军的第3装甲集团军（即第3装甲集群，现已改名）构成了最直接的威胁，双方为争夺加里宁—克林—莫斯科公路展开了殊死搏斗。[70]德军最初的突击把罗科索夫斯基的第16集团军与第30集团军（现由列柳申科指挥）割裂开来。朱可夫命令罗科索夫斯基的副手费奥多尔·德米特里耶维奇·扎哈罗夫少将（F. D. Zakharov）以2个步兵师和2个步兵旅填补克林附近的缺口。德军装甲部队遇到了激烈抵抗，推进十分缓慢，双方均伤亡惨重。到11月末，苏德双方的团都打成了连级规模，只剩下区区150～200名步兵。11月

24日，第3装甲集团军终于拿下了克林。三天后，红军突击第1集团军发动反击，将德军第3装甲集团军的第7装甲师从距离克里姆林宫约35公里的最后一道主要障碍——莫斯科—伏尔加运河上的桥头堡赶了出去。第4装甲集群的第2装甲师更近，距莫斯科只有不到30公里。德国军官声称他们已经能通过双筒望远镜看到市区建筑物的屋顶了。[71]

尽管接到了坚守阵地的绝对命令，罗科索夫斯基的第16集团军还是被一步一步地打退。为了力挽狂澜，大本营开始投入部分战略预备队，包括突击第1集团军和第20集团军，以守住莫斯科—伏尔加运河。这些预备队中很多（部队的）训练和装备相对较好，但他们几乎是一下开往前线的火车就不得不投入反击。到11月末，朱可夫日益减少的机动部队还剩3个坦克师、3个摩托化步兵师、12个骑兵师和14个独立坦克旅。只是这些部队大多兵力不足，而且还装备着不少过时的轻型坦克。[72]

11月18日，在苏联首都南面，从前一天苏军进攻造成的恐慌中苏醒过来的第2装甲集团军恢复了攻势。古德里安将其剩余的绝大部分坦克集中到1个旅里，由第4装甲师师长海因里希·埃贝巴赫上校（Heinrich Eberbach）指挥。到11月中旬，该旅只剩下50辆坦克可以投入作战，这便是第24装甲军，实际上也是整个装甲集团军的前锋部队。埃贝巴赫缓慢地向前强行推进，试图从东面合围图拉，以此作为前往莫斯科的跳板。保卫图拉外围的是博尔金中将的第50集团军，他们对古德里安的正面和侧翼不断发起反击。随着气温降至零度以下，部队用光了燃料弹药，加之可用车辆越来越少，德军前进的步伐逐渐趋于停顿。古德里安不断请求取消攻势，然而陆军总司令部无人拥有不经希特勒同意就做出批准的权力。[73]

与恶劣的天气和糟糕的补给线一样，苏军顽强的防御同样有力阻止了德军推进。保卫莫斯科的部队大多经验不足，但相比以前，更多的部队被部署在了更有利的防御阵地上。与在维亚济马的薄弱防御相比，大部分步兵集团军都有2个或更多师部署于二线，有时还会配备骑兵预备队。莫斯科的劳动者为这些集团军建造了2道堑壕，而不是10月时草草挖出的散兵坑。于是，1个典型的步兵集团军哪怕防御正面更窄，也能在长达50公里（三倍于10月时）的纵深内构筑防御。反坦克部队、步兵、工程兵和炮兵会沿德军必经之路集中部署。

西方面军的20个反坦克防御炮兵团（артиллерийский полк противотанковой обороны，缩写为ап ПТО）有13个部署在受威胁最大的2个集团军——北面的第16集团军和南面的第49集团军中。上至朱可夫下至各师长，西方面军的各级指挥员经历了5个月的磨难，现在都成了有才干也有经验的军官；相比之前的战斗，他们能为反制德军战术准备得更加充分了。[74]

　　有两个苏军作战技能日益提高的例子已经预示了未来。当11月末图拉几乎被围，第2装甲集团军仍向北面的莫斯科缓慢推进时，朱可夫再一次求助于骑兵第2军军长帕维尔·阿列克谢耶维奇·别洛夫少将（P. A. Belov），让他不惜一切代价恢复局面。斯大林和朱可夫从可用的极少量预备队中抽调出了半个坦克师（坦克第112师）、2个独立坦克营、莫斯科的一些高射炮兵、1个战斗工兵团、1支新式"喀秋莎"齐射火箭炮部队和几个军校的教官和学员。11月26日，这支混成部队被改编为近卫骑兵第1军，受命进攻图拉东北80公里处卡希拉（Kashira）附近的古德里安前锋——第17装甲师。由于时间不足，该军尝试采用了战前的"骑兵-机械化集群"理论在复杂困难地形上实施纵深突破；苏联人一开始进行了多次尝试，这只是其中一次。德军前卫部队兵力分散，别洛夫得以在几乎没被发觉的情况下将各骑兵中队渗透进去。11月27日，他开始发动攻击，把第17装甲师打退，解除了图拉受到的威胁。近卫骑兵第1军也由此开始了奥德赛式的长期漂泊，接下来5个月里他们将一直在德军后方行动，以扩大战果。[75]

　　第二个例子发生于12月1日，德军发动最后一次进攻期间——此时，其第4集团军在纳罗-福明斯克（Naro-Fominsk）附近，从东面沿明斯克—莫斯科公路推进。这次攻击仅包含有限的装甲支援，结果德军一头撞入了苏军精心设置的防坦克地域。近卫摩托化步兵第1师在这次系统防御中表现得英勇顽强，铸就了一个传奇；与此同时，米哈伊尔·格里戈里耶维奇·叶夫列莫夫（M. G. Efremov）中将的第33集团军发动局部反突击，打击德军突击部队的侧翼，在12月5日有力地终结了敌军攻势。在德军尚未停下之前，冯·博克便提出过请求，要么给他增援，要么允许自己缩短战线，开始为冬季防御做准备。[76]

　　此时在南面，马肯森的第3摩托化军顶着大雨和不断下降的气温，已于11月20日占领了顿河下游的关键渡口——顿河畔罗斯托夫。次日，南方集团军群发布了一道格外狂妄的命令，试图推进到伏尔加河并占领最近的苏联油田（所在地）——位于高加索山脉的迈科普。但实际上他们在南方的进军已经非常乏力。苏联南方面军发动了强力反击，迫使党卫军"阿道夫·希特勒警卫旗队"摩托化师①于11月28日放弃罗斯托夫，克莱斯特的第1装甲集团军（原第1装甲集群）也被迫在月底继续后撤。[77]这些失败让希特勒解除了伦德施泰特的南方集团军群司令之职。然而不久后这位独裁者的态度有所缓和，让伦德施泰特先去休假，后来又任命他为西线总司令。

12月反击

按照俄国人的标准，1941年11月的气温及降雪情况还算相对温和；直到12月初，冰雪与严寒才真正凛冽而至。[78]德军前锋部队散布在少数几条公路附近，空军同样只能从临时的前沿机场起降；要想让车辆和飞机发动机启动，就必须先预热几个小时。相反，红空军的飞机却待在设有保温机库的永久机场里。德国国防军无计可施，战场主动权也逐渐转移到了苏联人手中（见战场形势图8）。

红军的力量已经勉强能够发起反攻。苏联历史学家声称在12月6日时，110万苏军面对的是拥有170.8万人的德军中央集团军群；苏军在装备上同样处于劣势，比如他们有7652门火炮、774辆坦克和1000架飞机，而德军有13500门火炮、1170辆坦克和615架飞机。[79]尽管以上数字过分高估了德军实际能动用的力量，但关于红军的数据还是很准确的（见附录表7）。虽然现在仍然活着的人要比之前（的自己）更有经验，不过绝大多数苏军部队早已只剩下了个空架子——比如坦克第108师按照编制应有坦克217辆，实际却下降到15辆；很多步兵师也都不满3000人。

然而，此时德军战线拉得过长，更没有合适的冬季装备，苏联人却可以在西方面军右翼的一些关键地点集中兵力。在莫斯科以北，苏军对德军建立起了2.5:1的兵力优势；火炮和迫击炮方面也略占优势，但不足2.5倍。在左翼的图拉一带，（苏军）兵力优势为2:1；德军在这里或许有更多坦克，只是无法判断它们的完好率。此外，德军情报机构错误地判断斯大林在接下来三个月内

---

① 译者注：注意，直到1943年10月22日，党卫军的师才拥有了数字番号。

已无预备队，因此苏军发动反击时（对德军）造成的震撼就更强烈了。[80]

苏军冬季战局开始于1941年12月5日。最高统帅部迫于形势，起初只是设法通过有限的反突击扳开德军威胁莫斯科的铁钳。但由于在莫斯科附近的前几次进攻中取胜，苏联人的雄心壮志也迅速膨胀起来。在几周内，从列宁格勒到黑海的各方面军和集团军都接到了更重大的任务，试图全线推进。到1月初，指导冬季剩余时间中苏军战役的总体构想已经出现。不过因为其规划草率，执行时又常常显得笨拙，虽然在初期战绩斐然，最终却未取得预想的战略胜利。尽管苏军没能歼灭中央集团军群，但这次攻势还是给了德军最高统帅部当头一盆冷水。[81]

在莫斯科北面，反击于12月5日（星期五）03:00发起，此时气温为零下15摄氏度，积雪深度超过1米。由科涅夫指挥的新建加里宁方面军以第29和第31集团军从突出部北面进攻。第二天，第30和突击第1集团军从莫斯科—伏尔加运河畔的德米特罗夫（Dmitrov）南北两面阵地出击。[82]到12月7日中午，向前挺进的苏军踏平了克林城外第56摩托化军的司令部。随后，朱可夫增派3个集团军（第20、第16及第5）攻击克林突出部南面，以包围第3装甲集团军全部，外加其友邻的第4装甲集群所辖第46摩托化军。

在第5集团军地段，列昂尼德·亚历山德罗维奇·戈沃罗夫中将（L. A. Govorov）以3个步兵师和数个坦克旅于12月14日在一段狭窄正面上向鲁萨（Russa）展开进攻。列夫·米哈伊洛维奇·多瓦托尔少将（L. M. Dovator）的近卫骑兵第2军冲入了突破口，紧随其后的是由坦克第20旅和独立坦克第136营组成的快速集群。尽管多瓦托尔本人于12月20日阵亡，但他的这种突击集团战术及其他部队的类似战术已经慢慢打破了德军防御。守军拼命利用横向道路来机动手头有限的可用兵力支援受威胁地区；其余部队则试图撤退，以避免被苏军包围。[83]

在南面，一个类似的钳形攻势同样威胁着古德里安的第2装甲集团军。第10集团军和别洛夫的骑兵—机械化集群迅速切断了韦尼奥夫（Venev）突出部尖端德军先头部队与其友军的联系，随后博尔金的第50集团军在图拉发起的一次进攻也打垮了"大德意志"团（Grossdeutschland）一个不满编的营。从苏军反击的第一天起，古德里安就开始向图拉东南的顿河一线后撤，因为他的补给线受到了别洛夫的威胁。苏军滑雪营对德军的撤退实施了袭扰，只是由于红军主力实力不足，加上机动能力很差，最终无法在德军逃脱之前完全封闭合围圈。

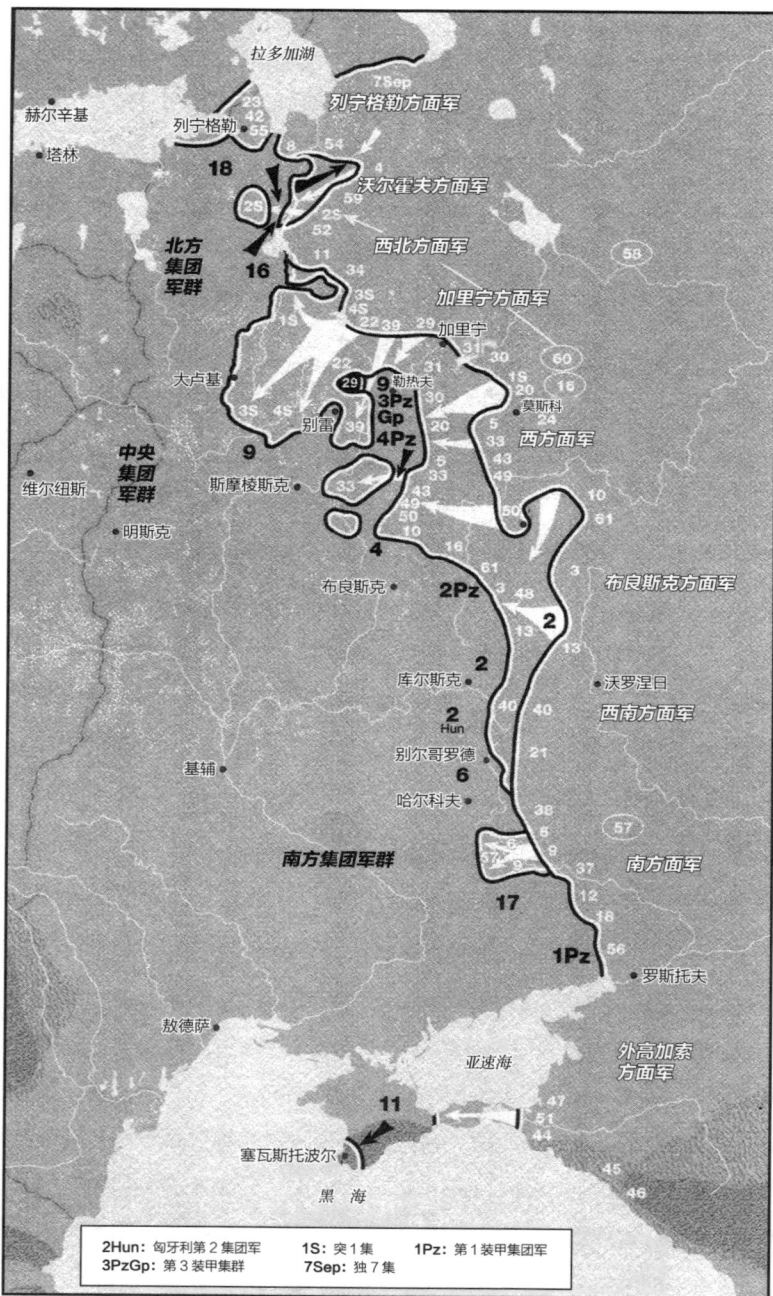

拉多加湖
列宁格勒方面军
赫尔辛基
列宁格勒
塔林
沃尔霍夫方面军
18
西北方面军
北方
集团
军群
16
加里宁方面军
加里宁
大卢基
勒热夫
29 **9**
3Pz
别雷 **Gp**
中央
集团 **9** **4Pz**
军群
维尔纽斯 斯摩棱斯克
明斯克 西方面军

4
布良斯克
2Pz
2
库尔斯克
沃罗涅日
2
基辅 **2**
Hun
别尔哥罗德 **6**
哈尔科夫
南方集团军群
南方面军

17

1Pz
罗斯托夫

敖德萨
亚速海
外高加索
方面军

11
塞瓦斯托波尔
黑海

| 2Hun: 匈牙利第2集团军 | 1S: 突1集 | 1Pz: 第1装甲集团军 |
| 3PzGp: 第3装甲集群 | 7Sep: 独7集 | |

战场形势图 8：冬季战局，1941 年 12 月—1942 年 4 月

从12月11日开始的新一轮进攻毫无进展，毕竟在经历了布良斯克包围圈和图拉附近的战斗后，第50集团军已被严重削弱。在北面，尽管德军作为后卫的几个师被切断联系，不过苏联人的进攻并未取得决定性进展。唯一值得一提的胜利是在叶列茨（Elets）附近、古德里安南翼，第34步兵军被红军包围且歼灭。[84]

　　苏军发动的这些猛攻使德军指挥机关的危机彻底爆发。11月底，希特勒曾打算撤销伦德施泰特撤出罗斯托夫的命令，但没能成功。12月14日，这位德国独裁者又一次原则上同意中央集团军群做一些局部后撤，不过还是希望能在进行较大幅度退却前先建立一条新防线。两天后的12月16日，中央集团军群司令冯·博克请求后撤并根据需要调整阵地。布劳希奇和哈尔德试图说服希特勒必须进行总退却，然而被驳回，而且后者还指示从其他战区调集13个师到东线；与此同时，德国空军需要尽最大努力打退苏军的攻击。只是这样并不能挽救眼下的危局。因此在12月18日，冯·博克将指挥权移交给了陆军元帅京特·冯·克卢格，表面原因是自己身体不佳。希特勒命令冯·克卢格采取"疯狂抵抗"来力挽狂澜，且坚持到援军到来。次日，气急败坏的独裁者接受了布劳希奇的辞呈，并亲自指挥整个陆军。他告诉参谋长哈尔德，陆军应当像空军那样斗志昂扬地去设法解决问题，另外还禁止在苏联人达成突破后准备后方阵地或讨论相关话题。哈尔德不仅没有反对希特勒的举措，反而在12月25日踌躇满志地通知所有高级将领，说布劳希奇、冯·博克等人确实身体状况不佳，而且希特勒接手指挥实际上会增强陆军力量。[85]

　　在之前的争论中，海因茨·古德里安最终总是获准自行其是，可现在他也成了这次危机的牺牲品。与此时其他指挥官一样，他认为上级完全不了解前线的形势。在整个12月间，古德里安绕过直接上级，通过其（希特勒）副官鲁道夫·施蒙特（Rudolf Schmundt）等后门渠道向希特勒本人和陆军总司令部转达了自己的忧虑。12月14日，冯·布劳希奇在被解除职务前将第2集团军转隶于第2装甲集团军指挥，并授权古德里安只要能控制奥廖尔就可以撤退。过了几天，在接到就地死守的总命令后，这位坦克将军[①]于12月20日飞往拉斯滕

―――――――――――――

　　① 译者注：古德里安时为上将军衔。

堡^①，向希特勒陈述自己面临的局势。古德里安个人对这次谈话的记载自然有些片面，不过他无疑坚持认为自己的部队缺少被服、装备和住房，因而需要撤往更适合防御的地方。在圣诞节那天，古德里安与他的新集团军群司令冯·克鲁格进行最后一番争论，然后便发现自己被解职了。[86]

与斯大林在11月下旬冷静地实施了莫斯科防御作战一样，回头再看希特勒的"就地死守"命令好像也是正确的，尽管此举是出于固执己见而非深思熟虑。德国人缺乏构筑新防线并撤至此处所必需的物资和运输工具。从战术角度看，防守至少能让他们占据一些掩蔽处所，如果没有这些，在冬天是没法活下去的。但这一次职业军人们错了，而"巴伐利亚的上等兵"^②几乎完全正确。不过对德国陆军来说不幸的是，这道命令的成功给了希特勒更大信心，从而热衷于坚守每一寸土地。虽然有时他同样会让步，可这也成了此后每一次需要防御时他的第一反应，而完全不顾战场形势如何。希特勒完全没有意识到，如果斯大林没有贪多求快的话，或许红军在1941—1942年的冬季反攻中就能完全摧毁中央集团军群了。

从反击到反攻

苏联领导人在1942年1月时的目标过于宏大，态度更是过分乐观了。绝望的11月与顺风顺水的12月形成鲜明对比，同样给了斯大林极大信心，让他开始试图将莫斯科附近的反击扩大为合围整个中央集团军群和部分北方集团军群的总攻。斯大林认为德国人已是强弩之末，所以打算不集中兵力并歼灭被迂回的德军部队便迅速向前发展胜利；1月7日，他命令全线发起总攻，主要是针对中央集团军群，不过也要打击列宁格勒、旧鲁萨、奥廖尔、哈尔科夫和克里木的德军。朱可夫等指挥员提出反对，他们认为在这么宽广的正面上发起总攻会使兵力大大分散。红军初期取得胜利依靠的是在局部集中坦克旅、骑兵师和滑雪营，但所有这些部队的实力都正在迅速下降。随着苏军向西艰难推进，负责支援的红空军不得不脱离其永久机场，转移到和之前德国空军一样后勤保障条件

---

① 译者注：Rastenburg，位于东普鲁士，今属波兰，当时设有希特勒的指挥部"狼穴"（Wolfsschanze）。
② 译者注：原文为"巴伐利亚的下士"，有误，希特勒的军衔为上等兵（Gefreiter）。

很差的前沿机场中。由于贪多嚼不烂，斯大林没能肃清在莫斯科城下合围的德军，在其他地方同样只取得了有限的战果。

在北面，切断列宁格勒周围德军第18集团军的企图从来没有真正实现过。在列宁格勒东南，斯大林强令沃尔霍夫方面军司令梅列茨科夫不等准备完毕就展开进攻。尽管兵力分散、训练不足、补给不力，然而后者别无选择。由于梅列茨科夫手头的火炮是刚生产的，连哪怕一个瞄准镜都没有，苏军炮兵主任[①]不得不亲自乘飞机满载瞄准镜送过去。到12月底，后续柳班（Liuban）战役的主攻力量——突击第2集团军总共只到了1个师[②]。集团军司令格里戈里·格里戈里耶维奇·索科洛夫中将（G. G. Sokolov）出身于内务人民委员部，与手下相比并没有太多经验，很快便因故被解职[③]。1月24日，突击第2集团军恢复进攻，可进展仍然很慢。当梅列茨科夫试图将骑兵第13军投入突破口时，德军堵上此处[④]，并将突击第2集团军合围了好几个月。[87]到3月，由于在莫斯科反攻中的出色军事表现而被从莫斯科派去担任梅列茨科夫副手的安德烈·安德烈耶维奇·弗拉索夫中将（A. A. Vlasov）接管了被围部队。[⑤]突击第2集团军的情况十分危急，在长达数月的战斗中他们牵制住了德军，但无力突围；原因很简单，该部缺乏充足的武器弹药和指挥得当的领导者。最终，德军于6月末迫使弗拉索夫投降。后者难以接受被这样抛弃，不久就与德国人合作，利用战俘组建了反苏的"俄罗斯解放军"。这种叛国行径也让苏联历史学家在关于此战的记述中几乎完全抹去了弗拉索夫和突击第2集团军的名字。[88]

在莫斯科地区，斯大林指示加里宁方面军和西方面军从北、东、南三个方向进攻维亚济马，以包围德军。科涅夫中将指挥的加里宁方面军部队（含第22、第39、第29、第31、第30集团军和骑兵第11军）应当通过勒热夫（Rzhev）和瑟乔夫卡（Sychevka）进抵维亚济马地域，朱可夫的西方面军左翼（含第

---

①　译者注：指尼古拉·尼古拉耶维奇·沃罗诺夫；另根据梅列茨科夫的回忆录，一同到来的还包括几节装着电话机、野战被复线和炮兵仪器的车皮。

②　译者注：实际上第59和突击第2集团军先期抵达的也就这个师。

③　译者注：换成了原第52集团军司令尼古拉·库兹米奇·克雷科夫中将。

④　译者注：此处有误。1月25日，骑兵第13军进入突击第2集团军打开的突破口，引导后者发展胜利；截至3月上半月，突击第2集团军已向敌后推进60～70公里；3月15日，德军对突击第2集团军形成的突出部根部发起反击；19日，南北德军会合，最终包围了整个突击第2集团军。

⑤　译者注：有误，时间应为4月20日，原因是原司令克雷科夫因病去职。

43、第49、第50集团军和别洛夫骑兵集群）则需要在尤赫诺夫（Iukhnov）一带攻击德军第4集团军所属部队；然后，朱可夫必须从西南面确保维亚济马的安全，并与加里宁方面军会合。别洛夫的近卫骑兵第1军和谢尔盖·弗拉季米罗维奇·索科洛夫上校（S. V. Sokolov）的骑兵第11军都加强有坦克旅，他们应当向德军后方扩大战果，然后在维亚济马以西会合。朱可夫的目标是歼灭德军第9、第4集团军和第3、第4装甲集团军。德国人受到的威胁是实实在在的，其在卡卢加以南的防御存在一个缺口，而且正逐渐扩大；进攻发起后几天内，别洛夫就钻进这个缺口，杀入了位于德军后方的维亚济马附近。从1月18日开始，在尤赫诺夫附近，德军第4集团军的4个军被切断联系，冯·克卢格和他的指挥官们不得不将手头不多的机动部队调来，以应对新的威胁。[89]

为进一步扩大攻势，帕维尔·阿列克谢耶维奇·库罗奇金中将的西北方面军也在徒劳地试图打垮列宁格勒南面的德军第16集团军。从1月7日开始，第11和第34集团军发起进攻，在杰米扬斯克几乎合围了德军第2步兵军。然而，从奥斯塔什科夫（Ostashkov）附近的森林向托罗佩茨（Toropets）和斯摩棱斯克出击的突击第3和第4集团军进展不大顺利。[90]与此同时，雅科夫·季莫费耶维奇·切列维琴科上将（Ia. T. Cherevichenko）的布良斯克方面军向中央集团军群南翼的奥廖尔和布良斯克发起进攻，试图切断第2装甲集团军。[91]不过，朱可夫不幸言中了事实——斯大林的部队既没有方法更缺少兵力，来完成如此巨大的一个包围圈。[92]

在莫斯科西南面，地形是个至关重要的因素。这里只有两条铺面的公路，一条是明斯克—斯摩棱斯克—维亚济马—莫斯科公路；另一条从莫斯科西南斜着穿过小雅罗斯拉韦茨和尤赫诺夫，最终通往罗斯拉夫利。像米哈伊尔·格里戈里耶维奇·叶夫列莫夫少将（M. G. Efremov）的第33集团军这种沿着或平行于公路行军的部队要比其两翼的部队机动性更强，补给也更及时，而别的部队很容易在攻势中落后。只要在德军战线薄弱处达成突破，别洛夫骑兵集群等已在德军后方坚持几个月的苏军部队便有了希望——由于地面泥泞无法通行，因此德军在春末地面变干硬之前无法将其肃清。

从1月7日至9日，加里宁方面军和西方面军渐次发动进攻，扩大了攻势规模。在北面，科涅夫的加里宁方面军右翼、伊万·伊万诺维奇·马斯连尼科夫中将（I. I. Maslennikov）的第39集团军突破了德军防御，并以索科洛夫的骑兵第11军为前锋向南推进①。到1月底，该骑兵军几乎已经到达斯摩棱斯克—莫斯科公路，但德军第9集团军在2月大胆发起反击，封闭突破口，切断了该军和第39集团军其他部队的联系。到1月23日，德军通过反击形成的包围圈中不仅有索科洛夫，还包含其友邻瓦西里·伊万诺维奇·什韦措夫少将（V. I. Shvetsov）的第29集团军。仅有2个轻骑兵师、1个摩步师和少量滑雪营的骑兵第11军根本无力切断德军交通线。

在遥远的北面，库罗奇金的西北方面军左翼是突击第3和第4集团军，最后者的指挥员为叶廖缅科。这两个集团军闯过积雪覆盖的森林向南挺进，目标是占领安德烈亚波尔和托罗佩茨，并合围德军在霍尔姆的一支小规模部队。此次攻势在北方和中央集团军群结合部撕开了一个越来越大的口子，不过在接近大卢基的路上逐渐失去冲劲。[93]同时，在方面军右翼，第11和第34集团军也配合左翼部队粉碎了德军在瓦尔代高地和谢利格尔湖一带的防御，并朝南偏东南方向一路横扫，突向旧鲁萨和杰米多夫外围。这次进攻得到了突击第1集团军和新建近卫步兵第1与第2军的增援，红军绕过了被包围在杰米扬斯克（Demiansk）、霍尔姆（Kholm'）及别雷（Belyi）的德军。其中，规模最大的一股德军是被包围在杰米扬斯克的第2步兵军，约有95000人，该部只能依靠己方空军投送补给。直到3月下旬，已经由第18集团军司令升任北方集团军群司令的格奥尔格·冯·屈希勒尔将军（Georg von Küchler）②对突击第2集团军发起进攻，顺便解除了杰米扬斯克之围。[94]在此期间，德国空军平均每天会给第2步兵军空运302吨物资，然而也因此损失了265架运输机和大量处于紧缺状态的燃油。[95]

在中路，苏军收复了莫扎伊斯克和梅登（Medyn），但此后由于力量太弱，加之天气状况恶劣，他们向格扎茨克的进军只能用蜗牛爬动来形容。1月15日，希特勒指示中央集团军群守住尤赫诺夫和格扎茨克以东到勒热夫以北之

---

① 译者注：此处有误。骑兵第11军组建于1月2日，截至1月17日军长为尼古拉·弗拉季米罗维奇·戈林上校（N. V. Gorin），1月17日至5月18日（军长，下同）为格里戈里·季莫费耶维奇·季莫费夫少将，之后才是谢尔盖·弗拉季米罗维奇·索科洛夫上校。

② 译者注：1月17日，屈希勒尔上将接替冯·莱布担任北方集团军群司令，后于6月30日晋升陆军元帅。

间的一线。在这种情况下，只有叶夫列莫夫的第33集团军能够突入德军后方，最终到达维亚济马郊区，不过此时他有一半的师皆被德军在1月23日发动的反击所切断。[96]

在南面，布良斯克方面军接连数月都在猛攻防守于奥廖尔一带的德军，只是没什么进展。从1月3日起，其友邻的第40集团军在库尔斯克地域打开了一个突破口，但防御的德军步兵顶住了突破口两侧，直到第3装甲师发起反击，最终让苏军的战果化为乌有。[97]

在南面更远地带，苏军实施了两次战役，希望能在春季乘胜进军。1月18日，在哈尔科夫（Khar'kov）以南，费奥多尔·雅科夫列维奇·科斯坚科中将（F. Ia. Kostenko）的西南方面军和罗季翁·雅科夫列维奇·马利诺夫斯基中将的南方面军联合打击了南方集团军群第6与第17集团军之间的结合部，他们的目标是渡过北顿涅茨河并从南面包抄哈尔科夫。最初，阿夫克先季·米哈伊洛维奇·戈罗德尼扬斯基少将（A. M. Gorodniansky）的第6集团军和德米特里·伊万诺维奇·里亚贝舍夫中将（D. I. Riabyshev）的第57集团军与骑兵第1、第5、第6军一同发起攻击，在哈尔科夫以南大约100公里的战线上向敌纵深推进了100公里。然而这些部队的战斗力也下降很快。到1月31日，冯·克卢格的集团军群通过在后来人们熟知的"巴尔文科沃登陆场"（Barvenkovo）周围以少量步兵和装甲特遣队组成一道安全线，遏制住了红军的攻势。[98]

在早些时候——1941年12月26日，由黑海舰队和外高加索方面军2个集团军组成的联合力量就实施了一次雄心勃勃的战役，直接目的是登陆位于克里木半岛东端的刻赤半岛（Kerch），最终目标则是为塞瓦斯托波尔港（Sevastopol）解围。苏军最初的登陆是由阿列克谢·尼古拉耶维奇·佩尔武申少将（A. N. Pervushin）的第44集团军和弗拉季米尔·尼古拉耶维奇·利沃夫中将（V. N. L'vov）的第51集团军实施，同时伴随有一些空降部队加以袭扰，但效果不明显。这次不同寻常的战役是在缺少两栖登陆装备和冒着冬季大风的情况下进行，红军击溃防守的罗马尼亚师，并确保了刻赤和附近费奥多西亚港（Feodosiia）的安全。收复费奥多西亚还威胁到了德军第42步兵军的右翼，该军军长为中将汉斯·冯·施波内克伯爵（Hans Graf von Sponeck）。在上级多次驳回自己请求后，12月29日，冯·施波内克自作主张，命令第46步兵师后撤，这虽挽救了该师的命运，却也让苏联人站稳了脚跟。[99]

尽管德军超过800公里长的防线上仍然一片战火，不过战斗早已缩小为个别部队的英勇厮杀、复杂的雪地机动和局部摩擦。苏联人往往控制着无法通行的乡村地区，德军则紧紧掌握了城市、村镇和交通要道。哪怕双方竭尽全力，但谁都无法让对方后退一步，直到1942年春末，气候的变化让德军恢复了机动能力。现在，这种令人头疼情况的最明显例子就发生在维亚济马地域。

雪中伞降

鉴于缺乏机动装甲部队，斯大林实际投入的是自己手头全部的专业兵种部队——包括坦克旅、骑兵军、滑雪营，以及他那最重要的精锐空降兵。苏军空降兵选拔和训练相当严格，（成员）有很大比例都是积极主动的共产党员。而现在，局势迫切需要这些脆弱的部队来尝试完成迄今为止一直由重型机械化部队承担的任务了。

1月初，斯大林开始将原先5个空降军中经过战争头几个月依然幸存的成员投入战斗，其中包括空降兵第4和第5军，以及其余几个军的存活人员。这些部队的任务是协助那些已经突入德军后方的己方部队，空降兵、骑兵和其他牵制力量将一同切断德军的后勤补给线；但后来，他们的任务转为帮助被围友军逃脱，使其安全返回本方战线。

参与第一次空降的有若干个团，具体任务是协助第33和第43集团军推进。1月3日至4日，红军通过实施两次伞降，截断了梅登（Medyn）西面的道路；几天后，这些部队与推进的地面部队会合。1月18日，空降兵第250团被投进了卡卢加以西乌格拉河（Ugra）弯曲部的沼泽地里。该团从这一相对难以通行的行动基地出发，向西南推进，并在1月30日帮助别洛夫的近卫骑兵第1军突破了德军为控制道路设立的流动巡逻队和筑垒村庄体系，越过了尤赫诺夫公路。可别洛夫为此也不得不用麾下2个步兵师中的1个及2个滑雪营打开一个突破口，然后让他的骑兵穿过口子与空降兵建立联系。不过防守的德军在别洛夫背后封闭了口子，最终将近卫骑兵第1军和配属的步兵、坦克及绝大部分炮兵割裂开来。

到1月下旬，苏联人早已成功打开了数个突破口，但仍不能消灭德军主力。在尝试恢复进攻势头并占领维亚济马时，朱可夫策划了一次更大规模的伞降战役，让空降兵第4军的1万人于夜间分批次空投至维亚济马城以西。[100]然而在战争当前阶段一直显得乏力的苏军后勤体系意味着这次行动存在了先天不足。为赶到卡卢加附近的前沿机场，空降兵第4军不得不进行一次冬季渡河，因为奥卡河（Oka）上的关键桥梁尚未修复。由于缺少运输机，该军只能分几天进行空投，导致行动完全丧失了突然性。此外，这些精锐的伞兵是极少数已经分配到白色冬季伪装服的部队之一，所以他们在卡卢加各机场的出现就立即暴露出了红军可能会实施伞降——只要1月27日夜开始空降，德军便能很快查明并轰炸相关机场。

1月27日到2月1日间，亚历山大·阿列克谢耶维奇·奥努弗里耶夫中校[①]的空降兵第8旅在维亚济马西南分批降落。其中有些空投只是故意用来迷惑敌人，但主力部队也被恶劣天气和并不精准的导航所困扰，相当多的装备、补给和无线电都遗失在了深深的积雪中。最终，该旅2100人里只有1300人集中到了旅长身边。总的来说，这次空降最多是给德国人制造了一点麻烦，空降兵第4军的另外2个旅甚至在尚未开始空投前就被取消了任务。

与此同时，近卫骑兵第1军和骑兵第11军正试图从西南面和北面包抄维亚济马。为了控制斯摩棱斯克—莫斯科公路的部分路段，近卫骑兵第1军及空降兵第8旅从1月27日起，直到2月（具体日期不明）相当长的一段时间内都在与德军进行拉锯战；不过最终前者还是没能切断这一交通要道，维亚济马及周边的道路仍被第5和第11装甲师的残余部队所掌控。发动袭击的红军只是轻装部队，面对此处的德军完全无计可施，无论别洛夫的部队还是叶夫列莫夫被围的第33集团军都没有足够兵力赶走敌人。

由于这两支力量存在被一块块吃掉的风险，以及苏军全面占领维亚济马的目标可能会落空，2月中旬，朱可夫再一次尝试了使用空降兵第4军打破僵局。此次的空降区被再次选定为沿乌格拉河的沼泽地带，由空降兵第250团发现的这一着陆区有利于挫败德军后方警戒部队的攻击。2月17日晚到18日凌

---

① 译者注：A. A. Onufriev，于1942年11月27日晋升少将，历任空降兵第4军军长、近卫步兵第38师师长，后在1943年2月遇空袭阵亡。

晨，空降兵第4军又开始了一系列伞降，然而再次受到缺乏运输机及掩护用歼击机的影响。[101]一周内，登机空降的7400名伞兵只有不超过70%的人到达集结点。军长①及其司令部大部分成员所乘坐的飞机被一架德国夜间战斗机击落，最终全体牺牲。随后参谋长②接手指挥，他试图夺取沿尤赫诺夫公路的一座高地，以协助博尔金的第50集团军发起的穿过该公路的进攻。但结果仍是僵持不下。尽管在2月到5月间不断努力，运气不佳的空降兵第4军仍然缺少车辆和重武器来完成任务。不过从另一方面看，德军同样无法突入乌格拉河的沼泽地以肃清苏军。6月下旬，别洛夫所辖残部、与之协同作战的空降兵和第33集团军艰苦转战数百公里，终于在基洛夫附近突破德军防线，返回了己方阵地。

空降兵第4军和别洛夫的近卫骑兵第1军遭遇的挫折只是其中一个例子，实际上苏军在整场攻势中都受到了类似问题困扰。虽然表现出色，但红军还是缺乏能摧毁中央集团军群所必需的兵力、装甲车辆、机动能力、火力支援、后勤及通信能力。可就算如此，斯大林还是坚定不移地保持乐观，他继续坚信着胜利唾手可得，直到苏军在1942年4月的莫斯科反攻中彻底失去力量。在战线其他地段，这位苏联领导人也将空降兵耗费在了杰米扬斯克、勒热夫和克里木，然而效果甚微。

如果说斯大林从莫斯科会战中得出了错误结论的话，那么希特勒（所作结论）同样是不正确的。德军能挺过来并不完全是因为"就地死守"的命令，而更多是由于苏联人的计划贪心不足；类似地，德国空军为在霍尔姆、杰米扬斯克及维亚济马以南被迂回包抄的己方据点重新提供补给的能力也让希特勒对航空补给的可行性产生了过分自信——不过这两个错误想法会在一年后的斯大林格勒中才看得到恶果。

---

① 译者注：即阿列克谢·费奥多罗维奇·列瓦舍夫少将。
② 译者注：亚历山大·费奥多罗维奇·卡赞金上校的职务一直在空降兵第4军的军长和参谋长之间切换。

第七章

泥泞季节，1942年春

尽管冬季战局直到1942年4月20日才正式结束，而截至该年6月都仍有很多苏军留在德军战线后方；但到3月初，莫斯科反攻就算再继续下去也不可能取得更多战果了。不过苏军还是成功打击了被围于杰米扬斯克和霍尔姆的德军，很多伞兵部队和滑雪旅同样在杰米扬斯克合围圈内进行了激烈战斗，以期将敌人打垮。[1]在接下来几个月里，由苏军主动发起的军事行动会逐渐减缓力度，并随着最高统帅部大本营开始准备夏季的新一轮战斗而最终停止。

1942年3月初，乌克兰迎来了春季的解冻和泥泞时节，而莫斯科地区还要再等两周，这让德军企图在北方和中央集团军群之间的一块突出部围歼苏军几个集团军的计划落空了。4月初，正当红军突入杰米扬斯克口袋之时，北方集团军群司令冯·屈希勒尔将军已经把被围部队救了出来。因此，现在是时候暂停一下，开始讲述苏德双方根据1941年的经验在体制方面的调整了。

进一步扩大的战争

整个"巴巴罗萨"行动过程中，英国和美国都在担心苏联会垮台。即使是美国正式参战后，美英两国的手头也没有足够兵力来进攻西欧，以有效分散德国的力量。普通的苏联公民，实际上还有很多该国官员均无法接受这样的事实，但实际上他们夸大了英国的实力和美国的工业动员能力，同时更低估了进行一次反向两栖登陆行动的难度①。早在1941年7月，莫斯科政府便通过公众呼吁英国"开辟第二战场。"斯大林直到6月22日还认为希特勒不会冒两线作战的风险，现在却急于将这一风险变成事实。因此，从德军入侵开始，苏联舆论就怀疑西方列强在逃避自身责任，从而让德国国防军与红军同归于尽。1941年9月底，莫斯科举行了一次会议，英美许诺在次年6月前为苏联提供150万吨补给；然而直到当年秋季，几乎没有任何物资能够送到正在拼死战斗的俄国人手上。²

1941年春，仍然对即将到来的东线战事满怀信心的希特勒已经要求日本进攻美国，同时承诺提供支持，不过东京方面在攻击珍珠港之前并未与柏林进行磋商。³12月8日，华盛顿对日宣战，但其对欧洲战事的参与程度仍然有限——在太平洋上正承受巨大压力的美国人还没有从政治和军事上为一场全球性的两线战争做好准备。

珍珠港事件四天后，阿道夫·希特勒帮美国人脱离了窘境。他在国会大厦进行了一番挑衅性演说，向美国宣战，尽管柏林和东京所结成的防御同盟并没有要求这样做。无疑，此时美国的海军已在北大西洋参与了几个月的反潜行动，而且早就运送了很多租借物资，希特勒觉得哪怕宣战也仅仅是走个过场。他显然指望着太平洋战争会分散华盛顿的注意力，减少在对德作战中起的作用。然而事实证明此举同"巴巴罗萨"行动本身一样对德国是致命的——在6个月内，德国便从欧洲大陆上无可置疑的主宰者变成了同时向地球上两个最强大工业国挑战的冒险家。轴心国在1941—1942年间的短暂胜利更是将在希特勒（同时）"请来"苏联和美国后化为泡影。

苏联军事学说的复兴

面对着战争考验，苏联改革的进程从1941底到1942初冬季甚至春季就没有停止过。1941年时，苏军指挥员还总是无法做到在关键地点集中充足兵力。1941年12月，朱可夫命令在西方面军中组建突击群，以便将有限的满员部队集

---

① 译者注：常规的两栖登陆是由陆登岛，但反攻欧洲是由岛登陆。

结到德军防线的某个薄弱点上。比如第10集团军就集中兵力突破了德军在莫斯科以南的警戒线；近卫骑兵第1军也穿过突破口，在一条相当狭窄的正面路线上向敌后穿插。由于采用了这种技巧，加上东部各军区的生力军赶来，红军在莫斯科反攻初期显得十分顺利。但到来年1月扩大战果的过程中，进攻部队早已被大大分散，并且缺乏机动能力，行动起来比对手还要迟缓。苏军反攻的前景虽然一片光明，已经将德国人从莫斯科城下驱逐出去，不过最终还是没有完成大本营设定的战略目标。

尽管斯大林从不承认自己没能集中兵力，但红军还是将其规定为未来战役中的一条准则。《最高统帅部大本营1942年1月10日关于组织突破敌人防线和炮兵进攻的训令信》①中重复了朱可夫在上一个月发布的命令[4]——所有方面军和集团军司令都应在采取进攻行动时使用突击群②，将兵力集中于狭窄正面上，以获得对当面单支敌军部队的压倒性优势。在理想条件下，方面军级别的进攻地段宽度仅为30公里，而1个步兵集团军应集中在15公里宽的正面上；然而在1941年12月，这些数字实际分别为400公里和80公里。由此，红军逐渐在某些地点上建立起了压倒性兵力优势，以期达成突破；再加上老道的欺敌计划，苏军这一技巧后来甚至导致德国军官们坚信他们在整条战线上都会绝望地面对着优势兵力敌军。[5]

同一份文件中，大本营还指出了应如何使用炮兵，即未来在发动所有攻击前都要实施炮兵进攻——每公里正面上均须集中多达80门火炮和迫击炮，并将其用于三个连续阶段或完成三项任务③。首先，所有火炮应集中火力打击敌军一线设有准备的防御工事；其次，一俟步兵和装甲兵开始向前冲击，炮兵将集中打击残余敌军抵抗枢纽，以支援两者推进；最后，当最初的突破已经达成时，炮兵会转而打击纵深目标以发展胜利。④该训令信还要求红空军使用地面支援飞机⑤，用于在炮火准备阶段或突破时通过战斗机和轰炸机实施伴随支

---

① 译者注：原文为3号，但有误，实际上应是9号训令信。

② 译者注：请注意俄语中兼有"突击群"（ударная группа）和"突击集团"（ударная группировка），不过后来前者都改称后者；考虑到英文中并未区分且不影响理解，因此除本训令信外，后文均会使用"突击集团"。

③ 译者注：档案原意是一个集团军在突击群行动地域应集中60～80门火炮和120毫米迫击炮，方面军则是150～200门。

④ 译者注：即冲击的炮火准备、冲击的炮火支援和对纵深战斗实施炮火护送。

⑤ 译者注：事实上该训令信完全没有提到航空兵。

援——然而在当前战争阶段，此类空中支援实际上是很难组织的。[6]

在发动进攻中如此使用炮兵是一种常规的解决问题手段，但莫斯科居然（为此）发布了一则训令，这实际上就说明此时某些下级指挥员是多么愚昧无知。[①]然而，炮兵训令确实显著改善了对炮兵的集中和使用。1941年时，苏军即使是一线部队发起进攻平均每公里正面也仅有7～12门火炮和迫击炮提供支援；到1942年夏，这一数值早已上升至45～65（门）。尽管仍然远低于战争后期的火力密度，不过1942年这一改变至少已经标志着苏军为恢复战术技巧迈出了关键一步。

与之相似，苏联指挥员们还开始接受了在防御体系中增加（火力）密度和纵深的观点。他们在取得成功的莫斯科和列宁格勒保卫战中首次使用了精心准备的综合堑壕系统，在之前常被忽视的防御战术领域开创了先河。沿着德军进攻的必经之路，苏军建立了以雷区和反坦克炮互相掩护的反坦克防御体系。确实，在战争头两年里，德国人几乎总能突破苏联人的防御。但到1942年春，后者已经接受了相关防御思想并着手进行试验；如此一来，侵略者想要进攻早有准备的（苏军）阵地便必须付出越来越高昂的代价。

为支持上述军事思想，红军特别是大本营预备队得到了迅速扩充。不过在绝大多数情况下，这些"新"编制实际仍是基于现有的、有经验的指挥机关而形成。1941年之后，红军几乎就再没有从头组建新的师，而是将旅补充，以充实那些熬过了头半年的师；立下战功的指挥员及其司令部常常会升级到更高一级编制。此外，从1942年开始，苏联人做出了一项明智之举，即将那些损失较大的部队撤往后方，等恢复实力后再投入战斗。随着指挥员作战技能的提升和武器装备数量的增加，各级编制部队的规模都有所扩大，也重新加入了不少曾经在1941年7月被裁撤的专业战斗兵种，如工程兵、炮兵等。[7]

苏联机械化部队的重生

红军部队数量和复杂程度的增长在机械化部队身上得到了集中体现。

---

① 译者注：沃尔科戈诺夫在其所著《胜利与悲剧》中认为炮兵作战的这三个阶段在战前就为人熟知，只是斯大林到了1942年初才"领会"这一点。

1941年12月到1942年1月间，取得胜利那短暂但令人陶醉的滋味让斯大林有了这样的想法——如果红军能集中起足够的装甲力量在1942年夏发起新一轮攻势，那么他的对手将不堪一击。

新的机械化部队要求新的装备。尽管受到本国工业大规模向东搬迁影响，不过苏联的工业生产已经逐渐超越了德国。经过不懈努力，位于乌拉尔和外高加索的工厂在苏军发起1942年5月的积极行动前生产出了4500辆坦克、3000架飞机、14000门火炮和超过50000门迫击炮。当然，并不是所有武器都算质量上乘。尤其是对于坦克的极大需求——苏联在1942年粗制滥造了大量T-60和T-70，原因仅仅是这些轻型坦克可以在现有的汽车装配线上生产；然而它们缺乏足够的装甲防护和火力性能，无法与德军坦克相抗衡，因此到1943年就逐渐淡出。当然，哪怕设计上存在限制，苏联武器产量的提高还是帮助红军最终压倒了侵略者。[8]

如何利用好这笔突如其来的财富——尤其是坦克——便是最高统帅部大本营成员之一[①]、红军汽车装甲坦克总局局长、坦克兵中将雅科夫·尼古拉耶维奇·费多连科（Ia. N. Fedorenko，后于1943年1月1日晋升坦克兵上将）的任务了。在1941年那些艰苦卓绝的防御战中，红军组建的唯一一种新机械化部队就是实战证明并不好用的坦克师（番号从100往后排列），以及缺乏伴随步兵、不得不充当步兵支援角色的小规模坦克旅。但在1942年初的间歇期中，费多连科打算回归战前的理论和组织；为了与德军装甲兵相抗衡，他又打起了独立诸兵种合成机械化部队的主意（"独立"意味着不在常规集团军架构或师编制表内）。[9]从1942年3月起，他先后组建了坦克军和机械化军，二者的战斗力实际上相当于德军的师。首批4个坦克军各下辖2个坦克旅、1个搭乘卡车的步兵旅，其他单位则不多；每个军合计有5603人、100辆坦克（包括20辆KV、40辆T-34和40辆T-60）。不过费多连科几乎立刻就决定再增加1个坦克旅，还有其他各种进行持久战役所必需的战斗保障分队。到1942年7月，1个典型的坦克军已经下辖3个坦克旅（各有53辆，包含32辆中型坦克和21辆轻型坦克）、1个

---

① 译者注：此处有误，费多连科并非最高统帅部大本营成员；此外，他在1943年1月1日晋升坦克兵上将。

摩托化步兵旅、1个侦察营、1个摩托车营、1个近卫迫击炮营①，以及1个油料运输连②和2个活动维修基地；③其编制人数为7800人、98辆T–34中型坦克和70辆轻型坦克。最终，费多连科在1942年里共组建了28个这样的坦克军，其中很多是由经过战火考验的坦克旅扩编而成。[10]

1942年9月，费多连科组建了一种更大更平衡的编制——机械化军，进一步落实了独立合成机械化部队的构想。发生于夏季的战斗表明，步兵在机动部队中会承受绝大部分伤亡，因此需要提高其在编制中所占的数量比例。尽管国防人民委员部组建了不同种类的机械化军，但每个军的核心都是3个机械化旅，还有反坦克炮兵团和高射炮兵团，以及近卫迫击炮、侦察（装甲汽车）、工兵、卫生和修理营等部队；④另外还有地雷工兵连、油料运输卡车连及野战面包房。每个机械化旅的核心是3个摩托化步兵营或机枪–火炮营，外加1个编有39辆T–34的坦克团。除这些机械化旅外，机械化军还有2～3个坦克团（各含39辆坦克）或坦克旅（各含53辆坦克）。由于存在一定差异，机械化军的实力现为175～224辆坦克，以及266门火炮或迫击炮；早期的军有13559人，相当于德军的装甲师。随着战事发展，这种机械化军的规模和复杂程度同样在逐渐增加，后来还编入新式自行火炮，最终甚至拥有了轻型侦察机，总兵力达16442人。[11]不过，即使是早期版本的机械化军也需要投入大量资源，因此国防人民委员部在1942年时只组建了8个⑤。

坦克军和机械化军在理论上都是作为步兵集团军的快速集群（即之前的"发展胜利梯队"）进行战斗，实施有限突破，形成100公里纵深内的包围圈。但如果想造成更大破坏以及实施战役级别的机动，红军就需要更大的编制——一种能与装甲军相提并论的诸兵种合成力量。

---

① 译者注：该营有250人和8门BM–13火箭炮。火箭炮兵部队的名称为"近卫迫击炮兵部队"，俄文中有"火箭炮兵"一词。另外，近卫迫击炮兵部队可能是因为装备火箭炮直接获得"近卫"称号，也可能是迫击炮部队由于战功而改变名称。

② 译者注：用于保障第二次加填燃滑油料。

③ 译者注：以上编制根据《苏联坦克兵作战经验》和格兰茨所著《巨人重生：大战中的苏联军队》修正；后者指出坦克军还下辖1个地雷工兵连，而前者并未提及。

④ 译者注：根据《苏军坦克兵作战经验》，在1943年初完全组建起来的6个机械化军包含3种编制，其中机械化第1和第2军辖有3个机械化旅、1个坦克旅、1个反坦克炮兵团、1个高团、1个近卫迫击炮营、1个装甲汽车营、1个修理营、1个地雷工兵连、1个指挥连、1个油料运输连。机械化第3和第5军除3个机械化旅外，还有2个坦克旅；机械化第4和第6军则没有坦克旅，而是各辖2个坦克团。

⑤ 译者注：6个普通及2个近卫机械化军。

这样一种编制的出现并不是对德国人的模仿，而是向战前大纵深战役理论的回归。1942年5月25日，国防人民委员部决定将某些新组建的坦克军编入坦克第3和第5集团军。另外2个坦克集团军（第1和第4）则于1942年7月组建，然而在完成组建前便投入到了斯大林格勒接近地的战斗中，双双受重创，很快被改编为步兵集团军。不过不管怎么说，这些坦克集团军的架构都是实验性质的，由于严重缺少卡车等装备而实力差异较大。那些最初组建的坦克集团军居然还辖有骑兵和步兵师，这两者的机动能力和装甲防护力自然无法与坦克部队相提并论。1942年时，1个典型的坦克集团军下辖有2～3个坦克军、1个骑兵军、2～6个步兵师和一些支援分队，包含35000人、350～500辆坦克及150～200门火炮。[12]

这些新坦克军和坦克集团军是在1942年5月至7月的一系列灾难中登台亮相的，本书将在后文第八章具体讨论这些惨败。但红军再一次吸取教训，到年底采用了更有战斗力的组织形式，运用了更有效的战术，也抽调了更好的参谋军官。在将德军第6集团军合围于斯大林格勒城下之后的乘胜进军中（详见第九章），一些机动力强的军互相配合，为以后的大规模合同战役树立了典范。1943年间，费多连科根据这一结构和相关经验仔细编制了新的坦克集团军，这些部队在组织结构、机动能力和装甲防护方面更为统一，成了此后苏军攻势中的进攻矛头。

其他兵种的编制调整

1942年春季，红军将手头绝大部分资源用于组建机动部队和重建少量享有特权的师，这些师因战功显赫而荣膺"近卫"称号；[13]而那些普通步兵师只补充了少量重武器，以及几百名伤愈归队的老兵。当机动作战再次开始时，红军仍然是一锅由不满员的老兵部队和新的未经战阵部队组成的大杂烩。

1941年10月，鉴于有大量防御性障碍物需要构筑，一系列工兵集团军得以组建——主要由建筑工人和40多岁的预备役人员组成。这些部队被用于构筑工事、建立后方警戒体系，并与一线集团军一起训练工程兵后备人员。此外，由于极度缺乏人力，国防人民委员部甚至经常撤销工兵集团军或抽调其人员以补充其他部队。不过在1942年，仍有5个工兵集团军为关键地段的方面军提供了工程技术支援。[14]国防人民委员部还逐渐设立了类似的反坦克、炮兵和高射炮兵等专业兵种部队。

与地面部队一样，红空军也试验了更为复杂的组织架构，而且常常将其作为预备队进行集中掌握。前列宁格勒方面军空军司令亚历山大·亚历山德罗维奇·诺维科夫现在已经升任主管空军的副国防人民委员，成为空军组织改革的核心。诺维科夫不仅组建空军第1集团军用于在一个地点集中使用战术空中力量，更是设立了一个部门来总结战争经验，分析德国空军的缺点并从其身上吸取教训。但不幸的是，对于地面部队来说，这样的改革需要等待很长时间。因此，红空军到1942年夏季时仍处于防御态势，有时甚至几乎不参与战斗。[15]

最终在1942年5月30日，斯大林任命白俄罗斯共产党（布）中央第一书记潘捷列伊蒙·孔德拉季耶维奇·波诺马连科担任游击运动中央司令部主任——此举减少了此前红军、联共（布）与内务人民委员部之间为争夺抵抗运动管理权而造成的摩擦和职能重叠。波诺马连科明智地意识到游击运动不仅可以帮助红军，更重要的是还具有政治意义。然而，问题在于莫斯科想控制本质上去中心化的群众运动，而人民常常会抵触集中管控。波诺马连科向德军后方派出了受过训练的无线电员（其中很多都是女性），以便更好地联系各游击队。尽管这些游击队通常仍然不遵守统一调遣，不过游击运动中央司令部（ЦШПД）与派驻在各方面军司令部代表机构的存在确实能将敌后游击战变得更有秩序和战斗力。[16]

重建国防军

事实证明，"巴巴罗萨"战役不仅重创了红军和红空军，给德国陆空军带来的打击几乎也是毁灭性的。德军甚至早在俄罗斯的冬天和莫斯科反攻到来之前就已经严重透支了。

中央集团军群遭受的打击最大。到1月，衣着单薄、晕头转向、不堪战苦的德军一听到苏联坦克接近的声音便开始惊慌失措；严寒、营养不良、曝于野外及一次次战斗给他们造成了身体与精神两方面的伤害，人员和装备的损失更是远远超过补充数。1942年1月底，中央集团军群兵员较其编制数少了187000人，到2月又损失40000人。从莫斯科附近撤退意味着必须放弃大量本可以修复或回收的装备。1月31日，该集团军群的武器缺口达到了4262门反坦克炮、5890门迫击炮和3361门较大口径火炮。德国空军在"巴巴罗萨"行动期间共有4903架飞机因被击毁而报废。截至1942年3月结束，德军在俄国境内的16个装甲师只剩140辆坦克可以出动，而这仅仅相当于1个（装甲）师的兵力。[17]

德国既没有充裕的人力资源，更没有相应的工业能力来补充这些损失。1941年12月，有282300人应征入伍；但他们都需要进行训练，而且其中三分之二的人都是来自军事工业，这也导致德国工厂在弥补相应人力损失方面遇到了极大困难。意大利和法国工人因为害怕英国皇家空军的夜间空袭而不愿到德国上班。来自俄国的（被强迫）劳动力原本预计用于顶替转去工厂工作的农业劳动力，可由于整体运输能力的匮乏和俘虏们在德国人手底下遭到了蓄意虐待，大部分人因此没什么用处；很多最终熬到德国的身体虚弱的幸存者又罹患了斑疹伤寒传染病，而且也基本上拿不到足够的配给食物来保证工作效率。[18]

由于劳动力短缺，加上燃料问题、原材料匮乏及各军兵种间一直存在竞争，德国生产在1941年12月至1942年1月间几乎完全陷入停顿。1月10日，希特勒重新发布了生产的优先级，使其组建新机械化部队和远征军的计划让位于为野战集团军补充装备。这则命令标志着希特勒到这么晚才终于意识到德国陷入了一场长期消耗战；3月21日，他正式宣布整个（国家的）经济都要为战争需求服务。

2月8日，德国军备部长（Rüstungsminister）——富有能力、从不抛头露面并且消极悲观的弗里茨·托特博士（Fritz Todt）在一次飞机失事中身亡。其继任者是阿尔贝特·施佩尔（Albert Speer），希特勒最喜欢的建筑师，在生产方面颇有经验。由于希特勒亲自撑腰，施佩尔使效率和生产力得到了显著提升。但他能取得这样的成就并不是因为对德国工业实施统一管理及合理化，而是得益于之前的改组，同时建立了一系列协调委员会，让全国大工业家们通力合作，共享关键的材料并增加产量。陆军元帅埃哈德·米尔希元帅（Erhard Milch），这位长期患病的国务秘书，以及在航空部替赫尔曼·戈林（Hermann Goering）做了绝大部分工作的人，现在同样与施佩尔紧密合作提高产量。此前，米尔希已经进行了一系列改变，包括通过回收废物来弥补原材料短缺——比如在1942年，德国工业比上一年多生产了3780架飞机，而铝的使用量反而减少了15000吨。[19]

大约是同一时间，施佩尔也开始担任装备和弹药部长（Reichsminister für Bewaffnung und Munition），还有另外两名专家赴任德国经济部门的要职。由于粮食不足，希特勒提拔了赫贝特·巴克（Herbert Backe）担任代理粮农部长（Reichsminister für Ernährung und Landwirtschaft）。巴克残酷无情地在东方实施最初版本的"饥饿计划"（Hungerplan，又名"巴克计划"——Backe-Plan），指望当地德军可以取粮于敌，而且没有给犹太人等民族任何配给。与此同时，在3月21日，图林根自由邦的纳粹党省党部头目恩斯特·"弗里茨"·绍克尔（Ernst "Fritz" Sauckel）成为劳动力动员的全权代表[①]。他对强制劳工和集中营囚徒的系统剥削的确取得了成果，但也杀害过不少于110万人，其中约30万是犹太人。以上三个人使德国粮食进口翻番，并不断加速着军备生产的步伐，直到1944年秋。[20]

不过，让这些改革发挥作用还需要时间，而灾难性的莫斯科会战之后德国国防军就再没能补齐过装备。承担1942年德军主攻任务的南方集团军群补充了不少装备，又通过从另两个集团军群强制调兵，终于使其各部队达到了（正常）编制装备水平的80%~85%。1941年11月至12月间，陆军总司令部从德国本土及占领的西欧地区筹集了数千辆卡车，然而在到达俄国战场前便有四分之三出现故障；此外，由德国和西欧搜罗而来的297000头牲口同样被用于新一轮攻势，可这甚至都不能弥补前一年的损失。[21]由于马匹变少，现有的火炮和补给车辆早已寸步难行。车辆和马匹的损失迫使中央和北方集团军群不得不在机动力被严重削弱的情况下开始1942年战役，尤其要注意的是他们还必须在未铺路面的道路上行动。

和红军一样，德军精锐部队也得到了充分的人员和装备补充，从而恢复齐装满员状态。一度只剩下33名步兵的"大德意志"步兵团残部被撤到后方进行休整。但到1942年5月底，该团已被扩充为1个装备豪华的摩步师，下辖有2个摩托化步兵团、1个炮兵团，以及装甲营、突击炮营和摩托车营。那些普通

---

　　① 纳粹德国的行政机构五花八门，全国最初有32个行政区（Gau），到1945年增至42个；兼并奥地利和波兰后又设立了约10个帝国行政区（Reichsgaue）。此外，"Gau"还有区/大区/省等不同译法。

的装甲师或摩步师就没这么走运了，不过仍然能恢复大部分作战力量。武装党卫军被不断扩充，并接收了越来越多的装甲车辆。总的来说，作为即将到来的攻势的前锋，第1和第4装甲集团军还是在夏季积极作战行动发起前大体恢复了之前实力。而普通的步兵师几乎占不到一点便宜。在北方和中央集团军群，75个步兵师中有69个由9个步兵营削为6个，配属的炮兵连也从装备4门炮减到3门；这些师还得靠数量更少的车辆和马匹勉强支撑，某些侦察分队甚至只得到了自行车（作为补充）。[22]

德国陆军失去的绝不止士兵和车辆，在士气上同样一落千丈。毫无疑问的是，大部分幸存老兵意识到他们被投入了一场在异国他乡进行、前途未卜的残酷搏杀中。开小差和投降的人倒是不多，毕竟这样做反而可能会落在他们看上去灭绝人性的仇敌手里，然后惨遭折磨。前线的士兵越来越需要证明自己在为一项正义和必要的事业而战。为此，他们的军官转而求助于官方对纳粹的宣传，试图用种族和意识形态理论来解释自己因何而战。1942年7月15日，国防军统帅部（OKW）发布命令，要求所有情报机关都设立一名负责进行教育或思想灌输的军官，这就使得该流程常态化了。德国下级军官和士兵们开始习惯于用意识形态的腔调说话，同时更倾向于对斯拉夫"劣等人"（德文为Untermenschen）施加种种暴行。奇怪的是，苏德战争让苏联人不再强调意识形态而开始宣扬民族主义，而德国陆军竟采用了苏式的政治军官和思想灌输制度。[23]

春季计划

随着春季逐渐解冻，苏德双方均开始筹划夏季战局。德国人无疑将重新展开攻势，而斯大林也一样急于求战，以竟冬季反攻之全功。后者的高参们，特别是沙波什尼科夫和华西列夫斯基都坚持认为苏军应在实施主要打击之前先消化掉德军的新一轮攻势；朱可夫明白他们的看法是明智的，却因为过于好斗，所以很可能同样鼓动斯大林采取先发制人的策略（正如后者之所想）[①]，而非等待德国人首先进攻。[24]

---

① 译者注：事实上朱可夫提议在实行战略防御的同时于夏初先粉碎德军勒热夫—维亚济马集团，但不赞成四面出击。

　　这场争论的最终结果有些模棱两可。[①]斯大林同意继续实施战略防御，不过德国人精心策划了一次欺骗行动——代号"克里姆林宫"，诱使苏军相信德军的主攻方向是莫斯科。[25]斯大林显然上了当，并指望德国人会攻击自己的政治中心，尽管作为一名马克思主义者，他本来应该更关注经济资源。因此，苏联独裁者将绝大部分战略预备队放在了莫斯科一带，由朱可夫管理[②]。

　　相反，希特勒实际决定把力量集中到南方，以控制伏尔加河地区的经济资源和高加索油田。德国人预计红军将为保卫这些地区而进行决战，从而就会再一次给己方通过合围来摧毁后者的机会。但起初德国人并不觉得斯大林格勒这座工业城市会是红军愿意为之停止退却而且拼死保卫的众多地点之一。然而在之后，这座城市对双方都有了象征性意义，并且将德军注意力从主要的高加索方向转移开来。

　　与此同时，斯大林鼓励下级提交进行有限反攻的计划，以切断冬季时形成的混乱战线上的德军部队。朱可夫等指挥员反对此类计划，他们担心这样会分散兵力，却又得不到决定性成果——这是正确的。可独裁者还是无可救药地对苏德兵力和恢复能力对比抱有乐观看法。

　　1942年3月中旬，苏联元帅铁木辛哥和西南方向总指挥部，包括政治军官、军事委员会委员尼基塔·谢尔盖耶维奇·赫鲁晓夫和有才干的参谋长伊万·赫里斯托福罗维奇·巴格拉米扬中将（I. Kh. Bagramian）都提议对德军南方集团军群发动两大攻势[③]，以阻止侵略者向莫斯科推进。实际上，参战苏军部队的装备非常差，而且相对经验不足，但铁木辛哥还是希望满足斯大林发动一场进攻的愿望。他计划对哈尔科夫地域的德军阵地发动钳形攻势，西南方面军右翼会从哈尔科夫城东的北顿涅茨河登陆场发起进攻，左翼则从城南更大的巴尔文科沃登陆场出击（红军已在冬季攻势中占领该地）；在南方面军配合

---

　　① 译者注：即总体上实施积极战略防御，但轻描淡写；同时特别注重进攻，尤其是从西南方向发起大规模作战行动。

　　② 译者注：然而朱可夫大将的西方向总指挥部于1942年5月5日被撤销，他还交出了加里宁方面军指挥权，此后仅指挥西方面军。

　　③ 译者注：本书初版认为这两大攻势分别为哈尔科夫进攻战役和登陆克里木。实际上西南方向司令部提出的建议是利用西南方面军、南方面军和布良斯克方面军在哈尔科夫发动较大规模进攻，前出至戈梅利、基辅、切尔卡瑟、五一城、尼古拉耶夫一线，即由西南方面军和南方面军主导的哈尔科夫大战役，以及因未发生所以多数文献均未单独介绍的布良斯克方面军向戈梅利方向的突击。利用克里木方面军展开行动其实是斯大林自己的主意。

下，西南方面军的铁钳将合围德军第4装甲集团军和第6集团军主力，然后向西推进至第聂伯河。

　　一开始，斯大林打算将布良斯克方面军拿来加强此次攻势，不过思虑再三后他决定将其保留，以应对预计中德军对莫斯科的进攻。因此，苏联最高统帅部将铁木辛哥的攻势限定为仅由西南方面军和南方面军实施的单独进攻；同时，菲利普·伊万诺维奇·戈利科夫中将[①]的布良斯克方面军会独自在更北面准备一次较小规模攻势[②]。这就是第二次哈尔科夫战役的由来，也是苏联新型装甲部队的第一次试验，本书将在第八章详细讲述。[26]斯大林还计划在克里木对德军发动另一场进攻，具体是从刻赤半岛出击，以解塞瓦斯托波尔之围。但德军的进攻打乱了这个计划。

　　在北方，苏联最高统帅部发动了三场局部反击。第一场将延伸斯维里河以西独立第7集团军的战线；另两场的目的则是确保摩尔曼斯克（Murmansk）铁路的安全，它是将盟军所提供租借物资转运到其他战区的生命线。芬兰和德国的军队在1941年没能切断这条铁路，部分原因是希特勒于10月10日命令停止进攻，因为他和他的高参们觉得苏联人已经处在崩溃边缘了。由于冬季会在北极圈里持续很长时间，苏联卡累利阿方面军对德军一些被孤立的部队取得了不少胜利。然而由于地形、天气和后勤方面的困难情况，双方参战编制的规模都要远远小于在南面参加那场史诗般大搏杀的己方部队。

　　到4月底，独立第7集团军沿斯维里河的进攻早已陷入停顿；不过在遥远的北面，即摩尔曼斯克西南，苏军第26集团军于1942年4月28日攻击了德军第19山地军[③]。2个滑雪旅和近卫步兵第10师[④]打击了德军第6山地师；同时苏联海军陆战队第12旅[⑤]开始登陆，向德军左翼发起进攻。由于兵力分散和组织不力，进攻部队遭受了惨重损失；但德军也因为兵力不足，难以充分利用防御取得的胜利。从4月23日开始，在南面的芬兰中部对面，苏军第26集团军[⑥]进攻

[①] 译者注：F. I. Golikov，未来的苏联元帅，曾任副总参谋长兼红军总参侦察局局长。
[②] 译者注：指1942年3月24日—4月3日的博尔霍夫进攻战役。
[③] 译者注：即挪威山地军。
[④] 译者注：滑雪第5、第6旅及近卫步兵第10师均隶属于第14集团军。
[⑤] 译者注：隶属于北方舰队，共有6250人。
[⑥] 译者注：原文为第14集团军，有误。

了由德军、芬兰军队混编的第3军①。第26集团军派出1个滑雪旅和1个近卫步兵师②，他们划过一个很大的弧形，试图从北面切断防守之敌的后勤补给线。然而苏军再一次由于实力太弱、延伸过度而未能完成任务。到5月7日，恰好因为春季解冻而使该地区无法通行，这两支部队遭到合围并几乎被全歼了（不过此说法存疑，一说两部只是进攻受挫）。[27]

　　正如在整个1941年里那样，苏联最高统帅部大本营为了夏季战局同样动员了一些新的集团军以备不测。其中一些甚至在冬季战局结束前就已经开始组建，其用途是加强现有的方面军；另一些则用于加强预定的进攻战役，或在进攻失败后建立防御体系；第三种，也是最多的那种被命名为后备集团军，其作用是充当新集团军的动员基地，有时还会直接成为新的集团军。以上总共包含44个诸兵种合成集团军、5个坦克集团军及15个空军集团军③。最终，随着1942年战事的发展，国防人民委员部开始投入新型的坦克集团军和近卫集团军，重点加强了兵力及支援兵种，这些部队将替代被不断推进的德军所消灭或撤销的那17个集团军（见附录表8和表9）。

---

　　① 译者注：指芬兰陆军的第3步兵军，配属有德国党卫军"北方"山地师和第40装甲营。
　　② 译者注：在克斯捷尼加（Кестеньга）进攻战役中负责迂回任务的是滑雪第8旅和近卫步兵第23师。
　　③ 译者注：组建于1942年的17个空军集团军中有4个驻在远东。

第八章

"蓝色"行动：德军1942年攻势

"蓝色"行动的筹划

从"巴巴罗萨"行动一开始，德国的计划制订者们就设想好了接下来从黑海东岸向高加索山脉进攻的战役。[1]起初，这一行动是作为包抄小亚细亚（即希腊东面的安纳托利亚半岛）和中东，并与北非轴心国军队会合的大计划中第一步，于1941年秋开展。1941年11月，德国独裁者调整了自己的计划。他指示弗朗茨·哈尔德将军把既定行动的范围限制在苏联领土内，而非原定的继续向伊朗和土耳其进军。德军前锋部队在1941年时最远推进到了顿河畔罗斯托夫，而这个旨在控制苏联高加索油田、更为有限的行动还要求他们在恶劣地形环境中再推进800公里。有鉴于此，希特勒组建了一个由1万名技术人员组成的石油技术旅①，以便在占领油田后恢复生产。另外，他将现有的德国和罗马尼亚山地部队撤出了战斗进行休整，用于日后对高加索地区的进攻。

1942年2月，陆军总司令部作战处发布了一系列关于下一个夏季战局的初步指示。该战局的主要目标是前出到高加索，并继续消灭红军部队。为此，如前文第七章所述，南方集团军群获得了兵员装备的优先补给权；第4装甲集团军与南方的第1装甲集团军会合，随之而来的还有许多来自中央集团军群，已

---

① 译者注：Technische Brigade Mineralöl，即高加索石油旅（Mineralölbrigade K，K为德文"高加索"的首字母）；旅长为空军少将埃里希·洪堡（Erich Homburg），事实上该部人员可能不足1万。

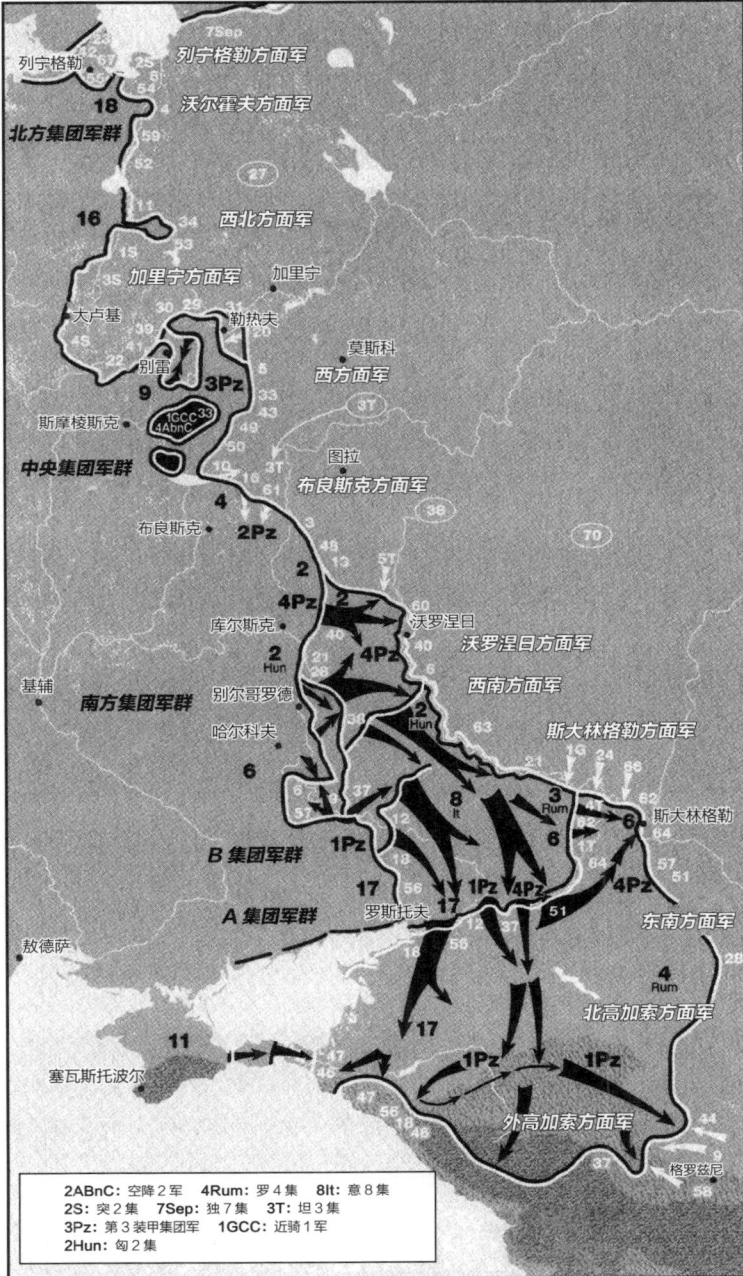

战场形势图 9：夏秋战局，1942 年 5—10 月

经休整完毕的师。

此外，另有20个德国师、21个轴心国/仆从国师从其他战区被调往东线南方。后者包括6个意大利师、10个匈牙利师和5个罗马尼亚师，其武器数量普遍要比实力耗尽的德国师还少，装备质量同样更差。这些国家的工业能力不足以为本国士兵配备适用于机械化作战的装备，而德国也只能分出少量反坦克炮支援自己的盟友。和在北非无异，意大利摩托化部队同样在这里饱受技术故障的困扰；各仆从国（罗马尼亚及匈牙利）部队则多是骑兵师或徒步的步兵师，他们更适合进行后方警戒、清剿游击队，而非从正面对抗红军的坦克。抛开对盟友的蔑视态度不提，这些盟国军队在训练和军事理论的诸多方面也确实与德军不相适应；德国参谋军官们甚至认为只有一个意大利师可以与德军的普通部队相提并论。但德国人更急缺兵力来掩护两翼，并且在前锋部队的后方扫荡残敌（而不得不使用这些部队），毕竟每向东推进一步都会拉长战线。陆军总司令部居然将己方计划建立在这样一个如芦苇一般脆弱的基础上，这表明德军完全不足以掩护其向俄罗斯东南方的推进。最终，事实也证明了那些（盟国）部队的存在及后勤瓶颈是德军这一计划的"阿喀琉斯之踵"。

此时，德国关于对面苏联总体实力和产量的战略情报仍然相当不准确。因为不清楚后者早已恢复了武器生产，所以德国人总是倾向于夸大租借装备（对苏军）的重要性。这样，进军高加索就有了新的理由，即切断渐渐扩大规模的波斯走廊补给线（此时伊朗已被同盟国军队占领）。[2]为截断租借物资供应，4月14日，国防军统帅部命令本国空军和海军集中力量，向前往摩尔曼斯克的盟军船队发起攻击。

陆军总司令部总参谋长哈尔德起草了夏季战局的计划，该计划首先由国防军统帅部指挥参谋部参谋长阿尔弗雷德·约瑟夫·费迪南·约德尔炮兵将军（Alfred Josef Ferdinand Jodl）修改，随后由希特勒亲自修订。其最终结果便是颁发于1942年4月5日的元首第41号指令。这是一锅奇怪的大杂烩，既有符合德国的权力下放、自由执行传统的粗略指示，又包含了希特勒本人的细致要求。该指令判断苏联已经接近油尽灯枯，然而不同于"巴巴罗萨"行动指令，前者默认了单次战役不可能彻底打垮敌人。这一指令将任务分配给了所有的集团军群和德国空军，但主要任务交由南方集团军群执行。

与"巴巴罗萨"行动不同的是，"蓝色"行动要求精心渐次实施一系列合围战，并将其分别命名为"蓝色1""2""3"等。[3]既然有了顺序，那么国防军就可以一次只将兵力（特别是坦克和战术空中支援部队）集中到一个目标上。"蓝色1"会在库尔斯克和别尔哥罗德①实施双重合围，随后向东面顿河畔的沃罗涅日乘胜进军。随后，第4装甲集团军和第6集团军将在沃罗涅日转向南面，与第1装甲集团军于米列罗沃会合（"蓝色2"）。这时，德军计划为后续行动组建2个新的集团军群。其中，B集团军群向东推进，杀入顿河大弯曲部，建立强大的侧翼防御，其他德军部队则占领位于顿河畔罗斯托夫的顿河下游渡口。总的来说，以上行动都是在为未来向高加索油田的推进做铺垫。担负进军高加索任务的是A集团军群，下辖有克莱斯特的第1和霍特的第4装甲集团军，以及步兵将军里夏德·劳夫②的第17集团军和罗马尼亚第3集团军（同样接受劳夫指挥）。

第41号指令在掩护侧翼部分捎带提到了斯大林格勒这座巨大的工业城市："务必竭尽全力抵达斯大林格勒，或至少将其置于重炮火力之下，以免它继续作为（苏联的）工业和交通枢纽发挥作用。"[4]

作为事后诸葛亮，很多德军领导人都埋怨希特勒设立了两个渐行渐远的目标——斯大林格勒和高加索，因而建立了一个混乱的指挥体系，分散了德军的战斗力。[5]然而后者并不是唯一一个看重这座以"斯大林"命名的城市所代表象征意义的德国人。此外，考虑到作战地域的广阔程度和参战部队规模，分别设立两个集团军群司令部几乎是不可避免的。随着战事发展，德军的左翼越拉越长，B集团军群已经力不从心，直到补充4个仆从国集团军防守战线后（情况）才有所改善，不过这还是远远超出了其能力控制范围。某些德军计划制订者甚至考虑过组建第三个集团军群司令部，或许交由罗马尼亚军事独裁者安东内斯库指挥，以掩护长长的侧翼；这样B集团军群虽然会少一些兵力，但也能够将精力集中于斯大林格勒地域。到秋天，德军早已在三个不同的方向上进行战斗，却没有一个统一的上级司令部来总揽全局。

---

① 译者注：但指令中并未提到这两座城市，只说要用两支实施合围的装甲和摩托化兵团从奥廖尔以南发起突击，并占领沃罗涅日。

② 译者注：Richard Ruoff，于该年6月1日晋升上将。

初期战斗

在"蓝色"行动发起前，德军还有三场初期战斗要打——两场在克里木半岛，一场在哈尔科夫——最终结果都对他们有利。

自冬季成功登陆后，苏联人在宽约18公里、长约75公里的刻赤半岛上塞进了26万人、347辆坦克、3577门火炮和迫击炮。[6]这些部队被编为克里木方面军，司令为德米特里·季莫费耶维奇·科兹洛夫中将，主要任务是突出刻赤半岛，为塞瓦斯托波尔军港解围。科兹洛夫没有闪转腾挪的空间，穿越亚速海的补给线也被德国的空军和少量海军部队所截断；更糟糕的是，斯大林向该方面军派出了臭名昭著的走狗列夫·梅赫利斯[①]作为大本营代表，后者常常公开威逼指挥人员并调整人事。一个资质平庸的司令、一群毫无经验的参谋人员及一个瞎掺和的政工领导就这样葬送了克里木方面军。

一切都对混编（德国–罗马尼亚）第11集团军司令埃里希·冯·曼施泰因上将极为有利。他得到了沃尔弗拉姆·冯·里希特霍芬（Wolfram von Richthofen）的第8航空军的大力支援，该部是德国空军中对地支援的头号王牌。曼施泰因采取了声东击西的策略，首先佯攻科兹洛夫右翼（北面）的一个小突出部，然后在5月8日攻击苏军战线另一端。在10天内，兵力占优的德军通过猛烈的突击和不间断空中打击摧毁了克里木方面军，致其176556人伤亡或被俘。[7]斯大林这次没有冤枉好人，而是让梅赫利斯为此次灾难负责，之后更是再没有让他担任大本营代表。

6月2日，曼施泰因乘胜再次向塞瓦斯托波尔发动进攻。尽管德军口径达到800毫米的攻城炮，加上常规野战炮兵、里希特霍芬的战斗机和轰炸机[②]将港口最坚固的工事同样炸得粉碎，但德国和罗马尼亚步兵还是在地面战斗中损失惨重。最终在6月28日晚到29日凌晨，德军第50步兵师的工兵搭乘冲锋舟秘密渡过谢韦尔纳亚湾，突入市中心并占领了发电厂。德国人再次发动的进攻取得了很大进展，迫使苏联最高统帅部下令撤退[③]，而且在7月头几个夜晚就撤

---

① 译者注：梅赫利斯时任红军总政治部主任和副国防人民委员。
② 译者注：主要是Ju-88轰炸机、Ju-87俯冲轰炸机、He-111轰炸机和Bf-109战斗机。
③ 译者注：斯大林优先撤出这些人显然是为了保存更为宝贵的干部。不过留下来的红军指战员也没有因此屈膝投降，一些政工干部和军官站出来继续领导抵抗——步兵第109师政治委员、旅级政委阿龙·达维多维奇·哈茨克维奇（Арон Давидович Хацкевич）就担任了自发组建的滨海集团军司令和军事委员会主席，率部继续掩护人员疏散。

走了关键的指挥参谋人员。[8]鉴于这两次胜利，阿道夫·希特勒将曼施泰因晋升为陆军元帅；苏联政府则因该城的英勇抵抗而授予其列宁勋章。[①]

可是祸不单行，苏联在塞瓦斯托波尔陷落后还会面临一场更大的灾难——红军第一次预先准备的攻势在5月一败涂地。[9]苏联元帅铁木辛哥制订了一份极为复杂的作战计划，而那些经验不足的部队根本没有相应的组织和补给能力。西南方面军的三个集团军（第21、第28和第38）在近卫骑兵第3军支援下，计划向西面的哈尔科夫挺进。按照预定计划，他们应该在这里与钳形攻势中的另一支突击力量——从南面65公里处的北顿涅茨河上另一登陆场出击的新锐坦克第21和第23军支援下的2个集团军级兵团（第6集团军和博布金集群）会师。西南方向总指挥部计划动用765300人和923辆坦克打击德军第6集团军。但实际上，红军的很多部队需要先将防区移交给友军，然后像螃蟹一样在战线后方进行横向运动，这就干扰了东西方向交通线的正常秩序。各师到达攻击发起位置后，首先也要熟悉上级和友邻指挥机关的人员及工作流程。此外，铁木辛哥手头只有区区2个步兵师、3个骑兵师和3个独立坦克营作为预备队，而这点兵力在战场上根本难堪大用。[10]

对下级来说不幸的是，斯大林、大本营和铁木辛哥都判断对手仍处于上一个冬天里兵力不足的状态中；加上误判德军在1942年的主攻方向是莫斯科，他们完全没有预料到敌人（经过休整后）已经恢复了战斗力和机动能力。西南方面军估计只会遭遇12个德军步兵师和1个实力很弱的装甲师，而对面实际上有16个步兵师和2个装甲师，外加一些小规模步兵战斗群；此外，西南方面军并没有对德军第17集团军给予太多重视，尽管后者可以从南面攻击己方第6集团军和博布金集群——这可能和处于德军第17集团军当面的红军南方面军无法提供其对面的敌军兵力数字有关。另外，由于苏联人在此次战役中的进攻正面相对狭窄，也使德国人可以从友邻集团军里抽调兵力。

红军于5月12日发起进攻，先是进行了1个小时的炮兵火力准备和15分钟空袭，多多少少取得了一点战术突然性。在南面，阿夫克先季·米哈伊洛维

---

① 译者注：此处有误。根据斯大林的命令，塞瓦斯托波尔、列宁格勒、斯大林格勒和敖德萨在1945年5月1日被授予"英雄城"称号。最高苏维埃于1965年5月8日才授予以上及其他一些城市代表"苏联英雄"称号的列宁勋章和"金星"奖章。

154

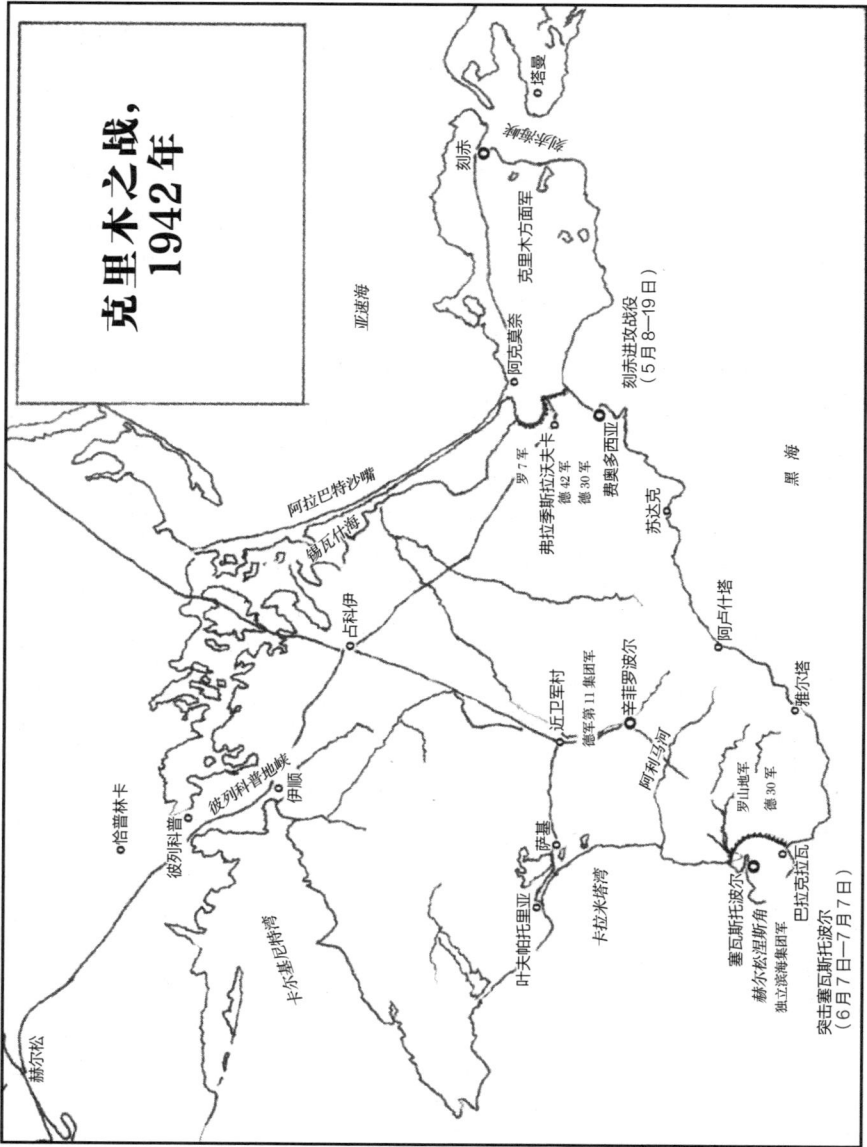

战场形势图 10：克里木之战，1942 年

奇·戈罗德尼扬斯基中将（A. M. Gorodniansky）的第6集团军重点进攻匈牙利第108步兵师和德国第464保安师；面对根据大本营第3号训令信（见第七章）①组织起的大规模进攻，这两支敌军部队都没有足够的技术装备（以进行抵抗）。红军处于南方的铁钳在两天内推进了60公里，但由于参谋人员工作不到位，本应在夜间向前发展胜利的2个坦克军停留在了原集结地域。

很快，在机动作战方面拥有的丰富经验让德军再次受益。经过讨论，希特勒调动了在克里木的第8航空军，并允许克莱斯特按照预定的"弗雷德里克斯"（Fredericus）行动计划使用南翼部队。该计划的原定目标是切断苏军在北顿涅茨河西面的突出部。5月17日，德军发动进攻，切入了南线苏军突击力量左翼。莱奥·盖尔·冯·施韦彭堡的第3摩托化军不仅下辖第14、第16装甲师和第60摩步师，另伴随有3个德国和罗马尼亚师掩护突破口两翼。[11]包括铁木辛哥和赫鲁晓夫在内的苏军领导人一直在集中精力继续推进，直到两天半后才有所反应；大本营（做出反应）就更慢了。缺乏经验的苏军参谋部门仍然无法在退却时组织部队行动和提供补给，各级司令部也对所属部队完全失去控制。到5月28日，苏军第6、第57集团军以及2个坦克军被彻底歼灭，其他部队普遍损失惨重；共有207047人死亡、被俘或失踪，损失坦克652辆、火炮1646门。西南方面军副司令费奥多尔·雅科夫列维奇·科斯坚科中将（Fedor Iakovlevich Kostenko）②和2名集团军司令献出了生命③，第6集团军司令戈罗德尼扬斯基中将自杀殉国。德军宣称共俘虏239036人。[12]这场巨大的胜利大大鼓舞了德方士气，冯·博克随后组织了多次规模有限的作战，以便为主要的"蓝色"行动做准备。

---

① 译者注：如第七章相关译注所言，实际应为大本营第9号训令信。
② 译者注：原文为西南方面军司令，有误，当时该部司令為铁木辛哥。2017年，科斯坚科的遗体被发现，在2018年葬于莫斯科。其子是一名歼击机飞行员，同年也牺牲在了斯大林格勒上空。
③ 译者注：此处应是指第57集团军的库兹马·彼得罗维奇·波德拉斯中将和西南方面军临时组织的集团军级集群指挥员列昂尼德·瓦西里耶维奇·博布金少将，后者是与自己19岁的儿子一同牺牲。此外，第6集团军后勤副司令格里戈里·莫伊谢耶维奇·祖斯马诺维奇（Григорий Моисеевич Зусманович）少将负伤被俘，在1944年死于集中营。近卫步兵第14师长、"苏联英雄"、近卫少将伊万·米哈伊洛维奇·舍佩托夫（Иван Михайлович Шепетов）负伤被俘，在1943年5月21日因组织反法西斯活动和越狱惨遭杀害；其金星奖章和列宁勋章由德国外国与谍报局提供给了变节者彼得·伊万诺维奇·希洛（Пётр Иванович Шило），用于谋划刺杀斯大林。

进攻开始

第二次哈尔科夫会战打乱了德军夏季攻势的准备，不仅导致其参战部队无法完成休整，有关准备工作的时间表同样进行了较大幅度调整。6月1日，希特勒造访南方集团军群司令部所在地波尔塔瓦（Poltova）；基于哈尔德将军的建议，他同意了将主攻推迟到6月28日（见表格8-1）。

间歇期间，苏联最高统帅部终于意识到——德军即将发动的攻势中至少会有一部分在南方进行。红空军对南方的德军集结地域组织了多次空袭，但因实力太弱，一直无法取得局部制空权。除了组建10个集团军作为预备队外，某些师也从中央战线被撤下，以构建更大的战略纵深（见战场形势图11）。然而，这些预备队中的多数并非处于南方，而是依旧集结在莫斯科地域。直到7月5日，大本营仍然认为德军新一轮攻势不过是再次进军莫斯科的序幕，因此进攻者在到达沃罗涅日后就会挥师北上。[13]

1942年6月19日，德军第23装甲师参谋长约阿希姆·赖歇尔少校（Joachim Reichel）乘坐的小型飞机在苏联战线后方坠毁。两年前也发生过类似事件，当时一名因大雾降落在比利时的德国空军少校供出了德军1940年的进攻计划。尽管有鉴于此，希特勒已经严令采取保密措施，赖歇尔还是随身携带了一份部署图和关于第40装甲军在"蓝色"行动中扮演何种角色的概要文件。由于此次泄密事件，相关的军长、参谋长和赖歇尔的师长皆被送上了军事法庭。可现在修改计划为时已晚，德国人只能碰碰运气了。幸运的是，对面的斯大林觉得这样都能泄密实在难以置信[①]，因而认为德国人一定是声东击西，想要苏军将兵力调离莫斯科。[14]

德军于1942年6月28日拂晓发动进攻，马克西米利安·冯·魏克斯上将指挥了自己的第2集团军、赫尔曼·霍特上将的第4装甲集团军和步兵将军亚尼·古斯塔夫（Jány Gusztáv）的匈牙利第2集团军[②]。经过30分钟的炮火准备和空袭，轴心国军队在布良斯克和西南方面军结合部轻松达成了突破。德军向东猛冲，

---

① 译者注：根据萨姆索诺夫的《二百天大血战》，斯大林认为截获文件只是敌人作战计划中的一部分，德军在其他战线上同样有类似计划，所以没能及时确定希特勒的主要意图。

② 译者注：即临时建成的魏克斯集团军级集群。

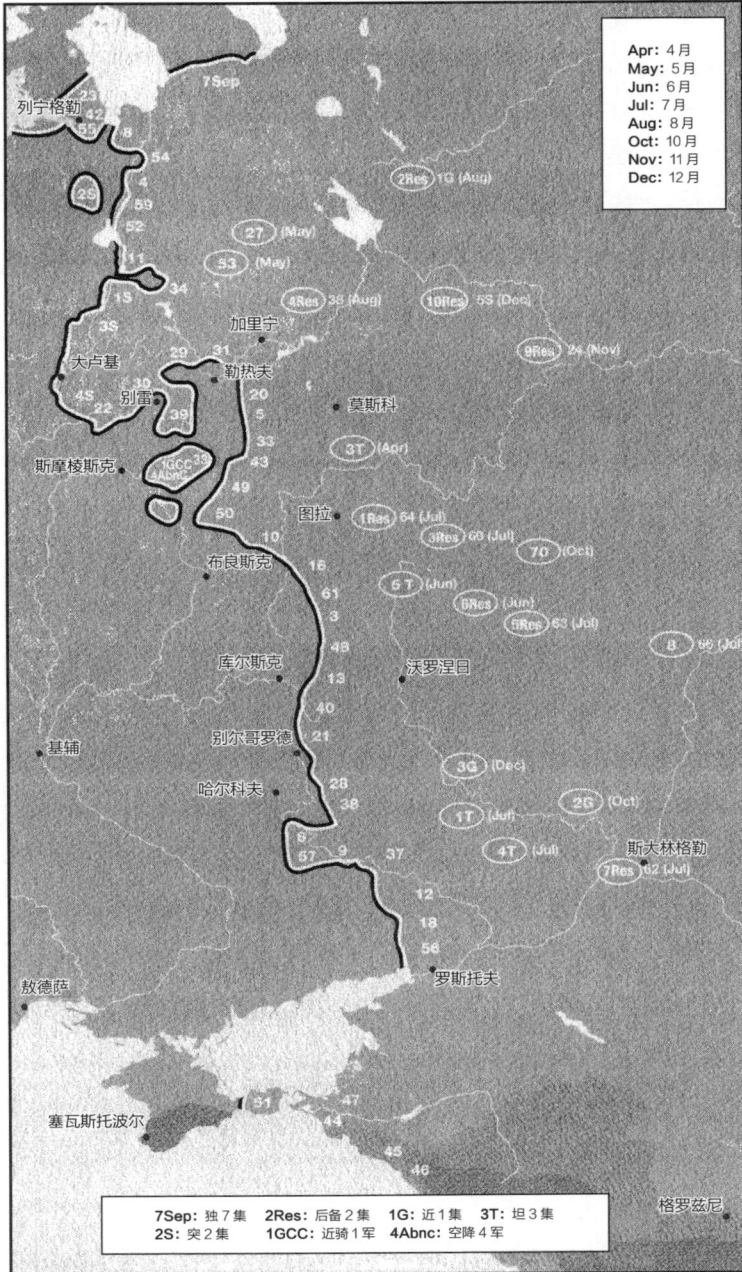

| Apr: 4月 |
| May: 5月 |
| Jun: 6月 |
| Jul: 7月 |
| Aug: 8月 |
| Oct: 10月 |
| Nov: 11月 |
| Dec: 12月 |

列宁格勒

加里宁

勒热夫

大卢基

别雷

莫斯科

斯摩棱斯克

图拉

布良斯克

库尔斯克

沃罗涅日

基辅

别尔哥罗德

哈尔科夫

斯大林格勒

敖德萨

罗斯托夫

塞瓦斯托波尔

格罗兹尼

| 7Sep: 独7集 | 2Res: 后备2集 | 1G: 近1集 | 3T: 坦3集 |
| 2S: 突2集 | 1GCC: 近骑1军 | 4Abnc: 空降4军 |

战场形势图11：1942年4月30日苏联的部署和截至12月31日的增援情况

使第40集团军司令、炮兵中将米哈伊尔·阿尔捷米耶维奇·帕尔谢戈夫失去了对他部队的控制。[15]受大雨影响，在经过两天的停顿后，保卢斯的第6集团军也继续向南攻击，计划突破第21集团军防线，并作为钳形攻势的另一突击力量直扑顿河上的沃罗涅日。

面对德军的猛烈进攻，斯大林的对策是命令布良斯克和西南方面军立即发动反突击和反击。有一件事情体现了斯大林的好斗性格，他提醒布良斯克方面军的戈利科夫："你们现在拥有1000辆坦克，敌人则少于500辆……在敌人3个坦克师①的作战正面上，你们已经集中了不少于500辆坦克，而敌人最多拥有300~350辆。"[16]斯大林还将亚历山大·伊里奇·利久科夫少将（A. I. Liziukov）的新建坦克第5集团军交给戈利科夫指挥，指示该方面军必须在沃罗涅日西面发起一次反击。利久科夫的坦克集团军纸面实力很强大，共有不下640辆坦克，于7月5日发动了反击。[17]但由于缺乏大规模机动战役经验，利久科夫的3个坦克军是分批次投入战斗的。尽管德军第4装甲集团军的第9装甲师随后经过几天战斗，消灭了他的2个坦克旅，组织不力可坚韧顽强的苏军却在7月大部分时间内都让德军第9和第11装甲师陷入了沃罗涅日以西的激烈战斗中。与此同时，第4装甲集团军的"大德意志"步兵师（实为摩托化部队）和第24装甲师占领了沃罗涅日，不过随后就为在这座顿河以东的城市建立桥头堡而陷入激战。[18]值得一提的是，这并不在希特勒指示范围内，而且这两个师在被迟滞几天后才与苏军脱离接触，同第4装甲集团军一起向东南推进；冯·博克的这一决定最终也导致了自己被解职。[19]

在"蓝色"行动开始后第一周内，斯大林仍然坚信德军的主攻方向是莫斯科，同时对敌人的推进采取了相应措施。如同在1941年夏季那样，他命令布良斯克和西南方面军坚决抵抗，并尽可能随时随地发动反突击。当戈利科夫和铁木辛哥反复请求撤退时，斯大林便会表示反对，而且坚持认为他们有足够兵力来实施防御以及反突击；不过后者在7月6日批准了第21、第28、第38和第9集团军进行有限的退却。7月10日，即第1装甲集团军参与到进攻的三

---

① 译者注：原文如此，即装甲师。

表8-1　1942年7月双方战斗序列

轴心国军队	苏联军队
拉普兰集团军 （后被改编为第20山地集团军，由山地兵将军爱德华·迪特尔指挥）	**卡累利阿方面军** （瓦列里安·亚历山德罗维奇·弗洛罗夫中将）
芬兰陆军	第14、第19、第26、第32集团军和独立第7集团军
北方集团军群（格奥尔格·冯·屈希勒尔上将）	
第18集团军	**列宁格勒方面军** （列昂尼德·亚历山德罗维奇·戈沃罗夫中将）
第16集团军	第23、第42、第55、第8集团军
	滨海军队集群
	沃尔霍夫方面军 （基里尔·阿法纳西耶维奇·梅列茨科夫大将）
中央集团军群（陆军元帅京特·冯·克卢格）	第54、第4、第59集团军，突击第2集团军和第52集团军
第9集团军	
第3装甲集团军	**西北方面军** （帕维尔·阿列克谢耶维奇·库罗奇金中将）
第4集团军	第11、第34、第53集团军，突击第1集团军
第2装甲集团军	
	加里宁方面军 （伊万·斯捷潘诺维奇·科涅夫上将）
南方集团军群（陆军元帅费多尔·冯·博克）	突击第3、突击第4集团军和第22、第30、第39、第29、第31集团军
冯·魏克斯集团军级集群	**西方面军** （格奥尔基·康斯坦丁诺维奇·朱可夫大将）
第2集团军 （神圣罗马帝国男爵马克西米利安·冯·魏克斯上将）	第20、第5、第33、第43、第49、第50、第10、第16、第61集团军
第4装甲集团军（赫尔曼·霍特上将） （4个装甲师、3个摩步师）	**布良斯克方面军** （菲利普·伊万诺维奇·戈利科夫中将）
匈牙利第2集团军（步兵将军亚尼·古斯塔夫） （1个摩步师）	第3、第48、第13、第40集团军
第8航空军	坦克第5集团军（2个坦克军）
第6集团军（装甲兵将军弗里德里希·保卢斯） （1个装甲师、1个摩步师）	空军第2集团军、工兵第6集团军
第4航空军	方面军直属部队（5个坦克军、2个骑兵军）
第1装甲集团军 （埃瓦尔德·冯·克莱斯特上将）	**西南方面军** （苏联元帅谢苗·康斯坦丁诺维奇·铁木辛哥）
（3个装甲师、2个摩步师）	第21集团军（1个坦克军）
第17集团军（里夏德·劳夫上将）	第28集团军（1个坦克军）
（1个装甲师、2个党卫师和1个斯洛伐克摩托化师）	第38集团军（1个坦克军）

轴心国军队	苏联军队
罗马尼亚第3集团军	工兵第7集团军、空军第8集团军
第11集团军（陆军元帅埃里希·冯·曼施泰因）	方面军直属部队（1个坦克军、1个骑兵军）
南方集团军群预备队	
意大利第8集团军	**南方面军**（由罗季翁·雅科夫列维奇·马利诺夫斯基中将指挥，后于7月28日被撤销）
2个匈牙利军	第37、12、18、56、24集团军
	工兵第8集团军、空军第4集团军
	北高加索方面军（苏联元帅谢苗·米哈依洛维奇·布琼尼）
	第47、第51集团军，以及滨海集团军
	空军第5集团军
	方面军直属部队（1个骑兵军、1个步兵军）
	外高加索方面军（伊万·弗拉季米罗维奇·秋列涅夫大将）
	第44、第46集团军
	最高统帅部大本营预备队
	后备第1至第10集团军
	坦克第5集团军
	（5个坦克军、1个骑兵军）
南方集团军群地域总兵力	苏军兵力
德军68个师（52个步兵师、9个装甲师、7个摩步师）	苏军93个师（81个步兵师、12个骑兵师）
仆从军22个师（匈牙利8个、罗马尼亚7个、意大利6个、斯洛伐克1个）	苏军100个旅（62个坦克旅、38个步兵旅）
1327辆坦克可用*	2300辆坦克可用*
17000门火炮和迫击炮、1640架飞机	16500门火炮和迫击炮、758架飞机

*这两处的数字不包含I号、II号、T-60和T-70轻型坦克，以及那些无法使用的中型坦克。

资料来源：

戴维·格兰茨和乔纳森·豪斯著《斯大林格勒三部曲（第一部）：兵临城下》（To the Gates o f Stalingrad: SovietGerman Combat Operations, April-August 1942, vol. 1 of The Stalingrad Trilogy；劳伦斯，堪萨斯大学出版社，2009年——Lawrence: University Press of Kansas, 2009）第110～122页。

摘录自《苏军的战斗编成》第2卷《1942年1—12月》（莫斯科，伏罗希洛夫总参军事学院，1966年）第119～139页。

天后，同时还是德军的装甲前锋部队已经摆出围歼架势后，斯大林准许了进行较大幅度撤退。然而，这次他要求西南和南方面军将部队撤到卡赞斯卡亚（Kazanskaia）、切尔特科沃（Chertkovo）、别洛沃德斯克（Belovodsk）、新阿斯特拉罕（Novo-Astrakhan'）及切尔卡斯科耶（Cherkasskoe）一线，并命令后两者在这里实施坚决的反突击。但德军第6集团军的部队此时已从北面迂回到该线附近。[20]当时，西南方面军的第28、第38和第9集团军基本失去战斗力，南方面军的第37和第12集团军也即将崩溃。不过在此后两天里，斯大林还做了两手准备，他命令5个新锐的集团军集中在顿河东岸一线，以阻止德军冲进顿河大弯曲部。[21]

　　这样就形成了8月下旬里一直存在的那种模式。苏军某些部队，尤其是那些新组建且装备很差的总是被击败溃散，其余部队则坚持战斗。新建的坦克部队虽很笨拙，可仍然是一种严重威胁，并迫使德军战术指挥官要比1941年时更加谨慎，时刻注意己方两翼，以免遭到反突击。只要油料充足，德军的坦克依然无往而不胜；只是与上一年相比，他们（遭受）的伤亡更大了，抓到的俘虏也变得更少——在此次战役头三个星期里共仅俘虏54000人。[22]对德军野战指挥官们来说不幸的是，希特勒和他身边的高参却看不到这种战术层面的变化。独裁者、国防军统帅部和陆军总司令部早已习惯了迅速而顺利地合围敌人，此时反而开始怀疑是冯·博克及其下属过于小心谨慎和犹豫不决，因此才放跑了敌人。[23]

　　与此同时，在7月7日，德军第4装甲集团军和第6集团军于沃罗涅日以南会合。两天后，南方集团军群按预定计划分成两个部分，由冯·博克指挥B集团军群、陆军元帅威廉·利斯特指挥A集团军群向南发动进攻，而最终目标是前出至高加索。

　　德军在初期能够取胜的一个原因在于，直到沃罗涅日陷落，苏联最高统帅部大本营都仍然认为他们的主要目标是莫斯科，于是后者试图先发制人，破坏德军欺骗行动所说的由中央集团军群所发动攻势。7月5日，朱可夫的西方面军投入3个集团军（第16、第61集团军和坦克第3集团军），对奥廖尔以北、博尔霍夫附近的德军第2装甲集团军发动破坏性进攻。但后者勉强挡住了攻击——红军再次因为各指挥机关及步坦之间的协同不力而吃尽了苦头。[24]

　　7月13日，由于解决苏军在沃罗涅日的抵抗花费了较多时间，加上关于在"蓝色"行动第2阶段中怎样合围西南方面军更好的问题上与希特勒有所争执，冯·博克被解除了职务。随后马克西米利安·冯·魏克斯接手指挥B集团军群。三天后，德国独裁者将国防军统帅部和陆军总司令部的作战部门搬到了乌克兰西部的文尼察郊外，代号为"狼人"（Werwolf）。他打算在这里监督两个目标方向相偏离的集团军群。到7月13日，突破已经达成，B集团军群开始转向南面和东面，以包抄罗斯托夫。在这一过程中，希特勒将B集团军群的第4装甲集团军和1个步兵军转隶给了A集团军群，并命令其（B集团军群）余部临时执行侧翼和后方警戒任务。

　　南方战区过长的（补给）距离让德军后勤体系倍感吃紧——到7月中旬，第4装甲集团军的先头各师皆已报告燃料不足，只能为完成合围任务勉强向米列罗沃（Millerovo）前进。行军距离较短的第1装甲集团军最初在燃料供应方面（的情况）要好些，但其有限的力量也随着一天天过去而消散。由于在1941年和哈尔科夫之战中的损失，该集团军机械化部队在"蓝色"行动第二阶段开始时的平均实力只剩正常水平的40%；到7月16日又降至30%，每个装甲师几乎只剩1个装甲营。10天后，A集团军群的8个机动师平均只有54辆坦克了。[25]

　　德国人继续向顿河下游前进，因为他们情报有误，认为苏军重兵集结于此。第1装甲集团军派马肯森的第3装甲军像骑兵一样狂飙突进，冲向北顿涅茨河东面，然后挥师南下，再次逼近罗斯托夫；此外，装甲兵将军弗里德里希·基希纳的第57装甲军（隶属于第17集团军）已于7月23日突入市中心。到这时，虽然南方面军司令马利诺夫斯基命令守住城市，可绝大部分红军守军还是选择了撤离城市。不过，第56集团军余部成功摧毁了顿河上最主要的那座大桥，他们和内务人民委员部部队一起迫使德军第125步兵师为肃清城市而进行了逐屋巷战，战斗一直持续到7月底。对德国人来说走运的是，在7月25日夜间至26日凌晨，勃兰登堡特种部队在城南大胆行动，夺取了其他几座桥梁。但由于苏联人早已撤退，加上己方无力有效封堵合围圈，德军摆出合围的架势却扑了空；尽管即将向高加索进军，可从"蓝色"行动第二阶段开始至今仅只抓获了83000名俘虏。这样一来，大批苏军逃向了东面，而新建的下辖数个集团军的斯大林格勒方面军更是威胁着进攻德军的侧翼。[26]

即使如此，苏军指挥员还是被德军攻势的速度和突进纵深所影响。到7月29日，后者已经切断了从莫斯科到南方的直达铁路联系，这样苏军战略预备队便不得不花更多时间绕道中亚才能抵达作战地域。由于缺乏训练有素的工程部队和障碍材料，苏联军民构筑的大量野战工事也被证明用处不大。在7月的撤退中，西南方面军对很多下属部队失去了控制。与传闻有所不同，退却并不是大本营有意采取的策略——恰恰相反，继克里木和哈尔科夫灾难后，7月间因为损失惨重导致的不断后退让莫斯科觉得1941年的失败又将重演。

在这种局面下，7月28日，国防人民委员第227号命令发布，它有一个更广为人知的标题——"不得后退一步"（Ни шагу назад）。总参谋长华西列夫斯基起草这一命令，随后由斯大林本人做了大量修改。该命令禁止再次退却，要求实行铁的纪律并消灭失败情绪。红军以前就习惯使用拦截支队（Заградительный отряд）和交通管制点（通常由内务人民委员部设立）[①]，以阻止前线部队退却，将掉队士兵送回所属单位，强征符合兵役年龄的平民入伍。但现在，每个方面军都组建了惩戒营（штрафной батальон）——由表现怯懦和不坚定的人员组成，而且会被派去执行最危险的任务。[27]

兵分两路

由于未能歼灭或俘虏"蓝色"行动第一和第二阶段中被合围的大量苏军，希特勒又分兵于不同方向，并且第一次将目标放到了具有工业价值和象征意义的斯大林格勒，因而在无意之间放了斯大林一马。发布于7月23日的第45号元首指令命令B集团军群"向前突向斯大林格勒，粉碎集结在那里的敌军，占领该城，截断顿河与伏尔加河之间的地面联系，也包括顿河自身。"[28]为达成这一目的，德国独裁者将第4装甲集团军的第24装甲军转隶第6集团军，并给予了最后者在空军支援方面更高的优先级。事后，德国历史学家们认为这一命令是（德军在）斯大林格勒惨败的开始。于是，之后的1942年攻势会在两个相互偏离的方向上进行，一个向东冲向斯大林格勒，一个向南扑向高加索。可对于已

---

① 译者注：英文原文如此，但不见于第227号命令，推测应为战线后方的交通要道上用于收容溃兵的单位。

经精疲力竭的德军和他们捉襟见肘的后勤体系来说，哪怕只进行其中一个攻势都是巨大的挑战。[29]

利斯特的A集团军群任务比较艰难，需要从罗斯托夫前出到290公里外的迈科普，那里有位置最靠北的油田。为此，里夏德·劳夫（Richard Ruoff）上将的任务是指挥自己的第17集团军外加罗马尼亚第3集团军，把布琼尼的北高加索方面军死死钉在亚速海岸和高加索山脉西面，克莱斯特的第1装甲集团军和霍特实力受到削弱的第4装甲集团军则向油田推进。"火绒草"行动（Edelweiss）[①]于7月26日开始进行，起初进展神速，相关部队在第一个星期内便顶着40摄氏度高温，越过一片盐分很高的荒漠地带[②]，向前推进了240公里；[30]然而在8月，由于地形不利、油料不足，加上本国空军优先支援斯大林格勒战场，他们的推进速度有所下降。

铁路网得到修复前，德军野战指挥官们一直都在为汽油和运力短缺而苦恼。8月9—10日，A集团军群攻陷了较小的迈科普油田[③]，结果发现守军早已系统破坏了这里所有的油井和炼油厂，导致高加索石油旅花费数月时间进行修复。随着逐渐远离铁路末端，德军也不得不将兵力分散到广阔的战区中，战斗力因此不断下降。就如在1941年那样，他们的战术胜利还来不及转化为决定性胜利，但此时防御的苏军已经开始让德军不断付出血的代价了。

从希特勒的角度来看，"蓝色"行动早已接连错失良机。在战役过程中，那些鼠目寸光而又畏首畏尾的职业军人们总是千方百计阻挠自己的元首，不让他沿着正确的道路走向胜利。希特勒有种迫切的感受，他觉得自己的战略机遇之门正在关闭。因此，鉴于将军们此前的失误，元首内心的那个赌神正倾向于顺从自己的直觉。9月9日，他解除了A集团军群司令利斯特的职务。在接下来两个月里，这位德国总理[④]让集团军群的两名集团军司令隔天便轮流直接向自己汇报情况。从1939年以来就作为陆军总司令部首脑一直尽心尽责为元首

① 译者注：A集团军群行动代号为"火绒草"，也译作"雪绒花"。B集团军群行动代号为"苍鹭"（Fischreiher）。
② 译者注：实际上根据第3装甲师战史《装甲熊》第2卷第67页和"大德意志"师战史第1卷第378页，马内奇运河一带的地形应该是土壤盐分很高的草原，不过非常湿滑。另可参考艾伯特·西顿所著《苏德战争》。
③ 译者注：当时苏联最大油田在更南面阿塞拜疆的首府巴库。
④ 译者注：希特勒于1933—1945年间担任德国元首及总理。

服务的哈尔德将军发现自己从（1942年）9月24日起被解职了，希特勒甚至暗示会让他退役[1]。

在第4装甲集团军被调往斯大林格勒方向后，A集团军群在整个秋天都重复着集中车辆补给然后进行短促突击的流程，防御的苏军则顽强迎击每一次进攻。到11月初，第1装甲集团军先头部队经过奋战夺取了俄罗斯最南面的交通枢纽——奥尔忠尼启则（即今俄联邦北奥塞梯–阿兰共和国首府——弗拉季高加索）。从这里向东北再推进110公里，便可以突入格罗兹尼油田。苏联外高加索方面军司令伊万·弗拉季米罗维奇·秋列涅夫大将不仅挡住了马肯森的第3装甲军，甚至在11月6日合围了第13装甲师主力。德军拼命想要解围，直到付出伤亡2500人和损失三分之二坦克及其他车辆的代价后，该师残部才光着脚逃了出去。[31]不过，在高加索的失利只会让德国人更加全神贯注于斯大林格勒，而这里似乎是他们在顿河以东唯一一个明确的目标。

但事实证明，对于战线已经过长的德军来说，哪怕要接近这座城市也是十分困难。顿河弯曲部陡峭的河岸和山谷严重阻碍了他们行动，就连渡河地点都很难确定。面对苏军日益激烈的抵抗，德军第6集团军司令、装甲兵将军保卢斯派有2个装甲师和2个摩步师为步兵开路，而其全部行动均完全依赖于一条运力不足的铁路线。此外，负责制订后勤供应计划的陆军总司令部人员也没有为新增的需要更多补给的那几个师[2]及时调整配给额，导致整个集团军的油料和补给（供应）都很困难。7月底，希特勒亲自做出指示，将第1装甲集团军的运力转至第6集团军。然而到此时，保卢斯的补给缺口早已永远无法填补。在这之间，有关部门甚至采取了一些风险极大的应急措施，比如使用Ju–52运输机空运少量易燃的油料和弹药。[32]

由于地形不利、供给不足，加上遇到的抵抗愈发激烈，保卢斯很难冲进斯大林格勒，更不要提征服这座城市。1942年8月17日至23日间，他不得不连续发动四次攻势来强渡顿河，并前出至目标外围。但他总会遭到苏联人，尤其是7月26日新组建的斯大林格勒方面军进行的大规模反击。瓦西里·尼古

---

① 译者注：1945年1月31日，哈尔德被迫退役。
② 译者注：指第24装甲军所属部队。

拉耶维奇·戈尔多夫中将^①在四天前才接替不能胜任职务的苏联元帅铁木辛哥，担任方面军司令，而他手下的绝大多数集团军也同样短命。不过在斯大林的坚持下，戈尔多夫出动坦克第1和第4集团军，以及改编后的第21、第62和第64（步兵）集团军，向保卢斯北面的先头部队——步兵将军古斯塔夫·安东·冯·维特斯海姆的第14装甲军——发动了进攻。该装甲军的3个师——第3和第60摩步师及第16装甲师在遭到红军坦克第13军打击后，居然破天荒地后撤并掘壕防御。和以前经常发生的情况一样，莫斯科要求立刻发起反攻，而这就意味着苏军部队只能分批次抵达战场。仅在27日当天，德国空军便出动了1000多个架次。这样一来，经验更加丰富的德军迅速缓过劲来，以强力挫败了戈尔多夫这次组织不良的攻击；然而油料弹药的匮乏限制了前者的战斗力。³³等到顿河大弯曲部的战斗结束时，苏联坦克第1集团军和第62集团军几乎被全歼，残部撤入斯大林格勒城内；大本营紧急动员了一切力量补充这些部队，他们将在城市的断壁残垣间再打一场致命的消耗战。

随着第6集团军和第4装甲集团军且战且进，红军不仅要迟滞其进攻，还要反复打击他们不断延伸的左翼。和之前一样，铁路运力的短缺使得罗马尼亚第3集团军直到9月才最终调集部队掩护侧翼；而在此之前，德军只能动用更多的本国部队来完成这一任务。8月20日至28日，斯大林格勒方面军的第21和第63集团军于谢拉菲莫维奇渡过顿河，迫使正在向前掩护侧翼的意大利第8集团军暂时后退。与此同时，近卫第1集团军发动反突击，于克列缅斯卡亚附近建立了顿河桥头堡。德军从主要突击方向抽调兵力，却没能将其肃清。红军在匈牙利第2集团军正面、意大利人西北面也建立了2个登陆场，一直威胁着B集团军群的推进。同时，西方面军和西北方面军发动了一系列有限攻势，牵制住德军的预备队，并使敌军无法占领列宁格勒。³⁴

8月23日，德国空军首次使用燃烧弹对斯大林格勒发动大规模空袭，空地火力迅速将城市大部夷为黑烟弥漫的废墟；在同一天，德军第6集团军继续向东推进，突破了前方红军的坚固防御。B集团军群打算出奇制胜，使用第6集

---

① 译者注：原文为少将，有误。

团军和第4装甲集团军的装甲军从南北两面包抄斯大林格勒,避免陷入惨烈的巷战。第6集团军的第14装甲军再次成为开路先锋,于当天下午从城市北郊一条极为狭窄的通道直扑伏尔加河。在城市最南端,霍特的第4装甲集团军所辖第48装甲军也打算采用同一种方法冲向伏尔加河,并且取得了几乎相同的效果。由于受到这些胜利的鼓舞,希特勒下达命令,禁止从河岸撤退。不过,猎人反而很快变成了猎物。根据朱可夫的指示,匆忙拼凑而成的苏军部队给第14装甲军通道两侧造成了巨大压力,使后者无法占领斯大林格勒的工厂区。有一次,一批刚出工厂、尚未涂装的T-34坦克甚至踏平了第16装甲师下辖第64装甲掷弹兵团的指挥部。德国空军在8月24日夜间至次日凌晨未能给该师空投足量物资,这让军长汉斯-瓦伦丁·胡贝中将对其手下军官宣布他打算违反元首的指示,向西突围。好在第3摩步师于次日成功送来补给,第16装甲师才能继续在伏尔加河岸立足,胡贝的官位也算是稳当了。[35]然而,这场艰苦的通道战斗同样预示着德军对斯大林格勒的进攻出师不利,因为这等于将城市北面的那一半留在了苏联人手里。

斯大林格勒

1942年的斯大林格勒是座巨大的工业城市,沿伏尔加河分布在一条24公里长的狭长地带上。原先城中的居民加上别处逃难而来的成千上万难民共有约60万人①,他们大部分聚集在城市北半部的三个巨大工厂联合体中——"红十月"工厂(生产钢铁)、斯大林格勒拖拉机厂(生产拖拉机和坦克)和"街垒"工厂(生产火炮)。尽管很多苏军司令部参与其中,但城市的战术防御主要还是依靠瓦西里·伊万诺维奇·崔可夫中将的第62集团军。市区战斗打响时,该部辖有2个坦克军、9个步兵师(其中有个是内务人民委员部师),以及7个步兵旅和2个坦克旅;不过这些部队都曾遭到重创,兵力严重不足。[36]

由于该城形状狭长,又背靠河流,几乎无法将其围困;一旦装甲突袭失败,进攻方便不得不按部就班肃清整座城市。第6集团军和第4装甲集团军共有

---

① 译者注: 1939年时斯大林格勒共有44.5万人。

25个师，其中包含3个装甲师、3个摩步师、1个罗马尼亚步兵师和9个德国步兵师。[37] 9月16日，保卢斯接管了第4装甲集团军步兵单位的作战指挥权，可事实证明即便这样也没用。随着激烈的战斗持续了整个秋季，保卢斯开始定期将突击部队轮换下来，以掩护集团军在顿河一线的漫长左翼，然而这同样只能稍微缓解而已。红军于9月至10月间在科特卢班地域发动了4次攻势，不断攻击德军左翼，但均告失败。不过这些攻势加上第64和第51集团军在城南的类似进攻也让德军第14装甲军以及第14装甲师所部无法为占领城市帮上忙。[38]

防守一方的潜在优势是可以更好地补充人员和武器装备，斯大林格勒方面军能利用小艇和驳船在夜间冒着德军频繁的炮火运送部队过河。大本营保有大量战略战役预备队的策略让红军再次可以消化德军的攻势，尽管代价是大量人员的伤亡。9月14日到10月26日，崔可夫接收到的增援包括9个步兵师、1个海军步兵旅和2个坦克旅。最后，他开始将较老资历部队的骨干送回去，与新兵混编，而不是让菜鸟部队上前线白白送死。[39] 虽然得到了增援，但由于损失同样巨大，第62集团军的兵力很少超过55000人。不管有心还是无意，苏联最高统帅部和各方面军司令实际上只给了城市保卫者刚好足够的补充人员和弹药，以将德军第6集团军缠困在城内的殊死战斗中。

这样的战斗需要双方拥有极大的耐心和创造性。在战斗之初，崔可夫就意识到必须让德军失去在空中和炮兵方面的优势。他指示部队"贴上"德国人，即尽可能靠近对方而使德国指挥官无法动用空中打击，以免殃及友军。在连续数周里，红军步兵和战斗工兵的小规模战斗群一直与他们的对手距离相当之近，甚至常常只有一街或者一墙之隔。致命的搜索和伏击战也往往发生在以米进行衡量的距离上。

尽管如此，德军还是正在将对手慢慢逼退。到9月下旬，保卢斯依靠手头的装甲部队早已打垮城市保卫者，成功肃清了南面三分之二的市区。一个月后，崔可夫的部队虽然还死死控制着城市北部的工厂区，可德军前锋部队已经距离伏尔加河渡口仅有200米。红军各步兵师普遍损失了90%的兵力。

不过德军的损失同样很大。由于缺少高级军官，有些步兵和装甲掷弹兵团甚至是由尉官指挥，每个团在进攻时也只能集结起几百名士兵（一般是200～500人）。到10月31日上午，准备出发进行巷战的第24装甲师能凑出的步兵仅有41名军官和960名士兵；要知道，该师下辖有2个装甲掷弹兵团、1个摩托车营和1个战斗工兵营。[40]实际上在10月大部分时间里，德军的作战力量都比对面苏军强不到哪去。11月2日，希特勒同意从战事平静地段的德国师中抽调几个战斗工兵营，派往斯大林格勒，为最后的推进补充足够兵力。尽管德国独裁者宣布已经攻陷该城，但崔可夫的部队仍在顽强抵抗，甚至对德军工兵发动了反突击。[41]

结论

苏联及其武装力量在所谓战争第一阶段的18个月里遭受了灾难性失败——除了1941年6月在战略上被突然袭击外，红军和红空军正处于转型期，动员过程只进行了一半，领导层、武器装备、组织架构、军事理论和部署也都处于调整阶段。苏联的训练和（装备）保养水平均不足，而领导层要么软弱无力、胆小怕事，要么就根本不称职。结果，在战争开始后的6个月里，红军现役兵力的三分之二——3137673人——死亡或被俘，其中有相当一部分是骨干指挥或参谋人员；另有1336147人负伤。到1942年底，可怕的伤亡总数已经上升到超过1100万，其中有150万人是在"蓝色"行动期间损失。[42]

红军在1941年里能做的不过只是阻碍德军的推进，但德国的装甲纵队轻而易举就撕开了苏军的防线，只是偶尔会被后者组织很差的反突击所迟滞。极端的乐观情绪促使侵略者们走得太远，甚至完全超出自身的后勤供应能力，导致数量不多的机械化部队消耗极大。相比在波兰和法国，东线德军的战术乃至战役合围战果呈指数增长，然而还是没能达成他们在这场战争中错误设立的战略目标。不过到12月，这些侵略者已经向东冲到了顿河畔罗斯托夫、列宁格勒和莫斯科郊外。

正如本书第一版所言，过去总是有这么一种说法：德军就像一柄轻剑，是被设计来干净利落结束战争的，却因为不断遭到苏军这样一根粗制滥造又十分巨大的短棍往往十分笨拙的反复打击而变得不再锋利。上述比喻确有一定的事实依据，因为经验不足的苏联指挥员们总是会连续出动几个波次的新动员集团军，在其被击溃之前多少能让侵略者付出一些代价。确实，1941—1942年间，相比起距离和后勤，苏联的动员能力反而在拯救国家上起到了更大作用。

在德军统帅部想方设法让十几个装甲师保持战斗力的同时，苏联国防人民委员部却可以组建和部署超过100个各种类型的集团军。[43]尽管这些集团军除了兵员和政委以外什么都缺，但他们不断消耗侵略军这一事实本身同样证明了有句老话说得对——数量本身也是质量①。

面对着数不清的灾难，苏联还能撑下来的确是一个奇迹。这一事实凸显了该国军民在承受损失方面的能力，就好像苏联政府采用了18世纪通过给患者放血来恢复健康的疗法那样。他们确实流了很多血。然而无论如何，放血产生了效果，只不过代价便是无尽的伤亡和苦难。

苏联军民用牺牲给斯大林换来了工业动员所必需的时间，加上来自盟国的援助，那些幸存下来的人们终于有了充足的工具进行战争。德军第一次猛烈进攻将苏联战前那些陈旧过时、保养不良的坦克、飞机等武器装备几乎一扫而空；新出现的武器按照造价低廉的原则进行生产（但T-60轻型坦克等极少数装备例外），性能只比德国同类装备强一点。不过德军在前几次战役中同样损失了很多勉强够用的武器，比如II号坦克；而且，尽管施佩尔等人付出了极大努力，德国在1942年时也无法补齐全部损失。

现在我们再回过头看前面关于轻剑和短棍的比喻。面对侵略军，不是所有苏军指挥员都只会把大量未接受良好训练的士兵投入战场，因为这种方法消耗太大。早在1941年8月至9月，当科涅夫的第19集团军在斯摩棱斯克东北的沃皮河一线，拉库京的第24集团军在叶利尼亚奋战时，有些将领和部队就已经显示出他们可以在合适的条件下取得不俗的战果。到1942年7月，那些幸存的旅长和师长们开始变得配得上部队所展现出的自我牺牲精神。他们不断掌握了来之不易的能力，可以在战术层面上对抗德国人，很多时候也被提拔成了集团军或坦克军的指挥员。当然，这些苏军将领仍会受到参谋人员经验不足、通信缺乏弹性和德军同样面临的地形条件困难等因素制约，而且还要不断承受来自没有耐心的大本营施加的压力。最常见的情况就是，由于在传统观念和军事理论中一向推崇反击，苏联人总是不待万事俱备便发动反突击，而此时的部队和后

---

① 译者注：一说此为斯大林名言，实际上是20世纪80年代美军流行语。

勤补给根本就没做好战斗准备。上述很多问题甚至一直持续到了战争结束。但在1942年11月，苏联人第一次有了充足的时间来精心准备攻势。

苏联领导层（往好的一面）的改变对战争双方都产生了影响。首先，斯大林逐渐相信下属可以实现自己的想法，这是未来红军取得胜利的先决条件。体现这种态度转变的标志性事件就是1942年10月9日，他开始将权势滔天的政委降低为负责政治工作的副指挥员。[44]其次，如前文所述，红军作战技巧和战斗力的提升迫使德军指挥官在行动中更加谨慎缓慢，而希特勒反将其视为畏葸不前、抗命不遵。如此一来，在斯大林开始将权力下放并给予下级更多信任的同时，德国独裁者（在哈尔德支持下）却走向反面，剥夺了野战指挥官们自由行动的权力。尽管有时这样做完全正确，特别是在他努力限制过分地互通信息从而防止赖歇尔泄密事件再次发生时；但总的来说，降低指挥弹性只会使德军更难以对抗作战素养日益提高的苏军。

"在列宁的旗帜下，向胜利前进！"［作者 A.P. 沃洛申（A. P. Voloshin），1941 年］

"祖国母亲在召唤！" [作者伊拉克利·莫伊谢耶奇·托伊泽（Тоидзе, Ираклий Моисеевич）, 1941 年]

红军首长（顺时针方向）：总参谋长、苏联元帅沙波什尼科夫（左上）；总参谋长、苏联元帅华西列夫斯基；总参谋长、大将安东诺夫。

苏联元帅朱可夫，曾任最高统帅部大本营代表，以及西方面军和白俄罗斯第 1 方面军司令。

瓦图京大将，曾任沃罗涅日方面军和乌克兰第 1 方面军司令。

苏联元帅科涅夫（右）及其参谋长 M. V. 扎哈罗夫中将在计划科尔孙 - 舍甫琴科夫斯基战役，本图摄于 1944 年 1 月。

苏联元帅马利诺夫斯基，曾任乌克兰第 2 方面军
司令。

苏联元帅罗科索夫斯基，曾任白俄罗斯第 2 方面军
司令。

巴格拉米扬大将，时任波罗的海沿岸第 1 方面军司令（1944 年）。

切尔尼亚霍夫斯基大将，时任白俄罗斯第 3 方面军司令（1944 年）。

罗特米斯特罗夫中将（中）——近卫坦克第 5 集团军司令和他的参谋人员。

战争结束时的苏联方面军司令。前排从左至右分别为科涅夫、华西列夫斯基、朱可夫、罗科索夫斯基、梅列茨科夫；后排从左至右为托尔布欣、马利诺夫斯基、戈沃罗夫、叶廖缅科、巴格拉米扬。

沃罗涅日方面军坦克第 112 旅旅长米哈伊尔·特罗菲莫维奇·列昂诺夫上校和旅部人员正在为库尔斯克地域即将到来的战斗进行沙盘推演，该图摄于 1943 年。

战斗中的苏联强击机（1943年）。

库尔斯克会战中红军的"喀秋莎"火箭炮在射击（1943年）。

苏军 T-34 坦克在进攻。

苏军步兵在进攻。

苏军步兵在冲锋。

苏军坦克和步兵正在向一个村子发起突击。

苏军坦克纵队进入城市。

苏军坦克和步兵在突击。

苏军坦克搭载步兵突击。

苏军强渡第聂伯河（1943 年 11 月）。

苏军正在攻击一支德军车队（别尔哥罗德—哈尔科夫战役，1943 年 8 月）。

一名吃了败仗的德军士兵（库尔斯克，1943 年）。

185

莫斯科街道上的德军战俘，1944 年 7 月。

"光荣属于红军！"［作者 L. F. 戈洛瓦诺夫（L. F. Golovanov），1946 年］

战争第二阶段

1942 年 11 月—1943 年 12 月

第九章

"天王星"战役：第6集团军的覆灭

苏联的谋划

斯大林格勒成为转折点并不仅仅是由于战争发展造成的，这也是苏联最高统帅部大本营谋划的结果。德军在1942年7—8月间挫败苏军一系列有限反击、持续推进之时，大本营的计划者们从未忘记他们的目标，即恢复大规模进攻战役，且消灭德军至少一个集团军群。斯大林在发现自己和几个政治上的亲密战友的军事天分不靠谱之后，最终给予了军人们更大权力去筹划和实施作战行动。不过，这位苏联领导人仍然掌握着最高权力——他会确定战役的政治目标，还常常在听取高级将领的建议并照此执行后对战役进行调整。[1]

1942年6月，由于在战争条件下的工作强度过大，沙波什尼科夫本来就糟糕的健康状况终于垮掉，转入了半退休状态。接替他的亚历山大·米哈伊洛维奇·华西列夫斯基一直担任着总参谋长、副国防人民委员，有时还要作为最高统帅部大本营代表亲临战场，直到在1945年2月接手指挥白俄罗斯第3方面军，7月时又指挥整个远东战区。华西列夫斯基远不像朱可夫那样暴躁，而是平静、理智地影响着独裁者。新上任的总参谋长在其身边聚集了一批才能出众的助手，他在1942年12月指定阿列克谢·因诺肯季耶维奇·安东诺夫上将担任自己的第一副手和作战局局长。为取代不够灵活的战略方向总指挥部，斯大林和华西列夫斯基开始更多地使用最高统帅部大本营代表来协调和监督一个或多个方面军主要战役的实施。这些高级军官包括朱可夫、沃罗诺夫、铁木辛哥等人在内，他们在进行作战的方面军及总参之间建立起了至关重要的联系，同时也让斯大林相信战役会按照自己的想法去实施。[2]

在"蓝色"行动和斯大林格勒艰苦防御进行的夏季里，华西列夫斯基一直让费奥多尔·叶菲莫维奇·博科夫少将①领导的一小组参谋军官研究战略反攻的方案，目的是（使其）作为雄心勃勃的囊括整个战线中部和南方的冬季战局第一阶段（见战场形势图12）。其他一些军官（其中最主要的是朱可夫和华西列夫斯基）后来宣称这一研究成果——"天王星"战役——是自己的作品，但他们的说法与事实不符。[3]根据最新公开的大本营记录，最终形成"天王星"战役的相关构想是斯大林格勒方面军司令叶廖缅科提出的。朱可夫曾要求各方面军司令就如何发动新的反攻以合围德国第6集团军提出建议，叶廖缅科在10月6日做出了答复。9月至10月初，大本营早已在斯大林格勒城南及该城以北的科特卢班地域发起多次大规模反攻，最终损失惨重却没有取得胜利。叶廖缅科不敢提议再白费鲜血，于是建议从顿河上的谢拉菲莫维奇和克列茨卡亚登陆场及斯大林格勒城南的湖泊地带出发，发动一场规模大得多的合围战役。进攻部队将在位于德军第6集团军深远后方的顿河畔卡拉奇会师。[4]这一构想的要点是突破罗马尼亚军队而非德军的防御，并通过骑兵和装甲兵实施合围机动。作为副最高统帅的朱可夫接受了叶廖缅科的建议，还以更多的装甲部队大大加强了己方实力，然后让斯大林相信这一方案是可行的。②

到1942年10月中旬，斯大林已经信心十足，决定将原计划扩大为一系列战略反攻；时间定在10月下旬，但最终推迟到了11月中旬。[5]首先实施的是"天王星"③战役，其目标为围歼斯大林格勒地域的轴心国部队。随后实施"土星"战役，即向西南挺进到罗斯托夫，目的是分割歼灭A、B两个集团军群的所有部队。与此同时，由朱可夫协调的西方面军和加里宁方面军将实施"火星"战役，以荡平莫斯科西北面中央集团军群盘踞的勒热夫突出部，夺取大卢基，使德军无法增援南方，并重创中央集团军群。[6]群星中的最后一颗是"木星"或"海王星"。正如"土星"需要在"天王星"成功之后进行，"木星"或"海王星"同样要根据"火星"的实际情况来实施——西方面军会向维亚济马发动一次新的突击，然后与已在勒热夫突出部大获全胜的己方部队会合，随后歼灭整个中央集团军群。[7]

与苏军以往的攻势相比，"天王星"行动有两个重大区别。首先，截至11月，B集团军群的战线拉得过长，下属部队伤亡太大，而两翼是由少量仆从国部队提供掩护。其次，和之前很多反攻不同，苏联人为"天王星"战役进行了长达几个月的精心筹划和准备。[8]他们留出了更多时间来集结兵力和囤积军需；在发起反攻前，那些早已战斗过的部队也有更多经验丰富的参谋人员，以

---

① 译者注：于1942年8月4日晋升少将，当时担任主管编制的副总参谋长。

② 译者注：意大利人说得好："胜利有一百个父亲，失败却是个孤儿。"对于斯大林格勒反攻这样的辉煌胜利，自然有很多人都想将功劳全揽在自己身上。由于后期的"土星"战役已经远远超出方面军一级所能理解的范畴，实在没办法去跟总参和大本营抢功劳，所以很多人自然而然盯上了最开始的"天王星"战役。在斯大林时代，可能是为了打压那些战功赫赫的帅们，斯大林倾向于认为反攻计划是总参谋部"集体研究"的成果，战后长期担任总参谋长的什捷缅科当时也支持这一说法。但到了赫鲁晓夫时代，一直和总书记走得很近的叶廖缅科在1961年率先出版的回忆录中宣称自己于1942年8月1～2日间就有了这样的想法，是提出反攻构想的人，不过9月与斯大林交谈时得知大本营同样有研究反攻方案。虽然在此期间他为两翼的突击做了一些铺垫，比如建立一些登陆场，但直到10月初得到朱可夫等人的要求后才连夜制订并提交了作战计划；而后来赫鲁晓夫的回忆录声称是叶廖缅科与他先提交了自己的报告，朱可夫才说大本营有类似的意图。此时只有马利诺夫斯基元帅在1963年2月的《军事历史》杂志上撰文批驳。等到了勃列日涅夫时代，大批将帅开始出版自己的回忆录，包括朱可夫、华西列夫斯基等的著作和官方战史几乎是一样的口径，即9月中旬由朱可夫和华西列夫斯基向斯大林提出建议，于下旬确定计划，由朱可夫、华西列夫斯基向斯大林提出建议，于下旬确定计划，由大本营派到了方面军一级主要负责人，并要求后者提出初步计划。叶廖缅科的新著妥协了，改说反攻计划是方面军军事委员会、大本营和总参集体创作的结果，不过仍然描述了在10月6日时根据大本营要求所提交计划中的反攻思想。

根据华西列夫斯基在1965年10月《军事历史》杂志中的说法，1942年10月6日晚，他已经向叶廖缅科和赫鲁晓夫透露了反攻计划，后者对此并无原则上的不同意见。

从理论上讲，对于在几乎整个8～9月同时指挥斯大林格勒方面军和东南方面军的叶廖缅科上将来说，他确实有足够的权限、能力和情报来支撑这种大规模的战役设想。他与此时兼任这两个方面军军事委员会委员的赫鲁晓夫讨论该问题更是合情合理。

此外，也有人提出瓦图京才是"天王星"计划的制订者。

历史上最终形成的"天王星"行动是从最西北面的谢拉菲莫维奇和克列茨卡亚地域，以及斯大林格勒城南的巴尔察察克湖发动向心突击，在卡拉奇合拢铁钳，以包围整个德军第6集团军和第4装甲集团军一部，我们可以将其称为"大计划"；而将大本营已经组织过多次从城北的科特卢班和城南巴尔曼察克湖一带向卡拉奇发动的向心突击称为"小计划"。很明显，"大计划"的特别之处就在于使用了强大的坦克机械化部队从更遥远的西北面打击力量薄弱的罗马尼亚军队。

从目前公开的档案资料看，首先，《苏联历史档案选编》第20卷中斯大林克里姆林宫办公室来客登记簿显示朱可夫在9月中旬里并未造访，截至9月27日凌晨；而华西列夫斯基也是到9月22日晚才有登记。但要注意的是，虽然一般来说每天晚上和凌晨都有记录，不过9月10日凌晨01:20到12日19:15与14日00:40到17日21:50是空白的。这既有可能是斯大林在别处会见了朱可夫和华西列夫斯基，或只是没有登记，也可能是有人销毁了记录。

其次，目前尚未发现在9月底制作并由朱可夫、华西列夫斯基与斯大林签字的反攻计划图，而该图应是9月27日由博伊科夫在副总参谋长弗拉季米尔·德米特里耶维奇·伊万诺夫监督下绘制的。

再次，叶廖缅科在10月9日提交的报告中虽然提出从克列茨卡亚向卡拉奇突击这样的"大计划"，并且注意到了要破坏卡拉奇地域周边的德国空军基地；然而其缺点也很明显，即在第21集团军打开突破口之后，仅仅依靠近卫骑兵第3军和2～3个机械化旅就在利斯卡河（Liska，格兰茨的《斯大林格勒三部曲》中一些地方给出的相关英文有误）与顿河之间炸掉所有桥梁，以建立合围的对内和对外正面，而且整场战役里只需大本营补充108辆坦克、100架歼击机和1.5万名受过训练的士兵——这看起来更像是一次冒险，而不是审慎的军事行动。

最关键的是，罗科索夫斯基根据大本营要求提交的计划中也抱怨过后者提出的从科特卢班地域发起反击的方案并不现实。因此，俄国历史学家阿列克谢·伊萨耶夫倾向于认为大本营是在10月采纳叶廖缅科的想法之后做了大幅度调整，不仅大大加强突击兵力，还要组建一个新的西南方面军来负责此次行动，即"天王星"可以被认为是一个不断得到完善的作战计划，而大本营和总参在其中起到了最主要的作用。我们同样可以想象得到，与10月5日还被斯大林无情批评的叶廖缅科和赫鲁晓夫相比（"你们一个阵地接一个阵地拱手让给德军，这只能说明你们的工作很糟糕。你们在斯大林格勒城内可以支配的兵力要比敌军更多，可尽管如此，他们还是一而再再而三地将你们逼入绝境。对于你们在斯大林格勒的工作，我很不满意"），副最高统帅朱可夫和总参谋长华西列夫斯基的意见肯定更有说服力。

③ 译者注：天王星即希腊天神乌拉诺斯，众泰坦之父。同样，所有以行星命名的战役均有此类双关含意，如火星为罗马战神马尔斯，土星为众神之王、朱庇特之父萨图恩斯，木星为罗马神话中的朱庇特，海王星为罗马海神尼普敦；因此格兰茨的《火星战役》一书中也有"众神的反攻"一节。

列宁格勒方面军
列宁格勒
18
北方集团
军群
沃尔霍夫方面军
16
西北方面军
加里宁方面军
加里宁
大卢基
勒热夫
3Pz
9
别雷
3Pz
斯摩棱斯克
9
西方面军
莫斯科
中央集团军群
图拉
4
布良斯克方面军
布良斯克
2Pz
2
库尔斯克
2
沃罗涅日
沃罗涅日方面军
基辅
别尔哥罗德
2
Hun
西南方面军
B 集团军群
兰茨战役
集团军
级支队
哈尔科夫
3T
4PZ
顿河方面军
南方集团军群
8It
3
Rum
6
斯大林格勒
斯大林
格勒
方面军
4Pz
弗雷特一皮科集
团军级支队
1Pz
霍利特集团
军级支队
顿河集团军群
6
敖德萨
罗斯托夫
4
Rum
A 集团军群
南方面军
北高加索方面军
1Pz
17
塞瓦斯托波尔
17
外高加索方面军
格罗兹尼
第比利斯

被围歼的德军

7Sep: 独7集   2R: 罗2集   1T: 坦1集   2S: 突2集
1GCC: 近骑1军   4Abnc: 空降4军

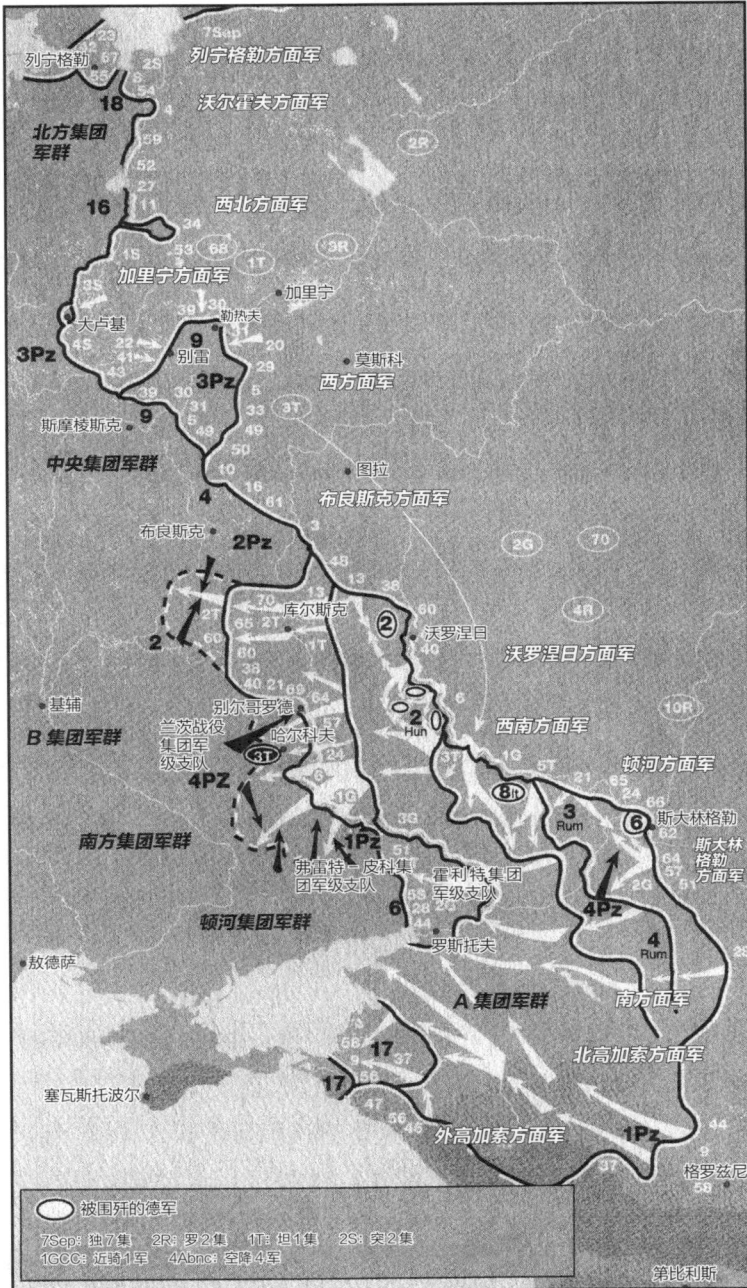

战场形势图 12：冬季战局，1942 年 11 月—1943 年 3 月

及更多的时间来进行训练。

　　"天王星"计划要求实施一场典型的合围战。由于变更部署的参战部队太多，因此西南方面军需要进行重组，以构成北面的铁钳。方面军司令——41岁的尼古拉·费奥多罗维奇·瓦图京上将——是华西列夫斯基的老战友[1]。此时的瓦图京已经以胆大莽撞著称。[9]

　　苏联人把首先打击的目标选为德军第6集团军两翼的仆从国乌合之众绝不是一个巧合。11月上旬，由普罗科菲·洛格维诺维奇·罗曼年科中将指挥、刚整训完毕的坦克第5集团军秘密从布良斯克方面军地域变更部署到了西南方面军把守的斯大林格勒西北、顿河对岸的谢拉菲莫维奇登陆场，瓦图京计划动用该部和伊万·米哈伊洛维奇·奇斯佳科夫的第21集团军发动进攻。他们将与友邻的第65集团军（隶属于罗科索夫斯基的顿河方面军）协同作战，对战线过长的罗马尼亚第3集团军形成一个小合围圈。一旦达成突破，坦克第5集团军的坦克第1和第26军会与第21集团军的坦克第4军和近卫骑兵第3军一同转向东南方，渡过顿河，完成更深远的推进，并合围防御斯大林格勒的德军。坦克第5集团军的骑兵第8军则组成薄弱的外层包围圈[2]，阻滞赶来救援的德军纵队。为支援坦克第5集团军的推进，同时也是整个计划关键所在，罗曼年科可以调遣混合航空兵第1军，该部拥有一大批可用于近距离空中支援的作战飞机。

　　在德军南翼所盘踞的城东，斯大林格勒方面军司令叶廖缅科将投入第51和第57集团军，由坦克第13军和机械化第4军作为前锋，突破罗马尼亚第4集团军，在顿河畔卡拉奇附近与坦克第5集团军会师。骑兵第4军负责掩护斯大林格勒方面军的左翼。由于坦克第5集团军需要推进120公里，而机械化第4军预计只推进90公里，因此西南方面军将比斯大林格勒方面军早一天发起进攻。[10]一旦"天王星"战役进展顺利，大本营便会投入强大的近卫第1集团军作为"土星"战役的前锋，突向罗斯托夫。

　　该计划不可避免将存在缺陷，其中最明显的就是以骑兵组成合围的薄弱

---

　　[1] 译者注：原文为"门生"（protégé），不准确。两人同时在总参供职是战前，当时瓦图京担任副总参谋长兼作战局局长，而华西列夫斯基是副局长。1942年，后者担任总参谋长后，前者担任副总参谋长。
　　[2] 译者注：根据苏军战役法，合围要形成对内正面和对外正面，不过作者使用了更容易理解的说法——内层包围圈和外层包围圈。

对外正面，作为最初阻击解围德军的部队。同样关键的是，苏联坦克和机械化部队依然深受维护保养差劲、缺少汽车及（总体上）后勤供给不力的困扰。正如战斗之后苏军内部出现的批评那样，坦克等车辆一旦被投入发展胜利的战斗中，其故障损失速度便是惊人的。[11]

红空军也打算采用新装备和新理论来夺取局部制空权。1942年夏末，空军司令亚历山大·亚历山德罗维奇·诺维科夫上将把10个装备了最新式雅克-9和拉-5歼击机的团划归斯大林格勒的空军第8集团军。考虑到新飞行员缺乏经验，他创立了一套周密的地面控制系统，并首次试验了苏联第一套雷达指引歼击机拦截系统。11月9日，诺维科夫的参谋长费奥多尔·雅科夫列维奇·法拉列耶夫中将发布条令，指示所有指挥员在突破地带应集中空中力量支援地面作战，而不是到处逞能。尽管红军的航空兵部队仍然缺少油料、零配件和卡车，不过他们逐渐发展出了一套依托僚机的有效战术，并在高度上占有优势。[12]

德军的判断及在斯大林格勒的失败

希特勒及其手下德军指挥官都很清楚己方斯大林格勒两翼的弱点，但只打算等到彻底占领这座城市后再加以改善。此外，多数德国人皆未想到苏军统帅部精心保密的这次反攻规模如此之大。比如在8月15日，德国陆军总司令部东线外军处相当准确地估计出了红军依然有73个步兵师、86个坦克旅等大量预备队；然而令人费解的是，到11月6日，该处又断言苏联人缺少足够兵力在南方发动新的大规模攻势。[13]

德国人犯下这个错误的原因之一是苏联散布假情报，说并未计划在斯大林格勒地区发动主攻。在整个夏末和秋季，苏军对德国中央和北方集团军群展开了一系列进攻，另外莫斯科附近也一直保留有战略预备队，以上事实让这个谎言看起来就更像真的了。[14]10月中旬，苏联最高统帅部大本营故意用未加密的无线电传达了一道为即将到来的冬季进行防御准备的长长的训令，希望能被德国监听人员截取。直到11月12日，德国陆军总司令部的情报机关仍在报告，说在罗马尼亚第3集团军对面集结的敌军只不过是要小打小闹，妄图切断通向斯大林格勒的铁路而已。[15]总的来说，德国人相当准确地掌握了苏军一线部队的情况，却对其后方态势知之甚少。

人员和装备的短缺同样限制了轴心国军队的战斗力。德国陆军和空军之间的争斗也意味着后者不愿将人员交给前者——相反，德国空军司令赫尔曼·戈林选择了组建缺少重装备和拥有地面作战经验指挥官的空军野战师。

由费迪南德·海姆中将指挥的第48装甲军是罗马尼亚及意大利军队的后方预备队。但不幸的是，这个"军"和他将要支援的部队一样脆弱。其（海姆所支援部队）第22装甲师将工兵营送进了斯大林格勒，师属的第140装甲掷弹兵团也被转隶给了沃罗涅日的德军第2集团军；该师所剩装备的状况同样因为在后方闲置长达好几个月而不断恶化，等到11月19日对红军发起反击时只剩24辆坦克可以出动。第14装甲师的步兵部队被削弱，其任务是协同海姆的装甲军，不过总共只有51辆坦克。[16]

区区这些预备队根本挡不住苏军先头4个军的660辆坦克。总的来说，苏军在斯大林格勒地域对轴心国军队的兵力优势很明显，特别是其中有大量罗马尼亚部队，他们首先遭到了苏军打击。苏联官方记录在总体上降低了双方的兵力对比，但实际上所有作战力量比率都接近2:1；除突然性优势外，苏军在主要突破地段的数量优势同样呈压倒性（见表9-1）。[17]

斯大林格勒反攻及随后的冬季战局共分为三个阶段。首先，11月19—30日间，西南和斯大林格勒方面军突破轴心国军队防御，用一个较大的口袋合围了斯大林格勒周围的德军及罗马尼亚军队。然后，苏军在1942年12月1日—1943年1月10日间试图乘胜进军，不过因德军拼命解围而受到很大影响。最后，1月10日—3月18日间，苏联最高统帅部大本营监督部队肃清了斯大林格勒口袋（即"指环"战役），同时打算将胜利扩展到整条战线；但因为他们自己犯下不少错误，加上德军巧妙发动了反击，所以这个意图未能实现。

最初取得的胜利超过了苏军预期（见战场形势图13）。11月19日，西南方面军开始进攻，同时友邻的顿河方面军也有所策应。作为防御方的罗马尼亚人缺乏有效的反坦克武器和预备队，尽管第6步兵师颇具才干的师长米哈伊尔·拉斯克尔准将①在头三天打得很好，却仍被苏军轻松击溃。第一天中午，

---

① 译者注：于12月31日晋升少将。

罗曼年科坦克第5集团军的坦克第26和第1军穿过进攻的步兵师加入战斗。在友邻奇斯佳科夫的第21集团军配合下，坦克第5集团军俘虏了三个罗马尼亚师的大部（27000人）并继续发展胜利。这两个坦克军和安德烈·格里戈里耶维奇·克拉夫琴科少将（A. G. Kravchenko）的坦克第4军（隶属于第21集团军）绕过抵抗中心，平均每天前进70公里。11月22日，由阿列克谢·格里戈里耶维奇·罗金少将指挥的坦克第26军接近顿河畔卡拉奇——城中架在顿河上的几座桥梁对于攻守双方都至关重要。为抢在德军破坏之前夺取大桥，罗金组织了一个包括5辆T–34坦克和2个摩托化步兵连的小规模先遣支队，由格奥尔基·尼古拉耶维奇·菲利波夫中校[1]率领。后者大胆地让支队排成紧凑纵队，在夜间打开所有车灯[2]，一路开向卡拉奇北的一座桥梁。[18]德国哨兵误以为是友军，菲利波夫趁机控制了桥梁和附近有利地形，而且坚守至坦克军主力到达。11月23日下午，坦克第26军[3]绕过卡拉奇，与瓦西里·季莫菲耶维奇·沃利斯基的机械化第4军在卡拉奇东南的苏维埃茨基[4]会师，合拢了包围圈。[19]到11月30日，苏军已经合围了德军第6集团军、罗马尼亚军残部和第4装甲集团军的1个军，共计22个师（33万人）。不过这些兵力远远超过了苏联人的判断，为将其肃清还需要更多的7个步兵集团军，并在指挥和参谋作业上花费更多精力。因此，大本营被迫缩小了后续"土星"战役的规模。

绝大部分德方视角著作声称第6集团军司令保卢斯将军如果能立即行动，那便可以突出重围。但这一论点有很多值得商榷之处。首先，希特勒一再禁止突围，他毫不遮掩自己会解除抗命突围者职务的态度，包括对保卢斯。元首希望第6集团军就地死守，牵制住大量苏军，并坚持到解围；实际上该部也起到了这样的作用。其次，这种说法的前提是保卢斯拥有充足的后勤补给，否则便完全不切实际；对斯大林格勒的围攻只能依赖一条很不可靠的补给线，这意味着他的部队一直都缺少突围所必需的燃料、弹药和运输工具。事实上，第6集

---

① 译者注：时任摩步第14旅旅长，另外该支队还有独立侦察第15营的1辆装甲车。
② 译者注：关于车灯是开还是关，萨姆索诺夫的《二百天大血战》和克鲁普琴科的《苏军坦克兵》有不同说法。
③ 译者注：菲利波夫因此战获得"苏联英雄"称号；坦克第26军在1942年12月8日改称近卫坦克第1军，后于1943年1月27日获得"顿河"称号。
④ 译者注：Sovetskii，原文"Sovetskoe"有误。

表9-1 斯大林格勒反攻开始时苏军的兵力

方面军	人员	坦克	火炮	飞机
西南	398100	410	4348	447
顿河	307500	161	4177	202
斯大林格勒	429200	323	5016	221
伏尔加河区舰队	8700			
总计[①]	1143500	894	13541	870

资料来源：

克里沃舍耶夫编写、克里斯蒂娜·巴纳德（Christine Barnard）译《苏联在二十世纪的伤亡和作战损失》英文版（Soviet Casualties and Combat Losses in the Twentieth Century；宾夕法尼亚州，梅卡尼克斯堡，斯塔克波尔图书出版社，1993年——Mechanicsburg, PA: Stackpole Books, 1993）第126页。
罗科索夫斯基主编《伏尔加河上的伟大会战》（莫斯科，军事出版社，1982年）第254～258页。

团军为了在斯大林格勒城内过冬，甚至在下雪之前就将大部分马匹和兽医单位送回了后方，这样便不需要操心饲料的问题。正如11月23日保卢斯在给希特勒的电报中不得不承认的那样，如果没有强征的畜力，第6集团军或许可以逃出斯大林格勒，然而代价是抛弃绝大多数重武器、给养，甚至是伤兵。[20]最后，苏联人还掌握有强大的预备队，足以打退增援或突围之敌。

　　在这样的绝境下，陆军元帅埃里希·冯·曼施泰因被任命为新建顿河集团军群司令，受命在包围圈上打开一条通道，为保卢斯提供补给、拯救第6集团军。与此同时，希特勒在11月20日询问德国空军参谋长汉斯·耶顺内克上将，即能否在曼施泰因解围前为第6集团军提供空中补给。后者认为德国空军仍然控制着前线机场，所以这一方案可行。不过几个小时后，耶顺内克便意识到自己犯了大错，然后试图挽回。但独裁者已经得到了他想要的答案，后来赫尔曼·戈林也向其保证可以每天（为第6集团军）补给600吨物资[21]——在此情况下，希特勒如果不接受戈林的承诺，就等于是扫德国空军及其首脑的颜面，

---

　　① 译者注：萨姆索诺夫主编《二百天大血战：斯大林格勒会战》中文版第415～417页给出了三个方面军兵力、坦克和自行火炮、火炮和迫击炮的统计值，与本表格相比人数（兵力）差别不大，但萨姆索诺夫给出的后两个项目（坦克和自行火炮、火炮和迫击炮）的数字大部分要比本表格多一些，不过主要是统计口径差异所致。

战场形势图 13：红军在斯大林格勒城下的反攻

而长了那些总是拂自己意愿的陆军将领的威风。

考虑到作战地域恶劣的天气和糟糕的机场环境，以及野战条件下飞机频繁出现的保养问题，实现这一目标需要动用将近1000架Ju–52运输机，每天出动375个架次；然而此时德国空军只有750架。他们的确集中了所有可用运输机，甚至中断训练，让尚未完成（训练）任务的机组人员驾驶着缺乏无线电和导航设备的飞机参与空运——尽管付出所有这些努力，其每日运输量也只有一次达到过仅300吨。[22]

这些速度缓慢、未设武装的Ju–52加上其他德军飞机飞进了苏军首次建立的对空防御体系。负责协调红空军的帕维尔·斯捷潘诺维奇·斯捷潘诺夫少将把高射炮和由地面引导的歼击机部署在一个同心环内；此外，他还使用了专门训练的夜间战斗机和精锐的"自由猎手"（okhotniki）寻机歼敌。到11月中旬，苏军在斯大林格勒地域的几个空军集团军共有飞机1350架，而德军第4航空队只有732架（不计大量赶来的运输机）。另外，红空军的飞机更新更好，出动率要比德军那些已经长期使用的（飞机）高得多。[23]德方空勤人员在面对恶劣天气、空中拦截和苏军在地面对机场的进攻时同样有很大压力。根据一份来自德方的材料，第4航空队损失了488架运输机和用来执行运输任务的轰炸机，包括266架Ju–52，这已是德军所拥有全部（运输机）数量的三分之一还多；相比之下，苏联人估计共摧毁903架运输机和轰炸机，其中有676架是Ju–52。[24]

"火星"

北面，朱可夫正准备对盘踞在勒热夫—瑟乔夫卡突出部的中央集团军群第9集团军发动"火星"战役。这次行动需要科涅夫上将的西方面军和马克西姆·阿列克谢耶维奇·普尔卡耶夫上将的加里宁方面军分别于东西两面夹击这个锤头形状的突出部；攻势中还包括第39集团军对突出部"鼻子"的攻击，以及突击第3集团军对较小的大卢基突出部发起的进攻；此外，西北方面军的几个集团军也将一劳永逸地踏平德军所占领的杰米扬斯克突出部。[25]

虽然后来苏联方面将"火星"解释为一场配合"天王星"反攻的牵制行动，但前者的规模、范围及惨烈程度都表明这是一次打败中央集团军群的尝试。实际上，"火星"行动的原定发起时间要早于"天王星"，而且在开始时的重要性同样可能更高。此战出动了6个坦克军、2个机械化军和2个近卫骑兵军，表明了它对于大本营具有重要意义。[26]此外，正如在"天王星"战役后会发动"土星"战役那样，"火星"之后也有相应的后续行动，其代号可能为"木星"或"海王星"，时间定于12月初，红军完成对勒热夫—瑟乔夫卡地域的德军第9集团军合围后。此次行动将调集大批兵力向西直扑维亚济马，与在勒热夫（预想中）作战顺利的己方军队会师，从而歼灭中央集团军群主力。西方面军会使用经过大大加强的第5和第33集团军对维亚济马实施突击，并得到最高统帅部大本营预备队2个坦克军和帕维尔·谢苗诺维奇·雷巴尔科少将休整过的坦克第3集团军支援。对于进攻部队来说不幸的是，尽管朱可夫等高级将领早已身经百战，可红军的基层官兵还是无法打败经验更丰富的德军，尤其是在敌人进入他们精心构筑的防御工事后。结果就是进行防御的德军挫败了朱可夫的进攻计划，这也让苏联历史学家们只能将这次与斯大林格勒反攻同等重要却以惨败告终的战役掩盖起来。[27]

在斯大林格勒旗开得胜后，"火星"战役于11月25日发起。但科涅夫的西方面军右翼未能突破德军第102步兵师的防御，后者在奥苏加以东打退了苏军3个师。科涅夫左翼中的第20集团军于头两天在南面取得一些进展，在瑟乔夫卡地域用1个坦克军和1个骑兵军组成快速集群，打开了一道大约长8公里的突破口。然而到此时，德军第39装甲军也已经拦住了突入的苏军。由于突破口太窄，补给和增援都被堵在通向前方的少数几条道路上，造成了极大混乱。科涅夫唯一的成果便是将骑兵第20师插入德军后方——不过该师被切断了与主力部队的联系，在敌人后方游荡将近一个月，直到米哈伊尔·叶菲莫维奇·卡图科夫少将的机械化第3军在1月初发动突袭，才将其余部解救出来。[28]

勒热夫突出部另一侧，普尔卡耶夫的加里宁方面军最初取得较大进展，在面对瓦尔特·莫德尔的第9集团军时突入了35公里纵深。11月底，德国人在这些威胁面前感到了极大压力，连有名的"大德意志"师所部也在三个互不相联的阵地上战斗。但装甲兵将军约瑟夫·哈佩的第41装甲军把防御战打得十分漂亮，始终控制着别雷，死死挡住在突出部左侧朝南进攻的苏军。这就给了德国人充足时间向别雷地域调集预备队。根据以往经验，朱可夫固执地要求早已精疲力竭的部队继续进攻。于是，第41集团军主力及装备精良的机械化第1军仍

200

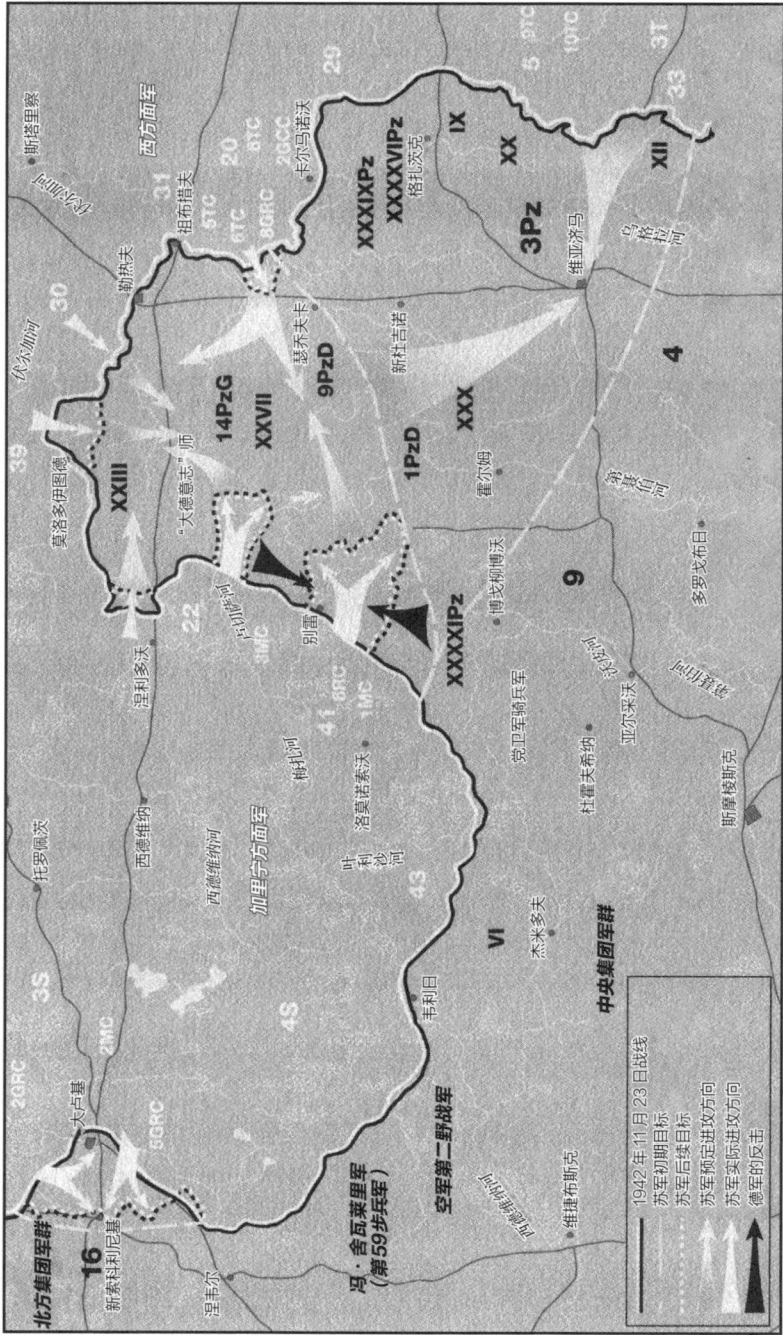

战场形势图 14: "火星" 战役

然在往所谓的"别雷口袋"里面钻，到12月11日，他们被德军3个装甲师所包围。尽管机械化第1军和步兵第6军有部分兵力成功突围，却丢失了绝大部分重武器，加里宁方面军的攻势同样以失败告终。总的来说，红军在"火星"战役中至少损失了1655辆坦克，等同于4个坦克/机械化军和大量较小编制的坦克/机械化部队被消灭；仅第20集团军就伤亡58500人，相当于其初始兵力的50%。[29]

"火星"行动最多只能说吸引德军，牵制了该地域的（德军）预备队，从而使其在面对"天王星"时有些纠结。后者（"天王星"）却逐渐得到了苏联最高统帅部大本营越来越多的重视。

"冬季风暴"和"小土星"

在"土星"战役最初方案中，苏军除了在西南方面军右翼使用近卫第1集团军外，还会动用罗季翁·雅科夫列维奇·马利诺夫斯基中将的近卫第2集团军来突破顿河中游意大利第8集团军的防御阵地，然后向前推进，夺取罗斯托夫，切断南面和东面德军的联系。马利诺夫斯基的部队是苏联首批尝试重建战前样式的更大更复杂野战集团军的成果，共编有2个近卫步兵军（每军含3个师）和1个机械化军，以及各种火力支援单位；但实际上大本营将不得不用这支精锐部队去解决一些更为棘手的问题。

苏联人很快就发现"天王星"行动（的进展）太过顺利，想吃下并消化被围困在斯大林格勒的德军还需比原计划多得多的兵力。而且，不仅包围圈内的敌军严防死守，圈外的德军也正赶来救援，因此合围的对外正面需要更强的防御力量。[30] 12月初，曼施泰因开始调集2个装甲军发动反击。在斯大林格勒以西约90公里处的奇尔河与顿河交汇处，德军第48装甲军接收了从东线其他地段调来的几个师，第57装甲军也于科捷利尼科夫斯基①附近集结。然而在经过两场艰苦的战局后，一向不可战胜的德军装甲军已经徒有虚名。最初被分给第48装甲军的三个师——第11装甲师、第336步兵师和第7空军野战师的作战力量都十分有限，很快便为了击退瓦图京西南方面军在奇尔河一线的进攻而拼死奋

---

① 译者注：即今科捷利尼科沃。

战。[31]装甲兵将军弗里德里希·基希纳的第57装甲军至少得到了在平静地段休整后齐装满员的第6装甲师，不过在其他几个师从别处赶来之前，他依然无法向前推进。[32]

虽然遇到这些问题，曼施泰因还是在1942年12月12日顺利开始了代号为"冬季风暴"的反击。[33]一天后，第6和第23装甲师在很浅的阿克塞河对岸夺取了一个桥头堡，但苏军之后的抵抗也越来越强。起初，德军对付的仅仅是那些在此前建立包围圈时早已损失惨重的部队，到后来还要面对增援的近卫第2集团军。他们的行动更是受到了恶劣天气和空中支援不足的制约。第57装甲军尽管得到装备很差的第17装甲师作为补充，不过一直无法突破苏军防御，冲到斯大林格勒。到12月26日，基希纳的军（所辖部队）反而集体退回了科捷利尼科夫斯基；与此同时，红军坦克第5集团军和突击第5集团军正继续猛攻在奇尔河一带的第48装甲军。德军虽然且战且进50公里，然而从12月21日开始，他们的"冬季风暴"就已经无法继续进行了。的确，即使希特勒允许保卢斯向西面曼施泰因的2个装甲军突围，第6集团军也没有足够的机动能力和弹药来发起这样一场行动。12月24日，红军近卫第2集团军和第51集团军发动强力反击，将第57装甲军击退100公里，这样敌人（第6集团军）便再也没有机会解围了。[34]

但曼施泰因进行的解围对于被围官兵来说还是有一个好处——迫使苏联最高统帅部抽调了大批兵力用于阻击——这意味着"土星"会被修改为"小土星"，即只包围沿顿河和奇尔河南岸防守的意大利第8集团军和霍利特集团军级支队，形成一个较小口袋。[35]

当12月16日"小土星"战役发起时，即便不算入近卫第2集团军，瓦图京的西南方面军也堪称兵强马壮——左翼（北面）是瓦西里·伊万诺维奇·库兹涅佐夫中将的近卫第1集团军，不仅在第一梯队展开有2个齐装满员的步兵军①，还包括坦克第17、第18、第24和第25军；该集团军在西面沃罗涅日方面军第6集团军的协同下，试图再次突破装备水平低劣的轴心国仆从军防线，此次选定的目标是意大利第8集团军。其（第8集团军）下辖1个德国师和10个意

---

① 译者注：近卫步兵第4和第6军，另有步兵第153师。

大利师，不过苏军把主攻地点放在了意大利第2军所辖那2个师的战线上。

在这一路苏军东南方向约80公里处，德米特里·丹尼洛维奇·列柳申科中将的近卫第3集团军将作为左翼进行策应。该集团军下辖7个步兵师、3个独立旅和近卫机械化第1军①。列柳申科对面是霍利特集团军级支队，下辖8个士气低落的罗马尼亚师、2个德国步兵师，以及倒霉的第22装甲师；该战役集群和意大利第8集团军一样，实际上隶属于B集团军群，但在危急关头该部被划到了曼施泰因的顿河集团军群中。[36]意大利人缺乏有效的反坦克手段和用于反击的预备队，然而少数德军部队打算顶住苏军突破口的两侧。到12月19日，有3个意大利步兵师被合围，苏方机动军完全进入了发展胜利阶段。[37]

其中有3支部队——坦克第24、第25军及近卫机械化第1军——实际上在试验完全机械化的坦克集团军的战术。在之后两年里，坦克集团军将成为苏军所有攻势的前锋力量。1942年12月，这些军向南直扑位于塔钦斯卡亚和莫罗佐夫斯克的机场，此两处是德国空军为斯大林格勒部队提供补给的基地。瓦西里·米哈伊洛维奇·巴达诺夫少将（V. M. Badanov）的坦克第24军受命占领在塔钦斯卡亚的机场和后勤设施，可他付出了高昂代价才完成这一任务；到该年圣诞夜，最初装备有200辆坦克的坦克第24军实力已下降到不及80%，不过他们成功突入塔钦斯卡亚，干掉德军56架运输机并瘫痪了机场。②

巴达诺夫坚守了四天，然后率残部成功突围；在该行动后期，他暂时获得了全部三个军的指挥权。但此时，这些部队平均只剩下不到20辆坦克，因而无力继续进攻。[38]然而，这次突袭进一步干扰了德军正不断陷入窘境的空运补给，也迫使曼施泰因一直让第48装甲军保持防御，而非帮助斯大林格勒的己方部队解围；他还被迫把第6装甲师从第57装甲军抽调出来，导致后者（第57装甲军）在面对近卫第2集团军时惨遭失败。为抵挡巴达诺夫，德国人除损失飞机外还伤亡了16000人，损失84辆坦克和106门火炮（相当于1个装甲师）。[39]

---

① 译者注：按《苏联军事百科全书》，到12月中旬，近卫第3集团军下辖步兵第14军，步兵第197、第203和第278师，近卫步兵第50师，独立步兵第90和第94旅，近卫机械化第1军，摩托化步兵第22旅及3个独立坦克团。

② 译者注：该军自19日投入战斗后在五个昼夜内推进200公里，18日时尚有约144辆坦克，到24日17:00结束战斗时剩58辆，到28日剩11辆，本书第一版说只剩40%是相对更准确的。苏方宣称缴获300多架运输机，但实际上当时机场共有170架Ju-52和Ju-86运输机，少量Ju-88轰炸机、侦察机，以及一些早已损坏的飞机，其中有114架德机升空逃脱。坦克第24军因此战于1942年12月26日改称近卫坦克第2军，1943年1月27日获"塔钦斯卡亚"称号。

这一经历让大本营极其振奋，下令开始组建新型坦克集团军，其下辖多个军，可以在战场上执行更大纵深的发展胜利任务；而巴达诺夫最终将指挥坦克第4集团军[①]。

"指环"战役和顿涅茨盆地

此时，苏联最高统帅部大本营面临着两个同等重要的任务：肃清斯大林格勒口袋（即"指环"战役），以及扩大冬季战局，争取最大战果。虽然起草战役命令的是顿河方面军司令部，不过他们也得到了华西列夫斯基，以及分别负责空军和炮兵的大本营代表诺维科夫及尼古拉·尼古拉耶维奇·沃罗诺夫的指导。沃罗诺夫在德军战线每公里正面上平均集中了41.9门火炮和迫击炮；在以后作战中，这样的炮火准备更是会成为惯例。[40]

当苏联人在计划如何进攻时，围绕斯大林格勒包围圈展开的作战行动到12月底已陷入僵局。尽管如此，保卢斯的第6集团军仍在不断付出极大代价，在12月下半月共计伤亡11066人。当苏军于1943年1月10日真正展开进攻时，德军早就因为人员、弹药、燃料和零配件的不断消耗而丧失了大部分战斗力。[41]后者像以往一样拼死战斗，但正在逐渐丢失阵地。鉴于第21集团军于口袋西南面旗开得胜，罗科索夫斯基将绝大多数加强的炮兵等非师属装备[②]调去，以支援该集团军的主要进攻行动，向东面和东北面闯过德军第14装甲军防线，收复斯大林格勒西郊。1月15日，在突破罗索什卡河防线后，第21集团军会同右翼的第57集团军于一天后抵达德军在皮托姆尼克的主要机场；（德军）在古姆拉克的跑道也于22日失守。到26日，苏军已经由西向东将合围圈一劈为二。希特勒在最后一刻晋升保卢斯为陆军元帅，显然是指望他自杀。然而，后者于1月31日向红军第64集团军所部投降；两天后，所有有组织的抵抗都停止了。[42]

德军第6集团军为自己的坚决抵抗付出了惨痛代价。只有少数几千重伤兵搭乘卸货完毕的运输机飞出包围圈。等到德国人开始重建在斯大林格勒损失的

---

① 译者注：1943年7月至1944年3月，巴达诺夫指挥该集团军，在此期间主要参与的是奥廖尔进攻战役。

② 译者注：原文用了这样一种较不容易理解的说法。实际上在主要军事强国，师是建制保持稳定的最大编制，其所属部队分队在非特殊情况下不会脱离建制，而军和集团军的建制通常不稳定。

表9-2 苏军在斯大林格勒的减员情况，1941年11月19日—1943年2月2日

方面军	死亡失踪	伤病	总计
西南	64649	148043	212692
顿河	46365	123560	169925
斯大林格勒	43552	58078	101630
沃罗涅日（第6集团军）	304	1184	1488
总计	154870	330865	485735

资料来源：

克里沃舍耶夫编写、巴纳德译《苏联在二十世纪的伤亡和作战损失》英文版第127页。

22个师时，唯一的幸存者通常来自（这些部队的）后勤单位，比如师属烘焙连。这与苏联人遭遇的合围完全不同，红军有足够多的指挥员和骨干突出重围，并重建部队，然后继续战斗。德军第6集团军彻底消失了，其共有147000人死亡，91000人被俘；不过苏联人同样付出了将近50万人的高昂伤亡代价（见表9-2）。[43]

第6集团军确实牵制了大批苏军长达两个月时间，使后者的冬季战局无法形成更大影响。1942年末的斯大林与前一年的他一样过于乐观，想"少花钱多办事"，仅仅发动一次战略攻势，然而在这个过程中把摊子铺得太大了。在斯大林格勒以西，西南方面军和南方面军（原斯大林格勒方面军）以首批3个近卫集团军及突击第5集团军、坦克第5集团军、第51和第28集团军作为前锋，继续向伏罗希洛夫格勒（今乌克兰卢甘斯克）和罗斯托夫挤压顿河集团军群，以期歼灭该部，并切断正从高加索败退的A集团军群的去路。

由于希特勒拒绝抽调战略预备队，加上需要掩护A集团军群的补给线，陆军元帅冯·曼施泰因觉得自己的任务很难完成。德国独裁者想让该（A）集团军群继续留在顿河东南的库班地区（Kuban'），尽管德军只不过是在这里的克里木半岛东面有个桥头堡；他仍希望自己能在不久后的1943年再次向高加索油田推进。在苏军于11月发起反攻前，A集团军群已经进入过冬营地，很难调兵遣将应对新的威胁。12月28日，希特勒批准该集团军群逐渐收缩防线，同时他将其部分部队转隶给了曼施泰因，但在隆冬时节变更部署需要一定时间。[44]与此

同时，顿河集团军群必须守住罗斯托夫的桥梁，这对于维持所有铁路线正常运转、补给A集团军群都至关重要。为此，两个临时组建的战役集群——弗雷特-皮科集团军级支队和霍利特集团军级支队虽然已两翼洞开，却仍要守住顿巴斯东部地区。在北翼，红军近卫第1和近卫第3集团军、坦克第5集团军和突击第5集团军大军压来；在南翼，近卫第2集团军、第51和第28集团军继续实施在圣诞夜早已发动的攻势，试图前出至罗斯托夫。由帕维尔·阿列克谢耶维奇·罗特米斯特罗夫中将指挥的近卫坦克第3军（原坦克第7军）[①]作为近卫第2集团军的前锋直扑顿河河谷，打算于1943年1月10日前在罗斯托夫东北不到20公里处夺取一块登陆场。尽管受到缺乏支援的影响，此次突击没有产生任何效果，不过在东面，近卫机械化第3军（原机械化第4军）[②]也向南面马内奇河上的普罗列塔尔斯卡亚（即无产者城）发起突击，然而遭到获得第503重装甲营支援的德国党卫军"维京"摩托化师[③]阻击。第503重装甲营装备了无敌的VI号"虎"式坦克，但他们投入战斗为时尚早。苏德双方在济莫夫尼基爆发了一场短促激烈的遭遇战[④]，14辆T-34和4辆其他型号苏联坦克以及20辆"虎"式被打坏。[45]

战争双方都受到了俄国冬季的明显影响。1943年1月24日，一次短暂的解冻让道路成为烂泥塘，而1月26日气温降至零下26摄氏度后重新变回冰面；从次日开始又连续下了三天暴风雪。

1943年1月27日，希特勒在曼施泰因的撤退要求和自己保留库班桥头堡的想法之间再次进行妥协。他决定让第1装甲集团军司令部穿过罗斯托夫北上，却只派了1个装甲师、1个步兵师和2个保安师随行；第1装甲集团军其余机动部队（如第13装甲师）暂时留下，与第17集团军一同防御桥头堡。[46]最后，所有这些部队都被撤往克里木，但那时顿河集团军群在防御苏军攻势的战斗中已经用不上他们了。对于曼施泰因来说幸运的是，由于苏军早已人困马乏，无法继续推进，他才能让第4装甲集团军在2月第一周罗斯托夫"大门"关闭之前溜出

---

① 译者注：于1942年12月29日被改编为近卫部队。

② 译者注：于12月18日进行改编。

③ 译者注：1943年3月29日，该师被改编为装甲掷弹兵师，10月15日改为装甲师，同月22日获得"第5"番号。

④ 译者注：根据齐姆克《从斯大林格勒到柏林：德国在东线的失败》（Stalingrad to Berlin: The German Defeat in The East）第74页，1月6日至7日两天内德军击毁18辆敌方坦克，自身损失10辆——不过译者估计其中多为机械故障所致。参与此战的苏军应是机械化第6军，即后来的近卫机械化第5军。

来。[47]事实证明，这些逃出生天的部队在曼施泰因2月中旬后，于顿巴斯和哈尔科夫地域发动的反攻中至关重要。

扩大突破口

西方军事历史学家一直认定是曼施泰因让德军在1943年的冬季避免陷入灾难。1月到3月间，他成功说服不愿实施机动作战的希特勒，并打败了乘斯大林格勒之胜而来的红军。曼施泰因沉重挫败苏军进攻，暂时取得胜利，从而在大厦将倾之时恢复了东线南翼的稳定；可就算他表现再出色，德军及其仆从军也依然在冬季战局中遭受了惊人损失。

冯·曼施泰因于冬末在顿涅茨（或称顿巴斯）盆地及第三次哈尔科夫会战中取得的胜利甚至比上述赞誉所指出的更为重要。德国人不知道的是，苏联人的战略目标已经扩大，远不止打败在俄罗斯南方的轴心国军队那么简单；最高统帅部大本营打算沿整条东部战线摧垮敌军防御。如前文所述，统帅部最初制订了"土星"计划，以粉碎B集团军群主力，然后收复罗斯托夫，歼灭A集团军群。虽然在斯大林格勒合围圈中的德军数量超出预期，使"土星"变成"小土星"，但大本营依然在持续进行超出其资源限度的战役。笔者无意贬低曼施泰因在战役机动上的成就，然而苏军的延伸过度加上一系列误判同样是他取得胜利的必要前提。

在"小土星"一切顺利的基础上，苏联最高统帅部于1943年1月继续攻势，并逐渐将其扩展为进攻中央、顿河及A集团军群地段。新一轮攻势首先是拿防守顿河中游的轴心国部队开刀，接着攻击打算为了A集团军群死守罗斯托夫的德国-罗马尼亚部队。1月13日至27日间，沃罗涅日方面军的第40、第6集团军和坦克第3集团军发起奥斯特罗戈日斯克—罗索什战役，重创了匈牙利第2集团军所辖几个轻装师，为进一步开展行动铺平了道路。[48]此外在1月24日，布良斯克方面军的第13集团军会同沃罗涅日方面军的第38、第60、第40集团军，一道攻击了在顿河上游沃罗涅日突出部驻防的德军第2集团军；尽管积雪很厚，以至于只有履带式车辆才能通行，不过苏军第13和第40集团军所属的机动军还是在几天之内就合围了德军第7和第13步兵军。第7步兵军虽然在强大的空中支援下于2月1日成功回到己方战线，却也损失了很多步兵。[49]

与此同时，在整个1月里，西南方面军的近卫第1、近卫第3、坦克第5和突击第5集团军，与南方面军近卫第2集团军一半兵力一同试图发展"小土星"和托尔莫辛攻势的战果，对顿巴斯东部地区的霍利特集团军级支队所部发起了猛烈进攻。尽管对面的红军在现有5个军（近卫坦克第2、坦克第25、近卫第1、近卫第2和机械化第5）的基础上又补充了2个军（坦克第2和坦克第23），但霍利特同样得到了第6装甲师和新近增援第7装甲师坚强而又巧妙的支援，只是在很缓慢地后移阵地。实际上，德军第6、第7、第11、第19和第23装甲师，以及"维京"师和第16摩步师一起打退了苏军装甲兵源源不断的进攻，并分批撤至伏罗希洛夫格勒和米乌斯河一线。在这一过程中，德军的装甲/摩步师与冬季严寒天气一同严重削弱了苏军装甲兵，为曼施泰因在2月中旬的反攻胜利奠定了基础。

1月即将结束时，红军发动了"跳跃"和"星"两大战役①。沃罗涅日方面军的第40、第69集团军和坦克第3集团军在西南方面军的第6集团军及近卫第1、近卫第3集团军协同下，突破了在罗斯托夫西北面北顿涅茨河一线防守的德军暂编部队防线，此前这里由轴心国仆从军把守。之后，曼施泰因也不得不逐渐将第1和第4装甲集团军的更多兵力调去掩护北翼。[50]

2月中旬，德军遇到的最大威胁来自西南方面军所辖，正发展胜利的波波夫集群。以4个坦克军和3个步兵师临时组成的这一集群由马尔基安·米哈伊洛维奇·波波夫中将指挥。他的快速集群是现代坦克集团军的先驱，然而所属部队已在先前战斗中损失了大部分战力。在2月2日开始推进时，波波夫手头只有137辆坦克可以投入战斗。[51]不过，他还是渡过北顿涅茨河，冲进德军后方，到12日已经前出至红军城的采煤中心区，然后就被德军第1装甲集团军拦住了去路。三天后，瓦图京派齐装满员的坦克第25军和近卫坦克第1军穿过巴甫洛格勒，直扑位于第聂伯河畔的扎波罗热，该城是通往罗斯托夫的最后一个主要公路铁路节点；它（扎波罗热）也是德军顿河集团军群（不久后重命名为南方集团军群）、第4航空队等大规模部队的司令部所在地。

---

① 译者注：即1月30日由西南方面军发起的伏罗希洛夫格勒战役，以及2月2日由沃罗涅日方面军发起的哈尔科夫战役。

　　希特勒决定实施反攻。他将党卫军"阿道夫·希特勒警卫旗队"和"帝国"装甲掷弹兵师编入一个新的党卫军装甲军，由党卫军中难得受过完整陆军总参军官训练的保罗·豪塞尔①指挥。豪塞尔接到的命令是阻击进攻的苏军，守住哈尔科夫，同时要在2月8日发动反击。尽管党卫军装甲军在开始时很顺利，但由于缺乏战斗力和参谋经验，难以抵挡苏军第69集团军，导致后者当晚就已收复别尔哥罗德。豪塞尔没有遵从希特勒的严令，于2月14日从哈尔科夫撤出。同一天，在战斗中遭到削弱的第1装甲集团军从顿涅茨河退到米乌斯河。独裁者没有惩罚抗命的党卫军，却将豪塞尔的上级、试图让党卫军装甲军服从命令的集团军级支队司令、山地兵将军胡贝特·兰茨解职。[52]

　　这一阶段的希特勒在多数记录中呈现出的都是一个顽固不化、不能容纳反对意见的形象。不过，这名德国独裁者虽然确实没有败坏自己顽固执拗的"名声"，可也同样会承认那些对自己观点坚定不移而又能打胜仗的指挥官们的价值。比如，在2月11日的一次会议上，已升任第4航空队司令的里希特霍芬坚持认为在现场的指挥官有权自己做出决定。他的直言不讳加上其（本人及部队）对地面部队的大力支援让希特勒受到了很大触动，从而将这名空军将军晋升为陆军元帅②。[53]

　　曼施泰因需要的远不止元首能采纳谏言那么简单。到2月中旬，这名南方集团军群司令有些泄气，几乎就要公开抗命，后来甚至到了表示应该由他接管全部东线指挥权的地步。希特勒得知后，于2月17日下午飞抵扎波罗热，会见了曼施泰因；此时，他完全不知道苏军正扑向此地。

　　对希特勒和南方集团军群来说十分走运的是，曼施泰因正在将第4装甲集团军司令部调往这一地域，以接管党卫军装甲军（其实当时还加上了党卫军"髑髅"装甲掷弹兵师）及其他被打得七零八落的装甲师，随后准备对苏军发起反攻。而且很巧的是，他们的对手在经过三个星期的进攻战役后已经损失惨重。虽然希特勒并不完全赞同曼施泰因的意见，但还是在2月17日的会议上给

---

　　① 译者注：原文为中将，有误，当时应为党卫军高级地区总队长兼党卫军将军（SS-Obergruppenführer und General der Waffen-SS），相当于国防军的军兵种将军。

　　② 译者注：当时德国空军的最高军衔就是陆军元帅（Generalfeldmarschall）。

了后者7个不满员的装甲师和摩步师用于反攻。与此同时，冯·里希特霍芬麾下第4航空队的保养状况同样得到了极大改善——2月20日后，他们平均每天可以出动1000架次，而在此前的1月平均每天只能出动350架次——这也是德国空军在俄罗斯最后一次为己方陆军大规模进攻所提供彻底的空中优势了。

然而这时，斯大林及其手下依然坚信自己即将大获全胜。德军在整个俄罗斯南方的防御体系看上去正在土崩瓦解，大本营打算攻击中央集团军群，并（认为可以）取得胜利。在2月2日收复斯大林格勒后，斯大林和朱可夫立即将参战部队调往遥远的北面。罗科索夫斯基的顿河方面军司令部及其2个步兵集团军（第65和第21）连同新组建的坦克第2集团军和步兵第70集团军奉命前往沃罗涅日—利夫内地域，随后被改编为新的中央方面军；久经战阵的空军第16集团军和近卫骑兵第2军同样部署于此地。顿河方面军的其他三个集团军（第24、第64和第66）在斯大林格勒地域进行休整，同时等候命令调入罗科索夫斯基或瓦图京的方面军。

大本营打算逐渐扩大冬季战局的规模，对中央集团军群连续实施三场战役。首先，从1943年2月12日开始，西方面军和布良斯克方面军将一道围歼奥廖尔突出部的德军；然后在2月17日至25日间，以上两个方面军会与中央方面军一同肃清布良斯克地域的德军，在杰斯纳河上夺取几个登陆场，为后续突向斯摩棱斯克做准备；到最后阶段，即2月25日至3月中旬，加里宁方面军和西方面军将夺取斯摩棱斯克，与布良斯克方面军和中央方面军一起歼灭在勒热夫—维亚济马突出部的中央集团军群。这一整个攻势预计将与沃罗涅日和西南方面军的攻势同时取得胜利，如此一来，到3月中旬，整体的战略进攻就会使苏军向西前出至第聂伯河一线。[54]

但想想容易，做起来难，苏联人又开始发动了一系列仓促上马、准备不足的战役。罗科索夫斯基的顿河方面军在2月15日被改编为中央方面军，可他只有6天时间来转移阵地，另有5天在全新的地域准备攻势。[55]尽管坦克第2集团军和近卫骑兵第2军早已集结到利夫内地区，然而第70集团军相关部队不得不在俄罗斯冬季的道路上行军200公里，第21和第65集团军也必须历经千辛万苦，从斯大林格勒通过铁路和公路赶来。大雪妨碍了行军，同时春季解冻随时可能到来，从集结地域到前线的道路已经变得一塌糊涂了；从斯大林格勒向北

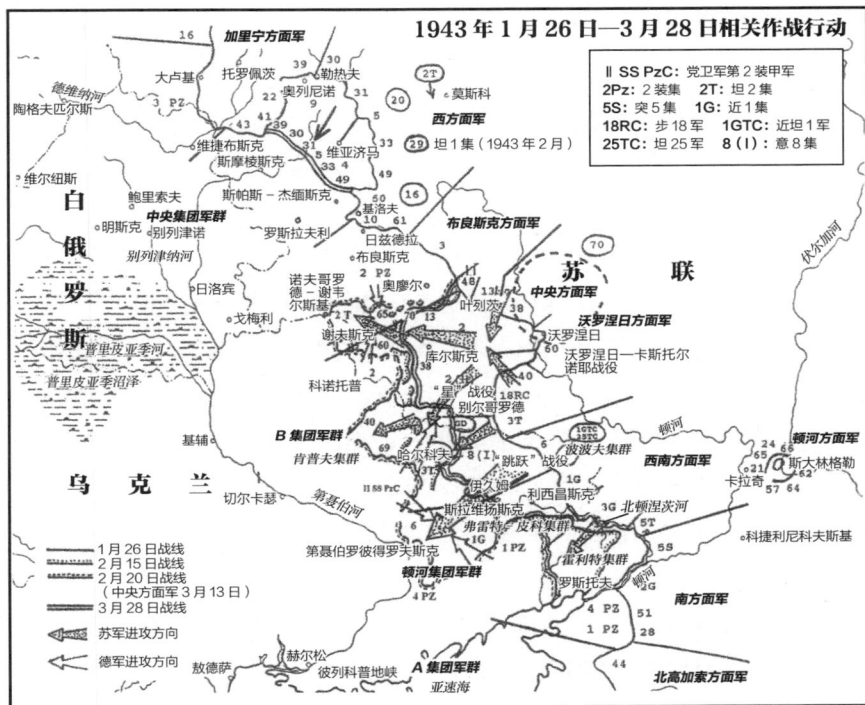

战场形势图15：1943年2月对中央集团军群的战斗

只有一条单线铁路可用，这些部队的行军时间表完全无法正常执行。

罗科索夫斯基反对最高统帅部相关安排，因为时间过于紧张，但还是在忠实努力地执行这个不可能完成的任务。最终，直到2月25日他才发起进攻——即便到了此时，坦克第2集团军和第65集团军的部队也不得不在下了火车后就直接开赴攻击发起阵地。

罗科索夫斯基于2月25日展开攻势，其突击先头部队是罗金的坦克第2集团军和帕维尔·伊万诺维奇·巴托夫中将的第65集团军。[56]格尔曼·费奥多罗维奇·塔拉索夫中将的第70集团军（由来自外贝加尔和远东地区的内务人民委员部边防军组成）和奇斯佳科夫的第21集团军一到前线，不等集结完毕便应当加入进攻；然而此时这两个集团军还在泥泞拥挤的道路上行军。与此同时，布良斯克方面军的第13和第48集团军正猛攻德军第2装甲集团军的薄弱右翼；2月22日，西方面军伊万·赫里斯托福罗维奇·巴格拉米扬中将的第16集团军也在日兹德拉以北打击第2装甲集团军另一侧翼。不过降雨和德军巧妙的防御挡住了巴格拉米扬前进的步伐，截至2月24日，他的战果仍不值一提；后续的几次攻击同样没能改变这一局面。[57]

由罗科索夫斯基指挥，经过了改编的中央方面军进展较大。巴托夫的第65集团军的右翼得到了第13集团军掩护，只遭到微弱抵抗，顺利深入敌后。坦克第2集团军和弗拉季米尔·维克多罗维奇·克留科夫少将的骑兵-机械化集群（下辖近卫骑兵第2军及若干步兵、滑雪单位）迅速向西扩大胜利，在穿过谢夫斯克后直扑诺夫哥罗德-谢韦尔斯基。[58]到1943年3月1日，罗科索夫斯基早已包抄了第2装甲集团军的北面和第2集团军的南面。此时，第70集团军各师已经缓慢向前加入巴托夫北翼的战斗，并打算向奥廖尔和布良斯克推进，以深入德军后方。

德军的抵抗越来越强，同时实施了巧妙撤退，从其他战区赶来的新部队同样加入到了对罗科索夫斯基突破口两侧的战斗中。他（罗科索夫斯基）需要第21、第62和第64集团军的增援，但这些部队还在赶来的路上。3月7日，克留科夫的骑兵-机械化集群到达诺夫哥罗德-谢韦尔斯基城郊，这也是此次冬季战局中苏军推进最远的点。然而形势已转为对德军有利。在没有增援的情况下，罗科索夫斯基在奥廖尔西南逐渐停止了推进。他打算通过将罗金的坦克集团军从布良斯克方向转到奥廖尔方向来恢复进攻势头，不过这种做法会削弱自己的左翼和中路。德军第2集团军迅速出动数个师的兵力，从这两个位置发起反击。随着中央方面军陷入停顿，南方部队的惨败同样宣告了他（罗科索夫斯基）这次雄心勃勃的攻势只能停止。

整个进攻中央集团军群计划的前提都是红军可以在南方不断取得胜利，但这一前提在2月底便已经不复存在。到此时，西南方面军战力日渐下降的机动部队早已超出后勤补给范围，正一头钻进曼施泰因设下的陷阱里。

接下来发生的就是德国人所熟知的顿涅茨战役，而俄罗斯人称之为顿巴斯战役和哈尔科夫战役——这两者皆是机动作战的典范。[59]从2月20日开始，第4装甲集团军的第40装甲军（下辖第7装甲师、第11装甲师和党卫军"维京"

摩托化师）在从红军城到北顿涅茨河的追击战中围歼了波波夫集群残部。2月23日，骑兵将军埃贝哈德·冯·马肯森的第1装甲集团军得以会合该部（第4装甲军），一同朝东北方向突击。在之前一天，党卫军装甲军（下辖党卫军"帝国"和"髑髅"装甲掷弹兵师）和第48装甲军（下辖第6和第17装甲师）打击了西南方面军第6集团军和近卫第1集团军两翼，切断了当时正逼近扎波罗热的坦克第25军的补给线，并且几乎将该军全部包围。由于没有燃料，坦克第25军的坦克手们抛弃了技术装备，加入到日益增多的散兵游勇中，试图向北逃亡。正如之前常常发生的那样，德军由于兵力过少，不足以将被围的苏军全部封锁，最终只抓到了9000名俘虏。[60]

在几乎消灭了北顿涅茨河以南的红军部队后，曼施泰因继续向哈尔科夫挺进。大本营派出雷巴尔科的坦克第3集团军协助被围的西南方面军，并相机威胁突向哈尔科夫的德军侧翼。1943年3月1日至5日间，第4装甲集团军重创了实力不济的坦克第3集团军余部。严寒的再次降临创造了绝佳的机动条件。第4装甲集团军司令赫尔曼·霍特按照曼施泰因的指示，试图从北面和东北面包抄哈尔科夫。然而党卫军装甲军军长豪塞尔再次违抗上级的明确命令，使"帝国"师和"阿道夫·希特勒警卫旗队"师陷入了长达三天的惨烈巷战。最终，德国人于3月14日肃清哈尔科夫。苏军在顿涅茨河以西的抵抗由此画上了句号，几天后，霍特的部队再次攻陷别尔哥罗德。[61]

曼施泰因在顿涅茨河地域的精彩战斗有力阻滞了苏军在南方的斯大林格勒攻势。到3月初，苏联最高统帅部已经将在斯大林格勒补充过的第62和第64集团军调去增援罗科索夫斯基，力求恢复哈尔科夫以北的战线。最高统帅部仍然希望继续对中央集团军群发动攻势。3月7日，罗科索夫斯基接到指示，要求减小其攻势规模，但继续使用早已抵达前线的第21集团军向位于北面的奥廖尔发动进攻。不过就在同一天，德军第2集团军动用第4装甲师和数支匈牙利步兵部队，向罗科索夫斯基的西翼发起了反击；克留夫的近卫骑兵第2军由于太过分散，无力化解这次本就有限的威胁。此次反击加上曼施泰因于3月17日在哈尔科夫以北的新一轮推进迫使红军结束了冬季战局，并最终转入防御。罗科索夫斯基这次失败攻势的后果便是形成了一条S形战线，即库尔斯克突出部——这里也自然而然成了苏德双方1943年夏季作战计划中的焦点。

第十章

泥泞季节和作战间歇，1943 年春

到1943年3月末，泥泞和降雨使俄罗斯境内的作战行动暂停下来。交战双方开始重整旗鼓，并着手制订战争爆发后第三个夏天的作战计划。这一间歇又是个合适的时机，让我们可以将战役行动放在更大的背景中，从大战略、国家动员、战术变革、编制调整和下一战局构想的角度加以审视。

更大范围的战争

从1941年遭到入侵以来，苏联便承受了德国大部分军事力量的冲击，吸引了至少75%的德国陆空军部队。不过在整个1942年和1943年初，英国和美国也为反希特勒的战争做出了虽然开始很小但之后越来越大的贡献。只是这些贡献从来就没有大到可以满足斯大林及其饱受压力的将军们需求的程度，他们怀疑这些盟友都在坐山观虎斗，等着德国和苏联血流成河。当然，不少盟国还是通过各种方式提供了帮助，但很难因此得到苏联领导人和历史学家们的认可。

在整个1942年战局期间，希特勒一直担心盟军会登陆西欧。他不停地发布将机械化部队从俄国调往西线的新计划——从战略角度看，这名独裁者的做法也有道理，因为西线不比东线，纵深要浅得多，一旦犯错打了败仗就没有什么回旋余地。不过东线指挥官们对于自己的部队被调走仍然相当不满。有时，比如在"大德意志"摩托化师的问题上，幕僚们还劝阻得了希特勒，只是后者依然会感到焦虑。从这个角度来看，英国–加拿大联军在1942年8月18—19日对法国迪耶普的突袭虽然在战术上失败，却在战略上取得了胜利。这导致希特勒将更多的预备队调往法国。几周后，德国独裁者把第22步兵师从克里木调往克里特岛，因为他判断盟军会在此处登陆；1943年5月，希特勒又将第1装甲师调往希腊。[1]此后直到战争结束，由盟军可能登陆产生的威胁就一直将德军少量但之后越来越多的师（往往是机械化部队）束缚在了西线。其中有一部分，如1942年的第6装甲师因此得以休整，待实力大增后重返东线。同样数量的部队对于规模更加庞大的红军来说可能并不重要，可相对于德军，这些部队的缺席就显得非常严重了。

事实证明，发生于1942年11月的事情对于德国战争机器来说相当要命。在第二次阿拉曼会战中（10月23日—11月4日），英国第8集团军粉碎了非洲装甲集团军。[2]很快，美英联军又在北非登陆，攻击了法国的殖民地。希特勒非但没有在地中海及时止损，反而将手头所有预备队（包括数支精锐的伞兵部队）派到突尼斯。和规模庞大的东线（部队）相比，参与北非战事的德军数量相当之少，尽管有很大一部分是装甲部队，但总的来说也只相当于不到6个师。不过在东线已有损失的基础之上，北非战事规模虽小，却大大消耗了德军的预备队。经过（1942年）8—9月的苦战，到10月底，德军在东线已经共计缺少30万人。[3]由于北非部队突然获得了兵员装备补充的优先权，东线指挥官们无力集结任何战略预备队，甚至都做不到为斯大林格勒附近的步兵单位恢复实力。

也许在1942年到1943年间，盟国给予苏联最大帮助的地方是空中战场。1942年11月到12月，有400架德国空军的飞机从东线被调往地中海战区，以应对北非的威胁，并试图通过轰炸逼降马耳他，借此为给沙漠中的德军提供补给而打通补给线（然而未获成功）。德国空军在1942年11月至1943年5月的地中海战场上共计损失2422架飞机，这是其全部实力的40.5%。[4]他们损失最多的是运输机——除了付出很大代价为斯大林格勒的部队提供给养外，运输机飞行员还在北非执行了两次大规模补给和人员运输任务。一次是在盟军最初登陆后的1942年11月，另一次则是在1943年5月（此次行动中，突尼斯的残余德军在当地被歼灭）。仅仅是后一次任务，德国空军就损失了177架Ju-52和6架稀有的Me-323"巨人"运输机。严格说来，正是这六个月里的三次主要空运毁掉了其运输机部队。德国人失去的不仅仅是飞机，还有那些无可取代的飞行教官。

没了这些运输机（及相关人员），在未来进行任何伞降和空运补给行动都是不可能的。

发生于西欧上空的战略轰炸同样打击了德国空军。已经有很多人写过美国陆军第8航空队在1943年昼间空袭中蒙受的骇人损失，不过人们常常忽视的是其对手——德国空军的拦截战斗机——同样损失惨重。从1943年3月开始，德军战斗机在西线的损失就一直比在东线高。甚至到1943年7月，即库尔斯克攻势的顶峰，德国空军在其本土被击落了335架战斗机，而在俄罗斯仅为201架。[5]戈林和希特勒保卫帝国的决心让他们从东线抽调了越来越多的战斗机中队和高射炮兵连返回本土防守。战斗机集中回国防空及其遭受高昂损失也是德军丧失东线制空权的主要原因。不管是否意识到了这一点，但红空军和红军的确应该将其在1943年到1945年的胜利至少部分归功于美英轰炸机机组成员们一以贯之的英勇付出。

1942年至1943年，租借物资开始大量涌入苏联。苏方对租借物资（数量）的标准估计是其只占本国产量的4%，然而实际数值要比这大得多。美国、英国和加拿大提供了大量铝、锰、煤炭和其他材料，以弥补苏联因1941年德军占领而造成的损失，否则后者（苏联）的制造业也很难如此迅速地恢复生产。除原材料以外，盟国还输送了3400万件军服、1450万双靴子、420万吨食物，以及11800套火车头和车厢。战争中，西方盟国生产的战机总数为3204架，相当于整个苏联国土防空军装备数量的63.5%。当然，美国人也拒绝了苏联人少数不正常要求——1943年，位于美国的苏联贸易委员会要求美方提供8吨氧化铀，这显然是在索要裂变材料以支持苏联刚刚起步的核工程！但从总体上讲，盟国在1942年至1945年间的确倾其所有、向苏联提供了很多材料，甚至有一位历史学家这样感叹："盟国花斯帕姆肉罐头买来俄国人的鲜血，换取了德国人的失败。"[6]

对红军来说，租借卡车相当重要，毕竟众所周知他们严重缺少此类装备。到战争结束时，红军装备的卡车中每三辆就有两辆是外国产品，包括409000辆载货卡车和47000辆威利斯吉普。对于那些俄罗斯老兵来说，即便在战争结束多年后，"斯图贝克"和"威利斯"同样是他们耳熟能详的字眼。租借卡车使红军的一个重大缺陷得以完善——即哪怕突入了德军后方，也无力为机动部队提供补给和进行维护保养。如果没有这些卡车，苏军在1943年至1945年间发动的每一次攻势都只能到浅层突破阶段即告暂停，德军也就有时间重建防御，从而迫使红军再实施一次经过周密准备的突破战斗。

其他租借装备，特别是战斗车辆和飞机被证明不怎么有效，这让苏联人更加无端猜疑自己是不是拿到了破烂。苏军指挥员对西方设计的武器相当不满，但事实上其设计缺陷和盟国政治策略毫无关系。比如英制"瓦伦丁"和"玛蒂尔达"坦克的炮塔很小，无法安装40毫米以上口径火炮，这让它们在面对口径更大的德制IV号、V号和VI号坦克时几乎毫无用处。相比之下，苏式T-34和美式M4"谢尔曼"坦克的炮塔足够大，可以容纳在战争后期制造的更大口径主炮。[1]然而"谢尔曼"还是让苏联人非常失望[2]，因为它的履带过窄，与德制和苏制坦克相比在泥泞地形中的通过能力较差，而且油耗更大。事实上，美国陆军军械部门的计划者在战争初期就已将"谢尔曼"的车体宽度标准化，以确保它能进行海运，并通过美制架桥器材——不过这两点对苏联人来说毫无意义。

类似地，红空军认为盟国的运输机很有价值，但租借到的作战飞机很差劲。基于1941年的经验，苏联人希望得到用于近距离空中支援的对地攻击机和低空战斗机。可不巧的是，美英空中力量的拥护者们偏爱截击战斗机和远程轰炸机，从而忽略了上述需求。此外，性能卓越的A-20轻型轰炸机在苏联人那里表现优异，只是对很多战斗机而言就不一定如此。为尽早得到物资，苏联贸易委员会不得不接受那些（西方盟国）现有且即将淘汰，但已经投入生产的型号，包括P-39"空中眼镜蛇"、P-40"战鹰"和英国早期型号的"飓风"战斗机。由于苏联不允许盟国机械师和飞行教官对本国飞行员进行实机培训，战机使用情况也变得更加复杂。不过，诸如亚历山大·伊万诺维奇·波克雷什金[3]和格里戈里·安德烈耶维奇·列奇卡洛夫[4]等苏联空中王牌还是用P-39获

---

① 译者注：事实上T-34在换装85毫米主炮时必须更换炮塔，成了"大脑袋T-34"。而M4"谢尔曼"不过是将75毫米炮换成76毫米炮，无需过多改动；只有装17磅（76.2毫米）炮的英制"萤火虫"因为炮尾过大，才不得不将车载无线电移至炮塔尾部装甲盒中。

② 译者注：然而一些一线指挥员也认为"谢尔曼"坦克有颇多可取之处，具体可见近卫坦克第46旅坦克第1营营长、"苏联英雄"德米特里·费奥多罗维奇·洛扎的回忆录《开"外国车"的坦克手：战胜德国，击败日本》（Танкист на «иномарке». Победили Германию, разбили Японию），不建议阅读英文版本。

③ 译者注：共获得三次"苏联英雄"，个人击落敌机59架。

④ 译者注：共获得两次"苏联英雄"，个人击落敌机56架，集体击落5架。

得了无数次胜利。1943年春，正是这些来自盟国的飞机帮助红军夺取了亚速海以东、德军盘踞的库班桥头堡上空的制空权。[7]

大屠杀和人力资源

当"蓝色"和"天王星"战役都已结束时，德国的"最终解决方案"也将普遍的就地屠杀升级为成熟的工业化种族灭绝。促成这一转变的重要因素可能是德国意识到了自己正在对抗全世界这一同盟，当然有人会说，早在"巴巴罗萨"行动即将胜利之时，德国政府就已经全力投入到了肃清犹太人和很多斯拉夫人的行动中。[8]不管怎样，1942年1月20日的万湖会议的确确定了（通过）集中营进行系统杀害的进程。

事实上，由于德国一直缺少劳动力，这迫使其在政策上做出了一些妥协，强迫165万甚至更多的犹太人、斯拉夫战俘和平民为自己工作；但在实践中又对这些工人采取虐待和不给足食物的政策，结果适得其反，导致生产效率降低。[9]这样一来，尽管纳粹政权使用了奴隶劳工，却还是不得不经常权衡如何在工业和军队之间分配人力资源。有一种补充军队人员的方法是大量使用苏联战俘作为志愿劳工（即辅助人员，德文为Hilfswilliger，缩写为HiWi）[①]，这些人往往占部队、建筑和民事管理人员总数的5%～10%。俄国辅助人员基本都是为了维持生计而工作，一旦被红军抓到，下场通常会很惨。

通过以上途径获得的人力资源也因在红军发动的斯大林格勒反攻中被歼灭的仆从军而大大抵消。在伤亡96000人后，匈牙利独裁者霍尔蒂·米克洛什在1942年底下令，除2个轻步兵师外，其余所有部队一律回国。斯洛伐克在斯大林格勒损失1个团，在高加索损失了更多部队，此时也已撤军。原本拥有22万人、如今只剩12.5万人的意大利第8集团军于1943年3月回国。只有罗马尼亚人——虽然在1942年11月及12月损失14万人，相当于其18个师中的16个——却仍在东线坚持战斗。得到大量德制武器装备后，扬·安东内斯库在1943年重建了非机械化部队，但现在罗马尼亚的步兵师也和德军一样，只编有6个营了。[10]

---

① 译者注：中文字面含义为"起辅助作用的顺民"。

　　还有一个办法便是征召苏联平民，特别是那些少数人口族群，比如波罗的海国家公民、乌克兰人和哥萨克人等——在德军刚入侵时，其中就有很多人自愿加入到打击他们布尔什维克仇敌的战斗中。不过哥萨克人除外，此类自愿效劳者中的绝大多数都受到限制，只能就职于半军事化的保安单位，即所谓"秩序警察营"（Ordnungspolizei）①。其中有些单位被迫参与押送大屠杀受害者，余者则被送上了前线。到1942年底，绝大部分少数族群已经意识到德国人不会允许自己独立，因此自愿应召的人越来越少。乌克兰反抗军（俄文为Украинская Повстанческая Армия，转成拉丁字母后缩写为UPA）甚至开始攻击德国人，但之后在1944年乌克兰解放后同样攻击红军。

　　正值此时，德国人对于军事人员的需求促使其再次试图征召这些少数族群。之前曾规定"党卫军只要雅利安人"的海因里希·希姆莱现在也出于拓张自己"帝国"的目的，转而怂恿希特勒扩大征兵范围。比如在1943年1月，德国独裁者下令组建一支"拉脱维亚军团"，最终建成了2个师——以5个打过不少仗的秩序警察营为核心组建党卫军第15掷弹兵师，然后未经多少训练和准备就将其投入战斗；从零开始组建党卫军第19师。这两个师均由党卫军的将军指挥。②按照相关法律，这些单位应由志愿兵组成，然而实际上是德国人打着已不复存在的《拉脱维亚共和国兵役法》的幌子，强迫年轻人要么干活要么当兵而来。[11]其他党卫军部队则以各种按民族划分的营为基础组建，起初由陆军指挥，不过在1943—1944年间转隶希姆莱。哥萨克人组成了2个骑兵师，白俄罗斯等民族则被编成了党卫军第30武装掷弹兵师③，从欧洲其他民族招募而来的人员同样建成了很多部队。算上辅助人员，大约有100万苏联公民穿着德军的制服，在有意无意地为其效劳。[12]部分应征人员是出于反共立场，其他人则仅仅是因为民族主义。一些民族，比如爱沙尼亚人还试图和德国人谈判，希望这些新组建的师只用于保卫本国领土，但这基本是不可能的。

---

　　① 译者注：注意这并不是德国本国的秩序警察营。
　　② 译者注：分别是党卫军第15武装掷弹兵师（拉脱维亚第1师）和党卫军第19武装掷弹兵师（拉脱维亚第2师），指挥官为党卫队旅队长兼党卫军少将彼得·汉森和欣里希·舒尔特。
　　③ 译者注：第1和第2哥萨克骑兵师最初归陆军指挥，在1944年转隶党卫军第15骑兵军。1944年，党卫军第29武装掷弹兵师（俄罗斯第1）和党卫军第30武装掷弹兵师（俄罗斯第2）得以编成，后者于1945年改名为白俄罗斯第1师。

在1941—1942年间损失大片国土和大量军队后，苏联人也开始出现了人力不足的问题。每当收复失地，他们就征召当地所有合适的人员，有时在一个月内征兵多达20万。不过在1943年初，这些事情都还基本没有发生。[13]为弥补人员不足，苏联某些经济部门的人员被削减，到1945年，在集体农庄劳动的工人只剩1941年时的71%；更明显的问题是，其中妇女比例由1940年的56%上升为1943年的73%，剩下的男性中绝大多数也是老人。[14]

苏联政府一贯认同男女平等，但同样没有急于动员妇女服役，而是最多让她们在大城市外从事构筑工事和砍柴之类的工作。尽管不少女性热切盼望从军入伍，不过起初红军也只让她们担任卫生员、通信操作员①，以及去其他一些危险但传统上"适合女性"的岗位工作。渐渐地，苏联政府也开始广泛宣传一些当上飞行员、坦克车长、工兵、狙击手乃至营长的杰出女性的事迹。不少妇女在作战部队或游击队中服役，然而有时同样会被看低，上级认为她们只能干一些向来由女性完成的家务活，比如烧饭。虽然具体数字很难确定，不过至少有80万妇女服役于红军，其中大部分是响应征召而来。②在战争结束同时，政府也几乎复员了所有妇女。[15]

因此，苏联人和德国人一样，他们从来就没有充足的兵员用以将战时组建的部队补充至满员。当然，像是"机械化""近卫军"之类优先级较高的部队会得到比常规部队更多的后备兵员和装备；此外，两类部队的编制表同样存在区别——1个满员的近卫步兵师有10670人，普通步兵师则是9435人，前者也拥有更多野战炮和自动武器（事实上，那些普通步兵师往往严重缺乏人员和器材）。在1943年夏季，苏军每个步兵师平均还有7000人，但到1945年就减少成了区区2000人。[16]

双方都开始设法减少士兵掉队情况的出现，以保持作战部队人数。然而红军为此受到了一些不公正的指责，尤其是在战争最危急时期，内务人民委员

---

① 译者注：如无线电员、话务员等。
② 译者注：此处内容并不属实。事实上到柳德米拉·米哈伊洛夫娜·帕夫利琴科在塞瓦斯托波尔打死第309名德军的两个月后，第一批800名美国妇女才开始接受军事训练。在美军中服役的妇女有20万，主要担任护士、话务员等职务，女飞行员无军人身份，海军女护士的要求甚至是"28岁以下、未婚"。相反，苏联女性从事了包括卫生员、机枪手、狙击手、坦克手、飞行员、通信兵、高射炮兵、侦察兵、工程兵等多种角色，其中最杰出的89人荣膺了"苏联英雄"称号。

部的拦截支队在战线后方设置关卡，盘查所有前往后方人员的去向。无疑，有些开小差的人会被草草处决（在战争后期，德军的逃兵也会落得同样下场）；可总的来说，拦截支队扫清了人们心中的厌倦、迷惘和眩晕，使其回归部队，再次投入战斗，因而起到了关键并且积极的作用。

以上这些因素综合作用的结果就是苏联在1943年动员的步兵集团军数量有所变少，当然这同样是因为被（德军）消灭的集团军数量大大减少。另外，苏军最初是组建新型的坦克集团军和后备集团军，但在这一年也会根据形势变更一些集团军的番号。总的来说，国防人民委员部在1943年组建和改编了23个集团军，其中有5个是坦克集团军；而同期被德国人消灭或由国防人民委员部撤销的集团军共有14个（见附录表10和表11）。

力有不逮

人员的缺少意味着哪怕曼施泰因在顿巴斯和哈尔科夫立下赫赫战功，但1943年春季时德国陆军在东线的前景依然堪忧。除整个第6集团军全军覆没外，轴心国方面还损失了第4装甲集团军大部和4个仆从国集团军，合计超过70万人。经过大量消耗，轴心国（在此时）的兵力已经远不及1941年。1943年4月1日，东线德国陆军的实力为147个步兵师和22个装甲师，共计2732000人、1336辆坦克和6360门火炮；对面的红军却拥有5792000人，编制相当于500多个师，并有超过6000辆坦克和20000门火炮为其提供支援。[17]

这一劣势在步兵师的对比上尤为明显。"蓝色"行动开始前，北方和中央集团军群75个师中有69个编制从标准的9个步兵营加若干四门制炮兵连缩水成了6个（步兵）营加若干三门制炮兵连。[18] 1942年战事结束后，这种缩水早已成为普遍现象。一些师尽管保留了3个团部，不过每团仅有2个营；其他师虽然保留着2个三营制的团，但也缩小了支援单位的比例。无论是哪种情况，由此编成的师都缺少人力防守宽大的正面，却依然要保留一些预备队以实施反突击。可用畜力和汽车的减少更是使得这种师的机动能力比1941年时差得多。炮兵连有时会因为炮手无法移动火炮而被击溃，进行局部侦察和反击的部队常常要通过自行车实施机动。

在1942年里，很多步兵师都接收了新式75毫米反坦克炮，这种火炮可以更有效对抗苏军的坦克，只是可用炮弹不多。[19]加上保安师或空军野战师等形形色色"补充"（ersatz）单位的掺和，（有关武器装备的）情况甚至会变得更加复杂，毕竟这些师的兵力、重武器数量和训练水平要比普通步兵师差得多（一般每师只辖有2个步兵团和1个炮兵营）。在德国空军的22个师中，除伞兵之外的领导层人员很少有人拥有地面作战和后勤相关经验，因而战斗力较差，每个新组建单位都要在亲自付出高昂代价后才能领会到（陆军）正规部队那些早已深入骨髓的经验。始终清楚意识到自己部队缺兵少将的陆军军官们一想到空军那17000人的超大编制就感到吃惊不已，他们觉得这是在浪费兵力，还不如将这些新兵用来让现有的陆军单位恢复实力。[20]到1943年，空军野战师逐渐转由陆军指挥，有时甚至由陆军军官担任指挥官，然而木已成舟，其战力已经很难得到大幅提升。在整个战争期间，德国空军和党卫军一直将志愿兵编入自己的独立单位，这也对正规陆军部队来说非常不利。

让事情进一步复杂化的是，希特勒打算抛弃早已在两次世界大战中被证明极为有效的德国防御学说。1942年夏季，北方和中央集团军群所属那些实力薄弱的步兵单位在面对苏军进攻时不得不多次实施局部撤退。为打消这一倾向，1942年9月8日，希特勒发布了元首防御命令，这是他在此方面最为详尽的一次阐述。

这份命令是有关理论和操作细节的大杂烩，共有三个主要论点。[21]首先，希特勒否定了1917年时著名的弹性防御模式，反而大踏步后退，转而选择1916年时德军在法国所实施死板而又代价高昂的防御模式。可惜这一理论的前提是防御者不仅拥有数量充足的步兵，还有大量带刺铁丝网、反坦克地雷等器材来构筑野战工事。其次，这名独裁者认为防御部队应该在苏军进攻路径的侧面移动，以增强己方力量。这是以防守的德军能够准确判断出苏军集结地，并预料到其未来进攻地点为前提，但苏军也制订了相应欺骗计划，使守军难以预判。[22]此外，考虑到希特勒坚持要求防御部队就地死守，这样的话在侧面集结兵力反而还会让更多人面临苏军炮火准备或进攻的威胁。最后，希特勒宣布他将亲自掌控防御战，要求东线所有指挥官给他提供关于自己所率部队阵地情况的详细地图，以及对补给情况和战力的评估。这一要求给了德军（能取得）战术胜利的标志性特征之一——下属军官有权自主选择如何完成所领受任务——又一重大打击。

这道防御命令的发布表明，正如前文第八章所述，希特勒再次沮丧地意识到了这场战争的本质并非速决战。"蓝色"战役期间，他解除了2位集团军群司令和总参谋长的职务，甚至连国防军指挥参谋部参谋长、炮兵将军阿尔弗雷德·约德尔也险些遭此境遇。新任陆军总参谋长、步兵将军库尔特·蔡茨勒比哈尔德年轻11岁，以积极主动著称；可他无论如何都不是一个被动的执行工具。在接下来两年时间里，蔡茨勒五次因为原则问题要求辞职[①]。此外，他缺乏自己前任们的威望和职权，希特勒甚至剥夺了其控制总参军官升迁去留的权力，而这本是陆军总司令部的宝贵传统之一。[23]鉴于保密原则不断如赖歇尔事件那样被违反，希特勒打算禁止总参与上级或平级司令部自由交换作战信息，尽管这样做也有一定道理。

当德国陆军（特别是步兵）整体上的质量和数量呈不断下滑时，装甲机械化部队却在1943年迎来了一次意想不到的新生。2月，坦克生产方面的混乱状况和装甲师普遍存在的可怜状态促使希特勒重新启用了被迫去职的海因茨·古德里安。后者很清楚国家社会主义官僚制度是如何运转的，因此坚持要求自己作为装甲兵总监能直接向希特勒本人汇报。其权限包括坦克生产，以及所有装甲兵（包括党卫军和空军装甲部队）的组织、作战思想和训练；当然在实际操作中，第三帝国中的各个山头并不会让古德里安一帆风顺。然而不管怎么说，他确实在1943—1944年间奇迹般地增加了装备产量，说服取消了一些考虑不周的设计调整，更是不断重建装甲兵，使其得以再战。[24]

"虎""豹"和"象"

重建工作的部分内容是装备德国第三代装甲车辆，特别是VI号"虎I"坦克和V号"豹"式坦克。尽管这些型号最终将发展成为二战中最优秀的陆战武器之一，但其研发过程既不顺利，（研制这些武器本身）也不是纯粹的好事。

在1940年遭遇英法重型坦克后，希特勒要求开发新坦克型号，将恐怖的

---

① 译者注：其任职时间为1942年9月24日至1944年7月10日。

88毫米高平两用炮与速度更快、装甲更厚的装甲车辆相结合。在德军入侵苏联并遭遇T-34的一个月前，亨舍尔和波尔舍①两个公司的工程团队开始竞争，展开对这种坦克的研发。亨舍尔"虎I"根据希特勒的坚持要求增加了更多装甲，使其重量接近60吨，最高时速为38公里；1942年8月，德国独裁者批准这一设计方案投入生产。不过"虎I"同样是德国工艺的典型代表——于1943年生产的首批每辆坦克都要消耗30万工时和80万帝国马克。事实证明它的制造太过困难，以至于主要生产工厂甚至几乎无法达到月产25辆（后增至50辆）的目标。在1942—1944年约两年的生产时间里，共有1350辆"虎"式被制造出来，然而在德军于1943年7月发动的攻势中只有178辆可以投入战斗。单从技术角度看，"虎I"坦克也许已是战场上的主宰，但其数量远远不足以装备德军所有装甲师。[25]

另外，希特勒打算将身管长度为71倍口径的88毫米炮安装到坦克上，不过"虎"式的设计无法满足相关要求，此时进行安装并不现实。为迅速实现这一想法，由波尔舍公司设计的"虎"式坦克被改装成了无炮塔突击炮，火炮会被安装到设有固定装甲战斗室的履带式底盘上。这种重67吨的怪物被称为"费迪南"（以纪念其设计者费迪南·波尔舍），或是一个更为合适的绰号——"象"②。这种车辆所用的发动机基本与"虎I"一致，最高时速仅为27公里。它还使用了创新的电动变速器，但（这一设计）在早期磨合阶段出现了严重问题。更重要的是，"象"式仅装备有88毫米主炮——对于装甲战斗车辆而言，装备机枪作为副武器是必须的，以防敌步兵匍匐接近并使用近距离反坦克武器攻击战车，这是不言自明的道理。而缺少副武器就意味着波尔舍这型车辆只能徒劳地使用大炮攻击苏军步兵，无异于大象打苍蝇！因此，"象"式只适合待在己方突击部队后方作为反坦克武器发挥作用，若是打头阵会很不安全。[26]

"虎"式和"象"式对于当时的民用甚至军用桥梁来说更是过重。因此，为将这些神兵利器送过河谷和水障碍，德军不得不专门为其架桥或制作木筏。另外，在通过铁路运输这些超宽车辆时存在类似问题——装上铁路平车前

---

① 译者注：波尔舍更为人熟知的是其中文商标"保时捷"。
② 译者注：德军将其定义为坦克歼击车，另外"象"是从1944年2月开始使用的绰号。

需要换成窄履带，下车后再换回宽履带，而这都需要付出艰辛劳动。

与此同时，德国军械部门也在开发相对较小的中型坦克，即直接与T-34相对应的型号。1942年11月时的设计方案重约45吨，因而速度要比计划方案慢一些。V号坦克，绰号"豹"，其设计构想非常出色，然而未经充分测试便匆忙投入了生产。在1943年春，首批接收"豹"式的装甲师就发现它有不少设计缺陷，特别是转向机构部分；现有的全部325辆该型号坦克不得不在柏林城外的一家工厂重新进行组装。到6月16日，约有200辆V号坦克被送回原部队，而这时古德里安报告其中65辆还有别的问题。尽管到7月5日库尔斯克攻势发动时，已有200辆"豹"式可以投入战斗；但仅在前9天，由于敌人的行动加上至少46辆出现机械故障，可用"豹"式的数量已降至38辆。其他设计问题也让这型坦克在整个夏季里毛病不断——有个装甲营报告说，他们的"豹"式在9天战斗行动中出现了25次发动机故障。德国设计师最终解决了这些问题，并使该型号成为一款性能卓越的坦克，不过这要等到库尔斯克会战结束很长时间后才能实现。即便"豹"式的性能从一开始就完美无瑕，其装备数量同样远远不够——在整个战争期间，德国共计生产5976辆"豹"式，而这仅仅相当于苏联三个月的坦克产量。[27]

如前文第九章所述，"虎I"的技术突然性早就因为德军在其孤注一掷为斯大林格勒解围行动期间被仓促投入战斗而不复存在。更重要的是，1943年1月14日时，列宁格勒的苏军缴获了一辆失去行动力的"虎"式。[28]

就"虎"式本身而言，苏联红军也从德国人那里偷学了一招，临时将一些85毫米高射炮用作"坦克杀手"。此外，前者同样像后者那样把目光转向了那些可以利用过时坦克底盘廉价生产的自行火炮。这些武器的名字中带有"SU"，即俄文"自行推进火炮"之意（缩写为CУ，全称为Самоходная установка）①。1943年间，苏联生产出了1300辆装备152毫米火炮的重型自行火炮、800辆装备122毫米榴弹炮的中型自行火炮，以及2300辆装备76毫米及其以下口径火炮的轻型自行火炮。以上武器中没有一种可以在远程穿甲能力上与

① 译者注：准确地说，苏联自行火炮型号中的"CУ"只是"自行推进"，"Самоходная артиллерийская установка"（缩写为CAУ）才是"自行炮兵"或"自行火炮"。

装备88毫米火炮的"虎"式相媲美，但在近距离上，至少重型自行火炮就完全可以击穿后者的装甲。由于受到前几次与"虎"式遭遇的刺激，苏联工程师们从零开始，在1942年12月—1943年1月间用区区25天便设计出了装备152毫米炮的自行火炮。4个月后，首批重型自行火炮团完成组建，每团只有12辆SU-152，在经过几个星期的训练后就前往战场。因为能够打瘫"虎""豹"和"象"，SU-152甚至赢得了"猎兽人"（Зверобой）的绰号。[29]

大纵深战役理论的回归

在1941年里，红军暂时简化了部队结构，同时也无法施行战前的军事理论——他们缺少主动权、武器装备和训练有素的指挥员，因而无力支撑战前复杂的组织架构并有效践行相关理论。然而在斯大林格勒战役和"天王星"行动后，苏联人早已积累了足够的此类稀缺资源，能集中力量优化兵力结构、升级自己的理论构想。经过1942—1943年间的测试，以及在1944—1945年的完善，新的红军已经迅速发展到了可以实施其理想中的大纵深战役的地步。哪怕到1945年仍会错误不断，但在此时，"错误"也只不过是一些从战争本质上讲就不可避免的问题而已。

从1941年中期到1942年末，几乎所有苏联步兵集团军都下辖有6个步兵师或独立步兵旅，外加少数几个炮兵团，所有这些部队均直属于集团军司令部。从组建于1942年的首批3个近卫集团军算起，直到整个1943年，国防人民委员部开始在集团军司令部下重新部署步兵军，每军下辖3～5个师，以及提供相应支援的专业部队；同时不再从零做起组建新部队，而是将步兵旅逐步改编为完整的师，一些证明了自身作战价值的步兵师还会成为近卫部队。只要工业产量和人力资源允许，步兵集团军、军和师都会逐渐配置各种专业兵种单位，比如装甲兵、工程兵、高射炮和迫击炮（部队）——直到此时，最高统帅部大本营仍然将其作为预备队，并根据具体情况加以分析，按照需要将其分配至方面军和集团军。这些配属力量会更多地出现在近卫军以及所有那些受命对德军防线实施精心准备进攻的步兵军或集团军中。一个典型的步兵集团军不再是步兵、野战炮兵外加少量坦克兵及反坦克炮兵的简单集合，而是成长为一个包含各种战斗和勤务兵种的综合体系，从本质上讲就是诸兵种合成集团军。[30]

为支持各方面军和集团军，大本营还组建了数量惊人的支援部队，并根据作战需求分配给野战部队。这一举动的初衷是建立一个可以为各种战役行动（主要是突破、发展胜利和强击野战/城市筑垒工事）提供必要支援的体系。1942—1943年间，苏军中出现了加农炮兵、榴弹炮兵、反坦克歼击炮兵、高射炮兵、自行火炮及火箭炮兵①营、团、旅。最终这些部队还组成了声势浩大的炮兵师和炮兵军。1个在1943年4月编成的突破炮兵军包含1500根火炮身管或火箭炮轨道。[31]从技术上讲，这种大编制部队是最高统帅部大本营预备队的一部分，会由大本营分配给实施主要进攻的方面军和个别集团军。火力的空前集中使苏军指挥员可以摧毁德军最坚固的防御体系。此外，苏联人在其他支援兵种的组织调整上采用了相同模式，使其工程、铁道、运输和后勤部队的数量得到不断增加。

最为深刻的结构调整出现在装甲部队。斯大林格勒会战及随后的冬季战局期间，1942年里的苏军装甲坦克和机械化兵已经证明自己足以胜任向敌后的有限战术发展胜利任务。在战争的剩余时间里，优先级较高的诸兵种合成集团军（如近卫集团军）也会掌握一两个坦克或机械化军，用于在战线后方50至200公里的纵深内合围防守的德军。

不过红军依然需要装甲军或装甲集团军这种更大编制的机械化部队，以在多达500公里的更大纵深内遂行战役级别的扩大胜利任务——因此催生出的就是1943年型坦克集团军。与1942年时由坦克、骑兵和步兵组成的大杂烩不同，新型坦克集团军编成里的部队需要拥有同一级别的机动力和装甲防护力。尽管在编制上各不相同，但一个典型的坦克集团军均以一两个坦克军和一个机械化军为核心组建，外加一个独立坦克旅或团，并得到一些摩托车侦察、火箭炮、重型榴弹炮、反坦克武器和高射炮等专业技术兵种（团级）部队的支援。按照苏军标准，这一编制会得到通信、运输和技术保养单位的大力支持，还常常拥有专属的航空兵部队支援。当这些坦克集团军于1943年初次投入实战后，国防人民委员部还为其加强了炮兵、通信兵和后勤支援单位。战争期间，这些集团军的突破纵深也在逐步增加。[32]

---

① 译者注：火箭炮兵此时仍被称为近卫迫击炮兵，很容易与获得近卫称号的迫击炮部队相混淆。

瓦西里·巴达诺夫在塔钦斯卡亚突袭战中和马尔基安·波波夫在顿巴斯指挥的由机动军组成的临时集群是这种新式编制的先驱。有时损失惨重的步兵集团军司令部也会为新的机械化部队提供经验丰富的参谋人员。在战争剩余时间里，5个（后增至6个）坦克集团军成了苏军进行大纵深突击的前锋，主要实施战役机动，并在德军后方寻找合适的攻击目标。从地图上看，苏军的进攻计划就像俄罗斯套娃，即以大包围圈套上小包围圈。独立坦克/机械化军（有时在复杂地形上会由骑兵–机械化集群代替）会被配属给作为先遣部队的诸兵种合成集团军，这样便可以在德军主要防线之后立即合围其一个或多个军；与此同时，由方面军掌握的坦克集团军会绕过这些战斗，在战役纵深内尽可能全力穿插，然后形成更大的合围圈。

如此一来，坦克/机械化军、坦克集团军及骑兵–机械化集群就组成了支援集团军和方面军的战役机动快速集群，这与两次大战期间军事理论家们所构想的完全一致。快速集群原则上只在步兵师已经突破德军前沿防御，使机动军和坦克集团军得以通过防线上的狭窄缺口后才投入战斗。但实际上，苏军指挥员常常会误判投入快速集群、发展胜利的时机，或在步兵面临困难时就慎重地将其投入战斗，以确保达成突破。出现此类情况时，机动军和坦克集团军在达成初期突破后往往会有所迟滞，实力也会被削弱；一旦完成突破任务，他们便可以抽身打击纵深目标。当快速集群的后勤补给已经耗尽、无力前进时，指挥员就会派出旅级别的先遣支队，在下一道主要水障碍上夺取登陆场，为下一次大规模攻势建立跳板。

对于红军指挥员而言，一次进攻战斗会涉及三个独立问题——如何在狭窄正面集中充足兵力和火力，以打垮德军最初的抵抗；如何扩大和发展战术突破口，使敌无法将其封闭；何时停止机动部队的战役发展胜利行动，以防其延伸过度、无力抵抗敌军的反击。最后一个问题还涉及如何向前输送补给和援兵，以支援快速集群。步兵集团军（于1943年初被改编为诸兵种合成集团军）的任务是打开并拓宽突破口，而坦克/机械化军及坦克集团军必须利用突破口扩大战果，运输和补给单位则是持续发展胜利行动的关键。

无论是步兵军的组建还是坦克集团军在大纵深独立任务中的应用，所有这些调整都是红军逐渐下放权力的一部分。持续两年的战争锻炼出了一大批有才干的参谋军官和指挥员，斯大林本人更是开始对下属拥有前所未有的信任。这名领导人已经越来越多地信赖那些在莫斯科的大本营计划人员和在现场监督战役行动的最高统帅部大本营代表，而他们也都是极有才干的人。

如前文第八章所述，在1942年到1943年初，交战双方的领导风格发生了转换。德军在进行"巴巴罗萨"行动时基本保持着下级享有自由、可发挥主观能动性的传统，而苏军对于失利的第一反应是消灭叛徒并压制独立的军事思想。经过长达一年半的战争，希特勒苦于下属明显过于谨慎且不重视保密的态度，因而加强了对于战地事务的控制；他仍会容忍，至少是那些来自里希特霍芬和曼施泰因等打过胜仗的将领的反对意见，但也在越来越多地干涉军事决定。相比之下，斯大林变得对自己和主要下属有了足够的信任，不再依赖对微观层面的集中管理，更不再一味偏信政治军官和秘密警察的猜疑，给予了下级更多自由。德国高级军官往往在其回忆录中将所有倒霉事都归罪于希特勒的干涉和严密掌控，这倒是可以很方便地掩饰他们自己的过失。这些德国将领对他们敌人的看法主要是在1941年的严酷时期中形成，却很少有人意识到后者正在发展出相同的、曾让德国国防军独步天下的指挥流程和司令部技能。

德国的困境，1943年春

1941年，德军在从列宁格勒到罗斯托夫的整条战线上发动进攻。1942年，其攻势已经仅限于战线南部；就算这样，各师较其前一年也变得更弱了。经过两年激烈消耗后，1943年的德国国防军已再无力在宽广的战线上发起全面攻势。然而从政治上讲，他们必须在某处发动进攻，以免那些仆从国另谋出路。在为攻势寻找一个有限的目标时，德国人将目光聚焦到了库尔斯克突出部——此处是1943年2—3月红军攻势的产物。这里的战线向西弯曲，形成了一个南北长250公里、东西长160公里的突起，而苏军正占据此地。如果德军能从南北两肩夹击，切断该突出部，便能消灭集结于此的大批红军，并缩短战线，释放出预备队实施后续行动。不过德国人这样做的可能极大，以至于对面的苏联人也心知肚明，并且在加紧准备，以打退敌方进攻。德军再次试图通过合围战取得战役胜利——但这次没了突然性，甚至都无需掩饰，因为一旦获胜就必定能将其导向战略胜利。国防军统帅部于1943年3月13日和4月16日分别发布5

号和6号命令，勾勒出了此次行动计划的轮廓。[33]

陆军总参谋长蔡茨勒对这一方案尤其感兴趣。可惜对德国人而言，即便是古德里安都不可能在一夜之间重建装甲部队，德军也因此失去了从冬季战局中恢复过来的宝贵时间。1943年5月3日，蔡茨勒说服希特勒参加在慕尼黑举行的会议，商讨了会上提出的库尔斯克攻势——"堡垒"行动（德文为Zitadelle，英文为Citadel）。负责在突出部北面发动主攻的第9集团军司令瓦尔特·莫德尔上将根据航空照相描述了苏军精心准备的防御工作，并且认为己方这一攻势恰恰是苏军努力想要迎击的；南方集团军群司令曼施泰因同样觉得已经错过时机，中央集团军群司令、陆军元帅京特·冯·克卢格却热衷于这一提议。[34]蔡茨勒认为新的"豹"式和"虎"式坦克将使德军获得决定性的技术优势，古德里安和阿尔贝特·施佩尔则反驳说这些新式武器（尤其是"豹"式）存在技术问题。

和之前战争中常常出现的情况一样，希特勒这次同样举棋不定。批评人士认为这是他的领导害了德国人的又一例证，但当这些将领各执一词时，他无疑应是犹豫不决的——毕竟是从正面强攻苏军坚固的防御体系，而且就算打赢也不能形成战略胜利，这样的前景确实令人气馁。据说在慕尼黑会议一周后，希特勒与古德里安私下交谈时说过这么一句："一想到（在库尔斯克的）进攻我就反胃。"[35]不过最终他发现别无选择，只得同意了这一计划。经过多次推迟后，特别是考虑到新式坦克的部署，"堡垒"战役被延后到7月5日，这就给了双方充裕的时间来进行相应计划和准备。

苏军的战略

1941—1942年和1942—1943年两次冬季攻势中，红军总是贪多嚼不烂而又操之过急，在计划制订、兵力集结、火力支援，尤其是后勤补给上都因为急于求成而适得其反。1943年2—3月间曼施泰因实施的天才反击让绝大多数苏联高级军官终于明白，他们在未来必须设定更合适且更现实的目标，而不是仅仅通过一次规模宏大的攻势就试图赢得战争。

朱可夫和华西列夫斯基推断1943年里苏军攻势和接下来的夏季战局将和前两年一样，即首先应当实施防御战来消化和削弱德军的打击力量。斯大林还沉浸在歼灭第6集团军的喜悦中，起初他并不同意这种想法，而是倾向于一俟泥泞时节结束便恢复攻势。在1943年4月12日克里姆林宫的会议上，指挥员们阐明了暂时实施防御的理由，朱可夫、华西列夫斯基和总参作战局长安东诺夫说服了斯大林坚持防守，并以此作为预定反攻战役的前奏。5月初，后者又有些拿捏不准，但最终还是接受了大本营的观点。[36]

苏联最高统帅部大本营的战略计划要求沃罗涅日和中央方面军把守库尔斯克突出部，其北翼是布良斯克和西方面军，南翼则是西南和南方面军。在库尔斯克以东，斯大林组建了一支庞大的战略预备队——草原军区，并将根据情况向前部署展开为草原方面军。直到5月，苏联人尚不完全确定德军会攻击库尔斯克，所以最高统帅部命令全部六个方面军都要构筑纵深防御体系。起初，草原军区的几个预备集团军均被集中在哈尔科夫以东，以便根据德军突击方向在此或库尔斯克西北展开。[37]

这些防御准备从一开始便是最高统帅部后续攻势中不可分割的一部分。一俟预期的德军攻势被挡住，西方面军、布良斯克方面军和中央方面军就会进攻奥廖尔突出部，即紧邻库尔斯克以北、深入苏军战线的相关地区。在敌军进攻被挡住后不久，沃罗涅日和草原方面军将从库尔斯克以南向哈尔科夫出击，西南方面军随后也会加入进攻。在实施这两次打击之间的时候，西南方面军和南方面军会向北顿涅茨河及米乌斯河实施牵制进攻；这些牵制行动的目的在于把德军预备队从己方主要突击方向上吸引开。这样交替展开攻势使苏军可以依次为每场进攻集中必要的火力、空中支援和补给，而不像以前那样试图一次完成所有目标。

拿下奥廖尔和哈尔科夫后，友邻的红军将进一步扩大攻势。苏联人当年的原定目标是前出至第聂伯河一线；然而到秋季，大本营再次将目标扩大到了包含整个白俄罗斯和乌克兰。1943年春末，总参谋长华西列夫斯基还下令实施了广泛的侦察行动以探明德军意图和部署情况，并严格按照伪装（俄文为маскировка，即欺敌与战役保密相结合）步骤来隐蔽草原军区的集结及变更部署情况。

随着时间从6月转入7月，双方大规模的准备工作都已画上句号。自1939年以来，德军的主要攻势还没有一次未能突破敌防御并向敌后发展胜利，但库尔斯克之战是防御方第一次可以准确预判出其突击地点（的战役）。失去突然性的德军越来越依赖于新式装备和重建的装甲师；而在苏军方面，从高级将领们积极研究德军攻势失败后如何开展首次大规模夏季攻势也可以看出他们是何等自信。

第十一章

从库尔斯克到第聂伯河

德军的准备和兵力

考虑到库尔斯克突出部的独特形状，德军的战役计划对于双方来说都显而易见——两股以装甲部队作为尖刀、分别指向突出部南北两侧的强大突击力量将在中部会合，包围口袋内所有敌军，在苏军防线上撕开一道大口子；共50个师，包括拥有2451辆坦克和突击炮的19个装甲和摩步师，将得到超过1800架飞机的支援（见战场形势图16）。[1]

在北侧，即陆军元帅冯·克卢格的中央集团军群地域，瓦尔特·莫德尔上将的第9集团军下辖有第23和第20步兵军，第41、第46及第47装甲军。这些装甲军包括4个装甲师，集团军预备队中还有2个装甲师和第10装甲掷弹兵师，加上15个步兵师，（集团军）合计拥有335000人。此外，第41装甲军编有2个装备"费迪南"坦克歼击车的营级支队①；第47装甲军则辖有第21装甲旅，该旅装备了31辆"虎"式和一些突击炮。莫德尔手里总共有920辆坦克和突击炮，其中绝大部分是III号或IV号，而且在战斗打响时并非全都可用。如前一章所述，德军匆忙部署第三代装甲战斗车辆导致了严重的维护保养问题，同时影响了与新型车辆的多兵种协同训练。[2]支援中央集团军群的第6航空队拥有超过730架作战飞机和100门88毫米高平两用炮。然而他们只得到了占其所需总量

---

① 译者注：德军步兵的营为"Bataillon"，装甲部队则是"Abteilung"——字面含意为"支队"，一般直接翻译为"营"。

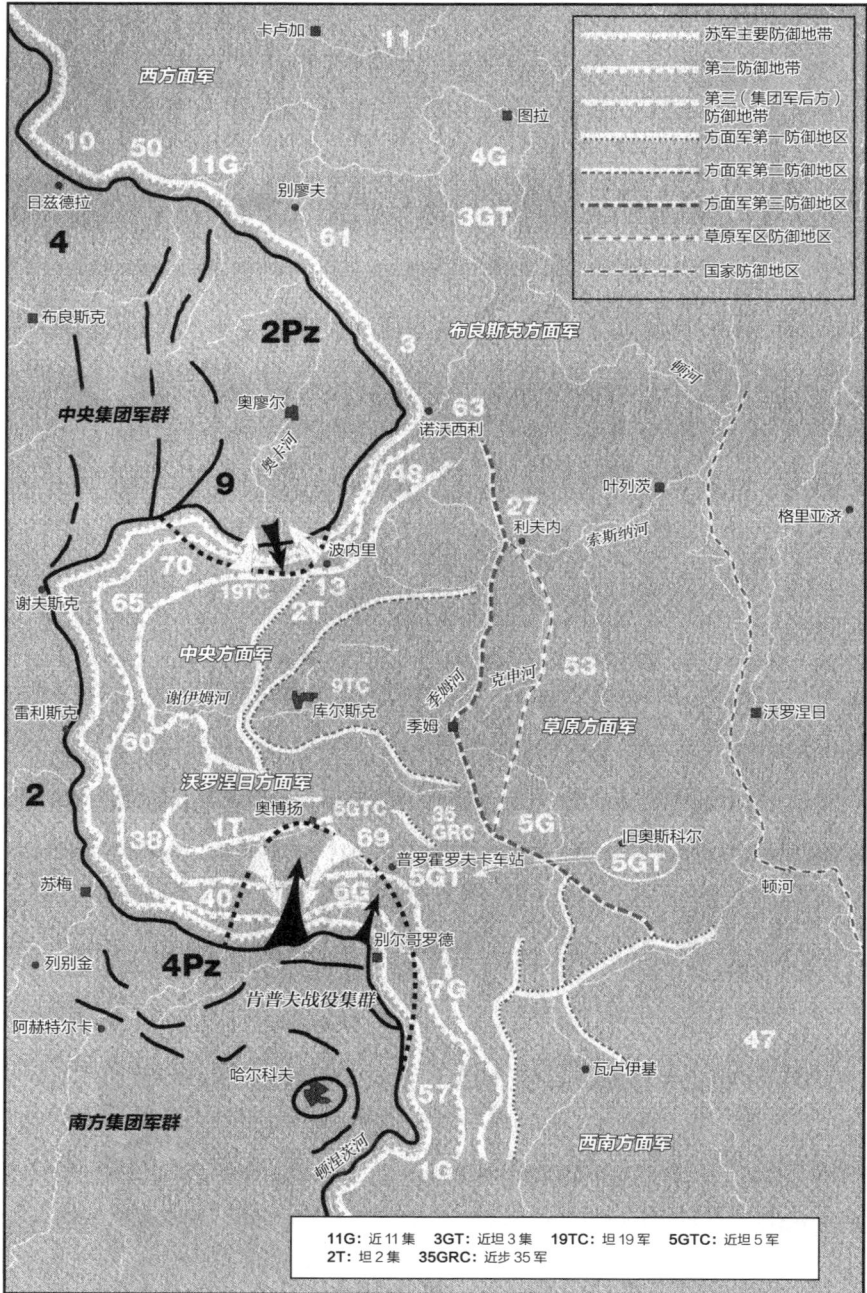

战场形势图 16：苏联在库尔斯克之战中的防御行动，1943 年 7 月 5—23 日

三分之二的航空燃油，严重影响了该部进行近距离空中支援的效果。[3]

主要突击将由陆军元帅冯·曼施泰因的南方集团军群在突出部南侧发动。赫尔曼·霍特上将的第4装甲集团军共有223907名官兵、1089辆坦克和突击炮。该集团军下辖装备豪华的党卫军第2装甲军（辖有党卫军"阿道夫·希特勒警卫旗队""帝国"及"髑髅"装甲掷弹兵师）和第48装甲军（辖有补充完毕的第3和第11装甲师，以及超出一般编制的"大德意志"装甲掷弹兵师）。（第2装甲军所辖）三个党卫师共有364辆坦克，其中42辆是"虎"式，另有130辆突击炮；"大德意志"师拥有329辆坦克和35辆突击炮，而且该部第10装甲旅装备着几乎全都可用的"豹"式（共200辆）。[4]

霍特的右翼（东面）是以其指挥官装甲兵将军维尔纳·肯普夫之名命名的肯普夫集团军级支队。他麾下辖有3个军，共计9个师，负责主攻的是第3装甲军——编有3个装甲师（第6、第7和第19），共299辆坦克，另有1个装备了45辆"虎"式的独立营，外加31辆突击炮和1个步兵师，合计375辆坦克和突击炮。肯普夫的部队（共装备419辆坦克和突击炮）原定是作为第4装甲集团军的侧卫，在实际作战中却取得了意想不到的胜利。或许原因就在于他们没有发起正面强攻，而是从侧面穿过红军部队结合部，斜刺里切入了后者防线。[5]

曼施泰因手头还有留作预备队的第24装甲军。该部辖有第17装甲师、党卫军"维京"装甲掷弹兵师，7月7日后还编入了第23装甲师，合计181辆坦克和突击炮。在库尔斯克的南方集团军群部队共有20个师，包括6个装甲师和4个精锐的装甲掷弹兵师，装备有1508辆坦克和突击炮，当然它们并非全都可以投入战斗。装备有1100架德国和匈牙利飞机的第4航空队负责为该集团军群提供支援，但他们严重缺少燃料；另外，用来为地面部队提供支援的机型主要是老旧的Ju-87。[6]

苏军的准备和兵力

苏军的空中和地面侦察注意到了德军每一项准备的细节。由于设在莫斯科的游击运动总司令部[①]和内务人民委员部一道加强了对战场地域游击活动的

---

① 译者注：俄文缩写为ЦШПД。游击力量的基本组织和战斗单位是游击队（отряд），通常由连、排、班组成，可独立活动，也可在游击师、游击旅的编制内行动。

控制，苏联最高统帅部大本营得以将其与红军的侦察兵相结合。苏联侦察分队会渗透到德军后方，探察和扰乱敌军行动。同样值得注意的是，到1943年中期，总参侦察总局（GRU）已经组织参谋军官建立起了一个有效的领导部门来搜集、分析和发布手头一切情报信息。各方面军一级的侦察部都已拥有特工、特种侦察分队（Спецназ，全称是"Специального назначения"，意为"特殊用途"）和无线电监听小组，同时监督下级情报部门的搜集工作；集团军以上司令部还得到了航空侦察部队的支持。比如，截至4月12日，沃罗涅日方面军就已经准确查明了德军第4装甲集团军所辖全部机动师。

格鲁乌并不只是被动搜集情报。在整个6—7月间，各方面军下辖的特种工程兵"歼击"旅[①]对桥梁、铁路及其他关键设施进行了一系列袭击，这使得德军的后勤和安全状况进一步恶化。仅在6月，位于中央集团军群后方的游击队就破坏了298个火车头、1222节车厢和44座桥梁。[7]

德军准备工作的长期推迟给予了其对手宝贵时间以在预定突破地点精心构筑防御体系。3—4月间，苏联最高统帅部发布了一系列日益成熟的关于防御体系的工程兵读物，要求利用地上的每一个坑洼来掩护和隐蔽部队。每个苏军阵地的核心都是反坦克防御设置，形成了一张由反坦克支撑点和反坦克地域织成的网络，并沿德军必经之路密集布设雷场，由数以千计的反坦克武器构成交叉火力来提供掩护。每个直面德军的前沿步兵连防御阵地内都有至少3门野战炮、9门反坦克炮、1辆坦克/自行火炮，以及1个排的战斗工兵。到开战时，平均每公里正面布雷达3200枚。红军有机会如此周密地进行计划和准备工作的同时也意味着其一贯弱点，如炮兵射击引导和野战通信方面（的不足）都被消除了——每一个炮兵目标、每一米野战电话线均被检查了一遍又一遍，而且每一天都在进行火力控制训练。[8]

苏军集结部队占领的战线远不止库尔斯克突出部本身，特别是有2个方面军被部署在中央战场北面，等待机会荡平奥廖尔突出部。此处是一个与库尔斯克（突出部）方向相反的突出部，包含有莫德尔的全部后方支援力量，以及第

---

① 译者注：译者并未发现番号中有"歼击"字样。按照1942年5月编制，每个特种工程兵旅中除障碍工程营外编有电子技术营和电工连，后在1943年6月改成了电子技术营和特种布雷连。

2装甲集团军。奥廖尔突出部北面，瓦西里·丹尼洛维奇·索科洛夫斯基上将的西方面军在此布置有2个集团军。伊万·赫里斯托福罗维奇·巴格拉米扬中将指挥近卫第11集团军。他的部队几乎丝毫未被敌方察觉，共编有12个步兵师、4个坦克旅、大量炮兵及其他支援单位。截至7月12日，在得到2个新的坦克军（第1和第5）加强后，近卫第11集团军共拥有170500人、648辆坦克和自行火炮、超过3100门火炮和迫击炮，当然并非所有装甲力量都随时可用。[9]在巴格拉米扬右翼（西面），索科洛夫斯基展开了伊万·瓦西里耶维奇·博尔金中将的第50集团军以提供支援。该部在当时是个（较其他同类部队而言）更加典型的野战集团军，但仍辖有7个步兵师和1个坦克旅，共计62800人、1071门火炮和迫击炮，以及87辆坦克和自行火炮。为西方面军提供支援的空军第1集团军下辖5个强击航空兵师①和5个歼击航空兵师。[10]屹立于奥廖尔突出部东端的是马尔基安·米哈伊洛维奇·波波夫上将的布良斯克方面军，其辖有3个集团军、1个近卫坦克军、大量航空兵及炮兵支援单位，共计433616人、160辆坦克和自行火炮，已为辅助进攻做好了准备。

库尔斯克突出部本身的防御体系分为两部分，北面莫德尔当面是罗科索夫斯基大将的中央方面军，南面霍特和肯普夫当面则是瓦图京大将的沃罗涅日方面军。中央方面军编有阿列克谢·格里戈里耶维奇·罗金中将的坦克第2集团军和5个诸兵种合成集团军，其中尼古拉·帕夫洛维奇·普霍夫中将的第13集团军和伊万·瓦西里耶维奇·加拉宁中将的第70集团军将直面德军第9集团军的主攻。罗金的坦克第2集团军下辖2个坦克军和1个独立旅，共37000人、456辆坦克和自行火炮。[11]由于地位重要，第13集团军辖有12个步兵师（6个步兵师、3个近卫步兵师和3个近卫空降兵师），并得到了来自突破炮兵第4军和大量独立坦克部队的支援——共计2934门火炮和迫击炮、270辆坦克和自行火炮。第70集团军下辖8个步兵师和3个坦克团，共96000人、1678门火炮和迫击炮，以及125辆坦克。[12]

在南面，瓦图京大将——其军事委员会委员为尼基塔·谢尔盖耶维

---

① 译者注：原文为"歼击轰炸机师"，有误。另外，该集团军还辖有1个轰炸航空兵师和1个夜间轰炸航空兵师。

奇·赫鲁晓夫——麾下有4个强大的诸兵种合成集团军，以及米哈伊尔·叶菲莫维奇·卡图科夫中将的坦克第1集团军（拥有646辆坦克和自行火炮，还有至少419门火炮和迫击炮）和一些独立的军，并得到了空军第2集团军支援。在德军第4装甲集团军当面负责主要防御的是伊万·米哈伊洛维奇·奇斯佳科夫中将的近卫第6集团军和米哈伊尔·斯捷潘诺维奇·舒米洛夫中将的近卫第7集团军。除司令部人员已久经沙场外，每个集团军还下辖2个步兵军（共7个步兵师）和一些坦克或反坦克部队，以及超过20个炮兵团，合计至少160000名官兵、401辆坦克和自行火炮。[13]

这些部队仅凭自身力量应该就足以消化掉德军的进攻。根据已经解密的苏联档案材料，中央方面军和沃罗涅日方面军部署了1337166名官兵、19794门火炮和迫击炮、3433辆装甲战斗车辆来应对德军第9集团军、第4装甲集团军和肯普夫集团军级支队的777000名官兵、8170门火炮和迫击炮、2451辆装甲战斗车辆（见表11–1）。[14]但苏联最高统帅部并不是仅仅依靠这些兵力来挫败德军的突破。罗科索夫斯基和瓦图京的背后还有伊万·斯捷潘诺维奇·科涅夫上将的草原军区（于7月10日被改编为草原方面军）[①]，其麾下包含573195名官兵（作战兵力为449133人）、9211门火炮与迫击炮，以及1513辆坦克（1506辆可用）和126辆自行火炮。[15]这使得苏军在库尔斯克的兵力优势增大到了2.5:1，装甲优势也增至2.1:1。科涅夫手里有2个近卫集团军、2个近卫坦克集团军（第3和第5）[②]，以及一大串其余部队。如前文第十章所述，草原方面军共有三个任务——根据需要增援其他两个方面军、在库尔斯克以东建立更多防御地带，以及筹划最后的反攻。这样一来，从现实角度看，"堡垒"行动其实根本无法达成真正的闪击战所必需的突破。

在1941年和1942年里，斯大林和他的将领们不止一次误判了德军的攻势计划，并将部队集结到了错误的地点。存在于库尔斯克突出部显而易见的威胁让苏联人在战争中第一次减少了次要战线的防御力量，并将其集中至关键地点——这样集中兵力比其他所有总体战略优势起到的作用都大，也让苏军在奥

---

① 译者注：原文为7月9日，有误。
② 译者注：此处有误，实际只有近卫坦克第5集团军。

表11-1 库尔斯克会战双方战斗兵力对比

地段	苏联	德国	对比
中央方面军			
总兵力	711575	445000*	1.6:1
作战兵力	510983		
坦克/自行火炮	1694/91	951	1.9:1
火炮和迫击炮/火箭炮	11076/246	4570	2.5:1
沃罗涅日方面军			
总兵力	625591	331907**	1.9:1
作战兵力	466236		
坦克/自行火炮	1706/42	1508	1.2:1
火炮和迫击炮/火箭炮	8718/272	3600	2.5:1
合计			
总兵力	1337166	777000	1.7:1
作战兵力	977219		
坦克/自行火炮	3400/133	2451	1.4:1
火炮和迫击炮/火箭炮	19794/518	8170	2.5:1

资料来源：

《库尔斯克会战：从防御到进攻》（Битва под Курском: От обороны к наступлению；莫斯科，阿斯特出版社）第136和第761~762页。本书最初由红军总参在1945年出版，并被列为机密。

尼克拉斯·塞特林和安德斯·弗兰克森合著《库尔斯克1943：统计分析》（Kursk 1943: A Statistical analysis；伦敦，弗兰克·卡斯出版社，2000年）第18和第20页。

备注：

★包含第9集团军的33.5万人和第2集团军的11万人。

★★包含第4装甲集团军的223907人和肯普夫集团军级支队的10.8万人。

廖尔—库尔斯克地域取得了对德军的数量优势——兵力对比为2.7:1（2226000人与900000人），火炮对比为3.3:1（33000门与10000门），装甲战斗车辆对比为2.6:1（4800辆与1800辆）。[16]

　　根据组建强大战略预备队的传统，苏联最高统帅部在从莫斯科到沃罗涅日的整条辽阔战线上都准备了预备队。会战过程中，科涅夫甚至交给了瓦图京4个军和2个完整的集团军。与此同时，参谋军官的经验越来越丰富更是意味着尚未参与到现有行动中的草原方面军能比德军司令部更早地做好计划。此外，

240

如前文所述，库尔斯克以北的布良斯克方面军和西方面军及南面的西南方面军和南方面军已经做好准备，等德军的攻击一受挫便会实施一系列反攻。[17]

假如能全面了解苏军的准备工作，那么就算是德军最自信的将领也会畏缩不前。相反，这些指挥官只知道苏军前沿防御体系的情况，而且总是得不到他们遥远后方兵力的真实部署情报。比如沃罗涅日方面军便进行了假的部队集结来误导德军航空侦察，而草原方面军和其他战略预备队的实际兵力同样一直不为德军所知。

大热锅

德军进攻开始时间最终被确定为1943年7月5日早晨。[18]通过敌方投诚人员和己方侦察兵报告，苏军指挥员得以提前知晓德军进攻时间，准确度甚至一分不差。在德军炮兵火力准备前的一个半小时，红军炮兵就对进攻者所有可能的集结地域实施了炮火反准备。结果可谓喜忧参半——德军炮兵正在开阔地上为火力准备进行相应安排，因而损失惨重；然而在其他地方，苏军火力在多数情况下都没覆盖到德军突击部队预定的集结地点。不过，这也导致了德国陆军总司令部勉强同意将北线进攻发起时间推迟150分钟，南线同样推迟180分钟。即便如此，德军最初的进攻仍然组织得有些不尽人意。[19]但由于德国空军的战术雷达提供了恰到好处的预警，使相关部队做好准备，诺维科夫将军对敌前沿机场的先手空袭效果也有不足，出击的300架苏军战机损失惨重。[20]

突出部北面，莫德尔将军在长达50公里的正面上进攻了红军第13和第70集团军，可一直没能达成突破。经过6天战斗，德军第9集团军在"斯图卡"强力支援下仅仅往中央方面军的厚重防线方向突入了8～15公里。从7月6日，即开战第二天开始，罗科索夫斯基就用坦克第2集团军及其他预备队发动了一系列反突击，其高潮是发生于波内里车站及其西面的拉锯战。经过最后一次尝试，德军在损失400辆坦克和伤亡50000人后停止了对北面的进攻；[21]事实上，部分德军部队在开战2天后便已经被迫撤退。

南面的第4装甲集团军相对要顺利一些。德国人在这里使用了新的"虎"式等重型装甲战车作为进攻矛头，那些老式中型坦克及少量可用的步兵人员输送车则紧随其后。霍特的第48装甲军和党卫军第2装甲军甚至突入纵深达35公里，进入了苏军第3道防御地带；但他们最终却被卡图科夫的坦克第1集团军等机械化部队挡住去路。经过和大本营的激烈讨论，瓦图京获准将这些装甲力量用于被动防御，即让坦克掘壕固守，同时对德军装甲部队的两翼不断发动反突击。[22]这种战术通过限制苏军装甲部队的机动力抵消了德军新式坦克的优势。由于在南北两面均未达成重大战役突破，德军因此也无法实现合围及扰乱敌后地域的目标。

7月11—13日，战斗在普罗霍罗夫卡车站这个关键的铁路节点到达关键时刻。守卫这座城镇的是近卫第5集团军所辖近卫步兵第33军。更重要的是，帕维尔·罗特米斯特罗夫的近卫坦克第5集团军已经离开草原方面军，在夜间向前行军100公里，做好了对党卫军第2装甲军，特别是"阿道夫·希特勒警卫旗队"师的战斗准备。在得到额外3个机动军加强后，罗特米斯特罗夫计划采取冲锋至几百米内的战术消除德军技术优势，这样双方坦克的主炮就都可以击穿对方装甲。7月12日，坦克第18和第29军穿过起伏的开阔地，发动了自杀式冲锋。面对不到200辆德国坦克，罗特米斯特罗夫出击的500辆坦克中损失了400辆。此外，瓦图京合围德军前锋的大计划同样由于部队之间协调不力而以失败告终。不过，苏军在普罗霍罗夫卡附近的牺牲也让己方防御部队在7月13日之前仍能打得党卫军第2装甲军几乎无法前进一步。经过持续一周的战斗消耗，德军装甲前锋逐渐无力对抗苏军新锐的坦克预备队。在分布有铁路路基和普肖尔河等各种障碍物的普罗霍罗夫卡战场及德军第3装甲军作战地域，共有306辆德方和672辆苏方坦克或自行火炮参战，所以过去"1200～1500辆坦克的巨大碰撞"的说法明显与事实不符。[23]到7月13日，德军只有党卫军"髑髅"师和肯普夫的第3装甲军尚可继续前进，但速度十分缓慢。

在3天前的7月10日，西方盟军开始登陆西西里岛，这让希特勒再次不断担心起了西线的防御。因此，他在7月13日下令党卫军第2装甲军撤出战斗，以部署至意大利。希特勒显然觉得和东欧相比，这里的战略纵深更浅，一旦犯错就没有什么挽回余地，这有一定道理。曼施泰因反对将党卫军部队撤离战场，不过他也最多只能获准以消灭更多苏军装甲力量为目标而继续战斗（却无力改变这一决定）。[24]德军的攻击力度越来越弱，很快便完全停止。7月18日，第4装甲集团军和肯普夫集团军级支队开始且战且退，回到了最初的位置。

苏军周密的准备、在纵深配置的大量集中兵力、准确的情报加上坦克军和新型坦克集团军的机动能力为挫败"堡垒"行动做出了贡献。这是德军主要攻势首次未能在战略纵深上突破敌军防御，同时更是其（走向）失败的开始。

奥廖尔和别尔哥罗德—哈尔科夫战役

德军指挥官别无选择，只能撤退。7月12日，红军开始了其计划之中的战略攻势，首先就是在紧挨库尔斯克突出部、处于北面的奥廖尔突出部发动"库图佐夫"战役。由于此处的德军第2装甲集团军司令鲁道夫·施密特上将总是批评希特勒，因此在7月10日被盖世太保逮捕[①]，这也让情况变得更加复杂。莫德尔除指挥自己的第9集团军外，还临时接管了第2装甲集团军。此外，第9集团军绝大部分兵力当时仍然深陷于库尔斯克突出部北面的战斗中。由此一来，西方面军和布良斯克方面军（以及后来加入的中央方面军）发动的这次进攻便正中了德军痛处。

"库图佐夫"战役中的一个战术特点后来成为苏军攻势的惯例——在实际发起进攻的前一天，每个一线师都派出了加强营夺取德军一线警戒阵地，扫清其掩护兵力，这样后续攻势就可以将精力集中于敌军主要防御地带。[25]索科洛夫斯基上将的西方面军于7月12日在奥廖尔突出部北面发动主要突击。近卫第11集团军在首日便打开突破口，坦克第1和第5军超越友军，向前发展胜利。与此同时，布良斯克方面军在13日用第3和第63集团军发起了主攻，每个集团军都集中力量于一条9公里宽的狭窄正面战线，以在敌防线上砸出一个大洞。鉴于敌阵地的实际纵深情况，红军没有墨守"增大兵力兵器密度"的成规。在德军防御阵地前方的每公里正面上，他们每个发起突击的师均集中了5～6个步兵营、160～200门火炮，以及多达18辆用于直接支援步兵的坦克[②]。在攻击发

---

① 译者注：他的弟弟汉斯-蒂洛因向盟军提供情报于1943年4月1日被盖世太保逮捕，9月19日在狱中自杀。实际上鲁道夫·施密特早4月14日在奥廖尔就已被陆军总司令部军法处的卡尔·扎克逮捕。第53步兵军军长、步兵将军埃里希-海因里希·克勒斯内尔临时接管了（第2装甲）集团军，直到7月13日将指挥权移交给莫德尔。

② 译者注：根据1945年的红军总参相关研究，即理查德·哈里森（Richard W. Harrison）所译《库尔斯克会战：红军的防御战役和反攻，1943年7—8月》（The Battle of Kursk: The Red Army's Defensive Operations and Counter-Offensive, July-August 1943）第232页，包含集团军预备队和近卫坦克第1军在内，第3和第63集团军每公里突破正面上有4.3个步兵营、151.1门火炮（不含反坦克炮）和50毫米以上口径迫击炮、18.6辆坦克，兵力兵器优势都很大。在合计18公里长的正面上，第一梯队有5个步兵师和6个突破坦克团，第二梯队有4个步兵师（缺1个步兵团）和2个坦克团，方面军还掌握有步兵第25和近卫坦克第1军作为预备队，第一和第二梯队几乎一样强的配置说明苏军考虑到了要为第二梯队留足力量以发展胜利。

起前有两个半小时的炮火准备，随后弹幕向前缓慢移动，掩护进攻的步兵。[26] 得益于这种高度集中的兵力配置，雷巴尔科中将的近卫坦克第3集团军①在7月14日顺利打开了突破口，并向前推进。

苏军的攻势在整体上很顺利，唯一的例外是突出部东端。德军第35步兵军军长、步兵将军洛塔尔·伦杜利克准确预判出了苏军进攻地点，并精心将己方少量资源集中于此；这让他得以将敌军阻挡2天。在其他地方，德军的防御几乎一样坚韧。[27]但经过数周激战后，近卫坦克第3集团军在8月5日进入了奥廖尔；到8月18日，布良斯克方面军已经抵达其因之得名的那座城市外围，并彻底肃清了德军在此地的突出部。总的来说，"库图佐夫"是个足以证明苏军计划和实施进攻行动的能力日渐成熟的典型例子。

对于德国人来说，更糟糕的还在后面。由于西方面军和布良斯克方面军在此前并未参与库尔斯克会战的初期战斗，因此能够倾其全力发动攻势。与此同时，在顿巴斯的次要突击成功牵制了曼施泰因的装甲预备队——党卫军第2装甲军、国防军第24和第48装甲军。曼施泰因之前信心满满地认为"堡垒"行动沉重打击了防守突出部的苏军，现在他却对于先前扛住了最精锐德军进攻的同一支苏军部队能在8月（德军退却仅2星期后）转入进攻而感到震惊。[28]

指向哈尔科夫的新攻势代号为"鲁缅采夫"，将由沃罗涅日方面军和草原方面军从库尔斯克南肩发动，这里也是德军在"堡垒"战役期间突入纵深最远的地方。为进一步调开德军预备队，苏军在突出部西端虚构并"集结"了1个坦克集团军和1个诸兵种合成集团军；为增强效果，还发出了一系列精心策划的欺骗性无线电和虚假部队调动命令。最高统帅部大本营代表朱可夫会同方面军司令瓦图京和科涅夫，计划用近卫第5和第6集团军（这两支部队在之前承受了德军的主要进攻）及第53集团军，一起在仅30公里宽的地段上展开进攻。为突破德军设于库尔斯克到哈尔科夫之间的连续5道防线，这样集中步兵和炮兵是必需的。坦克第1集团军和近卫坦克第5集团军在"堡垒"战役后补充了大量装备，此时又得到2个机动军的支援，他们将作为方面军的快速集群，通过

---

① 译者注：该集团军麾下并没有哪怕一支近卫部队。

从南面和西面合围哈尔科夫来发展胜利。卡图科夫会面向西方，建立合围的对外正面；罗特米斯特罗夫则面向城市，建立合围的对内正面。在这一主要突破的西面，第27和第40集团军将在4个独立坦克军支援下实施辅助进攻；而在东面和东南面，第69集团军和近卫第7集团军，随后还有西南方面军的第57集团军也会加入进攻。[29]

这三个集团军在8月3日发起的最初进攻表明苏联人的物质积累水平和攻击技巧都在逐渐进步。每个进攻的步兵师均加强有如此多的炮兵，以至于那些进攻的步兵团能得到专属的、由多个营组成的炮兵群的掩护。其他炮兵单位则提供远程火力、打击德军预备阵地，同时保留有1个反坦克群以防敌人反突击。不过和在奥廖尔一样，德军顽强的防御迫使2个坦克集团军的先头旅不得不提前加入战斗，以打开突破口。在"鲁缅采夫"攻势发起后第三天、8月5日晚些时候，先遣坦克分队才终于抽出身来，深入德军后方扩大胜利；当天晚上，别尔哥罗德城被苏军攻克，2个坦克集团军突入了德军第一道防线后超过60公里。在接下来几天里，位于主要突击地段两侧的几个诸兵种合成集团军开始向前，将德国人逐渐逼退，每个集团军都在友邻单位达成突破后加入其中，就像石子被连续投入水中，使涟漪不断扩大。

匆忙从奥廖尔和顿巴斯赶来的德军机动预备队指望着自己能像往常那样，通过实施反突击瓦解苏军攻势，但这一次他们的魔力消失了。"大德意志"师一下火车，不等部队集结完毕便投入了战斗。8月6—7日间，该师取得的最大成果就是迟滞了苏军第40集团军的辅助攻势（在主要攻势西侧）。在类似一些反击的掩护下，曼施泰因集中起了4个步兵师和7个装甲/摩步师。党卫军第2装甲军原先那几个师——现归第3装甲军指挥，因为军部已被调至西线的西西里救急——试图再用一次5个月前攻陷哈尔科夫时的机动策略。然而这次消耗极大且延伸过度的不是苏联人，而是他们自己。8月12日，坦克第1集团军的先头部队撞上了党卫军"髑髅"师的3个战斗群，卡图科夫有100辆坦克被围歼。不过这次失利并未导致红军的崩溃。在3天时间里，数个党卫师和2个坦克集团军的部分兵力围绕哈尔科夫西北面的博戈杜霍夫，展开了机动对抗。最终在8月16—17日，第3装甲军将红军近卫第6集团军和坦克第1集团军余部打退至梅尔奇克河，成功稳定了局势。[30]尽管如此，德军还是没能彻底消灭苏军机械化部队，也无力阻止科涅夫的步兵在8月28日攻占哈尔科夫。苏联方面通常将"鲁缅采夫"攻势，包括博戈杜霍夫遭遇战称为"别尔哥罗德—哈尔科夫战役"；而德军将其称为"第四次哈尔科夫会战"。不管名称如何，此战已从事实上表明了德军在东线最后一次大规模攻势的结束和苏军夏秋战局的开始。[31]

扩大口子

8月初，斯大林和最高统帅部大本营下达了开战以来的第三次发起全面攻势命令，而且此次是建立在奥廖尔和别尔哥罗德战役成功的基础之上。和上个冬天一样，他们的目标是位于斯摩棱斯克和黑海之间的第聂伯河一线。希特勒在他还能现实地做出决策时也意识到，己方需要退却到第聂伯河，以便南方集团军群恢复绵亘战线。德国人在河边压根没修什么工事，不过它（第聂伯河）自身本来就是一道很明显的障碍——西布格河、第聂伯河和顿河的西岸地势更高，由于德国人是自西向东，因此成了他们良好的防御阵地。这样一来，随着红军前出至这些河流，最高统帅部便打算在宽大正面上夺取登陆场，以防德军利用这道天然障碍。[32]

随着德军在南方逐渐退却，作为全面攻势的一部分，莫斯科发动了一系列单方面军或多方面军级别的进攻。面对已经准备防御阵地长达18个月的中央集团军群，执行进攻任务的部队遇到了巨大困难。比如在1943年8月7日，索科洛夫斯基上将的西方面军在叶廖缅科上将的加里宁方面军支援下，试图对德军第4和第9集团军发动向心突击，以收复斯摩棱斯克（即"苏沃洛夫"战役）。但守军的防线很坚固，进攻者在作战协同方面也不如参加库尔斯克战役的那些（己方）部队。由于伪装工作进行得非常草率，德军通过航空侦察发现了苏军的主攻方向；随后德军便对其稀少的兵力加以部署，来抵挡苏军首次进攻。这样一来，与索科洛夫斯基在一起的最高统帅部大本营代表、炮兵元帅尼古拉·尼古拉耶维奇·沃罗诺夫就意识到突然性已经丧失了。于9月7日重新发动的攻势终于使苏军在月底拿下斯摩棱斯克，不过代价十分高昂。虽然成果相对有限，但斯摩棱斯克攻势还是成功将德军16个师从哈尔科夫地域吸引到了北面来。[33]

在战线北面和中央地段发起的其他一系列攻势也因守方巧妙的防御、攻

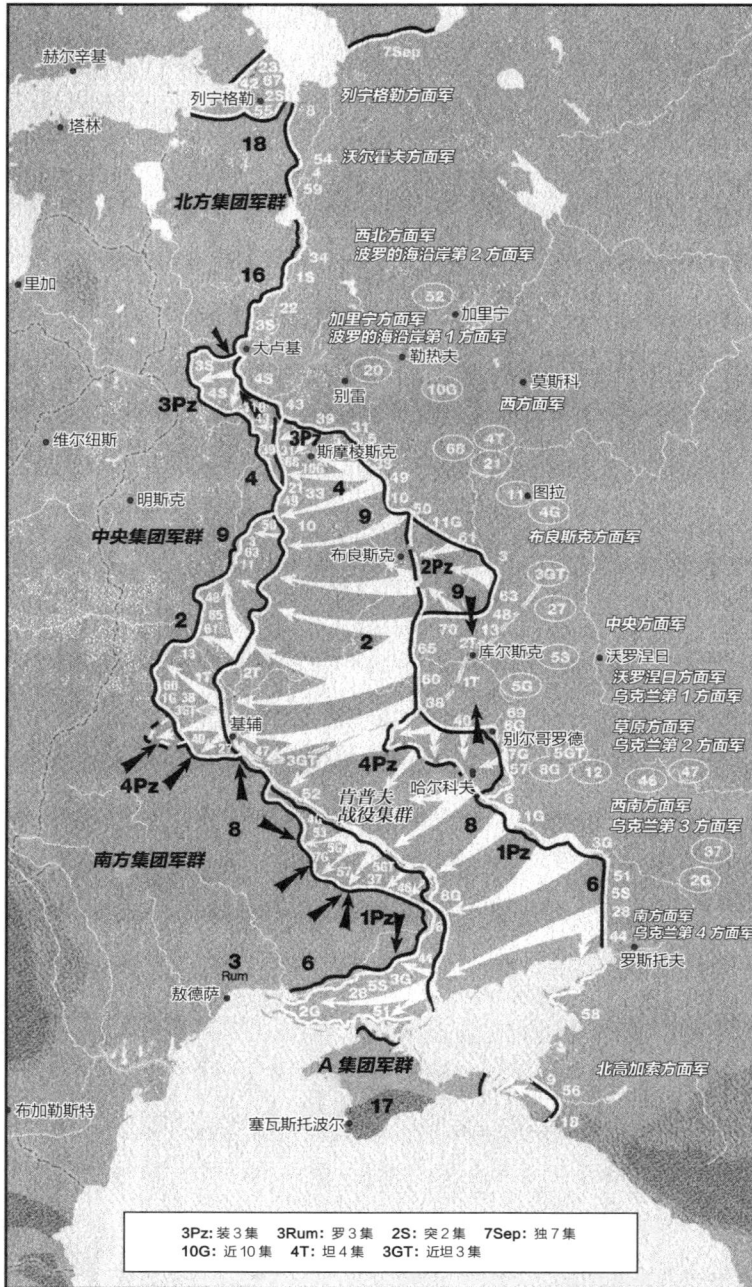

战场形势图 17：夏秋战局，1943 年 6—12 月

方差劲的组织和不利地形条件而陷入停顿。于是，苏军在1943年取得的最大胜利仍和上个冬季一样，即发生在南方。于8月肃清奥廖尔突出部后，罗科索夫斯基的中央方面军在斯摩棱斯克和布良斯克以南向前推进时同样遇到了困难。他有5个诸兵种合成集团军，以及坦克第2集团军、坦克第9军和近卫机械化第7军。所有这些部队都在进行于库尔斯克和奥廖尔的战斗中被严重削弱，可即使身处这样的逆境、面对瞬息万变的战况，他们还是展现出了高超的司令部工作素养和极强的灵活性。

由于己方潜伏的特工报告了敌军重点攻击方向，德军第2集团军得以将兵力集中到关键地点，使苏军从8月26日开始的第一次进攻很快便停滞下来。在长达4天的战斗中，中央方面军只向前推进了25公里。罗科索夫斯基早在8月27日就察觉到己方的问题，因此在当夜采取了严格的声响和灯火管制，并将坦克第9军和第13集团军南调100公里。德国人找不到这些部队，而且罗科索夫斯基选择了在敌第2集团军南翼重新展开进攻，此时德军预备队主力还待在北面。到9月22日，中央方面军的第13、第60和第61集团军在2个机动军支援下，已经逐渐从基辅北面接近第聂伯河。[34]

同时，在9月1日，波波夫上将的布良斯克方面军正着手对布良斯克发动进攻。博尔金中将的第50集团军对德军第9集团军左翼实施了巧妙的机动，布良斯克最终于9月17日重回苏军手中。[35]这样一来，波波夫便赶上了罗科索夫斯基的进度，所部于10月3日在戈梅利北面抵达第聂伯河及索日河岸边。

第一波攻势完成后，马利诺夫斯基大将的西南方面军和费奥多尔·伊万诺维奇·托尔布欣上将的南方面军分别于8月16日和18日杀入了顿巴斯。但这次他们不再是起牵制作用。尽管缺乏机械化师，德军第1装甲集团军和重建的第6集团军还是避免了被围，且战且退1个月后抵达了设于第聂伯河畔的扎波罗热到黑海之间的"豹"防线。[36]

从德军角度看，其部分问题在于国防军统帅部需要为所有战区负责，而不仅仅是苏联战区，他们不愿抽调兵力来增援由陆军总司令部管辖的东线。1943年9月3日，南方集团军群司令、陆军元帅冯·曼施泰因和中央集团军群司令、陆军元帅冯·克卢格就曾试图说服希特勒，将所有战区置于陆军总司令部管辖范围内，从而消除指挥权的冗余和分裂。[37]

追击

在整个9月间，对阵双方都在向第聂伯河赛跑，德国人在红军前进的道路上破坏了一切。然而这种有组织的毁灭行动只会让其普通士兵的军纪更加败坏——焚烧目力所及的一切事物清楚地表明胜利的全部希望都已远去，根据焦土政策而产生的额外任务也让德军步兵们愈发精疲力竭。沃罗涅日方面军司令瓦图京催促他的部队加紧前进，并这样说道："他们正在焚烧面包，为阻止这种行为，我们必须进攻。"[38]

德国人坚信追击的苏军规模十分庞大。但实际上，苏联人在先前的战役中便遭到削弱，又因为在尘土飞扬的公路上把队伍拉得很长，重新补给和保养都非常困难——不过这些被削弱的机动部队还是在继续追击。比如拥有500辆坦克的近卫坦克第5集团军在结束别尔哥罗德—哈尔科夫战役后只剩50辆坦克可以投入战斗，罗特米斯特罗夫就将剩下的这些坦克集中到三个支队里，并让无线电收发机到处运动来模拟集团军其他部队，以这种方法欺骗德军无线电情报小组。[39]

1943年9月19—23日，瓦图京的先头坦克和步兵分队从基辅南北两面抵达第聂伯河。尽管缺乏架桥器材，苏军仍然在9月19—26日间临时建立起了40个桥头堡，且大部分位于基辅南面。其中有一个看上去极具价值：在追击过程中，雷巴尔科的近卫坦克第3集团军所属2个坦克军在1个独立骑兵军支援下，担任沃罗涅日方面军的前锋。这三个军的步兵在基辅南面的大布克林夺取了1个登陆场，但需要增援才能继续进攻。最高统帅部早就预想到战况会发展到这一步，在9月初便命令数支空降部队重新开展跳伞训练。空降兵第1、第3和第5旅在转行做了一年半地面部队后，终于被临时重组为1个军，并转隶给瓦图京以发展胜利。其中有2个旅计划于9月24日晚至25日凌晨在大布克林附近跳伞。[40]

对于这些苏军来说不巧的是，向第聂伯河的急切追击已经超出了总参侦察局的能力范围，他们无法及时提供德军兵力部署的情报。同时瓦图京也不知道，德军有5个师——2个装甲师、2个步兵师和1个摩步师——正在向己方预定空降的着陆区开进，第19装甲师先头部队甚至早已到达。结局非常悲惨，训练有素的苏军伞兵在着陆后过于分散，又遇到了意料之外的德军防守部队，最终死伤无数。这次失败甚至导致斯大林终其一生都不再热衷于大规模空降战役。

紧接着，瓦图京的沃罗涅日方面军在10月对试图消灭基辅南北两面登陆场苏军的德军发动了多次进攻，不过都以惨败告终（后文将详细讨论）。

　　然而在其他地方取得的胜利完全扫除了基辅南北两面失败的阴霾。10月15日，当（苏德）双方向第聂伯河的赛跑还在进行时，罗科索夫斯基的中央方面军在戈梅利凿开了德军第聂伯河防线，为下一步向白俄罗斯南部进军占据了有利位置；在更南面，托尔布欣的南方面军于10月11日粉碎了南方集团军群的"豹"防线，奔向第聂伯河，最终将第17集团军孤立在了克里木。[41]

　　德军于9月下旬和10月在第聂伯河一线的成功防御让古德里安得以重建几个装甲师，但这还是没有改变（战争）整体上的均势。德军牢牢压制着苏军在基辅南北两面的大布克林和柳捷日登陆场（沃罗涅日方面军），以及克列缅丘格以南草原方面军所在登陆场；他们（德方）在尼科波尔对面的东岸也有桥头堡。然而，沃罗涅日方面军在10月中旬成功扩大了基辅北面、柳捷日村附近沼泽里的小登陆场，由于此处地形难以通行，因而延伸过度的德军并未部署太多兵力来进行控制。沃罗涅日方面军在10月20日更名为乌克兰第1方面军，此时正试图利用德军这一疏漏。[42]不过这样做就必须打破车辆不宜在沼泽地形中运动的常规。最初，瓦图京在10月11日命令安德烈·格里戈里耶维奇·克拉夫琴科中将的近卫坦克第5军增援柳捷日登陆场。后者需要进行横向机动并渡过数条河流，然后与把守小登陆场的步兵会合。该部急中生智，采用了一个比较危险的方法，即尽可能将T-34密封起来，然后开足马力全速冲过激流，最终抵达目的地。军长克拉夫琴科只是简单地在其报告中提到通过这种手段使"绝大部分"车辆成功渡河，但无疑有很多坦克和乘员都沉入了泥水中。尽管到10月中旬时，德国人在基辅城下成功挡住了克拉夫琴科的突击，不过苏军的登陆场也有所扩大，这就给了瓦图京新的机会。[43]

　　10月下旬，瓦图京悄悄把雷巴尔科的整个近卫坦克第3集团军及大量步兵和炮兵调入拥挤的登陆场。11月3日，乌克兰第1方面军的第38集团军和雷巴尔科的坦克集团军突然从登陆场杀出，打垮了大吃一惊的德方守军。3天后，瓦图京的部队收复基辅。很快，他的方面军便在第聂伯河对岸、乌克兰的土地上建立起了1个重要战略立足点。[44]

　　瓦图京的部队正持续不断地利用这次胜利扩大战果。近卫坦克第3集团军向前穿过法斯托夫直奔卡扎京，深入德军后方，紧随其后的是基里尔·谢苗诺维奇·莫斯卡连科上将的第38集团军；与此同时，近卫骑兵第1军和第60集团军则加速向西，以夺取日托米尔并威胁科罗斯坚。曼施泰因迅速还以颜色，打算重现2月时在哈尔科夫以南取得的胜利，那次他歼灭了苏军3个集团军的主力。他把第48和第24装甲军从大布克林地域抽调出来，以歼灭苏军前锋，随后将敌军赶回第聂伯河。然而此一时非彼一时，苏军步兵的反装甲能力早已今非昔比，又有编成内的坦克和自行火炮作为后盾，想要反击的德国人在通过他们时就必须交上昂贵得可怕的过路费。但11月10日时，第48装甲军还是在法斯托夫附近挡住了近卫坦克第3集团军。正如3个月前在博戈杜霍夫那样，德军坦克截断且吃掉了雷巴尔科的几个先头旅，不过曼施泰因依然无力夺回法斯托夫。

遇到挫折的曼施泰因将第48装甲军转向西面，试图抓住并打退瓦图京的右翼。他再次取得了胜利，可（胜利）转眼便被夺走。据报告，把守日托米尔的是近卫骑兵第1军一帮喝得醉醺醺的骑兵，他们刚发现了第4装甲集团军储藏的酒；该部被击溃，然而之后赶来的苏军步兵、装甲兵和反坦克部队在布鲁西洛夫附近再次挡住了德国人。11月下旬至12月上旬间，曼施泰因接连两次将第48装甲军机动到瓦图京的右翼。德军的每次进攻都会在初期取得胜利，但之后很快就被挫败。12月19日，曼施泰因最后一次试图摧毁危险的苏军登陆场。在沿科罗斯坚—基辅铁路的激战中，他围歼了一股苏军——自认为是4个军。实际上，德军进攻的不过是苏军部署于此处的1支伪装部队，其任务是掩护己方在偏南方的布鲁西洛夫地域集结的强大打击力量。正当曼施泰因凝视着科罗斯坚附近他认为即将取得的胜利时，其装甲部队却再一次在获得一些不值一提的成果后陷入停顿。第二天，即1943年的圣诞节，他所有的乐观想法都随着苏军突然在布鲁西洛夫附近大举进攻而化为泡影。坦克第1集团军和近卫第1集团军从基辅向西挺进，在德军防线上撕开了一个大口子，同时也标志着苏军下一轮冬季战局的开始。[45]

在更南面，科涅夫的乌克兰第2方面军以罗特米斯特罗夫的近卫坦克第5集团军为先导，继续扩大克里沃罗格登陆场，并进一步破坏了德军第聂伯河防线。随着冬季在11—12月来临，德国党卫军和装甲兵发动一系列局部反击，勉强遏制住了登陆场面积扩大。苏军多次试图肃清德军的尼科波尔桥头堡，但都以失败告终；不过这些战斗至少有效分散了德军指挥官们对第聂伯河一线更北面危险局势的注意力。

当瓦图京和科涅夫还在南方进行精彩的所谓"第聂伯河会战"时，一场同样重要却不那么顺利的苏军攻势也在对中央集团军群展开。9月下旬，苏联最高统帅部大本营命令开始解放白俄罗斯。10月上旬，叶廖缅科的加里宁方面军（于10月20日改称"波罗的海沿岸第1方面军"）通过奇袭夺取了关键城市涅韦尔，切断了中央集团军群与北方集团军群的联系，并从北面威胁维捷布斯克。此后不久，罗科索夫斯基的白俄罗斯方面军（于10月20日由中央方面军更改番号而来）①发动戈梅利—列奇察战役，杀入了白俄罗斯南部。[46]同时，索科洛夫斯基的西方面军正反复冲击德军在维捷布斯克以南②奥尔沙和莫吉廖夫的防线。初期取得的胜利导致最高统帅部大本营命令波罗的海沿岸方面军、西方面军和白俄罗斯方面军在11月上旬发动向心突击，目标是夺取明斯克和白俄罗斯东部；然而截至11月中旬，面对德军坚固巧妙的防御和不断恶化的天气，这一雄心勃勃的攻势不得不以失败告终。[47]

随着白俄罗斯的局势趋于稳定，而苏军应该还会被继续困在第聂伯河登陆场，德军因此停止了冬季的作战行动，并坚信接下来会平静一段时间——但苏联人绝不会让他们这么舒坦。

结论

苏联史学将1942年11月—1943年12月这一时期称为"战争第二阶段"，在很多方面这确实是转折性的。从战略层面上看，德国人在这一阶段一开始还觉得他们距离在斯大林格勒取得胜利只有几百米之遥，距离高加索的油田也不过几公里；到此阶段结束时，侵略者们已不再对战争的最终结局抱有任何幻想。库尔斯克会战后，德军甚至都不能假装在东线还拥有战略主动权。此外，

---

① 译者注：原文认为白俄罗斯方面军由原中央及布良斯克方面军组成，说法有误。布良斯克方面军于10月10日改称波罗的海沿岸方面军，后于20日改称波罗的海沿岸第2方面军。

② 译者注：原文为以东，有误。

俄罗斯欧洲部分的大片土地回到了苏联人手中；然而这些国土在德国人占领下遭到了严重破坏，需要10年时间才能恢复过来。

从组织上看，德国国防军到1943年末显然尽显颓势。除第6集团军、第4装甲集团军大部、4个仆从国集团军被歼灭外，德国装甲兵和运输航空兵同样在一直遭受沉重打击。数百个普通步兵师的实力都减弱至原先的三分之二，机动性持续下降，而且不再拥有足够的反坦克能力。尽管德国逐渐开始工业动员，并不断奴役劳工，还得到了施佩尔、古德里安、绍克尔等极具组织天赋和铁血手腕领导层的指导，不过也只能给现有部队七拼八凑一些装备出来。新一代武器——尤其是装甲车辆和战斗机——倒是能够提供一些技术优势，但德国没有足够的产能、操作人员和油料，在工业实力上无法与美国和苏联相抗衡。兵员方面的问题同样很突出。斯大林格勒一役使德军丧失了绝大部分仆从国的支持，在经历灾难性的"堡垒"行动后，即便是芬兰和罗马尼亚也开始为未来做盘算；而那些中欧德裔和东方反苏民族中被强征或自愿入伍的人员根本无法弥补这些缺口。

实际上，德国人在库尔斯克一战后就进入了恶性循环。每一次新的撤退都迫使德军越来越快地将新招募的后备部队和休整过的装甲师投入战斗，相应的训练却越来越少；那些训练差劲的部队在领悟到真实战争的残酷前伤亡率会高得出奇，而这些伤亡更是意味着指挥官们不得不再次让下一波补充人员更早结束训练。[48]与此同时，那些在1939—1941年间铸就胜利辉煌、由一战老兵们组成的骨干也正逐渐老迈和凋零。

德军指挥官总是在其回忆录中将这一局面归罪于希特勒的错误领导或苏联武装力量的压倒性数量优势——可正如本书所示，这两个理由都被夸大了。实际上，希特勒总是会听取将领们的意见，而众多后者也绝不是从不犯错的完人；由于苏军精通伪装，其实际作战力量同样有所夸大。或许苏德战争形势逆转的最主要原因还是在于苏军指挥、参谋及战役战术技巧的革命性变化。到1942年后期，斯大林开始相信他的指挥员和参谋军官们的职业素养；而通过吸取机械化作战的鲜血教训，后者也证明了自己值得信赖。的确，总参谋部本就有整整一个部门的人专门研究和传播"战争经验"，这些经验是他们采用马克思主义的方法全面分析每一场战斗、战役和战局得来；相关的经验教训在与红军战前理论结合后，便形成了新的条令和作战程序。在1943年夏秋季节中，苏军指挥员们试验了各种各样的战略和战役技巧，特别是他们解决了将各个不同战斗或勤务兵种集成到一次真正的诸兵种合同战役中的绝大部分（但还不是全部）难题。

在库尔斯克，苏军指挥员和计划人员所展现出他们对情报、伪装和反坦克防御的理解已经十分老道。此外，德军第一次丧失了突然性优势。苏军在后续战役行动中（的表现）更是表明其在精心协调炮兵、工程兵、侦察兵、步兵和装甲兵动作，从狭窄正面集中压倒性兵力优势突破德军防御上有所进步。在普罗霍罗夫卡反击战和"库图佐夫""鲁缅采夫""苏沃洛夫"战役中，红军检验了其坦克集团军及独立坦克和机械化军，此后这些编制成了苏军进行大纵深战役的标志性力量。有了经验丰富的指挥员、称职的参谋军官，以及以美制卡车为基础大大改善的后勤，虽然这些装甲部队有时仍会犯错，却也在逐渐表明自己有能力取得足以与德军装甲兵最好战绩相媲美的成就。

不过还有问题留待解决，特别是在初期突破中和之后如何拿捏投入这些快速集群的正确时机和步骤，以及在发展胜利阶段怎样保持其战斗力；另外，苏军还必须找到方法，以减少哪怕最终成功的进攻战役中也常常蒙受的灾难性伤亡，避免全国全军通过浴血奋战才到手的胜利果实被他人攫取。[49]总的来说，即使是最著名的（红军）指挥员都会在战争剩余时间里犯下类似代价高昂的错误；但苏军未来的进攻能力已经呈现出了明显轮廓，认清现实的德军指挥官们开始意识到自己正面临一支脱胎换骨、远比以前更加强悍的红军。

战争第三阶段
1944 年 1 月—1945 年 5 月

第十二章

战争的第三个冬天

1943年后期到1945年5月，战事几乎是连续不断的，只有在苏联战争机器为下一次大规模攻势积攒物资时才会出现短暂停歇。被苏联学术界称为"战争第三阶段"的这一时期见证了苏德双方武装力量的最终完善和成熟。因此在继续讲述战史前，我们有必要先审视一下交战双方的力量对比。

德军实力下滑

库尔斯克之战后，德国东线诸集团军的兵力和战斗力进入持续下滑时期。但由于新征召人员和新装备的定期到来——尤其是对机械化部队和党卫军的补充，作为防御方的德军也得以实施局部反击；其中有一部分（反击）十分成功，比如1944年春在罗马尼亚的那次。不过这些作战的效果越来越差，其原因既在于苏军愈发成熟，更是与其自身训练和装备水平逐渐下降有关。

德军步兵部队的衰落远比机械化部队严重。六营制的师在面对苏军快速集群时几无还手之力，很多师只是作为师级集群在战斗，实力比团强不了多少。1943年12月，经过详细论述后，海因茨·古德里安成功获准将老式捷克坦克的底盘改装为自行推进的坦克歼击车——"追猎者"38(t)猎歼坦克，与三号突击炮（StuG III）同属突击炮[①]，装备有75毫米主炮。尽管如此，对德军步兵来说，他们

[①] 译者注："追猎者"使用捷克斯洛伐克造LT vz.38坦克底盘，通常装备步兵师中的坦克歼击营，事实上从未被当作突击炮。

258

仍然从未得到过足量坦克歼击车甚至大口径牵引火炮来填满师属反坦克单位哪怕三分之一的编制；[1]然而也有积极的一面，自1943年后期开始大量装备的"装甲拳"（一种手持操作的反坦克武器）①使他们拥有了一种能毁伤大量苏军坦克、相对廉价的手段。

坦克本身同样成了相当稀缺的资源——1个装甲连的编制从1939年的22辆坦克缩减到了1943年的17辆（但质量有所提高）。由于缺少零配件，即使是那些现有坦克也得不到充分的后勤维护保障。比如在1944年3月10日，苏联元帅科涅夫的乌克兰第2方面军在乌克兰乌曼缴获了德军的1个仓库，结果发现里面有约300辆失去行动力的德方坦克，其中绝大部分是在等待零件。[2]此外，后勤部门越来越难以提供充足的燃料补给，这导致德军所有摩托化和机械化部队的行动都受到限制；盟军对油田和炼油厂的轰炸更是使这一问题愈发恶化。

由于本国空军的战斗机和88毫米炮逐渐被调回以保卫帝国，加上红空军战力不断变强，东线德军在面临空中打击时显得相当脆弱。最终，各装甲师和摩步师设置了轻型高射炮连，但普通步兵部队仍然普遍缺乏有效的防空手段。

国内各官僚机构的互相较劲导致相关部门及人员需要花费大量精力来克服有关装备的问题。1943年10月，阿尔贝特·施佩尔与海因里希·希姆莱就共同最大化提高德国工业生产量达成一致。10月6日，在波森②的一次纳粹党官员会议上，这两名领导人直言需要进行全面动员，要求像执行可怕的种族灭绝政策（此时正在逐渐到达顶点）那样全力以赴加强生产。实际上，尽管顶着盟军的轰炸且经济部门开始越来越多地支援军事部门，施佩尔也做到了他所能做的一切去提高产量。[3]到1944年底，外国人口已经占到德国农业劳动力的22.1%、工业工人的24.9%，以及政府和保安力量的11.2%。[4]德国工厂继续艰难地生产武器，可由于缺少必要的劳动力和原材料，因而始终无法与其美国或苏联同行相抗衡。

---

① 译者注：德军步兵主要装备了两种火箭筒，即"装甲拳"和"装甲克星"；现在也习惯性误译为"铁拳"和"战车噩梦"，不过从字面上看，两者并没有"铁"或"噩梦"之意。

② 译者注：今波兰城市波兹南。

苏军兵力结构和军事理论

与德军相反，战争第三阶段标志着苏军在兵力结构、装备和战役战术理论上的全面发展。在考察其发展之前，我们应认识到苏联人和德国人都会受严重人员短缺所带来的影响。战争中平民和军人可怕的伤亡数量、大型工厂需要工人维持武器生产，加上从德国人手里收复的国土也要投入人力重建，这些需求使苏联那看起来无穷无尽的人力资源正趋于紧张。组建新的机械化和炮兵部队所需人力只能通过削减步兵的补充人员来获得；此外，由于苏联人几乎一刻不停地都处于进攻态势，他们在战术层面上不可避免地遭受了比进行防守的德军更多伤亡。粗略算来，在战争最后阶段，那些直接参与进攻的苏军作战部队将为了完成任务而遭受22% ~ 25%的伤亡。[5]

如此一来，红军到1944年按其自身标准也会面临着和德国国防军一样的严重人力危机。很多步兵师实际有效战力只有2000人甚至更少；这些师建制内的火炮数量渐渐变少，被补充到了非师属的突破炮兵部队中，以便将其集中到关键地点。坦克和近卫部队在获得补充人员上拥有比普通步兵师更高的优先权，可他们的伤亡也相当惨重，以至于同样很难达到齐装满员（的状态）；遭受打击最重的单位之一是自动枪连，自动枪手们在发展胜利和追击行动中通常作为伴随步兵搭乘T-34坦克。[①]出于这一原因，从1942年后期开始，苏联人开始组建大量的筑垒地域部队（укреплённый район），这种"节约兵力"的编制火力很强而所需兵力很少。筑垒地域下辖有数个机枪-炮兵营（пулемётно-артиллерийский батальон）和炮兵营，用于占领宽广战线，以便抽调其他合适的作战部队，将其集中在关键攻击方向上。这类编制在不断发挥作用，加上苏军的伪装措施越来越有效果，便足以解释德军为什么会误以为敌我兵力对比（己方）低得可怕。尽管红军的确会在主攻选定的狭窄正面上拥有压倒性数量优势，但其他地段的德军却是在与"节约兵力"单位及自己想象中的敌人战斗，完全就是草木皆兵。

从苏军许多部队编制数和实际数的差异也可以解释德军许多反击的战果

---

① 译者注：苏军将PPSh-41等冲锋枪和AK-47等自动步枪都称为"自动枪"，"自动枪手"就是所谓的"坦克搭载兵"。

为什么会看起来如此辉煌。1个齐装满员、可以得到德国最好武器的党卫师甚至能挡住苏联1个"军"或1个"集团军"，其"秘诀"（或者说造成这种情况的原因）更多是在于苏军兵力不足，而非人们所臆想的德军战术优势。即便没有伤亡，1个苏联坦克军的编制兵员数量同样少于1个德国装甲师。虽然如此评估难免带有很大主观性，可抛开其他方面不谈，1944—1945年间红军指战员的平均战力确实是与德军大致相当的。

在战争第一阶段（1941年6月—1942年11月），红军白白浪费了自身庞大的数量优势，因为他们缺乏关于兵力展开和机动的相关技巧；到战争第二阶段（1942年11月—1943年12月），双方在数量上都没有压倒性的战略优势，但苏联人逐渐掌握了人力和伪装方面的技巧，以便在关键地点建立起红军军官们所说的"有利兵力对比"；战争第三阶段中，苏联人拥有数量和技巧上的双重优势来摧毁德军，不过人力危机迫使其一直重视巧妙地实施机动进攻——以大量兵力进行正面强攻虽然时有发生，却不再像以往那样频繁，而且这往往也只是说明部分红军指挥员作战不利的反面案例。

从结构上讲，红军依然倾向于将步兵和机动部队组建成彻底的诸兵种合成编制。每个步兵（诸兵种合成）或近卫集团军通常下辖3 ~ 4个军，再加上令人印象深刻的火炮、反坦克、迫击炮、"近卫迫击炮"（"喀秋莎"火箭炮）和高射炮部队。近卫集团军与肩负特别使命的突击集团军往往拥有更多炮兵和用于直接支援步兵的坦克。[6]由于己方掌握了战略主动权，国防人民委员部并没有在1944年和1945年组建太多新的集团军；此外，随着战线收缩，该部还撤销了一些位于次要方向、消耗极大的集团军，将其兵力移交给处在战斗更激烈地段的方面军。国防人民委员部在这一时期共撤销5个集团军，同时组建5个新的集团军（包括1个坦克、1个近卫和1个空军集团军），并将3个坦克集团军改编成了近卫部队（见附录表12和表13）。

真正的革新在于如何调整和使用这些部队。肩负主攻任务的各级部队得到了炮兵、工程兵和坦克兵方面的加强。红军1944年的野战条令（Полевой Устав）将1943年里发展起来的一些作战技巧正式确定为标准程序，其中就包括"采取炮兵进攻和航空兵进攻以确保对地面进攻部队的不间断支援"；更重要的是，该条令还强调了机动、突然性和主动性的重要意义，而这三点正是两次世界大战之间德国和苏联军事理论发展的标志：

> 机动是取得胜利的最重要条件之一。机动包含为打造最有利的（兵力）集团而有序调动部队，并将其部署到最有利的位置，以便对敌人实施决定性打击，赢得时间和空间。机动应在构想上十分简洁并在执行时秘密、迅速，从而对敌人达成突然性……
>
> 愿意以大胆下定决心为己任，而且坚持不懈地将其执行到底是所有指挥员在战斗中的行动准则。指挥员及其下属的特点永远都应该是勇敢而不鲁莽。应当遭到责备的不是努力奋战却没能完成歼敌任务的人，而是害怕承担责任、一直消极被动、不在恰当时机投入全部兵力兵器去赢得胜利的人。[7]

绝大多数现代军队的教科书里都有类似论调。但对于这些观点，红军可不只是嘴上说说。尽管失败者依然会遭到严厉处罚，不过红色军官团，尤其是那些机动部队的军官也会被鼓励和指望在必要时甘冒风险并自己下定决心。

由于战争第三阶段包含着苏军几乎不曾间断的攻势，因此检查一下这些战役的行动步骤同样是很有价值的。[8]一旦斯大林同意最高统帅部对某一地区发动进攻的建议，苏军第一步就是在不惊动防守德军的情况下集中起压倒性的局部优势兵力。随着战争发展，德国失去了绝大部分可能向其提供关于此类兵力集结情报的支持者和潜伏特工；只有航空侦察和无线电侦察小组才能提供一些关于苏联后方的情报，但这些单位也因为苏军的战役警戒和伪装技能日益完善而越来越失去价值。尽管德方情报分析人员经常能准确勾勒出当面苏军一线单位的情况，可他们始终摸不清其第二梯队步兵，尤其是用于纵深发展胜利的关键——机动部队的位置和实力。红军一次又一次在不被察觉的情况下完成了兵力集结，并使防御者误以为攻势将在其他地段发起而主动"调虎离山"。

苏军从步兵团到方面军都配有侦察方面的专家。德军兵力不足的防线常被其单兵或小分队渗透进去，侦察兵和负责牵制的特种部队小组会找出关键目标，并摧毁桥梁等薄弱环节。正如1943年对奥廖尔突出部发起的"库图佐夫"战役那样，苏军侦察兵针对德军以尽可能少的部队把守前沿阵地的传统战术采取了相应策略。到1944年，这些侦察兵在每场大规模攻势开始前往往都会展开战斗侦察（Разведка Боем）。在突击正式发起前24小时，营连级侦察分队将夺取或扰乱德军的一线防御阵地，从而确保真正的攻势可以直接打击防御方主要阵地。

如果常规的炮火准备（在战斗中）必不可少，那么苏军炮手不仅会倾泻弹雨，还会精心制订射击计划以打德国人一个措手不及。比如，后者通常待在纵深地带的碉堡内，直到敌方炮兵火力减弱才会冲出去抢在其步兵、装甲兵之前占领阵地。意识到这一点后，苏军炮火准备常常会改为在一个时段内倾泻密集炮火，随后停火几分钟，然后再恢复射击，从而杀伤那些刚冲出地堡、暴露在开阔地带的防守敌军。

真正的攻势一般以得到工程、坦克或自行火炮部队支援的步兵打头阵。如果此地驻有德军装甲部队，那么重型自行火炮会在一线进攻部队后方占领掩护阵地，等到德国坦克出现后与之交火。当进攻部队向前冲过德军一线防御阵地并快速向敌后穿插时，炮兵和航空兵也会一路向前，为其提供支援。

有时，德军在某个地点的防御力量过于强大，以至于己方无法迅速打开突破口。在这种情况下，红军最优秀的指挥员——比如1943年9月在斯摩棱斯克的索科洛夫斯基——会转而将兵力集中到敌军防线的薄弱点上。之所以能发挥出这种弹性，是因为苏军会对多个地点发动进攻，同时保留有大量不用于初期突击的部队；如果某一处进攻前锋失利，第二梯队步兵还有用于发展胜利的机械化部队便会利用其他地点的胜利来扩大战果。很多军队的军事学说都鼓励使用该方法（来扩大战果），但要在实际中及时做到这一点就必须有周密的计划和良好的司令部协调工作。

一俟突破即将达成，高级指挥员们便会转而开始关注（何时才是）将机动部队投入战场的最佳时机——机械化部队过早进入战场会在突破战斗中被缠住，进入过晚又可能遭遇德军反冲击或使其能够重新组织防御。两次世界大战中，德军防御理论的标志性特点就是在进攻者得以巩固其初期战果前便发动局部反突击。在关键突破地段，每个进攻的诸兵种合成集团军司令都掌握着一支或多支机动部队，单支规模相当于德军1个加强装甲师。这些独立机械化军、坦克军和骑兵军担负着相对远距离的战术或近距战役任务，会想方设法夺取关键渡河点，或是合围德军的1个师或1个军。

苏军攻势中的真正明星是那些坦克集团军和骑兵–机械化集群（通常由1个坦克或机械化军及1个骑兵军组成）。这些关键力量通常直属于方面军司令，但在某些方面军群战役中会由更为合适的大本营代表掌握。坦克集团军和骑兵–机械化集群（后者用于在更恶劣的地形中作战）肩负着更大纵深的战役级任务，常常要深入德军后方数百公里。在某些情况下，两个坦克集团军会一起合围德军一整个野战集团军。随着战争的发展，只要苏军机动部队取胜，这次攻势便会胜利；机动部队失利则攻势失败——这已是不言自明的公理。就像是要认可坦克集团军的重要性那样，1944年1月20日，国防人民委员部将2个独立机动军①合并，组建了第六个坦克集团军，由久经沙场的"坦克手"（Танкист）——安德烈·格里戈里耶维奇·克拉夫琴科中将指挥。⁹

然而，即使是坦克集团军也不会全体一同机动。在扩大战果和追击敌军过程中，下至加强步兵师、上至坦克集团军的各级苏军指挥员都会在其主力之前部署1个先遣支队。这些支队在战火洗礼中规模越来越大，任务愈加繁重。每个独立机动军都有1个800～1200人的加强旅作为先导；每个坦克集团军则是由1个独立坦克旅甚至所辖3个军中的某1个打头阵，兵力为2000～5000人。在一次扩大战果的过程中，先遣支队会根据自身部队规模和德军防御实力情况，行进在主力前方20～50公里处。在任何情况下，这些先遣支队的指挥员都会被寄希望于发挥其非凡的主动性和才能，绕过德军抵抗枢纽以继续推进；最终，他们（通常是20多岁的上尉、少校或中校）甚至可以召唤航空兵支援，以确保本部队快速推进。当先遣支队耗尽战斗力和补给时，这些指挥员还会（被指望能）在下一道水障碍对面夺取一块登陆场，为新一轮攻势提供跳板。有时，如果某个先遣支队被德国人缠住，作为上级的军或集团军就会通过机动实施反击，但在更多情况下还是会选择绕过敌军防御继续推进。¹⁰

正如德军在1941年和1942年的合围战中常常无法避免被围敌军的逃脱，苏军在封堵其成功合围的德军时也遇到了相同困难；不过被围德军的突围要求常常得不到上级批准，或是因为距离己方战线太远而无法成功逃脱。另外，在

---

① 译者注：这两个军正是克拉夫琴科的老部队——近卫坦克第5军及机械化第5军。

1941—1942年摆脱被俘命运的红军毕竟是回到自己国家的土地，面对着本国的人民；而突围成功的德军却要站在敌方国土上面对敌方人民。除一些著名的特例外，苏军在1944—1945年间的合围圈往往可以俘虏绝大部分甚至全部被围德军。最终，前者通过这样一种方式解决了以往总是困扰其敌人的难题——在用一些部队封闭合围圈的同时，使用独立快速集群继续追击。

第三次全面攻势

　　根据德国和苏联的官方数字，到1943年后期，德国在东线部署了2468500名本国士兵和709000名仆从国士兵，包括26个装甲师、151个其他类型师，共计2305辆坦克和自行火炮、8037门牵引火炮和迫击炮、3000架飞机。红军则拥有6394500名官兵，包括35个坦克/机械化军，以及超过480个其他类型师级编制，共计5800辆坦克、101400门火炮和迫击炮、13400架不同型号飞机；[11]这些军队被编成了60个诸兵种合成集团军、5个突击集团军和5个坦克集团军（不久后增至6个）。

　　1943年12月上旬，大本营发布了第三个冬季战局的作战计划，目标为肃清北面列宁格勒接近地、中央白俄罗斯、南面克里木与乌克兰的德军（见战场形势图18）。

　　苏联方面在讲述这段历史时总是强调战线北端和南端的胜利，暗示约瑟夫·斯大林和大本营谨慎地将主要精力集中在了这些地域。实际上，斯大林显然仍在追求宽大正面的战略，试图利用其逐渐增长的数量优势在整条战线上施加压力，以此压垮处于守势的轴心国军队。在北方和南方取得的胜利无疑是真实的，本章也会将重点放在这些胜利上，因为它们对于整场战争的进行十分重要。但除此之外，读者同样应对那两场重大失利有所了解，尽管它们没有在后来的苏方记录中留下太多篇幅。在战线中央，红军的三个司令部——波罗的海沿岸第1、白俄罗斯和西方面军（司令部）在1943年12月23日—1944年3月29日间对当面之敌发动了不少于11次进攻。不过这些攻击中的绝大多数都没能取得进展，常常在几天之内就陷入停顿；即使是打破列宁格勒封锁的那几次胜利也因为种种失误而未竟全功。苏联人仍然缺乏战斗力和经验丰富的参谋人员以顺利开展攻势，况且很多时候他们面对的是德军早有准备的防线。此外，从1944

年4月到6月上旬，乌克兰第2和第3方面军试图攻入罗马尼亚，将该国逐出战争，最终却吃了一次大亏，对此我们将在后文进行详细讨论。[12]

肃清乌克兰右岸

当红军开始将侵略者从乌克兰驱逐出境时，上述绝大部分失利都还没有发生。尽管乌克兰第1、第2、第3和第4方面军均加入到了作为更大的宽大正面战略一部分的此次行动中，但最高统帅部大本营还是将其攻势分为两个波次，在1943年12月25日—1944年4月间依次展开。这一系列先是依次发动、随后改为同时开始的进攻让莫斯科可以将关键的炮兵和机械化部队资源从一个方面军调拨到另一个方面军，并且可以将其预定攻势的真实范围隐瞒一段时间。

乌克兰的冬季远没有之前打了两年主要战争的俄罗斯那么寒冷。然而南方相对温和的气候使得天气和地形通过性变得难以捉摸，双方在整个冬季里都会受到突然解冻的影响。不过，按照苏联一方的标准，很"温和"的气候允许红军不经停歇就继续展开作战行动，这往往使其对手措手不及。同时，位于此地的游击队——既有受莫斯科指挥的也有谋求乌克兰独立的——更是让德军后方日益混乱不安。在与德国人和各种其他游击队的一系列残酷战斗中，带有分离倾向的乌克兰反抗军在1944年初发展到了顶峰。

苏军攻势的第一阶段目标是解放第聂伯河右岸，时间是1943年12月—1944年2月末；其中包括五个主要战役，每个都由一至两个方面军实施。德军南方集团军群司令埃里希·冯·曼施泰因不断将其手头的预备队从这里调往那里，以应对敌人的进攻；此外，他还担心南方集团军群和A集团军群可能会被撵到喀尔巴阡山脉或黑海之滨，无路可退，并被切断与其他防守部队的联系。[13]

头两次战役由瓦图京的乌克兰第1方面军和科涅夫的乌克兰第2方面军实施，基本就是对之前战役的延续，目的在于扩大第聂伯河对岸的登陆场。1943年12月25日，在曼施泰因的第48装甲军为消除基辅桥头堡威胁而发动的多次反击失败后，瓦图京的方面军开始从这里向日托米尔和文尼察出击，发起了日托米尔—别尔季切夫战役。德国人费尽全力才阻止了眼看就要实现目标的坦克第1集团军和近卫坦克第3集团军。同时，科涅夫的乌克兰第2方面军从之前目标克里沃罗格转向西面，以近卫坦克第5集团军为前锋，夺取了基洛夫格勒；于

赫尔辛基
芬兰湾
拉多加湖
7 Sep
列宁格勒
列宁格勒方面军
塔林
18
佩普
西湖
18
沃尔霍夫方面军
雷宾斯克水库
里加湾
北方集团军群
16
16
加里宁
勒热夫
里加
大卢基
波罗的海沿岸第 2 方面军
莫斯科
别雷
波罗的海沿岸第 1 方面军
柯尼斯贝格
考纳斯
维尔纽斯
3Pz
斯摩棱斯克
图拉
中央集团军群
明斯克
4
西方面军
9
布良斯克
白俄罗斯方面军
华沙
2
库尔斯克
2
基辅
乌克兰第 1 方面军
别尔哥罗德
哈尔科夫
4Pz
4Pz
乌克兰第 2 方面军
南方集团军群
1Pz
4Pz
1Pz
8
乌克兰第 3 方面军
1
Hum
1Pz 6
乌克兰
第 4 方面军
4
Rum
8
6
3
Rum
6
独立滨海
集团军
敖德萨
A 集团军群
布加勒斯特
塞瓦斯托波尔
17
黑海舰队
索菲亚

| 7Sep: 独7集 | 2S: 突2集 | 10G: 近10集 | 3GT: 近3集 |
| 1T: 坦1集 | 1Hum: 匈1集 | 3Rum: 罗3集 | 4Pz: 装4集 |

战场形势图 18：冬季战局，1943 年 12 月—1944 年 4 月

是，位于基辅东南的第1装甲集团军和第8集团军结合部便形成了一个伸向东北面第聂伯河的巨大突出部。盘踞于此的德军有2个军，合计5个师，以及得到加强的党卫军第5"维京"装甲师。具有讽刺意味的是，这里既是苏军在第聂伯河对岸夺取的第一个登陆场（大布克林），同时也是第聂伯河地段上德军控制的最后一段"豹"防线——希特勒不会批准曼施泰因从此地撤退。[14]

在己方这些攻势让德国人筋疲力竭后，朱可夫协调乌克兰第1和第2方面军，实施了科尔孙-舍甫琴科夫斯基战役。尽管这一突出部是个（对苏军而言）明显不错的进攻选项，但苏军的进攻时间和地点还是瞒过了德国情报机关的眼睛。从1944年1月19日开始，科涅夫精心组织了一次欺敌行动，近卫坦克第5集团军装作正在基洛夫格勒以西森林中集结的样子，实则秘密北上，准备合围该突出部。除使用假阵地、车辆进行移动和发出假的无线电通信来虚构坦克集团军（的存在）以外，位于伪装地域的步兵还发动了一次局部进攻，看上去就像是在为机动部队发展胜利做铺垫。德军第8集团军在1月21日意识到自己被欺骗，可此时距离1月24日科涅夫的方面军发起进攻只剩48小时，己方防守部队已经来不及构筑坚固的防御工事；[15]次日，罗特米斯特罗夫的近卫坦克第5集团军和尾随其后的近卫骑兵第5军穿过进攻的近卫第4集团军和第53集团军，向西进击，准备与策应的瓦图京方面军会合。

更让德国人吃惊的是新建坦克第6集团军突然出现在了他们突出部另一边，即西北面，简直就像从雪里冒出来那样。在这里，瓦图京于科涅夫之后两天才展开进攻，可他发现很难突破德军防御。克拉夫琴科将军的坦克第6集团军司令部是新组建的，下辖的机动军也没满员，不过到2月3日，他已经和近卫坦克第5集团军会师，围绕着德军第11和第42步兵军形成了一道细细的外层包围圈；第27、第52集团军和近卫第4集团军则围绕德军形成了内层包围圈。

接到不惜一切代价守住第聂伯河命令的第42步兵军军长、炮兵将军威廉·施特默尔曼预感到灾难即将来临，因而构筑了额外防御工事，并储存了一些补给——这一地域后来也成了所谓"切尔卡瑟口袋"。[16]科涅夫的大锤无情地砸向这个口袋，于2月10日夺取了科尔孙附近的口袋西部，但施特默尔曼仍在顽抗；包括党卫师高级指挥官在内的其他军官都乘坐在合围圈内成功着陆的运输机撤了出去。德国空军宣称，在1944年2月9—14日间，其每天向口袋内提供了最多达到185吨的补给，不过冬季天气的再次降临也使补给行动陷入停顿。

曼施泰因集结起第1、第16和第17装甲师及党卫军第1"阿道夫·希特勒警卫旗队"装甲师，对实力不足的坦克第6集团军发动了一次反击，并且取得了一些进展。斯大林给参战的两个方面军调来增援，要求他们重新采取行动，由科涅夫指挥内层包围圈部队和空军第2集团军，在敌解围部队抵达前坚决彻底地消灭防守德军。科涅夫在飞行员中招募志愿者，于暴风雪中起飞，向残余德军躲藏的城镇投掷燃烧弹。到2月17日上午，施特默尔曼早已耗尽补给，他下令破坏重武器，并向西突围。在此过程中，该部撞上了第27集团军和近卫第4集团军的铁拳；当德军距离己方战线仍有数公里之遥时，夜幕已经降临，苏军坦克部队和哥萨克骑兵接踵而至，屠戮了这些逃命的德国人；施特默尔曼死在了随后的战斗中，但由于他生前付出的努力，被追授了橡叶骑士铁十字勋章①。17

尽管德方记录宣称有30000人逃出，不过相比之下，苏方的数据要可信得多——根据他们的记述，有55000名德军死亡或负伤，另有18000人被俘。那些突围成功的部队都损失了所有技术装备，惊魂未定，不得不前往波兰进行彻底重组。曾在德军差点成功突围时责备过下属指挥员的斯大林现在兴高采烈地将科涅夫晋升为苏联元帅，并让罗特米斯特罗夫成了第一位装甲坦克兵元帅②。18天才般的瓦图京大将可能也会得到类似褒奖，然而在2月29日，他因遭到乌克兰分离主义分子的伏击而身受重伤，后于4月15日逝去。不过朱可夫立即接手指挥了乌克兰第1方面军，并着手执行瓦图京（未完成）的新计划。这次伏击表明西部各共和国中反苏叛乱的威胁正逐渐增长，叛军甚至可能在战后继续打上几年。

正当德国人的目光锁定于科尔孙–舍甫琴科夫斯基时，苏军趁其集中战役预备队为包围圈解围，打击了南方集团军群两翼。在乌克兰第1方面军的右翼

---

① 译者注：Ritterkreuz des Eisernen Kreuzes，字面含义为"骑士十字级铁十字勋章"，但习惯译为"骑士十字勋章"或"骑士铁十字勋章"。铁十字勋章是自1813年起普鲁士和德国的一个基本勋章类别。1939年，当局设立骑士十字级铁十字勋章，获得者被称为"骑士十字获得者"（Ritterkreuzträger）；其后还可逐渐添加橡树叶、双剑和钻石等饰物，最高级别为全质钻石双剑橡叶饰，以表彰获得者功绩。后来，科涅夫允许德军战俘以适当的仪式埋葬了施特默尔曼。

② 译者注：在同一天获得晋升的还有红军装甲坦克和机械化兵司令雅科夫·尼古拉耶维奇·费多连科。

（北面），瓦图京投入他的第13和第60集团军，在近卫骑兵第1和第6军支援下对曼施泰因在普里皮亚季沼泽以南、延伸过度的北翼发起了进攻。1月27日—2月11日间，红军骑兵大胆穿过无人的沼泽地形，使防守德军惊慌失措，随后夺取了罗夫诺和卢茨克——这两个地方非常适合红军在未来发动战役，尤其可以杀入南方集团军群的后方。[19]

在更南面，马利诺夫斯基大将的乌克兰第3方面军和托尔布欣大将的乌克兰第4方面军朝着正对第聂伯河大弯曲部的防守德军发动了向心突击。代表大本营协调此次进攻的华西列夫斯基试图打垮卡尔-阿道夫·霍利特上将指挥的第6集团军（重建部队）①。苏军从1月30日开始进攻，粉碎了第聂伯河南岸尼科波尔桥头堡（舍尔纳部）的防御，夺取了大弯曲部的突出部，并占领了克里沃罗格城。舍尔纳虽然是一名坚定的纳粹党员和风格强硬的领导，可此时也不得不撤出突出部，将剩余部队拼凑起来重新组织防御。[20]

到2月结束时，这五次战役已经扫清了整条第聂伯河防线上的德军。后来，它们（五次战役）成了所谓"斯大林的十次突击"②中的前五个。[21]失去沿河防线后，曼施泰因在乌克兰内部辽阔平原上的部队现在就很容易被彻底击败了。

解放乌克兰

虽然对北方和中央集团军群的作战进程缓慢，不过苏军在南方的攻势几乎是马不停蹄，即使在春季解冻期间也同样如此。在此次攻势的第二阶段，苏军又于1944年3月初到5月中旬发动了6次进攻，彻底扫清了在乌克兰和克里木半岛的敌人。[22]准备过程中，最高统帅部将己方兵力重新洗牌，在南方投入了全部6个坦克集团军。主要工作仍交由瓦图京（后来是朱可夫）和科涅夫的方面军完成，两部各辖有36个步兵师和3个坦克集团军；他们的目标是撕开德军

---

① 译者注：当时隶属于曼施泰因的南方集团军群，后于2月2日转隶陆军元帅克莱斯特的A集团军群。原文说法是该集团军由山地兵将军费迪南·舍尔纳指挥，实际上后者当时指挥的是位于尼科波尔桥头堡的"舍尔纳集群"，也称"尼科波尔集团军级支队"。

② 译者注：Десять Сталинских Ударов。1944年11月6日，斯大林在纪念十月革命27周年的演讲中第一次提到"十次突击"，但在赫鲁晓夫做出秘密报告后停止了这一说法的使用。

战线，将中央和南方集团军群分割开来，以便将后者摁在黑海边或喀尔巴阡山脉上。

德国人觉得苏军的主攻会指向这一地段的中部——南方集团军群司令部所在地文尼察，此处由第1装甲集团军负责防守。最高统帅部正试图利用这一点——实际上，苏军将其主攻方向转向了西北，即罗夫诺—杜布诺地域，以打击敌第4装甲集团军。正当这里的德国人关注科尔孙-舍甫琴科夫斯基危机时，乌克兰第1方面军右翼在次要的罗夫诺—卢茨克战役中取得了可观战果。苏联最高统帅部把他们的"车"①——3个坦克集团军调往右侧，会同瓦图京的方面军主力作战。曼施泰因通过情报机构终于发现了苏军的兵力调动，并调遣第1装甲集团军向西进入受威胁的普罗斯库罗夫地段，但此时已经来不及打退苏军初期的猛攻。

3月4日，朱可夫指挥乌克兰第1方面军，从舍佩托夫卡和杜布诺地域全力杀往西南方靠近罗马尼亚边境的切尔诺维策②。[23]朱可夫投入了近卫坦克第3集团军和坦克第4集团军③，以期在德军脆弱的防线上凿开一道口子。3月7日，这两个坦克集团军接近了普罗斯库罗夫，然后被守军第3和第48装甲军挡住去路。不过很快，坦克第1集团军就加入战斗，于3月21日连同坦克第4集团军再次击穿德军防线，杀入其战役后方。卡图科夫的坦克第1集团军拼命赶路，即使在夜间同样车灯大开、汽笛轰鸣，以迷惑防守的德军；3月24日，该部以近卫坦克第64旅为基础组建的先遣支队用7个小时向前挺进约80公里，几乎马不停蹄地强渡德涅斯特河，切断了第1装甲集团军后方铁路线。到3月27日，列柳申科中将的坦克第4集团军和莫斯卡连科上将的第38集团军已经围绕敌人21个装备很差的师形成了一个松散包围圈，所有这些敌军都隶属于第1装甲集团军。为形成包围圈，列柳申科甚至使用了波-2双翼机向先遣支队空投油箱。[24]

3月25日，曼施泰因终于让希特勒相信了第1装甲集团军必须进行突围；后者还多给了2个党卫军装甲师和2个步兵师协助（前者的）行动。这次妥协让

---

① 译者注：原文是国际象棋中的"城堡"。
② 译者注：1944年3月29日，红军收复该城；8月9日其更名为切尔诺夫策，并沿用至今。
③ 译者注：1945年3月17日更名为近卫坦克第4集团军。

人倍感意外，因为国防军统帅部最近刚发布的元首第51号训令指定了包括普罗斯库罗夫在内的26座主要城市作为要塞，必须战至最后一人。[25]苏军的包围圈上有道15公里长的口子，只剩区区60辆可用坦克的坦克第4集团军无力将其封闭。朱可夫把手头所有能用的部队都集中到了合围圈南部，他判断德军将从这里向罗马尼亚突围。然而，凭借党卫军第2装甲军和2个新锐的师发动反击，第1装甲集团军残部得以在4月初向西逃脱。不过4月17日时，坦克第1集团军各先遣支队早已抵达喀尔巴阡山脉，有力地切断了冯·曼施泰因的北乌克兰集团军群（原南方集团军群改名而来）与南方部队的联系。因为这一功绩，卡图科夫的坦克集团军在4月25日获得了"近卫"称号。

科涅夫的乌克兰第2方面军于3月5日实施乌曼—博托沙尼战役，时间恰好在朱可夫的方面军展开进攻一天后，而德军战役预备队也已经西调，离开了乌曼地域。[26]除一贯的密集炮火和步兵准备外，科涅夫还冒险从进攻伊始就投入了谢苗·伊里奇·波格丹诺夫中将的坦克第2集团军和装甲坦克兵元帅罗特米斯特罗夫的近卫坦克第5集团军；很快，克拉夫琴科中将的坦克第6集团军所属部队同样接踵而至。所幸的是，事实证明德军防线是如此不堪一击，科涅夫的冒险因而取得成功，坦克部队在康斯坦丁·阿波罗诺维奇·科罗捷耶夫中将的第52集团军支援下继续奋勇向前。到3月10日，他们已经夺取了西乌克兰的主要铁路节点和补给维修站——乌曼[①]。在同一天，科涅夫的先头部队占领了文尼察，不久前这里还是曼施泰因的集团军群司令部，甚至一度成了希特勒的东线司令部所在地。[27]

苏军快速集群无视被迂回而且早就失去机动力的德军，一路向西狂奔，以夺取乌克兰西部的河流。到3月11日，波格丹诺夫的坦克第2集团军和克拉夫琴科的坦克第6集团军先遣支队早已渡过南布格河下游，并建立了登陆场。随后两天内，乌克兰第2方面军在80公里长的正面上临时建成了数个渡河口。3月17日下午，近卫坦克第5集团军的坦克第29军到达索罗卡附近，进抵德涅斯特

---

① 译者注：格兰茨和豪斯在本书初版中指出乌曼有数百辆德军坦克和数千吨给养因为春季的烂泥而动弹不得，而苏联版二战史认为红军在主要供应基地乌曼缴获了包括大量坦克在内的无数战利品；科涅夫则在其回忆录中指出（红军）在乌曼东北约20公里处的波塔什车站地域（Потаm）缴获了敌坦克500余辆，另外200辆完好的已经补充了德军装甲师。

河①，随后迅速让步兵强渡该河。3月21日，整整一个机械化军都已经渡河完毕，并有力切断了德军北面第1装甲集团军与南面第8集团军之间的联系。

当6个坦克集团军引导着乌克兰第1和第2方面军向前挺进时，另外2个方面军也没闲着。1944年3月6日，马利诺夫斯基的乌克兰第3方面军沿黑海海岸发起了攻势——别列兹涅戈瓦托耶—斯尼吉廖夫卡战役。[28]伊萨·亚历山德罗维奇·普利耶夫中将在开战时就是一位老练的骑兵指挥员，此时他指挥着1个骑兵–机械化集群（下辖有近卫骑兵第4军和机械化第4军）。普利耶夫于3月22日抵达南布格河南面，并继续向前突击，其最终目标是前出至苏联国境线处的多瑙河②。此时，苏联骑兵正在国内战争时期使其扬名立万的区域中行动，他们在这种重型机械化车辆难以通行的地形上再次证明了自身价值。尽管德军第6集团军在苏军的推进中几乎被包围，可还是千方百计突出了重围，一边迟滞苏军，一边向西穿过乌克兰南部。到月底，一场持续三天的暴风雪让双方作战行动都暂时停了下来。此时，乌克兰第3方面军已经开始准备春季攻势，以收复敖德萨。4月上旬，该方面军接近了乌克兰第2方面军在罗马尼亚边境德涅斯特河一线的阵地，但其为将来战役建立登陆场的行动并未取得什么进展。[29]

己方军队的一连串失败促使希特勒决心撤换南方集团军群和A集团军群司令、陆军元帅冯·曼施泰因和冯·克莱斯特。1944年3月30日，他派出私人座机将两人带到自己的司令部；在给他们的骑士十字勋章添加双剑饰后，希特勒表示自己对其所做的一切十分满意。不过希特勒也解释说，现在他需要的不是高明的战术家，而是能驱使下属发挥最大潜力的指挥官——陆军元帅莫德尔和山地兵将军舍尔纳③走马上任，取代了两人。[30]曼施泰因和绝大多数德国观察人士将此视为独裁者无法容忍反对意见的又一例证。然而不要忘记的是，在撤换两位司令的前17个月里，希特勒一直在采纳他们的批评意见；当两个属下似乎不仅一直持负面态度，而且不如以前那么能打时，任何领导人都可能采取相同手段。此外，希特勒的撤职方式并非无理羞辱，而是相当温和体面的。

---

① 译者注：即尼斯特鲁河（Nistru），是摩尔多瓦和乌克兰的界河。
② 译者注：具体是罗马尼亚东海岸、多瑙河入海口的多瑙河三角洲处，但这个目标对当时的他来说过于遥远。
③ 译者注：3月30日，莫德尔由上将晋升元帅；5月，舍尔纳晋升上将。

在南方打出的下一记重拳是收复克里木半岛，出拳者是托尔布欣上将的乌克兰第4方面军，时间为4月8日。[31]近卫第2集团军和第51集团军在坦克第19军和（在刻赤半岛的）独立滨海集团军支援下，一同向德国–罗马尼亚第17集团军发起了进攻，于4月16日将轴心国部队赶进塞瓦斯托波尔城。这一窘境显然是希特勒坚持就地死守的产物；他还要求守住克里木，并认为这里很适合轰炸机起飞以攻击罗马尼亚的油田。德军拼死抵抗，却并不能像两年前的红军一样防守那么长时间，或许原因就在于先前的固定防御工事已被毁坏。5月6—10日，在城市遭到强攻时，德军实施了一次迟来的海空撤退行动，试图将幸存的防守部队通过海路撤出。但第17集团军原先121000名德国和罗马尼亚士兵中只有不到38000人逃离克里木的海滩；当然在此之前，很多后方人员早已撤出。无论幸存者具体数量几何，这些突围的残兵败将几乎损失了全部重装备，而德国的工业不仅要为德军，也得为罗马尼亚军队补充这些装备。[32]

到1944年5月，红军已经几乎解放苏联南方的全部国土，在此过程中击溃了德军第1装甲、第6、第8和第17集团军大部。希特勒及其军事幕僚的战略注意力都被吸引到了南方战区，苏联人所有6个坦克集团军一直集结在这里的事实表明其夏季攻势的重心必然是此地——这一想法就足以解释当苏军的下一轮大规模攻势指向中央集团军群时，德军为何会大吃一惊了。

失败的罗马尼亚战役

红军于1944年冬春两季取得的胜利不仅在军事上意义重大，在政治上的影响也很显著。2月，苏军的猛烈轰炸以及来自美苏两国的警告促使芬兰开始外交谈判。3月，罗马尼亚的扬·安东内斯库元帅飞往柏林，恳求将罗马尼亚军队撤出克里木半岛；他早已丢掉了之前吞并的现今所称比萨拉比亚和摩尔多瓦地区，现在又要面临在克里木的失利——1942年时，罗马尼亚军队曾付出了惨痛代价才将其征服。就该国本土而言，长达5年的战争和德国的经济剥削使其通货膨胀率达到了1300%。[33]如今，不满情绪甚至蓄意发起的破坏活动已经影响到用于补给前线的铁路列车的行动。安东内斯库请求希特勒将罗马尼亚第3和第4集团军放在一个独立的、属于其本国的集团军司令部之下指挥，但大多数德国人只同意组建2个德军和罗马尼亚军队混编的集团军级支队，名义上由彼得·杜米特雷斯库上将（general de armată）指挥德军第6集团军和重建的罗马尼亚第4集团军。这两名独裁者原则上同意将2个集团军级支队以外的罗马尼亚部队划归到新组建的南乌克兰集团军群中，而该部在地理上已经与德军战线分割开来。[34]

不过从长远来看，罗马尼亚留在轴心国阵营是前景堪忧的，安东内斯库早已向莫斯科和伦敦发出外交试探。与此同时，希特勒在3月18日恐吓了匈牙利摄政——海军中将霍尔蒂·米克洛什[①]，后者当时正为犹太难民提供庇护，并考虑与苏联人通过外交途径解决问题；次日，德军控制匈牙利，攫取了该国有限的汽油储备，并开始把另外438000名犹太人送进奥斯维辛集中营。总的来说，只有保加利亚政府还在拼着老命抱德国的大腿。[35]

当斯大林指示科涅夫的乌克兰第2方面军和马利诺夫斯基的乌克兰第3方面军在1944年4—5月再次发动一系列攻势时，局势就如以上文字所述。虽然之前的战役已经解放了本国国土，但现在这名苏联领导人更想规划出一个对己方有利的战后世界——特别是他发现有机会将罗马尼亚甚至保加利亚逐出战争，并且控制巴尔干。

为此，第一步就是让科涅夫想方设法占领基希讷乌（今属摩尔多瓦）和雅西地域（俄文为Яссы，罗马尼亚文为Iaşi，德文为Jassy），后者距离罗马尼亚边境线15公里左右，两处都是德涅斯特河下游流域的主要交通枢纽。此外，科涅夫的最终目标是普洛耶什蒂油田。4月8日，当德国人的目光还聚焦在克里木时，乌克兰第2方面军便打算推进至位于德涅斯特河以西、相对较小的锡雷特河；可惜之前的战役行动消耗了不少人员、火炮弹药和可用的装甲车辆。大本营很清楚这些问题，不过执意按原计划发起攻势；苏军在初期顺利达成了突破。由于进攻是在春季泥泞季节发动，罗马尼亚人和德国人被打得措手不及，起初不得不撤退。但轴心国迅速做出反应，集结起了庞大的"大德意志"装甲掷弹兵师和几个精疲力竭的装甲师。这些预备队集中在两个截然相反的方

---

① 译者注：霍尔蒂从1918年2月27日起担任奥匈帝国最后一任海军司令，于10月30日（也可能是11月1日）晋升海军中将（Vizeadmiral）。自1920年起，他担任新成立的匈牙利王国摄政，名义上是替奥匈帝国末代皇帝和匈牙利国王卡尔一世理政。有一个最广为流传的笑话就是，匈牙利作为一个没有国王的王国由一名摄政统治，而此公是一名没有海军的海军将军。该国的盟友之一是与其存在领土争端的罗马尼亚，而完全没有这一方面争端的美国却成了它的宣战对象。

向上，一个指向雅西西面的特尔古弗鲁莫斯，打击克拉夫琴科的坦克第6集团
军；另一个则指向波杜伊洛阿耶伊附近，打击更强的波格丹诺夫的坦克第2集
团军。"大德意志"师师长哈索·冯·曼陀菲尔中将①是一名天才的战术家，
此时也再次展现出了德军在机械化作战中的战斗力。在一系列激烈的遭遇战
中，由德军和罗马尼亚军队混编的韦勒集团军级集群②在4月下旬和科涅夫打
成了平手。尽管装备不足，与德军并肩作战的罗马尼亚部队还是进行了相当激
烈的抵抗。类似地，如前文所述，马利诺夫斯基的乌克兰第3方面军在4月下旬
成功拿下敖德萨，并逼近德涅斯特河。不过春季的洪水和泥泞路面妨碍了苏军
行动，导致他们几乎没能在河对岸建立起真正有用的登陆场。德国炮兵将军马
克西米利安·德·安格利斯的第6集团军虽然在撤退过程中遭受重创，但还是
重整旗鼓，沿着河岸建立了强大的防御体系。[36]

　　这次挫折让两名方面军司令和大本营暂时停手，并且精心周密地组织新
一轮攻势。4月下旬，红军中那两支战功最为卓著的野战部队加入了乌克兰第2
方面军序列——也就是舒米洛夫上将的近卫第7集团军和装甲坦克兵元帅罗特
米斯特罗夫的近卫坦克第5集团军。该方面军还得到了额外炮兵部队以支援即
将发起的攻势。与此同时，罗特米斯特罗夫和波格丹诺夫的坦克集团军各加
强了2个坦克团——装备有苏联最新式的IS-2坦克③。它是KV重型坦克的替代
型号，装备有122毫米口径的A-19型主炮，苏联人显然是将其用来对付德军的
"豹"式。[37]

　　苏军在尝试突入罗马尼亚时所依靠的并不只是数量优势。比如，马利诺
夫斯基曾请求大本营重新分配作战地域，包括将一个更合适的登陆场④从科涅
夫的乌克兰第2方面军划归于他的乌克兰第3方面军。从1944年4月24日开始，
科涅夫实施了一次多层面的欺敌行动，使德军确信其突破口将选定为雅西正
北的罗马尼亚第18步兵师地段，而实际上他的主攻会放在雅西西面约50公里处

---

① 译者注：于2月1日晋升少将并接任师长，在9月1日晋升装甲兵将军并开始指挥西线的第5装甲集团军。
② 译者注：Armeegruppe，南方集团军群所属部队，指挥官是步兵将军奥托·韦勒。
③ 译者注："IS"即"约瑟夫·斯大林"的首字母大写。原文为IS-3，有误。装备85毫米主炮的IS-1坦克只生产了107
辆，可能并未参加实战，其中有102辆被改装为IS-2；IS-2于1944年4月在塔尔诺波尔附近首次进行实战；原文所说的IS-3从
未参加过苏德战争。
④ 译者注：即该方面军右翼科涅夫的塔什勒克登陆场，原属近卫第5集团军，后于4月底移交给了近卫第8集团军。

（见战场形势图19）。

然而，这次欺敌行动的效果好得过头，导致韦勒集团军级集群受到刺激，于4月25—28日间在特尔古弗鲁莫斯以北发动了几次局部反突击。得到罗马尼亚第1近卫师①支援的"大德意志"师将苏军击退了将近10公里，夺取了近卫第7集团军的预定攻击发起阵地。科涅夫不得不将进攻推迟数日，但到5月2日，两个方面军已经做好了攻击准备。近卫第7集团军及在其后方地域待命的近卫坦克第5集团军会再次向南突击，直扑特尔古弗鲁莫斯；第27集团军及位于其后的坦克第2集团军则会在舒米洛夫的东翼（即左翼）向前推进。不过，由于在这次（主要）攻击发起前经历了长期战斗，此时科涅夫麾下状态最好的师也只有4500～6000人；波格丹诺夫手下的坦克军按照编制应各有不少于160辆坦克，但开战时只剩下了不到三分之一。[38]

苏军对面的罗马尼亚−德国混编部队接受装甲兵将军弗里德里希·基希纳的第57装甲军指挥。在接下来几天里，"大德意志"师和得到补充的第24装甲师再次展现了其作战素养，首先在5月2—3日挡住了科涅夫的冲击，然后发动了一系列反冲击。对于苏联人来说，不幸的事还在后面——从5月10日开始，德军第6集团军对马利诺夫斯基在德涅斯特河的主要登陆场发起反击，此时正值红军近卫第5集团军将阵地移交给近卫第8集团军的紧要关头。德军重创近卫第8集团军（该部由原斯大林格勒保卫者、崔可夫的第62集团军改编而来），至少占领了其一个师部。当马利诺夫斯基派遣突击第5集团军支援崔可夫时，该集团军又因为德军发动的另一场反击而损失惨重。德国人再次展现出了他们甚至可以从已经消耗很大的部队中抽调力量以组建强有力的战斗群的能力。[39]

这些预料之外的失败让苏军一线指挥和参谋人员甚至莫斯科大为震惊。于是，其西南方向部队全面暂停行动，同时开始休整并补充兵力。崔可夫的部队和其他几个坦克集团军被调到了更需要他们的地段，对罗马尼亚的攻势因此暂停三个月，具体情况我们将在下一章详细讲述。

---

① 译者注：罗马尼亚军队同时编有第1近卫师（Divizia 1 Gardă）、第1装甲师和第1步兵师，此处参战的应是第1近卫师。

战场形势图 19：特尔古弗鲁莫斯和雅西地段的态势，1944 年 4 月 30 日

列宁格勒和中央战区

当乌克兰和罗马尼亚的形势出现逆转时，苏军在列宁格勒地域的努力也终于到1944年取得回报。这个布尔什维克革命的发祥地已经被围困两年多，起初不得不依赖拉多加湖——冬季走冰面，夏季走水路——进行运输。1943年1月下旬，红军发起"火花"战役，打开了一条狭窄通道，其中有一条运载量不大的铁路，可以沿着拉多加湖南岸通向列宁格勒；但它很容易遭到德军炮火封锁。作为在斯大林格勒战役后发起总攻的一部分，红军于1943年2月发动了"北极星"战役，试图切断围困列宁格勒的德军第16和第18集团军。不过，该地区红军仍然缺乏资源和经验来打破德军早有准备的防御，进攻因损失惨重而宣告失败。[40] 在整个1943年里，列宁格勒的保卫者们多次尝试打破封锁，但收效甚微。与此同时，德军远程炮兵在围城期间会时不时地向城里开火；不过红军也设立了一个联合反炮兵机构，开始组织力量来定位和摧毁这些远程火炮。

到1944年1月，德军北方集团军群的实力已下降到397763人，仅剩16辆坦克、109辆突击炮和71架作战飞机。[41] 这些部队拥有构筑长达数月之久的绝佳野战工事，但缺少被突破后实施反击所必需的预备队。此外，德军统帅部的注意力正被南方接连不断的战事所吸引，北方集团军群也必须紧盯在白俄罗斯日益增长的威胁。在这种情况下，列昂尼德·亚历山德罗维奇·戈沃罗夫上将的列宁格勒方面军和基里尔·阿法纳西耶维奇·梅列茨科夫大将的沃尔霍夫方面军就与当地游击队联手采取了行动。为避免从正面强攻，最高统帅部指示戈沃罗夫将重建的突击第2集团军部署到奥拉宁包姆登陆场，这里位于列宁格勒以西，是芬兰湾岸边一片被孤立的地段；现在，此处成了苏军向德军第18集团军发起钳形突击的跳板。在整个11月里，随着芬兰湾逐渐结冰，突击第2集团军在夜间乘坐驳船和小艇、由扫雷舰船和巡逻艇提供掩护，不断使部队渗透进去；到1月，这里已经有5个步兵师、600门火炮和一些坦克及自行火炮部队。苏军用以掩人耳目的说法是正从奥拉宁包姆撤出，而非增援。与此同时，敌后游击队的数量和质量也大大提高——莫斯科提供骨干人员和武器，改善了对这些部队的指挥；更重要的是，尽管当地居民担心苏联人获胜后可能加以报复，可德国人越来越严厉地强迫当地人为其工作更是让很多人对占领者心生不满。1943年后期，在北方集团军群控制地域活动的游击队实力增长了400%。[42]

受薄雾和间歇性降雪影响，突击第2集团军推迟到1944年1月13—14日才发动进攻。随后不久，当德国人将目光转向奥拉宁包姆登陆场时，戈沃罗夫方面军的其他部队也加入攻势；与此同时，梅列茨科夫的沃尔霍夫方面军在南面围绕诺夫哥罗德展开了进攻。

然而，苏军在诺夫哥罗德—卢加战役中的推进是行动迟缓、笨手笨脚的，相较遥远南方的伟大胜利简直是云泥之别。其中部分原因可归咎于此地绝大多数指挥员在战争期间一直待在列宁格勒方面军，无法像他们南方的战友那样积累（关于作战的）专业经验。戈沃罗夫总是会为他下属的直线正面进攻战术、作战时兵力分散，以及过于依赖（得不到相关支援的）步兵而火冒三丈。进攻部队在协调航空兵、工程兵等兵种支援步兵时遇到了很多问题，装甲兵、炮兵和侦察单位常常无所事事。[43]另外，德国人用这两年多不进不退、孤立苏军的时间精心构筑了他们的防御体系。不过，苏联人最终还是打破了北方集团军群的防御，迫使其解除对列宁格勒的围困，随后向南撤退。

2月，最高统帅部大本营撤销沃尔霍夫方面军，并将其部队分配给戈沃罗夫的列宁格勒方面军和马尔基安·米哈伊洛维奇·波波夫大将的波罗的海沿岸第2方面军。2月20日，苏军把德军从这座伟大城市的近接近地击退了80~100公里。希特勒做出回应，派他的防御专家瓦尔特·莫德尔指挥北方集团军群。后者发动了多次有限反击，但还是无法阻止苏军推进。2月26日，列宁格勒正式宣布完全解除封锁。该城及莫斯科为庆祝胜利鸣放了礼炮①。到1944年3月，进攻的苏军已经歼灭德军北方集团军群3个师，重创至少17个师，不过己方同样伤亡了313954人。[44]

即便在这时，苏军的追击仍然组织得十分差劲，这也让德军第18集团军避免了被他们合围。当德军成功脱离接触并完成撤退后，国防委员会申斥了倒霉的波波夫及其军事委员会委员、未来的共产党领导人尼古拉·亚历山德罗维

① 译者注：1943年8月5日，为庆祝奥廖尔和别尔哥罗德解放，莫斯科首次鸣放礼炮；1944年1月27日，人们在列宁格勒城内的涅瓦河上鸣放礼炮，以庆祝该城解围。按照苏联时代的官方定义，列宁格勒会战始于1941年7月10日，到1944年1月底红军已解放诺夫哥罗德、普希金、姆加、柳班、丘多沃等城市，到3月1日几乎解放列宁格勒州全境，会战最终结束于1944年8月9日。此时，红军在夏季战局中击溃了北翼敌军战略集团，攻克维堡，注定将芬兰淘汰出战争，使列宁格勒的安全有了充分保障。

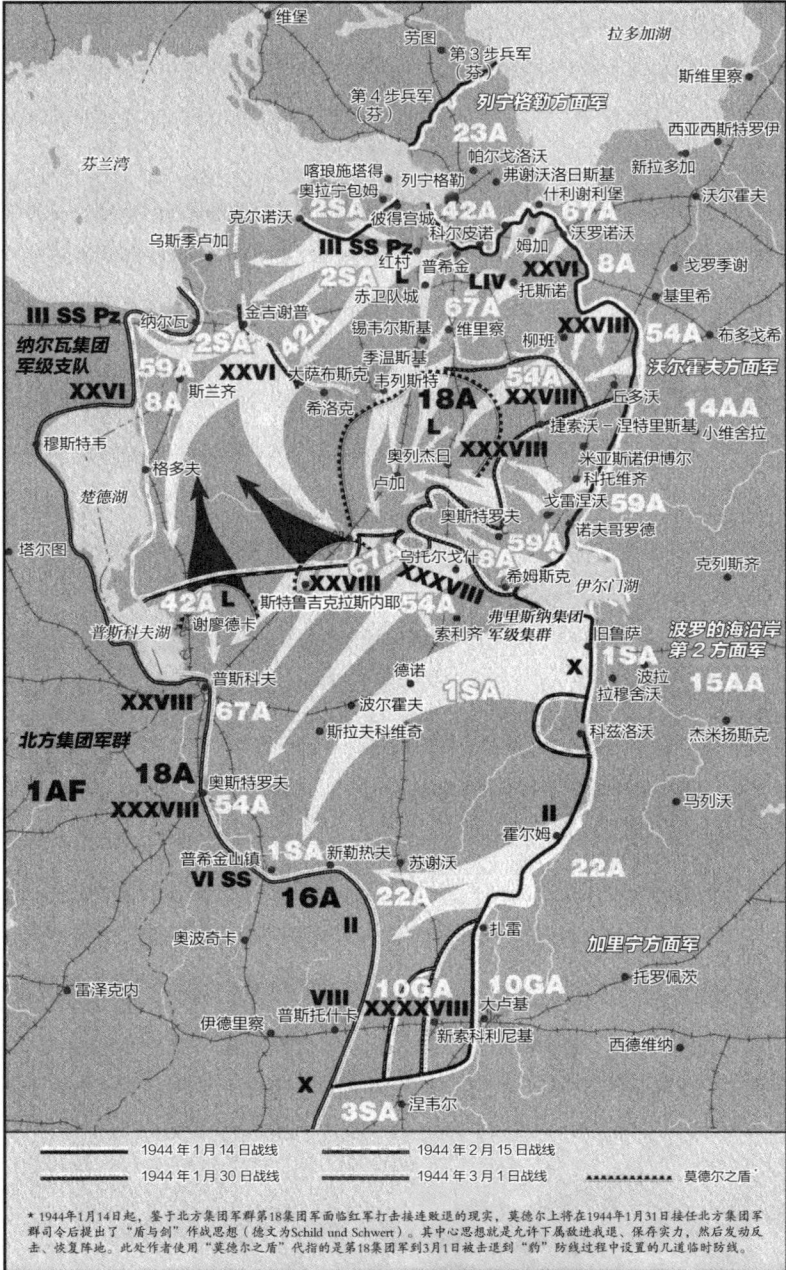

战场形势图 20：苏联的列宁格勒—诺夫哥罗德进攻战役，1944 年 1—4 月

奇·布尔加宁。然而这样的施压并不能解决在俄罗斯冬季进军时出现的后勤保障和战术问题。2月底，德军已从卢加和伊尔门湖以西后撤至沿佩普西湖①到维捷布斯克一线新建的"豹"防线。尽管列宁格勒和波罗的海沿岸第2方面军越过纳尔瓦河进入爱沙尼亚，并经过数周苦战突破了德军在奥斯特罗夫和普斯科夫地域的防线，但攻势最终还是停了下来。[45]此时，德军仍然占据着爱沙尼亚大部和拉脱维亚全境，不过芬兰政府已经开始设法退出战争。

与此同时，在德军中央集团军群当面，现由巴格拉米扬大将指挥的波罗的海沿岸第1方面军在索科洛夫斯基的西方面军和罗科索夫斯基的白俄罗斯方面军配合下，继续向维捷布斯克、奥尔沙和罗加乔夫一带的德军阵地打出重拳。在巴格拉米扬对维捷布斯克北面接近地实施长达19天②的戈罗多克战役时，1943年12月20日—1944年3月29日间，西方面军和白俄罗斯方面军在白俄罗斯南北两面至少发起了7次独立攻势，付出了超过20万人伤亡的代价，但进展仍然不大。[46]

在4个月内，苏联进攻机器已经解放列宁格勒、乌克兰和克里木，还向白俄罗斯楔入几颗钉子，不过在罗马尼亚和波罗的海沿岸遭遇了一些挫折。希特勒手下最出色的两员战役级将领——埃里希·冯·曼施泰因和埃瓦尔德·冯·克莱斯特都丢掉了指挥权。在此过程中，德军有16个师、至少50000人被苏军通过合围和零敲碎打从地图上抹去；另外的65个德国和罗马尼亚师也被打得只剩骨头架子。1942年末到1943年的冬春时节还是德国人休养生息的好日子，而处于1944年相同时期的他们却必须为了生存而不断挣扎。德军的装甲师和党卫师四处奔走，以支撑摇摇欲坠的防线；于是，状态相对稳定的中央集团军群就被剥夺了绝大多数预备队。该部所在地域向东凸起，形成了一个巨大的突出部，或者说是"阳台"——当德国人的政治及战略注意力都仍集中于巴尔干时，斯大林和大本营已经在准备一劳永逸地将其（中央集团军群）解决了。

---

① 译者注：即楚德湖。

② 译者注：具体时间是1943年12月13—31日，原文"一个月长"有误。

第十三章

"巴格拉季翁"战役：
中央集团军群的覆灭

战略谋划

1944年3月，苏联国防委员会和总参谋部开始对整条战线进行全面彻底的分析，并检查每一个地域以求为下一轮进攻寻找机会。在此过程中，这些计划者必须选定一个能在军事和政治两方面均取得最大收益的方案。此时，西方盟国最终承诺将于5月进攻法国；苏军未来的行动也需要将其考虑在内，并规划战争最有可能出现的结局，即同盟国阵营如何分割欧洲，尤其是谁将占领柏林。

对夏季主要攻势来说最显而易见，同时亦是德军指挥官们所预想的选择就是继续在南方进军，杀入波兰南部和巴尔干，将轴心国阵营中的几个仆从国逐出战争。不过，此举会导致红军延伸过度，陷入巴尔干的恶劣地形环境中，补给线也会拉得越来越长，而此时的苏维埃联盟仍有一大块国土未获解放。

第二个选择是由乌克兰向西北发动一次大规模突击，穿过波兰直抵波罗的海。但在经过前三次全面攻势后，斯大林也明白这样一个不切实际的计划完全超出了苏联的能力范围，特别是在指挥、控制及后勤方面。德国国防军同样远远没有衰弱到会被一次单独的突击打垮，苏军之前所发动的攻势已经证明了战前连续进攻战役理论的正确性。

第三个方案则是将重点放在北方，目标为打败芬兰并重新彻底占领波罗的海沿岸国家。从苏联人的角度看，消除芬兰人对列宁格勒和摩尔曼斯克供应线的威胁早已是昨天的事情，现在发动这样一次攻势只不过会得到一丁点可用的资源罢了；继续向西直取波罗的海沿岸国家还会面临朝德军坚固防御体系发动长期正面作战的风险，即使能取胜，一旦打到波罗的海岸边（此次攻势）便会走到尽头，而无继续发展的可能了。

最后，红军也可以选择进攻他们的老冤家——集结在所谓"白俄罗斯阳台"的中央集团军群。在这里，位于普里皮亚季沼泽北面的德军防线向东凸起，形成了一个突出部。如果取胜，红军的这次进攻就能歼灭德国人少数几个迄今为止仍完好无损的野战集团军，并切断北方集团军群的补给线和退路。对白俄罗斯的攻势也能完成解放苏联国土的任务并使红军进入波兰，陈兵于距柏林直线距离上最近的位置。此外，在白俄罗斯取得胜利还能消灭德军剩余预备队，为其他战略方向上的胜利创造有利条件。[1]但这一方案的缺点便是德军在维捷布斯克、奥尔沙、莫吉廖夫和罗加乔夫等地建立了强大支撑点，在上一个秋季和冬季里曾让红军的主要攻势受挫——不过大本营认为在进攻中使用强大的坦克部队就可以解决这一问题。

回首望去，做出决定在白俄罗斯发动主要攻势的可能性几乎是不言自明的。可实际上，被斯大林以1812年卫国战争中的英雄——彼得·巴格拉季翁命名的这次战役只不过是1944年夏季计划五个攻势中最核心的那个而已。知道计划真实范围的人用一个巴掌就能数过来——斯大林、副最高统帅朱可夫、总参谋长华西列夫斯基和作战局长安东诺夫。此外，考虑到后勤和作战方面因素，这五次攻势并非同时进行，而是由北向南依次展开，相应的地理位置和起始日期如下：芬兰卡累利阿地峡，1944年6月10日；白俄罗斯（代号"巴格拉季翁"），6月23日；利沃夫—桑多梅日，7月13日；卢布林—布列斯特，7月18日；雅西—基希讷乌，8月20日。基于类似原因，即使对于白俄罗斯战役本身，其实际进攻情况总体上也是先从北面开始，随后在南面展开（见战场形势图21）。

迫使芬兰退出

当苏军的主要攻势还在紧锣密鼓地筹备时，列宁格勒方面军司令戈沃罗夫大将和卡累利阿方面军司令梅列茨科夫大将已向芬兰出击，拉开了夏季战局的序幕。这条战线自1941年末开始稳定下来，当时德军向列宁格勒的推进遭遇失败，芬兰军队也在收复1940年被苏军占领的国土后就按兵不动。苏军在1944

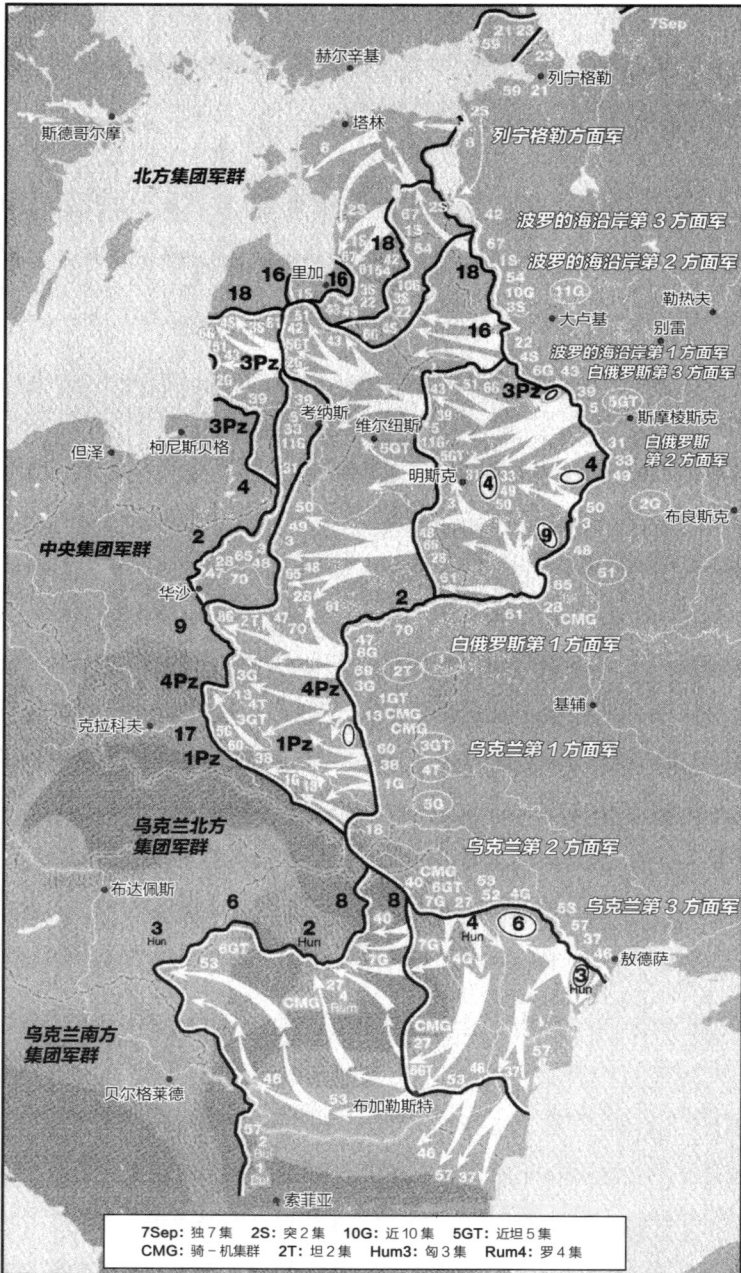

战场形势图 21：夏秋战局，1944 年 6—10 月

年2—3月发起的大规模轰炸迫使芬兰人开始外交谈判。苏联要求芬兰割让更多领土并付出巨额赔款，但遭到拒绝。1944年中期，斯大林决定结束与芬兰的冲突，夺回失去土地，从而腾出宝贵的兵力以用于其他地段。

大本营命令列宁格勒和卡累利阿方面军肃清1939—1940年间战斗最激烈的卡累利阿地峡，以及位于列宁格勒北面和西北面的卡累利阿地区。戈沃罗夫的方面军在波罗的海舰队支援下将于6月10日发起攻击，在10天内拿下维堡（即维伊普里）；而梅列茨科夫会在21日向拉多加湖以北出击。

苏军指挥员们清晰地回忆起了1939—1940年间在突破曼纳海姆防线时遇到的困难，在那之后，芬兰人还增设了防御工事。为避免重蹈覆辙，苏军在战前进行细致规划，并建立起了相当大的优势。[2]在卡累利阿半岛，芬军有10个实力很差的师和4个独立旅，与对面苏军的兵力对比至多为1:2。后者精心组织了一次突击，迫使防御方连续两次撤退，在攻击发起当日，即6月21日就已退至1940年的停止线。到这天，尽管德国和芬兰还在为增援进行紧张而肮脏的交易，但戈沃罗夫的第21集团军左翼已经肃清维堡。实际上德军确实提供了相当多的反坦克装备，不过其承诺的绝大部分（增援）兵力都必须从中央集团军群调拨（详见后文）。与此同时，戈沃罗夫利用船只将第59集团军所辖部队运送到了维堡港，以增援此处的先遣部队。在同一天，梅列茨科夫的独立第7集团军开始行动，从斯维里河一线向卡累利阿中部推进[①]。

芬兰人也打了几次胜仗。8月10—13日间，芬兰第2军在拉多加湖以北、伊洛曼齐附近的森林中围歼了梅列茨科夫的2个师。[3]但总的来说，这两个方面军的联合进攻迫使芬兰人求和，芬兰议会亦于1944年9月2日接受了丧权辱国的条约。除要求割地赔款和军队复员外，莫斯科还坚持要求赫尔辛基与柏林断绝关系，并立即让剩余德军撤出本国；如果撤军没有在9月15日之前完成，那么芬兰人也应该扣押他们。[4]

德军参谋军官们预感到芬兰会失败，策划了"桦树"行动，调集本国第20山地集团军掩护芬兰北部和挪威，以确保挪威佩特萨莫镍矿的安全。起初，

① 译者注：即斯维里河—彼得罗扎沃茨克进攻战役。

芬兰和德国指挥官还互相配合。在代号为"秋季机动"的行动中，芬兰陆军假装追击德军，实际却从未与之接触。然而到1944年9月底，苏联人已经有所察觉，并暗示如果芬兰人不好好执行停战协定，那么苏军就会开始入侵。10月上旬，芬德两军这对曾经的盟友已开始公开交火，但总的来说德军还是到达了指定位置。[5]不久后，北方还会再发生一场战斗。

"巴格拉季翁"的准备

芬兰之战的早期阶段也进一步将德军注意力从中央集团军群当面若隐若现的威胁上转移开来。早在制订出最终成型的战略计划前，苏联最高统帅部大本营就对本国野战部队及其指挥员进行了调整。庞大的西方面军被划分为更便于管理的白俄罗斯第2和第3方面军，其他方面军也都变更了番号和作战地域。到4月，苏军在普里皮亚季沼泽以北已有8个方面军，从北往南依次是卡累利阿、列宁格勒、波罗的海沿岸第3、波罗的海沿岸第2、波罗的海沿岸第1、白俄罗斯第3、白俄罗斯第2及白俄罗斯第1方面军；紧挨着普里皮亚季沼泽南面的是乌克兰第1方面军，该部与白俄罗斯第1方面军左翼一同把守着一块向西深深凸进的突出部，他们同样会参与即将展开的这次战役行动。

到5月中旬，苏联元帅科涅夫已经从朱可夫（因瓦图京之死而接手该部）手中接过乌克兰第1方面军的指挥权。与此同时，两位在克里木表现突出的野战集团军司令也被提拔到了方面军指挥岗位上。36岁的伊万·丹尼洛维奇·切尔尼亚霍夫斯基上将[①]成为最年轻的方面军司令，他曾在1942年指挥1个坦克军，到库尔斯克之战时已指挥第60集团军。尽管可能拥有犹太血统（据说这会招致斯大林猜疑），但切尔尼亚霍夫斯基闪闪发光的履历还是让他赢得了朱可夫和华西列夫斯基的推荐[6]——他受命指挥位于斯摩棱斯克以西的白俄罗斯第3方面军，该部是以经验丰富的前西方面军司令部为核心组建而成。

伊万·叶菲莫维奇·彼得罗夫上将也被提拔为莫吉廖夫地域的白俄罗斯第2方面军司令。不过倒霉的是，由列夫·扎哈罗维奇·梅赫利斯导致的恶劣

---

① 译者注：生于1907年6月16日，在1944年4月担任白俄罗斯第3方面军司令。

影响依然在红军中阴魂不散。虽然曾经失宠，可他还是让斯大林相信了彼得罗夫体弱多病，亦不称职，因此让格奥尔基·费奥多罗维奇·扎哈罗夫上将[1]取而代之，这是一位在收复克里木之战中功勋卓著的指挥员。最后，彼得罗夫指挥了1944年8月6日在南方重新组建的乌克兰第4方面军（该部曾于1944年5月16日被撤销）。[7]此外，久历战阵的康斯坦丁·康斯坦丁诺维奇·罗科索夫斯基指挥规模庞大的白俄罗斯第1方面军，该部把守着北至罗加乔夫、向南穿过普里皮亚季沼泽到达科韦利之间的辽阔战线[2]；巴格拉米扬大将[3]则指挥波罗的海沿岸第1方面军，位于"巴格拉季翁"作战地域北侧。

位居这些方面军司令之上的是最高统帅部大本营代表。到战争这一阶段，他们有时还拥有自己专属的参谋人员——负责协调北面波罗的海沿岸第1方面军（巴格拉米扬）和白俄罗斯第3方面军（切尔尼亚霍夫斯基）行动的红军总参谋长、苏联元帅华西列夫斯基就带了一些总参的人员。副最高统帅朱可夫则受命协调位于中部及南面的白俄罗斯第1方面军（罗科索夫斯基）和白俄罗斯第2方面军（扎哈罗夫）的行动。[8]

这一整套复杂的指挥体系并不意味着野战首长们仅仅是在执行莫斯科的命令。相反，所有参战将领都就如何粉碎中央集团军群这一议题进行了反复争论。基本问题便在于，即使到了战争这一阶段，中央集团军群当面的红军依然太过弱小，不足以建立起压倒性数量优势。当最高统帅部首次筹划此次会战时，他们过于谨慎地估计对面德军有42个师，共计850000人；而波罗的海沿岸第1方面军和白俄罗斯第1、第2、第3方面军仅有大约77个师、5个机动军[4]，共计约1000000人。为达到足够的数量优势，在中央集团军群当面的苏军增加了5个诸兵种合成集团军、2个坦克集团军、1个空军集团军、1个波兰野战集团军和11个机动军，合计超过400000人。此外，作战计划还强调要做好伪装欺敌

---

① 译者注：并非那位担任过科涅夫的参谋长、参加过远东战役，后来晋升为苏联元帅的马特维·瓦西里耶维奇·扎哈罗夫。

② 译者注：原文还包含罗加乔夫一日比米米尔地区，但有误。

③ 译者注：亚美尼亚人，全名侯万涅斯·哈恰图罗维奇·巴格拉米扬（亚美尼亚文为Հովհաննես Խաչատուրի Բաղրամյան，后改俄文名为伊万·赫里斯托福罗维奇·巴格拉米扬，写作Иван Христофорович Баграмян），父亲名为哈恰图尔·卡拉佩托维奇·巴格拉米扬。他（作为军事统帅的儿子）在1943年11月17日晋升大将，并成为苏军中第一位非斯拉夫人的方面军司令，后于1955年晋升为苏联元帅。

④ 译者注：根据什捷缅科回忆，这5个军分别为3个坦克军、1个机械化军和1个骑兵军；另外，此处苏军还拥有6个身管炮兵师和3个火箭炮兵师。

工作，并尽快歼灭前沿德军。[9]

为解决上述问题，斯大林召集了面对德军中央集团军群的绝大多数部队指挥员，到莫斯科参加5月22—23日的计划制订会议。除安东诺夫、朱可夫和华西列夫斯基外，参与会议的还有罗科索夫斯基、巴格拉米扬、红空军司令诺维科夫、红军后勤主任安德烈·瓦西里耶维奇·赫鲁廖夫大将，以及波罗的海沿岸第1方面军和白俄罗斯第1、第3方面军的军事委员会委员（军事委员会由司令、参谋长和高级政治工作人员组成）等[①]；从中可以看出，白俄罗斯第2方面军被忽略了，因为在原定计划里他们本就没有实施主要攻势的任务。

总参计划人员展示了他们的初步构想，其核心是在明斯克以东的大口袋里包围并歼灭中央集团军群主力。在进行这一深远的钳形突击同时，巴格拉米扬和切尔尼亚霍夫斯基将在斯摩棱斯克西北的维捷布斯克合围德军；同时，罗科索夫斯基打算实施一次战术层面上的两面包夹，利用2个坦克军在普里皮亚季沼泽以北的博布鲁伊斯克附近包围德军前沿部队。一向对复杂机动策略极不放心的斯大林表示激烈反对，但罗科索夫斯基对此态度坚决[②]，前者最终也采纳了这一计划。[10]

此次会议勾勒出了"巴格拉季翁"战役（至少是普里皮亚季沼泽以北部分）的轮廓。该攻势首先将由集团军级的快速集群实施两次战术合围，以拔除德军在"阳台"南北两面的支撑据点（见战场形势图22）。波罗的海沿岸第1和白俄罗斯第3方面军会一同合围斯摩棱斯克西北的维捷布斯克，白俄罗斯第1方面军则包围博布鲁伊斯克。与此同时，近卫坦克第5集团军和1个骑兵–机械化集群将在北面白俄罗斯第3方面军和南面白俄罗斯第1方面军的多个机动军和

---

① 译者注：切尔尼亚霍夫斯基因病未参加会议。

② 译者注：关于罗科索夫斯基对斯大林的这次抗辩长期以来为人们津津乐道，但朱可夫和华西列夫斯基在晚年均认为这只是他自吹自擂，而过早死去的前者（罗科索夫斯基）已经不可能再为自己争辩。我们可以根据与会人员的回忆录进行推测。罗科索夫斯基在回忆录中说过，自己曾在1944年5月22—23日的一次会议上建议白俄罗斯第1方面军右翼实施两个主要突击，以围歼德军博布鲁伊斯克集团；可最高统帅及其副手们坚持只从加乔尔卡地域发动一个主要突击，因此他被两次建议到隔壁房间考虑考虑，不过仍坚持己见。最后，斯大林一字不改地批准了罗科索夫斯基的方案，并说："方面军司令的坚持说明他周密地思考过进攻组织工作，而这正是成功的可靠保证。"但这一说法遭到了最高统帅的"副手们"——朱可夫和华西列夫斯基反驳。什捷缅科说5月11日罗科索夫斯基提交了方案，其特点在于采用将当面之敌分割并逐次消灭的方式，而非非常重的迅速合围，总参作战局考虑了这一意见。巴格拉米扬的回忆录支持罗科索夫斯基相关说法，只是没有被赶出去清醒一下的桥段。总参不愿在沼泽森林地带实施合围有其考虑，因为这样做无法形成绵密的合围网，而且战线过于宽大，进行耗费大量时间和资源的合围战会贻误战机；不过这一点在会议上被修正，最终还是决定合围并歼灭明斯克地域德军。但不管怎样，事实已经证明罗科索夫斯基的计划是完美的。

骑兵－机械化集群协同下，对明斯克实施大纵深合围。为保障北侧安全，波罗的海沿岸第1方面军将沿穿波洛茨克而过的西德维纳河两岸笔直向西进攻，总体指向东普鲁士。在普里皮亚季沼泽以南，白俄罗斯第1方面军左翼随后会投入坦克第2集团军从科韦利地域向西实施纵深突击，直指维斯瓦河。此次攻势的开始日期被暂定为1944年6月15—20日间。

　　会议结束10天后，斯大林召见了科涅夫，询问乌克兰第1方面军将如何扩大"巴格拉季翁"战役的范围。由于当时多数坦克集团军仍集中在南方，因此科涅夫麾下有庞大的机械化部队可供调遣。他打算实施两个突击，也就是未来的利沃夫—桑多梅日战役。在北翼，这位新晋升的苏联元帅于卢茨克以西一块10公里宽的突破地段上集结有14个步兵师、近卫坦克第1集团军和1个骑兵－机械化集群，以便从北面合围利沃夫的德军；在偏南面，他设想用15个步兵师、1个骑兵军、近卫坦克第3集团军和坦克第4集团军在一个相较略宽的突破正面上同时展开进攻。

　　科涅夫的意图是在利沃夫以东围歼德军，然后投入2个坦克集团军，向西北直扑波兰南部桑多梅日附近的维斯瓦河。他还策划了一个复杂的欺骗行动，以让德国人相信自己必然发动的进攻将从喀尔巴阡山脉正北麓的斯坦尼斯瓦夫[①]地段出击。这份与罗科索夫斯基（所呈方案）一样复杂的方案再次遭到斯大林反对，尤其是关于利沃夫合围的部分。尽管后者最终批准该计划，但也警告了科涅夫这位元帅——如果失败，后果自负。[11]

　　1944年5月31日，苏联最高统帅部大本营下达了"巴格拉季翁"战役相关指令。[12]与以往总攻方案不同的是，这一计划给各方面军规定的目标都相对容易实现，后者的最初任务只是从出发阵地向前推进不到150公里。不过实际上，此次攻势的巨大胜利完全出乎苏军指挥员意料之外，他们不得不在战役进程中调整计划，以将更大纵深内的目标纳入其中。

　　所有这些谋划都涉及海量后勤物资的筹集和对部队横跨整条战线的秘密调

---

　　① 译者注：以15世纪波兰人所建一座要塞为基础发展而来的城市，今属乌克兰。因其处于四战之地，在不同语言中有不同名字，1939年前名为斯坦尼斯瓦夫，后更名为斯坦尼斯拉夫，到1962年再次更名为伊万诺－弗兰科夫斯克。这是一座像童话一样美丽的城市。

动——包括把近卫第6和第11集团军从波罗的海沿岸第2方面军调至波罗的海沿岸第1方面军，把近卫坦克第5集团军和近卫第8集团军从南方的摩尔达维亚①调至白俄罗斯第3方面军，把第28集团军和1个骑兵–机械化集群从乌克兰调到白俄罗斯南部，以及把坦克第2集团军从罗马尼亚国境线调到科韦利地域。1944年5—6月间，斯大林、朱可夫和华西列夫斯基不断向红军后勤主任赫鲁廖夫提出了对加速进行大规模铁路运输的迫切需要。所有这一切都必须采取严格的保密措施，以确保德国人坚信主攻将对准其南翼。[13]最终，红军没能在原定时间之前完成准备工作——"巴格拉季翁"战役的发起日被推迟到6月23日，几乎也正是德国侵略苏联三周年，但这其实并非是（苏方）有意制造讽刺效果。

到6月20日，进行"巴格拉季翁"战役的4个方面军（除白俄罗斯第1方面军左翼外）共计有14个诸兵种合成集团军、1个坦克集团军、4个空军集团军、118个步兵师和2个步兵旅（绝大部分被编成了共40个步兵军）、7个筑垒地域、2个骑兵军（共6个骑兵师），以及数量众多的支援炮兵部队；其全部作战兵力包括1254300人、4070辆坦克和自行火炮、24363门火炮（不含4230门45毫米或57毫米反坦克炮）、5327架作战飞机（另有1007架属于远程航空兵）。白俄罗斯第1方面军左翼含有416000人、1748辆坦克和自行火炮、8335门火炮和迫击炮，以及1456架飞机，编为5个诸兵种合成集团军、1个坦克集团军、1个空军集团军、36个步兵师（隶属于11个步兵军）、2个骑兵军和4个独立坦克/机械化军。[14]

由于统计标准不同，双方的实际兵力对比数据也很难确定。比如德国官方记录没有统计第2集团军兵力，而苏联亦未算入"巴格拉季翁"战役初期尚未参战的白俄罗斯第1方面军左翼。双方兵力对比数据大致如表13–1所示（但请注意这些数值并不等同于实际比值）。

由于南方不断要求（获得）兵力增援，中央集团军群因此被削弱成了一条由师和独立团组成的细长带子，所有那些下属部队都要防守正面宽广的防线。该集团军群所辖的"装甲"军和集团军司令部已经被剥夺了几乎所有装甲部队。至少有20个独立团（其中绝大部分是不能优先得到补充的保安单位）被

---

① 译者注：即现今摩尔多瓦。

18
北方集团军群
18

普斯科夫

波罗的海沿岸
第 3 方面军

里加

16
16

利耶帕亚

XXXIXPz

51

大卢基

涅韦尔

波罗的海沿岸
第 2 方面军

波罗的海沿岸第 1 方面军

希奥利艾

梅梅尔

XXXXPz

3Pz

陶格夫匹尔斯

3Pz

波洛茨克

维捷布斯克

白俄罗斯
第 3 方面军

柯尼斯贝格

考纳斯

3Pz

3Pz

斯摩棱斯克

中央集团军群

维尔纽斯

奥尔沙

4

4

莫吉廖夫

格罗德诺

明斯克

4

斯托尔布齐

白俄罗斯
第 2 方面军

2

巴拉诺维奇

斯卢茨克

博布鲁伊斯克

9

华沙

平斯克

戈梅利

9

马格努谢夫

布列斯特

2

白俄罗斯第 1 方面军

XXXIXPz

4Pz

4Pz

科韦利

卢布林

乌克兰第 1 方面军

| XXXX Pz: 装 40 军　3Pz: 装 3 集　1S: 突 1 集　10G: 近 10 集　5GT: 近坦 5 集　2T: 坦 2 集 |
| 11TC: 坦 11 军　7GCC: 近骑 7 军　6AA: 空 6 集　1GTC: 近坦 1 军　CMG: 骑－机集群 |

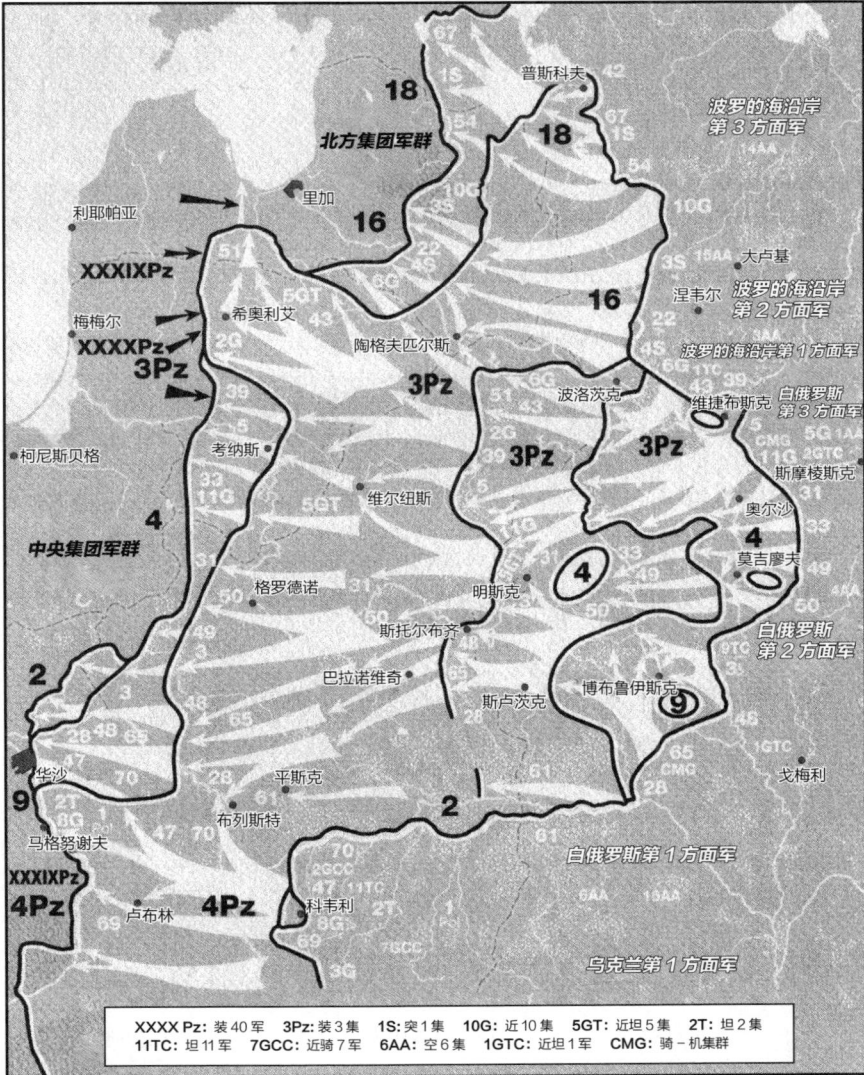

战场形势图 22：白俄罗斯战役，1944 年 6—8 月

表13-1 "巴格拉季翁"战役开始时双方兵力对比，1944年6月22日

分类	德国	苏联	对比
师	63	178	1:2.8
人员	336573*	1254300	1:3.7
坦克和自行火炮	495	4070	1:8.2
火炮	2589	34016	1:13.1
飞机	602	4853	1:8.1

资料来源：

米罗斯拉夫·爱德华多维奇·莫罗佐夫（Морозов, Мирослав Эдуардович）主编《伟大卫国战争1941—1945：从数据看战局和战略战役》第2卷（Великая Отечественная война 1941-1945 гг. Кампании и стратегические операции в цифрах：Том 2；莫斯科，俄联邦内务部和莫斯科市总档案馆联合编写，2010年）第382页。

卡尔-海因茨·弗里泽尔（Karl-Heinz Frieser）、克劳斯·舍恩赫尔（Klaus Schönherr）、格哈德·施赖伯（Gerhard Schreiber）、克里斯蒂安·温格瓦里（Krisztián Ungváry）和贝恩德·韦格纳（Bernd Wegner）著《德国和第二次世界大战》第8卷《东线1943/1944，在东方和次要战线的战斗》（Das Deutsche Reich und der Zweite Weltkrieg, Band 8, Dis Ostfront, 1943/44: Der Krieg im Osten und an den Nebenfronten；德国，慕尼黑，德意志出版社，2007年——Munich, Germany: Deutsche Verlags-Anstalt, 2007）第534页。

备注：

德军相关数字只包含参战的战术作战单位，并非集团军群总兵力（应接近于苏军估计的80万人）。苏联人声称德军部署了900辆坦克和突击炮、7627门火炮和迫击炮，以及1342架作战飞机，可这显然有所夸大。

算作战术预备队，实际上却在后方进行治安活动，以消除游击队带来的日益增长的威胁。只有4个一线师——第20装甲师、第60装甲掷弹兵师、第14摩托化步兵师和第707步兵师（原为保安部队）——可以作为战役预备队，但对于600公里长的战线简直杯水车薪；而且第20装甲师是由陆军总司令部控制，集团军群无法指挥。[15]关于怎么使用如此稀少的兵力来防御该地段，希特勒觉得最多退却到所谓的"虎"[①]和"熊"阵地，即德维纳河与第聂伯河中间一线即可。

---

① 译者注：根据卡尔-海因茨·弗里泽尔所著《东线，1943—1944：东线和相邻战线的战争》（The Eastern Front, 1943–1944: The War in the East and on the Neighbouring Fronts）第514页，"熊"防线是第4集团军后方阵地，位于第聂伯河西岸；在奥尔沙以北与其相连的"虎"防线是第3装甲集团军后方阵地，一直延伸至德维纳河；"河狸"防线位于别列津河西岸，从博布鲁伊斯克延伸至波洛茨克。

在（上述）这条战线西面，中央集团军群司令、陆军元帅恩斯特·布施也将别列津纳河作为"河狸"阵地，不过由于希特勒担心建设后方阵地会导致指挥官们倾向撤退，因此就没怎么构筑。5月下旬，这名独裁者直接下令，禁止部队撤到这两条防线（原防线——含"虎""熊"，以及"河狸"）之后；[16]此外，盟军于6月6日在诺曼底发起的登陆也使他更加不愿意给予东线更多的预备队和作战弹性。

此时，德军1个典型的步兵师需要防守32公里宽的地段，这样战线便会太长，无法建立起传统的纵深防御体系并配置局部反突击部队。在前沿各营间不可避免出现的漏洞中，只有一些监听哨和定期巡逻队能提供掩护；大多数情况下，指挥官会在障碍物、堑壕和碉堡组成的防御网后方仅仅几百米处建立一道二线阵地，而师部会在前沿后方4～6公里处再建一道效果只能称为"凑合"的次要防线。如前文所述，那些应当作为预备队的绝大部分兵力都已陷入反游击队作战中，而且他们只能削弱却无法摧毁苏联的游击运动。

欺敌计划

中央集团军群所处的危险境况因苏军成功实施的战略伪装而变得更加严重。红军精心组织了一次伪装，"表明"其主要攻势将发生在北方和南方，对中央集团军群只会有限度地进行攻击。这些措施非常有效，以至于到白俄罗斯之战爆发当天，德军情报机关还坚信坦克第2集团军、近卫坦克第5集团军、近卫第5和近卫第8集团军在南乌克兰集团军群当面。[17]

苏军的伪装（即前文所述关于欺敌和战役警戒的综合措施）直接利用了德军担心其南北两翼己方部队的心理，德军东线外国陆军处长赖因哈德·格伦上校在5—6月间一直判断敌军的主攻方向会是这些（部队所在）地区；同时，德军的战略注意力还被卡累利阿战役和美英盟军在意大利的作战，以及登陆法国的准备行动所吸引；德国空军也依然将帝国空防放在比东线战术需求更高的优先级上。

德国各级情报军官对苏军一线步兵和炮兵的部署有着相当准确的了解，但对其后方战役战略兵团的情况知之甚少；东线空中力量的持续减少和苏军如德拉古般严苛的伪装纪律使其航空侦察总是一无所获，在苏军后方地域实施地面侦察和动用残留的少数特务四处活动更是愈发困难；此外，苏军前沿部队大范围的无线电静默使德军的无线电情报收集失去作用。总的来说，德国情报分析人员没能查明中央集团军群当面增加了3个诸兵种合成集团军、1个坦克集团军和数个机动军；另外，"巴格拉季翁"战役的推迟使得哪怕是最精明的德方观察人士也难以确定苏军真正的攻击发起日期。[18]

在军一级及以下层面，很多德军指挥官及其情报军官都预感到会碰上某种形式的进攻，可他们的上级觉得这种担心不过是夸大其词，因而将其当成耳旁风。举例来说，就在"巴格拉季翁"发起前一个星期，第12步兵师的一个营长便向前来视察的第39装甲军军长、炮兵将军罗伯特·马丁内克①讲述了形势是如何危险。后者完全赞同其观点，但错误地引用了一句格言②作答："上帝欲致人死地，必先使其目不能视。"[19]更上层的德军指挥机关直到6月25日才完全认识到"巴格拉季翁"战役的巨大威胁，而此时战斗已经打了整整三天。

由于己方毫无察觉，苏军发起进攻时的中央集团军群比空壳强不了多少。臆想中的苏军南线进攻计划正中德军下怀，他们甚至觉得自己有机会打击苏军攻势的侧翼。总参谋长库尔特·蔡茨勒和北乌克兰集团军群司令瓦尔特·莫德尔说服了希特勒，将中央集团军群的主要反击力量——第56装甲军调到南面，以便抓住这一机会。如此一来，该部反而远离了苏军实际进攻的地点。[20]

进攻

德国和苏联关于"巴格拉季翁"攻势的实际发起日期记载并不一致，其中部分原因在于苏军的进攻是在交错进行。1944年6月19日夜间至20日凌晨，游击队对整个中央集团军群后方的铁路枢纽、桥梁等关键交通节点发动了一波次攻击。尽管当地守备部队挫败了其中很多攻击，可仍有超过1000个交通节点被破坏，这就使德军的撤退、重新补给，以及进行横向部队机动变得极其困难了。[21]

两个晚上后，在6月21—22日间，红军大规模轰炸了德军后方地域，此时

---

① 译者注：6月28日，在别列津纳河死于苏军空袭。
② 译者注：这句格言出自《圣经》，意为上帝出手时往往第一招就使人失明，参见《圣经–旧约–申命记》第28章28句"主必用癫狂、眼瞎、心惊攻击你"（The LORD will smite thee with madness, and with blindness, and with astonishment of heart）等处。

侦察营①也开始前出至守备空虚的德军前沿阵地之间缝隙中，在部分情况下甚至能夺取敌一线防御阵地。²²总攻实际上是于6月23日开始，侦察分队的行动十分顺利，很多地方甚至取消了炮火准备。承担主要突击任务的是由坦克、自行火炮和步兵精心组成的特遣队，还有专门的炮兵和航空兵为其提供支援。举例来说，白俄罗斯第3方面军的近卫第11集团军在仅仅8公里宽的攻击正面上集中了5个师和1个独立坦克旅，他们将直接攻击德军第78突击师——该师是极少数下辖3个团的师，还加强有突击炮和炮兵，把守着该地域少数几条铺面高速公路中的一条。苏军在战线其他四个地点也同样建立了战术优势。为整场攻势开路的是加装有滚压式扫雷具的工程坦克②，负责在雷场中清理出通道。夜间，苏军的探照灯和照明弹不仅晃得德军睁不开眼，更是有助于指引己方部队不断向前挺进。²³

德军绝大多数团属反坦克连装备的仍是50毫米反坦克炮，在面对T-34以及更重型坦克的前装甲时基本无效；不过相反的是，步兵们利用反坦克地雷、炸药包、"装甲拳"③，以及类似的近程武器向进攻之敌多多少少收了一些过路费。而绝大多数苏军指挥员在面对敌军这种孤立的抵抗枢纽时往往会选择绕过，继续向敌后推进。²⁴

6月24日晚些时候，在维捷布斯克地段，阿法纳西·帕夫兰季耶维奇·别洛博罗多夫中将的第43集团军所属一些小规模机动特遣队抛开已经彻底丧失斗志的德军E军级集群残部，夺取了该城西面西德维纳河上的渡口；到6月25日中午，该部与伊万·伊里奇·柳德尼科夫中将的第39集团军装甲先遣支队实现会师，从而切断了德军第53军从该城撤退的道路。此外，伊万·米哈伊洛维奇·奇斯佳科夫中将④的近卫第6集团军在瓦西里·瓦西里耶维奇·布特科夫中将的坦克第1军支援下，几乎马不停蹄转向西面，开始直冲波洛茨克，追击第3装甲集团军残部。

---

① 译者注：格兰茨及理查德·哈里森翻译的两本总参研究中关于侦察支队规模的说法不一，总的来说是每个一线步兵师以一个加强步兵营（有时为加强连或排）作为此类部队。
② 译者注：原文为"加装了扫雷犁刀的工程坦克"，但当时苏军并未装备犁刀式扫雷具，故有误。二战期间，苏军装备的扫雷坦克是PT-34，即在1943年型T-34/76坦克的底盘前部加装滚压式扫雷具，利用钢制滚轮的压力触发压发地雷的引信。
③ 译者注：常被误译为"铁拳"反坦克火箭，苏联人通常称之为"长柄反坦克火箭弹"。
④ 译者注：于本月28日晋升上将。

296

在南面，罗科索夫斯基的白俄罗斯第1方面军于6月24日开始突击，其先头师奇迹般地从沼泽地里冒出来，让德国人大吃一惊。他的工程兵部队于前期做了大量艰苦的准备工作，在未被德军察觉的情况下沿普季奇河东岸修筑了众多用于穿越沼泽的木质急造路和坡道。[25]一旦德军防线被先头步兵压垮，罗科索夫斯基就会派出他的装甲部队直接冲过穿越沼泽的道路，穿过德军防线，并杀入其后方。到6月25日中午，米哈伊尔·费奥多罗维奇·帕诺夫少将的近卫坦克第1军已经向前穿插40多公里，到达博布鲁伊斯克南接近地；伊萨·亚历山德罗维奇·普利耶夫中将的骑兵–机械化集群也紧随其后，准备挥军向西，进逼斯卢茨克。[26]德军第20装甲师无法确定苏军的主攻是从东面的罗加乔夫还是博布鲁伊斯克以南发起，在互相矛盾的命令中东奔西走，白白浪费两天时间。6月26日，他们终于不用再遭这份罪——鲍里斯·谢尔盖耶维奇·巴哈罗夫少将[①]的坦克第9军冲破了德军在罗加乔夫以西的防御，一路向西狂奔，准备占领博布鲁伊斯克南面别列津纳河上那几个渡口；近卫坦克第1军也在该河西岸做着相同的事情。

紧随己方装甲兵闪电般推进之后的就是第65、第48和第3集团军的滚滚洪流，他们将德军第35步兵军、第41装甲军一部及第20装甲师都装进了博布鲁伊斯克东南的沸锅中；那些试图逃离火网的德军又在拥挤的公路枢纽季托夫卡[②]遭到了苏联空军的无情打击。[27]只有最坚忍而且命大的人才能逃过这场屠杀，由城西北面突围出去——从某种意义上讲，他们能脱离苦海的部分原因也在于苏军指挥员们已经在催促手下转向西面，朝明斯克进军了。[③]

在苏军对奥尔沙和莫吉廖夫的次要进攻中，德国人在最开始面临的灾难要轻微些。伊万·吉洪诺维奇·格里申中将的第49集团军于6月24日在德军第39装甲军和第12步兵军的结合部打开了一个很小的突破口。总的来说，德军1个营常常发现自己会迎战苏军1个甚至几个步兵师。[28]由于缺乏装甲力量，

---

① 译者注：巴哈罗夫曾指挥坦克第18军参加普罗霍罗夫卡之战；他所指挥的坦克第9军在白俄罗斯战役中获得"博布鲁伊斯克"称号和红旗勋章。7月16日，他在乘坐坦克时被反坦克炮击中，最终牺牲。
② 译者注：在别列津纳河东岸，与博布鲁伊斯克隔河相望。
③ 译者注：此处有误。6月28日，大本营命令白俄罗斯第1方面军主力向西，进攻斯卢茨克和巴拉诺维奇；另有一部向西北，进攻明斯克。

格里申不得不用1个搭载步兵的独立坦克旅作为机动部队核心，以扩大胜利。接踵而至的悲观消息促使德军第4集团军开始缓慢向第聂伯河上的莫吉廖夫退却。到6月27日，格里申的集团军早已从该城南北两面完成渡河[①]，已经穷途末路的守军开始盘算进一步撤往明斯克，可该地同样有被白俄罗斯第1和第3方面军战役级别发展胜利部队夺取的危险。根据希特勒的命令，莫吉廖夫也要战至最后一兵一卒。有人执行了命令，不过很多人并未如此。那些出城逃窜的守军陷入了与维捷布斯克和博布鲁伊斯克撤退部队一样的惨烈战斗中；虽然没有落入第聂伯河一带的莫吉廖夫战术包围圈中被立即吃掉，但这些撤退的部队还是掉进了大得多的明斯克战役包围圈中，最终依然难逃灭亡。

只要被合围，希特勒就会无一例外地宣布这些城镇成为要塞，必须战至最后一人。然而多数城镇只有一些木头房屋，连地下室都没有，要进行长期抵抗根本不可能。到战争这一阶段，有经验的德军团一级及其以下指挥官都明白应当远离那些可能会被宣布为要塞的城镇；如果碰巧被困在这种不适合防守的地方，他们也会抓住一切机会冲出去。比如6月27日，第12步兵师残部及几千名支援部队成员和数百名伤兵被围困在莫吉廖夫；该师有2个营级特遣队独自逃了出去，而且堪称奇迹的是，他们最终渡过别列津纳河，抵达了明斯克西南涅曼河沿岸的己方防线。[29]

当然，苏军并不是在所有地段都一帆风顺——拦在明斯克高速公路上的德军第78突击师就顶住了近卫第11集团军的首轮冲击；在其他地段，战线后方的拥堵交通也延缓了他们发展胜利的脚步。[30]不过到6月27日，德军的防线已经被凿开两道大口子——一道在北面的第3装甲集团军和第4集团军之间，另一道则在南面的第4集团军和受重创的第9集团军之间。罗特米斯特罗夫的近卫坦克第5集团军所属2个坦克军和维克多·季莫费耶维奇·奥布霍夫中将的独立近卫机械化第3军穿过了北面那道口子，所辖各旅沿平行的公路前进，希望找到别列津纳河上的渡河点；普利耶夫的骑兵-机械化集群则钻过南面口子，渡过普季奇河继续向斯卢茨克一路驰骋，最终于6月29日正午将其拿下。

---

① 译者注：此处有误。第49和第50集团军的分界线在莫吉廖夫城南，格里申的渡河地点在城东和东北方向。

德国陆军总司令部对这些威胁的反应相当迟钝，而且仅有为数不多的机械化单位通过铁路和公路抵达作战地域。在鲍里索夫下火车的第5装甲师会同一些轻装后方警戒单位，试图封闭第3装甲集团军和第4集团军之间的突破口。但他们最多也只是能躲在树林或村庄里近距离开火，埋伏一下苏军的先遣支队而已。这种战术仅仅将苏军的推进迟滞了几个小时，然后红军指挥员便另寻他路，绕过了防守的德军。[31]然而，罗特米斯特罗夫等坦克指挥员同样很快意识到，与之前在乌克兰草原上相比，于白俄罗斯进行的装甲战迥然不同，而且坦克的损失更大；在这里，森林和沼泽使交战距离变得很近，每个转角都可能是敌人的伏击地点——德军的"装甲拳"火箭筒就让罗特米斯特罗夫损失了相当多的坦克。[32]

解放明斯克

1944年7月2日，德军几个不满员的团被困在了明斯克城中及周边地区。收复该城是苏军先遣支队和坦克军利用突破扩大胜利的一个经典范例；其实，由于苏军小规模先遣支队的迅速迂回，这就已经使德军防御此处的全部努力尽皆落空。在明斯克城北，近卫坦克第5集团军的坦克第29军绕过此城，努力搜寻德军在城西的所有反突击部队，同时夺取斯维斯洛奇河上的渡河点。此外，近卫坦克第3军于7月3日攻入明斯克西北角，奥列格·亚历山德罗维奇·洛西克上校①的近卫坦克第4旅（隶属于阿列克谢·谢苗诺维奇·布尔杰伊内少将的近卫坦克第2军，该军是近卫第11集团军的快速集群）扫清了东北面。[33]由于在德军组织起防御前便抢占了关键地点，因此苏军只花了一个上午就已将明斯克牢牢控制。7月3日下午，近卫坦克第1军的先头部队从南面赶来，完成了对该城的占领；紧随其后的是第3集团军（自东南而来）和第31集团军（自东北而来）所辖步兵。这样一来，在明斯克被机械化部队夺取的同时，步兵单位也赶至此地，围绕被迂回的、依然在明斯克东面防守的德军第4集团军部分兵力，建立起了内层包围圈。值得一提的是，整个过程都是在扩大胜利阶段完

---

① 译者注："苏联英雄"、未来的装甲坦克兵元帅，后来还担任了马利诺夫斯基装甲兵学院院长。

成，毫不拖泥带水。[34]

在偏南面，当苏军2个坦克军完成包抄后，德军博布鲁伊斯克的守军残部仍试图冒死突围。德方资料承认该包围圈中有德军第9集团军2个军主力中的绝大部分兵力，总计约70000人。正如让第5装甲师在北面所做的那样，陆军总司令部也派出了第12装甲师，命令其挽救危局——可区区1个装甲师不管有多强大，能否战胜苏军几个机动军都是未知的。该师遵守命令，于6月27日在距博布鲁伊斯克50公里的奥西波维奇地域下火车。第9集团军参谋长迎接该师师长时说了句风凉话："见到你们真好！第9集团军已经玩完啦！"[35]这句话说得基本正确，不过在6月30日，第12装甲师的1个战斗群发起了一次坚决的反突击，解救了多达10000名丢盔弃甲、正逃出博布鲁伊斯克地域的己方士兵；该地剩余60000人饱受红空军的大规模空袭之苦，最终屈膝投降。同样位于这一地域的德军第6航空队在开战时就只剩下45架战斗机，由于缺乏燃料和飞机，他们在苏军庞大的空中优势面前也是无可奈何的。

对于防守者来说，更糟糕的还在后面。6月27日，希特勒发布第8号作战命令，这又是一道坚守指令，要求用已经被围的部队重建战线。德军指挥官仍然要求准许撤退或至少机动一下，但总是遭到拒绝，直到最后覆水难收。面对不断恶化的灾难性战况，这名德国元首已不能或不愿及时做出反应，而这正如1941年时的斯大林，只是在三年后轮到他了。最终，第53步兵军在维捷布斯克放下武器，停止了抵抗；苏军在明斯克以东的那个包围圈也报销了第4集团军绝大部分兵力。[36]

当白俄罗斯第2方面军的第33、第49和第50集团军被投入到清剿被围第4集团军的惨烈任务中时，切尔尼亚霍夫斯基和罗科索夫斯基的方面军正马不停蹄飞奔向西，以保持前进势头。他们夺取了莫洛杰奇诺和巴拉诺维奇这两个关键城镇，此两地控制着穿过白俄罗斯中部沼泽密林区域的狭窄通道——如果要进一步向维尔纽斯和比亚韦斯托克发动进攻，苏军就必须抢在德军围绕这些关键城镇建立起新防线前将其先行占领。

到7月3日，即近卫坦克第5集团军还在明斯克以西重新集结时，奥布霍夫的骑兵-机械化集群（包含近卫机械化第3军和近卫骑兵第3军）便开始打击德军第5装甲师及第39装甲军残部，以夺取莫洛杰奇诺。在偏南面，普利耶夫的骑兵-机械化集群也沿着通往巴拉诺维奇的道路向前进攻。由于增派了援军，特别是来自北面的第7装甲师和来自南面的第4装甲师，此处德军的防御有所增强。不过在7月5日，罗特米斯特罗夫的近卫坦克第5集团军同样加入到了向维尔纽斯的推进中来。截至7月8日，白俄罗斯第3方面军的骑兵-机械化集群、第5集团军和近卫第11集团军①已经合围了维尔纽斯的德国守军，接下来就是肃清守军、阻敌解围，同时继续向涅曼河推进。在这座立陶宛首都发生的激烈战斗一直持续到7月13日，罗特米斯特罗夫的坦克也被投入到了伤亡惨重的逐屋巷战中，主要承担支援任务。[37]

13日当天是又一个见证德军英雄主义的极好例子，刚到战场的第6装甲师有一个小规模战斗群突入苏军战线后30公里，拯救了一小部分守军。但在同一时间，苏军从维尔纽斯西南面抵达涅曼河；北面，巴格拉米扬的波罗的海沿岸第1方面军也控制波洛茨克，并加入到了友邻波罗的海沿岸第2方面军的攻势中去，正沿西德维纳河两岸向西北飞奔。新近从乌克兰和克里木赶来的近卫第2集团军和第51集团军赶来增援，加强了巴格拉米扬这次突击的力度，甚至威胁到了已被削弱的中央集团军群北翼的退路。[38]苏军在这条战线上的作战焦点集中于（突向）考纳斯、里加和波罗的海之滨。如此一来，中央和北方集团军群之间的交通线就有了被切断的危险。

在维尔纽斯陷落的同时，德军还失去了南面的利达和巴拉诺维奇这两个交通节点。苏军第50和第49集团军在肃清明斯克口袋后回归到了上级方面军中，白俄罗斯第2和第1方面军现在的目标分别是位于德军更深远后方的格罗德诺和比亚韦斯托克。在接下来一个星期内，随着白俄罗斯第1方面军左翼向科韦利西面发起进攻，穿过白俄罗斯南部的推进早已被扩大为冲向波兰边境线、维斯瓦河和纳雷夫河一线的更大规模会战。

在6月22日到7月4日这12天里，中央集团军群已经损失了25个师，远超300000人；接下来几个星期内，该部又损失超过100000人。到月底，由于装甲部队的矛头早已消耗巨大、锋芒不再，苏军的推进脚步终于慢了下来。作战损

---

① 译者注：原文意为白俄罗斯第3方面军会同这些部队，有误，因为后者显然都隶属于前者。

失和在三个星期里由于机动造成的磨损迫使绝大部分坦克部队停下，以进行维修保养；近卫坦克第5集团军的损失尤其严重。罗特米斯特罗夫在不久后被解除集团军司令职务，"升任"装甲坦克和机械化兵副司令[①]，从表面上看似乎就是因为对其放任、最终导致如此惨重的损失。后来，瓦西里·季莫菲耶维奇·沃利斯基中将接手指挥了该集团军。[39]

苏军推进步伐的放缓并没有让德军感到丝毫轻松。在经历初期悲惨的退却后，6月29日，北乌克兰集团军群司令、陆军元帅莫德尔又接过中央集团军群的指挥权，这样他便可以重新分配残余的少数兵力，在西面某处再建立新防线。于是，莫德尔得到了一种类似于统一指挥权的东西，而这正是曼施泰因所求而不得的。这名新任司令已经将新锐的装甲师调到白俄罗斯。但很快他就尴尬地发现，在利沃夫到科韦利之间出现了新问题，原有战线陷入了一片火海——所有地段的战斗都已融为一场从波罗的海之滨到喀尔巴阡山脉的连续厮杀。

利沃夫—桑多梅日战役

6月28日，苏联最高统帅部大本营已经向所有四个方面军——波罗的海沿岸第1方面军和白俄罗斯第1、第2、第3方面军——下达了全面推进的命令。7月13日，科涅夫的乌克兰第1方面军也加入到战斗中来，他们打算将普里皮亚季沼泽南面的利沃夫—桑多梅日攻势计划提前实施，以充分利用在白俄罗斯取得的胜利。

北乌克兰集团军群的状况比中央集团军群略好一些，此时尚有相当数量的机械化部队作为预备队（但未满员）——包括3个装甲师、1个装甲掷弹兵师、1个保安师，以及2个党卫师（第5"维京"装甲师和第14武装掷弹兵师——由乌克兰人组成，也称"加利西亚"师）。该集团军群南翼还有匈牙利第1集团军，不过在1944年德国国内发生政变后，这个集团军里就只剩2个德裔步兵师还保有建立有效防御体系所必需的装备和士气了。[40]

根据早先的计划，苏联最高统帅部大本营命令科涅夫从利沃夫东北和东

---

① 译者注：罗特米斯特罗夫在8月8日将近卫坦克第5集团军相关职务移交给索洛马京中将，到18日才由沃利斯基接手。

面两个方向同时发起猛攻，以歼灭利沃夫和拉瓦－鲁斯卡①地域的德军北乌克兰集团军群一部。[41]为此，他手里掌握了苏联6个坦克集团军中的3个②，外加2个骑兵－机械化集群。卡图科夫上将的近卫坦克第1集团军被秘密地从南面调到了北面，而维克多·基里洛维奇·巴拉诺夫中将的骑兵－机械化集群（由近卫骑兵第1军和坦克第25军组成）也将从卢茨克地域出发，沿斯特里河向西南面的拉瓦－鲁斯卡和利沃夫西接近地发起进攻；同时，雷巴尔科上将的近卫坦克第3集团军和列柳申科上将的坦克第4集团军，还有另一个由谢尔盖·弗拉季米罗维奇·索科洛夫中将指挥的骑兵－机械化集群，他们会利用第38和第60集团军凿开的突破口从东面直扑利沃夫。为瞒过德军，科涅夫在南面的斯坦尼斯瓦夫地域精心安排了一次佯攻。尽管从总体来看苏军只是在飞机数量上占优，但由于部队出色完成了大规模的秘密变更部署，科涅夫对选定进攻地点的德军形成了明显数量优势。[42]

在北面地段，近卫第3集团军和第13集团军的侦察单位发现德军前沿阵地无人把守，于是科涅夫在7月13日就发起了攻势。各先遣营和主力部队立即一道出发，在当天结束时已突入德军防线达15公里。[43]索科洛夫的骑兵－机械化集群（后面还跟着卡图科夫的坦克集团军）在几天内便涌入了德军防线上这个被日渐扩大的豁口。卡图科夫利用他最常用的那个先遣支队——近卫坦克第1旅来欺骗敌军，使其误认为这是主力，从而掩饰集团军大部真正的作战地域，有效应对德军的战役预备队——第16和第17装甲师，将其甩在了北面。[44]不过，后来第16装甲师脱离接触，向西进行了一次远距离行军，及时赶到利沃夫加入了城市防御。

当卡图科夫在北面带头突入德军防御纵深时，科涅夫在利沃夫近接近地上的几个诸兵种合成集团军却没能按计划给雷巴尔科和列柳申科的装甲兵开辟通道。第38集团军在德军的战术防御体系面前举步维艰，第60集团军也仅仅在科尔托夫村东面的敌军防线上撕开了一道小口子；与此同时，德军第1装甲集团军还对这两个集团军发动了一系列反突击。科涅夫迅速对战况的变化做出反

---

① 译者注：以前也译作俄罗斯拉瓦，实际上这是一座由波兰人建立的城市。
② 译者注：原文为不少于3个，但实际上不多不少正好这个数量。

应，他命令雷巴尔科和列柳申科的集团军依次强行挤过第60集团军从正面打开的狭窄走廊。坦克第31军和近卫坦克第4军会配合这次行动，他们的任务是把守突破口两肩，以保障通道畅通。暂时失去坦克第31军的索科洛夫命令近卫骑兵第6军挥师北进，沿近卫坦克第1集团军的路线行动，协助、引导其他部队奔向维斯瓦河。

从7月14日上午开始，科涅夫手下的机动部队有超过1000辆坦克和自行火炮已经强行进入科尔托夫走廊。尽管德军第8和第1装甲师发动过多次坚决的反突击，但苏军装甲"舰队"还是顺利冲破了交叉火力网。[45] 7月18日，近卫坦克第3集团军的先头分队在利沃夫东北面与索科洛夫骑兵-机械化集群的先遣旅会师，将德军第13步兵军（含4个国防军的师级部队和党卫军第14武装掷弹兵师）装进了布罗德口袋。随后，当苏军步兵们清理口袋时，第60集团军在帕维尔·帕夫洛维奇·波卢博亚罗夫中将的近卫坦克第4军支援下阻击了德军第3装甲军（下辖第1和第8装甲师）。[46] 同时，2个苏军坦克集团军正打算从南北两面包抄利沃夫；通往该城的各条道路上都爆发了激烈战斗，不过德军第36步兵军挡住了苏军坦克集团军的进攻。

最后，近卫坦克第1集团军和索科洛夫骑兵-机械化集群向维斯瓦河及桑河的快速推进瓦解了德军在利沃夫的防御。7月23日，卡图科夫的集团军逼近普热梅希尔①，切断了外界德军和利沃夫守军的联系；科涅夫也命令雷巴尔科挥军西进，与卡图科夫一起卡在德军的后勤补给线上。7月27日，当索科洛夫所辖骑兵和坦克兵的先头分队距离维斯瓦河只有区区20公里时，德军放弃了利沃夫。第13步兵军同样试图冲出布罗德口袋，但最终只有不到5000人逃脱。科涅夫立即命令卡图科夫和雷巴尔科的集团军转而直扑维斯瓦河，而利沃夫地域的残余德军装甲部队也拼命赶往新地段以应对新的威胁。当列柳申科的坦克第4集团军和巴拉诺夫的骑兵-机械化集群打退德军自南面发起的反突击时，近卫坦克第1和第3集团军正一路轰鸣，扑向西北方的维斯瓦河。7月29日和30日，卡图科夫集团军的先遣支队及尼古拉·帕夫洛维奇·普霍夫中将的第13集

---

① 译者注：俄罗斯历史上习惯称其为佩列梅什利。

团军摩托化部队一道在桑多梅日南面的维斯瓦河对岸夺取了多个登陆场。随后几天内，第13集团军余部和雷巴尔科的近卫坦克第3集团军也赶到了这里。

接下来爆发的就是双方为争夺登陆场而进行的长期艰苦作战。[47]从匈牙利赶来的德军预备队与利沃夫残余部队会合，被编成了第56①、第3和第48装甲军。在之后一个多月时间里，这些部队反复攻击在桥头堡及周边的苏军阵地，可还是一无所获。偏南面，德军第24装甲军在维斯瓦河以东打击了苏军南翼；然而再激烈的战斗也仅仅（又一次）证明了德军中盛传的一句话——苏联人的桥头堡一旦建成便坚不可摧。

当利沃夫—桑多梅日之战尚在进行时，发生于7月20日、刺杀希特勒行动的失败同样干扰了德军行动。库尔特·蔡茨勒早已处于神经崩溃的边缘，在用于杀死希特勒的炸弹被引爆之前就不再视事。既没被炸伤也未遭逮捕的少数称职将军中便有海因茨·古德里安，他从7月21日开始担任代理总参谋长。古德里安急于获得希特勒的信任，要求下属坚定"标准的（纳粹）立场"②，并在东线发起了凶猛的反击。[48]

卢布林—布列斯特战役

此时，陆军元帅莫德尔还面临着新的考验。在明斯克刚陷落，苏军开始沿利沃夫一线实施进攻时，他又不得不立即倾尽全力来应对波兰南部、桑多梅日以北的科韦利—卢布林方向上同等严重的威胁——就在此处，7月18日时，罗科索夫斯基的白俄罗斯第1方面军左翼加入了战斗。[49]在7月9—10日为将德军注意力从利沃夫方向引开、以掩饰己方真正攻势而准备的那场佯攻结束后，罗科索夫斯基的各个集团军也开始行动起来了。

7月18日，尼古拉·伊万诺维奇·古谢夫中将的第47集团军和崔可夫上将的近卫第8集团军在德军防线上撕开了口子，到7月21日他们已经前出至西布格河。翌日，谢苗·伊里奇·波格丹诺夫上将的坦克第2集团军开始向卢布林和

---

① 译者注：原文为第59装甲军，但德军并未设置这个番号，核对后修改为"第56装甲军"。

② 译者注：具体来说就是要求所有总参军官表态忠于纳粹，不愿者便会被解除职务。另外，他还组织人员听取和学习了纳粹主义的政治报告。

维斯瓦河发展胜利，坦克第11军和近卫骑兵第2军则带头向西北面的谢德尔采进军，以切断防守布列斯特和比亚韦斯托克一带的中央集团军群部队的退路。[50]

尽管波格丹诺夫在7月23日争夺卢布林的战斗中负了伤，所部改由阿列克谢·伊万诺维奇·拉济耶夫斯基少将①指挥，但快速推进并未因此中止，近卫第8集团军和坦克第2集团军的先头部队于7月25日到达维斯瓦河东岸。当崔可夫的集团军在马格努谢夫附近夺取一个登陆场，弗拉季米尔·雅科夫列维奇·科尔帕克奇中将的第69集团军也在普瓦维附近夺取了一个（登陆场）时，最高统帅部大本营命令拉济耶夫斯基将其集团军转向北面直扑华沙，以协助断绝中央集团军群的后路。[51]

到7月28日，拉济耶夫斯基集团军所辖齐头并进的3个军在华沙东南40公里处遭遇了德军第73步兵师和"赫尔曼·戈林"第1伞兵装甲师。于是，该部与德国人开始了赛跑，前者想夺取从东面进入华沙的道路，而后者试图继续控制道路和华沙城。能够向拉济耶夫斯基提供支援的己方最近部队是第47集团军、坦克第11军和近卫骑兵第2军，可他们还在东面50公里处为夺取谢德尔采而战。7月29日，拉济耶夫斯基派出在之前战斗中早已受损极大的近卫坦克第8军和坦克第3军向北推进——他们的任务是转向华沙东北，以包抄防守德军左翼；坦克第16军则继续向普拉加东南接近地且战且进，而河对岸就是华沙。

虽说阿列克谢·费奥多罗维奇·波波夫中将的近卫坦克第8军已经成功杀到距离城东不到20公里处，但尼古拉·丹尼索维奇·韦杰涅耶夫少将的坦克第3军却不幸撞上了莫德尔精心安排的多次装甲反突击。这名德军指挥官给第9集团军送去了一些援兵以防守华沙地域，其中包括大量反坦克炮。从7月30日开始，"赫尔曼·戈林"第1伞兵装甲师和第19装甲师在华沙东北15公里处的沃沃明北面痛击了延伸过度、虚弱不堪的苏军坦克第3军。[52]尽管该部顶住了敌军三天时间冲锋，不过国防军第4装甲师和党卫军第5"维京"装甲师也分别于8月2日和3日加入了战斗。在接下来三天的激烈交战中，坦克第3军遭到重创，而近卫坦克第8军此时同样痛苦地承受着巨大压力。到8月5日，第47集团军已

---

① 译者注：战后曾任装甲坦克和机械化兵司令、总参军事学院第一副院长和伏龙芝军事学院院长，于1972年晋升大将。

经赶到该地域，坦克第2集团军得以后撤进行休整。由于所辖3个步兵军分布于华沙以南到谢德尔采超过80公里长的正面上，因此第47集团军也无力继续朝华沙或纳雷夫河推进。德军向东通往中央和北方集团军群的交通线虽然遭到破坏，但仍未被完全切断。

随着坦克第2集团军逼近波兰首都，战争中争议最大的事件之一也随之出现——第二次华沙起义。[53] 1943年4—5月，华沙犹太人聚居区爆发了一次反对德国人的英勇起义，然而最终失败。1944年8月1日，波兰国家军①的塔德乌什·"布尔"-科莫罗夫斯基②同样发动了起义。国家军认为红军即将到来，希望先打击德国仇敌，为设于伦敦的流亡政府在战后争取合法性。[54] 尽管这些反抗者在华沙市区占据了大片地区，但他们没能占领维斯瓦河上的4座桥梁，亦无力守住城市东郊。波兰国家军拼死抵抗了2个月，却直到战斗后期才从苏联人那里得到一些物质援助，最终也被彻底镇压。在当时及事后，波兰人都一直指控苏联人隔岸观火。可从另一个角度看，斯大林确实用不上国家军的右翼领导人，他将国家军的其他部队解除武装，并将其兵员充实到了由苏联人掌控的波兰第1集团军。不过红军显然无力在8月发动新的攻势，并且此刻也更急于为未来战役行动夺取合适的出发阵地，而不是陷入长期巷战中。后来在8月中旬，白俄罗斯第1方面军将重心放在了顶住德军猛烈反扑、防守华沙南面的马格努谢夫登陆场，以及配合白俄罗斯第2方面军继续向前渡过西布格河、在华沙城北夺取纳雷夫河的渡口上。

直到8月20日齐格蒙特·亨里克·贝林格中将的波兰第1集团军到来前，苏军第47集团军一直是华沙当面唯一的主要力量。最终，苏军于9月3日强渡布格河，翌日逼近纳雷夫河，一路厮杀，于9月6日建立了纳雷夫河登陆场；9月13日，第47集团军先头部队进入华沙东郊的普拉加；3天后，波兰两个师中各有一部渡过维斯瓦河发起突击，可收效甚微，于9月23日被撤回。[55]

苏联人一直强调他们是诚心诚意地想帮波兰起义者一把。但实际上，至

---

① 译者注：波兰文为Armia Krajowa。
② 译者注：他在1939年波兰沦陷时军衔为准将，后化名布尔（Bór）——意为"森林"，以从事地下活动；后于1944年3月1日晋升为师级将军（相当于中将）。

少是在9月中旬之前，德军的抵抗恐怕都足以顶住苏军的任何进攻。因此，后者想往华沙推进就需要对军事行动的方向进行重大调整，从南面的马格努谢夫或北面的布格河和纳雷夫河方向移开，以聚拢足够的兵力攻破防御。而且哪怕到了华沙，苏军要肃清城中的德军同样会付出很大代价；加之该城城内过于拥挤，实在不适合作为新一轮攻势的出发点。

9月10日和16—17日间，苏联和波兰军队为冲进华沙所做两次有限努力的作用仅仅是鼓舞了起义者继续战斗。英国皇家空军及英联邦空军从意大利起飞，向华沙空投武器，却也付出了巨大代价。斯大林直到9月中旬才允许美国陆军航空队^①使用苏联机场执行类似的补给任务；到9月18日该部首次执行任务时，国家军在华沙的控制区已经小到不足以接受空投，最终只有大约五分之一的包裹到达他们手里。⁵⁶在结束长达两个月的英勇抗击后，10月2日，波兰人被迫放下武器，停止了抵抗^②。接着三个月后，苏军才聚集起了足够的力量从维斯瓦河桥头堡出击。

结论

"巴格拉季翁"加上之后的利沃夫—桑多梅日和卢布林—布列斯特战役使红军渡过涅曼河，到达东普鲁士边界，在波兰北部和中部渡过了维斯瓦河及纳雷夫河。到此一步，希特勒的固执确实在很大程度上要为德军的失败负责。除了在华沙和立陶宛城市希奥利艾发动的反击外，苏军发展胜利的势头受阻主要是由于补给线拉得过长，而非德军兵强马壮、作战有力之功。后者有不少于30个师被全歼，大批尚且残存的师同样被屠戮一番，加上苏军机械化部队向前推进了超过300公里，德军最强大的集团——中央集团军群遭到沉重打击，南乌克兰集团军群也损失惨重。与此同时，红军已经抵达了帝国的边境线。

德国一直受人力资源不足所限，而这两个月里的伤亡更是骇人听闻。中央集团军群损失将近450000人，尽管从两翼得到增援，但其规模还是由888000

---

① 译者注：这是比较常见的译法，其英文名为U.S. Army Air Force，即1941年6月20日—1947年9月17日期间的美国空军，之后才改称美国空军（United States Air Force），并成为独立军种；现今美国陆军中的航空兵英文名为United States Army Aviation。关于美国空军前身的中文译名多有不同，请以英文及其缩写为准。

② 译者注：这句话本是第一版中的，只是去掉不妥，故本版将其保留。

人减少到了445000人。不过希特勒依然因为战线缩短而略感欣慰。7月7日，他下令组建15个新的装甲掷弹兵师和10个装甲旅。新部队以那些被重创师的师部为核心，并吸收本应在1944年7—8月补充给东线的兵员，还搜罗了45000名伤愈离开医院的军人。[57]值得一提的是，哪怕德国人将新建的师及相关装备都调到了东线，但在整个6—7月间，西线国防军依然可以遏制住盟军在诺曼底的桥头堡的发展势头。

对于苏联人来说，"巴格拉季翁"带来的战略胜利也并不是白得的。在参与白俄罗斯和卢布林—布列斯特战役的2331000名官兵中，有178507人死亡或失踪、587308人负伤或患病，伤亡数接近总人数的三分之一。此外，由于战斗或后勤原因，他们损失了2957辆坦克和自行火炮，以及2447门火炮和迫击炮。苏军在利沃夫—桑多梅日战役中的伤亡为65001人死亡或失踪，还有224295人负伤或患病；同时损失1269辆坦克和自行火炮，以及1832门火炮和迫击炮。[58]

尽管付出了以上损失，苏军的一线总兵力数仍然在持续增加，从1944年3月12日的6394500人（另有727000人住院）上升到了秋末的6500000人。而与此同时，德军总兵力数变化为——6月1日，2460000人（另有仆从军550000人）；8月1日，1996000人（仆从军774000人）；9月1日，2042000人（仆从军271000人）；11月1日，2030000人（仆从军只剩190000人）。需要进一步指出的是，苏军装甲部队从1944年6月1日的7753辆坦克和自行火炮增加到了1945年1月1日的8300辆；而德军装甲部队在6月1日拥有2608辆（坦克和自行火炮，下同），于8月1日增至3658辆，到11月1日也仅增至3700辆。1944年6月1日至1945年1月1日间，苏军炮兵从大约100000门火炮和迫击炮增加到了114600门；德军则从6月1日的7080门减至8月1日的5703门，到11月1日又降至5700门。[59]当阿尔贝特·施佩尔的动员项目在按部就班生产装备时，苏联的工业产量已经超过了前者。而且施佩尔并不能生产出此时德国最紧缺的资源——受过训练、随时可以投入战斗的军人。

1944年8月中旬，当取得胜利的苏联人在维斯瓦河一线休整时，最高统帅部大本营早已将目光转移到了南北两翼，打算再复制出类似的多场胜利。

第十四章

扫荡侧翼

苏军对中央集团军群的胜利为下一步在南北战略侧翼展开行动铺平了道路。到1944年底，这些战役已经将苏联领土上的所有德国陆军都驱逐出境，并为战后苏联对东欧和中欧的控制奠定了基础。

处于防御状态的德国

即使抛开发生在白俄罗斯和波兰南部的灾难不提，对于德国最高统帅部来说，1944年7月也是段艰难的日子。占据绝对优势的英美空中力量不仅支配了帝国的天空，更是使得在诺曼底的德军根本就无法抵挡盟军。7月17日，陆军元帅埃尔温·隆美尔在乘车时遭到一架英国战斗轰炸机[①]扫射，身受重伤。三天后，由于遭遇了一场最终未遂的刺杀，希特勒的行为亦变得愈发偏执专断。在始于7月25日的"眼镜蛇"行动中，盟军的战术、战略轰炸机在圣洛以西的德军防线上成功炸开一道口子，这也标志其地面部队逐渐从灌木纵横、树

[①] 译者注：出事地点在法国下诺曼底大区卡尔瓦多斯省的圣富瓦德蒙戈姆里村（Sainte-Foy-de-Montgommery，最后那个单词就是英文的"蒙哥马利"）。关于是谁击伤隆美尔一事长期存在争议，至少存在以下三个可能：一、美国陆军航空队的拉尔夫·詹金斯（Ralph Jenkins），驾驶P-47战斗机；二、皇家加拿大空军第412中队的王牌查尔斯·威廉·福克斯（Charles William Fox），驾驶"喷火"Mk IXb战斗机；三、英国皇家空军第602中队王牌、中队长约翰尼斯·雅各布斯·勒鲁（Johannes Jacobus le Roux），他是一名南非飞行员，驾驶"喷火"Mk IX战斗机。此事直到2004年才有定论，查尔斯·威廉·福克斯被正式确认为击伤隆美尔之人，凑巧的是他的姓（Fox）意思就是"狐狸"，其绰号也为一语双关的"飞狐"。福克斯本人甚至因隆美尔可能会与盟军秘密媾和、早日结束战争而有点后悔。作战时，其僚机史蒂夫·兰德尔（Steve Randall）还在旁提供了掩护。另外，"喷火"战斗机常常会扮演战斗轰炸机的角色而执行对地攻击任务，文中称其为"战斗轰炸机"并无不妥。

篱交错的诺曼底乡村冲了出来。在之后几天里，乔治·史密斯·巴顿中将的美国第3集团军开始发展胜利，进入布列塔尼，并向东挺进巴黎。德军在西线难得地遇到了一次能与他们在1941—1942年及苏联人在1943—1944年所发动大纵深战役相媲美的装甲突击，这次突击很快便在法莱斯将其另一集团军群装进了一个差不多同样灾难性的合围圈里。此次灾难使德军本就补充不足的各师愈发陷入了兵力不足的困境。

在当上陆军总参谋长后，古德里安最初的举措之一便是从费迪南·舍尔纳上将的南乌克兰集团军群中撤下德军的5个装甲师和步兵师。这个由德国人和罗马尼亚人混编的集团军群此时正背靠喀尔巴阡山脉，把守着德涅斯特河下游和罗马尼亚，此前曾于4—5月成功挡住苏军的进攻，但现在长期处于兵力不足的状态。其所辖部队被编成了2个德国–罗马尼亚混编集团军级集群（“韦勒”和“杜米特雷斯库”），每个集群下辖2个野战集团军；他们不仅拥有坚固可靠的前沿阵地，而且还可以退守看似不可逾越的喀尔巴阡山脉。由于自身一度（规模）相当雄厚的装甲部队已经在7月被调到其他地段救火，该集团军群就出现了缺少机动预备队的问题，其手头现仅有第13和第20装甲师（后者只是个没有坦克的步兵战斗群）、第10装甲掷弹兵师，以及训练和装备水平都很差的“大罗马尼亚”第1装甲师。[1]另一个麻烦则是糟糕的后勤系统，有时整列火车都会凭空消失，只有出动飞机才找得到，而且需要向罗马尼亚工程师行贿才能将其开往前线。与此同时，德国的盟友匈牙利仇恨斯洛伐克和罗马尼亚还要远甚于苏联。正如一名德国参谋军官所说，南乌克兰集团军群不得不在三条不同的战线上同时奋战——与苏联，与匈牙利、斯洛伐克和罗马尼亚三个仆从国，以及与德国国防军统帅部。[2]

出于政治考量和保护罗马尼亚关键城市雅西与基希讷乌的原因，该集团军群受命防御从喀尔巴阡山脉到德涅斯特河上的杜伯萨里之间的辽阔土地，其中包括现今摩尔多瓦一带沿德涅斯特河下游到黑海之滨一块向东的巨大突出部。尽管在5月吃过苦头，但苏军还是在河对岸成功开辟了几个（对敌军而言）颇具威胁的登陆场。即使在相对平静的6月、7月及8月上旬，苏军也让罗马尼亚人付出了伤亡10000人的代价。[3]舍尔纳多次向希特勒和国防军统帅部提出请求，允许其从突出部中撤出，不过均遭拒绝；与此同时，陆军总司令部悄悄授权他可以在喀尔巴阡山脉构筑后方阵地，但前提是不要引起罗马尼亚政府注意。

仆从国军队是整条防线上的"阿喀琉斯之踵"。虽然在克里木、斯大林格勒和特尔古弗鲁莫斯的一些罗马尼亚师很仗义地与德军并肩作战，甚至打得十分英勇；然而其他部队往往无力继续战争，也提不起什么兴趣，尤其是在考虑到之前三年里自己遭受的悲惨损失后。南乌克兰集团军群的指挥官们准确预料到了苏军下一次大规模攻势将落在自己头上，而且会重点打击罗马尼亚军队——可无论苏联人还是德国人都没想到，1944年8月的罗马尼亚军队竟然土崩瓦解得这么快。

雅西—基希讷乌战役

总的说来，苏军在1944年秋季对巴尔干地区的征服是由一次精心筹划的突破战役和发展胜利行动——1944年8月20日到29日的雅西—基希讷乌战役，以及四个月后抵达布达佩斯城下的漫长追击战所组成。

在筹划此次战局时，苏联最高统帅部不仅要考虑地形因素，还受到了政治因素的影响。1944年7月下旬，莫斯科的注意力转向南方，希望能歼灭南乌克兰集团军群，从而将苏联的影响力扩散至罗马尼亚、保加利亚和南斯拉夫。如此一来，希特勒手头仅存的那两个战略油料储备区——罗马尼亚的普洛耶什蒂油田和匈牙利的巴拉顿湖地区自然而然就成了其战略目标。此外，从实际情况分析的话，苏联人也希望避免在喀尔巴阡山脉陷入苦战，并通过在巴尔干地区的德涅斯特河、普鲁特河、锡雷特河等河流之间平行推进，以尽量减少渡河作战。出于上述原因，苏军下一战局的最初突击便转向了南方，而不是翻越喀尔巴阡山脉向西进军。

指挥乌克兰第2和第3方面军的分别是马利诺夫斯基大将和托尔布欣大将。位于其当面的南乌克兰集团军群拥有将近500000名德军、170辆坦克和突击炮，405000名罗马尼亚士兵和不到100辆装甲战斗车辆。正如在这一阶段经常发生的那样，德国情报机关严重低估了苏联两个方面军的实力——后者实际拥有1314200人，装备了1874辆坦克和自行火炮；[4]不过其中也掺杂不少未经训练、装备水平较差的新兵。就如他们的德国对手一样，这些红军指挥员同样不得不经常使用那些训练不足或者干脆没有接受训练的士兵。在1944年初的冬末和春季解放乌克兰及比萨拉比亚时，这两个方面军从刚解放的地区强征了一切可用人力——拦截支队将男人们从村庄、干草垛等一切能藏人的地方揪出来，让他们穿上军服并发放武器，然后编入各步兵师（理论上他们应先被编入师属教导营）——突击第5集团军的1个步兵师就是这样从3800人扩充到了7000人，但其实际战斗力并没有得到显著提升。如此一来，苏军步兵反而失去了之前的韧性，这也导致指挥员们（不得不）使用了越来越多的步兵、炮兵和装甲支援力量。[5]

苏联最高统帅部的计划——即后来的雅西—基希讷乌战役——要求马利诺夫斯基和托尔布欣的乌克兰第2、第3方面军协同作战，与黑海舰队一道歼灭在雅西、基希讷乌和宾杰里地区的德国及罗马尼亚军队，随后向布加勒斯特和普洛耶什蒂油田推进。[6]正如在比萨拉比亚那样，两个主要地段的突破行动会得到友邻地段部队次要突击的掩护，以防止德军调来预备队。乌克兰第2方面军将在特尔古弗鲁莫斯和雅西之间突破德罗联军防线，然后投入瓦西里·伊乌多维奇·波洛兹科夫少将①的坦克第18军，夺取位于德军第6集团军后方普鲁特河上的渡口。在以先头旅参与突破阶段作战后，克拉夫琴科中将的坦克第6集团军和谢尔盖·伊里奇·戈尔什科夫少将②的骑兵–机械化集群（下辖近卫骑兵第5军和坦克第23军）会转向南面，夺取锡雷特河上的渡口和所谓福克沙尼山口这一交通要道，以便为坦克集团军进一步冲向布加勒斯特创造有利条件。

与此同时，乌克兰第3方面军将在偏南面，从蒂拉斯波尔—宾杰里地域德涅斯特河对岸的小登陆场出发，展开一场与之类似的突击，随后托尔布欣会投入弗拉季米尔·伊万诺维奇·日丹诺夫少将的近卫机械化第4军和费奥多尔·格里戈耶维奇·卡特科夫少将的机械化第7军，以在纵深内发展胜利。这两个军将挥师向北，与乌克兰第2方面军的坦克第18军会师，然后合围在基希讷乌地域的德军主力。此外，这些机动部队并不是在围绕德军形成外层合围圈后便无所事事，其中多数（包括坦克第6集团军和近卫机械化第4军）还将继续向南冲击，直指布加勒斯特和普洛耶什蒂油田。

---

① 译者注：波洛兹科夫于8月27日重伤牺牲，随后由副军长伊万·米哈伊洛维奇·科列斯尼科夫上校接替指挥。坦克第18军在红军装甲部队中是一支很有意思的部队，其首任军长为切尔尼亚霍夫斯基。

② 译者注：于9月13日晋升中将。

为了在突破地段集结起足够兵力，这两个方面军的野战集团军经过了专门调整，根据任务的不同，彼此之间实力差异也很大——比如一些为节约兵力或执行欺敌任务的集团军就只有区区5个师。而在两个选定突破地段中的每个地段上，马利诺夫斯基和托尔布欣都集中了2个齐装满员的集团军，各辖有9个步兵师、充足的炮兵单位，以及承担支援任务的装甲兵；这其中甚至包括专门用于支援步兵的IS-2①重型坦克。7

尽管集结了如此雄厚的兵力，苏军在发起于1944年8月20日的进攻中仍然不太顺利。在南面宾杰里的突破地段上，2个德军步兵师在数天内一直死战不退；加之这个登陆场相对较小，托尔布欣的部队也很难施展开来。机械化第7军和向前发起冲击的步兵在拥堵不堪的道路上挤作一团，把8月20日和21日这两天用以发展胜利的关键时机都浪费了。北面的进攻倒是快得多，坦克第6集团军在开战当天就进入了发展胜利阶段——之所以如此顺利还得主要归功于防守的罗马尼亚人只进行了象征性抵抗；只有那些与当地存在关联的部队（比如由基希讷乌附近招募人员所组成的罗马尼亚第14步兵师）才会选择英勇作战。8

在布加勒斯特，密谋者们一直计划发动政变，以推翻罗马尼亚元帅安东内斯库的亲德政府；苏军的进攻更是加快了这一进程。8月23日，国王米哈伊一世逮捕安东内斯库，并公开宣布废除1940年的维也纳仲裁裁决（该裁决强迫他将特兰西瓦尼亚割让给了匈牙利）。根据希特勒的命令，当地德军试图向该国首都进军，甚至轰炸了王宫——这就给了布加勒斯特一个向柏林宣战的理由②，同时也宣告了已经远在前线的德军第6集团军即将毁灭。9到8月24日，乌克兰第3方面军的第46集团军已在黑海沿岸包围罗马尼亚第3集团军。次日，罗马尼亚军队投降。经过长达几个星期的改编，他们又出现在了苏军作战序列中。9月下旬，原本作为卫戍部队的罗马尼亚第1集团军被动员起来，开始沿特兰西瓦尼亚边境线攻击匈牙利人。10如此一来，德军防御体系的整个南翼便在突然之间门户洞开了。

虽然面对着崩溃局面，被孤立的德军部队仍在以其一以贯之的作战技巧

---

① 译者注：原文为IS-3，有误。
② 译者注：《罗马尼亚通史简编》认为断交时间是8月24日凌晨4点。

和勇气不断迟滞对手。特别是第10装甲掷弹兵师在雅西附近长期进行的后方防御作战，这使得无数罗马尼亚人和德国人逃出生天。与此同时，德军第6集团军所辖4个军中的绝大部分人都被装进了基希讷乌东面和西南面的大口袋中。在8月末的酷暑里，拥有压倒性空中优势的苏军无情锤打着包围圈中的敌军。德国守军想拼死突出重围，将口袋扯向西面。托尔布欣无意之中帮了他们一个忙，他请求最高统帅部将进入乌克兰第3方面军地段的乌克兰第2方面军所属近卫第4集团军调走。最高统帅部的回应是派遣近卫第4集团军向北渡过普鲁特河，然后在该河西岸掉转方向，按照原来的计划继续往南前进。①

在战役这一阶段，坦克第6集团军等机动部队已经远远冲向西南面，而参与了最初突破行动的突击第5集团军正登上火车，准备北上波兰。这样一来，近卫第4集团军于8月27—28日的变更部署就在基希讷乌口袋旁边形成了力量真空，这对德军的突围企图很有帮助。环绕第6集团军残部的包围圈像个气泡那样一直向西移动，直到9月5日，阿列克谢·奥西波维奇·阿赫马诺夫少将的坦克第23军从南面回来堵截才让他们停了下来；该部德军眼看就要在锡雷特河畔脱离苦海，但最终还是落入虎口，悉数被歼。[11]

截至8月29日，南乌克兰集团军群也沦落到了与中央集团军群相似的下场——第6集团军和2个罗马尼亚集团军被歼灭，德军在罗马尼亚的战线彻底崩溃；9月2日，德国人失去了对普洛耶什蒂油田和布加勒斯特的控制。德国和罗马尼亚的损失合计超过400000人，给苏军造成的损失约为67000人。[12]9月1日时，由南乌克兰集团军群更名而来的南方集团军群实力只恢复到了区区200000人，以及仆从国军队的2000人。[13]轴心国军队随后翻过喀尔巴阡山脉，他们一路败退的步伐要等红军突入保加利亚并向西冲入匈牙利东部平原时才会停下。

从8月29日开始，原属仆从军的斯洛伐克陆军在本国中部和北部发动了一次不成熟的兵变。然而很可惜的是，距离苏军最近的那些斯洛伐克部队并未加入，因此起义者距离最近的援军也有200多公里之遥。在又一次罗马尼亚式的反转尚处于萌芽状态时，德军就迅速解除了斯洛伐克人的武装。位于伦敦的捷

① 译者注：乌克兰第2和第3方面军之间以大约南北走向的普鲁特河为分界线，分别位于西岸和东岸；近卫第4集团军基本都在东岸行动，与突击第5集团军挤在了一起。

克流亡政府在美国战略勤务办公室①帮助下，向起义者提供了武器和顾问。9月期间，苏联最高统帅部大本营空运了捷克斯洛伐克第2伞兵旅，并派出1个装备拉-5歼击机的航空兵团，以支援斯洛伐克人。但苏军第38集团军（下辖捷克斯洛伐克第1军）尚且无力越过杜克拉山口。到10月27日，德军已经肃清了那些起义者。[14]

冲向布达佩斯

苏军穿过巴尔干诸国的继续追击对自身后勤供应能力提出了极高要求。到战争这一阶段，他们在一次攻势中所能前进的距离早已更多取决于自身后勤水平，而不是轴心国防御部队的力量。由于在巴尔干地区没有战役预备队，德军将所有能用的部队都投入到了镇压南斯拉夫起义者这一徒劳无功的行动中。E集团军群司令、陆军元帅冯·魏克斯已经在考虑退出希腊，穿过南斯拉夫实施撤退；不过追击的苏军前锋部队就像一扇转动的巨门，以顺时针方向席卷了这一地区。

到9月底，托尔布欣的乌克兰第3方面军完成了扫荡保加利亚的任务，只留下米哈伊尔·尼古拉耶维奇·沙罗欣中将的第37集团军支援现已加入苏联阵营作战的保加利亚政府。尼古拉·亚历山德罗维奇·加根中将的第57集团军则进入保加利亚西部，该部未来将在保加利亚第2集团军支援下，对位于南斯拉夫的德国E、F两个集团军群采取作战行动。已进入保加利亚境内的伊万·季莫费耶维奇·什廖明中将的第46集团军在保加利亚第4集团军支援下回师，杀入罗马尼亚南部，与乌克兰第2方面军左翼一道突向了蒂米什瓦拉。[15]

与此同时，为越过喀尔巴阡山脉进入匈牙利东部，马利诺夫斯基将麾下部队进行了重组。之后，戈尔什科夫的骑兵-机械化集群及位于其后的菲利普·费奥多西耶维奇·日马琴科中将的第40集团军、谢尔盖·格奥尔吉耶维奇·特罗菲缅科中将②的第27集团军一同扫清了从普洛耶什蒂北面穿过喀尔巴

---

① 译者注：英文简称为OSS，一般译作战略情报局。
② 译者注：于9月13日晋升上将。

316

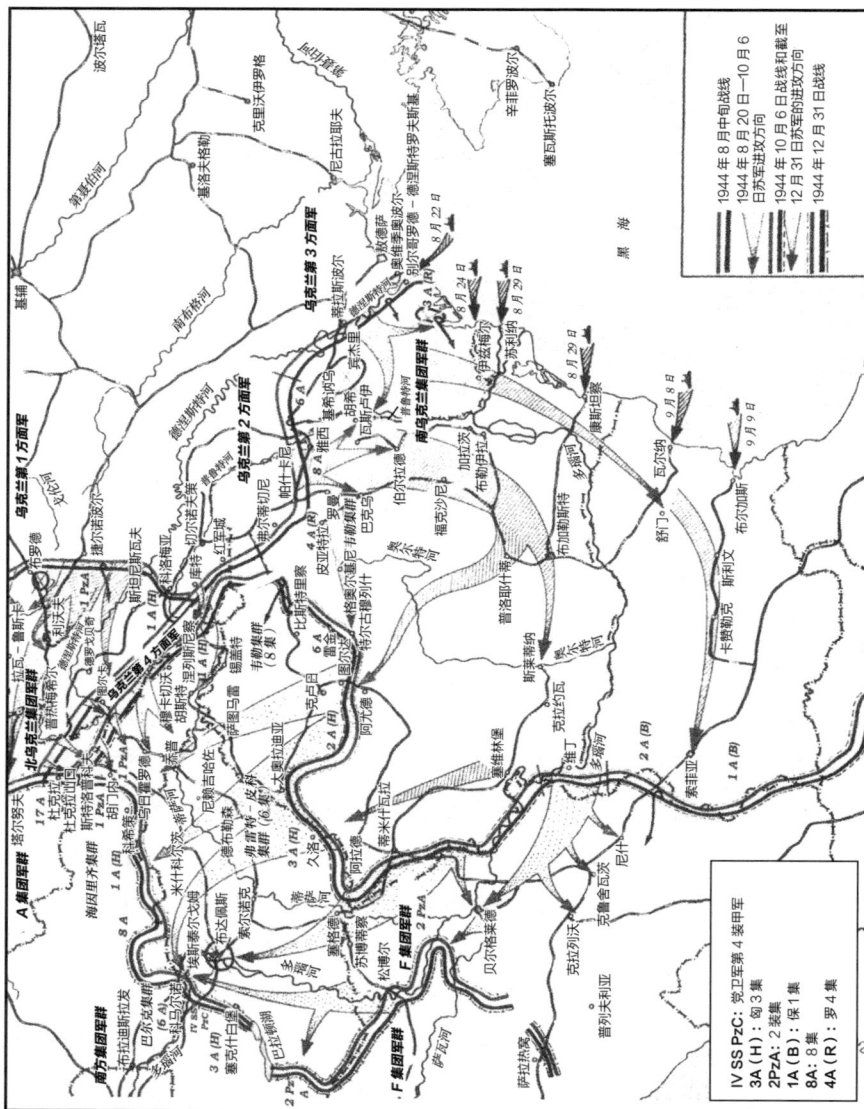

战场形势图 23：苏联进军巴尔干，1944 年秋

阡山脉，进入特兰西瓦尼亚①的通道。另外，克拉夫琴科的坦克集团军（该部因在罗马尼亚的出色表现，于9月12日荣膺"近卫"称号）和伊万·梅福季耶维奇·马纳加罗夫中将的第53集团军也试图跟上他们的步伐，从布加勒斯特向西横扫，穿过喀尔巴阡山脉，在克卢日②以西抵达匈牙利国境线。到9月底，马利诺夫斯基的部队已在800公里长的正面上夺取多个山口，并将德军第8集团军和匈牙利第2、第3集团军孱弱的掩护部队逼至甚至逼退过了匈牙利国境线。

马利诺夫斯基的方面军现由4个诸兵种合成集团军（第40、第27和第53，近卫第7）、近卫坦克第6集团军、戈尔什科夫骑兵–机械化集群、几个独立机动军，以及新加入苏联阵营的罗马尼亚第1和第4集团军组成。大本营命令马利诺夫斯基歼灭匈牙利境内的德军和匈军，将匈牙利逐出战争；伊万·叶菲莫维奇·彼得罗夫上将的乌克兰第4方面军（刚在乌克兰第1和第2方面军之间的喀尔巴阡山北面组建）也会配合这次行动。

为实施这些战役，苏联最高统帅部从托尔布欣的方面军给马利诺夫斯基调派了第46集团军（不久后还增派了近卫第4集团军），另派有2个机械化军（近卫机械化第2和近卫机械化第4）。马利诺夫斯基还得到了第二个骑兵–机械化集群（辖有近卫骑兵第2和第4军，以及机械化第7军），该部指挥员是在恶劣地形环境中有着丰富骑兵作战经验的普利耶夫中将，在白俄罗斯表现出色。由于部队分布在极为宽大的正面上，乌克兰第2方面军的兵力兵器密度在整个匈牙利会战期间都比较低，后勤保障也十分困难。因此，马利诺夫斯基被迫实施了一系列多集团军战役，每次战役前均会有一段很短的作战间歇，同时进行一定限度的变更部署；尤其是他必须节约使用机动部队，并注意这些部队的及时轮换。[16]

马利诺夫斯基最初打算从战线中部、今罗马尼亚西北边境的奥拉迪亚③向匈牙利东南的德布勒森进军，在右翼的集团军负责扫清罗马尼亚北部，左翼则取道塞格德冲入匈牙利南方。他希望用自己的乌克兰第2方面军和彼得罗夫的

---

① 译者注：位于罗马尼亚中部，其东面和南面是喀尔巴阡山脉。
② 译者注：于1974年更名为克卢日–纳波卡。
③ 译者注：原文为大奥拉迪亚，有误，该地已于1925年更名为奥拉迪亚。

乌克兰第4方面军一道以一次钳形攻势合围匈牙利东部所有德军。9月上旬，彼得罗夫的部队在乌克兰第1方面军左翼莫斯卡连科上将的第38集团军协同下，已经从乌克兰西部穿过杜克拉山口，开始向喀尔巴阡山脉突击——他的任务是乘利沃夫—桑多梅日战役胜利之余威继续扩大战果，并帮助最终惨遭失败的斯洛伐克起义。之后，大本营指示马利诺夫斯基夺取德布勒森，然后挥师北上，沿着蒂萨河东岸穿过乔普，直扑乌日霍罗德；该部将在那里与乌克兰第4方面军及第38集团军会师，合围并歼灭匈牙利东部全部德国和匈牙利军队。[17]完成这一任务后，马利诺夫斯基的方面军就可以一路向西，几乎畅通无阻地冲向布达佩斯。与此同时，托尔布欣的乌克兰第3方面军也将向前占领贝尔格莱德。

德军在匈牙利的防御相当薄弱。南方集团军群（由南乌克兰集团军群更名而来）司令约翰内斯·弗里斯纳上将麾下有2个德国集团军和2个匈牙利集团军，可供保卫匈牙利。德国第8集团军（韦勒集群）正从特兰西瓦尼亚撤往克卢日以东阵地，经过整编的第6集团军（弗雷特–皮科集群）和匈牙利第2集团军一部则防守奥拉迪亚—克卢日地段。匈牙利第3集团军把守着奥拉迪亚东面一直到塞格德的漫长防线，塞格德另一侧是位于南斯拉夫的F集团军群。德军手头唯一的战役预备队就是第23装甲师，外加由4个装甲师组成的特遣队中的先头部队（第1装甲师）。希特勒许诺道，该特遣队将加强给面临巨大压力的弗里斯纳集团军群。[18]

苏军新的德布勒森战役的第一阶段始于10月6日，打击目标是德军第6和第8集团军的结合部。[19]普利耶夫集群在三天之内就朝西北方向推进了100公里，到达蒂萨河。由于克拉夫琴科的近卫坦克第6集团军没能拿下奥拉迪亚，马利诺夫斯基急调普利耶夫集群从蒂萨河转向东面，为其提供支援。10月20日，这两支机动部队并肩作战拿下了奥拉迪亚，第53集团军改向德布勒森进军。随后，普利耶夫快速集群和戈尔什科夫骑兵–机械化集群向北飞驰，在克服德军第3装甲军第1、第13和第23装甲师及"统帅堂"装甲掷弹兵师①的凶猛抵抗

---

① 译者注：即原国防军第60步兵师，于1940年7月1日改编为第60摩托化步兵师，在斯大林格勒被全歼。1943年5月，该部重建后番号改为"统帅堂"装甲掷弹兵师，在1944年11月27日改编为装甲师；于1945年2月在布达佩斯被歼灭，当月又以突围的极少数人员为基础进行了重建；3月23日，该部与第13装甲师被分别命名为第1和第2"统帅堂"装甲师；5月，在布拉格战役中被合围，最终投降。

后，于10月20日占领德布勒森。当第53集团军和近卫第7集团军从蒂萨河以东向西推进以肃清轴心国军队时，普利耶夫集群在戈尔什科夫集群（下辖近卫骑兵第5军和坦克第23军）的支援下向北突击乔普，两部合计有400辆坦克和自行火炮。他们在仓促地大举冲向德布勒森北面40公里处的尼赖吉哈佐[①]后，遭到德军第3装甲军和韦勒集群第17步兵军精心组织的反击，2个骑兵-机械化集群均被重创，彼此之间的联系也被切断。10月21—26日，德军第1、第13和第23装甲师合围并消灭了普利耶夫的部队，宣称共击毁苏军2个集群389辆坦克和自行火炮中的200辆。[20]到10月27日，弹尽粮绝且人困马乏的普利耶夫和戈尔什科夫集群放弃了此前占领的地区和绝大部分技术装备，开始向南退却。

1944年10月15日，海军中将霍尔蒂·米克洛什再次试图与莫斯科单独讲和，但次日就被德军抓捕。此后，匈牙利政权便落入了箭十字党手中，该党坚决执行纳粹对犹太人的政策，并拼死防守国土。[21]

在匈牙利北部和东部歼灭德国及匈牙利军队的行动失败后，10月28日，苏联最高统帅部大本营别无选择，只得指示马利诺夫斯基以其左翼从塞格德出发，向布达佩斯推进。[22]10月29日，他的部队以近卫机械化第2和第4军为前锋，刺穿了匈牙利第3集团军的防御，穿过小克勒什[②]和凯奇凯梅特，突向布达佩斯南面接近地。德军匆忙调来第3装甲军（下辖第1和第13装甲师，以及"统帅堂"装甲掷弹兵师），在第23、第24装甲师和匈牙利部队的协同下，于11月3日在该国首都——布达佩斯城下让苏军的推进戛然而止。

将普利耶夫集群和近卫机械化第2、第4军东调后，马利诺夫斯基在11月10日出击了位于布达佩斯东南40公里处的采格莱德[③]。然而10天后，恶劣天气和德军的抵抗让苏军再一次止步于布达佩斯城下。在南面，托尔布欣的乌克兰第3方面军早已完成解放贝尔格莱德的使命，正在松博尔附近前出到多瑙河畔。11月27日，他命令沙罗欣上将[④]的第57集团军和格奥尔基·费奥多罗维

---

① 译者注：原版称苏军在10月22日将其攻克。
② 译者注：即匈牙利诗人裴多菲诞生地。
③ 译者注：原文为布达佩斯东面的塞格德，有误。
④ 译者注：原文为加根中将，有误，他已于10月将职务移交给沙罗欣。

奇·扎哈罗夫大将①的近卫第4集团军杀过河去；到12月3日，托尔布欣的这两个集团军已经克服敌军微弱抵抗，抵达布达佩斯西南的巴拉顿湖岸边——红军即将占领德国最后的油田。²³

马利诺夫斯基于12月5日再次出击，这一次他从布达佩斯南北两面采用了钳形攻势，以夺取该城。克拉夫琴科的近卫坦克第6集团军和普利耶夫的骑兵—机械化集群从北面取道沙希、包抄布达佩斯，另一部则以卡尔普·瓦西里耶维奇·斯维里多夫中将的近卫机械化第2军为前锋，从11月下旬就已夺取的几个多瑙河小桥头堡处出发，打算拿下布达佩斯以西的塞克什白堡②和埃斯泰尔戈姆③。尽管苏军在初期取得的进展十分显著，但由于德军调来战役预备队，因此布达佩斯既未陷落亦未被围。红军在城南的推进止步于德军位于巴拉顿湖和布达佩斯南郊之间的"玛格丽特"防线，近卫坦克第6集团军和普利耶夫骑兵—机械化集群也在多瑙河以北的丘陵地带停了下来。

就在马利诺夫斯基展开新一轮攻势并最终陷入停顿时，德国陆军总司令部于12月初给弗里斯纳增派了援兵——第3和第6装甲师，以及3个各有60辆坦克的"虎"式坦克营，以期恢复（原有的）态势。²⁴然而问题在于将这些装甲力量用在什么地方才能获得最佳效果——是在北面对付近卫坦克第6集团军，还是在南面阻挡正准备向巴拉顿湖推进的托尔布欣？陆军总司令部和弗里斯纳为此进行了一次极不愉快的争论。雪上加霜的是，恶劣天气状况也严重制约了这些增援装甲部队的机动能力。最终，弗里斯纳将装甲师里的步兵抽调出来部署在了北面，然后让缺乏（步兵）支援的装甲兵去支撑南面防线。

天气恶劣和德军部署失当让马利诺夫斯基和托尔布欣捡了便宜。1944年12月20日，这两名将军④向布达佩斯南北两面发起了猛烈进攻。近卫坦克第6集团军和普利耶夫骑兵—机械化集群在舒米洛夫上将的近卫第7集团军支援下，从北面卷击⑤德军防御体系，于12月27日抵达多瑙河畔，对岸即是埃斯泰

① 译者注：原文为伊万·瓦西里耶维奇·加拉宁中将，实际上他已于11月25日去职，但扎哈罗夫也是在29日才上任。
② 译者注：具体是布达佩斯西南。
③ 译者注：具体是布达佩斯西北。
④ 译者注：马利诺夫斯基和托尔布欣分别于9月10日和12日晋升为苏联元帅。
⑤ 译者注：Roll up，即军事术语"卷击"，指攻击敌侧翼迫使其退向中心。

尔戈姆。与此同时，托尔布欣的第46集团军和近卫第4集团军在坦克第18军、近卫机械化第2军、机械化第7军，以及戈尔什科夫中将的近卫骑兵第5军支援下突破了"玛格丽特"防线。这些苏军部队击溃了没有步兵掩护的德国装甲兵，随后扑向西北方的埃斯泰尔戈姆。[25]到12月27日，两个方面军的部队在多瑙河一线会师，将德国党卫军第9山地军的4个师和2个匈牙利师围困在布达佩斯城内。由于这一惨败，弗里斯纳和马克西米利安·冯·弗雷特–皮科双双被解职。韦勒成了南方集团军群司令，而现在所剩无几的装甲战专家之一——装甲兵将军赫尔曼·巴尔克将军则接手指挥了第6集团军。[26]

几天后，党卫军第4装甲军的先头部队开始抵达这一地域，可为时已晚。从1944年12月剩下几天一直到1945年1月，党卫军为解救被围的布达佩斯守备部队发起了数次猛烈反突击，不过最终都被苏军顶住。[27]尽管德军的突击大多失败，但他们的部分胜利也给了希特勒信心，使其发动了德军在这次战争中的最后一次主要攻势——1945年3月的巴拉顿湖战役。

当马利诺夫斯基和托尔布欣在巴尔干地区蹂躏德军的防线时，苏军已经开始了旨在突破德军设于喀尔巴阡山脉的防御，进军斯洛伐克和匈牙利东北部的战役。乌克兰第1方面军左翼的第38集团军在莫斯卡连科上将指挥下，于9月初率先向杜克拉山口出击，目的是与此前就早已站起来反抗德国当局的斯洛伐克起义者会师；如果可能的话，还会配合乌克兰第2和第4方面军向乌日霍罗德推进。[28]9月8日，莫斯卡连科利用其集团军所属3个步兵军在克罗斯诺附近试图打开突破口，之后坦克第25军、近卫坦克第4军、坦克第31军和近卫骑兵第1军将负责乘胜出击，夺取杜克拉山口。卢德维克·斯沃博达准将的捷克斯洛伐克第1军（共14900人）[①]和独立坦克第1旅[②]、伞兵旅等部队也参与了此次战役。

苏军最初打得比较顺利，只是好景不长，因为德军调来了其第1和第8装甲师等援兵，以巩固第1装甲集团军司令戈特哈德·海因里齐上将的防线。如前文第十三章所述，莫斯卡连科突破了德军防线并将机动部队投入行动，不过

----

① 译者注：9月10日，原军长扬·克拉托赫维拉准将因作战不力被科涅夫解除职务，由斯沃博达接替指挥。前后两名军长军衔均为准将（Brigádní Generál）。二战前后，捷克斯洛伐克陆军的将官军衔类似于法国陆军，由旅级、师级和集团军级三级组成，相当于准将、少将和上将；但法军多出了一个相当于中将的军级将军。

② 译者注：该部应是第2旅，当时并未组建第1旅。

德军的反突击挫败了苏军进一步推进的企图，而且合围了维克多·基里洛维奇·巴拉诺夫中将的近卫骑兵第1军数日之久，最后解除了苏军对杜克拉山口的威胁，将其击退。巴拉诺夫的军在这一过程中损失了绝大部分装备。

9月9日，彼得罗夫的乌克兰第4方面军加入进攻，以安德烈·安东诺维奇·格列奇科上将的近卫第1集团军和伊万·米哈伊洛维奇·阿富宁少将的独立近卫步兵第18军向乌日霍罗德推进。[29]苏军在初期的进展依然比较顺利，但随后就陷入苦战，因而速度也有所放慢。在将近两个月的激战中，德国第1装甲集团军和匈牙利第1集团军失地不多；到10月28日，苏军拿下了乌日霍罗德和鲁塞尼亚地区[①]的穆卡切沃，不过仍未肃清斯洛伐克境内的德军。此时，彼得罗夫的右翼已经在蒂萨河上的乔普附近与马利诺夫斯基所部会师。在1944年余下时间到1945年间，这两个方面军相邻侧翼部队的下一步进展依然十分缓慢而艰难。海因里齐在防御期间的努力为其赢得了"德国最杰出防御专家"的美名；1945年3月20日，他接过了奥得河一线德军的指挥权。

此次针对德军南翼的打击取得了重要成果，不仅将罗马尼亚从轴心国阵营中驱逐出去，还为红军的作战序列增添了几个罗马尼亚和保加利亚集团军。另外，此战让德国人丧失了对于持续战争十分关键的匈牙利粮仓和罗马尼亚、匈牙利两国油田等重要资源，这对第三帝国的经济来说是个沉重打击。从军事上看，在匈牙利进行的各次战役将德军关键的装甲预备队——包括第1、第3、第6、第23和第24装甲师，以及党卫军第4装甲军2个装备一流的师——吸引到了该地区。不久后，事实就将证明这些部队没有被部署在至关重要的华沙—柏林方向上（的结果）是灾难性的。

奔向波罗的海之滨

1944年夏末至秋季，德军北翼也遭遇了相同的惨祸。在白俄罗斯战役的追击阶段，苏军趁热打铁，积极利用中央和北方集团军群之间的缺口，于7月5日实施了希奥利艾战役。到7月31日，波罗的海沿岸第1方面军所辖三个集团

---

① 译者注：1918年后一般指现今乌克兰的外喀尔巴阡州一带。

军——阿法纳西·帕夫兰季耶维奇·别洛博罗多夫中将的第43集团军、雅科夫·格里戈里耶维奇·克列伊泽尔中将的第51集团军和波尔菲里·格奥尔吉耶维奇·昌奇巴泽中将的近卫第2集团军，由奥布霍夫中将的近卫机械化第3军作为前锋——的先遣支队强行穿过德军两个集团军群之间的口子，冲向里加湾。在其右翼，奇斯佳科夫上将[①]的近卫第6集团军掩护着拉脱维亚首都方向。[30]苏军这次突击及其所形成到达波罗的海之滨的狭窄走廊切断了德军中央和北方集团军群之间的联系。

　　古德里安上任陆军总参谋长后的第一要务就是堵上苏军这一突破口。经过多次争辩后，8月中旬，德国人集中少量独立装甲旅和自行火炮旅，在里加附近发动了一次有限的反突击（即"双头"行动）[②]。这些部队在"欧根亲王"号重巡洋舰和数艘驱逐舰的舰炮火力支援下，于海岸线上切断了苏军延伸过度的前锋部队，并在己方两个集团军群间建立起了一条30公里宽的东西向走廊。[31]

　　另外，在位于南面的立陶宛，第3装甲集团军的第40和第39装甲军从古德里安手头贫乏的预备队里分到了很大一部分资源。三个不满员的装甲师（第5、第14和第7）外加"大德意志"装甲掷弹兵师于8月17日向东出击，试图填平苏军的突破口，夺回关键的交通枢纽——希奥利艾。

　　闪击战此时已经失去了往日的魔力。波罗的海沿岸第1方面军司令巴格拉米扬大将迅速在德军前进道路上构筑了纵深防御体系。[32]如今，大部分苏军部队都得到了丰富的牵引和自行反坦克炮支援，这两者均可有力打击敌军的装甲战斗车辆。受德军最直接威胁的是昌奇巴泽的近卫第2集团军，该部展开了其主要反坦克预备队——反坦克第93旅[③]。在该集团军之后，巴格拉米扬利用2个步兵师和几个反坦克歼击炮兵旅组建了第二道防御带。此外，他还投入了布特科夫中将的坦克第1军、奥布霍夫中将的近卫机械化第3军和米哈伊尔·德米

---

① 译者注：于6月28日晋升该军衔。

② 译者注：初期作战兵力量主要是伯爵许亚钦特·施特拉赫维茨·冯·大曹黑和卡米内茨率领的装甲混合编队（Panzerverband Strachwitz），由迈因拉德·冯·劳黑特（Meinrad von Lauchert）指挥的国防军第101装甲旅和马丁·格罗斯指挥的党卫军"格罗斯"装甲旅组成。

③ 译者注：原文如此，但正确番号应为重型榴弹炮兵第93旅。近卫第2集团军直属的反坦克预备队主要是反坦克歼击炮兵第14旅（装备有17门76毫米师属火炮、21门85毫米炮和48门57毫米炮）、第113团，加农炮兵第53旅，以及集团军加农炮兵第150旅；另还有包括红旗坦克第1军在内的132辆坦克和自行火炮。

特里耶维奇·索洛马京中将不满员的近卫坦克第5集团军（刚参与了占领立陶宛城市考纳斯的战役），作为反突击力量。这一迅速反应，加之苏军有力掌控了制空权导致德军的进攻到8月20日终被打退。第3装甲集团军虽然重新打通前往北方集团军群的狭窄走廊，却也因此付出了高昂代价。

当波罗的海沿岸第1方面军穿过希奥利艾、向里加南面的波罗的海岸边推进时，从7月10日起，波罗的海沿岸第2方面军开始向西进逼北方集团军群的第16集团军，到7月15日已经占领伊德里察、谢别日和德里萨，到7月30日占领陶格夫匹尔斯和雷泽克内，到8月13日占领拉脱维亚东部的叶卡布皮尔斯和马多纳。一周后，在波罗的海沿岸第2方面军右翼，波罗的海沿岸第3方面军打击了北方集团军群第18集团军的右翼。到7月23日，红军占领了"豹"防线上的要塞城市——普斯科夫和奥斯特罗夫，到7月31日早已深入爱沙尼亚东南和拉脱维亚东部。波罗的海沿岸第3方面军的第67集团军于8月10日继续发起进攻，于28日攻克爱沙尼亚南部的塔尔图，随后由于遭到德军猛烈的反突击而停止前进；该方面军的突击第1集团军则已前出至拉脱维亚城市瓦尔加的东郊。在完成对北方集团军群一连串如马赛克（原意是以镶嵌方式拼接而成的细密装饰，此处借指苏军攻击密集且方向众多）那样的突击后，列宁格勒方面军的突击第2集团军在7月24日越过纳尔瓦河，发动了一次大胆的两栖登陆行动。为配合第8集团军在城南河对岸登陆场发起的进攻，突击第2集团军突袭了党卫军第3装甲军，于两日后占领纳尔瓦。随后，列宁格勒方面军在8月3日发动了新一轮攻势，以夺取塔林；但由于德军和爱沙尼亚部队在西尼梅埃村附近高地的顽强抵抗，此次进攻于一周后宣告失败。[33]

在7—8月间沿整条战线爆发的激烈战斗使北方集团军群实力大不如前。其下属的多个师被调往白俄罗斯填补缺口，剩余部队也是精疲力尽、人员不足，总体来说行将就木。早在8月29日，苏联最高统帅部大本营就命令列宁格勒方面军痛击并粉碎纳尔瓦集团军级支队，夺取爱沙尼亚首都塔林。[34]

9月14日，3个波罗的海沿岸方面军开始向里加发动向心突击。3天后，列宁格勒方面军在北面加入战团，从楚德湖（即佩普西湖）南北两面攻击纳尔瓦集团军级支队。这四个方面军共有1215000人、27373门火炮和迫击炮、2341辆坦克和自行火炮，以及3056架飞机；他们与北方集团军群的兵力对比为3:1，兵器的对比更是远远超过此数值——结局自然是显而易见的。[35]

巴格拉米扬的波罗的海沿岸第1方面军以4个集团军掩护其在希奥利艾和叶尔加瓦的左翼和中央地段，以第43集团军和突击第4集团军从南面直扑里加。到9月22日，他的部队已经夺取了里加南面30公里处的巴尔多内。叶廖缅科大将的波罗的海沿岸第2方面军和伊万·伊万诺维奇·马斯连尼科夫大将[①]的波罗的海沿岸第3方面军也加入了攻势，前者笔直向西、冲向里加，后者则从东北面出击，以尼卡诺尔·德米特里耶维奇·扎赫瓦塔耶夫中将的突击第1集团军占领瓦尔加和瓦尔米耶拉。在突击第1集团军左翼，尼古拉·帕夫洛维奇·西蒙尼亚克中将的第67集团军于9月25日攻占了马兹萨拉察，并继续向里加湾推进。在北面，伊万·伊万诺维奇·费久宁斯基中将[②]的突击第2集团军攻破了德军在塔尔图以北的防线，并与从纳尔瓦地域向西推进的第8集团军实现会师。此次进攻粉碎了德军纳尔瓦集团军级支队的防线，苏军在9月23日攻克塔林，将防御方逼退到了爱沙尼亚西面群岛上。这些联合打击早已使整个北方集团军群的防御体系处于崩溃边缘。[36]

7月23日被任命为北方集团军群司令的费迪南·舍尔纳上将从己方在罗马尼亚的惨败中学到了不少教训。他意识到自己在爱沙尼亚和拉脱维亚的阵地是守不住的，苏军任何一场正规进攻都不会放过中央和北方集团军群之间的狭窄走廊。因此，舍尔纳顶住苏军的巨大压力，精心组织了德军部队的总撤退，最终目的地为里加。[37]

到1944年9月底，除波罗的海上几个岛屿之外，苏联元帅戈沃罗夫的列宁格勒方面军已经肃清了爱沙尼亚境内全部德军。叶廖缅科和马斯连尼科夫的波罗的海沿岸第2和第3方面军正逼近里加，巴格拉米扬的波罗的海沿岸第1方面军也打退了德军多次反突击，并夺取叶尔加瓦和多贝莱，从南面威胁里加。不过，舍尔纳的集团军群同样依靠掩护着城市接近地的密集预设防御工事，加强了自身在里加城外的抵抗。

面对这一现实，加上预料到德军会再度尝试加强中央和北方集团军群之

---

① 译者注：于7月28日晋升该军衔。
② 译者注：于10月6日晋升上将。

间的联系，苏联最高统帅部大本营决定在这两个集团军群之间展开进攻，并突向海边。为此，波罗的海沿岸第1方面军的进攻方向需要由里加改为向西面和西南面。9月24日，大本营命令列宁格勒方面军和波罗的海舰队完成解放爱沙尼亚的任务，对位于爱沙尼亚海岸最大的希乌马岛和萨列马岛发起一次两栖登陆战役。与此同时，波罗的海沿岸第2和第3方面军负责强击里加，以肃清波罗的海沿岸德军。更重要的是，巴格拉米扬的波罗的海沿岸第1方面军和切尔尼亚霍夫斯基大将的白俄罗斯第3方面军一部也将沿希奥利艾—梅梅尔①方向发起强力进攻，夺取梅梅尔和利鲍②，切断北方集团军群与东普鲁士的联系，为将来歼灭波罗的海沿岸地区全部德军创造有利条件。[38]为支援此次突击，切尔尼亚霍夫斯基准备沿柯尼斯贝格③方向直接向东普鲁士境内发动进攻。

波罗的海沿岸第1方面军作战方向的改变也要求对波罗的海沿岸第1和第2方面军的部队及后勤供应进行大规模调整。由此形成的突击集团包括近卫第6、近卫第2集团军，以及突击第4集团军和第43集团军，支援他们的是方面军快速集群——完成休整的近卫坦克第5集团军，第51集团军被部署在第二梯队。9月24日到10月4日间，巴格拉米扬秘密将5个集团军（共计50个步兵师、15个坦克旅和93个炮兵团）布置到了新的进攻阵地上。[39]虽然对苏军的进攻准备有所察觉，但由于为时过晚，德军已经来不及组织有效防御了。[40]

10月5日，巴格拉米扬开始出击。到当日夜晚，沃利斯基中将④的近卫坦克第5集团军早已深深楔入德军后方，开始发展胜利；截至10月9日，他一路乘胜进攻，已经碾过第3装甲集团军司令部，从梅梅尔南北两面抵达波罗的海之滨，把德军第28步兵军封锁在孤城中，并将北方集团军群余部和第3装甲集团军的另一个步兵军孤立在了库尔泽梅⑤和里加。[41]

面对如此令人不安的现实，舍尔纳坚持要求北方集团军群撤到库尔泽梅半岛。这次撤退行动是在处于敌人火力打击下进行的，要与坚决进攻的苏军脱

---

① 译者注：今立陶宛城市克莱佩达。
② 译者注：即拉脱维亚城市利耶帕亚。
③ 译者注：意为"国王山"，旧译为哥尼斯堡或柯尼斯堡，即现今的加里宁格勒。
④ 译者注：于10月26日晋升上将。
⑤ 译者注：德国人称其为库尔兰。

离接触并在库尔泽梅重建一条新的、更长的防线显然需要极高技巧和胆量。到1944年10月23日，北方集团军群已经完成这一任务，挽救了侧翼，而且在此过程中保住了绝大部分兵力和给养。[42]

德军将领把希特勒坚持在库尔泽梅口袋维持约20万人部队（其中包括2个装甲师）的做法当作这位独裁者刚愎自用的另一例证。从陆军总司令部或地面部队的角度看，这一批评有一定道理，尽管现在的"库尔兰"集团军群也确实牵制了苏军6个野战集团军，在1945年5月投降前给予其重大杀伤，己方战线却一直保持完整。不过，德国海军司令、海军元帅卡尔·邓尼茨同样向希特勒说明了控制波罗的海的战略重要性——在芬兰退出战争后，苏联波罗的海舰队现在就可以进入这一海域，威胁从斯堪的纳维亚向德国本土输送矿石的航线，并导致德国海军无法从波罗的海沿岸国家疏散德裔居民，尤其还无法继续训练U艇新乘员。邓尼茨显然说服了希特勒，使他相信在当前阶段赢得战争的最佳策略是尽可能发展成熟的21型潜艇；坚守库尔兰至少能让德国海军拥有前进基地，同时也使红海军无法在这一区域肆无忌惮地行动。[43]

苏联最高统帅部大本营接着将注意力转向了在东普鲁士边境线上掘壕固守的第3装甲集团军。当波罗的海沿岸第1方面军从北面接近涅曼河时，大本营便授权切尔尼亚霍夫斯基的白俄罗斯第3方面军沿贡宾嫩①—柯尼斯贝格方向杀入东普鲁士。在接下来的贡宾嫩—戈尔达普②战役中，切尔尼亚霍夫斯基计划用第5集团军和近卫第11集团军突破德军防御，然后投入近卫坦克第2军和亚历山大·亚历山德罗维奇·卢钦斯基中将新锐的第28集团军发展胜利；[44]与此同时，第31和第39集团军将在两翼策应。

10月16日，尼古拉·伊万诺维奇·克雷洛夫上将的第5集团军和库兹马·尼基托维奇·加利茨基上将的近卫第11集团军开始行动，突入德军防线11公里。翌日，第31和第39集团军也加入突击，而加利茨基那个强大的集团军早已越过了东普鲁士边境。由于德军的筑垒防线坚不可摧，切尔尼亚霍夫斯基的几个集团军花了4天时间才突破其战术防御；德国边境线上的第二道防线同样

---

① 译者注：今俄罗斯古谢夫。
② 译者注：今波兰戈乌达普。

很坚固，虽然他将第28集团军投入了战斗，但整个推进还是在施塔卢珀嫩①防区被挡住——德军增派的大量装甲部队已经赶来巩固防御。苏军侧翼集团军逐渐向近卫第11集团军前沿位置靠拢，战斗一直持续到10月27日。苏军付出惨重伤亡代价才向东普鲁士境内推进了50～100公里，不过他们也切身体会到了将来征服德军的东普鲁士堡垒需要预先做什么准备。

极北之地

在芬兰和苏联于9月停战后（详见前文第十三章），德军第20山地集团军司令洛塔尔·伦杜利克上将把部队撤出芬兰，保存了绝大部分兵力。国防军统帅部说服了希特勒，让德军从这一地区全部撤出；然而第二次撤退还没开始，苏军就于10月7日发动了他们在北方的最后一次攻势——佩特萨莫②—希尔克内斯战役。[45]尽管此次战役没有为苏联最终的胜利起到重大作用，规模与发生在南方的那些战役相比同样不值一提；但此战对于双方来说都是不同寻常的——作战地域相当特殊，战斗形式也是（并不多见的）地面与两栖作战相结合。

此次战役的作战环境独一无二，相关地域的地貌如同月球表面一般，气候条件也相当糟糕；直到10月仍未上冻的地面更是让越野机动难上加难。整场攻势结果如何主要取决于对该地域少数几条东西向公路的控制和利用程度，因而双方均投入了大量工程兵来修筑和维护这些道路。

卡累利阿方面军司令、苏联元帅③梅列茨科夫和他一些手下都是参加过苏芬战争的老兵，对于在北极地区作战的困难有一定了解。此地绝大部分苏军部队缺乏他们南方的战友在三年战争中积累下来的丰富作战经验。不过，按照红军发展到最后阶段之后的习惯，最高统帅部大本营给梅列茨科夫提供了一些专为在北极地区作战而组建的部队。最与众不同的莫过于轻步兵第126和第127军，每个军都下辖有1个滑雪旅和1个海军步兵旅，每个旅有4334人。④这类单

---

① 译者注：今俄罗斯涅斯捷罗夫。
② 译者注：今俄罗斯佩琴加。
③ 译者注：于10月26日晋升该军衔。
④ 译者注：轻步兵军中的旅下辖3个各有715人的滑雪/海军步兵营、1个装备8门76毫米炮的炮兵营、1个装备12门火炮的反坦克炮兵营、1个装备16门82毫米炮和8门120毫米炮的迫击炮营、1个自动枪连、1个侦察连、1个反坦克枪连、1个通信营、1个工兵连，以及1个运输连和1个卫生连。总的来说，满编的轻步兵军会略小于满编步兵师。

位的任务是充当通常由大型机械化部队扮演的角色，实施纵深突破和迂回。梅列茨科夫还集中了30个工程兵营、无数使用驮马和驯鹿的运输连，以及2个装备美援水陆两用车辆以强渡江河的营。在卡累利阿方面军统一指挥下，弗拉季米尔·伊万诺维奇·谢尔巴科夫中将（一名参加过苏俄国内战争和1939年苏芬战争的老兵）掌握着梅列茨科夫的机动部队，率领第14集团军首先发起了进攻。

梅列茨科夫将主攻对准了位于伦杜利克南翼的德军第2山地师，用意是迂回包抄所有德军部队。此次进攻计划包含了典型的1944年时苏军进行突破战斗所采取的全部精心准备措施——他们集中了2100门火炮，其中半数是迫击炮；空军第7集团军也会派出750架飞机支援进攻。炮火准备阶段会射出140000发常规炮弹和97吨火箭炮弹。虽然地形条件恶劣且德军在此地完全没有装甲部队，谢尔巴科夫还是集结了110辆坦克和自行火炮。总之，第14集团军在数量上是占优势的，该部与此战主要目标——德军第19山地军的兵力对比为113200人比45000人。[46]

尽管进行了上述准备工作，但因为能见度不良导致了炮兵和航空兵难以支援，苏军在10月7日发起的最初进攻并不顺利。步兵第131军迅速在德军中部的季托夫卡河上夺取了一块登陆场，不过在南面负责对第2山地师实施主攻的步兵第99军发现计划中的火力支援未能压制住德军火炮。等到步兵第99军重整旗鼓继续进攻时，德军早已撤过季托夫卡河，还炸毁了河上的桥梁。由于可供机动的道路不足，后勤补给和炮兵火力难以前移，因此进攻部队很快就超出了其支援范围。此外，10月9日夜至10日凌晨，独立海军陆战第63旅[①]的小分队在位于德军左翼的三处地点登陆，对（德军）沿海主干道的畅通产生了威胁。

10月13日上午，苏军已经做好从三面分别进攻德军防线北面支撑点、佩特萨莫港和芬兰[②]的准备。同时，轻步兵第126军也在第19山地军西面仅有的退路上构筑了一道力量薄弱的阻击阵地。伦杜里克授权第19山地军撤退，第2山地师亦在10月14日击破了苏军在公路上的阻击，得以成功突围。第二天，苏

---

① 译者注：1941年11月1日至12月5日，独立海军步兵第63旅以太平洋舰队的1500名水兵为基础组建而成，期间还补充了后备坦克第30团的2000人，以及乌拉尔地区工厂的400名共产党员。1943年3月30日，该旅更名为独立海军陆战第63旅。

② 译者注：第三个地方是最重要的，具体来说是位于南面的卢奥斯塔里。

军终于拿下佩特萨莫，但此时也筋疲力竭，谢尔巴科夫不得不下令休整三天。

佩特萨莫—希尔克内斯战役的余下部分就是沿挪威北部海岸线的赛跑。苏军轻步兵军或其他小股部队一次又一次超越德军，在路上进行拦阻，不过由于粮秣弹药相当匮乏，他们根本无力守住阻击阵地。虽然能够通过航空补给解决部分问题，可德军主力还是逃了出去。苏军装甲兵被限制在了海滨公路上，作用十分有限。在炮兵和（由于撤入挪威而得到的）航空兵支援下，德军实施的后卫作战多次迟滞了苏军。最终在10月29日，随着极夜即将来临，梅列茨科夫停止了除侦察以外的一切作战行动。

佩特萨莫—希尔克内斯战役解放了苏军在北极的侧翼，并最终使德国无法获取当地矿区中的镍、铁资源。但从消极方面看，尽管苏军指挥员用尽一切努力去设想会发生什么问题，却还是低估了在这种地形上进行运动的困难程度。交战双方的轻步兵部队都会不可避免受到体能消耗所带来的限制。因此，梅列茨科夫及其司令部出现在1945年夏季的远东并不令人意外——在那里，当他们筹划如何在当地同样恶劣的地形环境中击败日军时，自然也会吸取在佩特萨莫—希尔克内斯战役中的教训。

结论

总的来说，1944年的夏秋战局对于德军完全就是接二连三的灾难，估计仅仅是苏军发起的夏季攻势便导致轴心国军队有465000人死亡或被俘。6月1日到11月30日，德国在所有战线上的全部损失为1457000人，其中有903000人（约62%）倒在了东线。对于德军这样一支除装甲部队外均缺少机动车辆的军队来说，同样严重的是他们还损失了254000匹马等役畜。[47]此外，无论如何批评己方盟友，在数量上居于劣势的德国人也确实无法找到人员来取代这一时期损失的仆从军。到1944年底，仍然站在德方阵营的就只剩匈牙利傀儡政府了。德国人感到四面楚歌、孤立无援——红军在北面屯兵东普鲁士，在波兰沿维斯瓦河一线枕戈待旦，并且渡过多瑙河，进入了匈牙利；同时，盟军陆军进入了对德国西部边境线的有效打击距离。德军这次收缩战线的唯一好处或许正是在内线作战中拥有的一大优势，即不同战线之间的距离更短，更加方便互相调动兵力；可即便如此，盟军对铁路系统的集中轰炸也迟滞了他们对部队的调集部署。

　　这其中有一些失败可以归咎于上层，可因此应受指责的除了希特勒，更要包括他的将领们。那些高级军官不仅一直被红军的伪装计划欺骗，误以为敌人兵力众多，而且总是被实际数量没那么多却日渐老练的红军战士所击败。

　　在这一时期，苏联人同样蒙受了惨重损失，其一度无穷无尽的人力资源已经越来越趋于见底。为弥补此缺点，苏军在作战计划中逐渐增加了炮兵、装甲兵和航空兵的数量，以减少人员损失。在这一过程中，指挥员们也有了机会在各种不同的战术和地形条件下检验其战役理论。这些指挥员就如（古往今来的）所有将领那样，虽然偶尔还会犯错，但还是以巅峰状态迈入了1945年。

　　到1944年底，红军所处的战略位置早已确保他们能以仅仅一次战局便征服波兰、匈牙利和奥地利剩余领土。当前，他们控制了波罗的海沿岸和巴尔干地区的绝大部分，从而完成了斯大林的战后安全保障目标之一。苏联式的影子政府也跟随红军进入了每一个被征服国家的首都。即将于1945年2月召开的雅尔塔会议将默认这些政权的合法性，同时为拓展苏联对中欧绝大部分地区的控制创造新机会。

　　现在剩下的唯一问题就是，这最后一次战略突击能否使苏军攻入柏林；另外假设如此，那么此时盟国军队会在哪里？互相竞赛的盟军和红军能在1945年推进到何处将对战后中欧和西欧的政治格局产生决定性影响。这一严酷的现实使此后奔向柏林的那场战役显得更加重要，也导致了盟国阵营之间产生了严重的信任危机；此外，红军据此改变战略计划，并遭受了更大的伤亡。

第十五章

冰雪中的搏杀，1944—1945年
冬季战局

阿登和匈牙利

引导苏军完全占领波兰的第一枪实际上是在距维斯瓦河西面800公里之遥的阿登森林里打响的。1944年12月16日，希特勒在阿登地区发动了一次主要攻势，他投入了手头大部分机械化部队，妄图在苏军的下次东线攻势到来之前就将西线盟军赶出欧洲。装甲兵将军哈索·埃卡德·冯·曼陀菲尔的第5装甲集团军和党卫队最高集团长兼党卫军上将约瑟夫·"泽普"[①]·迪特里希的党卫军第6装甲集团军在侧翼2个步兵集团军掩护下，试图像1940年那样冲过这片区域，占领马斯河上的桥梁，最终分割盟军战线。但由于盟军部队出色的装甲机动、对公路节点的顽强固守及天气放晴后可用的压倒性战术空中力量，德军攻势受挫，经过数星期苦战也没能达成目标。[②]

在这次突出部危机中，西方盟国政府请求斯大林继续进攻，以减轻自身压力。正如我们即将讲述的那样，斯大林提前8天发动了他的下一次主攻。这次插曲更是让苏联人愈发确信了是自己肩负着战争重任。不过需要指出的是，正是因为德军机械化部队和后勤供应逐渐集中于西线，苏军在东线的作战才会这么轻松。经过三年抱怨后，苏联人终于得到了真正的"第二战场"。

---

① 译者注："泽普"是其绰号。
② 译者注：实际上在天气放晴的12月21—22日之前，德军的实际进展就已经远远落后于预定计划，对巴斯托涅久攻不克。

　　同样，苏军在匈牙利接连实施的战役也收到了预想中将德军从波兰吸引开的效果。1944年12月下旬，苏联元帅马利诺夫斯基的乌克兰第2方面军和苏联元帅托尔布欣的乌克兰第3方面军又恢复进攻，突破了德军设在巴拉顿湖和匈牙利首都南郊之间强大的"玛格丽特"防线，从而将3个党卫师、第13装甲师和无数匈牙利部队围困在城中。被围部队共计有约50000名缺乏训练的匈牙利人和45000名德军，另有约500门火炮、220辆坦克和突击炮。从12月29日开始，德军第4航空队试图通过空运为城市输送补给，但即使拉上那些十几岁的少年驾驶滑翔机作为补充，平均每天也只能提供47吨物资，远远低于城中实际需求量。[1]

　　占领这座城市可不是一个简单的任务，苏军最初对布达佩斯市内的进攻本身就再清楚不过地表明了要拿下它需要花费相当多的时间和精力。为此，马利诺夫斯基特地组建了1个临时集群，其中将第46集团军的3个步兵军（步兵第23、近卫步兵第10和近卫步兵第37）用于肃清多瑙河西岸的布达[①]，独立近卫步兵第18军、罗马尼亚第7军和近卫第7集团军的近卫步兵第30军用于夺取佩斯。[2]但这种分散的指挥结构导致苏军在12月的最后几天里进展甚微——由于此时到了1944年，那些曾经参与过斯大林格勒保卫战的老兵现在已经变得很少，而且广泛分布在红军各部队中；而德国人按其习惯，系统组织了防御工作。此外，由于苏军向城内投放了大量兵力，导致其在布达以西40公里处的外层包围圈被削弱；这便给了德军一个机会来发起解围行动，以营救被围的城防部队。

　　在圣诞节那一天，希特勒对南面的威胁做出反应，指示将党卫军第4装甲军从华沙北面调到匈牙利。[3]2个齐装满员的党卫军装甲师（"髑髅"和"维京"）在布达佩斯西北下火车，于1945年元旦凌晨发起一次夜袭，在多瑙河正南方打击了托尔布欣西面薄弱侧翼的近卫第4集团军。这次几乎歼灭了苏军坦克第18军的猛烈进攻最终为第46集团军和近卫第4集团军调来的预备队所阻，止步于布达佩斯以西20公里处。1月6日，根据大本营指示，克拉夫琴科上将的近卫坦克第6集团军从多瑙河以北发起反冲击，试图将进攻者包围，然而几无进展。次日，德军第3装甲军再次从塞克什白堡以北发动进攻，目的是利用党

---

　　① 译者注：布达佩斯市被南北走向的多瑙河一分为二，其中河西岸是布达，河东岸为佩斯。

卫军第4装甲军在北面的胜利，不过在仅仅取得有限战果后就被近卫第4集团军
挡住了。这次进攻确实表明苏军在布达佩斯西南的防御相对薄弱，如果德国人
大军来袭，或许便能将其碾碎。[4]

　　如今这些德军战术指挥官的脑海里依然闪现着他们当年的战术天赋。在
结束了又一次从西北面扑向布达佩斯的尝试（1月10—12日）、而苏军闻讯
抽调更多兵力赶往该地区后，在1月12日晚些时候，党卫队高级集团长兼党卫
军将军赫伯特·奥托·吉勒突然将其党卫军第4装甲军撤出战斗，调至塞克什
白堡地域，与第3装甲军一道在1月18日再次向东发起进攻（即"康拉德3"行
动）①。德军这次撞了大运，其进攻时机恰好处于近卫第4集团军薄弱左翼上
支援步兵第135军的全部坦克自行火炮部队后撤进行维修时。吉勒用了不到两
天时间就一路横扫苏军4个军，进抵多瑙河。随后他折向北面，反手从苏军后
方回击布达佩斯。到1月24日，这些党卫军的坦克已经距离匈牙利首都南郊不
到25公里。然而，希特勒还是禁止城防部队突围，他坚持让进攻部队单独解
围。此外，马利诺夫斯基将大量兵力（包括坦克第18和第23军、近卫机械化第
1军、近卫骑兵第5军、近卫步兵第30军和步兵第133军）调往城南阻击阵地，
逐渐顶住了德军的冲击。在结束最后一次突向该城的努力后，德军从1月27日
开始撤回出发阵地。[5]

　　与此同时，苏军继续向佩斯城内缓慢移动。1月10日，最高统帅部责成马
利诺夫斯基建立更集中的指挥体系；次日，后者任命了近卫步兵第18军军长阿
富宁少将领导布达佩斯军队集群。阿富宁发动了一次进攻，于1月14日冲到多
瑙河，将佩斯一劈为二。在一片雪雾弥漫的世界里，苏军强击小组和守城德军
进行了逐屋逐街的殊死巷战。红军将大炮推了上来，采用直瞄射击摧毁目标；
红空军也在昼间瘫痪了德军的机动能力。随着燃料弹药的耗尽，守军的坦克等
重型武器逐渐闭上了嘴巴。1月12日，进攻者拿下了最后一条可供德军运输机
紧急起降的跑道②。到1月17日，残余的德国守军撤到河对岸，却发现苏军已

---

　　① 译者注：党卫军第4装甲军的"康拉德1～3"行动分别发生在1月1日、7日和17日。
　　② 译者注：根据元首卫队的《浴血多瑙河——布达佩斯包围战》，该条跑道于1月9日被苏军炮火摧毁，德军将补给接受
地转到了多瑙河西岸布达城堡山脚下正对面的"血野"广场，但此地仅可起降较小的滑翔机，后于2月6日失守。

经通过下水道抢先到达。党卫军第9山地军有不下半数的人灰飞烟灭。到1月18日，苏军宣称毙敌超过36000人，俘房63000人。德国守军残部的悲惨命运还将继续在河西的布达上演。[6]

这时，苏联最高统帅部大本营指示马利诺夫斯基的乌克兰第2方面军肃清多瑙河西岸，并让托尔布欣的乌克兰第3方面军把守合围的对外正面，严防德军实现其解围企图。1月22日，阿富宁在近距离交战中负伤，第53集团军司令、富有巷战经验的伊万·梅福季耶维奇·马纳加罗夫中将接替了他，指挥现由步兵第75军和近卫步兵第37军组成的突击集团。

苏德两军持续遭受着惨重伤亡，布达佩斯激战的惨烈程度几乎可以与斯大林格勒之战相提并论。搏斗一直持续到了2月12日，当天德军残余26000名守军中的大约半数人加上仍然反对苏联人的匈牙利人还曾试图突出重围①。在血腥而又绝望的战斗中，该部被歼灭了，次日苏军攻占了布达。[7]不过，此城的失守并没有打消希特勒对在匈牙利地区作战的兴趣。

苏联人难以承受在布达佩斯附近遭受的损失，但德国人更是如此，尤其是这里消耗了他们对于其他战区来说至关重要的装甲力量。此外，苏德两军从1944年12月直到1945年1月（在匈牙利）的作战也达成了苏联人一项重要的战略意图，即将希特勒的注意力一直保持在南线而不是东线。对于德国来说，其遭受的最严重打击还是希特勒在1月16日决定将党卫军第6装甲集团军（很晚才从阿登撤出）投入匈牙利而不是波兰。希特勒希望能保护油田，并通过迅速制胜来重创苏联人，给德国一些喘息空间——可这显然只是他孤注一掷的冒险。由于这一决定是在苏军从维斯瓦河继续展开新攻势之后做出的，因此看起来也更加不可思议。不过，一些最近公开的希特勒所发表评论表明他确实非常担心苏军会在布达佩斯以西发动主要攻势。[8]与此同时，德军在东线剩余的那几个集团军在丧失战略预备队后，就只能被动等待苏军在决定性的华沙—柏林方向上必然发动的新攻势降临了。

---

① 译者注：根据克里斯蒂安·温格瓦里（Krisztián Ungváry）的《布达佩斯会战：二战中的100天》（Battle for Budapest: One Hundred Days in World War II）第174页，2月11日17:50，城中守军剩余43900人，其中德军为23900人（包含9600名伤兵），匈军为20000人（包含2000名伤兵）；另有平民8~10万人。

冬季战局的筹划

关于这次新攻势的筹划早在1944年10月下旬便已开始。夏秋战局的胜利为苏军新一轮进攻行动创造了更有利的局面——整条战线已经由4450公里缩减到2250公里，有相当多的德军被围困在库尔兰，而红军毫无疑问地掌握着战略主动权。据苏联情报部门估计，在1944年，红军共计俘虏或歼灭德军96个师，重创另外33个师，使其番号被撤销。[9]包括"约瑟夫·斯大林"（IS）系列重型坦克、SU-122和SU-152自行火炮，以及新型火箭炮在内的新式装备也早已提升了红军的技术能力。但此时依然如前文所述，即使是看上去取之不尽用之不竭的苏联人力资源同样有其限度，因此作战计划制订者们还是希望找出一条既迅捷、流血又相对较少的制胜之道。

苏联最高统帅部大本营再一次评估了整条战线，以确定下一轮攻势的发起地点和目标。[10]在东普鲁士，德军有13个师盘踞于多达6条连续防御带，其中一些甚至早在战前就已经构筑，纵深长达120公里。苏军在1944年10月的尝试表明，任何向此类防御工事发起强击的推进都会是缓慢、令人无法忍受而且代价高昂的。实际上在秋季攻势期间，朱可夫和罗科索夫斯基两位元帅便不得不说服斯大林不要过多将兵力纠缠在这一地域，因为己方在此地的几个集团军经过长期推进后早已实力大减，现在承受着巨大伤亡，能获得的战果并不会太多。

在战线另一端，苏军还可以选择加强乌克兰第2和第3方面军，从匈牙利向德国境内发起主攻。而且这样做完全符合了斯大林控制巴尔干地区的一贯愿望，正如其1944年5月在特尔古弗鲁莫斯、8月在雅西—基希讷乌和10月在德布勒森那样。然而和之前的德国人一样，在巴尔干作战苏军的后勤线是在恶劣地形环境和有限铁路公路网中运作的，已经被绷得很紧；至少在未来一段时间内，就其自身特点而言，与其将匈牙利—奥地利方向选作主要战略方向，倒不如把相应部队拿来牵制德军预备队。但这一切将在来年2月发生变化。

布达佩斯东北约400公里处，苏军战线在桑多梅日地域越过维斯瓦河后呈向西突出。到1944年夏季攻势结束时，科涅夫的乌克兰第1方面军已在这里夺取了一块登陆场。该登陆场以西就是卡托维兹和西里西亚工业区，这对在战争中失去了自身大部分工业的苏联政府来说颇具诱惑力。然而，该地区的丰富厂矿也让苏军投鼠忌器，因为在彻底剿灭德国守军的过程中很可能会破坏掉他们想要的东西。因此，斯大林并不打算采取正面强攻，而是选择了迂回包抄西里西亚的策略。

排除上述方案，现在还剩下的便是穿过波兰中部那条道路可走了。最显而易见的进攻方向是从华沙附近的维斯瓦河出发，经由奥得河向西直到柏林。尽管此处西面横亘着德军的梅塞里茨筑垒地域[①]，可这里的微丘地形简直就是专为机械化部队进行快速穿插而打造。哪怕当面德军只有7个不满员的集团军把守着从波罗的海到喀尔巴阡山脉的漫长防线，要想通过一次进攻便顺利穿过波兰还是需要长期的精心准备，尤其在后勤方面。

就在己方工程工兵和后方勤务部门忙于重建通往维斯瓦河、已是一团糟的交通线时，苏军作战计划制订者们已经描绘出了下次战局的轮廓。1944年10月28—29日，这些高级将领与斯大林进行了会晤。在经过一番激烈争论后，后者同意了让部队继续采取守势，并且积极为下次进攻做准备。此外，斯大林和朱可夫认为，战线的缩短使大本营直接控制整条战线成为可能，这样就能取消前三年中一直代表最高统帅部在现场行使监督协调职能的最高统帅部大本营代表；与此同时，那些负责新攻势的部队所编入方面军数量减少了，但实力极强[②]。这次会战名义上还将由斯大林在莫斯科亲自协调。他任命朱可夫接过了令人垂涎的白俄罗斯第1方面军指挥权，该方面军将直接向柏林推进；科涅夫的乌克兰第1方面军会在南面发起平行进攻，罗科索夫斯基的白俄罗斯第2方面军则在维斯瓦河北面向西面的但泽[③]推进，以掩护朱可夫的右翼。当然，苏联人同样采取了一贯的保密措施来掩饰对这三个方面军的加强。

斯大林决定抓住直接控制权显然是为了提高自己在战后的威望，并打压战时他那些最引人瞩目的元帅们——尤其是朱可夫——的风头。不过，他仍将自己的愿景寄托在了这些指挥员身上，这也表明他对这些人越来越信任。与希特勒相似，长期积劳让斯大林逐渐感到压力过大。他严重倚赖于阿列克谢·因诺肯季耶维奇·安东诺夫大将。在之前两年，当总参谋长华西列夫斯基元帅作

---

① 译者注："梅塞里茨"即波兰城市缅济热奇的德文名字。这个筑垒地域就是德国人所说的奥得河—瓦尔塔河—博根要塞战线，以四通八达的隧道网络著称。

② 译者注：苏军在白俄罗斯战役中动用了4个方面军，而此次战役只动用2个，另外2个只是以侧翼部队进行配合。

③ 译者注：现波兰格但斯克。

为大本营代表在战场协调作战时，总参作战局局长安东诺夫同样有力领导了大本营的工作①。但事实上，当时华西列夫斯基是去了北翼，被贬为一个基本有名无实的协调员，负责波罗的海沿岸第1和第2方面军的行动。

正如历史最终发展的那样，大本营计划将此次战役分成两个阶段实施（见战场形势图24）。如前文所述，乌克兰第2和第3方面军会于11—12月间继续在匈牙利境内推进，以牵制德军预备队。暂定进行于1945年1月15—20日间的主要攻势将在两个大规模战役中粉碎德军在维斯瓦河及东普鲁士的防御。其中，较次要的那个战役由切尔尼亚霍夫斯基的白俄罗斯第3方面军和罗科索夫斯基的白俄罗斯第2方面军实施，他们的任务十分棘手，要肃清在东普鲁士的中央集团军群。切尔尼亚霍夫斯基会向西杀出血路，穿过德军防御，直扑柯尼斯贝格（今加里宁格勒）；罗科索夫斯基则从南面包抄东普鲁士，并在白俄罗斯第1方面军实施主要突击时掩护朱可夫的侧翼。为完成这些任务，白俄罗斯第2方面军将兵力加强到了7个诸兵种合成集团军，外加沃利斯基上将的近卫坦克第5集团军以及数个机动军。空军上将②康斯坦丁·安德烈耶维奇·韦尔希宁的空军第4集团军负责提供空中支援。

与此同时，朱可夫和科涅夫将穿过波兰向德军A集团军群发动主要攻势。朱可夫展开了共计8个诸兵种合成集团军、2个坦克集团军、2个近卫骑兵军和1个空军集团军，以实施三场主要突破战役。主要突击会从德军第9集团军当面的马格努谢夫登陆场（位于华沙南面维斯瓦河对岸的突出部，尺寸为24公里×11公里）③发起。瓦西里·伊万诺维奇·崔可夫上将的近卫第8集团军（曾经保卫了斯大林格勒的英雄部队）、帕维尔·阿列克谢耶维奇·别洛夫上将的第61集团军、尼古拉·埃拉斯托维奇·别尔扎林中将的突击第5集团军将在这里一同发起进攻，计划在第一天内推进30公里。他们的目的是在德军防线上撕开口子，以便卡图科夫上将的近卫坦克第1集团军、波格丹诺夫上将的近卫坦

---

① 译者注：实际上除了朱可夫和沙波什尼科夫元帅外，在1945年2月17日华西列夫斯基和安东诺夫成为大本营成员之前，大本营并没有其他总参领导参与工作。

② 译者注：原文为"元帅"，有误。韦尔希宁于1943年10月23日晋升空军上将，1946年6月3日晋升空军元帅，1959年5月8日晋升空军主帅。

③ 译者注：原文写作24 by 1-kilometer，有误。

北方集团军群
16
18
列宁格勒方面军
波罗的海沿岸第2方面军
波罗的海沿岸第1方面军
维斯瓦集团军群
11SSPz
2
3Pz
4
白俄罗斯第3方面军
白俄罗斯第2方面军
3Pz
2
9
4Pz
中央集团军群
白俄罗斯第1方面军
华沙
9
4Pz
乌克兰第1方面军
17
克拉科夫
17
A集团军群
乌克兰第4方面军
中央集团军群
海因里齐集团军级集群
1PZ
1
6SSPz
8
8
8
8
南方集团军群
6
6
6
布达佩斯
2
8
2Pz
3
3
3
乌克兰第2方面军
2Pz
F集团军群
贝尔格莱德
布加勒斯特
乌克兰第3方面军

1S: 突1集	6G: 近6集	5GT: 近坦5集	1Pol: 波1集	4T: 坦4集
4Rum: 罗4集	CMG: 骑－机集群	1Bul: 保1集	Hum3: 匈3集
1Pz: 装1集	6SS Pz: 党卫军装6集

战场形势图24：冬季战局至1945年4月

克第2集团军和弗拉季米尔·维克多罗维奇·克留科夫中将的近卫骑兵第2军扩大战果。

同时，第61集团军右翼各师将转向北面，挺进华沙。这次推进是为了给朱可夫在最北面侧翼的第二次突破战役创造有利条件。在这里，弗兰茨·约瑟福维奇·佩尔霍罗维奇少将[1]的第47集团军会在斯坦尼斯瓦夫·波普瓦夫斯基中将[2]的波兰第1集团军支援下，配合罗科索夫斯基的白俄罗斯第2方面军南翼部队一道合围华沙地域德军。

白俄罗斯第1方面军位于南面的部队将发动第三场进攻，从较小的普瓦维登陆场出击。弗拉季米尔·雅科夫列维奇·科尔帕克奇上将的第69集团军和维亚切斯拉夫·德米特里耶维奇·茨韦塔耶夫上将的第33集团军各掌握有1个独立坦克军，会在13公里宽的战线上突破德军防御，然后在两翼建立战术合围圈。

相比之下，科涅夫的计划就比较简洁，几乎把全力集中在了桑多梅日登陆场这一个点上。尼古拉·帕夫洛维奇·普霍夫上将的第13集团军、康斯坦丁·阿波罗诺维奇·科罗捷耶夫上将的第52集团军和阿列克谢·谢苗诺维奇·扎多夫上将的近卫第5集团军将在北面瓦西里·尼古拉耶维奇·戈尔多夫上将的近卫第3集团军和南面帕维尔·阿列克谢耶维奇·库罗奇金上将的第60集团军侧翼掩护下，实施突破战役。科涅夫并不指望能瞒住自己的攻击地点——取而代之的是，他在第60集团军后方集中了超过400辆假坦克和自行火炮[3]，并且新建了一个完整的补给交通网络，希望以此掩饰自己的真实意图，让德国人形成他会向西推进直取克拉科夫的印象。而实际上，科涅夫计划在战役发起第一天就投入雷巴尔科的近卫坦克第3集团军和列柳申科上将的坦克第4集团军，与白俄罗斯第1方面军一道向西北冲击。扎多夫上将的近卫第5集团军还下辖着近卫坦克第4军和独立坦克第31军，他们得到的命令是夺取或绕过克拉科夫，并向奥得河上游发展胜利。位于第二梯队的伊万·捷连季耶维奇·科

---

[1] 译者注：于1月27日晋升中将。
[2] 译者注：战前在白俄罗斯特别军区的步兵第162师担任作战处长，后历任步兵第162师步兵第720团团长，步兵第363师参谋长，步兵第184、第256师长；从1942年11月起担任步兵第220师师长，于1943年2月14日晋少将，6月担任步兵第45军军长；1944年9月，他开始指挥波兰第2集团军，12月指挥波兰第1集团军，同时被授予了波兰陆军少将军衔。
[3] 译者注：按照科涅夫的回忆录，其工程兵共制作400个坦克模型、500个汽车模型和1000个火炮模型。

罗夫尼科夫中将的第59集团军最终将夺取克拉科夫城，而德米特里·尼古拉耶维奇·古谢夫上将的第21集团军也会在桑多梅日主攻部队之后担任第二梯队，另还有2个独立机动军①作为方面军预备队。[11]

为了能以最小的时间和生命代价达成突破，这两个方面军都极大地集中了兵力兵器。比如在马格努谢夫登陆场，朱可夫就集结了超过50%的步兵及70%的炮兵和坦克部队，局部优势高达10:1。几乎所有重型步兵支援坦克和自行火炮都被配属给了步兵师中的强击营，在每公里突破地段上的火炮数量达到了250门。当然，为了能积聚起这样的优势，苏军指挥员同样将其他部队（包括第119和第115筑垒地域）②分得很散，以掩护战线的其余部分。[12]

在（阿登）突出部之战的较晚阶段，盟军请求苏军提供协助，这样一来进攻的预定发起时间便被提前了。1月8日，安东诺夫指示科涅夫比原定时间表提前8天，即于12日发动进攻。这最后一刻发生的变化给相关参谋军官和后勤人员制造了更大压力，因此维斯瓦河—奥得河战役和东普鲁士战役会交替进行也就不足为奇了。科涅夫的乌克兰第1方面军按照指示于1月12日开始攻击，随后第二天，切尔尼亚霍夫斯基的白俄罗斯第3方面军在最北侧的东普鲁士发动了进攻。朱可夫的白俄罗斯第1方面军和罗科索夫斯基的白俄罗斯第2方面军要等到1月14日才会开始各自的突击。使进攻交替展开的最终结果便是进一步迷惑了防御一方——当德军预备队在两翼按兵不动时，主要突击却在中央地段打响了。

维斯瓦河—奥得河战役

实际上，国防军统帅部和德军那两个集团军群司令部都意识到了"巴格拉季翁"攻势又要重新上演，而这次苏军主要进攻矛头将从南北两翼出击，以便为在中央制造战役合围圈创造条件。有鉴于此，德军的防御阵地和预备队均集中在了两翼的东普鲁士和克拉科夫。然而，这些预备队不管怎么看都无力执行此项任务——2个集团军群只有区区12个半没有满员的装甲师；古德里安费尽心思想从西线再抽调4个师，但国防军统帅部反而将他们派到了匈牙利。[13]

---

① 译者注：即近卫机械化第7军和近卫骑兵第1军。
② 译者注：这两个筑垒地域都是白俄罗斯第1方面军的。此外，白俄罗斯第2方面军第6集团军下辖有第77筑垒地域。

到1945年1月，除"赫尔曼·戈林"伞兵装甲军、"大德意志"装甲军及一些党卫军部队等精锐力量外，几乎每个德军的师都严重缺乏人员和装备。德国坦克的产量虽然在1944年12月达到巅峰，当月共计生产1854辆装甲战斗车辆，不过其中大部分都要用于补充在阿登和匈牙利的损耗。该国飞机生产早在1944年9月就达到峰值，可由于严重缺少油料和受过训练的飞行员，德国空军无论在东线还是西线皆处于全面退缩状态。[14]因为原材料的短缺，连满足前线需要都变得越来越困难。1945年1月，德军摩托化和机械化部队的卡车编制数量下降了25%。更重要的是，由于失去了罗马尼亚，加上合成燃料工厂频繁遭到轰炸使可用燃料锐减，即使按照新的有所缩水的编制表，德国陆军也仍然缺少800000人。[15]

尽管苏军再次采取欺敌措施隐瞒了他们的进攻地点和总体实力，但古德里安及其情报军官赖因哈德·格伦，以及在东线的野战指挥官们都预料到了下一轮攻势的大致发起日期。虽说绝大部分战后回忆录都会为自己洗白，不过这些职业军人们无疑还是在努力劝说希特勒要加强波兰方向的力量，然而没能成功。[16]元首很清楚威胁所在，但仍寄希望于在别处出奇制胜。尽管此时希特勒最关注的是己方不要惊慌失措、自乱阵脚，可德军指挥官们所能指望的最多也就是将战争继续拖下去。实际上，前者坚决要求守住每一寸土地让苏联人再次占尽了便宜。在本国独裁者的坚持下，德军第二道即主防御阵地便修筑在前沿阵地后几公里处；这种错误的布防方式使其很容易遭到苏军前期所投放毁灭性炮火的打击，对于苏联人按其军事理论在发起主要突击前预先占领德军前沿警戒阵地的地段尤为如此。同样地，德军那点可怜巴巴的预备队也集中得太过靠前。比如，第24装甲军的2个装甲师（第16和第17）紧挨着桑多梅日登陆场，而不是靠后一点以便包抄进攻苏军的侧翼位置；在北面，第4装甲集团军将2个装甲掷弹兵师布置到了苏军2个主要登陆场之间，以便能最快提供支援。从理论上说，这样靠前部署是有道理的，因为进攻方空中力量能轻易扰乱守方预备队的行动；然而现实中这些预备队往往不得不在苏军攻击开始时就直接投入交战。（见表15–1）

1945年1月12日05:00，在15分钟的炮火准备后，科涅夫的先遣营开始了冲击。他们夺取了德军第一道防线（在某些地方甚至抢占了第二道），并按照1944年条令拔除了德军的关键支撑点。[17]然后在10:00，第二次炮火准备开始了。由于冬季的雾霭严重影响近距离空中支援，因此这次炮轰持续了107分钟。就在炮火准备结束前约30分钟，苏军各步兵排开始在弹幕射击精心预留的空隙中向前进攻。德军误以为这是主攻，因此纷纷冲出碉堡，占领射击阵地。先头的苏军步兵立刻卧倒，又一轮15分钟炮击接踵而至，并以一次火箭炮齐射收尾。随后，苏军步兵和支援的坦克一起，在一道移动的弹幕之后向前推进。

如此精妙的计划足以让苏联人在3个小时内便突破2道防线，突入纵深达8公里。到1月12日14:00，近卫坦克第3集团军、坦克第4集团军外加2个独立坦克军开始穿过进攻的步兵向前发展胜利。等到午后糟糕的天气逐渐放晴，空军第2集团军也出动了466架次[①]。苏军常常会指定1个航空兵师直接支援1个坦克集团军，并设有前进对空联络员跟随先头坦克/机械化旅司令部一起行动。[18]

到1月12日结束，乌克兰第1方面军已经在35公里宽的正面上撕开了德军防线，并向前推进20公里。第48装甲军（只是个名义上的"装甲军"而已）在直面登陆场前沿阵地上防守的3个步兵师在面对苏军首次突击时就几乎灰飞烟灭，第24装甲军的第16和第17装甲师尚未接到任何反冲击命令便已在集结地域陷入战斗。在整个夜间，苏军先遣支队一直都是且战且进的。[19]

到13日晚间，苏军的突破口早已达到宽60公里、深40公里。遭到重创、丢盔弃甲的第16和第17装甲师退至苏军2个主要登陆场之间的公路枢纽凯尔采掘壕固守；但到1月18日，他们被近卫第3集团军和坦克第4集团军包围，不得不向西突围。第24装甲军余部和第48装甲军的幸存者，以及第42步兵军相对完整却同样被包抄的几个师一起向西北夺路而逃，在苏军滚滚向前的惊涛骇浪中形成了一个巨大气泡。苏方虽然不断从空中和地面实施打击，可他们的主力部队仅仅是绕过德方（被围部队），继续向西狂奔。在拼死逃离敌军越来越汹涌的洪流的过程中，由被围德军形成的这个气泡越变越小，并破裂成了很多更小气泡；这其中的绝大部分都化为乌有，但最终仍有数千人于10天后回到了在遥远西北方的己方战线。[20]

---

① 译者注：根据理查德·哈里森编译的红军总参研究《柏林会战前奏：红军在波兰和德国东部的进攻战役，1945》（Prelude to Berlin: The Red Army's Offensive Operations in Poland and Eastern Germany, 1945）第69页，空军第2集团军出动了468架次，其中271架次直接打击敌军，87架次执行侦察任务。

344

表15-1 维斯瓦河—奥得河双方战斗序列

德军	苏军
中央集团军群（格奥尔格-汉斯-赖因哈特上将）	**白俄罗斯第3方面军（切尔尼亚霍夫斯基大将）**
第3装甲集团军	第39、第5、第28、近卫第2、近卫第11、第31、空军第1集团军
第4集团军	坦克第1军和近卫坦克第2军
第2集团军	
	白俄罗斯第2方面军（苏联元帅罗科索夫斯基）
A集团军群（约瑟夫·哈佩上将）	第50、第49、第3、第48、突击第2、第65、第70集团军
第9集团军	近卫坦克第5和空军第44集团军
第4装甲集团军	近卫坦克第8、机械化第8和近卫骑兵第3军
第17集团军	
第1装甲集团军	**白俄罗斯第1方面军（苏联元帅朱可夫）**
	第47、波兰第1、第61、突击第5、突击第3、近卫第8、第69和第33集团军
	近卫坦克第1和第2集团军
	空军第16集团军
	坦克第9和第11军
	近卫骑兵第2和第7军
	乌克兰第1方面军（苏联元帅科涅夫）
	第6、近卫第3、第13、第52、近卫第5、第60、第21和第59集团军
	近卫坦克第3和第4集团军
	空军第2集团军
	近卫坦克第4、坦克第25和坦克第31军
	近卫机械化第7和近卫骑兵第1军
	乌克兰第4方面军（彼得罗夫大将）
	第38、近卫第1、第18集团军
	空军第8集团军

资料来源：

厄尔·F.齐姆克（Earl F. Ziemke）著《从斯大林格勒到柏林：德国在东线的失败》（From Stalingrad to Berlin:The German Defeat in the East；美国，华盛顿，哥伦比亚特区，美国陆军军事历史中心，1968年——Washington, DC: OCMH, 1968）。

摘录自《苏军的战斗编成》第5卷《1945年1—9月》（莫斯科，军事出版社，1990年）第7～39页。

到1月18日，科涅夫的实际进展比原定时间表提前了5天。雷巴尔科的坦克集团军已经拿下琴斯托霍瓦，波卢博亚罗夫中将的近卫坦克第4军也在第59集团军支援下围住了克拉科夫——这座古老的城市出人意料地几乎没经过抵抗就于19日被攻克，主要原因是德军第17集团军要退后与刚刚赶到的预备队会合，并在上西里西亚东面建立防线。然而这次后撤并没有保住第17集团军的命，因为在友邻的第4装甲集团军几近覆灭后，其北翼便早已完全失去掩护。1月20日晚，科涅夫将雷巴尔科的近卫坦克第3集团军的作战方向往南旋转了90度，以包抄德军这一洞开的侧翼；第21集团军和近卫骑兵第1军则从正面发起冲击，以缠住敌军。在仅仅过去几小时后，雷巴尔科就将其先遣支队转入了新的攻击方向，迫使德军放弃了在卡托维兹工业区的防御要塞。当雷巴尔科和乌克兰第4方面军一部于1月下旬逼近西里西亚时，他们故意在南面留了一条逃生之路，来迫使德军离开这一区域，从而避免了一场大战的发生。[21]

与此同时，1月14日天刚亮，朱可夫的白俄罗斯第1方面军便开始进攻德军第9集团军。在25分钟的炮火准备后，苏军侦察单位开始向前推进[①]。这次"侦察"的惊人规模远远超出了之前德军对于此类试探的认识。按照1944年相关条令，朱可夫在100公里宽的正面上投入了22个加强步兵营及25个步兵连，以拔除敌军特定的支撑点。这次行动让德军的防御体系一下子方寸大乱，以至于除第61集团军作战地段外，苏军预计持续70分钟的炮火准备都被取消了。[②]在别的地段，到1月14日10:00，德军第一道防御阵地已尽数落入苏军手中。截至当日日终，方面军部队已经甩开了2个遭到重创的德国师残部，突入敌纵深12公里。突击第5集团军的近卫步兵第26军果断实施了一次巧妙的出击，抢在德国工兵引爆炸药前夺取了皮利察河上一座重型桥梁。[22]这就让波格丹诺夫尚未进入战斗的近卫坦克第2集团军的装甲车辆可以大大早于预计时间出击。此外，在进攻发起当天，由朱可夫所部第69和第33集团军实施的次要进攻也推进了22公里[③]。在同一天（即1月14日）14:00，两部的独立坦克军越过了突击部

---

① 译者注：先遣营发起攻击的时间是08:55。
② 译者注：第61集团军在皮利察河遭到火力拦阻，无法渡河，因此进行了120分钟的炮火准备，从11:00开始主要进攻。
③ 译者注：按照理查德·哈里森编译的总参研究第73页，该部当天推进距离为18公里。

队开始发展胜利，并且一路奔向在德军第56装甲军后方的拉多姆①。

1月15日，为支援防守马格努谢夫登陆场而惨遭屠戮的己方步兵，第40装甲军的第19和第25装甲师发动了一次坚决的反突击。但苏军的战斗轰炸机②和反坦克炮兵迅速瓦解了这次进攻。鉴于进行突击的步兵早已楔入德军阵地15公里，卡图科夫的近卫坦克第1集团军按原定时间表穿过近卫第8集团军投入了战斗，目标是位于马格努谢夫西北130公里处的罗兹。在华沙北面，第47集团军也强渡维斯瓦河，与跟随朱可夫从马格努谢夫登陆场出击的波兰第1集团军一起包围了波兰首都。

接着，波格丹诺夫的近卫坦克第2集团军和近卫骑兵第2军于皮利察河登陆场投入战斗，突入敌纵深80公里，完成了对华沙地域德军的合围。到1月17日，该合围圈（中的敌军）已被肃清，波兰第1集团军也收复了本国的首都。23

到1月18日晚间，白俄罗斯第1方面军和乌克兰第1方面军均已消灭其当面的德军前沿防御和反突击部队，并开始了向奥得河的全面追击。奉命从东普鲁士赶来"恢复局面"的"大德意志"装甲军于1月16日开始在罗兹下火车；次日，"赫尔曼·戈林"伞兵装甲军（下辖第1和第2伞兵装甲师③）已经与苏军坦克第11军及协同的近卫第8集团军前锋部队进行了战斗。随后几天里，正在前进的苏军近卫坦克第2集团军所部在罗兹以北拦截且摧毁了"大德意志"装甲军的后续列车，而此时"赫尔曼·戈林"伞兵装甲军、"勃兰登堡"装甲掷弹兵师及第19和第25装甲师余部（后两者分别拥有82辆和76辆坦克）正在罗兹南面构筑环形防御工事，打算挡住苏军的进攻并营救四散奔逃的步兵。24 1月21—28日，这一大群人员达到数千的军人和逃亡者被松散地编入了内林集群和冯·绍肯④集群，不顾一切地为生存而战，他们从推进的苏军中杀出了血路，最终重返己方战线。1月29日，原第9集团军和第4装甲集团军那些可怜的残兵败将抵达了奥得河一线己方阵地。由于局势早已变得十分糟糕，因此这些生还

① 译者注：坦克第9和第11军在协助突破敌战术防御地幅后，就开始向敌后穿插。
② 译者注：原文如此，作者文中的"战斗轰炸机"应该是指强击机。
③ 译者注：有误，应为"赫尔曼·戈林"第1伞兵装甲师和"赫尔曼·戈林"第2伞兵装甲掷弹兵师。
④ 译者注：装甲兵将军瓦尔特·内林和装甲兵将军迪特里希·弗里德里希·爱德华·卡西米尔·冯·绍肯分别为第24装甲军和"大德意志"装甲军军长。

者立即又被投入战斗，以支撑松松垮垮的奥得河防线，此时这道防线已经有多个地段被撕开了口子。很多其他被围的德军就没有内林集群和冯·绍肯集群那样走运了，最终被一路跟进的苏军扫荡得干干净净。[25]

当被围德军还在垂死挣扎时，苏军各坦克集团军和坦克军早已分别在领先白俄罗斯第1方面军余部100公里、领先乌克兰第1方面军余部35公里的地方展开行动。为给上级部队推进提供便利，有些先遣支队一路打遭遇战，夺占渡河口，在24小时内推进了70公里。

等德军反应过来已经为时过晚。他们从战线其他地段调来了40个师，希特勒也准许5个师和1个军司令部从海路撤出库尔兰。因华沙失守而火冒三丈的德国元首于1月18日逮捕了一帮他怀疑有欺瞒行为的陆军总司令部军官①。他还将自己最偏爱的防御指挥官费迪南·舍尔纳上将从库尔兰调出，接替倒霉的约瑟夫·哈佩上将担任A集团军群（不久后更名为中央集团军群）司令。舍尔纳旋即任命了一名新人担任第9集团军司令②，并写出了一些态度乐观的形势报告。[26]

苏军一直在乘胜追击。紧随装甲先遣支队和机动部队之后，崔可夫的近卫第8集团军展示出了如坦克集团军一般的主动性和冲击力。1月19日，其部队完好无损地夺取了工业城市罗兹。过了3天（即1月22日），紧随卡图科夫的近卫坦克第1集团军之后，他又向西北狂奔120公里，在波兹南围住了60000名德军，当然在此之后到德军投降前还要围攻很长时间。[27]1月20日，雷巴尔科的近卫坦克第3集团军和科罗捷耶夫的第52集团军所部在对上西里西亚之敌采取机动时越过了德国边境线。

截至1月31日，波格丹诺夫的近卫坦克第2集团军先头部队已由屈斯特林③进抵奥得河，距其2周前的出发阵地超过400公里。次日，卡图科夫的近卫坦克第1集团军突破了梅塞里茨筑垒地域，在法兰克福④正北抵达奥得河。就如同

---

① 译者注：据古德里安回忆，这是因为那些军官参与对华沙的联络并传达了撤出此地的命令，导致本就无力守城的华沙守城选择了撤退。

② 译者注：1月19日，装甲兵将军斯米洛·冯·吕特维茨男爵被解职，取代他的是步兵将军特奥多尔·布塞。

③ 译者注：现今波兰的科斯琴。

④ 译者注：全称为"奥得河畔法兰克福"，并非德国第五大城市——黑森林州的"美因河畔法兰克福"。

习惯那样，他们立刻组织突击队在河对岸夺取了登陆场。随后几天内，突击第5集团军、近卫第8集团军和第69集团军的先头师同样加入了这一行列。然而与之前不同的是，这些登陆场距离柏林已经只有60公里。而且德军在这两者之间也只有一些匆忙从头组建的部队了。[28]

同过去一样，苏军这些前锋部队停止前进的原因应该是受到后勤脐带限制，加上战线拉得太长，兵力兵器也消耗不少。近卫坦克第2集团军暴露出了160公里长的右翼，这很容易遭到德军在波美拉尼亚新建"维斯瓦"集团军群的反击（德国人将维斯瓦河称为魏克塞尔河）。该集团军群是希特勒在经过极度绝望后建立的组织之一，管理层完全由党卫队成员组成，下辖匆忙组建起来的党卫军第11集团军[①]，以及由党卫队全国领袖海因里希·希姆莱[②]掌管的内卫部队。希姆莱于2月初在波美拉尼亚发起了瞻前顾后的第一次进攻，但被苏军第二梯队的一些诸兵种合成集团军（第61、第47和波兰第1）轻松化解。不过，苏联人想要越过奥得河向柏林挺进也无疑会遇到更多挑战。除了捉襟见肘的后勤供应外，向东普鲁士的突击还将罗科索夫斯基的白俄罗斯第2方面军向北转到了波罗的海方向，脱离了他本应予以掩护的朱可夫右翼。

强击东普鲁士

苏联最高统帅部设想由切尔尼亚霍夫斯基的白俄罗斯第3方面军和罗科索夫斯基的白俄罗斯第2方面军协同突击，以切断东普鲁士德军与波兰德军的联系，将其摁在波罗的海之滨。[29]在接下来的战役中，切尔尼亚霍夫斯基的方面军与巴格拉米扬的波罗的海沿岸第1方面军将分割歼灭被围德军。抵达但泽南面的维斯瓦河后，罗科索夫斯基的方面军会协同朱可夫的白俄罗斯第1方面军，继续沿主要方向朝前推进，渡过维斯瓦河并穿过东波美拉尼亚，冲向在奥得河畔的施特廷[③]。

---

① 译者注：原国防军第11集团军在1942年11月被改编为顿河集团军群。该集团军的正式番号为第11集团军，但也被称为党卫军第11装甲集团军。
② 译者注：希姆莱自1936年6月17日起担任德国警察总监，掌管警察力量，特别是国家秘密警察，即盖世太保；后来从1943年开始担任内政部长。
③ 译者注：也被译为"斯德丁"，今波兰什切青。

切尔尼亚霍夫斯基的主攻计划如下：动用4个诸兵种合成集团军（第39、第5、第28和近卫第2）和2个坦克军（坦克第1和近卫坦克第2），直接冲撞德军在主要防御地带的尖牙利齿，沿防守的德军第3装甲集团军和第4集团军分界线展开攻击，穿过因斯特贝格①扑向柯尼斯贝格。第五个集团军（近卫第11）将作为第二梯队用于扩大胜利，第31集团军掩护方面军延伸的左翼，巴格拉米扬的波罗的海沿岸第1方面军则掩护右翼。罗科索夫斯基的主攻计划是动用5个集团军（第3、第48、突击第2、第65和第70），从纳雷夫河上的2个登陆场出发，穿过德军第4集团军防线，冲向姆瓦瓦和马林堡②。沃利斯基的近卫坦克第5集团军在突击发起的前几天才从立陶宛秘密赶来，该部将向西面的埃尔宾③发展胜利，而（罗科索夫斯基的）方面军右翼各集团军会一路扫荡，以分割东普鲁士德军。战前进行的大规模变更部署使苏军赢得了显著的兵力优势，然而德军精心构筑的防御工事也会对其有所削弱。[30]

切尔尼亚霍夫斯基的部队于1月13日上午沿柯尼斯贝格方向打击防守德军。此次进攻很快就演变成一场旷日持久的突破战，从而限制了配属给这些集团军的2个坦克军的作用。不过，德国陆军总司令部倒是在无意间帮了苏联人的忙，他们命令在东普鲁士的最重要预备队——“赫尔曼·戈林”伞兵装甲军④和“大德意志”装甲军南下，去应对波兰中部越变越大的威胁。被剥夺预备队的德军防御能力一落千丈，在1月18日切尔尼亚霍夫斯基投入近卫第11集团军和坦克第1军打击他们薄弱的左翼后只得败退。随着己方防御体系被瓦解，德军开始缓慢但从容地撤向包含柯尼斯贝格要塞和海尔斯贝格筑垒区⑤的外围防线。

南面，在朱可夫于波兰中部发动主攻的1月14日当天，罗科索夫斯基的部队也发起攻击，其麾下各集团军迅速击破了在2个登陆场当面的德军防线，并派出战役机动单位深入敌后方。随着机械化第8军、近卫坦克第8军和近卫坦克

---

① 译者注：也被译为“因斯特堡”。
② 译者注：其名来源于圣母玛利亚，今波兰马尔堡，此地有非常值得一看的条顿骑士团城堡。
③ 译者注：今波兰埃尔布隆格。
④ 译者注：原文为“师”，有误。
⑤ 译者注：今波兰利兹巴克-瓦尔明斯基。

第1军开始发展胜利，沃利斯基的近卫坦克第5集团军亦于1月16日加入战斗。德军唯一一支有分量的机动预备队——第7装甲师很快便被打垮了，并与己方步兵一起开始了向西的、既痛苦也越来越迅速的撤退。[31]苏联装甲大军的参战分割了防守德军，将其第23和第27步兵军（均隶属于第2集团军）赶至西面，第2集团军余部和第4集团军则向北逃入东普鲁士南部。沃利斯基的集团军和与其并肩作战的机动军就像一个巨大的楔子，直接插到了位于马林堡要塞外围、格鲁琼兹①附近的维斯瓦河畔及波罗的海之滨。

然而，德军在一路且战且退，进入东普鲁士时进行了疯狂抵抗，这迫使苏军的步兵部队陷入了残酷战斗。不久，这些苏军又不得不面临另一场苦战——此时，中央集团军群与己方维斯瓦河西岸主要战线之间横亘着红军的封锁线，德国人为突破这道藩篱进行了多次努力。战斗是如此胶着激烈，以至于罗科索夫斯基的突击方向也逐渐与前文所述朱可夫的方向渐行渐远。

到2月2日，切尔尼亚霍夫斯基的白俄罗斯第3方面军已将第3装甲集团军兜在了柯尼斯贝格及毗邻的泽姆兰半岛中。向西突围失败后，德军第4集团军被封闭在了以海尔斯贝格筑垒区为支撑的环形防御阵地里。这支被围德军于1月26日更名为北方集团军群，并从梅梅尔得到了1个德国军的加强，却始终动弹不得，只能坐以待毙。[32]不过，该集团军群持续的抵抗同样打乱了苏军现有计划，并为预防其立即冲向柏林起到了作用。

二月困境

1月下旬到2月上旬间，鉴于朱可夫和科涅夫所部进展神速，苏联最高统帅部大本营还是计划继续向柏林挺进，来自朱可夫、科涅夫及其集团军司令们（尤其是崔可夫）的报告更是鼓舞了这一倾向。

因此，白俄罗斯第1方面军和乌克兰第1方面军的部队于2月8日继续展开进攻战役；2天后，原本攻击波美拉尼亚德军的白俄罗斯第2方面军也加入了战斗。大本营判断在朱可夫向柏林推进时，其右翼可能遭到不测，因此于2月8日

---

① 译者注：德国人称其为格劳登茨。

命令罗科索夫斯基的方面军"于2月10日以方面军中央和左翼（突击第2集团军，第65、第49、第70集团军，近卫坦克第1军、机械化第8军、近卫骑兵第3军，以及不少于4个突破炮兵师）从维斯瓦河继续向西进攻，在维斯瓦河河口向南穿过迪绍①、贝伦特②和鲁梅尔斯堡③，直到新施特廷④，并占领河口与此地（新施特廷）之间的阵地。"随后，一旦增援的第19集团军抵达，该方面军还应当"在施特廷总方向上发展进攻，夺取但泽和格丁尼亚⑤地区，扫清海滨到波美拉尼亚湾之间的敌人。"[33]因此，白俄罗斯第2方面军于2月10日上午开始了新一轮进攻。

在同一天，朱可夫就其进攻决心又向斯大林发出了一份报告。他指出："敌人正在变更维斯瓦集团军群的部署，目的是在施特廷接近地和奥得河一线组织起坚固防御。"朱可夫表达出了打乱敌战役集结和占领柏林的想法，为此早在2月13日便给麾下集团军发布了相应命令。[34]这就要求他的诸兵种合成集团军从2月20日开始突破奥得河以西的德军防线，近卫坦克第1和第2集团军则在月底包抄并占领柏林。[35]

这样一来，在2月13日，对绝大多数苏军官兵来说似乎最后一站就在眼前。但这并没有变成现实。大约在2月13日或14日，即朱可夫和科涅夫的部队发起进攻前，斯大林推迟了这次行动。次日，这名苏联领导人指示两位方面军司令为清理波美拉尼亚和西里西亚的德军制订计划，并于2月16日召见了他们。朱可夫的计划是在方面军右翼实施局部进攻，以第61集团军、近卫坦克第2集团军、近卫骑兵第7军和坦克第9军"向北击退敌人并前出到洛博⑥、圣殿堡⑦、法尔肯堡⑧、德拉姆堡⑨、旺格林⑩、马索⑪、戈尔诺⑫和施特廷一线……

---

① 译者注：今波兰特切夫。
② 译者注：今波兰科希亚切日纳。
③ 译者注：今波兰米亚斯特科。
④ 译者注：今波兰什切齐内克。
⑤ 译者注：18世纪后期，德国人将其称作"格丁根"，在1939年入侵波兰后更名为"戈滕哈芬"。
⑥ 译者注：今波兰西部卢布斯卡省苏伦钦县的卢布夫村。
⑦ 译者注：因圣殿骑士团而得名，今波兰恰普利内克。
⑧ 译者注：今波兰兹沃切涅茨。
⑨ 译者注：今波兰滨海省的滨海德拉夫斯科。
⑩ 译者注：今波兰文戈日诺。
⑪ 译者注：今波兰马谢沃。
⑫ 译者注：今波兰戈莱纽夫。

切断敌波美拉尼亚集团的交通线，协助白俄罗斯第2方面军左翼推进至施特廷地域。"此次进攻建议于2月19日展开，预计持续6~7天。[36]

科涅夫的计划是要求其方面军主要突击集团（包括近卫第3集团军、第13和第52集团军，并以坦克第4集团军作为前锋）进抵尼斯河，在其西岸占领登陆场，然后构筑防御工事；近卫坦克第3集团军则占领格尔利茨地域，近卫第5集团军也会掘壕固守。与此同时，方面军左翼（包含第21、第59和第60集团军，还得到了近卫坦克第4军、坦克第31军及近卫第5集团军一部的支援）应当"将敌人击退至苏台德山脉，并以第59和第60集团军掩护位于山区的侧翼。"此外，科涅夫计划由第6集团军完全封锁被合围在布雷斯劳①的德军。[37]

斯大林于2月17日批准了这两个方案。[38]当白俄罗斯第1方面军在奥得河对岸的登陆场构筑工事，将兵力转移到北面，以便与白俄罗斯第2方面军一起攻击波美拉尼亚时，乌克兰第1方面军应在2月24日前肃清下西里西亚，并前出到尼斯河一线。除此之外，白俄罗斯第3方面军将继续扫荡东普鲁士。[39]

2月17日，大本营又在上述战役的基础上开辟了一个全新战场，从而也解释了为什么斯大林会在2月中旬推迟进攻柏林。现在，莫斯科正指示乌克兰第2和第3方面军制订夺取维也纳和半个奥地利的进攻计划。[40]与此同时，大本营批准了乌克兰第4方面军夺取奥得河及位于维斯瓦河源头的摩拉瓦②-俄斯特拉发工业区的作战行动。[41]给这三个方面军的训令大意如下：

乌克兰第2方面军——准备和实施进攻，从多瑙河以北沿新扎姆基、马拉茨基和兹诺伊莫总方向攻击，占领布拉迪斯拉发。同时，以方面军左翼沿多瑙河南岸发起进攻，在战役开始后12天内占领布尔诺和兹诺伊莫，并在乌克兰第3方面军配合下攻占维也纳；随后，沿皮尔森（也称比尔森）③总方向发展攻势。

乌克兰第3方面军——准备和实施进攻，从塞克什白堡地域向帕波④和松

____
① 译者注：今波兰弗罗茨瓦夫。
② 译者注：捷克南北摩拉瓦州除东北耶塞尼克山至俄斯特拉发一线的大部分地区被很多国家称为摩拉维亚地区，德国则称其为梅伦。
③ 译者注：属捷克，本国人称其为比尔森，写作Plzeň；德文和英文一样为Pilsen，读作皮尔森。
④ 译者注：位于维斯普雷姆州，在巴拉顿湖以北。

博特海伊①总方向出击，歼灭巴拉顿湖北面的敌军集团，在战役发起后15日内进抵奥匈边境线。

乌克兰第4方面军——占领摩拉瓦–俄斯特拉发工业区。使用（来自大本营预备队的）山地步兵第126和第127军②在主要方向上实施突破。不能晚于3月10日发动战役。[42]

这些训令表明苏联人在欧洲战事收尾阶段的军事战略发生了巨大转变。斯大林并没有贸然于1945年2月通过在德国首都的断壁残垣中摧毁希特勒及国防军残部的方式结束战争，反而将柏林战役推迟2个月，原因可能就是希望落实其在多瑙河流域地区的军事和政治意图。

在战争结束后的60多年里，苏联人（及之后的俄罗斯人）猜想斯大林及其手下绝大多数元帅都有充分理由放弃在2月进攻柏林，全世界也接受了这些观点。所谓理由包括如下方面：

一、2月上旬时，在波美拉尼亚的德军对白俄罗斯第1方面军右翼形成了严重威胁。

二、沿奥得河一线防守的德军足以有力阻挠强渡这一水障碍、以便向前推进的苏军。

三、红军严重缺乏补给，兵力极其不足，补给线拉得过长。

四、被包围在白俄罗斯第1方面军和乌克兰第1方面军后方地域的德军威胁到了这两个方面军的交通线。

五、当时两个正在进攻的方面军过于虚弱，无力完成立即占领柏林这一过于重大的任务。[43]

战后，苏军高级指挥员对这一说法进行了一次（总共也只有这次）激烈挑战。1964—1965年间，参加过斯大林格勒之战（时任第62集团军司令）、柏林之战（时任白俄罗斯第1方面军近卫第8集团军司令），现已晋升苏联元帅的

---

① 译者注：位于靠近奥匈边境线的沃什州。
② 译者注：番号有误，应为轻山地步兵第126和第127军。

崔可夫与其同僚决裂，并批评了斯大林和朱可夫推迟柏林攻势的决定。在1964年2月①的《近代和现代史》杂志和进行了更详尽阐述的后续著作中，崔可夫声称："柏林在2月即可攻克，而这自然会使战争早日结束，牺牲者的数量也会比到4月时更少。"[44]

随后，经过一番激烈的著文争论，苏联审查人员决定将这一令人不快的章节从崔可夫后续所有著作中删除。以1965年4月的朱可夫为首，许多参与过柏林之战的著名元帅都发表文章，严厉反驳了崔可夫的指责。[45]从此，他们所提出在奥得河西岸停留了2个月的理由也在之后将近50年的时间里不断流传。

然而，关于斯大林为何会在2月13日或14日推迟挺进柏林还有另一个更简单却更有说服力的原因——本质上是出于政治。1945年2月4—11日，三大盟国领导人——美国总统富兰克林·德拉诺·罗斯福、苏联总书记约瑟夫·斯大林②和大不列颠首相温斯顿·丘吉尔齐聚雅尔塔，讨论了战争前景和战后世界。[46]会议上探讨的最敏感话题之一就是如何在战后划分欧洲，特别是如何管理纳粹控制区域及怎样占领被击败的德国的本土；这还会决定三大强国对自己解放区域和国家的影响程度，以及战后如何对德国加以管制。

于1944年9月12日在伦敦签订的协议规定了由美英苏三国分区占领德国，雅尔塔会议的与会者们最终也在会议上批准了这一协议。[47]该协议本身将德国及柏林分成了不同区域，分别交由三大强国占领和管辖；后来根据雅尔塔会议精神，法国同样得到了一片区域。但这其中也存在问题，即本协议只适用于"传统意义上的"德国，对于在1938年被德国吞并的奥地利（东部边疆）③来说却不合适。一向精明的斯大林察觉到了这一漏洞，并立即意识到了其中的政

---

① 译者注：本书认为是1964年2月，但朱可夫在回忆录中认为是1965年2月。另外，崔可夫还在1964年第3期和第4期《十月》杂志中提出了相同观点。

② 译者注：斯大林当时身兼苏联共产党（布）中央委员会总书记、人民委员会主席、国防委员会主席、国防人民委员及红军（不含红海军）最高统帅等最高职位，拥有党政军方面的绝对权力。

③ 译者注：奥地利国名在公元996年首次出现时的含义大概为"东部地区"，主要指多瑙河流域的巴奔堡统治区。德国在将其吞并后更名为"东部边疆区"。

治影响和相应的军事机会。①

雅尔塔会议于2月11日晚些时候闭幕。斯大林在回到莫斯科后的几天内就命令朱可夫暂停了行动。简而言之，在雅尔塔会议上再次确认的《伦敦协定》确保了苏联将占领德国东部地区和柏林这座城市。这名苏联领导人显然有理由认为自己应当策划一场主要攻势，将苏联势力范围扩张到维也纳和整个多瑙河流域。于是，斯大林在2月17日指示乌克兰第2和第3方面军为在3月15日发动攻势制订计划，目的是将轴心国军队从匈牙利西部驱赶出去，并占领维也纳和奥地利东部；在同一天，他还命令乌克兰第4方面军占领斯洛伐克北部的整个摩拉瓦-俄斯特拉发工业区。此后直到3月中旬，当白俄罗斯第1方面军和乌克兰第1方面军清理波美拉尼亚和西里西亚的侧翼时，最高统帅部大本营手头的大部分预备队，特别是强大的近卫第9集团军便已前往了南方的匈牙利平原。[48]

从3月16日开始，在克服初期困难后，乌克兰第2和第3方面军的维也纳战略进攻战役就发展得十分顺利，而且相对来说非常轻松。苏军于4月13日攻克维也纳，并在2天后结束了战斗。次日，即1945年4月16日，白俄罗斯第1和第2方面军及乌克兰第1方面军沿奥得河和尼斯河展开了进攻，目的是夺取大奖——柏林。不过，鉴于西方盟国已承诺将给予苏联包括柏林在内的占领区，于是红军花了2个月时间来完成斯大林占领维也纳和多瑙河流域其他地区的梦想。大本营认为，在通往维也纳道路上付出战死38000名本国军人的代价是很小的。然而，正如崔可夫所清楚知道的那样，这一战略成果的实际代价还应包括1945年4—5月间白俄罗斯第1和第2方面军及乌克兰第1方面军最终占领柏林时所付出的352000人伤亡（其中约有80000人死亡）。

简而言之，尽管苏联历史学家们对于顿兵奥得河所提出的传统解释仍有可能正确，但也有可能雅尔塔才是真实的原因所在。红军将在中东欧地区的最

---

① 译者注：雅尔塔会议只是原则上决定分割德国，会后还成立了由英国外交大臣艾登、苏联驻英大使古谢夫和美国驻英大使怀南特等组成的德国分割程序研究委员会，可直到4月11日的最后一次会议都还没确定最终方案。而且，虽然斯大林自1941年到雅尔塔会议间一直秉持分割德国的立场，三大国在德黑兰会议上也热烈讨论了将其分割成几个国家并建立国际共管区的设想，但在雅尔塔会议上却都对这个问题变得犹豫起来。最迟从3月24日开始，苏联建议不要将肢解德国作为一个强制方案，并逐渐倾向于维护其统一。关于奥地利问题，丘吉尔自德黑兰会议起就一直建议由德国南部和奥地利建立一个以维也纳为首都的多瑙河邦联，并于1944年10月17日与斯大林沟通时再次建议将德国划分为由普鲁士、鲁尔、威斯特伐利亚和萨尔邦组成的国际共管区及包括南日耳曼各省在内的奥地利—巴伐利亚国。当然，一般不会将奥地利看作盟国分区占领的范围。

后一次战局中击败德国，这基本上是很明确的——斯大林调整了军事战略，其目标不仅仅是占领柏林，还要夺取维也纳和多瑙河流域。如同在1944年那样，他通过娴熟地改变军事行动重心和中央与南方进攻方向上的兵力，成功地在两条战线上都取得了胜利。如此一来，当战争于1945年5月26日[①]结束时，除苏联在1941年失去的波罗的海和卡累利阿地区外，斯大林额外控制的不仅包括波兰、罗马尼亚、匈牙利、保加利亚、捷克斯洛伐克和三分之一的德国，还有维也纳和多瑙河流域。红军的"行囊"里亦有各国自己的军队，以及准备上台的共产党政府。斯大林和他的大本营在1944年冬季战局里着手实施的军事战略也有其政治动机，而且到1945年4月就结出了果实。

清理两翼

当大本营最终拿定主意在奥得河暂停推进后，侧翼问题便从两个方面暴露了出来。对红军来说首先而且更重要的那个任务是肃清多瑙河流域，并防止德军增援奥得河防线。这就需要对位于匈牙利西部的南方集团军群发动一次强大攻势，以及继续清理驻在东普鲁士的柯尼斯贝格和泽姆兰地区的德军。其次且不太迫切的那个任务是扫清已经预定向柏林进军时路线的两翼，特别是在西里西亚和波美拉尼亚的德军。而这需要预先实施三次战役——下西里西亚战役（已于2月8日展开）、上西里西亚战役及波美拉尼亚战役。

这些清理侧翼的行动分为以下两个阶段：第一阶段是在2月，于暂缓进攻柏林的决定做出之后就马上开始实施，旨在解决对未来战略进攻而言最紧迫的威胁；第二阶段发生在3月，红军挫败了希特勒在匈牙利巴拉顿湖地区的最后一次进攻，并以挺进维也纳作为高潮，这也是进攻柏林的前奏。

2月8日，科涅夫的乌克兰第1方面军在布雷斯劳南北两面沿奥得河开始了进攻。[49]雷巴尔科的近卫坦克第3集团军和列柳申科的坦克第4集团军在经过短短一周休整后，从克本[②]登陆场出击，克服德军逐渐变强的抵抗向西挺进；近卫第5集团军则在坦克第31军和近卫坦克第4军支援下，于布雷斯劳以南沿同一

---

① 译者注：此处应为作者笔误，战争结束时间为5月9日。
② 译者注：今波兰格沃古夫东南、希齐纳瓦北面的切赫沃维采附近。

方向突击。这次进攻合围了仍在顽固抵抗的布雷斯劳守军。截至2月25日，此处苏军已经逼近到尼斯河，并在奥得河与尼斯河交汇处连接上了朱可夫的右翼。尽管战斗十分激烈，坦克的损失也很大，但乌克兰第1方面军在战斗结束时仍有超过1000辆坦克和自行火炮。

同时，在2月10日，罗科索夫斯基的白俄罗斯第2方面军从格鲁琼兹西面的阵地出击，以西北为作战方向攻入了波美拉尼亚。5天后，党卫军第11装甲集团军在西面发起了一次仓促反攻，参战部队完全是被分批投入战斗（即"至日"行动）。[50]这次进攻打击了在奥得河以东、施塔尔加德①附近的苏军第47和第61集团军。白俄罗斯第1方面军轻而易举就消弭了这一威胁，不过"施塔尔加德"攻势也促使苏联最高统帅部加速实施了其消灭波美拉尼亚德军的计划。包括第19集团军及为其配置的近卫坦克第3军在内的增援部队从芬兰赶来，计划向北面的海滨发起突击。由于苏军的战役保密工作卓有成效，而德军一心想着保卫柏林，因此后者直到2月24日苏军再次发动波美拉尼亚攻势之前不久才察觉到了他们在准备进攻。

因为敌军设于此地的防御十分薄弱，朱可夫得以在冲击开始后的几个小时内便投入其麾下的近卫坦克第1和第2集团军。[51]卡图科夫的近卫坦克第1集团军于3月4日与白俄罗斯第2方面军所部会合，接着转归罗科索夫斯基指挥，以继续扫清到但泽的海岸线。于是，在奥得河向东直到但泽地区之间的德军防线上就出现了一道巨大的口子。北方集团军群（1月26日由原中央集团军群更名而来）的绝大部分被困在了东普鲁士。在这里，切尔尼亚霍夫斯基的白俄罗斯第3方面军正不断奋力向前，朝柯尼斯贝格发动进攻。

苏军在4月上旬对北方集团军群的最后一战也是双方贯穿了2—3月的激烈战斗的延续，任务包括肃清柯尼斯贝格要塞（4月5—9日）和歼灭泽姆兰半岛残余德军（4月13—25日）。[52]在柯尼斯贝格进行的残酷战斗里，苏军宣称击毙了42000名德军②，另外还俘虏了92000人。[53]泽姆兰战役迫使德方退入了弗

---

① 译者注：一般认为此名意为"旧城"。二战后该城归属波兰，在1950年至2015年12月31日间名为什切青旧城（Stargard Szczeciński），之后更名为"旧城"。
② 译者注：原文为32000人，属于这一版的一处笔误。

里舍斯潟湖①和波罗的海之间的狭长沙嘴地带中；5月8日，此处残存的22000名德军选择了投降。[54]

在德国的心脏地带——东普鲁士进行的苦战造成了巨大伤亡，其中的牺牲者就包括红军最年轻的方面军司令——39岁的伊万·丹尼洛维奇·切尔尼亚霍夫斯基②。他如同往常一样到前线领导作战，在东普鲁士的梅尔扎克③被炮弹破片击中，身负致命伤，死于2月18日④。这一意外损失让华西列夫斯基元帅重返了指挥岗位，开始指挥方面军。斯大林曾许诺，他的总参谋长将会负责指挥接下来对日本关东军所占据远东地区的战役；但在这之间的过渡时期里，后者也担任过协调东普鲁士战役的大本营代表。切尔尼亚霍夫斯基牺牲后，华西列夫斯基自愿辞去了总参谋长之职，这样安东诺夫便有可能得到这个他实际上已经工作了几个月的职务⑤。相应地，斯大林任命华西列夫斯基接替了切尔尼亚霍夫斯基的职务，同时让他继续担任副国防人民委员和大本营成员。前者的此类举动，包括转而偏向科涅夫，其真实目的也包含有限制副最高统帅朱可夫的威望在内。[55]

即使是军队正忙于清理柏林方向的直接侧翼时，大本营仍然将注意力集中在了多瑙河流域。颇有讽刺意味的是，他们的做法与希特勒如出一辙，或许正是因为后者算出了斯大林的想法。莫斯科授权实施了两场大规模战役——科涅夫的乌克兰第1方面军左翼肃清上西里西亚的奥得河一线、以奥佩尔恩⑥为支撑点的突出部内德军，马利诺夫斯基的乌克兰第2方面军和托尔布欣的乌克兰第3方面军则完成解放匈牙利、占领奥地利首都维也纳的任务。以上两场战役将使苏军彻底占领多瑙河流域，把德军牵制在当前位置，导致其无法前往柏林东面巩固防御，并为将来对德军位于波西米亚和斯洛伐克最后的堡垒采取行动创造有利条件（这两场战役都将在3月15日展开）。

---

① 译者注：即维斯瓦湾或加里宁格勒湾。

② 译者注：有误，实际为38岁。

③ 译者注：今波兰佩尼恩日诺。

④ 译者注：原文为2月19日，有误。

⑤ 译者注：华西列夫斯基在战争爆发时的职务为工农红军总参作战局副局长，于1941年8月1日担任副总参谋长兼总参作战局长，1942年5月底代理总参谋长，6月26日正式担任总参谋长，10月14日担任国防人民委员，1945年2月17日成为大本营成员——同日，他接到命令领导波罗的海沿岸第1方面军和白俄罗斯第3方面军，于是请求辞去总参谋长之职，同时建议由安东诺夫接任。18日，之前那道命令被撤销，他改为仅担任白俄罗斯第3方面军司令。随后，第一副总参谋长安东诺夫成为总参谋长。因此，华西列夫斯基并非是因为切尔尼亚霍夫斯基之死而前往东普鲁士的。

⑥ 译者注：也译作"奥珀伦"，今波兰奥波莱。

科涅夫的上西里西亚战役如期打响，第21集团军和坦克第4集团军向西南突往了奥佩尔恩以西。[56]几天之内，他们就与自舒得河向西进攻的第59集团军、近卫机械化第7军和坦克第31军在诺伊施塔特[①]会师，从而合围了德军第17集团军一部。苏军通过激战肃清了这个包围圈，并于3月底逼近斯洛伐克边境。[57]尽管此次战役使苏军占领了向德累斯顿和布拉格发起新攻势的有利位置，但也迫使科涅夫首先需要实施一次复杂的变更部署，之后其部队才可以参与征服柏林。

这时，马利诺夫斯基和托尔布欣正计划展开他们的维也纳战役。[58]托尔布欣的乌克兰第3方面军将用扎赫瓦塔耶夫中将的近卫第4集团军和瓦西里·瓦西里耶维奇·格拉戈列夫上将主要由空降兵组成的精锐近卫第9集团军[②]粉碎布达佩斯以西的德军防御。然后，克拉夫琴科的近卫坦克第6集团军会乘势攻入奥地利。在其右，马利诺夫斯基的第46集团军和近卫第7集团军将从多瑙河南北两面加入到攻击中来。普利耶夫中将的近卫第1骑兵–机械化集群会在马利诺夫斯基中路和右翼各集团军支援下，突向布拉迪斯拉发。在南面，托尔布欣的第57集团军和保加利亚第1集团军将碾过德军第2装甲集团军在巴拉顿湖南面的防线，向奥地利南部推进。

就在攻势仍处于准备状态时，苏联情报机关报告德国人正计划在巴拉顿湖地区实施反攻。[59]尽管德军在东线的防御早已土崩瓦解，希特勒却为之前1月里党卫军第4装甲军的胜利所鼓舞，打算在匈牙利再进行一次孤注一掷的攻势。出于此目的，他准备用上手头最后一支主要的装甲预备队——在1月下旬，从阿登地区被调到匈牙利的党卫队最高集团长兼党卫军上将泽普·迪特里希的党卫军第6装甲集团军。虽然苏联最高统帅部知道德国的进攻企图并对其作战序列有了很好的了解，但仍禁止托尔布欣将专门实施维也纳战役的部队用于防守。实际上，正如18个月前在库尔斯克那样，托尔布欣一方面要实施强有力的防御，一方面还要继续为进攻做准备——不过到1945年，大本营计划人员对己方部队的防御能力已经不再抱有任何怀疑了。

---

① 译者注：意为"新城"，今波兰普鲁德尼克。

② 译者注：在1945年1月，以第7集团军野战领率机关和近卫空降兵各兵团为基础组建而成。此外，格拉戈列夫曾于1946—1947年间担任空降兵司令。

1945年3月6日，德军第6集团军和党卫军第6装甲集团军从巴拉顿湖南北两面发动了钳形攻势。[60]包括大量新式"虎王"重型坦克在内的10个装甲师参加了战斗——巴尔克的第6集团军[①]下辖第3装甲军[②]和党卫军第4装甲军[③]，共有4个德国装甲师和1个实力很差的匈牙利装甲师，外加1个步兵师；迪特里希麾下有党卫军第1装甲军[④]和党卫军第2装甲军[⑤]、第1骑兵军[⑥]，合计5个装甲师、2个骑兵师和2个步兵师。[61]他们的目的是将乌克兰第3方面军一劈两段，冲到布达佩斯以南的多瑙河畔，并与在巴拉顿湖南面发起进攻的第2装甲集团军会师[⑦]。最初，德军从北面发起的突击在苏军第26和第27集团军之间打入了一个楔子，只是好景不长——这里的地形河汉纵横、满是泥泞，而托尔布欣已经建立起了纵深梯次配置的综合防御体系，还采用了一些新颖技术，比如通高压电的带刺防步兵铁丝网和防坦克障碍物。雷场、防坦克支撑点和地域、有效的火力控制及可以迅速更换阵地的战术预备队堵住了防线上的缺口，并且让进攻的德军付出了惨痛代价。不过托尔布欣对德军的进展十分担忧，恳请大本营将几个用于进攻阶段的集团军投入防御；后者明确驳回了其请求。苏军的防御体系曾在战斗中向后弯曲，但尚未破裂。到3月15日，在双方都蒙受了巨大损失后，德军就再也冲不动了。[62]红军再次展示出了他们在这四年战争中的学习成果，而且在进攻部队毫发无损的情况下亦足以承受损失。

3月14—16日，当巴拉顿湖以东的激战依然不休时，苏军已有4个集团军被秘密部署到了布达佩斯城西，这个位置相当靠近德军进攻部队的左翼和后

---

① 译者注：3月，巴尔克集团军级集群更名为第6集团军。

② 译者注：包含第1、第3和第6装甲师及第356步兵师。

③ 译者注：包含党卫军第3"髑髅"装甲师、党卫军第5"维京"装甲师，以及装备有12辆老旧坦克和10辆突击炮的匈牙利第2装甲师。

④ 译者注：包含党卫军第1"阿道夫·希特勒警卫旗队"装甲师、党卫军第12"希特勒青年团"装甲师及第23装甲师。

⑤ 译者注：包含党卫军第2"帝国"装甲师、党卫军第9"霍亨施陶芬"装甲师、第44"条顿骑士团大团长"帝国掷弹兵师。

⑥ 译者注：包含第3和第4骑兵师。

⑦ 译者注：德军的"春醒"行动主要由三部分组成，最北面的韦伦采湖与巴拉顿湖之间由第3装甲军和党卫军第1、党卫军第2装甲军展开主要突击，巴拉顿湖南面由第2装甲集团军发动进攻，在最南面的德拉瓦河一线则是由E集团军群的第104猎兵师和第11空军野战师攻击苏军、保加利亚军队和南斯拉夫军队。作为主要突击集团的党卫军第6装甲集团军在3月5日时有355辆坦克、突击炮和坦克歼击车，其中配属给党卫军第1装甲师的党卫军第501重装甲营有31辆"虎王"，配给党卫军第12装甲师的第560重型坦克歼击营有12辆坦克歼击车；第3装甲军负责进攻的第1和第3装甲师拥有112辆坦克、突击炮和坦克歼击车，其中配属给第1装甲师的第509重装甲营有35辆"虎王"。到3月13日，虽然经过维修单位的努力工作，党卫军第6装甲集团军的可用坦克和突击炮数量上升到了580辆，但该部需要维修和报废的坦克和突击炮数量也多达438辆，并且伤亡了5919人，伤亡率为4.7%。而在库尔斯克之战中，第4装甲集团军在头8天伤亡了12387人，伤亡率为5.5%——可以看出，即使是最狂热的党卫军也已经不复当年了。

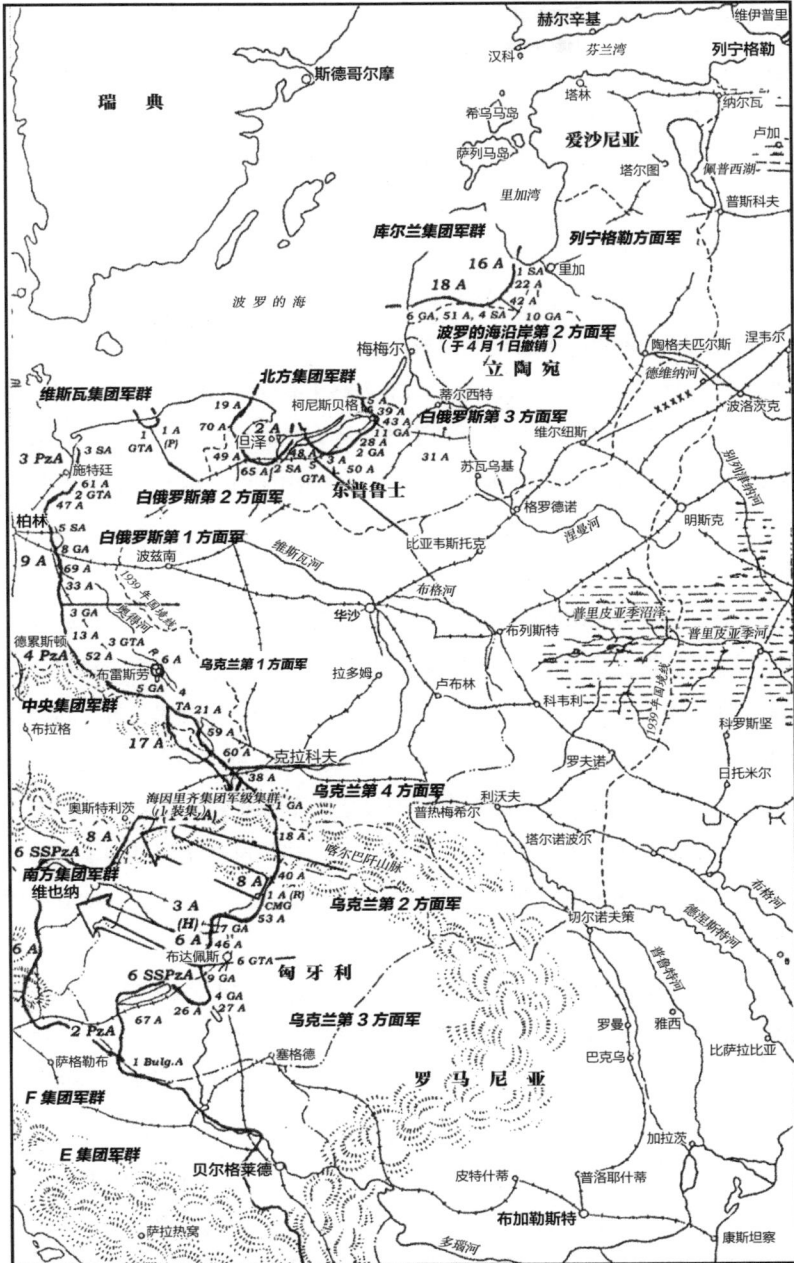

1GTA： 近坦1集　**1A（P）：** 波1集　**3SA：** 突3集　**3PzA：** 3装集　**5GA：** 近5集　**4TA：** 坦4集　**1A（R）：** 罗1集
CMG： 骑－机集群　**1Bulg.A：** 保1集　**6SS PzA：** 党卫军第6装甲集团军　**3A（H）：** 匈3集　**2PzA：** 2装集

战场形势图25：维也纳进攻战役

方。3月16日，仅比计划时间表晚一天，苏军第46集团军、近卫第4和近卫第9集团军向该地域德军防线发起了猛烈进攻，随后克拉夫琴科的近卫坦克第6集团军也于3月19日投入战斗。[63]在数天之内，乌克兰第2和第3方面军下辖的所有集团军都加入到了攻势中来。守军的防御和士气已经明显开始崩溃。德军勉强逃过了被钉死在巴拉顿湖畔的命运，然而近卫坦克第6集团军亦乘其一片混乱之机，迅猛地闯过了防线。

曾阻碍德军攻势的恶劣天气和地形问题同样也减缓了苏军初期的推进速度，使得党卫军第6装甲集团军逃出罗网。随着不断下降的士气和长达几个星期激战的消耗侵蚀了德军实力，苏军的推进终于有所加快。克拉夫琴科的坦克在近卫第4和近卫第9集团军配合下，于1945年4月13日进入了维也纳。2天后，苏军的大炮就将在柏林以东的奥得河一线，以排山倒海之势开始狂轰滥炸。[64]

结论

苏军在1944—1945年晚秋和初冬的诸次战役早已劈掉了德军的战略两翼，并前出到波罗的海之滨和布达佩斯。德国人在两翼调兵遣将以应对危机，但也只是能勉强阻挡一下苏联人的势头。随后，在不到2个月时间里，苏军将德军在波兰和东普鲁士的防御撕成了碎片，且向西推进700公里，距离柏林已不到60公里。在这一过程中，德国A集团军群和中央集团军群遭到了重创。当德国人向奥得河前线增加兵力以保卫首都后，在2—3月，苏军再次猛烈打击了其两翼，多次重创维斯瓦集团军群并耗尽了他们在南方集团军群中的最后一批战略预备队。到4月中旬，苏军已经在北起施特廷、南至捷克边境的格尔利茨的宽大正面上进抵奥得河—尼斯河一线，再往南则到达了奥地利城市格拉茨郊外及维也纳以北的捷克边境。如同在1944年那样，这些苏联集团军的"行囊"里依然携带着各国政府的核心，可以确保之后几十年内苏联对中东欧地区的政治控制。

以上灾难性惨败让德国失去了为免遭盟军轰炸、维持生产而疏散到波兰的大量工业企业。苏联方面估计，这些战役使德国损失了60个师、1300辆坦克和差不多数量的飞机；不过这种计算方式无疑过于简单化，因为有很多小股部队幸存下来，并渗透过苏军封锁线，逃离了战场。另外，尽管德军在这一过程中损失了超过660000人，但补充人员和从其他战区调来的人员只让东线德军的规模从1944

年11月1日的203万人① （还有19万仆从军）下降到了3月底的200万人，只是少大约3万人。当然，其中有556000人被孤立在库尔兰和东普鲁士，除了牵制住当地一些苏军部队外，对己方未来的行动几乎毫无用处。德军现在的战线变得更短，然而也因此失去了进行大规模装甲机动的机会。苏军在最关键的方向上集结了6461000名军人[65]，对于其中超过三分之一的官兵来说，他们的下一站就是柏林。

---

① 译者注：原文为230万，有误。

第十六章

战争结束

静候风暴

由苏联总参谋部编写的绝大部分伟大卫国战争战役研究皆不偏不倚、没有偏见，只是某些课题会因政治敏感而受到限制。因此对于苏联领导人，读者在潜意识里会觉得他们在杀戮之前是冷血残忍、精于算计的。而实际上每个人——上至斯大林，下至苏军列兵——在感情和理智上都只是一心想要攻克柏林。在遭受了三年多的巨大破坏和骇人伤亡过后，苏军决心摧毁敌国政权并最终结束战争。此外，在为了从地面上击败德国陆军而付出如此多的鲜血和汗水之后，苏军指挥员们也绝不愿意让西方盟友攫取最后的胜利果实。由此看来，即使不谈斯大林掌控战后中欧的渴望以及与西方盟国达成协议由苏军占领柏林的因素，这种感情上的冲动同样会驱使着红军向德国首都挺进，虽然时间由2月推迟到了4月。

德国守军也一样决心垂死挣扎。这时，只有最狂热的国家社会主义分子还对最终胜利抱有一丝幻想，但红军在东部省份的暴行让每个人——不管平民还是军人——都感觉落入苏联人手里不会有好下场。的确，鉴于各种暴行，德国方面在记述最后战局时关于红军的恶评是有根据的。他们的军纪败坏得如此猖獗，以至于有人甚至会强奸那些在德国当牛做马的本国妇女。[1]只不过西方国家也完全忘记了当年德国国防军在俄罗斯是如何丧尽天良，其程度有过之而无不及。当然，德军犯下的罪行虽然能够解释苏联人的报复心理，可这同样不能（也不该）作为替后者开脱的借口。

为保全自身，希特勒政权紧急进行了最后一次努力。国防军统帅部在西线只留下有限的部队面对西方国家盟军，而在东线集中了大约85个师和大量的较小规模部队做最后一搏。[2]其中很多编制都是由老人、男孩及因伤病而不适合服现役的军人组成。这种所谓的"国民冲锋队"所受训练有限、战力低下，而且严重缺少重武器和通信器材。此外，尽管德国人仍能搜罗出数以千计的飞机和装甲车辆，但由于盟军拥有制空权加上燃料的匮乏而制约了那些武器的有效使用。不过，这些守卫者在轻武器和短程反坦克武器方面——比如"装甲拳"——的供应还是很充足的。随着盟军逐渐逼近，德国人也能够将之前拿来瞄准天上的B-17和"兰开斯特"轰炸机的数千门高射炮转而用于地面防御了。

或许最重要的就是，急剧缩短的战线和以少量身经百战的老兵为核心组建而成的大量受过一定训练的步兵部队让德国指挥官们有人力去同时把守连续两道甚至三道防线。事实证明这是一项明显的优势。尤其是在3月30日，阿道夫·希特勒批准了陆军总司令部专门下令建立纵深防御体系，而非像之前那样严令（部队）死守。[3]在1944年和1945年初的战斗中，苏军将领们已经习惯了迅速击穿德军防线的薄弱外壳并发展胜利，以至于即使希特勒授权退却，指挥官同样无法将部队及时撤至下一道防线。但现在，红军缺乏可供机动的战役纵深。由于柏林这座城市距离他们的战线只有60公里，距离盟军前沿也仅有100公里，苏军现在面临着非常令人不快的前景，即克服以逐渐城市化的地形为依托的数道连续的、兵力充足的德军防线，因此必须不断进行突破战斗。

就在红军正为强击柏林这一不可避免的任务而集中补给和兵力时，攻守双方都没闲着。3月上旬，紧随苏军下西里西亚战役之后，中央集团军群司令、陆军元帅费迪南·舍尔纳向西里西亚发起了一系列局部反突击。他将重点放在劳班①，集中数个师于3月2日至5日突然袭击了雷巴尔科的近卫坦克第3集团军，最终夺回该城。然而，面对科涅夫的乌克兰第1方面军，舍尔纳没有足够的时间和兵力以争取重大战果。另外，苏军在西里西亚和匈牙利的活动越来越频繁，让希特勒正确判断出了其下次攻势将在南方展开，最具有威胁的是在

---

① 译者注：在格尔利茨东南，今波兰卢班。

匈牙利，但也可能会从俄斯特拉发和斯洛伐克南部冲向捷克斯洛伐克西部。不过在3月15日，当巴拉顿湖攻势失败后，希特勒再次将目光聚焦在了奥得河防线，并命令第9集团军荡平屈斯特林和法兰克福之间的苏军登陆场。[4]

希特勒突然转而关注柏林方向的原因是德军在波美拉尼亚和奥得河下游前方防线的土崩瓦解，以及他得知自2月27日起便一直遭到攻击的库尔兰口袋已经撑不了多久了。其担忧是有根据的。在整个3月，苏军3个白俄罗斯方面军锤掉了德国在波罗的海沿岸的最后几块飞地，于3月28日拿下但泽。由于发生在波美拉尼亚的灾难加上希特勒迫切需要在奥得河一线建立可靠防御，陆军总司令部参谋长海因茨·古德里安说服了海因里希·希姆莱辞去维斯瓦集团军群司令之职；著名的防御专家、原第1装甲集团军司令戈特哈德·海因里齐上将接替了这一职务。

然而一到希姆莱的司令部，海因里齐就发现自己陷入了争夺早已沦为孤岛的屈斯特林要塞的绝望战斗中；它位于奥得河与瓦尔塔河交汇处，是前线少数几个还保留有完整桥梁的地点之一。从3月22日开始，崔可夫上将的近卫第8集团军在扩大奥得河登陆场的行动中便已经孤立了这座要塞。在希特勒煽动下，德军第9集团军于3月27日出动4个师，从奥得河畔法兰克福向北面的屈斯特林发起了反突击。第20和第25装甲掷弹兵师、"元首卫队"师①及临时组建的"明谢贝格"②装甲师奇袭了苏军并推进到屈斯特林外围，暂时恢复了与守军的联系。崔可夫将军发现自己遭到了炮击。这次炮击打死1名副官，还打伤了他1名主要的参谋军官③。然而德军这次进攻很快就失去了冲劲，后来更是在开阔地上惨遭屠戮。[5]

这次新的灾难让德国失去了现存最优秀的军事领导人之一。在和希特勒的交谈中，古德里安积极为屈斯特林之败的相关指挥官们——第9集团军司令、步兵将军特奥多尔·布塞和海因里齐上将——提供了辩护。这次争吵使他们几

---

① 译者注：最初仅是营级单位，后逐渐扩编，到1945年1月26日成为一个师。该部曾负责过希特勒的保卫工作，实际上是国防军单位。
② 译者注：明谢贝格是一座位于柏林与本国东部边境中点处的小城，也有人曾译作"慕钦堡"等。
③ 译者注：集团军装甲坦克和机械化兵司令马特维·格里戈耶维奇·魏因鲁布少将，犹太人，当时刚伤愈出院。他和哥哥叶夫谢伊都是坦克兵，并于1945年4月6日同时荣膺"苏联英雄"称号。

个月以来的不和到达顶点，成了压垮德国独裁者与这位将军之间冲突不断的关系的最后一根稻草。3月28日，古德里安突然发现自己因"健康状况不良"而被休假；取代他的步兵将军汉斯·克雷布斯将成为德国最后一任总参谋长。[6]

柏林战役的筹划

苏联最高统帅部为柏林战役做了精心准备。这让人们不禁想起了1760年的柏林和1920年的华沙①，当时由于太过乐观及条件不利，俄罗斯军队的希望都破灭了。苏联人决心不能让历史在1945年重演。苏军统帅部估计德军为对付己方部队会部署100万人（那些垂死挣扎的德国陆军余部），他们也不确定西线有多少德军会加入到其奥得河前线战友们的行列中，去迎击（比西线盟军）更令人畏惧的进攻之敌。相关经验表明，一支规模达到100万人的大军依托一道难以逾越的水障碍甚至可以有力抵抗两倍于己之敌。因此，苏军开始着手进行相应的准备，这次进攻的实施同样会给西方国家盟军留下深刻的印象。

苏联最高统帅部大本营的战略目标是歼灭沿柏林方向防御的德军，攻克敌首都，与推进的盟军在易北河会师。1945年4月上旬，美军和英军正逼近易北河，距离德国首都只有100～120公里。所以，苏联人越来越担心尽管双方达成了协议，但盟军依然会继续向该城推进。[7]这种担忧加上预计德军将向东转移促使苏军加快了对进攻的准备。

保卫柏林接近地的德军包括海因里齐的维斯瓦集团军群（第3装甲集团军和第9集团军）、舍尔纳的中央集团军群第4装甲集团军，以及具体情况不明的柏林卫戍部队。维斯瓦集团军群下辖6个军（共25个师）及大量独立专业单位；中央集团军群用2个军守卫着尼斯河—德累斯顿方向；柏林卫戍部队下辖第56装甲军（相当于5～6个师）及超过50个营的国民冲锋队。这些力量合计约有800000人，不过战斗力参差不齐。[8]

德国人在柏林方向上的防御纵深很大，但只是部分防线有部队防守。其中，纵深达40公里的奥得河—尼斯河防线有充足兵力把守，前后设有3道防御

---

① 译者注：前者是指七年战争中俄军偷袭柏林得手后又被迫退出，最后由于新登基的彼得三世非常亲普鲁士，俄国因此退出战争，并将所占土地全部归还普鲁士。后者是指苏波战争中，红军兵败华沙城下。

带，柏林防御区则另有3道环形防线（外层、内层和市区）。为便于指挥，纳粹政权将市区进一步划分成了9个防区；包括国会大厦和帝国总理府等政府和行政机关在内的中央防区更是采取了彻底的防御措施。所有防御阵地之间都有综合通信体系加以连接。地铁系统同样被用来隐蔽部队的行动。从工程角度来看，屈斯特林登陆场当面，以及从登陆场穿过俯瞰奥得河的塞洛高地、直到柏林外围的德军防御体系是最坚固的。[9]然而很不幸，这里也正是朱可夫的白俄罗斯第1方面军将士们的必经之路。

此次战役正式开始制订计划是在4月1日，即科涅夫的方面军肃清上西里西亚的次日，以及罗科索夫斯基和朱可夫的方面军完成波美拉尼亚战役的三天前。那天，朱可夫、科涅夫在莫斯科与斯大林、最高统帅部和总参谋部人员会面，提交了战役设想；第二天，罗科索夫斯基同样参与了进来。在会议上，大本营批准了他们的设想，将进攻日期暂定为4月16日。这样一来，他们只有区区2个星期来进行（尽可能）周密的准备，这也就解释了为什么红军会在战役中遇到一些困难。[10]

在整个3月和4月上旬，苏联后方勤务部队为下一次攻势筹集了大量物资，苏军将领们则努力让部队为最后一战做好准备。作为斯大林格勒的保卫者，近卫第8集团军司令部依然对城市作战问题有着独到见解。崔可夫的参谋人员编写了一本小册子，由朱可夫下发到整个方面军。每个步兵师都组建了一个专门的单位来训练巷战；但因为时间紧迫，很难说他们实际上能进行多少训练。此外，在德国领土上作战的苏军不像之前那样可以从游击队手里获取详细情报。不过整条战线上的苏军仍然在努力进行着同样周密的准备。[11]

最终制定的作战方案打算动用三个方面军——北面罗科索夫斯基的白俄罗斯第2方面军、中央朱可夫的白俄罗斯第1方面军，以及南面科涅夫的乌克兰第1方面军——沿着辽阔的地域实施多次强力突击，以合围并分割柏林军队集团，然后对其各个击破。随后，苏军将用12～15天的时间来拿下柏林，并向易北河推进。

朱可夫的方面军下辖7个苏联和1个波兰诸兵种合成集团军、2个坦克集团军、2个空军集团军及4个独立机动军。该部将用4个集团军（第47、突击第3和突击第4，以及近卫第8）和坦克第9军从屈斯特林登陆场出发，实施主要突击。这些集团军会于第一天，在731辆支援步兵的坦克和自行火炮支援下克服塞洛高地的不利地形，突破德军的强大战术防御体系，并确保近卫坦克第1和第2集团军可以顺利投入战斗。合计装备了1373辆坦克和自行火炮的2个坦克集团军将依次穿过德军第9集团军，直扑预计在战斗打响后第六天即可拿下的柏林。[12]然而对这些坦克手来说不幸的是，这一次他们没有像往常实践中那样在德军后方穿过打开突破口的友军，而是计划在大概德军第一道和第二道防御带之间投入作战，被迫进行艰难的突破战斗。[13]

朱可夫还计划了两场次要突击——一场在屈斯特林北面，投入2个集团军（第61和波兰第1）；一场在屈斯特林南面，投入2个集团军（第69和第33）和近卫骑兵第2军。尽管苏军的伪装计划试图将北面的进攻描绘成钳形攻势中同等重要的另一半，但还是完全无法掩饰他们将在屈斯特林展开主要突击的事实。另外，朱可夫计划在距黎明两小时前开始冲击，利用143架探照灯照亮道路并迷惑敌军。

在朱可夫的左翼，科涅夫的方面军下辖5个苏联和1个波兰诸兵种合成集团军、2个坦克集团军、1个空军集团军及4个机动军。科涅夫将用3个集团军（近卫第3、第13和近卫第5）对第4装甲集团军余部和第9集团军南翼展开主要突击，渡过尼斯河，直扑科特布斯。先头部队应于第二天结束时前出至施普雷河，以掩护近卫坦克第3和第4集团军的963辆坦克和自行火炮全部投入战斗。这两个坦克集团军会向勃兰登堡、德绍和柏林南郊发展胜利。[14]科涅夫也计划了一场次要突击，用2个集团军（第52和波兰第2）的部分兵力和2个机动军（近卫机械化第7军和波兰第1装甲军）冲向德累斯顿，以掩护其左翼，并为下一步进入捷克斯洛伐克的战役做准备。当推进开始后，科涅夫还将得到1个后备集团军（第28）[①]的加强。从理论上说，科涅夫会在战役第12天前出到易北河和德累斯顿。但如果朱可夫受阻，他同样可以选择转而北上，突向柏林。斯大林预感到事态或许会这样发展，因而可以说是故意没划清战役初始阶段之后两个方面军的分界线，这显然是激励二者互相竞赛，可同样是一个降低副最高

---

① 译者注：该集团军是科涅夫的第二梯队。

统帅威望的举动。

在朱可夫的北翼（右翼），罗科索夫斯基和他的白俄罗斯第2方面军由5个诸兵种合成集团军、1个空军集团军和5个独立机动军组成，他将在自己前两位战友的战斗打响两三天后发起冲击。3个得到装甲兵支援的集团军（第65、第70和第49）会在施特廷—施韦特地段向前推进，歼灭施特廷周边德军，防止第3装甲集团军增援柏林，然后占领勃兰登堡北部，与英军在易北河一线会师。[15]

参与进攻的苏军总数达250万人（其中2062100人是作战人员，包括155900名波兰军人），拥有6250辆坦克和自行火炮、41600门火炮和迫击炮，以及7500架作战飞机。这支大军最终面对的是多达100万德军（据苏方多少有些夸大的估计而来，其中一线作战兵力有766750人），并得到了1519辆坦克和突击炮、9303门火炮和迫击炮作为支援。[16]德国空军在整个东线有3000架飞机可用，但受到了航空燃料短缺的严重制约。[17]

对于苏方计划人员来说，如何组建负责实施进攻的突击集团是一个很大的挑战，因为这需要在极短时间内进行长距离变更部署。比如4月1日时，白俄罗斯第2方面军主力仍位于但泽地区，距离奥得河防线达400多公里之遥；科涅夫的部队则都集中在乌克兰第1方面军中路和左翼，位于西里西亚。总计有29个集团军需要变更部署，其中15个在385公里以外，3个在385～530公里之间。部队位置调整要在铁路网忙于建立起足以维持战役的油料弹药储备的同时完成。后勤部门和军队指挥员必须在15天内完成上述全部行动。相比之下，在白俄罗斯、东普鲁士和维斯瓦河—奥得河战役之前他们一般有22～45天时间来调遣部队。[18]

一俟所有部队被部署到前沿集结地域，按照战役计划，为顺利突破如此坚不可摧的纵深防御，在战术上应该高度集中兵力。为达成突破，所有第一梯队诸兵种合成集团军及下辖的步兵军和步兵师都将排成两个梯队。也就是说，1个典型的师在冲击时应以2个步兵团在一线，第三个团紧随其后；1个军应以3到4个师组成第一梯队，1个或多个师位于第二梯队。这样做的后果便是形成了极为狭窄的突破正面——1个集团军为2.5～10公里，而整个方面军同样只有35～44公里。在这样的突破地段上，一般每公里平均有1.5～2.5个步兵师、260门火炮及多达30辆用于支援步兵的坦克和自行火炮。此外，负责从屈斯特林登陆场出击、实施主要突击之一的近卫第8集团军将直接掌握强击航空兵第9军，用于掩护渡河、协助突破前沿防御、配合发展胜利的装甲兵并阻止德军预备队的行动。[19]

在攻势打响前，苏军还进行了大规模的专业保障行动。侦察机对柏林、城市接近地和防御带实施了6次航空照相侦察。在航空照相、缴获的文件及俘虏口供等基础之上，苏军情报分析人员制作了详细的图表和地图，分发给所有指挥员和参谋人员①。白俄罗斯第1方面军的工程兵部队在奥得河上准备了25座桥梁和40艘渡船②。为顺利渡过尼斯河，乌克兰第1方面军筹集了2440艘工兵木舟，搭建了合计纵长750米的突击桥③及超过1000米长的木桥构件。[20]在有限的时间内，突击部队进行了专门的训练来磨砺渡河、巷战、丛林战和夜战技能；特别是那些预先组建的小规模诸兵种合成特遣队和战斗小组，专门用于巷战。

尽管进行了大量准备工作，不过苏军的时间表要求整个战役在15天之内完成还是太过乐观。此次作战的地形中城市、工厂密集，村镇、河流、水道纵横交错。虽说部分德国人无心恋战，但其他人依然准备拿出自己非凡的决心死战到底。柏林战役绝非一次轻巧的闲庭信步④。

正如之前的维斯瓦河—奥得河攻势，强击柏林同样因为在最后一刻决定提前发动而难上加难。直到3月上旬，西方盟军仍然远在莱茵河以西，而斯大林也明显觉得自己有充足的时间拿下柏林。然而，随着德军在西线土崩瓦解，英军和美军（可能）夺取柏林又突然变成了非常现实的问题。1945年3月31日，五星上将德怀特·艾森豪威尔派出代表前往苏联最高统帅部大本营，协商两军会师的问题。根据雅尔塔会议的政治指导方针，艾森豪威尔提议与苏军大体在南北方向的莱比锡—德累斯顿一线会师，并分割德国，这就表明他赞成以此作为战后占领区的分界线。斯大林匆忙同意了这个提议，并假意宣称柏林已经没什么重大战略意义了。但事实上，艾森豪威尔在4月上旬的推进还是加深了苏联人对盟军企图的怀疑，更是导致了大本营提前进攻柏林。

---

① 译者注：最低到达连一级。
② 译者注：桥梁总长度为15公里，这种载重量在3～60吨之间的渡船应该是指漕渡门桥。
③ 译者注：载重60吨的纵长540米，载重30吨的纵长420米，载重16吨的纵长65米。
④ 译者注：原文为walkover，意为赛马中只有一匹马参加比赛，走完全程即可获胜。

突破

1945年4月14日05:30[①]，在15～20分钟的炮火急袭后，白俄罗斯第1方面军和乌克兰第1方面军第一梯队步兵师的加强步兵营开始在主要进攻方向上实施战斗侦察（见战场形势图26）。仅朱可夫的方面军就投入了38个营和若干加强连。1个典型的营级特遣队会得到1个坦克连、1个自行火炮连及炮兵和工程兵的支援。[21]在某些地段，第一梯队团亦会加入战斗，以发展局部胜利。在长达两天的战斗中，一些分队楔入了德军防线后达5公里；然而，此时防守的德军也已经对这套手法习以为常。俘虏自信满满地告诉抓获他们的苏军，（苏军的）主攻会在两三天后开始。为避免被炮火杀伤更多兵力，希特勒于4月15日夜间批准了海因里齐的请求，从前沿阵地撤出绝大部分人员，只保留有小股兵力。[22]

4月15日晚至16日凌晨，在白俄罗斯第1方面军和乌克兰第1方面军地段上，苏联空军第4和第16集团军的150架夜间轰炸机展开航空兵进攻，轰炸了德军的第一道防御带。当次日的地面进攻展开后，空军第18集团军的4个强击航空兵军将转而打击德军第二防御带内的目标。仅仅在第一天里，上述三个空军集团军就出动了6548架次。[23]

根据战斗侦察的结果，苏军指挥员调整了各个地段上的火力准备工作量。比如朱可夫麾下的第47集团军将炮击时间由30分钟缩减到了25分钟，而在试水时最顺利的友邻突击第5集团军则只进行20分钟射击，随后便转为攻击纵深目标。[24]4月16日03:00，白俄罗斯第1方面军开始进行总的炮火准备。但此次（炮火）准备猛烈得过了头，以至于它在很多地方制造的麻烦要比消灭的还多，而且完全没有清理掉塞洛高地上的德军第二防御阵地。拂晓前的空气烟尘弥漫；朱可夫突发奇想的探照灯战术不仅没能穿透进攻士兵前方的烟云，反而造成了己方的混乱。奥得河附近的少数几条公路很快就堵作一团，而公路两旁又湿又软，车辆难以超车或让路。受探照灯干扰，步兵们看不见东西也辨不清方向，一路艰难向前行进了1.5～2公里，到达塞洛高地下的豪普特运河。苏军在渡过这道障碍时遇到了极大困难。即便有些地方负责支援的装甲兵能够接近

---

① 译者注：作者在正文中均使用柏林当地时间，莫斯科时间需要相应增加2小时。近卫第8集团军的侦察分队是在20分钟的火力急袭后于莫斯科时间07:40展开。另外，乌克兰第1方面军是在4月15日夜间实施的战斗侦察。

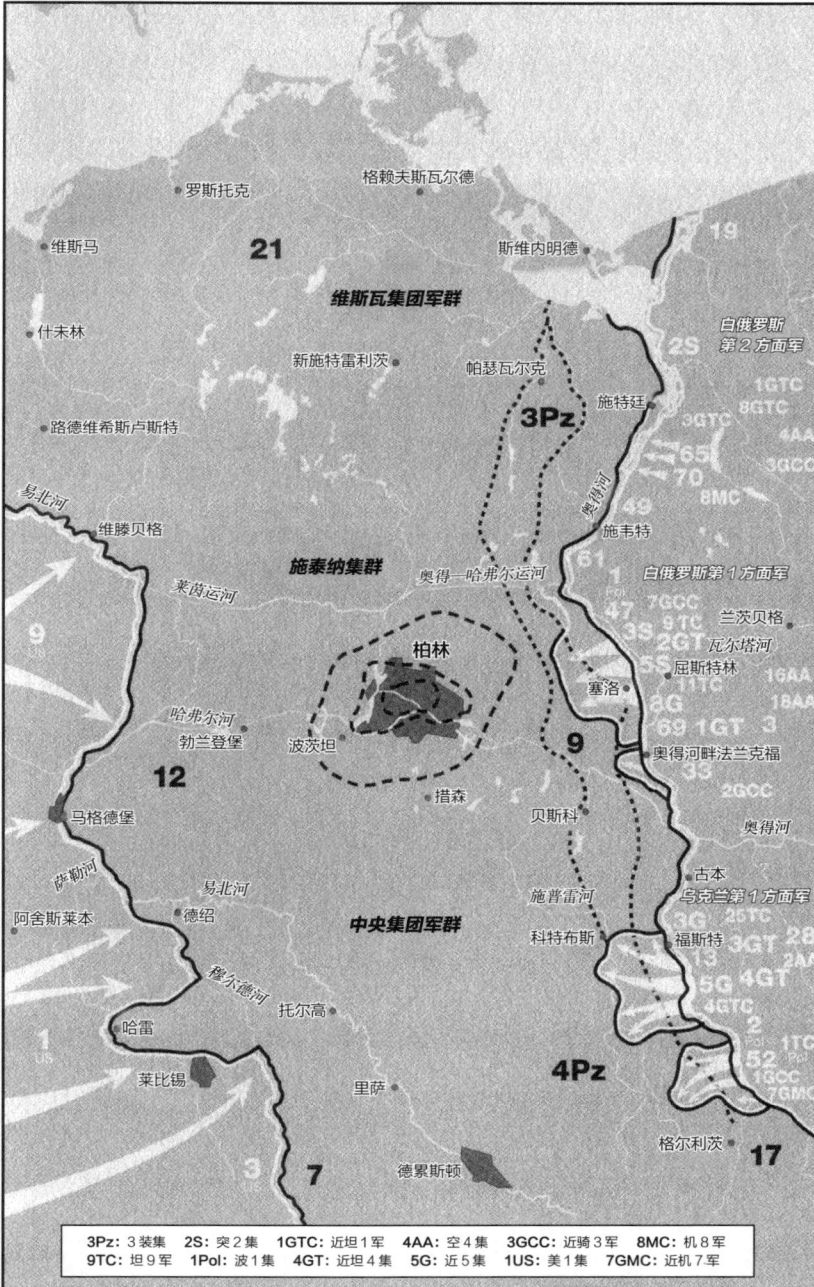

地图上标注文字：

罗斯托克

格赖夫斯瓦尔德

维斯马

21

斯维内明德

19

维斯瓦集团军群

白俄罗斯
第2方面军

什未林

新施特雷利茨

帕瑟瓦尔克

施特廷

2S

1GTC
8GTC

3Pz

3GTC

4AA

路德维希斯卢斯特

65I

3GCC

70

8MC

易北河

49

施韦特

维滕贝格

61

1

莱茵运河

施泰纳集群

奥得—哈弗尔运河

白俄罗斯第1方面军

7GCC

47

兰茨贝格

3S

9TC

柏林

2GT

瓦尔塔河

屈斯特林

哈弗尔河

5S

11TC

16AA

勃兰登堡

波茨坦

塞洛

8G

1GT

18AA

3

12

措森

9

奥得河畔法兰克福

马格德堡

33

2GCC

萨勒河

贝斯科

奥得河

阿舍斯莱本

易北河

德绍

古本

乌克兰第1方面军

穆尔德河

中央集团军群

施普雷河

5G

25TC

托尔高

科特布斯

福斯特

3G

28

2AA

哈雷

3GT

5G

4GT

1US

5GTC

莱比锡

2

1TC

4Pz

52

1GCC

7GMC

3

7

里萨

格尔利茨

17

德累斯顿

| 3Pz: 3 装集 | 2S: 突 2 集 | 1GTC: 近坦 1 军 | 4AA: 空 4 集 | 3GCC: 近骑 3 军 | 8MC: 机 8 军 |
| 9TC: 坦 9 军 | 1Pol: 波 1 集 | 4GT: 近坦 4 军 | 5G: 近 5 集 | 1US: 美 1 集 | 7GMC: 近机 7 军 |

战场形势图 26：柏林战役第 1 阶段，1945 年 4 月 16—19 日

高地，可由于坡度过大，同样无法伴随步兵冲击。到上午晚些时候，崔可夫的近卫第8集团军只取得了有限进展，其南面科尔帕克奇上将的第69集团军更是被完全挡住。[25]

正在近卫第8集团军前进指挥所[①]观察战斗、有着钢铁意志的朱可夫再也无法控制自己。他又一次犯下了苏军将领在1942—1943年间（亦包括其本人在1942年11月的勒热夫时）常常会犯的错误。这名元帅决定提前将用于发展胜利的装甲部队投入战斗，以便在仍然完好无损的德军第二防御带上打开突破口。卡图科夫上将的近卫坦克第1集团军和波格丹诺夫上将的近卫坦克第2集团军无可救药地与正在冲击的步兵师所属炮兵及补给车辆堵在了一起。近卫坦克第1集团军的近卫坦克第11军[②]打退了"明谢贝格"装甲师的反突击，但这两个坦克集团军无法完成穿插纵深的任务——四周构筑有防御工事的德国村庄就像迷宫一样，每次他们想冲过这些地方，便会有手持"装甲拳"的德国步兵在近距离上打伏击。最终，近卫坦克第1集团军下属的各旅和军被分散开来，以支援近卫第8和突击第5集团军各部。总的来说，苏军的推进十分缓慢，而且一路苦不堪言。[26]

白俄罗斯第1方面军花了2天时间才突破塞洛高地的防御并达成最初目标。崔可夫的进攻打得如此艰难，以至于其当面德军9个不满员的师有绝大多数都得以逃生并撤至下一道防线。为掩护撤退，德军还在4月17日发动了一次反击，投入兵力达3个师，企图切断卡图科夫坦克集团军前锋部队之后的柏林—屈斯特林高速公路。次日，崔可夫被迫对德军第三道防线发动第二次突破（战前侦察并未发现这道防线）。不过，即使是最顽强的守军也没有多少兵员和武器弹药了。到4月20日，尼古拉·埃拉斯托维奇·别尔扎林中将的突击第5集团军和崔可夫的近卫第8集团军已经成功突破德军第四道防线，并开始向柏林东郊推进，但速度之慢令人无法忍受，付出的代价亦极为高昂。从一开始到现在，耐不住性子的斯大林便对朱可夫可谓软硬兼施。与此同时，在朱可夫右

---

① 译者注：原文是近卫第8集团军前进指挥所附近的某指挥所，然而本书第一版、朱可夫和崔可夫的回忆录均表明就是在近卫第8集团军的观察所/指挥所，方面军和集团军的司令、军事委员会委员、炮兵司令等一起喝热浓茶。

② 译者注：原文为坦克第11军，有误，坦克第6军在1943年10月23日被改编为近卫坦克第11军。此时的军长是"苏联英雄"阿马斯普·哈恰图罗维奇·巴巴贾尼扬上校，他将在30年后晋升为装甲坦克兵主帅。

翼，弗兰茨·约瑟福维奇·佩尔霍罗维奇中将①的第47集团军和瓦西里·伊万诺维奇·库兹涅佐夫上将的突击第3集团军的进攻较为顺利，开始从北面和西北面包抄柏林。在左翼，科尔帕克奇的第69集团军和维亚切斯拉夫·德米特里耶维奇·茨韦塔耶夫上将的第33集团军切断了德军第9集团军中央和右翼与柏林之间的联系，为下一步从北面合围此敌铺平了道路。

对苏军来说幸运的是，朱可夫左翼（南翼）的科涅夫所部进展较大，虽说他们也遭遇了德军空前凶悍的防守。科涅夫的炮兵比朱可夫进行了更长时间火力准备，却没有产生灾难性的副作用。在突击部队强渡尼斯河之前，苏军火炮先是给德国守军剃了40分钟头②，然后在实际渡河时对德军炮兵实施了长达1个小时的炮火压制，等突击部队渡河成功后又倾泻了45分钟弹雨。到第一天结束时，科涅夫的步兵在坦克第25军和近卫坦克第4军支援下，早已与雷巴尔科及列柳申科的近卫坦克第3和第4集团军的先遣支队强行渡过尼斯河，突破德军主防御带，楔入了第二防御带达1.5公里。次日，德军发起多次反突击，但苏军的推进势头仍未减缓，突破纵深达18公里。至4月18日结束，科涅夫的部队已经彻底突破尼斯河防线，并渡过柏林南面的施普雷河，为从南面合围该城创造了条件。[27]在德累斯顿方向上，科罗捷耶夫上将的第52集团军与卡罗尔·瓦茨瓦夫·希维尔切夫斯基中将③继续挺进④，打退了德军从格尔利茨地域发动的多次越来越猛烈的反突击。[28]

4月18—19日，在北面，罗科索夫斯基的白俄罗斯第2方面军部队强渡奥得河东段河道，在河中岛屿上占领了出发阵地，以便顺利开展下一步强渡奥得河西段河道的行动⑤。

---

① 译者注：原文为少将，有误。
② 译者注：原文是"刷友浆"。
③ 译者注：俄文名为卡罗尔·卡尔波维奇·斯维尔切夫斯基，波兰革命家，1917年加入赤卫队，参加过莫斯科十月武装起义、国内战争，曾化名"瓦尔特将军"参与西班牙内战，担任过国际纵队第14旅旅长和第35师师长，伟大卫国战争爆发时在伏龙芝军事学院任教，主动请缨上前线后担任步兵第248师师长；后参与组建波兰人民军，此时军衔为苏军中将和波军中将；战后担任波兰国防部副部长，于1947年3月28日被乌克兰民族主义分子暗杀。
④ 译者注：实际上在格尔利茨—包岑和德累斯顿方向上，由于波兰第2集团军轻敌大意，红军和波兰人民军付出了惨痛代价，仅波军死亡失踪人数就有7700人。有3位"苏联英雄"——红军近卫机械化第7军副军长马克西莫夫少将、苏军第5步兵师师长瓦什凯维奇少将、近卫机械化第25旅旅长杜德卡上校牺牲。
⑤ 译者注：此处的奥得河被中央的岛屿分成了东西两段河道，地形极为复杂。

丧钟敲响

鉴于白俄罗斯第1方面军进展缓慢，也正如我们已经看到的那样，斯大林鼓励他手下两位主要方面军司令之间的竞赛。在4月17日晚些时候与朱可夫和科涅夫的戏剧性电话交谈中，他在大本营的作战地图上惩罚性地擦去了两个方面军在柏林边上的分界线——谁先到那儿，谁就将拿下德国首都——此举虽会增加误伤友军的风险，却也无疑加快了部队推进的步伐（见战场形势图27）。[29]

4月20日，当朱可夫的部队正加快推进时，突击第3集团军步兵第79军的远程火炮进行了第一次向柏林开火[①]。翌日，早已混杂在一起的突击第3、近卫坦克第2、第47、近卫第8和近卫坦克第1集团军的部队突入柏林郊区，开始了数日艰苦的战斗。在这个建筑物十分密集的地方，苏军各集团军必须同时承担多种职责——改变方向合围城市、输送补给和火炮以维持进攻、将突击部队改编成适合在城市作战的小规模诸兵种合成小组，以及搬运架桥器材以通过柏林地域众多的河流水道。在顶着对方激烈抵抗的同时做到这一切表明（苏军的）参谋和协调工作非常出色。在战争第三阶段，苏军已经做到了驾轻就熟，这就是其中一个范例。[30]

这时，科涅夫的方面军采取机动，从南面完成了对德军第9集团军的包抄，同时进抵柏林南郊。4月19—20日间，近卫坦克第3和第4集团军推进了95公里。次日，雷巴尔科的近卫坦克第3集团军所部占领位于措森的德国陆军总司令部，使敌人失去了对作战的有效控制[②]；该部还突入了柏林南郊。列柳申科的先头分队冲到了波茨坦南面接近地。作为方面军突击集团的各个诸兵种合成集团军迅速向西挺进，在路上遭遇了装甲兵将军瓦尔特·温克的德军第12集团军，该部奉先前陆军总司令部之命从西线驰来与第9集团军会合并援救柏林。[31]从4月20日到26日，在科涅夫延伸的左翼位置的第52集团军和波兰第2集团军打退了德军从格尔利茨地区发动的反突击。中央集团军群也已经下令发动

---

① 译者注：《希特勒末日》中认为是在4月20日晨，步兵第125军攻克贝尔瑙后，近卫加农炮兵第30旅第1营于当地时间13:00对柏林开始齐射。不过根据总参研究资料，红军是在21日晨拿下贝尔瑙。而且，总参研究也认为是步兵第79军的远程炮兵于当地时间20日15:50率先向柏林进行了两次齐射，并于次日凌晨00:30第一次射击国会大厦区域。为希特勒"庆祝"生日的这支炮兵可能来自加农炮兵第136旅。

② 译者注：但事实上陆军总司令部在21日午后就根据希特勒的命令撤到了波茨坦的艾歇。

进攻，想要借此突破苏军防线，以减轻第9集团军的压力。

在中央地段，4月22日黄昏时分，近卫第8集团军的三个先遣支队抢在守军反应过来之前就迅速渡过了柏林南面的施普雷河。4月24日，崔可夫的近卫第8集团军和卡图科夫的近卫坦克第1集团军在柏林东南与雷巴尔科的近卫坦克第3集团军和亚历山大·亚历山德罗维奇·卢钦斯基中将的第28集团军的前锋会合。[32]次日，扎多夫上将的近卫第5集团军①的近卫步兵第58师在易北河畔的托尔高与美国第1集团军第69步兵师所部会师。[33]很快，随着苏军逐渐推进到预先划定的分界线，整条战线上都发生了类似的节日般的会师。

随着与盟军在易北河一线会合，罗科索夫斯基的白俄罗斯第2方面军也强渡了奥得河西段河道，突破了德军在西岸的防御，死死钉住了第3装甲集团军，使其无法对柏林北面的苏军发起反击。德军以党卫队高级集团长兼党卫军将军费利克斯·施泰纳的党卫军第3装甲军为核心组建的所谓 "施泰纳集群"②一直以来就在为反击做准备，而希特勒更是指望他们能拯救柏林。

现在，虽说希特勒还在不断徒劳地命令布塞的第9集团军（东面）、温克遥不可及的第12集团军（西面）和施泰纳集群（北面）解首都之围，但即使是他自己也已经意识到输掉战争了（见战场形势图28）。那些只要还有战斗力突破苏军包围圈的单位都不愿意驰援柏林，而是向盟军所处的西面逃之夭夭、人间蒸发。

缺乏任何有效指挥控制体系的国防军余部只能像一只被切断了脊髓的小鸡那样胡乱扑腾几下而已。4月26日，朱可夫开始正式强击柏林；接下来一个星期里，逐街逐屋的巷战席卷了全城（见战场形势图29）。到4月30日，苏军早已将守卫的德军分割成了互相隔绝的四块，然后着手将其各个击破。同一天，希特勒自杀，不过惨烈的厮杀仍然持续了数日。在这一期间，苏军突击小组肃清了超过300个街区的德军。[34]他们根据任务性质将步兵、坦克、直瞄射击的炮兵和装备炸药的工兵合理编组成强击支队和强击群，逐一拿下建筑物。在地铁、地下通信和指挥设施中的战斗尤为激烈。

---

① 译者注：原文为突击第5集团军，有误。

② 译者注：4月21日，希特勒在命令中首次使用了"施泰纳集团军级支队"这一名称。

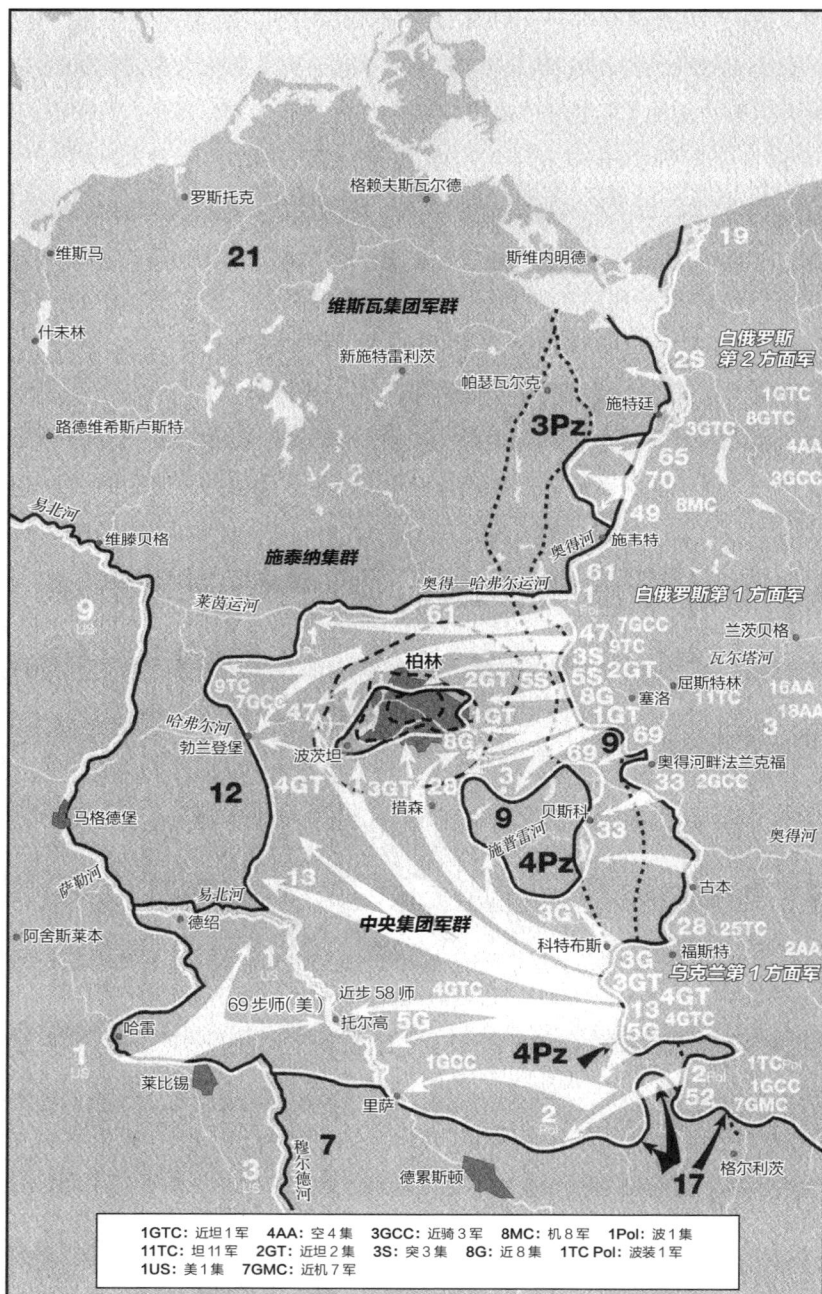

战场形势图 27：柏林战役第 2 阶段，1945 年 4 月 19—25 日

　　4月29日，面对敌人的疯狂抵抗，白俄罗斯第1方面军突击第3集团军的步兵第79军开始了极具象征意义的国会大厦之战。次日，步兵第150师的几名侦察兵在大厦顶上升起了红旗。然而，夺取国会大厦的战斗一直持续到了5月1日上午，即苏军将地下室里灰头土脸却顽固抵抗的德军肃清后才宣告结束[①]。5月1日，从北面进攻的库兹涅佐夫的突击第3集团军在国会大厦正南面与从南面杀来的近卫第8集团军会师。5月2日晚上，德军的抵抗终于停止，柏林卫戍部队残部根据炮兵将军赫尔穆特·魏德林[②]的命令选择了投降。[35]

　　就在德军柏林守备部队缴械投降时，科涅夫的部队也已经在调整部署，准备沿布拉格方向朝捷克斯洛伐克挺进。与此同时，白俄罗斯第1方面军的诸兵种合成集团军正继续向西推进，并于5月7日在沿易北河的宽大正面上与盟军会师；白俄罗斯第2方面军所部冲到了波罗的海之滨和易北河一线，与英国第2集团军会合。在同一时间，苏军接受了库尔兰和柯尼斯贝格西面泽姆兰半岛德军的投降。

　　在进行柏林战役的过程中，苏军碾碎了德国国防军余部，并俘虏480000人（见表16–1）。然而他们付出的代价亦同样巨大——361367名苏联和波兰军人倒下，其中不可归队减员为81116人。为胜利付出代价最大的是崔可夫，其近卫第8集团军从4月11日至5月1日损失24484人（其中不可归队减员为4145人），到5月9日又损失了4189人（其中不可归队减员为662人）。这也解释了他为何会为柏林战役从2月中旬推迟到4月中旬而感到遗憾。[36]

　　柏林战役的准备时间相当短，其主要目标——围歼德军柏林集团并占领敌国首都——是在17天里达成的。此后，苏联方面一直将这次战役视为由方面军群对决定性目标以最正规方式实施进攻的典范——3个方面军几乎同时在300公里的正面上实施6次打击，牵制了德军预备队，打乱了德军的指挥控制体系，并且还在某些地方达成了战役战术突然性。柏林战役——特别是朱可夫方面军在初期的拙劣表现——对于其他很多方面来说也是富有教益的。正如战后

---

　　① 译者注：5月1日晚，突击第5集团军步兵第9军政治处的安娜·弗拉季米罗夫娜·尼库林娜少校将红旗插在了帝国总理府的屋顶。

　　② 译者注：柏林会战开始时担任第56装甲军军长，4月23日担任柏林卫戍司令。

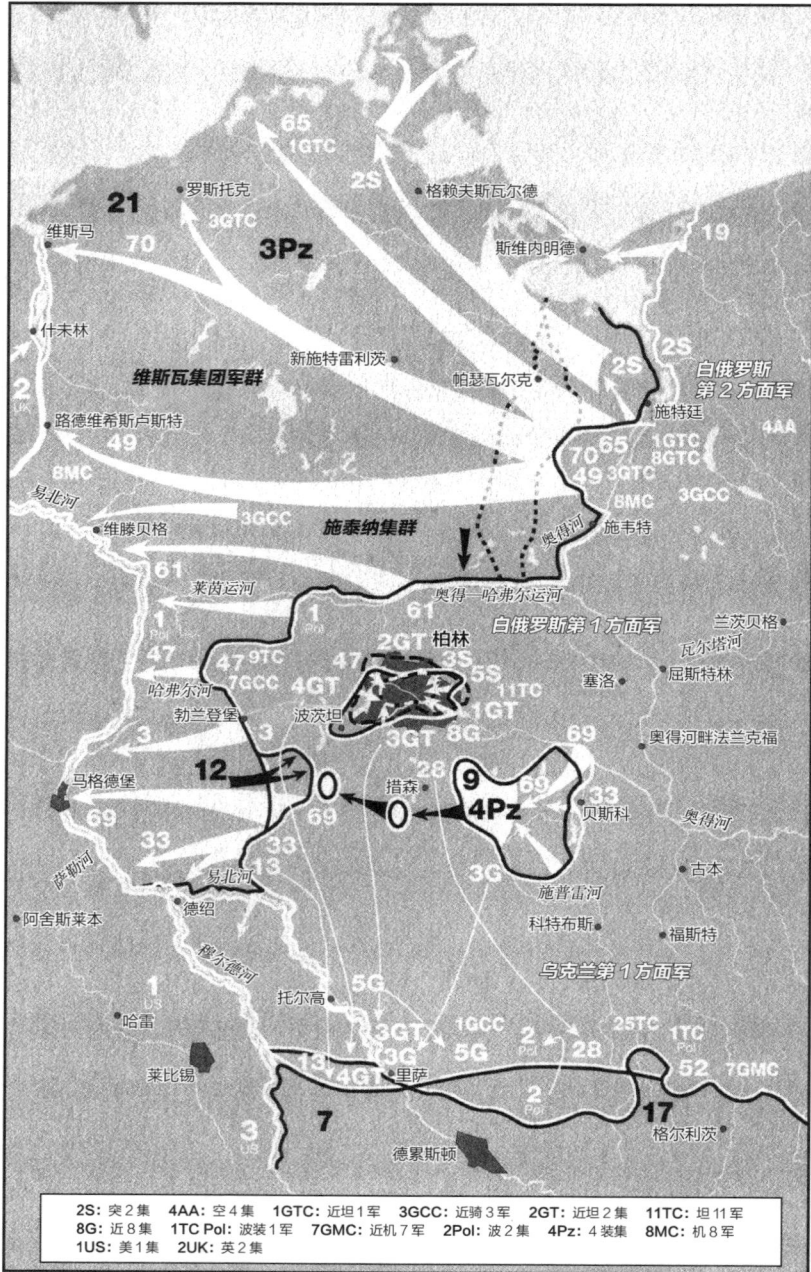

战场形势图 28：柏林战役第 3 阶段，1945 年 4 月 25 日—5 月 8 日

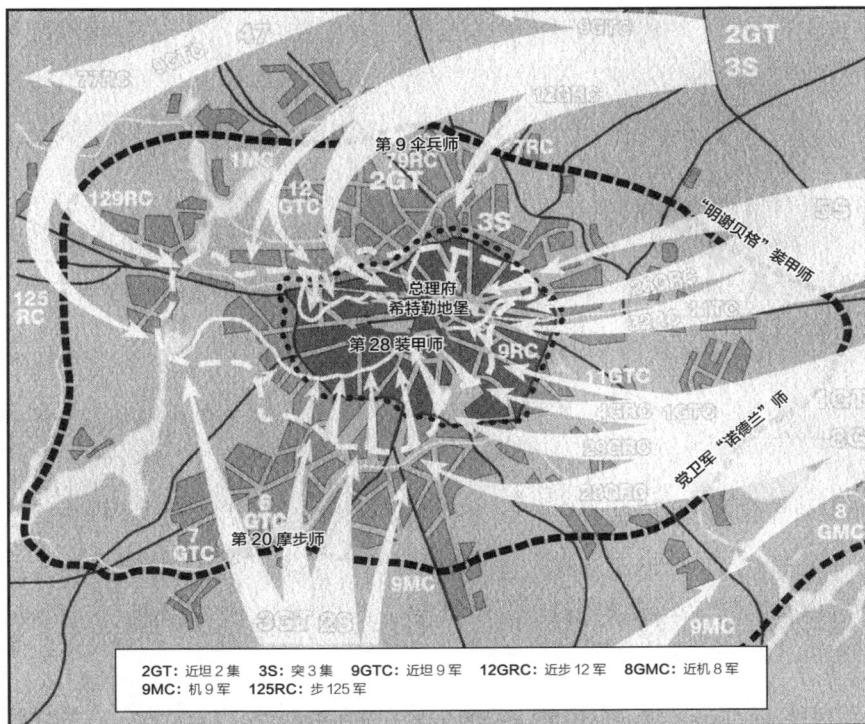

战场形势图 29：强击柏林，1945 年 4 月 21 日—5 月 5 日

表16-1 柏林战役中苏军各方面军杀伤敌军和获得战利品统计

方面军	击毙	俘虏	缴获坦克和自行火炮	缴获火炮和迫击炮	缴获飞机
白俄罗斯第1方面军	218691	250534	1806	11680	3426
白俄罗斯第2方面军	49770	84234	280	2909	1462
乌克兰第1方面军	189619	144530	2097	6086	1107
合计	458080	479298	4183	20675	5995

资料来源：

《柏林战役，1945》（Берлинская операция 1945 года；莫斯科，军事出版社，1950年）第616～618页。重印版为弗拉季斯拉夫·利沃维奇·贡恰罗夫（Гончаров, Владислав Львович）编写《柏林会战：伟大卫国战争的最后一战》（Битва за Берлин. Завершающее сражение Великой Отечественной войны；莫斯科，阿斯特出版社，2007年）的第730～732页。

举行的研究此次战役的高级别会议上结论所指出，柏林战役的性质和过程与此前苏军在东面更为开阔的地形上经历过的激战有着明显区别。[37]在柏林周边建筑物密集、森林覆盖率较高的地形里作战，交火距离非常短，进攻方付出的代价要比苏军计划人员预计的高得多。这些经验教训也将成为战后苏联武装力量进行结构调整的重要依据。

作为在通往柏林的主要方向上表现出色的奖励，苏军6个集团军（突击第3、近卫第8和近卫坦克第1、第2、第3、第4）将作为占领军驻扎在德国东部[①]。四十多年后，其中最先攻入柏林的那个集团军将最后离开德国的土地[②]。

布拉格

柏林的攻克并不意味着战争从此结束。胜利就在眼前，斯大林和他的高级将领们开始比以往任何时候都担心西方盟国会欺骗自己。在此时及之后很长一段时间里，苏联方面一直忧心忡忡地关注着德军东顶西降的做法。当然，艾森豪威尔坚持要求德军在所有战线上全面投降，但苏联领导人还是担心盟友会背信弃义，或者至少可能将自己好不容易到手的胜利果实骗走。

因此，当奥马尔·布拉德利上将（Omar Bradley）提议协助占领捷克斯洛伐克时，斯大林的反应就是又下了一道命令催促进攻。在柏林和多瑙河流域早已尽入掌中后，他已经决定不惜一切代价巩固苏联对中欧的控制。相应地，在5月1日，苏联最高统帅部命令白俄罗斯第1方面军替换下参与柏林扫荡战斗的乌克兰第1方面军所有部队，这样科涅夫便可以转向西南，会同马利诺夫斯基元帅的乌克兰第2方面军和叶廖缅科大将的乌克兰第4方面军向布拉格推进。

苏联人的老对头——曾经在两年多时间里一直对莫斯科虎视眈眈的中央

---

① 译者注：根据最高统帅部大本营1945年5月29日的第11095号命令，1945年6月10日，以白俄罗斯第1方面军司令部为核心组建的苏联驻德占领军队集群下辖突击第2、近卫第8、突击第5、突击第3、第47、近卫坦克第1、近卫坦克第2、空军第16集团军。同日发布的第11096号命令中，6月19日以乌克兰第1方面军司令部为核心组建的中央军队集群下辖近卫第5、近卫第7、近卫第9、近卫第4、近卫坦克第3、近卫坦克第4和空军第2集团军。1954年3月，苏联驻德占领军队集群更名为苏联驻德军队集群，1989年7月1日更名为西部军队集群。两德统一后，近卫坦克第1和第2、近卫第8集团军、由突击第3集团军改编的诸兵种合成第3集团军、由近卫坦克第4集团军改编的近卫诸兵种合成第20集团军、空军第16集团军开始离开德国。1994年8月31日，继承了原突击第5集团军步兵第32近卫步兵第60师近卫步兵第185师荣誉和战旗的近卫独立摩托化步兵第6旅作为最后一支驻德部队离开德国。同日，西部军队集群被撤销。

② 译者注：当地时间4月21日4:00，突击第3集团军步兵第79步兵第171师最先突入柏林东北部。

集团军群——现在沦为他们的最后一个目标。1945年5月，这个拥兵60多万的集团军群正由陆军元帅费迪南·舍尔纳统帅，已在静静地等待着不可避免的灭亡命运——但讽刺的是，他们不是在德国而是在捷克斯洛伐克，这个希特勒最早发动侵略的国家。[38]

当强击国会大厦的战斗还在进行时，从5月1日到6日，科涅夫、马利诺夫斯基和叶廖缅科麾下部队便为以压倒性的优势兵力向舍尔纳所部发起进攻做了准备。这次进攻得到了巴顿上将的美国第3集团军"配合"（如果不会被理解成竞争的话），后者摆出了一副要从巴伐利亚进入捷克斯洛伐克的架势。超过两百万的苏联和波兰军人打算以包括3个坦克集团军和1个骑兵–机械化集群在内的重型装甲部队作为前锋，迅猛突向捷克首都布拉格。[39]

科涅夫的计划很快就得到批准。该计划要求普霍夫上将的第13集团军和戈尔多夫上将的近卫第3集团军进攻德累斯顿西面，打通德国东南部厄尔士山脉[①]的山口，创造有利条件，便于随后投入战斗的近卫坦克第3和第4集团军向布拉格发展胜利。[40]波兰和其他苏军部队将在乌克兰第1方面军所处的格尔利茨地段发动辅助进攻。与此同时，在捷克斯洛伐克东部和南部边境的辽阔弧线上，叶廖缅科和马利诺夫斯基也将以坦克部队作为尖刀发起类似攻势。

苏军原本计划从5月7日开始推进，但布拉格人民在5月5日中午发动了起义，并通过广播请求盟国提供帮助。在与德国占领军的短暂搏杀中，捷克方有不少于3000人死亡及10000人受伤。斯大林再次催促，而且命令进攻必须于5月6日下午打响。

由于受到斯大林的急切催促，趁着当地德军正忙于后撤的有利时机，科涅夫于5月6日从北面展开了攻势。他以3个诸兵种合成集团军（第13、近卫第3和第5）与近卫坦克第3和第4集团军在里萨地域（Riesa）发动了主要进攻，而在次日以略少的部队（含波兰第2集团军）在东面发起两场次要进攻。马利诺夫斯基的乌克兰第2方面军以4个诸兵种合成集团军（第53、近卫第7、近卫第9和第46）、克拉夫琴科上将的近卫坦克第6集团军和普利耶夫上将的近卫第1骑兵–机

---

① 译者注：无论德文、英文，还是捷克文的字面义均为"矿石山"。

械化集群从布尔诺（Brno）向北面的布拉格和奥洛莫乌茨冲击①。在科涅夫和马利诺夫斯基部队之间，叶廖缅科的方面军正沿着整条战线挤压德军的防御。

在两天时间里，面对德军日渐微弱的抵抗，科涅夫所部拿下了德累斯顿、包岑（Bautzen）和格尔利茨。乌克兰第4方面军也攻克了奥洛莫乌茨，一天后与乌克兰第2方面军先头部队合兵一处，扑向布拉格。为加快推进速度，在5月8日晚至9日凌晨的这个夜间，科涅夫命令雷巴尔科和列柳申科的坦克集团军飞速奔往布拉格。天一亮，这两个坦克集团军就以精心组织的先遣支队为矛头，开始了长达80公里的赛跑，在城中与乌克兰第2和第4方面军的先遣支队（其中就有捷克斯洛伐克独立坦克第1旅）会合。在接下来两天里，苏军消灭或接受了六十多万残余德军的投降。⁴¹5月11日，近卫坦克第4集团军的先遣分队在比尔森以东与美国第3集团军会师，结束了红军在战争时期最后的大规模野战行动。

到5月初，残存的德军领导人只能接受同盟国的全面无条件投降要求。最终，艾森豪威尔通过威胁中止谈判并禁止这群亡命徒通过己方战线而结束了争吵，实际上等于将他们扭送给了苏联人②。不过，正在艾森豪威尔司令部的苏联代表伊万·阿列克谢耶维奇·苏斯洛帕罗夫少将（I. A. Susloparov）并没有收到任何指示。而身处莫斯科的美国代表约翰·迪恩少将却询问了有关一起发表德国投降公报的情况。安东诺夫和他的参谋军官们还是怀疑盟友在想着独占风头。与此同时，在法国的兰斯（Reims或Rheims），投降仪式已经安排于5月7日凌晨进行，而苏斯洛帕罗夫还是没有接到指示。虽然害怕没接到命令就签字（会受到惩罚），可他更担心投降仪式上没有苏联的身影。最后，苏斯洛帕罗夫鼓起勇气在德国投降书上签了字，但加上了一个备注，这样莫斯科方面在以后觉得需要的时候就能重新谈判。不过他刚发完报告后不久便接到了大本营的紧急电报："不要签署任何文件！"⁴²

---

① 译者注：此处有误，向奥洛莫乌茨发起突击的是该方面军的苏军第40和罗马尼亚第4集团军，另外叶廖缅科的乌克兰第4方面军也向此地发起了突击。

② 译者注：按照艾森豪威尔本人的回忆录《远征欧陆》中文版第466～467页，5月3日，德国海军总司令、海军上将汉斯-格奥尔格·冯·弗里德堡在布塞元帅的一名参谋军官陪同下来到了蒙哥马利的司令部，希望使正在与苏军作战的3个集团军投降，请求越过盟军战线避难，还要求避免向苏军投降，被蒙哥马利当场拒绝，并将其退回。艾森豪威尔告诉蒙哥马利，可以在自己的战区接受所有德军投降。次日弗里德堡再次造访时，蒙哥马利接受了对方的投降，但美英盟军并未许以任何诺言。5月4日，得知新任德国国家元首、海军元帅卡尔·邓尼茨的代表即将到访的消息后，艾森豪威尔通报了苏联最高统帅部，并请求派一名红军军官作为苏联代表。次日，艾森豪威尔通知邓尼茨的代表，德军必须在各地同时投降。

结论

战争第三阶段中的18个月依然如整场苏德战争一样惨烈。战争爆发后的头18个月见证了红军遭受的空前灾难及莫斯科和斯大林格勒的规模宏大保卫战，中间还穿插着一些苏联人定期发动的反攻。德国人曾推进到莫斯科城下、伏尔加河岸以及高加索山脉北麓，但都功亏一篑。在付出了1000万名军人伤亡和不计其数平民遇难的代价后，红军终于顶住了闪击战，并力挽狂澜，扼住了德军似乎永不终止的胜利势头。

战争第二阶段的12个月从德国人在伏尔加河的惨败开始，到库尔斯克德军再遭败绩后苏军胜利冲到第聂伯河为止，红军让闪击战不再是一种可行的军事理论。与希特勒以往的对手不同，苏联人拥有充足的纵深和人力资源，可以发展出能与德军坦克部队相媲美的力量。在又付出了将近1000万的军人伤亡后，红军开始解放自己的国土。与第一阶段不同，在这一时期里，德国及其仆从国军队也蒙受了数以十万计的损失。更要命的是，德国人在很晚才意识到这样的损耗过程会让自己加速走向不可避免的彻底失败。

这个过程终于在战争的第三阶段开花结果。苏联人那似乎永无休止的胜利给德国国防军带来了致命重创，苏军势不可挡地冲入中欧，最后在彻底击败纳粹德国时到达了顶点。然而红军同样付出了900万人伤亡的惨痛代价。

与这场战争一样可怕的是，德国人民也遭受到了他们敌对国人民在1941—1942年间蒙受的苦难。尽管已经很难精确计算，不过在1944—1948年，大约有1200万德裔从自己中欧和东欧的家园逃离或被驱逐，约有150万人死在这一过程中。强奸、盗窃和强迫劳动更是家常便饭。在德国本土，空中和地面打击又让400万人背井离乡。[43]这些苦难的形成并不能完全归咎于红军，因为当地的非德裔居民同样在复仇。在苏联和波兰吞并东普鲁士和西里西亚的同时，得以复国的捷克斯洛伐克政府也放逐了曾在1938年给予希特勒借口来吞并领土的苏台德地区德裔居民。到1950年，西德已有16.5%的人口是难民，这使其本就一团糟的经济变得更加难以恢复了。[44]

1945年春诸次战役的军事影响毋庸置疑。一度不可一世的德国各集团军被东西方盟军一起碾得粉碎。纳粹德国政权曾以发动一场有史以来最激烈、最具破坏性的战争为基础建立起帝国并实施种族灭绝政策，而苏联也以同样激烈和决绝的方式最终将其倾覆。规模宏大的柏林战役使苏军蒙受了骇人的伤亡代价，而这座德国首都同样遭到了巨大毁坏，这种结局对于此次史无前例的战争来说十分相称。正如不止一名德国老兵所发现的那样，在西线的战争更像是一场体面的竞技，在东线（的战争）则是绝对的炼狱。最后的惨败耗尽了国防军仅剩的200万人，并且让整个德国化为灰烬。

最后几次战役的政治后果表明苏联方面在一年多时间里一直做着同一件事情，而其盟国在追寻胜利时却对此视而不见。这件事情在和平到来之后变得如玻璃一般清楚——乘胜进攻的红军的列车上还载有政治权力，并被打扮成了被解放国家组建的军队和亲共产主义政府的样子。2个波兰集团军、3个罗马尼亚集团军、2个保加利亚集团军、1个捷克军及其他国家的小规模部队和红军一起浴血奋战。一旦回到被解放的本国土地上，这些部队就会得到当地游击队（其中有很多也得到了苏联的资助和装备）的配合。在红军保护下，这些武装力量和流亡政府①便会迅速从军事力量转型以实施政治控制。苏联政府此举是本着传播共产主义的精神，但更多也是一种胜利者的天然权力和防止未来被入侵的预防措施。

到1945年5月中旬，欧洲的战火渐渐平息。在通过损失大量人员从无力抗衡的德国国防军及其仆从军手里夺取了布加勒斯特、贝尔格莱德、华沙、布达佩斯、维也纳、柏林和布拉格之后，按理说苏联人毫无疑问有权享用对纳粹德国的大部分战果。然而在西方人眼里，政治影响剥夺了苏联人的这一权利。在之后很短几年里，战争的恐怖景象被极权主义和冷战的阴云所笼罩，而种种猜疑更是让人们再也看不清苏联人民前所未有的苦难、贡献和胜利。②

---

① 译者注：此说法不妥，一般来说所有流亡政府都是反苏的，而该国在野甚至非法的共产党才会支持苏联。

② 译者注：原文在这里对于战后的情况进行了一些不太清晰的表述，尽管"大同盟"的破裂和冷战的起源是一个范围非常大的话题，但我们可以从如下几个角度去理解西方盟国的想法（并不意味着这样就合情合理）：首先，在战争结束后，已经没有必要再寄希望于红军去抗击德军主力，因此渐渐忘记了苏联军民付出的牺牲。其次，关于德国的赔偿，苏联在雅尔塔会议上认为自己牺牲最大，如果以200亿美元为基准，则求其中半数应归于本国；美国则担心德国经济崩溃和重建德国时己方负担过大，在7月的波茨坦会议上提出各国应从各自的占领区获取赔偿，这样占领区最小的苏联便吃了很大的亏。接着，苏联在中欧和东欧努力扩大势力范围本就引起了美英不快，而原子弹的出现也使核讹诈走上了外交舞台。最后，不同意识形态的对立更是加深了双方的矛盾。

第十七章

总结

后记：在远东的返场

　　尽管纳粹德国的覆灭同时结束了苏联自我标榜的"伟大卫国战争"，但这并不意味着后者就此退出第二次世界大战的舞台。正如其他同盟国不得不将注意力转移到德国尚未被击败的盟友——日本身上那样，苏维埃联盟也将目光投向了东方，打算根除这个从1939年起便一直存在的潜在威胁。苏联人介入亚洲战场的原因有很多。首先，斯大林决心使本国成为一个完整的世界性强权，以及对西方国家来说有价值的盟友。其次，他希望发出一个信号，表明苏联有意在东亚建立强权，并且必然尽可能地在日本帝国的废墟里收获一些战利品；其中包括收复1905年时沙俄输给日本的领土。[1]在远东进行的战役也让红军有机会把在前四年对德战争中学到的技巧应用到对日作战中去。

　　在1939年8月不宣而战的哈拉哈河战争之后，苏联和日本帝国停止了在中国东北边境的对抗。1941年4月，双方签订《苏日中立条约》，这样就多多少少可以不担心遭到突然袭击了。这份条约也让斯大林能够专心对付德国人，日本人同样能全力征服东亚、东南亚和太平洋地区。然而在整个二战期间，"信任"从来就不是苏日关系的特征。两国在东北亚维持着相当数量的兵力对峙局面，然后将自己最精锐的部队调到别处作战。在东北亚的日本关东军一直到1944年都依然是一支相当令人生畏的作战力量。如前文第六章所述，在1941年秋和1942年的危机时刻，苏联最高统帅部抽调了最有经验和战斗力的远东师前往西部服役。[2]随后，新组建的战斗力差一些的部队，特别是专门用于防御的筑垒地域替代了战前的师。因此从纸面上看，苏军的实力并未发生较大变化。苏联情报机关或许知道日本关东军直到1944年夏才放弃进攻计划，转而专心进行防御。[3]

1944—1945年间，日本要避免彻底失败就只能寄希望于延长太平洋战争，同时尽可能给美国人造成较大伤亡，以迫使华盛顿妥协。这样的伤亡不仅会让美方在政治上无法接受，还抓住了其重要短板——缺少地面部队。为了给军备工厂和史上最大规模的海空军配齐人员，罗斯福政府只组建了89个陆军师和6个陆战队师。以美国的标准来看这已是一支庞大的军队，可它远不如苏军、德军，根据比例来看也比不上日本和英国的同类军队（即陆军）。到1944年底，美军的伤亡已经超出了现有后备人员数量，导致美国陆军开始从一些不必要的单位中抽调人员，以使步兵连维持规模。

随着美国人逼近本土列岛，狂热的日本守军让对手付出了越来越大的代价。1944年6月到1945年6月间，加上对德战争，美国共遭受将近100万战斗及与战斗相关的人员伤亡。美国战争部长亨利·刘易斯·斯廷森（Henry Lewis Stimson，或译为"史汀生"）越来越担心这样的损失，因此委托专业人员进行了详尽研究，其结论是进攻日本将使美国付出至少170万人伤亡作为代价，其中死亡人数为40万到80万——这样一来，战争造成的战斗牺牲将翻倍甚至达到3倍。征服日本本土列岛还会杀死500万至1000万日本平民和士兵。[4]正因为如此，美国决心向苏联寻求在（对日）战争中的帮助，并打算使用原子弹。

在战时，美英苏领导人曾多次商讨让莫斯科参与太平洋战事，但总是决定等击败德国再说。1944年10月上旬，温斯顿·丘吉尔访问莫斯科，与约瑟夫·斯大林探讨了战后的势力范围。作为第四次莫斯科会议的一部分，美国驻苏军事代表团团长迪恩少将向斯大林和他的作战军官安东诺夫将军简要通报了美国终结太平洋战争的战略。作为回应，安东诺夫亦于10月18日提供了一份大本营计划的概要，内容为加强远东苏军，为进攻关东军所在的中国东北和日本北方岛屿做准备。据此，苏联方面也提交了一份详尽的两栖作战租借物资清单，进行海运的物品合计超过100万吨，这都是对日战争所专门需要的。除坦克、卡车、飞机、制服、食品、燃料和铁路供应外，苏方还要求提供180艘船，其中既有货船也有小型作战舰艇。1944年12月13日，苏联海军参谋长向美国军事代表团提供了海军的详细需求——包括猎潜舰艇、扫雷舰艇、鱼雷艇和登陆艇。为了给舰艇乘员留下训练时间，迪恩建议华盛顿在欧洲战事结束前便启动这一项目。[5]因为急于让苏联参战，美国最终几乎完全满足了上述需求；不过在1945年5月，总统哈里·S.杜鲁门（Harry S. Truman）终结了给莫斯科的其他所有租借物资项目。就在苏联参战前，美国陆军还为其提供了日军在中国东北、朝鲜和日本的战斗序列——其中便有"魔术"（Magic）通信情报部门[①]的成果。[6]

上述准备工作于1945年2月的雅尔塔会议前就已在进行之中，斯大林在会上承诺他早已对战争感到疲倦的祖国会于德国投降约三个月后进攻日本。作为参战的回报，正如在欧洲那样，斯大林会得到朝鲜北部、半个千岛群岛和萨哈林岛（即库页岛）南部作为势力范围；他还打算占领日本本土的北海道。[7]

日本情报机关得知了雅尔塔会议中的承诺，但和美英一样，东京的领导人也怀疑斯大林是否有能力履行诺言。在雅尔塔会议两个月后的4月5日，苏联人通知日本政府，他们按照1941年《苏日中立条约》的要求提前一年通知废除条约。到这时，日本人已经效仿1941—1942年的远东苏军对部队进行了调整。在1943年和1944年里，关东军最精锐的12个师团早已被投入到太平洋的岛屿战中，替换他们的是战斗力差一些的警备师团。日军发现远东苏军的兵力在逐渐加强，不过总是像进行哈拉哈河战争之前一样令人摸不清具体数量，从而低估了红军而高估己方实力，以为可以面对苏军的进攻进行长期防守。尽管某些日军参谋军官认为敌军会在盛夏时节发动进攻，但绝大多数人都觉得莫斯科在1945年9月下旬之前无法做好准备。推迟到这时可以让关东军顶住最初的突击，直到雨季来临，从而将主要战斗拖到来年春季。日军上层指挥机关不仅没有给下级提供战略预警，甚至都忘记了给出一些潜在对手的车辆识别（方法）之类的最基本情报。[8]

---

① 译者注：该部门著名成果包括破译了日本的"紫色"密码。

远东方面军^①参谋长费奥多尔·伊万诺维奇·舍甫琴科中将（从1945年8月5日起担任远东第2方面军参谋长）为苏军介入提供了计划所需的详细数据。加强远东苏军的瓶颈在于西伯利亚干线铁路，而这也是日本人觉得他们不会过早发动进攻的原因之一。然而，苏联最高统帅部大本营实际计划在8月中旬发动攻击，并已经精心隐蔽、加强了90个师。⁹有些部队将绝大部分装备都丢在西部，只派出了一群又一群的军人乘坐火车，等到达远东后再装备租借武器和车辆。尽管如此，对于一个从四年艰苦卓绝的对德战争中挣扎着幸存下来的国家来说，这仍是一项壮举。很多滚滚向东的军列上搭乘的都是老人和少年。与此同时，华西列夫斯基元帅极力建议在8月初发动进攻，以便尽可能利用良好的天气。华盛顿在8月6日投放原子弹给这一观点提供了有力支持，也促使苏联最高统帅部加快准备，并于8月9日发起攻击；此时，进攻部队尚未完全集结就位。¹⁰

1945年8月时的关东军下辖31个步兵师团和12个独立旅团^②。除了其中的6个，剩余师团都是在1945年春夏季节组建的，此时日本人穷其所能，甚至动员了之前被免除或者不适合服兵役的人员参军。这些师团的平均规模为12500人，大约是其额定编制数的三分之二，在火炮和重武器上更是远少于正常编制。其中大约有一半是用于在后方地域执行警戒任务的警备师团，在炮兵和反坦克能力方面不值一提。¹¹不过，日军的师团约有9000～18000人，单讲人数还要多于苏军的师——到1945年，苏军步兵师的编制数也才11700人，而且实际上只有不到一半的在编人员。

中国东北的地形让日军自信可以顶住任何进攻。该地区几乎所有工农业都分布在中部大平原上，而三面均是难以逾越的崇山峻岭和森林屏障。最高海拔为2035米^③的大兴安岭横亘在西面，山外则是内蒙古的辽阔半沙漠地带。数

---

① 译者注：苏军于1929年8月组建远东特别集团军。由于在1930年1月1日获得红旗勋章，该部改称红旗远东特别集团军。1935年5月17日被改编为远东军区，6月2日恢复为红旗远东特别集团军。1938年6月28日，红旗远东方面军建成，于8月31日被拆分为红旗独立第1和第2集团军。1940年7月重新组建成远东方面军，1945年8月5日改称远东第2方面军。

② 译者注：这是苏军方面的数字。根据列昂尼德·尼古拉耶维奇·弗诺特琴科《远东的胜利》中文版第27页，关东军有31个步兵师团、9个步兵旅团、1个特种师团（特攻队）、2个坦克旅团和2个航空军，南部地区还有2个军的预备队。按照林三郎《关东军和苏联远东军》第178页，战前关东军经过动员后下辖24个步兵师团、9个混成旅团、2个坦克旅团，拥有约160辆坦克、150架作战飞机。根据格兰茨2003年新版《八月风暴：1945年苏联的"满洲"战略进攻战役》附录，关东军在7月30日时共有24个步兵师团、2个坦克旅团和1个特种师团；此外，盘踞朝鲜且8月10日起被配属给关东军的第17方面军下辖4个师团和2个旅团。第5方面军在千岛群岛和库页岛南部另有3个师团和1个旅团。

③ 译者注：原文为1900米，有误。

量有限的山口亦如同沼泽那般，特别是在季风季节，湿气和泥泞会让作战行动变得难上加难。除了差劲的通行条件外，中国东北的巨大面积也会难倒任何潜在进攻者。该地区最北端到黄海的距离几乎相当于从法国的诺曼底到白俄罗斯的明斯克。苏军在数量上同样没有压倒性优势。苏日总的兵力对比是2.2:1，可要是把"伪满洲国"的傀儡军算上，该比值就下降到了1.5:1。[12]尽管进攻方在坦克和炮兵上的优势大得多，不过这也被防守一方占据的有利地形所抵消。实际上，让苏军取胜的不是数量，而是突然性、训练、装备和战术。

鉴于西面的地形几乎无法通行，防守中国东北的日军将绝大部分兵力集中到了东面、北面和西北面的铁路沿线。虽然边境线能得到大量永备筑垒工事的掩护，但日军第1方面军（司令部位于牡丹江）还是选择把大量部队靠后部署用于纵深防御。负责防守西部的第3方面军则散布在（中国东北地区）中央低地纵深更宽广的地域。日军的防御计划要求实施迟滞作战、诱敌深入，然后待其补给线拉长后予以消灭。最终的战斗将在朝鲜边境线的中国东北南部防线多面堡上展开。[①]

在安东诺夫和舍甫琴科指导下，苏联总参谋部作战局于1944年9月下旬开始制订计划。[13]最终，计划决定将进攻部队编为三个方面军——（中国东北地区）西面是马利诺夫斯基元帅的外贝加尔方面军，北面是普尔卡耶夫大将的远东第2方面军，东面是梅列茨科夫元帅的远东第1方面军。华西列夫斯基元帅是这场即将到来战役的最高领导，之前只是作为大本营代表，而到7月，他成了战争中第一位名副其实的战区司令[②]。其多名下属（如梅列茨科夫、马利诺夫斯基、克拉夫琴科、普利耶夫、克雷洛夫、柳德尼科夫等）和下级单位都是因为有在类似地形环境中的作战经验而被选出来参加远东战役的。

虽说远东第1方面军必须准备一开始就突破东部边境线的日军工事，但三个方面军关于战役的计划好像只是进行一次大规模的发展胜利，即一次自始至终

---

① 译者注：日军的防御计划是利用其三分之一兵力防守边境筑垒地域和山地，不让苏军突入中部地区；将主力布置在中部交通枢纽处，随时准备机动和反击。如敌优势很大，则退守长春、沈阳、锦州一线；同时扼守朝鲜和中国东北的东南部。备用方案是主力撤到朝鲜，扼守图们江和鸭绿江。日军高层似乎非常乐观，比如第3方面军司令后宫淳上将在被俘后供称，1945年5月的计划规定在长春、四平、奉天（即沈阳）一线与苏军决战，取胜后沿铁路线追击，最后第1方面军向伯力（所谓哈巴罗夫斯克）、乌苏里斯克（所谓伏罗希洛夫）和海参崴进攻。
② 译者注：即远东苏军总司令。

的"大纵深战役"。对于在西面掌握着克拉夫琴科上将的近卫坦克第6集团军和2个苏蒙骑兵-机械化集群的外贝加尔方面军而言尤其如此。这一计划甘冒巨大的后勤风险，将如此多的部队集中到中国东北广袤的不毛之地上。正如在1939年那样，日本情报军官们实在不相信苏联人能在这么偏远的地方持续进行机械化作战。苏联最高统帅部的设想是使用这些机动部队绕过孤立的抵抗日军，尽可能快速地穿过戈壁地区，在防守方意识到危险前便强行通过大兴安岭山口。

为了实施这一发展胜利行动，苏军的军事编制根据任务性质进行了重大调整。在很多时候，1个步兵师会加强有1个独立坦克旅、1个自行火炮团和1个或多个额外炮兵团。这些装甲力量的存在可以让每个步兵师都组建自己的先遣支队，以实施深远突破。事实上，苏军在中国东北动用的那些典型步兵师就是在为1946年所有步兵师的编制调整进行试验。

同样地，根据以往经验，一些（规模）较大的军事编制也为远东战役实施了调整。负责从西面执行战役战略突破任务的近卫坦克第6集团军便得到了彻底改编。其下属的两个坦克军之一被换成了第二个机械化军，另有2个摩托化步兵师（1941年时那种大规模机械化军的残余）被转隶给该集团军；此外还加强有2个自行火炮旅、2个轻型炮兵旅、1个摩托车团和各种支援单位。这样一来，近卫坦克第6集团军就比对德战争时期的任何一个坦克集团军都强壮，也更加平衡。最终，该部下辖了25个坦克营和44个摩托化步兵营，共有1019辆坦克和自行火炮①。这一编制更加接近于1941年的机械化军和1946年的机械化集团军，而不是刚击败德国时的那种坦克兵部队。当和平降临在西面的欧洲后，红军终于有了足够的武器装备和人员来组建在战后使用的理想军事编组。从本质上说，苏联最高统帅部是将中国东北当成了实战演练场，以检验未来成为其标准的各种新编制和军事设想。[14]

8月9日拂晓前几个小时，在中国东北战区西面，克拉夫琴科上将的近卫坦克第6集团军越过了几乎渺无人烟的国境线。其先遣支队在三昼夜内共前

---

① 译者注：其中含有214辆BT-5、BT-7和T-26坦克；另有118辆装甲汽车、945门火炮和迫击炮、165门高射炮、6489辆汽车和948辆摩托车。此外，根据苏联国防部军事出版社1990年出版的《苏军的战斗编成》（Боевой состав Советской Армии）第5卷，该集团军直属的轻型炮兵只有轻型炮兵第202旅。

进450公里，期间遇到过地势崎岖和油料补给等问题，但敌军的抵抗可谓微乎其微。集团军先头部队——米哈伊尔·瓦西里耶维奇·沃尔科夫中将（M. V. Volkov）的近卫机械化第9军——发现租借的"谢尔曼"坦克难以通过大兴安岭沼泽一般的山口，结果在最后的推进中改成了由米哈伊尔·伊万诺维奇·萨韦利耶夫中将（M. I. Savel'ev）麾下近卫坦克第5军的T–34和BT–7在前方开路。近卫坦克第6集团军左翼得到了柳德尼科夫上将的第39集团军掩护，该部绕过并肃清了战区西部铁路沿线的日军；右翼则是普利耶夫上将的骑兵–机械化集群，该部越过浩瀚的戈壁滩，前出到了现今北京的西面。到8月15日，前锋装甲部队早已突破高山险阻，冲入战区中部谷地，让日本第3方面军残部陷入瘫痪。虽然此时克拉夫琴科只能维持先遣支队的推进，而且是靠飞机为其提供油料。[15]西面被迂回的日军只能各自为战、垂死挣扎，然而已经毫无意义。

在北面，卢钦斯基中将的第36集团军就没那么走运了。8月9日00:20，该集团军的2个步兵营在因下雨而暴涨的额尔古纳河对岸击溃了日军几个哨戒排，并夺取了多个登陆场。截至第一日结束，以坦克第205旅作为先遣支队[①]的第36集团军已经逼近海拉尔筑垒地域。卢钦斯基原本打算在夜间从北面发动突袭，以夺取该城，但这一计划被日军独立第80混成旅团彻底打乱。在之后9天时间里，苏军整整1个步兵军都被牵制在此处，以逐屋肃清海拉尔，并打垮日军的坚决抵抗。不过这没能阻止卢钦斯基，他用步兵第2军绕过了该城，以继续发展胜利。坦克第205旅和步兵第2军反复冲击着大兴安岭高处山口上的日军步兵第119师团。最终，苏军于8月17日冲入中部平原，而此时当地日军指挥官也恰好开始服从本国天皇的停火命令。[16]

在战区东边，梅列茨科夫的远东第1方面军任务要艰巨得多。该部必须克服敌人预有准备的防御工事，而这恰好是梅列茨科夫早在芬兰战争时便已经驾轻就熟的事。为达成突然性，苏军第5集团军放弃了一贯的炮火准备。相反，其第一批侦察营于8月9日00:30在剧烈雷暴天气掩护下越过了国境线。半小时

---

① 译者注：根据俄文版《远东的胜利》第178～179页，该先遣支队下辖坦克第205旅、步兵第152团（第3营欠缺）、自行火炮第491营（装备SU–76）、独立反坦克歼击炮兵第158营、炮兵第97团（第3营欠缺）、迫击炮第176团第2营、近卫迫击炮第32团第1营、高射炮兵第465团和工程工兵第124营第1连，指挥员为瓦西里·阿法纳西耶维奇·布尔马索夫少将（V. A. Burmasov）。

后，主要突击部队开始在边境障碍物中开辟通道。到05:00，这种极为老道的渗透战术瓦解了日军前沿防御体系，苏军随即转入发展胜利阶段。[17]到第一日结束，配属给各步兵师的坦克旅早已深入战区达22公里，被其绕过的日军堡垒将留待后续部队处理。

第5集团军司令尼古拉·伊万诺维奇·克雷洛夫上将[①]派出了1个加强坦克旅直捣在牡丹江（距离边境线60公里）的日军集团军群司令部[②]。8月12日清晨，日军步兵第135师团发起猛烈反冲击，遏制住了苏军的突进。克雷洛夫在几个小时之内就投入2个步兵师[③]，组织了一次30分钟的炮兵弹幕射击，以一次迅猛进攻瓦解了守军的防御。到次日，其他4个步兵师各以1个坦克旅为先导，逼近了牡丹江。盘踞该城的日军5个联队与苏军在2天时间里展开了残酷的巷战，其中有个联队被打得只剩下了1个人。

红军的推进谈不上兵不血刃。在8月9—20日的11天里，他们共有2031人牺牲，另有24425人负伤。[18]战役头三天内，在战区东部战斗、作为别洛博罗多夫上将的红旗第1集团军先遣支队的坦克第257旅实力由编制数的65辆坦克下降到了19辆，但依然在继续进攻。[19]如果某个先遣支队为守军所阻，上级仅仅是会再组织一个（先遣支队），并绕过此处抵抗。经验丰富的苏军指挥员们一直以机动和下级的主动性为手段，打得日军晕头转向；而后者仍然抱着20世纪30年代的成见——并且被德国方面充满偏见的报告不断加强，以为对手还是"笨手笨脚"的。

苏军此次战役并非凭空而起，而且同样要得益于日本帝国的迅速崩溃。早在8月6日和9日两颗原子弹爆炸前，美军潜艇的封锁和燃烧轰炸行动就已经严重削弱了该国。不过，苏联人选择对日本帝国一个此前看上去一直安然无恙的区域发动进攻也无疑为促使裕仁天皇决定在帝国主义制度被消灭之前结束战争（即宣布投降）做出了贡献。[20]

---

① 译者注：于1962年晋升苏联元帅。

② 译者注：根据俄文版《远东的胜利》第220页，8月11日，梅列茨科夫命令第5集团军快速挺进牡丹江和长春，此时日军第1方面军司令部就在牡丹江。第5集团军的快速支队（俄文原文为Подвижный Отряд）由坦克第76旅、重型自行火炮第478团和2个搭乘汽车的步兵营组成。

③ 译者注：实际上他投入的是加强有坦克和自行火炮的步兵第144师步兵第785团，以及步兵第97师步兵第233团的2个营。

这一（投降）决定，加上美国总统哈里·杜鲁门发出严厉警告要求中止行动，及时地迫使斯大林放弃对北海道的空降和两栖登陆联合战役，从而使日本逃过了像被分裂的德国那样的悲惨命运。[21]对于进攻者来说，这种行动的代价也会相当高昂。苏军在自北朝向北海道方向的库页等岛屿上的作战就遭遇了激烈抵抗。比如在8月18日，苏方一支由30多艘舰船组成的部队对千岛群岛岛链上的占守岛展开登陆。①日方守军击沉了1艘护卫艇和4艘登陆艇，苏军在敌火力下穿过海浪、卸下重装备时遇到了相当大的困难。在这些岛屿上的抵抗直到9月2日日本正式投降后才宣告结束。如此看来，苏军对北海道发起的两栖登陆很可能会和美军（的登陆行动）一样伤亡惨重。[22]

失败者和胜利者

在冷战时期大部分时间里，意识形态、大国政治和语言障碍等因素的综合影响导致绝大多数西方人将之前苏联对伟大卫国战争的记述当成了自我标榜和胡编乱造。很多西方军人和平民反而倾向于接受德国对于苏联取胜的解释，尽管这些说法中最好的也不过是非常言简意赅且极不全面的。

这些解释中最突出的就是德国军官们提出激烈批评，将自身失败归咎于阿道夫·希特勒，这同样是他们为1933—1945年间德国所有问题辩解时的惯用套路。在标题便已经充满暗示的回忆录——《失去的胜利》（英文名为Lost Victories，德文名为Verlorene Siege）最后一章中，埃里希·冯·曼施泰因抱怨道②："一方面是独裁者自己的观念，他相信他的意志不仅可使其军队岿然屹立于任何地点，而且可阻挡敌人的千军万马……他具备各种才能，但缺乏真正的军事能力基础。"[23]曼施泰因坚持认为，要是没有这个拙劣外行的干预，德国军官团至少可以和苏联人打成平手，从而实现谈和。

希特勒无疑是疯狂的，而且随着战争进行，他也逐渐坚持要求防守每一寸土地，哪怕这样做只是为了在对手面前保持镇定。然而本书希望说明的一点

---

① 译者注：根据俄文版《远东的胜利》第298页，苏军使用了14艘运输船、16艘登陆船、2艘自行驳船、4艘"川崎"快艇、8艘护卫舰、4艘扫雷舰、2艘扫雷艇、1艘布雷舰和2艘护卫舰。混成航空兵第128师和1个海军航空兵团共计78架飞机提供了空中掩护。登陆部队的规模约为1个师。

② 译者注：此处译文引用的是戴耀先译《失去的胜利：曼施泰因元帅战争回忆录》2013年版第504页。

就是，并不是只有那些将军们才能做出合理的军事判断。希特勒常常犯错，原因恰恰是他听信了他们的专业建议，正如1943年德军进攻库尔斯克突出部和1944年将反击预备队调离苏军"巴格拉季翁"攻势的进攻地段时那样。当希特勒推翻职业军人们的意见而自作主张时，他有时反倒是正确的，比如在1941年拒绝撤离莫斯科。此外，就如历史学家霍华德·格里尔（Howard Grier）所说："与之前相比，希特勒批准了更多次撤退。从1944年8月至10月在法国、芬兰和巴尔干的重大退却令人信服地表明了希特勒会在其认为必要时批准重大撤退。"[24]据此有必要指出的是，尽管希特勒密切监督着奥得河一线的最后防御，但他多次批准了指挥官们采用成熟的纵深防御战术的决定，其中便包括在苏军实施炮火准备前撤出掩护部队。虽然众所周知希特勒会大发雷霆以推行自己的意志，不过即使对于那些提出反驳意见者（如曼施泰因和里希特霍芬），他也会彬彬有礼、宽宏大量。更主要的是，德国独裁者似乎对于消耗战中什么是重要的有一种直觉，他会重视维持德国运行所必需的经济资源，而此时他的指挥官们却仍在寻求速战速决。或许这么说会更准确一些，在作战方面，希特勒如同哈姆雷特那样，只有"在吹西北偏北风时才是个疯子"[①]。

对于德国失败的第二种解释则认为重点在于俄罗斯欧洲部分广阔的领土、复杂的地形和严酷的天气。其中当然有部分是正确的，但这些因素对于交战双方都有影响，而且在"巴巴罗萨"行动开始很久之前就已经是不言而喻的事实。的确，在1940年秋季，德军参谋计划人员早已确认上述所有问题，并且异常准确地预测到了后勤（具体）撑到哪里时便会出现问题。考虑到德国人的武器库存有限，可以说问题恰恰就在于适用于波兰和法国的闪击战战术完全无法套用在征服世界上最大的国家之一这么一个大得要命的挑战上。与希特勒以往的对手不同，苏联人有足够的空间、资源和受过训练的人员去承受敌军的全力一击，而且还准备在侵略者延伸过度后将其击败。德军一旦无法用其脆弱的装甲师完成那些模糊不清的目标，他们就会被迫打上一场从未做过准备的消耗

---

① 译者注：出自莎士比亚《哈姆雷特》第二幕第二场："当天上刮着西北偏北风，我才发疯；风从南方吹来时，我不会分不清鹰和鹭。"原文为"I am but mad north-north-west: when the wind is southerly I know a hawk from a handsaw." handsaw即heron，指鹭。另外，中文版一般会把西北偏北风简称为西北风。

战，而且手头的武器也非常不适合这种环境。

　　当然，这便引申出了德军指挥官们为失败辩解的第三个理由——本国国防军面对着乌央乌央的游牧部落，最终只是被机器人一般的对手所淹没罢了。这种景象既能迎合德国老兵的口味，更是满足了战后其美国盟友的心理。美国人和德国人都同样希望靠着自己卓越的训练、战术和积极性来战胜规模更大的敌人。然而这再一次只能算是半真半假。德军从在1941年发动进攻那一刻起就知道敌我人数对比为2:1，但起初由于他们在战术和战役层面有优势，数量劣势看上去并不那么显眼。遭到突袭的红军所承受的巨大损失也让德国人更加坚信自己的种族和战术优越性。1941—1942年间的失利同样让人们加深了成见，认为红军就是一群死脑筋的农民，表现不出任何主动性——或许是因为德国人并不明白，"瞎积极"也会坏事。[25]

　　随着战争越拖越久，红军渐渐熟练地筹划和执行起了自己形式复杂的机械化作战；而此时德军不仅面对着惨重的伤亡，训练水平也在迅速下滑。那些名字在1941—1942年的光辉岁月里大放异彩的德国军官常常还没有意识到双方的训练和能力已经出现了转换。实际上，他们这种将对手看作原始人的傲慢态度只会让自己被红军1944年的伪装工作耍得团团转，正如在科尔孙–舍甫琴科夫斯基战役时和"巴格拉季翁"战役之前那样，击败德国人的"游牧部落"中有好几个其实都是幻影。

贡献和代价

　　除了德国人这些浅薄的辩白外，很多西方人同样很快遗忘了苏联人民为盟国胜利做出的巨大贡献。在纪念诺曼底登陆50周年时，一本美国新闻杂志选择了德怀特·戴维·艾森豪威尔将军的照片作为封面，将其奉为击败希特勒的人——如果有一个人当此殊荣，那么这也不是艾森豪威尔，而应当是朱可夫、华西列夫斯基，或者斯大林本人。红军和本国各族人民承受了1941—1945年间对德战争的绝大部分压力，只有从1931年起就不断受到日本侵略的中国所遭受苦难和付出努力才能与苏联相提并论；甚至单从军事角度来看的话，一直面对并承受德国大半兵力重压的苏联更是没有其他任何国家能与之相比。

　　在1941年6月到12月，只有英国与苏联一起抗击德国，面对着战争的考验。有超过300万德军在东线作战，而只有不到100万人要么在其他战线服役，要么作为占领军（驻于占领区），要么在本土休整（见附录表14）。1941年12月到1942年11月间，苏德双方有超过900万军队在东线展开厮杀，而西线战场上唯一值得一提的地面行动发生于北非。在那里，数量相对较少的英国和英联邦军队遭遇了隆美尔的非洲军及其意大利盟友①。1942年11月，英军在阿拉曼大获全胜，击败4个德军师和数量稍多的意大利军队，给轴心国造成了6万人的损失。同一个月里，苏联人在斯大林格勒附近包围了德军第6集团军，打击了第4装甲集团军，粉碎了罗马尼亚第3和第4集团军，将50多个师和超过30万人从轴心国作战序列中彻底抹去。到1943年5月，盟军穿过北非追击隆美尔被略微扩大的装甲集团军，直入突尼斯；经过激烈战斗，25万德国和意大利军队缴械投降。而此时在东线，红军吃掉了德军第6集团军，重创其另一个集团军（第2），歼灭了意大利第8集团军和匈牙利第2集团军，给轴心国造成的损失是在突尼斯的两倍还要多。

到1943年10月1日，德国国防军已有全部兵力的63%（即2565000人）在东线作战，另外30万党卫军中的绝大部分也位于该战线。与此同时，数量要少得多的德军就让美英军队在意大利的推进陷入了僵局。1944年6月1日时，德国陆军有相当于239个师（全部兵力的62%）在东线，而且他们仍然将西线看成可以顺便休整一下的地方。[26]即使到盟军已在诺曼底开辟了西线战场的1944年8月，东线德军仍有210万人，而在法国的只有100万人。

东西线战场的伤亡数字同样突出表明了东边才是德国人的主战场。从1942年9月1日到1943年11月20日，德国陆军在东线有2077000人死亡、负伤和失踪，占其投入总兵力的30%（苏联一方战时武器产量、实力和损失见附录表15和表18）。1944年6—11月间，他们（德国陆军）在东西两线均蒙受损失，其多达1457000人的不可恢复减员中有903000人（约占62%）倒在了东线。[27]最

---

① 译者注：1941年2月21日，德意志非洲军（Deutsches Afrikakorps）得以组建，由埃尔温·隆美尔中将指挥。9月1日，德意志非洲军的上级单位——非洲装甲集群（Panzergruppe Afrika）建成，指挥官是装甲兵将军隆美尔。1942年1月30日，非洲装甲集群被改编为非洲装甲集团军（Panzerarmee Afrika），隆美尔于2月1日晋升上将，6月22日晋升陆军元帅。10月25日，该部被改编为德意志-意大利装甲集团军（Deutsch-Italienische Panzerarmee）。1943年2月23日，非洲集团军群（Heeresgruppe Afrika）建成，由隆美尔担任总司令。3月9日，他飞离非洲养病，接替者汉斯-于尔根·冯·阿尼姆上将（Hans-Jürgen von Arnim）及其部下于5月13日全军覆没。

后，于突出部之战中被西方盟军杀伤120000人后，德军在1945年1月1日到4月30日间又损失了200万人，其中的三分之二都是倒在苏军手下。

对于整场战争而言，到1945年4月30日，德国国防军的损失总数为11135500人，其中有6035000人负伤。大约有900万人倒在东线，加上被俘人员，德国的总损失为13488000人，相当于该国总动员力量的75%、1939年全国男性人数的46%。有10758000人不是倒在东边，就是成了苏军的俘虏。[28]时至今日，德国公墓里那无数清晰刻着"死于东线"的墓碑依然默默证明着东线的惨烈，而且正是在这里，德国国防军的意志和力量最终烟消云散。

无论在战时还是战后，苏联官方都一直激烈指责盟军直到1944年6月才真正开辟"第二战场"。他们怀疑盟友是在蓄意让苏联扛起战争重担，此外这也有助于消除其国内大众对于惨烈伤亡的批评。对西方的怀疑甚至延续到了后苏联时代的俄罗斯联邦。不过，盟军确实有充足理由推迟开辟第二战场——英国和加拿大搞砸了的迪耶普突袭（Dieppe，进行于1942年8月）和美军在卡塞林山口（Kasserine，进行于1943年2月）的失败表明，西方盟军最早也要到1943年中期才能为在法国战斗做好准备，甚至在1944年之前都没有充足数量的登陆艇等装备。即使是1944年的诺曼底登陆同样充满了惊险，而且取胜有部分原因在于德军的重大误判。在登陆成功并突出诺曼底后，西方盟军给防守的德军造成了巨大损失——在法莱斯（Falaise）有10万人，到1944年底总计达40万人。在随后的突出部之战中（进行于1944年12月16日至1945年1月31日），德军又损失了12万人。[29]于西线的这些损失加上同期在东线失去的120万人打断了德国国防军的脊梁，并为1945年德国的最终毁灭奠定了基础。

当然除地面作战外，盟国也在其他方面为胜利做出了贡献。迪耶普突袭和西西里登陆（Sicily）看上去虽然像是骚扰，但同样促使希特勒将其有价值的部队派往西线，间接地帮助了红军。如前文所述，盟军在1943—1945年间的战略轰炸行动首先吸引了德国空军和高射炮部队撤回本土保卫帝国，进而沉重打击了该国空军战斗机部队，使其再也无法恢复元气。尽管越来越受限于劳动力和原材料的短缺，而非可用机床数量，不过这些轰炸还是严重打击了德国的工业实力和平民斗志。

对于德国人来说，轰炸行动和1944年的法国之战（盟军）给他们战术战斗机造成的打击同样可谓灾难性。这些损失是如此骇人，以至于德国空军在1944年中期以后的东线就再也不是什么值得考虑的因素了。

盟国另一项争议颇多的贡献是为苏联运送物资的租借法案。冷战时期，苏联方面一直在贬低租借物资对于其战争成就的重要性。[30]在1941年和1942年初运入苏联的租借物资数量并不足以扭转胜败，此时的成就应完全归功于苏联人民，归功于斯大林、朱可夫、沙波什尼科夫、华西列夫斯基及其下属的钢铁意志。可随着战争进行，美国人和英国人便为苏联人送去了大量获胜所必需的战争工具和原材料。如果没有租借法案提供的食物、被服和原料（特别是金属），苏联经济还将为战争承受更为沉重的负担。尤其是租借的卡车、铁路机车和铁路车厢，它们支撑起了苏军每次攻势的发展胜利阶段；要是没有这些交通工具，每次攻势都会随着逐渐远离后勤末端而在早期阶段就陷入停顿。反过来讲，这也会让德军指挥官们至少得以逃出某些合围圈，从而迫使红军为了能推进相同的距离而准备和实施更多次数的需要精心组织的突破战斗。如果西方盟军没有提供装备且进攻西北欧，斯大林及其指挥员或许便要多花12至18个月才能干掉德国国防军。最终的结局大概不会有什么不同，只是苏联军人很可能将不得不打到法国的大西洋海岸，而非在易北河与盟军会师。这样一来，尽管在盟军阵营中红军的流血牺牲占据了大多数，可要是没有西方国家盟军帮助，他们就会洒下更多鲜血，流血的持续时间亦会更长。

正如附录表格16和17所显示，伟大卫国战争让苏联付出了至少2900万的军人伤亡。准确的数字可能永远也无法得出，而且某些"历史发明家"[①]正在试图将这个数字提高到五千万之巨。还有无数平民死去或落下终身伤残。苏联的人口断层相当于美国从大西洋海岸到密西西比河都被敌人占领。数百万军人消失在了德国的临时集中营和奴隶劳动工厂，他们的死亡率比在西伯利亚的德国战俘还高。数百万苏联人终生都遭受着身体和精神损伤方面的双重折磨。

经济上的断层同样严重。尽管苏联人完成了将大量工厂搬迁到乌拉尔以

---

① 译者注：原文使用的是Revisionist，指历史研究中的修正主义者，他们总是喜欢推翻传统观点。作者确认此处含有贬义，指的是列尊（笔名苏沃洛夫）和鲍里斯·索科洛夫，后者在《二战秘密档案：苏联惨胜真相》中认为苏联武装力量仅死亡人数便达到了2640万。

东的惊人壮举，但他们在俄罗斯西部和乌克兰的资源及制造业损失仍然是灾难性的。顿巴斯、列宁格勒、基辅、哈尔科夫地区的重工业落入德国人手中，同时苏联人还失去了关键的矿产资源储备及绝大部分主要农业区。这一严峻的事实也更加彰显出了租借物资的重要性。

在经历了第一次世界大战、国内战争、强制集体化、20世纪30年代的清洗之后，这场战争（二战）造成的人员和经济损失导致苏联人民和该国经济在未来几十年内始终没有缓过劲来。苏联的工人们如果每个星期工作74个小时①，最早都要到1952年才能恢复1940年时的生活水准（然而现在人口，或者说工人同样少了很多）。[31]可以理解的是，苏联政府和人民决心让悲剧不再重演。这就使得他们对国家安全的担忧渐渐变得偏执，最终也促成了国家的破产和毁灭。

苏德两军对比

虽然绝大部分历史学家都早已意识到苏联付出了多么巨大的牺牲、取得了多么辉煌的成就，但很多人依然对国防军和红军是如何作战而固执成见。红军在组织、理论和领导上是遵循自己的传统，并没有盲目抄袭德国人，不过确实从他们手法更高明的对手身上学到了不少东西。战争期间，红军在丰富的理论基础之上将其理论家们早在20世纪30年代便提出却无法实现的东西建立了起来且付诸实践。生存的需要鞭策着他们赶紧学习，失败的代价则相当昂贵。然而奇怪的是，时移世易，随着战争的进行，德国陆军越来越像其1941年时的对手，红军却越来越接近于闪击战的最初本质——即现在已经成为"大纵深战役"的题中之义。

1941年时，德国陆军引以为豪的是其"任务式战术"（德文为Auftragstaktik）②——主要依赖各级军官理解更高级指挥官的全部意图，灵活自主、通力合作，如此便能极大发挥个人主观能动性。德国军队，尤其是装甲部队早就以擅于根据形势调整部署、绕过敌防御核心并继续向敌后穿插而闻名遐迩。

---

① 译者注：按照作者此处参考的布赖恩·莫伊纳汉（Brian Moynahan）《熊之爪，苏联武装力量史》（Claws of the Bear, a history of the Soviet Armed Forces），1952年时每天需要工作10～12个小时，每星期工作6天，普通工人才能达到1940年的生活水准。

② 译者注：即"基于任务的战术"，美英军队称之为"Mission command"，意为"任务式指挥"。

尽管绝大多数人在实际中接受了纳粹党的思想观点，但那些最高层的职业军官仍将自己视作国家（抛开纳粹党及其意识形态不谈）可信赖的下属。如果说1941—1942年间的德国国防军有什么弱点，那便是在后勤领域。俄罗斯之战的广阔范围可能从一开始就超出了德国人的能力所在，德军初期很多攻势之所以会中止更多也是由于补给不足，而非苏军拼命抵抗（的结果）。

相反，在战争第一年里的红军正是斯大林独裁统治的受害者。部队缺乏经验和装备，它放弃了先进的战役战术理论，它的大脑在大清洗中被切除了脑叶，它的军官团血流成河、一蹶不振。指挥员们往往无视地形和敌军态势，将兵力平均分配到整条战线上，甚至连最基本的步炮协同都做不到。事后，政治军官会更加肆无忌惮对战术领导进行指责，以求让自己加官进爵。等待那些吃了败仗军官们的将是（遭到）草率的监禁或处决。

斯大林为1941年发生的灾难感到震惊，他甚至不再相信自己手下少数有才干的将领，而试图亲自掌控战争。有些时候，比如在列宁格勒、莫斯科和斯大林格勒的保卫战中，最高领导者的顽强是一个优点，可以激励下属做出最大程度的牺牲。不过在其他情况下，比如他曾要求在进行边境交战时发起反击、坚守基辅及又于1942年5月要求继续进攻，这些事例则表明斯大林对战局的判断完全错误。即使是苏军初期取得胜利的1941—1942年和1942—1943年两次冬季战局中，他也显得过于雄心勃勃，不是去连续实施一系列审慎的进攻，而是打算以一次下尽血本的攻势就赢得整场战争。

从1942年秋季开始，德国国防军便逐渐失去很多己方独有优势，同时染上了对手的一些毛病。持续的伤亡意味着训练标准的下降，因而也导致了德军战术水平下滑。装备的消耗同样很严重，尽管通过努力创造出了奇迹，但德国经济还是无法再保质保量地提供武器来维持曾经的技术优越性了。

当然，关键问题在于德国领导层，阿道夫·希特勒开始变得类似于1941年时的斯大林。如前文所述，很多德国军官埋怨他们的元首实际上打算亲临现场指挥军队，却让自己的下属无所事事；有时他甚至会亲自指挥集团军群，只是人在大后方而已。对此，传统说法是在苏军第一次冬季攻势中正确地禁止撤退后，希特勒就越来越多地干预野战决策。这种说法有一定事实依据，而且元首关于所有危机的第一反应都是死扛到底，而非机动灵活地加以应对。除此之外，人们还可以推测希特勒有两个理由去改变军队的领导风气。首先，由于红军在1942年变得对于作战越来越得心应手，野战集团军一级乃至以下的德军指挥官比他们以往更加谨慎，相关战事也越来越不像之前那样顺利。希特勒不理解在对手身上发生的变化，反而以为己方这种谨慎毫无根据，甚至可能觉得有人在故意推三阻四；于是他想方设法让部队赶紧行动起来，去取得1939—1942年间那种很常见的合围战胜利。德军指挥官们当年打了胜仗会升官分房领现钱，而现在吃了败仗同样得受罚。

此外，德国独裁者也确实有理由指责下属。他曾批评有人做事时喜欢把上级和平级司令部的计划到处分享，甚至严重到了能"确保"己方意图在不经意间便会被泄露出去。这种信息共享违反了希特勒的多次专门指示，并导致了一系列重大泄密事件——在1940年1月泄露了入侵法国的"黄色"方案（德文为Fall Gelb）；在1942年6月到达顶峰，此时甚至泄露了"蓝色"计划。所以希特勒试图限制信息的四处传播也就不足为奇了，即便这种做法意味着军队在之前战斗中曾表现出的战术弹性会有所降低。

不过这种领导风气的变化并不总是绝对的。少数天才指挥官甚至到1945年还是能获准自行其是，但如果打了败仗，他们便会很快被一些胆小怕事到甚至不敢请求实施机动的人所取代。纳粹党中相当于政治委员的"督导军官"（Nationalsozialistische Führungsoffizier，即"国家社会主义督导军官"）开始出现在德军司令部里，那些打了败仗或不管出于什么原因而违反命令的指挥官能够保住性命都算走运。以上种种情况让德军官兵的首要目标变成了仅仅是活下去。在战术层面上，只有最狂热的纳粹党徒才仍对最终胜利抱有一丝幻想，而且没有一个德国人不会对落入毫无人性的敌人手里感到害怕。

在回归战前作战理论的过程中，红军艰难地培养出了有才干的指挥员，制订出了合理的编制，生产出了有效的武器装备并发展出了切实可行的战术。斯大林意识到了这一点，也恰在此时给予了下级相应的信任和自由；希特勒则是出于很多相同的理由收紧了控制。苏军很多中层指挥员都会去克里姆林宫接受召见，然而正在设法理解和改善军队状况的领袖不是打算责罚他们，而是给予后者公正的评定。没有一个人会因为直言不讳而遭受处分。在1942年后期到整个1943年的战争第二阶段中，红军正在成长为一支不仅能挫败闪击战，还可以在各种气象和地形条件中实施进攻和伪装的力量。于是，他们总能对敌形成压倒性数量优势（这也是战争最后两年的特点之一）而且痛歼国防军。可即便如此，苏联的人力资源亦并非无穷无尽，苏军指挥员们同样会越来越多地设法避免代价高昂的正面强攻。[32]

即使到了柏林会战，部分红军指挥员还是会继续犯一些付出了很大代价的错误，但这只是不可避免的作战消耗，而非他们不会打仗。从1942年开始，苏联军官团逐渐变得更有能力，同时更受信任。政治军官们现在只负责鼓舞士气和宣传工作，而斯大林也逐渐扩大了他所信任人员的范围。少数几个权力巨大的"最高统帅部大本营代表"让位于单独的方面军或方面军群司令部[①]，最终将权力分散到了整个指挥体系中。确实，在1945年的最后几次战役里，斯大林给自己安排了一个"最高野战指挥官"的角色，以提高其政治地位；不过此举同样表明了他对军官们的信任。除关键的政治、战略和战役决策以外，斯大林能够也的确做到了将战役的实施放心交给方面军司令及其司令部去完成。他对红军有充足信心，放手让其结束战争，而且知道这些才华出众的属下一定能帮助他提升自己的个人威望。

这些属下已经发展出了自己的大规模机械化作战流程。到1944年，苏军在发起一场典型的进攻战役前会预先进行周密计划，精心采取欺敌措施，以便将兵力集中到预定突破地点。进攻开始后，首先有一波侦察营渗透进入德军前沿防御体系、夺取关键阵地，从而使阵地其余部分陷入混乱、难以固守。这一渗透行动将伴随着或继之以精心组织的大规模航空兵和炮兵火力准备。一俟炮兵射击的风暴由前沿向后方肆虐，得到重装甲部队和工程兵支援的步兵就会实施传统的冲击，以消灭残余德军的抵抗枢纽。

一直到最后攻击奥得河一线之前，德军的防御体系往往都非常薄弱，所以战斗侦察、火力准备和诸兵种合成强击这三板斧便足以打开突破口。然后，苏军高级将领们会尽快投入快速兵团通过口子。尽管坦克集团军和独立机动军这种大部队是由经验丰富的将官统率，但战术上的成功还是在很大程度上依赖

---

① 译者注：比如远东战役时华西列夫斯基的远东苏军总司令部。

于那些由年轻上尉和少校们指挥的先遣支队。这些拥有800～2000人的高机动诸兵种合成集群总是会尽可能避免陷入缠斗，反而选择绕过守军，以形成大合围圈，并在下一道水障碍对岸夺取登陆场，从而为新一次进攻战役（的发起）建立出发点。后续步兵则在日益强大的红空军掩护下肃清被围德军，快速兵团继续向前发展胜利。在这些攻势实施期间，早已集中进行管理的后方勤务部门取得了卓越成就，甚至可以临时给远在敌后400公里的前锋部队提供补给。正如德军在1941—1942年间的攻势那样，后来苏军的进攻也常常是因为后勤补给线拉得太长所以被迫终止，而非敌军采取行动所致。

　　这样一来，在1941年6月，牛顿的物理定律之一就遇到了终极考验——据说无坚不摧的德国国防军剌向了看似牢不可破的苏联红军。最近的研究表明，在德军进行突然袭击后一个月内，牢不可破者并未发生破碎或变形，甚至逐渐强有力地阻滞了德军继续推进。在这四年耗尽无数物资能源的战争中，红军挺了过来，实现了脱胎换骨且最终反败为胜。在那场斯大林认为如同核战争一般惨烈的厮杀里，坚不可摧的德国国防军被彻底摧毁了。

战争和苏维埃政权

　　无比强大的作战能力也增强了斯大林及其整个政府和党的声望。德国人的侵略使共产主义政权作为胜利一大组织者获得了空前的执政合法性。曾对这种社会制度漠然处之的男女公民们在面对侵略者时再也无法置身事外、无动于衷。在敌占区，德国的种族和经济政策让绝大多数潜在兵员投入了游击队的怀抱。共产党员们不再强调马克思主义的纯粹性而是宣扬爱国主义，这样他们就等于是和整个民族共存亡。在这一过程中，军人们发现入党入团变得更容易了[①]。党团员身份成了对600万军人勇气和能力的终极奖赏。[33]这让党更全面却不那么生硬地掌控了军队和整个国家。在战时乃至战后，几乎全体苏联人民都为了将德国人驱逐出去并坚决避免1941—1942年的灾难重演而团结了起来。

　　然而到1945年之后，苏联领导人却在某种意义上被自己在战时的胜利束

---

　　① 译者注：于1920年加入苏军的戈沃罗夫元帅直到1942年才入党，在1919年加入军队的华西列夫斯基元帅同样等到了1938年。另外，战前大批军人无法入党还有一个原因——很多人担心自己介绍的人会在未来有一天变成"人民的敌人"。

缚住了。尽管红军（于1946年改称苏军）的人数被削减，但（军队建设）依然是苏联政府工作的重中之重；战后，克里姆林宫的所有领导人都试图限制防御力量的政治影响和预算压力，不过都无能为力。本就深受战时经验所累的苏联经济不得不将其绝大部分最宝贵的资源投入到国防建设上去。正如威廉·埃尔德里奇·奥多姆（William Eldridge Odom）中将①在分析苏联解体时所说："苏联的社会主义需要的是一个持久的战争经济体系。"[34]

更宽泛地说，德军的占领加深并最终证明了俄罗斯人长久以来对外敌入侵的担忧，正如战后一句无所不在的俄文标语"没有人遗忘，没有一件事被遗忘"（俄文为Никто не забыт и ничто не забыто）。造成巨大破坏和苦难的伟大卫国战争在整整一代苏联领导人的战略思考中留下了印迹。战后，苏联政府煞费苦心地在周边建立了缓冲和代理人国家体系，以确保本国以后不会受到任何攻击。尽管华沙条约国家对苏联的国防和经济发展起到了很大帮助，但那些心怀不满的人民却总是让苏维埃政权觉得安全无法得以保障。在古巴和越南建立前哨基地对于和西方的冷战似乎是很有用的一步棋，实际上却进一步加重了苏联经济的负担。从长远来看，苏联政府在缓冲和代理人国家得到的损失与收益几乎是相同的。

回首往事，捍卫胜利果实和预防外敌入侵的决心对于莫斯科来说也是一种危险的负担。这一决心以及浩大的军费开支和错误的对外投入一直阻碍着苏联经济的发展，并最终促成了该国经济的崩溃。

---

① 译者注：奥多姆中将曾于1985—1988年间担任美国国家安全局局长，著有《苏联军队的瓦解》（有中文版）。文中所引用的话见中文版第435页。

附录表格

1. 1941年6月22日两军编成情况

部队类型	德国			苏联		
	集团军群	陆军总司令部预备队	总计	野战部队	最高统帅部大本营预备队	总计
集团军群（方面军）	3	—	3	3	—	3
集团军	8	1	9	15	6	21
装甲集群	4	—	4	—	—	—
军	40	7	47	58	19	77
	28个步兵军	6个步兵军	34个步兵军	32个步兵军	14个步兵军	46个步兵军
	10个摩托化军	1个摩托化军	11个摩托化军	20个机械化军	5个机械化军	25个机械化军
	2个山地军		2个山地军	3个骑兵军		3个骑兵军
				3个空降兵军		3个空降兵军
师	125	27	152	163	57	220
	78个步兵师	23个步兵师	101个步兵师	97个步兵师	42个步兵师	139个步兵师
	17个装甲师	2个装甲师	19个装甲师	40个坦克师	10个坦克师	50个坦克师
	9个摩步师	1个摩步师	10个摩步师	20个机械化师	5个机械化师	25个机械化师
	4个猎兵师		4个猎兵师			
	3个山地师	1个山地师	4个山地师			
	1个骑兵师		1个骑兵师	6个骑兵师		6个骑兵师
	1个警察师①		1个警察师			
	9个保安师		9个保安师			
	3个党卫军摩托化师		3个党卫军摩托化师			
旅	4	1	5	11	—	11
	1个骑兵旅		1个骑兵旅	2个步兵旅		2个步兵旅
	2个党卫军摩托化旅		2个党卫军摩托化旅	9个空降兵旅		9个空降兵旅

---

① 译者注：警察师从1941年4月17日起被正式列入党卫军序列。

（续前表）

	德国			苏联		
		1个教导旅	1个教导旅			
团	1	—	1	20	5	25
	1个摩步团		1个摩步团	20个摩托车团	5个摩托车团	25个摩托车团
筑垒地域	—	—	—	41	—	41

	罗马尼亚		
集团军	—	2	2
军	2	4	6
	1个山地军		1个山地军
	1个骑兵军		1个骑兵军
		4个步兵军	4个步兵军
师	4	10	14
	4个步兵师	9个步兵师	13个步兵师
		1个装甲师	1个装甲师
旅	6	3	9
	3个山地旅		3个山地旅
	3个骑兵旅	1个骑兵旅	4个骑兵旅
		2个要塞旅	2个要塞旅

资料来源：

《苏军的战斗编成》第1卷《1941年6—12月》【Боевой состав Советской Армии：ЧАСТЬ I（июнь-декабрь 1941 года）；莫斯科，总参军事学院，1964年】第7～14页。

霍斯特·博格（Horst Boog）、于尔根·弗尔斯特（Jürgen Förster）、约阿希姆·霍夫曼（Joachim Hoffmann）、恩斯特·克林克（Ernst Klink）、罗尔夫-迪特尔·米勒（Rolf-Dieter Müller）、格尔德·R.于贝尔舍尔（Gerd R. Ueberschär）著《德国和第二次世界大战》第4卷《攻击苏联》（Das Deutsche Reich und, der Zweite Weltkrieg: Der Angriff auf der Sowjetunion）英文版《Germany and the Second World War, vol. IV, The Attack on the Soviet Union》（牛津，克拉伦登出版社，1999年；Oxford: Clarendon Press, 1999）第222～224页。译者为迪安·S.麦克缪里（Dean S. McMuriy）、埃瓦尔德·奥泽斯（Ewald Osers）和路易丝·威尔莫特（Louise Willmot）。

马克·阿克斯沃西（Mark Axworthy）、科尔内尔·斯卡费什（Cornel Scafeş）、克里斯蒂安·克拉丘诺尤（Cristian Craciunoiu）著《第三轴心，第四同盟：欧洲战争中的罗马尼亚武装力量，1941—1945》（Third Axis, Fourth Ally: Romanian Armed Forces in the European War, 1941-1945；伦敦，武器和装甲出版社，1995年——London: Arms & Armour Press, 1995）第45～46页。

注释：

罗马尼亚军队在收复失地后改由德军指挥。"陆军总司令部预备队"包含了于7月2日及之后很短时间内加入的罗军。其（罗军）装甲师的规模相当于旅。

2. 1941年6月22日苏德两军实力对比

德国——总兵力为3050000人，编有8个集团军、45个军、148个师和5个旅，隶属于北方、中央和南方三个集团军群及陆军总司令部，在波罗的海南岸至罗马尼亚的战线上展开。另在芬兰有67000人，被编为2个军、4个师和1个战斗群。这2个军下辖驻于芬兰北部的2个山地师、1个步兵师和1个党卫军战斗群。此外，6月30日时在芬兰南部有1个师[①]作为预备队。[1]

罗马尼亚——总兵力为325685人，编有2个集团军、6个军、14个师和9个旅。其中的4个师、6个旅，合计大约150000人于6月22日投入战斗，余者大多在7月2日或之后不久参战。[2]

芬兰——总兵力为500000人，编有5个军、1个集群、15个师和3个旅。其中有1个军、2个师被部署在本国北方，4个军、1个集群、13个师[②]和3个旅被部署在本国南方。[3]

苏联——可以直接用于抗击德军"巴巴罗萨"侵略行动的苏联军事力量包含西部边境各军区（波罗的海沿岸、西部和基辅特别军区于6月22日被分别改编为西北、西和西南方面军，另外列宁格勒军区于6月24日被改编为北方面军）的红军野战（作战）军队、最高统帅部大本营预备队的红军部队、隶属于野战部队和大本营预备队的空军，以及隶属于苏联内务人民委员部（俄文缩写为НКВД，英文缩写为NKVD）的军事力量。[4]这些力量包括：

◎ 野战（作战）军队（Действующая армия）2313414人，拥有12683辆坦克（10508辆可用），编有3个方面军、15个集团军、58个军、163个师、11个旅和41个筑垒地域。

◎ 最高统帅部大本营预备队618745人，拥有3160辆坦克（2858辆可用），编有6个集团军、19个军和57个师。这意味着红军地面部队的总兵力合计为2931159人，有13366辆可用坦克。在这13366辆坦克中有1301辆可用的KV和T-34坦克（分别为469辆和832辆）能拿来抗击德军"巴巴罗萨"侵略行动。

◎ 空军（俄文缩写为BBC，英文缩写为VVS）213589名空勤和地勤人员，有8974架飞机（7593架可用），其中有8815架作战飞机（7451架可用）。编有4个远程轰炸航空兵军、47个航空兵师（3个防空军歼击航空兵师、11个歼击航空兵师、西和西南方面军、14个轰炸航空兵师），以及10个独立航空兵团（3个防空军歼击航空兵团和7个侦察航空兵团），隶属于野战军队。如此一来，野战军队和大本营预备队的总兵力就为3144748人。[5]

◎ 内务人民委员部部队127300人，作战兵力编有8个边防区、47个地面和海上边防总队、9个独立边防大队和11个团。[6]

资料来源：

《1941—1945年伟大卫国战争时期苏联武装力量的作战和数量编成》第1卷《1941年6月22日数据统计》【Боевой и численный состав Вооруженных сил СССР в период Великой Отечественной войны (1941-1945): Статистический свомик Но. 1 (22 июня 1941 г.); 莫斯科，俄联邦军事历史研究所，1994年】第55～59页。

注释：

1.霍斯特·博格等《德国和第二次世界大战》第4卷《攻击苏联》英文版第270页，以及德文原版附册2《图解战争体系，态势图2：1941年6月22日"巴巴罗萨"行动》【Das Deutsche Reich und der Zweite Weltkrieg, vol. 4, Der Angriff auf die Sowjetunion, Beiheft, 2: Schematische Kriegsgliederung, Stand: B-Tag 1941 (22.6) 'Barbarossa'】。俄方资料给出的德军实力数据更大，比如以下例子：

◎ 弗拉季米尔·安东诺维奇·佐洛塔廖夫（Золотарёв, Владимир Антонович）主编四卷本《伟大卫国战争1941—1945：军事历史纲要》第1卷《严峻的考验》（Великая Отечественная война 1941-

---

① 译者注：即党卫军"北方"战斗群，约8000人。该部在1941年9月被改编为党卫军"北方"师，于1942年9月更名为党卫军"北方"山地师，在1943年10月22日将番号变更为党卫军第6"北方"山地师。

② 译者注：原文中的部队总数有误，已根据霍斯特·博格等《德国和第二次世界大战》第4卷《攻击苏联》英文版第465页修正。

1945 гг. Военно-исторические очерки. Книга 1. Суровые испытания；莫斯科，科学出版社——Наука，1998年）第113页估计德军兵力为410万人，拥有4170辆坦克和突击炮、3613架作战飞机。

◎ 米哈伊尔·伊万诺维奇·梅利秋霍夫（Мельтюхов, Михаил Иванович）著《斯大林失去的机会：为欧洲而战，1939—1941年》（Упущенный шанс Сталина. Советский Союз и борьба за Европу: 1939-1941；莫斯科，韦切出版社——Вече，2008年）第355页认为德军有405万人（其中地面部队为330万人，空军为65万人，海军为10万人），装备4408辆坦克和突击炮、3909架作战飞机。

2. 霍斯特·博格等《德国和第二次世界大战》第4卷《攻击苏联》德文版原版附册2《图解战争体系，态势图2：1941年6月22日"巴巴罗萨"行动》，以及马克·阿克斯沃西、科尔内尔·斯卡贵什、克里斯蒂安·克拉丘诺尤著《第三轴心，第四同盟：欧洲战争中的罗马尼亚武装力量，1941—1945》第45～46页。

◎ 佐洛塔廖夫主编《伟大卫国战争1941—1945：军事历史纲要》第1卷《严峻的考验》第113页估计罗马尼亚兵力为384000人、60辆坦克和393架作战飞机。

◎ 梅利秋霍夫《斯大林失去的机会：为欧洲而战，1939—1941年》第355页认为罗马尼亚陆军有380400人、60辆坦克和423架作战飞机。

3. 霍斯特·博格等《德国和第二次世界大战》第4卷《攻击苏联》德文原版第398～399页。

◎ 佐洛塔廖夫主编《伟大卫国战争1941—1945：军事历史纲要》第1卷《严峻的考验》第113页估计芬兰兵力为47万人、86辆坦克和307架作战飞机。

◎ 梅利秋霍夫《斯大林失去的机会：为欧洲而战，1939—1941年》第355页认为芬兰陆军有340600人、86辆坦克和307架作战飞机。

4. 俄罗斯官方和非官方资料在计算"巴巴罗萨"行动前夜的苏联军事实力时差异不大，主要是与资料出版时间和统计口径不同有关。比如：

◎ 梅利秋霍夫《斯大林失去的机会：为欧洲而战，1939—1941年》第359页认为1941年6月22日时苏军总兵力为3061160人；其中红军有2691674人，红海军有215878人，内务人民委员部部队有153608人，并装备了13924辆坦克（11135辆可用）和8974架飞机（7593架可用）。

◎ 米罗斯拉夫·爱德华多维奇·莫罗佐夫（Морозов, Мирослав Эдуардович）主编《伟大卫国战争1941—1945：从数据看战局和战略战役》第1卷（Великая Отечественная война 1941-1945 гг. Кампании и стратегические операции в цифрах: Том 1；莫斯科，俄联邦内务部和莫斯科市总档案馆联合编写，2010年）第5页认为，苏军在1941年6月22日的兵力为2743000人，拥有12782辆坦克（包含468辆KV和832辆T-34）、10266架作战飞机（8698架可用）。

◎ 佐洛塔廖夫主编四卷本官方历史《伟大卫国战争1941—1945：军事历史纲要》第1卷第123页认为苏军总兵力为300万人，拥有11000辆坦克和9100架作战飞机。不过该数字不含内务人民委员部部队。尽管存在差异，但上述资料总体来说与表格2数据吻合。

5. 《1941—1945年伟大卫国战争时期苏联武装力量的作战和数量编成》第1卷《1941年6月22日数据统计》【Боевой и численный состав Вооруженных сил СССР в период Великой Отечественной войны (1941-1945): Статистический свомик Но. 1 (22 июня 1941 г.)；莫斯科，俄联邦军事历史研究所，1994年】第55～59页。

6. 戴维·M.格兰茨《巨人重生：大战中的苏联军队》（劳伦斯，堪萨斯大学出版社，2005年）第159～164页。

3. 苏联在1941年被歼灭和撤销的集团军

月份	集团军	日期	上级部队	被歼灭地点
7月	第10集团军	1941年7月5日	西方面军	比亚韦斯托克/明斯克
	第4集团军	1941年7月26日	西方面军	斯摩棱斯克
8月	第16集团军	1941年8月8日	西方面军	斯摩棱斯克
	第6集团军	1941年8月10日	南方面军	乌曼
	第12集团军	1941年8月10日	南方面军	乌曼
	第28集团军	1941年8月10日	预备队方面军	罗斯拉夫利
9月	第48集团军	1941年9月14日	列宁格勒方面军	丘多沃
	第26集团军	1941年9月25日	西南方面军	基辅
	第5集团军	1941年9月25日	西南方面军	基辅
	第37集团军	1941年9月25日	西南方面军	基辅
10月	第24集团军	1941年10月10日	预备队方面军	维亚济马
	第31集团军	1941年10月12日	预备队方面军	维亚济马
	第32集团军	1941年10月12日	西方面军	维亚济马
	第10集团军（第二次组建）	1941年10月17日	西南方向	
	第19集团军	1941年10月20日	西方面军	维亚济马
	第20集团军	1941年10月20日	西方面军	维亚济马
	第26集团军（第二次组建）	1941年10月25日	布良斯克方面军	布良斯克
11月	第19集团军（第二次组建）	1941年11月23日	大本营预备队	于11月25日被改编为突击第1集团军
12月	第26集团军（第三次组建）	1941年12月25日	沃尔霍夫方面军	被改编为突击第2集团军
	第27集团军	1941年12月25日	西北方面军	被改编为突击第4集团军

资料来源:

弗拉季米尔·安东诺维奇·佐洛塔廖夫编写《伟大卫国战争1941—1945：作战军队》（Великая Отечественная война 1941-1945 гг.: Действующая армия；莫斯科，库奇科沃场出版社，2005年）第77～221页和第265～274页。

4. 苏联在1941年动员的集团军

月份	集团军	组建日期	组建 / 展开地点
6月	独立第9集团军	1941年6月22日	敖德萨军区/南方面军
	第18集团军	1941年6月24日	哈尔科夫、基辅特别军区/南方面军
	第24集团军	1941年6月24日	西伯利亚军区/后备方面军（该方面军于10月10日被撤销，集团军于10月20日被撤销）
7月	第28集团军	1941年7月1日	阿尔汉格尔斯克军区/后备方面军（集团军于8月10日被撤销）
	第29集团军	1941年7月12日	莫斯科军区/后备方面军
	第30集团军	1941年7月13日	大本营预备队/后备方面军
	第31集团军	1941年7月16日	莫斯科军区/后备方面军
	第32集团军	1941年7月16日	莫斯科军区/莫扎伊斯克防线
	第33集团军	1941年7月16日	莫斯科军区/莫扎伊斯克防线
	第34集团军	1941年7月16日	莫斯科军区/莫扎伊斯克防线
	滨海集团军	1941年7月20日	南方面军/于8月19日被编入敖德萨防区，在10月16日前往克里木（塞瓦斯托波尔）[1]
	第35集团军	1941年7月22日	远东方面军
	第43集团军	1941年7月31日	预备队方面军
8月	第36集团军	1941年8月1日	外贝加尔军区
	第44集团军	1941年8月1日	外高加索军区
	第45集团军	1941年8月1日	外高加索军区
	第46集团军	1941年8月1日	外高加索军区
	第47集团军	1941年8月1日	外高加索军区
	第38集团军	1941年8月4日	西南方面军
	第54集团军	1941年8月5日	莫斯科军区（于9月5日前往沃尔霍夫地区，并成为独立集团军）
	第48集团军	1941年8月7日	西北方面军
	第49集团军	1941年8月7日	预备队方面军（在8月12日前番号为第35集团军）[2]
	第37集团军	1941年8月10日	西南方面军
	第16集团军	1941年8月10日	西方面军
	第50集团军	1941年8月16日	布良斯克方面军
	独立第51集团军	1941年8月20日	克里木
	第3集团军（第二次组建）	1941年8月25日	布良斯克方面军
	第6集团军（第二次组建）	1941年8月25日	南方面军/于9月27日转隶西南方面军

---

① 译者注：原文为在8月20日被编入敖德萨防区，有误。
② 译者注：存疑，苏军于1941年7月就在远东方面军组建了第35集团军。

（续前表）

月份	集团军	组建日期	组建 / 展开地点
	第12集团军 （第二次组建）	1941年8月25日	南方面军
	独立第53集团军	1941年8月25日	中亚军区（伊朗边境）
	第40集团军	1941年8月26日	西南方面军
	独立第52集团军	1941年8月28日	沃尔霍夫地区（于9月26日被改编为独立第4集团军）③
9月	第42集团军	1941年9月1日	列宁格勒方面军
	第55集团军	1941年9月1日	列宁格勒方面军
	独立第54集团军	1941年9月5日	沃尔霍夫地区
	独立第4集团军	1941年9月26日	沃尔霍夫地区
	独立第52集团军	1941年9月28日	沃尔霍夫地区（在9月28日至11月17日间为"独立"集团军）
10月	第10集团军 （第二次组建）	1941年10月1日	西南方向（于10月17日停止组建）
	第26集团军 （第二次组建）	1941年10月10日	莫斯科军区（于10月25日被撤销）
	第5集团军	1941年10月11日	西方面军
	独立第56集团军	1941年10月17日	北高加索军区/于10月22日转隶南方面军④
	第31集团军 （第二次组建）	1941年10月21日	加里宁方面军
	独立第57集团军	1941年10月27日	北高加索军区/于12月10日转隶西南方面军⑤
	第26集团军 （第三次组建）	1941年10月30日	伏尔加军区/沃尔霍夫方面军（于12月25日被改编为突击第2集团军）
11月	第10集团军 （第三次组建）	1941年11月1日	伏尔加军区/于12月1日转隶西方面军
	第58集团军	1941年11月10日	西伯利亚军区/于11—12月间转入奥涅加湖地区（在1942年5月25日被改编为坦克第3集团军）
	第28集团军 （第二次组建）	1941年11月15日	莫斯科军区/雅罗斯拉夫尔筑垒地域/于1942年4月10日转隶西南方面军
	第37集团军 （第二次组建）	1941年11月15日	南方面军
	第39集团军	1941年11月15日	阿尔汉格尔斯克军区/后备方面军/于12月22日转隶加里宁方面军
	第19集团军 （第二次组建）	1941年11月20日	大本营预备队（于11月25日被改编为突击第1集团军）
	第59集团军	1941年11月15日	西伯利亚军区/在11—12月间隶属于阿尔汉格尔斯克军区，于12月18日转隶沃尔霍夫方面军
	第60集团军	1941年11月15日	伏尔加军区/在12月10日转隶莫斯科防区，于12月25日被改编为突击第3集团军

---

③ 译者注：存疑，第52集团军并未被撤销，第4集团军最初的4个师中确实有2个来自于该集团军。
④ 译者注：有误，该部在11月23日转隶高加索方面军，到月末才转隶南方面军。
⑤ 译者注：《苏联军事百科全书》认为其在11月初转隶了西南方向总指挥部，作为预备队使用。

（续前表）

月份	集团军	组建日期	组建 / 展开地点
12月	第61集团军	1941年11月15日	伏尔加军区/于12月上旬转隶莫斯科地区，在12月9日转隶西南方面军
	突击第1集团军	1941年11月25日	西方面军/由第19集团军（第二次组建）改编而来
	第20集团军（第二次组建）		西方面军（11月30日）
	第24集团军（第二次组建）	1941年12月8日	莫斯科军区/莫斯科防区
	突击第2集团军	1941年12月25日	沃尔霍夫方面军/由第26集团军（第三次组建）改编而来

资料来源：

佐洛塔廖夫编写《伟大卫国战争1941—1945：作战军队》第77～221页和第265～274页。

5. 1941年6月22日—12月31日苏联武器产量

武器类型	产量	苏德产量对比值
步枪和卡宾枪	1567141	2.0
冲锋枪/机枪	89665	0.3/1.7
迫击炮	39801	11.2
各种口径火炮	15543	2.0
各种型号坦克	4742	0.8
各种型号作战飞机	8033	2.1

资料来源：

奥利加·尤里耶夫娜·瓦西里耶娃（Васильева, Ольга Юрьевна）编写《隐藏的战争真相：1941》（Скрытая правда войны: 1941；莫斯科，俄罗斯书籍出版社，1992年——Москов: "Русская книга"，1992）第349页。

戴维·R.斯通（David R. Stone）编写《战争中的苏联，1941—1945》（The Soviet Union at War, 1941–1945；英国，南约克郡，巴恩斯利，笔与剑军事出版社，2010年——Barnsley, South Yorkshire, UK: Pen & Sword Military, 2010）第17页，以及马克·哈里森（Mark Harrison）撰写《工业和经济》（Industry and the Economy）。

关于德国产量的估计数字，见戴维·斯塔赫尔（David Stahel）《基辅1941：希特勒的东线争霸战》（Kiev 1941: Hitler's Battle for Supremacy in the East；剑桥，剑桥大学出版社，2012年——Cambridge: Cambridge University Press, 2012）第39～40页，以及网站https://en.wikipedia.org/wiki/German_armored_fighting_vehicle_production_during_World_War_II。

6. 1941年11月15日西方面军及其当面兵力对比

位置	作战方向	阵营	编成	兵力（人）	坦克（辆）
右翼	沃洛科拉姆斯克和克林方向	苏军	第30集团军	23000	56
		德军	第27步兵军、第56和第41摩托化军。下辖第129、第162、第86步兵师，第14摩步师，第6和第7装甲师	39000	300
	新彼得罗夫斯科耶和伊斯特拉方向	苏军	第16集团军	50000	338
		德军	第5集团军，第46和第40摩托化军。下辖第106、第35和第87步兵师，党卫军"帝国"摩托化师，第2、第5、第10和第11装甲师	44000	400
	鲁扎—兹韦尼哥罗德（莫扎伊斯克）方向	苏军	第5集团军	31000	91
		德军	第9和第7步兵军。下辖第78、第267、第197和第7步兵师	30000	0
中央	纳罗-福明斯克方向	苏军	第33集团军	30000	37
		德军	第20步兵军。下辖第292、第183和第258步兵师，第3摩步师，第20装甲师	29000	100
	小雅罗斯拉韦茨方向	苏军	第43集团军	34000	121
		德军	第12步兵军和第57摩托化军。下辖第98、第15、第34和第137步兵师，第19装甲师	29000	100
左翼	谢尔普霍夫和阿列克辛方向	苏军	第49集团军	44000	251
		德军	第13和第43步兵军。下辖第260、第52、第131和第31步兵师	24000	0
	图拉方向	苏军	第50集团军	28000	45
		德军	第53步兵军，第24和第47摩托化军。下辖第112和第267步兵师，第10摩步师，第3、第4、第17和第18装甲师	38000	400

资料来源：

鲍里斯·米哈伊洛维奇·沙波什尼科夫主编三卷本《在莫斯科城下粉碎德军：西方面军的莫斯科战役，1941年11月16日—1942年1月31日》【Разгром немецких войск под Москвой（Московская операция Западного фронта, 16 ноября 1941 г.-31 января 1942 г.）；莫斯科，军事出版社，1943——Moscow, Воениздат, 1943】第1部分第22页。该书由工农红军总参谋部军事历史部编写，并被列为机密。

马克西姆·科洛米耶茨（Максим Коломиец）著《前线插图》系列的《莫斯科保卫战，1941年9月30日—12月5日》（Битва за Москву. 30 сентября - 5 декабря 1941 года, Фронтовая иллюстрация；莫斯科，КМ战略出版社，1999年——Moscow, Стратегия КМ, 1999）第45～64页。

7．1941年12月6日，加里宁方面军、西方面军、西南方面军及德军在主要突击方向上的兵力对比

作战方向	阵营	编成	兵力	坦克
加里宁方向	苏军	第29集团军	15000	0
		第31集团军	30000	0
		合计	45000	几乎没有
	德军	第6和第27步兵军。下辖第6、第110、第162、第161、第129和第86步兵师	45000	几乎没有
克林方向	苏军	第30集团军	40000	35
		突击第1集团军	28000	50
		合计	68000	85
	德军	第56和第41摩托化军、第5步兵军。下辖第36和第14摩步师、第6和第7装甲师、第23步兵师，以及第900装甲教导旅	32000	130
索尔涅奇诺戈尔斯克方向	苏军	第20集团军	29000	60
	德军	第5步兵军、第41摩托化军。下辖第1和第2装甲师、第35和第106步兵师	18000	120
伊斯特拉方向	苏军	第16集团军	55000	125
	德军	第46和第40摩托化军。下辖第11、第5、第19装甲师，党卫军"帝国"摩托化师①	20000	130
兹韦尼哥罗德方向	苏军	第5集团军	35000	90
	德军	第9和第7步兵军。下辖第252、第87、第78、第267、第197和第7步兵师，以及法国志愿军团②	34000	130
纳罗－福明斯克方向	苏军	第33集团军	26000	40
	德军	第20步兵军和第57摩托化军。下辖第292和第258步兵师、第3摩步师、第183步兵师、第20装甲师	24000	50
小雅罗斯拉韦茨方向	苏军	第43集团军	35000	50
	德军	第12步兵军和第57摩托化军。下辖第19装甲师，第98、第15、第34、第137和第263步兵师	27000	40
谢尔普霍夫和阿列克辛方向	苏军	第49集团军	40000	40
	德军	第12和第13步兵军。下辖第268、第260、第52和第17步兵师	24000	0
图拉和卡希拉方向	苏军	第50集团军和别洛夫集群	49000	60
	德军	第43步兵军、第24和第47摩托化军。下辖第131、第31和第296步兵师，"大德意志"摩托化团，第3、第4和第17装甲师，第167步兵师	33000	240
米哈伊洛夫方向	苏军	第10集团军	60000	0

---

① 译者注：原文为党卫军"帝国"装甲师，有误。

② 译者注：法国志愿军团全名"法国反布尔什维主义志愿军团"。

（续前表）

作战方向	阵营	编成	兵力	坦克
	德军	第53步兵军和第47摩托化军。下辖第10和第29摩步师、半个第25摩步师、第112步兵师、第18装甲师	23000	60
叶列茨方向	苏军	第3和第13集团军，以及科斯坚科集群	40000	16
	德军	第35和第34步兵军、第48摩托化军。下辖第262、第134、第45和第95步兵师	31500	30~40

资料来源：

扎巴鲁耶夫（А. А. Забалуев）和戈里亚切夫（С. Г. Горячев）著《加里宁进攻战役》（Калининская наступательная операция；莫斯科，伏罗希洛夫总参军事学院，1942年）第49~50页。

沙波什尼科夫主编《在莫斯科城下粉碎德军：西方面军的莫斯科战役，1941年11月16日—1942年1月31日》第1部分，第6、第12、第60、第62及第72~74页。

伊万·瓦西里耶维奇·帕罗季金（Паротькин, Иван Васильевич）编写《叶列茨战役（1941年12月6—16日）：战役评述》【Елецкая операция（6-16 декабря 1941 г.）（Текст）: Оперативный очерк；莫斯科，军事出版社，1943年】第9~10、第62~63和第74~75页。

《苏军的战斗编成》第1卷《1941年6—12月》。

弗拉季米尔·瓦西里耶维奇·别沙诺夫（Бешанов, Владимир Васильевич）著《1941年坦克屠杀》（Танковый погром 1941 года；莫斯科，阿斯特出版社，2001年）第503~504页。

备注：

上述红军总参谋部机密材料中的坦克实力对比数字表明，德军在12月6日大约部署有940辆坦克，而红军约有566辆——这意味着德军在装甲力量上拥有接近2:1的优势。但德国方面记录显示德军很多坦克由于维护问题和寒冷天气已经无法投入战斗，而最近的俄方记录指出朱可夫的西方面军最终在12月反击中投入了总计多达1068辆坦克。这样一来，在进行于莫斯科附近的战斗中，根据作战方向不同，红军很可能在某些方向上与德军在坦克实力方面旗鼓相当，甚至在另一些方向上拥有2:1的优势。

8. 苏联在1942年动员或改编的集团军

月份	集团军	组建日期	组建 / 展开地点
3月	第32集团军（第二次组建）	1942年3月10日	卡累利阿方面军
4月	第19集团军（第三次组建）	1942年4月4日	卡累利阿方面军
	第26集团军（第四次组建）	1942年4月4日	卡累利阿方面军
	第48集团军（第二次组建）	1942年4月20日	布良斯克方面军
	后备第1集团军 （由第24集团军改编）	1942年4月26日	斯大林诺戈尔斯克，大本营预备队 （于7月12日被改编为第64集团军）
	后备第2集团军 （由第27集团军改编）	1942年4月26日	沃洛格达，大本营预备队（截至7月22日在叶夫列莫夫，8月3日在柳别尔齐，8月6日时被改编为首次组建的近卫第1集团军）
	后备第3集团军 （由第41集团军改编）	1942年4月26日	坦波夫，大本营预备队（于7月10日被改编为第二次组建的第60集团军）
5月	第53集团军（第二次组建）	1942年5月1日	西北方面军
	第41集团军	1942年5月16日	加里宁方面军
	第24集团军（第三次组建）	1942年5月20日	南方面军（于8月28日撤销，司令部被改编为第58集团军司令部）
	坦克第3集团军	1942年5月25日	图拉，大本营预备队（截至7月8日在切尔尼，于8月22日转隶西方面军，在9月19日转入大本营预备队，后在1943年1月1日转隶沃罗涅日方面军）[1]
6月	第27集团军（第二次组建）	1942年6月1日	西北方面军
	坦克第5集团军	1942年6月5日	莫斯科军区（于6月16日转隶布良斯克方面军，但在7月17日解散，司令部被转入大本营预备队）
	后备第4集团军	1942年6月10日	加里宁，大本营预备队（截至7月22日在列夫·托尔斯泰，于8月3日被编为第二次组建的第38集团军）[2]
	后备第5集团军	1942年6月10日	新安年斯卡亚，大本营预备队（于7月10日被改编为第63集团军）[3]
	后备第6集团军	1942年6月10日	新霍皮奥尔斯克，大本营预备队（于7月10日被改编为第6集团军）
	后备第7集团军	1942年6月10日	斯大林格勒，大本营预备队（于7月10日被改编为第62集团军）
	后备第8集团军	1942年6月10日	萨拉托夫，大本营预备队（于8月27日被改编为第66集团军）
	第58集团军（第二次组建）	1942年6月25日	加里宁方面军（于8月8日被改编为第39集团军）

---

① 译者注：切尔尼在图拉和奥廖尔之间。

② 译者注：列夫·托尔斯泰村即同名俄罗斯伟大作家逝世之地，于1918年更名。

③ 译者注：新安年斯卡亚即今新安宁斯基。

（续前表）

月份	集团军	组建日期	组建 / 展开地点
7月	后备第9集团军	1942年7月1日	高尔基，大本营预备队（于9月1日被改编为第四次组建的第24集团军）④
	后备第10集团军	1942年7月1日	伊万诺沃，大本营预备队（于12月9日被改编为突击第5集团军）
	第6集团军（第三次组建，由后备第6集团军改编）	1942年7月7日	大本营预备队（于7月9日转隶沃罗涅日方面军）
	第60集团军（第二次组建，由后备第3集团军改编）	1942年7月10日	沃罗涅日方面军
	第62集团军（由后备第7集团军改编）	1942年7月10日	斯大林格勒方面军（于8月30日转隶东南方面军，在9月30日转隶第二次组建的斯大林格勒方面军）
	第63集团军（由后备第5集团军改编）	1942年7月10日	斯大林格勒方面军（于9月30日转隶顿河方面军，10月20日转隶第二次组建的西南方面军；11月4日被改编为近卫第1集团军，在12月5日被改编为近卫第3集团军）⑤
	第64集团军（由后备第1集团军改编）	1942年7月12日	斯大林格勒方面军（于8月30日转隶东南方面军，在9月30日转隶第二次组建的斯大林格勒方面军）
	坦克第1集团军（由第38集团军改编）	1942年7月26日	斯大林格勒方面军（8月6日，该集团军被撤销）
8月	坦克第4集团军（由第28集团军改编）	1942年8月1日	斯大林格勒方面军（10月22日，该集团军被改编为第65集团军）
	第38集团军（第二次组建，由后备第4集团军改编）	1942年8月3日	布良斯克方面军（于9月2日转隶沃罗涅日方面军）
	近卫第1集团军（由后备第2集团军改编）	1942年8月6日	于10月25日撤销，司令部被改编为第二次组建的西南方面军
	第39集团军（第二次组建，由第二次组建的第58集团军改编）	1942年8月8日	加里宁方面军
	第66集团军（由后备第8集团军改编）	1942年8月27日	斯大林格勒方面军（于9月30日转隶顿河方面军）
	第58集团军（第三次组建，由第24集团军司令部改编）	1942年8月30日	外高加索方面军（第二次组建）
9月	后备第1集团军（第二次组建）	1942年9月15日	坦波夫，大本营预备队（于12月2日被改编为近卫第2集团军）
	后备第2集团军（第二次组建）	1942年9月15日	沃洛格达，大本营预备队（于1943年2月3日隶属于霍津特别集群，3月13日转隶预备队方面军，3月23日前往利夫内和叶列茨，在4月27日被改编为第二次组建的第63集团军）⑥

　　④ 译者注：高尔基州即下诺夫哥罗德州在1932—1990年间的名称。

　　⑤ 译者注：《苏联军事百科全书》认为第63集团军在7月12日被编入斯大林格勒方面军；9月28日，该方面军更名为顿河方面军；10月25日，该集团军转隶西南方面军。之后情况与原文吻合。

　　⑥ 译者注：霍津特别集群是1943年2月，代号"北极星"的杰米扬斯克进攻战役中的苏军战役集群。

（续前表）

月份	集团军	组建日期	组建 / 展开地点
	后备第3集团军（第二次组建）	1942年9月15日	加里宁，大本营预备队（于1943年2月1日被编为坦克第2集团军司令部）
	后备第4集团军（第二次组建）	1942年9月15日	鲍里索布列斯克，大本营预备队（于12月8日被编为第三次组建的近卫第1集团军）
	后备第10集团军（第二次组建）	1942年9月15日	卡梅申，大本营预备队（于10月1日将7个步兵师转隶顿河方面军，在12月9日被编为突击第5集团军）
	第24集团军（第四次组建）（后备第9集团军改编）	1942年9月1日	斯大林格勒方面军
	坦克第5集团军（第二次组建）	1942年9月3日	大本营预备队（在9月22日隶属于布良斯克方面军，于10月29日转隶第二次组建的西南方面军）
	第28集团军（第三次组建，由斯大林格勒军区改编）	1942年9月9日	东南方面军（在9月30日隶属于斯大林格勒方面军）
10月	第67集团军	1942年10月10日	列宁格勒方面军
	第65集团军	1942年10月22日	顿河方面军
	内务人民委员部独立集团军	1942年10月	斯维尔德洛夫斯克，大本营预备队（于1943年2月7日被改编为第70集团军）[7]
11月	近卫第2集团军（第二次组建，由后备第1集团军改编）	1942年11月2日	斯大林格勒方面军
	近卫第1集团军（第二次组建，由第63集团军改编）	1942年11月5日	西南方面军（于12月5日更名为近卫第3集团军）
12月	近卫第3集团军（由近卫第1集团军改编）	1942年12月5日	西南方面军
	近卫第1集团军（第三次组建，由第二次组建的后备第4集团军和近卫第1集团军的战役集群改编）	1942年12月8日	
	突击第5集团军（由第二次组建的后备第10集团军改编）	1942年12月9日	斯大林格勒方面军（于12月26日转隶西南方面军）

月份	空军集团军	组建日期	组建 / 展开地点
5月	空军第1集团军	1942年5月10日	西方面军
	空军第2集团军	1942年5月12日	布良斯克方面军（于7月9日转隶沃罗涅日方面军）
	空军第3集团军	1942年5月16日	加里宁方面军
	空军第4集团军	1942年5月22日	南方面军
6月	空军第5集团军	1942年6月6日	北高加索方面军
	空军第8集团军	1942年6月13日	西南方面军

[7] 译者注：斯维尔德洛夫斯克即叶卡捷琳堡在1924—1991年间的名称。

（续前表）

月份	空军集团军	组建日期	组建 / 展开地点
7月	空军第6集团军	1942年6月14日	西北方面军
	轰炸航空兵第1集团军	1942年7月1日	大本营预备队 （于1942年9月10日撤销）
	歼击航空兵第2集团军	1942年7月1日	大本营预备队 （于1942年9月10日撤销）
8月	空军第15集团军	1942年7月29日	布良斯克方面军
	空军第16集团军	1942年8月10日	斯大林格勒方面军
	空军第14集团军	1942年8月15日	沃尔霍夫方面军
11月	空军第17集团军	1942年11月15日	西南方面军（第二次组建）
	空军第13集团军	1942年11月25日	列宁格勒方面军
12月	空军第7集团军	1942年12月1日	卡累利阿方面军

资料来源：

佐洛塔廖夫编写《伟大卫国战争1941—1945：作战军队》（莫斯科，库奇科沃场出版社，2005年）第77～221页。

422

9. 苏联在1942年被歼灭和撤销的集团军

月份	集团军	日期	上级部队	被歼灭地点	备注
5月	第44集团军	1942年5月10日	克里木方面军	刻赤	基本被歼灭，但于6月在北高加索方面军内重新组建
	第47集团军	1942年5月10日	克里木方面军	刻赤	基本被歼灭，但于6月在北高加索方面军内重新组建
	第51集团军	1942年5月10日	克里木方面军	刻赤	基本被歼灭，但于6月在北高加索方面军内重新组建
	第57集团军	1942年5月23日	南方面军	哈尔科夫	基本被歼灭，但在7月12日重新组建
6月	第6集团军	1942年6月10日	西南方面军	哈尔科夫	
7月	滨海集团军	1942年7月7日	克里木方面军	塞瓦斯托波尔	
	坦克第5集团军	1942年7月17日	布良斯克方面军		部队转隶布良斯克和沃罗涅日方面军，司令部转入大本营预备队
	第38集团军	1942年7月23日	西南方面军	顿巴斯	余部转隶第21集团军；8月9日，司令部被改编为坦克第1集团军司令部①
	第28集团军	1942年7月31日	西南方面军	顿巴斯	
	第39集团军	1942年7月31日	加里宁方面军	维亚济马	
8月	第9集团军	1942年8月1日	南方面军	顿巴斯	余部转隶第37集团军，但于8月6日在外高加索方面军内重新组建②
	第62集团军	1942年8月6日	斯大林格勒方面军	顿河大弯曲部	残部撤入斯大林格勒，经过休整后主要实施消耗战
	坦克第1集团军	1942年8月6日	斯大林格勒方面军	顿河大弯曲部	司令部被改编为东南方面军司令部
	第24集团军	1942年8月28日	南方面军	顿巴斯	
9月	第12集团军	1942年9月20日	南方面军	顿巴斯	部队转隶第58集团军
10月	近卫第1集团军	1942年10月16日至25日	大本营预备队		部队转隶第24集团军，司令部被改编为西南方面军司令部
12月	近卫第1集团军（第二次组建）	1942年12月5日	西南方面军		更名为近卫第3集团军

资料来源：

佐洛塔廖夫编写《伟大卫国战争1941—1945：作战军队》（莫斯科，库奇科沃场出版社，2005年）第77～221页和第265～274页。

---

① 译者注：《苏联军事百科全书》认为该部所属兵团和部队在7月23日被转入第21集团军，司令部被用于组建坦克第1集团军（作为该集团军司令部）。坦克第1集团军于7月组建完毕，并参战。
② 译者注：《苏联军事百科全书》认为该部在8月将所属部队和兵团转隶第37集团军，司令部在奥尔忠尼启则地域接收了新部队，然后转隶外高加索方面军。

10. 苏联在1943年动员或改编的集团军

月份	集团军	原番号	组建日期	组建 / 展开地点
1月	坦克第2集团军	后备第3集团军	1943年1月15日	大本营预备队（于2月15日转隶中央方面军）
2月	第68集团军	第57集团军	1943年2月1日	霍津特别集群（西北方面军）
	第69集团军	独立步兵第18军	1943年2月1日	沃罗涅日方面军
	第70集团军	内务人民委员部独立集团军	1943年2月7日	中央方面军
	坦克第1集团军	第29集团军司令部	1943年2月7日	大本营预备队（于2月15日转隶霍津特别集群，在4月28日转隶沃罗涅日方面军）
	近卫坦克第5集团军		1943年2月25日	大本营预备队（于4月6日转隶预备队方面军）
4月	后备第3集团军（第三次组建）	坦克第4集团军司令部	1943年4月15日	卡卢加，大本营预备队（在组建坦克第4集团军司令部后不久就被撤销）①
	第12集团军（第三次组建）	坦克第5集团军	1943年4月20日	西南方面军（第二次组建）
	第57集团军（第二次组建）	坦克第3集团军	1943年4月27日	西南方面军（第二次组建）
	第63集团军（第二次组建）	第二次组建的后备第2集团军	1943年4月27日	布良斯克方面军（第三次组建）
5月	后备第3集团军（第四次组建）		1943年5月1日	卡卢加，大本营预备队（在5月28日前往尤赫诺夫以南，于7月12日被改编为第二次组建的第21集团军）
	近卫第6集团军	第21集团军	1943年5月1日	沃罗涅日方面军
	近卫第7集团军	第64集团军	1943年5月1日	沃罗涅日方面军
	近卫第10集团军	第30集团军	1943年5月1日	西方面军
	近卫第11集团军	第二次组建的第16集团军	1943年5月1日	西方面军
	近卫第4集团军	第四次组建的第24集团军	1943年5月5日	草原军区（于7月3日转入大本营预备队）
	近卫第5集团军	第66集团军	1943年5月5日	草原军区（于7月10日转隶沃罗涅日方面军）
	近卫第8集团军	第62集团军	1943年5月5日	西南方面军（第二次组建）
	近卫坦克第3集团军		1943年5月14日	大本营预备队（于7月14日转隶第二次组建的布良斯克方面军）
7月	第21集团军（第二次组建）	第四次组建的后备第3集团军	1943年7月12日	大本营预备队（于8月1日转隶西方面军）
	坦克第4集团军（第二次组建）	骑兵第19军	1943年7月15日	大本营预备队（于7月30日转隶西方面军）
11月	独立滨海集团军（第二次组建）	北高加索方面军司令部和第56集团军所属部队	1943年11月20日	大本营预备队
12月	第67集团军（第二次组建）	第55集团军	1943年12月25日	列宁格勒方面军

资料来源：

佐洛塔廖夫编写《伟大卫国战争1941—1945：作战军队》（莫斯科，库奇科沃场出版社，2005年）第77～221页。

---

① 译者注：《苏联军事百科全书》认为大本营预备队从1943年2月底开始组建坦克第4集团军，到3月停止（组建）。7月，莫斯科军区开始组建坦克第4集团军。

424

11. 苏联在1943年被歼灭和撤销的集团军

月份	集团军	日期	上级部队	备注
2月	第57集团军	1943年2月1日	大本营预备队	撤销，部队转隶其他集团军，司令部被改编为第68集团军司令部
	第29集团军	1943年2月3日	大本营预备队	于2月10日撤销，部队转隶第5和第20集团军，司令部被改编为坦克第1集团军司令部
3月	第41集团军	1943年3月20日	加里宁方面军	于4月9日撤销，部队转隶第39和第43集团军，司令部转入大本营预备队后被改编为预备队方面军司令部
4月	坦克第5集团军（第二次组建）	1943年4月20日	西南方面军（第二次组建）	被改编为第三次组建的第12集团军
	坦克第3集团军（第二次组建）	1943年4月26日	西南方面军（第二次组建）	在顿巴斯被撤销，司令部被改编为第二次组建的第57集团军司令部
11月	第68集团军	1943年11月5日	西方面军	撤销，部队转隶第5集团军
	第9集团军	1943年11月6日	北高加索方面军	撤销，部队转隶其他集团军
	第44集团军	1943年11月9日	乌克兰第4方面军	撤销，因斯大林认为该部司令投敌，部队转隶其他集团军[①]
	第12集团军（第三次组建）	1943年11月10日	乌克兰第3方面军	撤销，部队转隶第6集团军
	第58集团军（第三次组建）	1943年11月15日	大本营预备队	撤销，司令部被改编为伏尔加军区司令部
	第34集团军	1943年11月20日	西北方面军	部队转隶突击第1集团军，司令部转入大本营预备队
	第4集团军（第二次组建）	1943年11月25日	沃尔霍夫方面军	撤销，部队转隶其他兵团
12月	第11集团军	1943年12月18日至20日	白俄罗斯方面军	撤销，部队转隶第48和第63集团军
	第55集团军	1943年12月25日	列宁格勒方面军	撤销，部队和司令部转隶第67集团军[②]

资料来源：
佐洛塔廖夫编写《伟大卫国战争1941—1945：作战军队》（莫斯科，库奇科沃场出版社，2005年）第77～221页。

---

① 译者注：瓦西里·阿法纳西耶维奇·霍缅科中将在迷路后遭遇了小股德军，最终阵亡。
② 译者注：《苏联军事百科全书》认为该部是与第67集团军合并。

12. 苏联在1944年和1945年动员或改编的集团军

月份	集团军	日期	原番号或基础部队	组建/展开地点	备注
1944年1月	第4集团军（第三次组建）	1944年1月15日	第34集团军	外高加索方面军	驻在伊朗
	坦克第6集团军	1944年1月25日	近卫坦克第5军、近卫机械化第5军	乌克兰第1方面军	
1944年4月	近卫坦克第1集团军	1944年4月25日	第二次组建的坦克第1集团军	乌克兰第1方面军	于11月22日转隶白俄罗斯第1方面军；1945年3月8日转隶白俄罗斯第2方面军，28日转隶白俄罗斯第1方面军
1944年9月	近卫坦克第6集团军	1944年9月12日	坦克第6集团军	乌克兰第2方面军	于1945年3月17日转隶乌克兰第3方面军，在4月17日转隶乌克兰第2方面军
1944年11月	近卫坦克第2集团军	1944年11月20日	坦克第2集团军	白俄罗斯第1方面军	
1944年12月	空军第18集团军	1944年12月2日	远程航空兵	大本营预备队	
	独立第37集团军	1944年12月15日	第二次组建的第37集团军	大本营预备队	驻在保加利亚
1945年1月	近卫第9集团军	1945年1月5日	第7集团军司令部、独立近卫空降兵集团军	大本营预备队	于2月27日转隶乌克兰第2方面军
1945年3月	近卫坦克第4集团军	1945年3月18日	第二次组建的坦克第4集团军	乌克兰第1方面军	

资料来源：
佐洛塔廖夫主编写《伟大卫国战争1941—1945：作战军队》（莫斯科，库奇科沃场出版社，2005年）第77～221页。

426

13. 苏联在1944年和1945年撤销的集团军

月份	集团军	日期	上级部队	备注
1944年2月	第63集团军（第二次组建）	1944年2月18日	白俄罗斯方面军（第二次组建）	撤销，部队转隶第3和第48集团军
1944年4月	第10集团军（第三次组建）	1944年4月23日	西方面军	撤销，司令部被改编为第二次组建的白俄罗斯第2方面军司令部，部队转隶其他集团军
	第20集团军（第二次组建）	1944年4月24日	列宁格勒方面军	撤销，司令部被改编为波罗的海沿岸第3方面军司令部，部队转隶其他集团军
1944年12月	第54集团军	1944年12月31日	波罗的海沿岸第3方面军	10月10日，部队转隶突击第1集团军；12月31日，司令部被撤销
1945年1月	第7集团军	1945年1月5日	大本营预备队	撤销，司令部被改编为近卫第9集团军司令部，部队转隶其他集团军

资料来源：
佐洛塔廖夫主编写《伟大卫国战争1941—1945：作战军队》（莫斯科，库奇科沃场出版社，2005年）第77～221页。

14. 东线双方作战部队实力对比，1941—1945年

日期	苏联		苏联盟友		苏德兵力对比（总兵力对比）	德国		德国盟友	
	类别	兵力	类别	兵力		类别	兵力	类别	兵力
1941年6月22日	西部洛军区	2743000	-	-	1:1.14 (1:1.44)	东线	3050000	芬兰	470000
						挪威北部	67000	罗马尼亚*	325000
	总计	4901800				斯洛伐克	1910	匈牙利	44000
	动员后	1200万				总兵力	3957910		
1941年9月11日	一线	3463000			1.02:1 (1:1.22)	东线	3315000	芬兰	480000
						挪威北部	67000	罗马尼亚	250000
								匈牙利	25000
	总计	7400000				总兵力	4215147	意大利	62000
	9月1日总计	7606500						斯洛伐克	16147
	住院	443111							
1941年11月1日	一线	2200000			1:1.3 (1:1.59)	东线	2800000	芬兰	450000
						挪威北部	67000	罗马尼亚	100000
								意大利	60000
	总计	6983814				总兵力	3503400	西班牙	18000
	住院	440279						斯洛伐克	8400

（续前表）

日期	苏联		苏联盟友		苏德兵力对比（总兵力对比）	德国		德国盟友	
	类别	兵力	类别	兵力		类别	兵力	类别	兵力
1941年12月1日	一线	4197000			1.52：1（1.25:1）	东线	2700000	芬兰	450000
						挪威北部	67000	罗马尼亚	55000
								意大利	58000
	总计	7733345				总兵力	3364000	西班牙	18000
	住院	494695						斯洛伐克	16000
1942年3月7日	一线	4663697			1.8:1（1.47:1）	东线	2500000	芬兰	450000
	住院	397978				挪威北部	80000	罗马尼亚	55000
								意大利	58000
	总计	9597802				总兵力	3167200	西班牙	17000
	3月1日总计	9314719						斯洛伐克	16200
	总计住院	983500							
1942年5月5日	一线	5449898			2.07:1（1.57:1）	东线	2550000	芬兰	450000
	住院	414400				挪威北部	80000	罗马尼亚	55000
								匈牙利（正在路上）**	250000
								意大利	54000
								西班牙	17000
								斯洛伐克	16200

（续前表）

总计	8950000						
5月1日总计	10177305						
总计住院	1040817						
1942年6月7日	一线	5313000	1.98:1（1.48:1）	东线	2600000	芬兰	430000
	住院	383000		挪威北部	90000	罗马尼亚	120000
						匈牙利	250000
						意大利	54000
						西班牙	18000
						斯洛伐克	16000
				总兵力	3472700		
总计	9350000						
6月1日总计	10459113						
总计住院	901222						
1942年7月5日	一线	5647000	2:1（1.5:1）	东线	2600000	芬兰	430000
	住院	298480		挪威北部	90000	罗马尼亚	120000
						匈牙利	250000
						意大利（正在路上）	235000
						西班牙	18000
						斯洛伐克	16000
				总兵力	3578000		
总计	9205000						
7月1日总计	10363890						
总计住院	813976						
1942年8月6日	一线	5772000	2.22:1（1.54:1）	东线	2500000	芬兰	400000
	住院	301960		挪威北部	100000	罗马尼亚	250000
						匈牙利	230000

430

（续前表）

日期	苏联 类别	苏联 兵力	苏联盟友 类别	苏联盟友 兵力	苏德兵力对比（总兵力对比）	德国 类别	德国 兵力	德国盟友 类别	德国盟友 兵力
	总计	9332000						意大利	230000
	8月1日总计	9671141						西班牙	18000
	总计住院	730412				总兵力	3744000	斯洛伐克	16000
1942年10月7日	一线	5912000			2.28:1 (1.62:1)	东线	2490000	芬兰	390000
	住院	476670				挪威北部	100000	罗马尼亚	230000
								匈牙利	220000
								意大利	185000
								西班牙	17000
	总计	9254000				总兵力	3648052	斯洛伐克	16052
	10月1日总计	9716877							
	总计住院	990415							
1942年11月1日	一线	6124000			2.45:1 (1.73:1)	东线	2400000	芬兰	390000
						挪威北部	100000	罗马尼亚	230000
								匈牙利	205000
								意大利	180000
								西班牙	17000
	总计	9974443				总兵力	3538000	斯洛伐克	16000
	住院	872688							

（续前表）

日期			比率				
1943年2月2日	一线	6101000	2.77:1（2.04:1）	东线	2100000	芬兰	390000
	住院	659000		挪威北部	100000	罗马尼亚	141000
						匈牙利	106000
						意大利	120000
						西班牙	17000
						斯洛伐克	14000
	总计	9455000		总兵力	2998000		
	2月1日总计	9981609					
	总计住院	1131040					
1943年4月3日	一线	5792000	2.05:1（1.71:1）	东线	2732000	芬兰	310000
	住院	674000		挪威北部	100000	罗马尼亚	110191
						匈牙利	108000
						西班牙	15000
						斯洛伐克	13000
	总计	9486000		总兵力	3388191		
	4月1日总计	10333958					
	总计住院	1174986					
1943年7月9日	一线	6724000	1.93:1（1.67:1）	东线	3403000	芬兰	330000
	住院	446445		挪威北部	80000	罗马尼亚	110000
						匈牙利	80000
						西班牙	15000
	总计	10300000		总兵力	4018000		
	7月1日总计	10363890					
	总计住院	813976					

（续前表）

日期	苏联		苏联盟友		苏德兵力对比（总兵力对比）	德国		德国盟友	
	类别	兵力	类别	兵力		类别	兵力	类别	兵力
1943年7月27日	一线	6903000			2.2:1 (1.88:1)	东线	3064000	芬兰	330000
	住院	354500				挪威北部	80000	罗马尼亚	110000
								匈牙利	70000
	总计	10547000				总兵力	3669000	西班牙	15000
	8月1日总计	10946611							
	总计住院	881451							
1943年10月14日	一线（估计值）	6600000			2.57:1 (2.17:1)	东线	2498000	芬兰	350000
	1944年1月1日一线	6165000				挪威北部	70000	罗马尼亚	106578
								西班牙	14000
	10月1日总计	10199616				总兵力	3038578		
	总计住院	1239156							
1944年3月12日	一线	6394000			2.66:1 (2.3:1)	东线	2336000	芬兰	304000
	住院	727000				挪威北部	70000	罗马尼亚	64712
	总计	10980000				总兵力	2774712		
	4月1日总计	10322066							
	总计住院	1306932							
1944年5月1日	6月1日一线	6750420			2.68:1 (2.04:1)	东线	2460000	芬兰	304000
						挪威北部	60000	罗马尼亚	322000
	5月1日总计	10690041				总兵力	3313000	匈牙利	167000

（续前表）

日期	类别	数值	占领区	数值	战线/兵力	数值	轴心国	数值	比率
	6月1日总计	11073675							
	5月1日住院	1153498							
1944年7月1日	一线（估计）	6800000	波兰	79,900	东线	1996000	芬兰	528000	3.31:1 (2.16:1)
	总计	11047090			挪威北部	60000	罗马尼亚	405000	
	总兵力	6879900			总兵力	3185000	匈牙利	196000	
1944年9月1日	一线（估计）	6600000	波兰	100,000	东线	2042000	匈牙利	225000	3.15:1 (2.87:1)
	总计	10674798	罗马尼亚	138073	挪威北部	50000			
			捷克斯洛伐克	16248					
	总兵力	6879900			总兵力	2317000			
1944年10月1日	一线（估计）	6600000	波兰	210000	东线	1790138	匈牙利	280000	3.69:1 (3.49:1)
	总计	10700061	罗马尼亚	187500					
	住院	1045844	保加利亚	156000					
			南斯拉夫	130000					
			捷克斯洛伐克	16000					
	总兵力	7229500			总兵力	2070138			
1944年11月1日	一线（估计）	6600000	波兰	210,000	东线	2030000	匈牙利	170000	3.2:1 (3.6:1)
	总计	10538993	罗马尼亚	130000					
	住院	1080384	保加利亚	156000					
			南斯拉夫	130000					
			阿尔巴尼亚（11月29日）	70000					
			捷克斯洛伐克	11476					

（续前表）

日期	苏联		苏联盟友		苏德兵力对比（总兵力对比）	德国		德国盟友	
	类别	兵力	类别	兵力		类别	兵力	类别	兵力
1945年1月1日	总兵力	7207476				总兵力	2200000		
	一线	6750149	波兰	129900	3.3:1 (2.85:1)	东线	2230000	匈牙利	300000
	总计	11084086	罗马尼亚	101500					
	住院	915328	保加利亚	156000					
			南斯拉夫	116000					
			捷克斯洛伐克	18785					
1945年3月1日	总兵力	7199984				总兵力	2530000		
	一线	6332000	波兰	155,000	3.17:1 (2.17:1)	东线	2000000	匈牙利	100000
	总计	10432852	罗马尼亚	66280					
	住院	1180684	保加利亚	78588					
			捷克斯洛伐克	18000					
1945年4月1日	总兵力	6649868				总兵力	2100000		
	一线	6410000	波兰	155000	3.5:1 (3.27:1)	东线	1960000		
	总计	10239126	罗马尼亚	65000					
	住院	1234045	保加利亚	75000					
			捷克斯洛伐克	18000					
1945年5月8日	总兵力	6726000				总兵力	1960000		
	一线	5700000	波兰	155000	3.77:1 (4.05:1)	东线	1510000		
	5月1日总计	10102267	罗马尼亚	139500					
	住院	1262434	保加利亚	70000					
			捷克斯洛伐克	48400					
	总兵力	6112900				总兵力	1510000		

轴心国资料来源：

厄尔·F.齐姆克（Earl F. Ziemke）著《从斯大林格勒到柏林：德国在东线的失败》（From Stalingrad to Berlin:The German Defeat in the East；华盛顿，哥伦比亚特区，美国陆军军事历史中心，1968年——Washington, DC: OCMH, 1968）第9，第18~19，第144，第412~413，第457，第498页。

东线外国陆军处（Fremde Heere Ost）所作的1943年4月1日，1943年7月20日，1943年10月14日，1944年5月1日，1944年6月1日[①]，1944年8月1日，1944年9月1日和1944年11月1日的兵力对比报告。

阿克斯西，斯卡费什，克拉丘诺尤著《第三轴心，第四同盟：欧洲战争中的罗马尼亚武装力量，1941—1945》。

苏联资料来源：

格里戈里·费多托维奇·克里沃舍耶夫（G. F. Krivosheev）《解密：苏联武装力量在历次战争、战斗行动和军事冲突中的损失》（Гриф секретности снят: Потери Вооружённых Сил СССР в войнах, боевых действиях и военных конфликтах, 1993年——Moscow: Voenizdat, 1993）第152~153页。

克里沃舍耶夫主编写《解密伟大卫国战争，关于减员的书，最新研究版本》（Великая Отечественная без грифа секретности. Книга потерь. Новейшее справочное издание；莫斯科，韦切出版社，2009年）第39和第39~40页。

《二战中的军事艺术》（Военное искусство во второй мировой войне）（莫斯科，军事出版社，1973年）第171页。该书为伏罗希洛夫总参军事学院内部教材，其中苏军实力是准确的，但德军实力被严重夸大了。

《伟大卫国战争1941—1945：从数据看战局和战略战役》第2卷。

马列主义研究院中央党务档案馆（ЦПАУМЛ），包括：

国防委员会（ГКО）1941年9月11日决议（第644全宗，第1目录，第9卷宗）；

国防委员会（ГКО）1942年3月7日决议（第644全宗，第1目录，第23卷宗，第127~129页）；

国防委员会（ГКО）1942年5月5日决议（第644全宗，第1目录，第33卷宗，第48~50页）；

国防委员会（ГКО）1942年6月7日决议（第644全宗，第1目录，第39卷宗，第74~78及第170页）；

国防委员会（ГКО）1942年7月5日决议（第644全宗，第1目录，第41卷宗，第163~165页）；

国防委员会（ГКО）1942年8月6日决议（第644全宗，第1目录，第50卷宗，第71~74页）；

国防委员会（ГКО）1942年10月7日决议（第644全宗，第1目录，第61卷宗，第88~91页）；

国防委员会（ГКО）1943年2月2日决议（第644全宗，第1目录，第85卷宗，第95页）；

① 译者注：疑应为1944年7月1日。

国防委员会（ГКО）1943年4月3日决议（第644全宗，第1目录，第100卷宗，第117～118页）；

国防委员会（ГКО）1943年6月9日决议①（第644全宗，第1目录，第125卷宗，第35～36页）；

国防委员会（ГКО）1943年7月27日决议（第644全宗，第1目录，第138卷宗，第205～206及第208页）；

国防委员会（ГКО）1944年3月12日决议（第644全宗，第1目录，第23卷宗，第49及第101～104页）。

备注：

苏军兵力数字为作战方面军和集团军（包括作战方面军和集团军）的兵力，精确到个位数的数字包含了陆军、红海军、内务人民委员部部队和防空军。内务人民委员部部队和防空军力包含边防军，内卫部队和铁路安全、护卫及建筑警戒力量，上述兵力增长情况如下：

1941年6月22日，334900人；

1942年3月7日，493379人；

1943年2月2日，516000人；

1944年3月12日，540000人；

战争结束时，已经超过60万人。

上述兵力约有三分之二被部署在苏联西部。

除乌兰、罗马尼亚、匈牙利、意大利、斯洛伐克和西班牙军队以外，轴心国军队中还含有少量克罗地亚人（克罗地亚军团和第369步兵团），少量甚至参加过斯大林格勒之战的拉脱维亚和爱沙尼亚警察营。

武装党卫军的师和滚中也有轴心国陆营占领地区的欧洲志愿兵和应征入伍者。最终在战争过程中，德国人批准成立了俄罗斯人民解放武装力量委员会（Вооружённые силы Комитета освобождения народов России，俄文缩写为ВСКОНР），即人们所熟知的"俄罗斯解放军"（ROA）；该部指挥官灵与其主走第2集团军残部在1942年7月投降德国人的安德烈·安德烈那维奇·弗拉索夫中将（Andrei Andreevich Vlasov）。俄罗斯人民解放武装力量委员会主委由原红军战俘组成，截止1945年4月已有124000人，编为1个司令部，3个步兵师②（德军番号为第600,第650和第700），1个反坦克旅，几所学校和4个独立军（包含拥有18000人的第15骑萨夫师兵军）。其中很少有部队减投入实战，因为希特勒对斯拉夫人并不信任甚至持有偏见。除正式组建的俄罗斯人民解放武装力量委员会外，在德军前线的师和其他部队中还有大量提供各种服务的俄国辅助人员（Hilfswilliger，缩写为HiWi）。1942年

① 译者注：疑应为7月9日。

② 译者注：其"步兵师"的俄文为пехотная дивизия，德文为Infanterie-Division，而红军的步兵师为射击兵师——стрелковая дивизия。

4月时，这些辅助人员大约有20万；到1943年6月有60万，在德国空军中（的人员）多达18万。在斯大林格勒会战的高潮阶段，第6集团军的许多师中辅助人员甚至比作战人员还要多。最后，还有许多志愿兵（德语为Freiwilligen）在德军的师里服役，在少数时候甚至多达该部队总人数的40%。详见基里尔·米哈伊洛维奇·亚历山德罗夫（Александров, Кирилл Михайлович）著《А. А. 弗拉索夫中将的军官团军队，1944—1945》（Офицерский корпус Армии генерал-лейтенанта А. А. Власова 1944－1945；俄联邦，圣彼得堡，"闪电战"出版社——Блиц，2001年）。

* 如匈牙利、意大利和斯洛伐克军队情况那样，表格中的罗马尼亚军队人数只是其投入前线兵力的估计值，该国的总兵力还要多得多。比如根据阿克斯沃西、斯卡费什、克拉丘诺尤著《第三轴心，第四同盟：欧洲战争中的罗马尼亚武装力量，1941—1945》第216页，罗马尼亚陆军总兵力如下：
1941年，585930人；
1942年中期，472269人；
1943年中期，393470人；
1944年中期，466766人。

** 1942年夏季，被派往东线的25万匈牙利军队中大约有20万作战军人和5万犯人奴工。1942年中期，匈牙利第2集团军的在编作战兵力为209000人；到1943年1月1日减少为203000人，到1943年4月进一步减少为108000人。

15. 纳粹德国国防军在二战中的损失

永久性损失（死亡、失踪或残疾）

1939年9月1日—1942年9月1日	922000	占总兵力的14%，有90%损失在东线*
1942年9月1日—1943年11月20日	2077000	占总兵力的30%，有90%损失在东线*
1943年11月20日—1944年6月	1500000	估计数，有80%损失在东线
1944年6月—1944年11月	1457000	903000人或是60%损失在东线*
1944年12月—1945年4月30日	2000000	有67%损失在东线**

总伤亡

截至1945年4月30日	11135800	其中负伤人数为6035000**
到战争结束时全部武装力量总损失	13448000	含负伤人员。此数值为动员力量的75%，以及1939年时男性人口的46%**
东线永久性损失	6923700	

克里沃舍耶夫《解密：苏联武装力量在历次战争、战斗行动和军事冲突中的损失》第391页列出德国仆从军的损失为1725800人，具体如下所示：

国家	死亡、失踪	被俘
芬兰	84000	2400
匈牙利	350000	513700
意大利	45000	48900
罗马尼亚	480000	201800
合计	959000	766800

克里沃舍耶夫书中第392页列出了截至1956年4月22日、在苏联内务人民委员部战俘营中的轴心国军队俘虏情况，部分数据如下：

国家	被俘总数	死亡
德国	2389600	450600
奥地利	156000	N/A
匈牙利	513700	54700
罗马尼亚	201800	40000
意大利	48975	N/A
芬兰	2400	N/A
其他（党卫军和辅助单位中的法国人、捷克人、斯洛伐克人、比利时人及西班牙人）	464147	N/A
总计	3777290	多于545300

（续前表）

以上表格部分数字出自第319页，另外克里沃舍耶夫书2001版第512页数字如下：

国家	被俘总数	死亡
德国	2388443	356700
奥地利	156681	10891
德国国防军总计	2733739	381067
匈牙利	513766	54755
罗马尼亚	187367	54612
意大利	48957	27683
芬兰	2377	403
总计	3486206	518520

资料来源：

* 厄尔·F.齐姆克《从斯大林格勒到柏林：德国在东线的失败》第213～214和第412页。

** 克里沃舍耶夫《解密：苏联武装力量在历次战争、战斗行动和军事冲突中的损失》第391～392页给出的德军死亡数字为3888000人，而被俘虏数字（含奥地利人、党卫军和德国陆军中的外国辅助人员）为3035700人。

16. 苏联红军和红空军的人员损失，1941年6月22日—1945年5月9日

时间段	红军（包含红空军）人员损失			
	平均实力（每月）	死亡、失踪	负伤、患病	总减员
1941年第三季度	3334400	2067801	676964	2744765
1941年第四季度	2818500	926002	637327	1563329
年度总计	**3024900**	**2993803**	**1314291**	**4308094**
1942年第一季度	4186000	619167	1172274	1791441
1942年第二季度	5060300	776578	702150	1478728
1942年第三季度	5664600	1141991	1276810	2418801
1942年第四季度	6343600	455800	936031	1391831
年度总计	**5313600**	**2993536**	**4087265**	**7080801**
1943年第一季度	5892800	656403	1421140	2077543
1943年第二季度	6459800	125172	471724	596896
1943年第三季度	6816800	694465	2053492	2747957
1943年第四季度	6387200	501087	1560164	2061251
年度总计	**6389200**	**1977127**	**5506520**	**7483647**
1944年第一季度	6268600	470392	1565431	2035823
1944年第二季度	6447000	251745	956828	1208573
1944年第三季度	6714300	430432	1541965	1972397
1944年第四季度	6770100	259766	1026645	1286411
年度总计	**6550000**	**1412335**	**5090869**	**6503204**
1945年第一季度	6461100	468407	1582517	2050924
1945年第二季度	6135300	163226	609231	772457
年度总计	**6330880**	**631633**	**2191748**	**2823381**
战时总计	**5778500**	**10008434**	**18190693**	**28199127**

资料来源：

克里沃舍耶夫编写《解密伟大卫国战争，关于损失的书，最新研究版本》（莫斯科，韦切出版社，2009年）第69页。

武装力量减员分类		
不可归队减员	**数量**	**（百分比 %）**
阵亡或死于运送途中	5187190	17.5
因伤死于医院	1100327	3.7
非战斗病死	541920	1.8
失踪或被俘	4455620	15.1
总计	**11285057**	**38.1**
卫生减员		
负伤	15205592	51.3
患病	3047675	10.3
冻伤	90881	0.3
总计	**18344148**	**61.9**
武装力量总损失	**29629205**	**100**

资料来源：

克里沃舍耶夫编写《解密伟大卫国战争，关于损失的书，最新研究版本》（莫斯科，韦切出版社，2009年）第54～56页。

备注：

克里沃舍耶夫书中的数字只包含上报给作战方面军和独立集团军的损失，不含在开赴前线的开进补充营连①中的开进补充人员所遭受损失。

根据列夫·尼古拉耶维奇·洛普霍夫斯基（Лопуховский, Лев Николаевич）和鲍里斯·康斯坦丁诺维奇·卡瓦列尔奇克（Кавалерчик, Борис Константинович）合撰《我们何时才能得知击败希特勒德国的真实代价？》（Когда мы узнаем реальную цену разгрома гитлеровской Германии；俄罗斯，莫斯科，亚乌扎出版社——Яуза和埃克斯莫出版社——ЭКСМО，2012年），包含开进补充分队在内，苏联武装力量的不可归队减员总数为1460万人。该文出自《用鲜血洗刷？伟大卫国战争损失的谎言和真相》（"Умылись кровью"? Ложь и правда о потерях в Великой Отечественной войне）。

伊利延科夫（S. A. Il'enkov）著《关于苏联武装力量战时不可归队减员的登记情况，1941—1954》（《斯拉夫军事研究》杂志第9卷第2期——"Concerning the Registration of Soviet Armed Forces Wartime Irrevocable Losses, 1941-1954"，Journal of Slavic Military Studies 9, no. 2，1996年6月）第440～442页也间接认可了这一观点。

---

① 译者注：苏军术语中将开进补充营和连称为开进补充分队——Маршевое подразделение，将开进补充人员称为Маршевое пополнение，详见中文版《苏联军事百科全书：战争理论》第359～360页。

17. 苏联战时兵力和损失

战略战役	时间	人员损失				技术装备损失		
		初始兵力	不可归队减员	卫生减员	总计	坦克和自行火炮	火炮和迫击炮①	作战飞机
战争第一阶段（1941年6月22日—1942年11月18日）								
立陶宛和拉脱维亚（波罗的海沿岸）防御战役	1941年6月22日—7月9日	498000	75202	13284	88486	2523	3561	990
白俄罗斯防御战役	1941年6月22日—7月9日	627300	341073	76717	417790	4799	9427	1777
乌克兰西部（利沃夫—切尔诺维策）防御战役	1941年6月22日—7月6日	864600	172323	69271	241594	4381	5806	1218
北极和卡累利阿防御战役	1941年6月29日—10月10日	358390	67265	68448	135713	546	540	64
基辅防御战役	1941年7月7日—9月26日	628500	616304	84240	700544	411	28419	343
摩尔达维亚防御战役	1941年7月1—26日	364700	8519	9374	17893			
列宁格勒防御战役	1941年7月10日—9月30日	517000	214078	130848	344926	1492	9885	1702
保卫敖德萨	1941年8月5日—10月16日	34500	16578	24690	41268			
斯摩棱斯克会战	1941年7月10日—9月10日	581600	486171	273803	759974	1348	9290	903
蒂拉斯波尔—梅利托波尔波尔防御战役	1941年7月27日—9月28日	280510	75424	46226	121650			
叶利尼亚进攻战役	1941年8月30日—9月8日	103200	10701	21152	31853			
锡尼亚维诺进攻战役	1941年9月10日—10月28日	71270	22211	32768	54979			
顿巴斯—罗斯托夫防御战役	1941年9月29日—11月16日	541600	143313	17263	160576	101	3646	240
苏梅—哈尔科夫防御战役	1941年9月30日—11月30日	147110	75720	20789	96509			
季赫温防御战役	1941年10月16日—11月18日	135700	22743	17846	40589			
克里木防御战役	1941年10月18日—11月16日	235600	48438	15422	63860			
莫斯科防御战役	1941年9月30日—12月5日	1250000	514338	143941	658279	2785	3832	293

① 表格中"火炮和迫击炮损失"包含50毫米迫击炮，其数量占苏军1941—1942年野战部队火炮和迫击炮总数的29%～30%，到1945年为3‰。克里沃舍耶夫书中并未说明技术装备的损失是否易于不可恢复损失。

（续前表）

战役	时间						
塞瓦斯托波尔防御战役	1941年10月30日—1942年7月4日	52000	156880	43601	200481	70	2293	82
季赫温进攻战役（季赫温反攻）	1941年11月10日—12月30日	192950	17924	30977	48901	42	1017	42
罗斯托夫进攻战役（顿河畔罗斯托夫反攻）	1941年11月17日—12月2日	349000	15264	17847	33111			
莫斯科进攻战役（莫斯科反攻）	1941年12月5日—1942年1月7日②	1021700	139586	231369	370955	429	13350	140
刻赤—费奥多西亚登陆战役	1941年12月25日—1942年1月2日	82500	32453	9482	41935	35	133	39
库尔斯克—奥博扬进攻战役	1942年1月3—26日	121920	10586	19996	30582			
柳班进攻战役	1942年1月7日—4月30日	325700	95064	213303	308367			
杰米扬斯克进攻战役	1942年1月7日—5月20日	105700	88908	156603	245511			
博尔霍夫进攻战役	1942年1月8日—4月20日	317000	21319	39807	61126			
勒热夫—维亚济马进攻战役	1942年1月8日—4月20日	1059200	272320	504569	776889	957	7296	550
托罗佩茨—霍尔姆进攻战役	1942年1月9日—2月6日	122100	10400	18810	29210			
刻赤半岛登陆战	1942年1月14日—4月12日	181680	43248	67091	110339			
巴尔文科沃—洛佐瓦亚进攻战役	1942年1月18—31日	361690	11095	29786	40881			
刻赤防御战役	1942年5月8—19日	249800	162282	14284	176566			
哈尔科夫会战	1942年5月12—29日	765300	170958	106232	277190			
突击第2集团军突围战役	1942年5月13日—7月10日	231900	54774	39977	94751			
沃罗涅日—伏罗希洛夫格勒防御战役	1942年6月28日—7月24日	1310800	370522	197825	568347	2436	13716	783
别雷区防御战役	1942年7月2—27日	187690	7432	12928	20360			
斯大林格勒防御战役	1942年7月17日—11月18日	547000	323856	319986	643842	1426	12137	2063
北高加索防御战役	1942年7月25日—12月31日	603200	192791	181120	373911	990	5049	644

---

② 译者注：苏军对莫斯科进攻战役时间的定义是1941年12月5日—1942年4月20日。

（续前表）

战略战役	时间	人员损失				技术装备损失		
		初始兵力	不可归队减员	卫生减员	总计	坦克和自行火炮	火炮和迫击炮	作战飞机
勒热夫—瑟乔夫卡进攻战役	1942年7月30日—8月23日	345100	51482	142201	193683			
锡尼亚维诺进攻战役	1942年8月19日—10月10日	190000	40085	73589	113674			
西方面军在苏希尼奇和科泽利斯克的反突击	1942年8月22—29日	218412	12134	22415	34549			
战争第二阶段（1942年11月19日—1943年12月31日）								
斯大林格勒进攻战役	1942年11月19日—1943年2月2日	1143500	154885	330892	485777	2915	3591	706
大卢基进攻战役	1942年11月24日—1943年1月20日	86700	31674	72348	104022			
勒热夫—瑟乔夫卡进攻战役（"火星"）	1942年11月24日—12月16日	545070	70373	145301	215674	1847①	1100	120
北高加索进攻战役（"顿河"）	1943年1月1日—2月4日	1145300	69627	84912	154539	220	895	236
突破列宁格勒封锁战役（"火花"）	1943年1月12—30日	302800	33940	81142	115082	41	417	41
沃罗涅日—哈尔科夫进攻战役	1943年1月13日—3月3日	502400	55475	98086	153561	1023	2106	307
米利罗沃—伏罗希洛夫格勒进攻战役	1943年1月1日—2月22日	265180	38049	63684	101733			
罗斯托夫进攻战役	1943年1月1日—2月18日	259440	9809	18422	28231			
小阿尔汉格尔斯克进攻战役	1943年2月5日—3月2日	240160	19684	34615	54299			
克拉斯诺达尔进攻战役④	1943年2月9日—5月24日	390000	66814	173902	240716			
杰米扬斯克进攻战役	1943年2月15—28日	327600	10016	23647	33663			

① 译者注："技术装备损失"并未出现在克里沃舍耶夫《20世纪战争中的俄罗斯和苏联：关于减员的书》（莫斯科，书坊出版社，2010年）中，反而与作者在1999年出版的《"火星"战役：未可知的最大失败》中引用的德方基本吻合。德方资料认为红军损失了1847辆坦克，896门野战炮，高射炮和迫击炮，以及1107架飞机。

④ 译者注：苏联官方对本起止时间的定义是1943年2月9日—3月16日。

（续前表）

战役	时间							
谢夫斯克—奥廖尔进攻战役⑤	1943年2月25日—3月28日	256820	30439	39968	70407			
勒热夫—维亚济马进攻战役	1943年3月2—31日	876000	38862	99715	138577			
旧鲁萨区进攻战役	1943年3月4—19日	401190	31789	71319	103108			
哈尔科夫防御战役	1943年3月4—25日	345900	45219	41250	86469	322	3185	110
在雷利斯克和苏梅地域的战斗行动	1943年3月4—28日	93770	2643	4891	7534			
库尔斯克防御战役	1943年7月5—23日	1272700	70330	107517	177847	1614	3929	459
奥廖尔进攻战役（"库图佐夫"）	1943年7月12日—8月18日	1287600	112529	317361	429890	2586	892	1104
伊久姆—巴尔文科沃进攻战役	1943年7月17—27日	202430	10310	28380	38690			
米乌斯河进攻战役	1943年7月17日—8月2日	271790	15303	45767	61070			
姆加战役	1943年7月22日—8月22日	253300	20890	59047	79937			
别尔哥罗德—哈尔科夫进攻战役（"鲁缅采夫"）	1943年8月3日—23日	1144000	71611	183955	255566	1864	423	153
斯摩棱斯克进攻战役（"苏沃洛夫"）	1943年8月7日—10月2日	1252600	107645	343821	451466	863	243	303
顿巴斯进攻战役	1943年8月13日—9月22日	1011900	66166	207356	273522	886	814	327
切尔尼戈夫—波尔塔瓦进攻战役	1943年8月26日—9月30日	1581300	102957	324995	427952	1140	916	269
布良斯克进攻战役	1943年9月1日—10月3日	530000	13033	43624	56657			
新罗西斯克—塔曼进攻战役⑥	1943年9月10日—10月9日	317400	14564	50946	65510	111	70	240
第聂伯河下游进攻战役⑦	1943年9月26日—12月20日	1506400	173201	581191	754392	2639	3125	430
梅利托波尔进攻战役	1943年9月26日—11月5日	555300	42760	155989	198749			

⑤ 译者注：克雷沃舍耶夫《20世纪战争中的俄罗斯和苏联：关于减员的书》（Россия и СССР в войнах XX века. Книга потерь）第357页将其称为"谢夫斯克方向上的战斗行动"，中央方面军部队参加的这次战役也被称为谢夫斯克—奥廖尔进攻战役。参见https://pamyat-naroda.ru/ops/sevsko-orlovskaya-nastupatelnaya-operatsiya/网址。

⑥ 译者注：苏联官方对其起止时间的定义是1943年9月9日—10月9日。

⑦ 译者注：这次战役也是第聂伯河会战的一部分。

446

（续前表）

战略战役	时间	人员损失				技术装备损失		
		初始兵力	不可归队减员	卫生减员	总计	坦克和自行火炮	火炮和迫击炮	作战飞机
柳捷日进攻战役	1943年10月1日—11月2日	253830	24422	60642	85064			
涅韦尔—戈罗多克进攻战役	1943年10月6日—12月31日⑧	198000	43551	125351	168902			
扎波罗热进攻战役	1943年10月10—14日	150500	3443	14265	17708			
布克林进攻战役	1943年10月12—24日	185960	6498	21440	27938			
奥尔沙地域进攻战役	1943年10月12日—12月2日	310900	24553	79867	104420			
刻赤—埃利季根进攻战役	1943年10月31日—12月11日	150000	6985	20412	27397			
基辅进攻战役	1943年11月3—13日	671000	6491	24078	30569	271	104	125
戈梅利—列奇察进攻战役	1943年11月10—30日	761300	21650	66556	88206			
基辅防御战役	1943年11月13日—12月22日	730000	26443	61030	87473			
新索科利尼基地方向追击敌军	1943年12月30日—1944年1月8日	199700	2574	9821	12395			
战争第三阶段（1944年1月1日—1945年5月9日）								
第聂伯—喀尔巴阡进攻战役（解放右岸乌克兰），包含以下两场战役	1943年12月24日—1944年4月17日	2406100	270198	839330	1109528	4666	7532	676
日托米尔—别尔季切夫进攻战役	1943年12月24日—1944年1月14日	831000	23163	76855	100018			
科尔—舍甫科夫斯基进攻战役	1944年1月24日—2月17日	336700	24286	55902	80188			
卡林科维奇—莫济里进攻战役	1944年1月8—30日	232600	12350	43807	56157			
列宁格勒—诺夫哥罗德进攻战役	1944年1月14日—3月1日	822100	76686	237267	313953	462	1832	260
维捷布斯克进攻战役	1944年2月3日—3月13日	436180	27639	107373	135012			

⑧ 译者注：本条的"时间"为1943年10月6—10日的涅韦尔战役和1943年12月13—31日的戈罗多克战役及其间歇的合计。

（续前表）

战役名称	日期							
罗加乔夫—日洛宾进攻战役	1944年2月21—26日	232000	7164	24113	31277			
普斯科夫进攻战役	1944年3月9日—4月15日	173120	10453	31680	42133			
克里木进攻战役	1944年4月8日—5月12日	462400	17754	67065	84819	171	521	179
维堡—波得罗扎沃茨克进攻战役	1944年6月10日—8月9日	451500	23674	72701	96375	294	489	311
白俄罗斯进攻战役（"巴格拉季翁"）	1944年6月23日—8月29日	2411600[9]	180040	590848	770888	2957	2447	822
列日察—德文斯克进攻战役[10]	1944年7月10—27日	391200	12880	45115	57995			
普斯科夫—奥斯特罗夫进攻战役	1944年7月11—31日[11]	258400	7633	25951	33584			
利沃夫—桑多梅日进攻战役	1944年7月13日—8月29日	1002200	65001	224295	289296	1269	1832	289
纳尔瓦进攻战役	1944年7月24—30日	136830	4685	18602	23287			
马多纳进攻战役[12]	1944年8月1—28日	390000	14669	50737	65406			
塔尔图进攻战役	1944年8月10日—9月6日	272800	16292	55514	71806			
雅西—基希讷乌进攻战役	1944年8月20—29日	1314200	13197	53933	67130	75	108	111
沃姆扎—鲁然进攻战役	1944年8月30日—11月2日	153760	11771	45850	57621			
塞罗茨克进攻战役（纳雷夫河）	1944年8月30日—11月2日	269500	23090	78355	101445			
布加勒斯特—阿拉德进攻战役	1944年8月30日—10月3日	681556	8447	46839	55286			
扩大维斯瓦河上桑多梅日登陆场的战斗	1944年8月30日—11月2日	205160	5279	20744	26023			
在坎达拉克沙—克斯捷尼基方向方向追击敌军（北极地区）	1944年9月5日—10月5日	89100	2550	7281	9831			
东喀尔巴阡进攻战役	1944年9月8日—10月28日	378000[13]	28473	103437	131910	478	962	192

---

[9] 译者注："初始兵力"和"减员"含波兰第1集团军。

[10] 译者注：两个地名分别为拉脱维亚城市雷泽克内（Rēzekne）、道加瓦匹尔斯（Daugavpils）的俄文名称。

[11] 译者注：苏联官方对其起止时间的定义是1944年7月17—31日。

[12] 译者注：马多纳是一座拉脱维亚城市。

[13] 译者注："初始兵力"和"减员"含捷克斯洛伐克第1军。

（续前表）

战役	时间	人员损失				技术装备损失		
		初始兵力	不可归队减员	卫生减员	总计	坦克和自行火炮	火炮和追击炮	作战飞机
波罗的海沿岸进攻战役	1944年9月14日—11月24日	1546400	61468	218622	280090	522	2593	779
贝尔格莱德进攻战役	1944年9月28日—10月20日	300000	4350	14488	18838	53	184	66
佩特萨莫—希尔克内斯进攻战役	1944年10月7—29日	133500	6084	15149	21233	21	40	62
德布勒森进攻战役	1944年10月6—28日	698200	19713	64297	84010			
贡宾嫩—戈尔达普进攻战役	1944年10月16—30日	404500	16819	62708	79527			
布达佩斯进攻战役	1944年10月29日—1945年2月13日	719500	80026	240056	320082	1766	4127	293
阿帕廷（今属塞尔维亚）—考波什堡（今属匈牙利）进攻战役	1944年11月7日—12月10日	205370	6790	25640	32250			
翁达瓦河（拉于斯洛伐克东）进攻战役	1944年11月20日—12月15日	131750	4096	16472	20568			
维斯瓦河—奥得河进攻战役	1945年1月12日—2月3日	2203600①	43476	150715	194191	1267	374	343
西隆尔巴阡进攻战役	1945年1月12日—2月18日	593000②	19080	72852	91932	359	753	94
东普鲁士进攻战役	1945年1月13日—4月25日	1669100	126464	458314	584778	3525	1644	1450
消灭克莱佩达（梅梅尔）地域敌军集团的进攻战役	1945年1月25日—2月4日	56200	403	1066	1469			
在屈斯特林地域维持和发展奥得河登陆场的战斗	1945年2月3日—3月30日	151600	15466	46333	61799			
下西里西亚进攻战役	1945年2月8—24日	980800	23577	75809	99386			
东波美拉尼亚进攻战役	1945年2月10日—4月4日	996100③	55315	179045	234360	1027	1005	1073

① 译者注："初始兵力"和"减员"含波兰第1集团军。
② 译者注："初始兵力"和"减员"含罗马尼亚第1、第4集团军和捷克斯洛伐克第1军。
③ 译者注："初始兵力"和"减员"含波兰第1集团军3月1日至4月4日间有关情况。

（续前表）

战役	日期						
库尔兰进攻战役	1945年2月16日—5月8日	429230	30501	130447	160948		
巴拉顿湖防御战役	1945年3月6—15日	465000	8492	24407	32899		
班斯卡-比斯特里察进攻战役	1945年3月10—30日	79780	2104	9033	11137		
摩拉瓦-俄斯特拉发进攻战役	1945年3月10日—5月5日	317300	23964	88657	112621		
上西里西亚进攻战役	1945年3月15—31日	408400	15876	50925	66801		
维也纳进攻战役	1945年3月16日—4月15日	745600[①]	41359	136386	177745	603	764	614
布拉迪斯拉发—布尔诺进攻战役	1945年3月25日—5月5日	272200	16933	62663	79596		
格拉茨—阿姆施泰滕进攻战役	1945年4月15日—5月9日	294760	2173	6552	8725		
柏林进攻战役	1945年4月16日—5月8日	2062100[②]	81116	280251	361367	1997	2108	917
布拉格进攻战役	1945年5月6—11日	2028100[③]	11997	40501	52498	373	1006	80
远东进攻战役	1945年8月9日—9月2日	1685500[④]	12103	24550	36653	78	232	62

资料来源：

克里沃舍耶夫主编写《解密伟大卫国战争，关于减员的书，最新研究版本》（莫斯科，韦切出版社，2009年）第75~184页。

克里沃舍耶夫主编写，克里斯蒂娜·巴纳德（Christine Barnard）译《苏联在二十世纪的伤亡和作战损失》英文版（Soviet Casualties and Combat Losses in the Twentieth Century；宾夕法尼亚州，克里克斯堡，斯塔克波尔图书出版社，1993年——Mechanicsburg, PA: Stackpole Books, 1993）第107~161页。

① 译者注："初始兵力"和"减员"含保加利亚第1集团军。

② 译者注："初始兵力"和"减员"含波兰第1和第2集团军。

③ 译者注："初始兵力"和"减员"含波兰第2集团军在色多方向战斗中付出的巨大伤亡并未被计入此次损失中。

④ 译者注："初始兵力"和"减员"含波兰第2集团军，罗马尼亚第1和第4集团军，捷克斯洛伐克第1军。

⑤ 译者注："初始兵力"和"减员"含蒙古军队。

18. 1941—1945年苏联武器生产、装备和损失情况

苏联武器产量					
年份	各种轻武器 （不含手枪）	坦克和 自行火炮	火炮和迫击炮 （口径达 50 毫米以上， 不含自行火炮、航炮和舰炮）	作战 飞机	作战 舰艇
1941	1760000	4700	53600	8200	35
1942	5910000	24500	287000	21700	15
1943	5920000	24100	126000	29900	14
1944	4860000	29000	47300	33200	4
1945（1—4月）	1380000	16000	11300	8200	2
合计	19830000	98300	525200	101200	70

红军武器总量					
时间	坦克和自行火炮		火炮和迫击炮 （不含 50 毫米迫击炮）		作战飞机	
	总量	野战部队 保有量	总量	野战部队 保有量	总量	野战部队 保有量
1941年6月22日	22600	14200	76500	32900	20000	9200
1942年1月1日	7700	2200	48600	30000	12000	5400
1943年1月1日	20600	8100	161600	91400	21900	12300
1944年1月1日	24400	5800	244400	101400	32500	13400
1945年1月1日	35400	8300	244400	114600	43300	21500
1945年5月9日	35200	8100	239600	94400	47300	22300

红军武器的不可恢复损失			
年份	坦克和自行火炮 （本表中括号内数字为百分比值， 如 72.7 实为 72.7%）[1]	火炮和迫击炮 （口径 50 毫米以上）	作战飞机
1941	20500 (72.7)	63100 (59)	17900 (34.4)
1942	15100 (42.3)	70300 (32)	12100 (22.9)
1943	23500 (49.1)	25300 (9)	22500 (20.4)
1944	23700 (40.1)	43300 (15)	24800 (14.2)
1945	13700 (28)	16000 (4)	11000 (7)
总计	96500 (73.3)	218000 (48)	88300 (31.8)

资料来源：

克里沃舍耶夫《解密：苏联武装力量在历次战争、战斗行动和军事冲突中的损失》（莫斯科，军事
出版社，1993年）第349～350和第356～358页。

———

　① 译者注：表格中的百分比数值与克里沃舍耶夫书中数据完全不符——克里沃舍耶夫的计算方式为当年损失数占整个战争期间损失的比例。而且这些数字也与当年损失/（年初存量+当年产量）的结果不符。

注释

第 1 章 红军，1918—1939 年

1. B.I.库兹涅佐夫（B. I. Kuznetsov）"军运梯队战争"（Эшелонная война），可见《苏联军事百科全书》俄文版第8卷（Советская военная энциклопедия, t. 8；莫斯科，军事出版社，1980年）第619页[①]、《军事百科全书》第8卷（Военная энциклопедия, t. 8；莫斯科，军事出版社，2004年）第524页。

2. 见雅各布·W.基普《集中、机动与红军的战役法之路，1918—1936》[Mass, Maneuver, and the Red Army's Road to Operational Art, 1918-1936；堪萨斯州，利文沃斯堡，苏军研究办公室，1988年——Fort Leavenworth, KS: Soviet Army Studies Office（缩写为SASO），1988]；A.埃季莫夫斯基（A. Ekimovskiy）和A.通基赫（A. Tonkikh）《国内战争中的红军战术》第9~15页（译自《军事通报》1967年1月号）。另可参见K.A.梅列茨科夫回忆录《为人民服役》第36~45页。由于斯大林与骑兵第1集团军的老兵（S.M.布琼尼和K.E.伏罗希洛夫等人）关系密切，所以这一小批受前者信任的军官到二战开始时都一直把持着红军最高统帅层（的权力）。

3. 戴维·M.格兰茨《苏联军事战略：一部历史》第46~53页。关于这一时期发展情况的最详尽记述请参见库兹明（N. F. Kuz'min）《保卫和平的劳动（1921—1940年）》[На страже мирного труда (1921-1940 гг.)；莫斯科，军事出版社，1959年]第10~32页。

4. 汉斯·W.加茨克（Hans W. Gatzke）《魏玛共和国时期的俄德军事合作》（《美国历史回顾》第63册第3卷，1958年4月——"Russo-German Military Collaboration during the Weimar Republic," American Historical Review 63, no.3）第565~597页。A.兹丹诺维奇（A. Zdanovich）《魏玛国防军在俄罗斯的秘密实验室》（Секретные лаборатории рейхсвера в России），见《军队》（Армия）1992年1月第1期第62~68页、1992年1月第2期第59~64页、1992年2月第3~4期第67~71页、1992年3月第6期第67~71页。S.A.戈尔洛夫（S. A. Gorlov）《20世纪20年代的苏德军事合作》（Военное сотрудничество СССР и Германии в 20-е годы），见《军事历史》杂志（Военно-исторический журнал）1991年9月号第4~11页。

5. 伏龙芝用"学说"[②]这个术语来描述作为国家使用军事力量方法的抽象概念，但西方军人倾向于将其（即"学说"——doctrine）拿来描述适用于战争所有层面的某个原则。因此后文会使用苏军中类似于西方"学说"的术语，即"战略、战役和战术"概念及理论。关于对伏龙芝改革的评价，详见马赫穆特·阿赫梅

---

① 译者注：亦可见《苏联军事百科全书·军兵种和勤务卷》中文版第528页。
② 译者注：俄文为Доктрина，即英文中的doctrine。

托维奇·加列耶夫（M. A. Gareev）《伏龙芝，军事理论家》（M. V. Frunze, Military Theorist；华盛顿，哥伦比亚特区，佩尔加蒙-布拉西出版社，1988年——Washington, DC: Pergamon-Brassey's, 1988）。

6. R.萨乌什金（R. Savushkin）《关于连续战役理论起源的问题，1921—1929》[К вопросу о зарождении теории последовательных наступательных операций (1921 - 1929 гг.)]，见《军事历史》杂志1983年5月号第77～83页。特里安达菲洛夫（V. K. Triandafillov）的原始著作见雅各布·W.基普编、威廉·A.布尔汉斯（William A. Burhans）译《现代集团军战役的本质》（The Nature of the Operations of Modern Armies；伦敦，弗兰克·卡斯出版社，1994年——London: Frank Cass, 1994）。

7. A.A.斯韦钦，引自《苏联军事著作中的战略战役法问题，1917—1940年》[Вопросы стратегии и оперативного искусства в советских военных трудах (1917–1940 гг.)；莫斯科，军事出版社，1965年]第238页；以及《战略》（1927年第二版）、《苏联战役法的演化1927—1991：文献基础》第1卷《战役法，1927—1964》（The Evolution of Soviet Operational Art 1927–1991: The Documentary Basis, vol. I, Operational Art, 1927–1964；伦敦，弗兰克·卡斯出版社，1995年——London: Frank Cass, 1995）第9～15页的选段，（后者）译者为哈罗德·S.奥伦斯坦（Harold S. Orenstein）。斯韦钦的1927年著作完整英译版见肯特·D.李（Kent D. Lee）编译《战略》（Strategy；明尼苏达州，明尼阿波利斯，东方视角出版社，1992年——Minneapolis, MN: East View Publications, 1992）。战役法的简史见戴维·格兰茨《苏联军队战役法：追寻大纵深战斗》（Soviet Military Operational Art: In Pursuit of Deep Battle；伦敦，弗兰克·卡斯出版社，1991年——London: Frank Cass, 1991）。

8. A.梁赞斯基（A. Riazansky）《战前坦克兵战术的创立和发展》，《军事通报》1966年11月号第27页对其有所引用。另见乔治·F.霍夫曼（George F. Hoffman）《学说、坦克技术和执行：I. A. 哈列普斯基和红军大纵深进攻战役的实施》——《斯拉夫军事研究》第9期第2册，1996年6月["Doctrine, Tank Technology, and Execution: I. A. Khalepskii and the Red Army's Fulfillment of Deep Offensive Operations," Journal of Slavic Military Studies (hereafter cited as JSMS) 9, no. 2 (June 1996)]，第283～294页。对于大纵深战役理论研究最全面的是其支持者G.S.伊谢尔松（G. S. Isserson）的著述，可见理查德·W.哈里森《苏联在二战中胜利的缔造者：G.S.伊谢尔松的生平和理论》[Architect of Soviet Victory in World War II: The Life and Theories of G. S. Isserson (Jefferson, NC: McFarland, 2010)]。另可见理查德·W.哈里森《俄罗斯的战争之道：战役法，1904—1940年》（The Russian Way of War: Operational Art, 1904–1940；劳伦斯，堪萨斯大学出版社，2001年——Lawrence: University Press of Kansas, 2001）。

9. 这三个坦克梯队分为直接支援步兵坦克群（непосредственной поддержки пехоты，缩写为НПП）、远距离支援步兵坦克群（дальней поддержки пехоты，缩写为ДПП）和远距离坦克群[①]（дальнего действия，缩写为ДД）。最后一个不久后根据大小演变成了实施战术机动的先遣支队（Передовой отряд）和实施战役穿插的快速集群（Подвижная группа），按照上级军、集团军和方面军的命令遂行战术、战役机动任务。快速集群是20世纪70年代后期及80年代苏军"战役机动集群"（оперативная маневренная группа，俄文缩写为ОМГ，英文缩写为OMG）的前身，先遣支队则是21世纪俄罗斯合成旅或合成营的先驱。快速集群和先遣支队后来的演化可参见格兰茨《苏联军队战役法》和

① 译者注：也有译作远战坦克群的。

《苏联战术机动的实施：进攻矛头》（The Soviet Conduct of Tactical Maneuver: Spearhead of the Offensive；伦敦，弗兰克·卡斯出版社，1991年——London: Frank Cass, 1991）。

10. A.约夫列夫（A. Iovlev）《红军在第一个五年计划中的技术装备更新》（Техническое перевооружение Красной Армии в годы первой пятилетки），《军事历史》杂志1964年12月号第4～13页。格兰茨《红军在战争之间年代的摩托-机械化规划》（The Motor-Mechanization Program of the Red Army during the Inter-war Years；堪萨斯州，利文沃斯堡，苏军研究办公室，1990年——Fort Leavenworth, KS: SASO, 1990）。关于此次装备更新的性质和原因，可参见萨利·W.斯托克尔（Sally W. Stoecker）《打造斯大林的军队：图哈切夫斯基元帅和军事创新政策》（Forging Stalin's Army: Marshal Tukhachevsky and the Politics of Militan/Innovation；Boulder，CO: Westview Press/HarperCollins, 1998），尤其第31～50和第64页，以及戴维·R.斯通《锤子和步枪：苏联的军事化，1926—1933》（Hammer and Rifle: The Militarization of the Soviet Union, 1926-1933; Lawrence: University Press of Kansas, 2000）。这次改革的文件依据见V.A.波隆斯基（V. A. Polonsky）等所编《汽车装甲坦克总局：文件中的人员，事件和事实，1929—1941》（Главное автобронетанковое управление. Люди, события, факты в документах；莫斯科，俄联邦国防部，2004年）。

11. 苏联人于1924年在莫斯科组建坦克第3团，但一年后就将其撤销。在1927年组建的团还下辖有6个装甲汽车营和大约30辆装甲列车。详见A.雷扎科夫（A. Ryzhakov）《论20世纪30年代红军装甲兵的组建》（К вопросу о строительстве бронетанковых войск Красной Армии в 30-е годы），《军事历史》杂志1968年8月号第105页；另可见格兰茨《红军在战争之间年代的摩托-机械化规划》。

12. 雷扎科夫《论20世纪30年代红军装甲兵的组建》，《军事历史》杂志1968年8月号第106页。新的旅下辖有4700人，装备119辆坦克、100辆小坦克（配有机枪的小型坦克）、15辆装甲汽车和各种支援兵器。关于20世纪30年代初至1941年苏联机械化部队发展的详细论述可见叶甫根尼·德里格（Evgenii Drig）《战斗中的工农红军机械化军：1940—1941年红军汽车装甲坦克兵史》[Механизированные корпуса РККА в бою: История автобронетанковых войск Красной Армии в 1940-1941 годах；莫斯科，阿斯特出版社（AST），2005年]。

13. S.A.秋什凯维奇（S. A. Tiushkevich）编写《苏联武装力量：建设史》[1]（Советские Вооруженные Силы. История строительства；莫斯科，军事出版社，1978年）第236页。A.A.沃尔科夫（A. A. Volkov）《危急的序幕：伟大卫国战争早期战局中未完成的方面军进攻战役》（Критический пролог: Незавершенные фронтовые наступательные операции первых кампаний Великой Отечественной войны；莫斯科，阿维尔出版社——Aviar，1992年）第27页。R.A.萨乌什金（R. A. Savushkin）《战争之间时期（1921—1941年）苏联武装力量和军事艺术的发展》[Развитие Советских Вооруженных Сил и военного искусства в межвоенный период (1921-1941 гг.)；莫斯科，由荣获列宁勋章、十月革命勋章，以弗拉季米尔·伊里奇·列宁命名的红旗军事政治学院出版，1989年]。

14. 卡尔-海因茨·弗里泽尔（Karl-Heinz Frieser）著、约翰·T.格林伍德（John T. Greenwood）译英文版《闪击战传奇：1940年西线战役》（The Blitzkrieg Legend: The 1940 Campaign in the West;

---

① 译者注：已有中文版《苏联武装力量》。

马里兰州，安纳波利斯，海军学院出版社，2005年——Annapolis, MD: Naval Institute Press, 2005）第4~5和第100~107页。

15. 《苏联共产党中央委员会公报》（Известия ЦК КПСС）1989年4月号第43页，以及O.F.苏文尼罗夫（O. F. Suvenirov）《1937—1938年工农红军的悲剧》[Трагедия РККА 1937-1938；莫斯科，特帕出版社（ТЕРРА），1998年]。

16. 关于军队清洗的原因，详见彼得·怀特伍德（Peter Whitewood）《通向1937—1938年军事清洗的新历史》（Towards a New History of the Purge of the Military, 1937-1938；《斯拉夫军事研究》杂志第24期第4册，2011年12月）第605~620页。

17. 可见德米特里·安东诺维奇·沃尔科戈诺夫（Dimitri Volkogonov）著、哈罗德·舒克曼（Harold Shukman）译英文版《斯大林：胜利与悲剧》（加利福尼亚州，罗克林，第一出版社，1992年——Rocklin, CA: Prima Publishing, 1992）第47、第250~252和第319~324页。

18. 这一段是根据格兰茨《泥足巨人：大战前夜的苏联军队》（Stumbling Colossus: The Red Army on the Eve of World War；劳伦斯，堪萨斯大学出版社，1998年——Lawrence: University Press of Kansas, 1998）第26~33页而来。亦可见罗杰·R.里斯（Roger R. Reese）《红色指挥员：苏军军官团的社会史，1918—1991》（Red Commanders: A Social History of the Soviet Army Officer Corps, 1918-1991；劳伦斯，堪萨斯大学出版社，2005年——Lawrence: University Press of Kansas, 2005）第121~124页。杰弗里·罗伯茨（Geoffrey Roberts）《斯大林的战争：从世界大战到冷战，1939—1953》（Stalin's Wars: From World War to Cold War, 1939-1953；康涅狄格州，新哈文，耶鲁大学出版社，2006年——New Haven, CT: Yale University Press, 2006）第15~18页。另可参见O.F.苏文尼罗夫《全军的悲剧》（Всеармейская трагедия），《军事历史》杂志1989年3月号第42页。其中，里斯认为清洗被夸大了，并声称相关人事档案表明1937—1938年间大约只有11.4%的军官被开除。

19. 可参见迈克尔·帕里什（Michael Parrish）《较小的恐怖：苏联国家安全，1939—1953》（The Lesser Terror: Soviet State Security, 1939-1953；康涅狄格州，韦斯特波特，普雷格出版社，1996年——Westport, CT: Praeger, 1996），特别是第1~50和第69~94页。

20. 谢尔盖·谢苗诺维奇·比留佐夫（S. S. Biriuzov）《苏联军人在巴尔干》（Советский солдат на Балканах；莫斯科，军事出版社，1963年）第137~143页。英文翻译版本可见由塞韦伦·比亚勒（Seweryn Bialer）编辑的《斯大林和他的将军们：苏联二战军事回忆录》（Stalin and His Generals: Soviet Military Memoirs of World War II；科罗拉多州，博尔德，西方视角出版社，1984年——Boulder, CO: Westview Press, 1984)）第84~86页。

21. 哈罗德·舒克曼（Harold Shukman）编辑《斯大林的将军们》（Stalin's Generals；纽约，格罗夫出版社，1993年——New York: Grove Press, 1993）第289页。关于1940年时将军们的职业生涯参见I.I.库兹涅佐夫（I. I. Kuznetsov）《1940年的元帅、将军和海军将军们》（Маршалы, генералы и адмиралы 1940 года；俄罗斯联邦，伊尔库茨克，东西伯利亚出版社，2000年）和库兹涅佐夫《将军们的命运：1940—1953年的红军高级指挥干部》（Судьбы генеральские. Высшие командные кадры Красной Армии в 1940-1953 гг.；俄罗斯联邦，伊尔库茨克，伊尔库茨克大学出版社，2000年）。

22. 图哈切夫斯基写于1928年的划时代巨著《未来战争》（Будущая война）只有三份打字稿留存于世，并被收藏在档案馆深处。这份文件在苏联时代结束时才解禁，封面的表格说明对其控制十分严格，只有

13人签名查阅此文件，并且全部是在1955年之后。

23. 辛西娅·A.罗伯茨（Cynthia A. Roberts）《为战争筹划：红军和1941年的灾难》——《欧亚研究》第47期第8册第1295页，1995年12月（"Planning for War: The Red Army and the Catastrophe of 1941"；Europe-Asia Studies 47, no. 8,December 1995）。

24. 20世纪30年代后期，《军事历史》杂志和苏联总参谋部的杂志《军事思考》（Военная мысль）都刊发过大量关于西班牙之战的文章，反映出了苏联人对大纵深战役的怀疑。这些结论的文献证据就包含斯捷潘·伊万诺维奇·柳巴尔斯基（Любарский, Степан Иванович）《由西班牙战争经验得出的一些战役战术结论》（Некоторые оперативно-тактические выводы из опыта войны в Испании；莫斯科，苏联国防人民委员部国家军事出版社，1939年），由工农红军总参学院编写。另可见格兰茨《旁观苏联人：20世纪30年代美国武官在东欧》（"Observing the Soviets: U.S. Military Attaches in Eastern Europe during the 1930s"）——《军事历史》期刊第5期第2册[Journal of Military History (缩写为JMH) 5, no. 2; 1991年4月]第153~183页，以及史蒂文·J.扎洛加（Steven J. Zaloga）《西班牙内战中的苏联坦克行动》（"Soviet Tank Operations in the Spanish Civil War）——《斯拉夫军事研究》杂志第12期第3册（JSMS 12, no. 3; 1999年9月）第134~162页。战时关于战役诸多论述中最优秀的可见谢尔盖·尤里耶维奇·丹尼洛夫（С. Ю. Данилов）《在西班牙的内战》（Гражданская война в Испании；莫斯科，韦切出版社，2004年）、弗拉季斯拉夫·利沃维奇·贡恰罗夫（Гончаров Владислав Львович）《西班牙内战：中央战线和布鲁内特战役》（Гражданская война в Испании. Центральный фронт и Брунетская операция；莫斯科，韦切出版社，2010年），以及P.萨莫伊洛夫（P. Samoilov）《瓜达拉哈拉：中央战线战役（1936年10月—1937年4月）》[Гвадалахара: Дейция на центральном фронте (октябрь 1936 - апрель 1937 года)；俄罗斯联邦，圣彼得堡，圣彼得堡大学，2006年]。

25. 乔纳森·M.豪斯《20世纪的诸兵种合成作战》（Combined Arms Warfare in the Twentieth Century；劳伦斯，堪萨斯大学出版社，2001年），尤其第70~103页。

26. 详见《苏联国防人民委员K.E.伏罗希洛夫在全联盟共产党（布）中央委员会给I.V.斯大林和在苏联人民委员会给V.M.莫洛托夫的关于改编红军框架原则的报告》[Доклад наркома обороны СССР К. Е. Ворошилова в Политбюро ЦК ВКП (б) - И. В. Сталину и в СНК СССР — В. М. Молотову об основах реорганизации Красной Армии]，出自《工农红军总军事委员会：1938年3月13日—1941年6月20日：文件和材料》[Главный военный совет РККА: 13 марта 1938 г.-20 июня 1941 г.: Документы и материалы；莫斯科，俄罗斯政治百科全书出版社（РОССПЭН），2004年]第440~452页。

27. 关于11月15日"报告"的变化，详见德里格《战斗中的工农红军机械化军：1940—1941年红军汽车装甲坦克兵史》第12~17页、雷扎科夫《论20世纪30年代红军装甲兵的组建》第105~111页，以及格兰茨《旁观苏联人：20世纪30年代美国武官在东欧》第43~45页。

28. 苏军和日军的伤亡数字出自克里沃舍耶夫编《20世纪战争中的俄罗斯和苏联：数据分析》（Россия и СССР в войнах XX века: Статистическое исследование；莫斯科，奥尔马出版社，2001年——Moscow: "Olma-Press," 2001）第170~175页。这一版修正了1993年俄文原版的数字，即英文版《苏联在二十世纪的伤亡和作战损失》（Soviet Casualties and Combat Losses in the Twentieth Century；宾夕法尼亚州，梅卡尼克斯堡，斯塔克波尔图书出版社，1993年——Mechanicsburg, PA: Stackpole Books, 1993）第48~51页的相关数据。交战详情可见库兹明《保卫和平的劳动（1921—1940年）》

第199～228页、伊万·尼古拉耶维奇·什卡多夫（Иван Николаевич Шкадов）《哈桑湖，1938年》（Озеро Хасан. Год 1938；莫斯科，军事出版社，1988年），以及V.叶扎科夫（V. Ezhakov）《哈桑湖之战（纪念击败日军30周年）》（Бои у озера Хасан）——《军事历史》杂志1968年7月号第124～128页。

29. 伤亡数字出自克里沃舍耶夫编《20世纪战争中的俄罗斯和苏联：数据分析》第176～184页，该版同样对1993年版数字进行了修正。对于哈拉哈河战争的众多研究中最优秀的是P.A.日林（P. A. Zhilin）所编《哈拉哈河上的胜利》（Победа на реке Халхин-Гол；莫斯科，科学出版社，1981年），爱德华·J.德雷（Edward J. Drea）《诺门罕：日苏战术作战，1939》（Nomonhan: Japanese-Soviet Tactical Combat, 1939）——利文沃斯论文第2篇[Leavenworth Papers no. 2；堪萨斯州，利文沃斯堡，美国陆军指挥和总参学院，1981年——Fort Leavenworth, KS: U.S. Army Command and General Staff College（缩写为USACGSC），1981]，以及斯图亚特·D.戈德曼（Stuart D. Goldman）《诺门罕1939：改变二战的红军胜利》（Nomonhan, 1939: The Red Army's Victory That Shaped World War II；马里兰州，安纳波利斯，海军学院出版社，2012年——Annapolis,MD: Naval Institute Press, 2012）。另可见阿列克谢·诺兹德拉乔夫（Oleksiy Nozdrachov）《苏联"大纵深战役"理论在1939年苏日远东军事冲突中的运用》（"Application of the Soviet Theory of 'Deep Operation' during the 1939 Soviet-Japanese Military Conflict in Manchuria"；美国陆军指挥和总参学院军事艺术和科学硕士论文，2010年——MMAS thesis, USACGSC, 2010），尤其是关于空战的第61～62和第80页。

第 2 章 剑拔弩张，1939—1941 年

1. 苏联的军事准备情况详见格兰茨《苏联军事战略：一部历史》。

2. 加布里埃尔·戈罗杰茨基（Gabriel Gorodetsky）《大错觉：斯大林和德国入侵俄国》（Grand Delusion: Stalin and the German Invasion of Russia；康涅狄格州，新哈文，耶鲁大学出版社，1999年——New Haven, CT: Yale University Press, 1999）第4～15页；杰弗里·罗伯茨《苏联决定与纳粹德国签订协议》（The Soviet Decision for a Pact with Nazi Germany）——《苏维埃研究》第44期第1册（1992年）第57～71页；以及米哈伊尔·伊万诺维奇·梅利秋霍夫（Мельтюхов, Михаил Иванович）《斯大林失去的机会：为欧洲而战，1939—1941年》（Упущенный шанс Сталина Советский Союз и борьба за Европу: 1939-1941 гг.；莫斯科，韦切出版社，2008年）。关于这些协定的内容，可见尤里·格里戈里耶维奇·菲利什京斯基（Фельштинский, Юрий Георгиевич）《可以公开：苏联—德国1939—1941：文件和材料》[Оглашению подлежит — СССР-Германия 1939-1941 (Документы и материалы)；莫斯科，特帕图书俱乐部（ТЕРРА Книжный клуб），2004年]；亚历山大·奥加诺维奇·丘巴里扬（Чубарьян, Александр Оганович）《在第二次世界大战的门槛上》（В преддверии второй мировой войны）——《共产党人》杂志[①]1988年9月第14期第102～112页；沃尔科戈诺夫《1939年决策的戏剧性事件》（Драма решений 1939 года）——《近代和现代史》（Новая и новейшая история）

---

① 译者注：《共产党人》杂志（Коммунист）的前身为俄共（布）中央组织局在1924年4月创刊的《布尔什维克》杂志（Большевик），于1952年11月更名为《共产党人》，是苏共中央委员会的理论和政治刊物。

第4期（1989年7—8月）第3～26页；以及《生死关头（根据1939年档案材料）》[На роковом пороге (из архивных материалов 1939 года)]——《历史问题》（Вопросы истории）第11期（1989年12月）第87～112页和第3期（1990年3月）第13～39页。

3. 罗伯茨《苏联决定与纳粹德国签订协议》第70～72页。

4. 谢尔盖·马特维耶维奇·什捷缅科（Штеменко, Сергей Матвеевич）《战争年代的苏联总参谋部，1941—1945》（The Soviet General Staff at War, 1941–1945；莫斯科，进步出版社，英文版，1985年）第1卷第15～18页。关于在1939年的动员和行动，详见梅利秋霍夫《斯大林失去的机会：为欧洲而战，1939—1941年》第67～98页，简要调查见I.E.沙夫罗夫（И. Е. Шавров）主编《战争、军事艺术和军事科学史：苏联武装力量总参军事学院教材》（История войн, военного искусства и военной науки: Учебник для военной академии генерального штаба вооруженных сил СССР；莫斯科，伏罗希洛夫总参学院，1977年）第530～553页——这一部分曾由哈罗德·奥伦斯坦翻译并发表于《斯拉夫军事研究》杂志第6期第1册（1993年3月）第86～141页。

5. 梅利秋霍夫《斯大林失去的机会：为欧洲而战，1939—1941年》第81～83页和沙夫罗夫主编《战争、军事艺术和军事科学史》第107～108页。

6. 安德烈·叶廖缅科《艰难的开始》英文版（The Arduous Beginning；莫斯科，进步出版社，1974年）第15～19页。

7. 损失数字引自克里沃舍耶夫《20世纪战争中的俄罗斯和苏联：数据分析》第184～188页。该书认为苏军在这次战役中投入了466516人。梅利秋霍夫的更详尽著作《斯大林失去的机会：为欧洲而战，1939—1941年》引用了文献证据，给出的苏军伤亡数字相同，但认为红军在两个方面军中集中了2421300人和5467辆坦克，在行动中投入了617588人和4736辆坦克，俘虏了454700名波兰人（其中有125803人死在内务人民委员部的战俘营中）。

8. 沃尔科戈诺夫《斯大林：胜利与悲剧》。叶利钦政府向波兰政府提供了全部文件，后者很快就将其对外开放。（本条资料归戴维·格兰茨所有）

9. 可见I.N.文科夫（И. Н. Венков）《授权驻军……（关于1939—1940年红军进入立陶宛、拉脱维亚和爱沙尼亚领土的情况）》[Допустить размещение войск.. (О вводе частей Красной Армии на территории Литвы, Латвии, Эстонии в 1939-1940гг.)]——《军事历史》杂志1990年4月号第31～39页。

10. 关于苏联人攻击和占领的详细论述，可见梅利秋霍夫《斯大林失去的机会：为欧洲而战，1939—1941年》第129～157页和《波罗的海桥头堡（1939—1940年）：苏联重回波罗的海之滨》[Прибалтийский плацдарм (1939–1940 гг.). Возвращение Советского Союза на берега Балтийского моря；莫斯科，阿尔戈里特姆出版社（Алгоритм），2014年]。据推测，苏军在这些行动中共有58人死亡，158人负伤。以爱沙尼亚和拉脱维亚为视角的著作见托马斯·希奥（Toomas Hiio）、梅利斯·马里普（Meelis Maripuu）及因德雷克·帕夫莱（Indrek Paavle）编写《爱沙尼亚1940—1945：爱沙尼亚反人类罪调查委员会报告》（Estonia 1940–1945: Reports of the Estonian International Commission for the Investigation of Crimes against Humanity；塔林，塔林图书出版社，2006年——Tallinn: Tallinna Raamatutrükikoda, 2006），以及保拉·科瓦莱夫斯基斯（Paula Kovalevskis）、奥斯卡斯·诺里季斯（Oskars Noritis）与米克利斯·戈佩尔斯（Mikelis Goppers）编写《拉脱维亚：恐怖之年》（Latvia: Year of Horror；里加，金苹果出版社，1942年——Riga: Zelta Ābele, 1942）。

11. 作战详情及其影响见梅利秋霍夫《斯大林失去的机会：为欧洲而战，1939—1941年》第157~190页。由沙夫罗夫主编《战争、军事艺术和军事科学史》中的第116~118页也有少量细节描写。

12. 戈罗杰茨基《大错觉：斯大林和德国入侵俄国》第29~33页。

13. 战前外交活动详见H.M.蒂洛森（H. M. Tillotson）《芬兰战与和，1918—1933》（Finland at Peace and War, 1918-1993；英国，诺里奇，迈克尔·罗素出版社，1993年——Norwich, UK: Michael Russell, 1993）第96~117页和梅利秋霍夫《斯大林失去的机会：为欧洲而战，1939—1941年》第99~110页。

14. 关于战争进程，可见埃洛伊丝·恩格尔（Eloise Engle）和劳里·帕纳宁（Lauri Paananen）《冬季战争：俄芬冲突，1939—1940》（The Winter War: The Russo-Finnish Conflict, 1939-40；纽约，斯克里布纳斯出版社，1973年——New York: Scribners, 1973）、卡尔·范·戴克（Carl van Dyke）《苏联入侵芬兰1939—1940》（The Soviet Invasion of Finland 1939-40；伦敦，弗兰克·卡斯出版社，1997年——London: Frank Cass, 1997）、梅利秋霍夫《斯大林失去的机会：为欧洲而战，1939—1941年》第110~128页，以及帕维尔·阿普杰卡里（Павел Аптекарь）《苏芬战争：俄罗斯军备史上最丢脸的一幕》[Советско-финские войны: Самые позорные в истории русского оружия；莫斯科，亚乌扎出版社（Яуза）和埃克斯莫出版社（ЭКСМО），2004]。此外，有关此战的苏芬文献记录可参见赫里斯托福罗夫（В.С. Христофоров）、蒂莫·维哈瓦伊宁（Timo Vihavainen）等编写《1939—1940年冬季战争：研究、文件、评论——苏芬战争70周年》（Зимняя война 1939-1940 гг. Исследования, документы, комментарии. К 70-летию советско-финляндской войны；莫斯科，俄罗斯科学院出版社出版和图书销售中心，2009年——ИКЦ "академкнига", 2009）。斯大林发表于1940年4月的战后评论英译版可见丘巴里扬和舒克曼编写《斯大林和苏芬战争1939—1940》（Stalin and the Soviet-Finnish War 1939-40；伦敦，弗兰克·卡斯出版社，2002年）。关于交战双方兵力，克里沃舍耶夫主编《20世纪战争中的俄罗斯和苏联：数据分析》第191~193页认为芬兰军队人数多达60万[①]，被编为7个步兵师和5个独立旅。苏军在1940年1月1日拥有550757人，被编为21个步兵师、1个坦克军和3个坦克旅；到3月上旬增至916613人。相比之下，梅利秋霍夫《斯大林失去的机会：为欧洲而战，1939—1941年》第112页认为芬兰军队在11月30日拥有265000人、26辆坦克和270架作战飞机，与苏军425640名士兵、2289辆坦克和2446架作战飞机对阵；但他也认同克里沃舍耶夫给出的3月上旬苏军兵力数字。

15. 罗杰·R.里斯《斯大林的士兵为何而战：二战中红军的战斗力》（Why Stalin's Soldiers Fought: The Red Army's Military Effectiveness in World War II；劳伦斯，堪萨斯大学出版社，2011年）第43~50页。

16. 阿普杰卡里《苏芬战争：俄罗斯军备史上最丢脸的一幕》第68页声称防守的芬兰军队约有10万人、75辆坦克和200架飞机。

17. 关于第9集团军的战役行动，可见杜多洛瓦（О.А. Дудорова）《"冬季战争"鲜为人知的篇章》（Неизвестные страницы «Зимней войны»）——《军事历史》杂志1991年9月号第12~23页。[②]

---

① 译者注：根据英文版，这个数字还包含了受过训练的后备人员。

② 译者注：本书第一版就指出该文包含了这支倒霉部队的作战日志——1月1—7日间，步兵第44师损失了4756人及几乎全部武器。其中有1001人被打死，1430人负伤，82人冻伤，另外有2243人下落不明。

18. 哈里森《苏联在二战中胜利的缔造者：G.S.伊谢尔松的生平和理论》第219～223页。

19. 美国陆军军事情报处《苏芬战争：1939年11月30日—1940年1月7日间的作战行动》（Soviet-Finnish War: Operations from November 30, 1939, to January 7, 1940；华盛顿，哥伦比亚特区，美国战争部，1940年1月10日——Washington, DC: U.S. War Department, January 10, 1940）。更多细节请见沙夫罗夫主编《战争、军事艺术和军事科学史》第520～553页。

20. 杜多洛瓦（O.A. Дудорова）《"冬季战争"鲜为人知的篇章》第12～23页，以及蒂洛森《芬兰战与和，1918—1933》第137～144页。

21. 什捷缅科《战争年代的苏联总参谋部，1941—1945》第24～25页。

22. 梅利秋霍夫《斯大林失去的机会：为欧洲而战，1939—1941年》第120页，以及阿普杰卡里《苏芬战争：俄罗斯军备史上最丢脸的一幕》第329页。官方视角可见克里沃舍耶夫主编《20世纪战争中的俄罗斯和苏联：数据分析》第200～201页，其中列出了苏军损失为333084人（包括65384人死亡，19610人失踪，180584人负伤，9614人冻伤，51892人患病）。

23. 罗伯特·爱德华兹（Robert Edwards）《冬季战争：俄国入侵芬兰，1939—1940》（The Winter War: Russia's Invasion of Finland, 1939-1940；纽约，飞马座图书，2008年——New York: Pegasus Books, 2008）第14～15页。

24. 关于此次改革的文献，可见《"冬季战争"：纠正错误（1940年4—5月）——红军总军事委员会芬兰战局经验总结委员会材料》[«Зимняя война»: работа над ошибками (апрель-май 1940 г.). Материалы комиссий Главного военного совета Красной Армии по обобщению опыта финской кампании；莫斯科，圣彼得堡，夏园出版社——СПб.: Летний сад, 2004年]。

25. 沃尔科戈诺夫《斯大林：胜利与悲剧》英文版第367页。

26. 关于德国人入侵的大量文章可见苏联《军事思考》和《军事历史》杂志，两者一大共同点就是慨叹德军做到了苏军想做却未能做到的事情。

27. 详情见德里格《战斗中的工农红军机械化军：1940—1941年红军汽车装甲坦克兵史》第18～21页。

28. 同上，第50～59页。另可见格兰茨《苏联军队战役法：追寻大纵深战斗》第96页和《红军在战争之间年代的摩托-机械化规划》第45～48页。

29. 可见沃尔科戈诺夫《斯大林：胜利与悲剧》英文版第269页，以及库兹涅佐夫《将军们的命运：1940—1953年的红军高级指挥干部》第17～41和第242～273页。

30. 关于此次会议和兵棋推演的分析可见马特维·瓦西里耶维奇·扎哈罗夫（Захаров, Матвей Васильевич）《战前年代的总参谋部》（Генеральный штаб в предвоенные годы；莫斯科，军事出版社，1989年）第239～250页。会议完整纪要见《俄罗斯档案：伟大卫国战争》第12卷第1册[Русский архив: Великая Отечественная. Т. 12 (1)]，以及佐洛塔廖夫主编《战争前夜：1940年12月23～31日工农红军高级干部会议记录》（Накануне войны. Материалы совещания высшего руководящего состава РККА 23-31 декабря 1940 г.；俄罗斯，莫斯科，特帕出版社——ТЕРРА，1993年）。

31. 叶廖缅科《艰难的开始》第22～43页。关于苏联战备的危险状态，可见Iu.G.佩列奇涅夫（Iu. G. Perechnev）《关于国家和武装力量为击败法西斯侵略准备情况的某些问题》（О некоторых проблемах подготовки страны и Вооруженных Сил к отражению фашистской агрессии）——《军事历史》杂志

1988年4月号第239～250页。关于战争前夜苏联兵力结构调整背景下的战争和动员计划，可见格兰茨《泥足巨人：大战前夜的苏联军队》和约翰·埃里克森的经典之作《苏联统帅部：军事政治史，1918—1941》[The Soviet High Command: A Military-Political History, 1918-1941; 伦敦，弗兰克·卡斯出版社，2001年（本书第一版由麦克米伦出版社——Macmillan于1962年发行）]。

32. 可见P.N.波贝列夫（П. Н. Бобылев）《红军总参谋部准备在1941年打一场怎样的战争？》（For What Kind of War Was the Red Army General Staff Preparing in 1941?）——《俄罗斯历史研究》（Russian Studies in History）第36期第3册第53～55页，1997年底至1998年初冬季。该文最初发表于《祖国历史》①（Отечественная история）杂志（1995年3月）第3～20页。

33. 关于兵棋推演，可见格兰茨《苏联军事战略：一部历史》第81～86页，以及梅利秋霍夫《斯大林失去的机会：为欧洲而战，1939—1941年》第283～285页。

34. 可见阿尔弗雷德·菲利皮（Альфред Филиппи）《普里皮亚季问题》（Припятская проблема；莫斯科，外文书籍出版社——Издательство Иностранной литературы，1959年），以及格兰茨《泥足巨人：大战前夜的苏联军队》第82～108页。

35. 扎哈罗夫《战前年代的总参谋部》第125～128页探讨了防御计划。另可见格兰茨《苏联军事战略：一部历史》第55～82页。

36. 可见扎哈罗夫《战前年代的总参谋部》第248～250页，以及格兰茨《苏联在平时和战时的动员，1924—1942：概述》（Soviet Mobilization in Peace and War, 1924-42: A Survey）——《斯拉夫军事研究》杂志第5期第3册（1992年9月）第236～239页。

37. 戴维·E.墨菲（David E. Murphy）《斯大林知道什么：巴巴罗萨之谜》（What Stalin Knew: The Enigma of Barbarossa；耶鲁大学出版社，2005年）第36和第125～129页。但墨菲没有提及斯大林的动员措施。关于苏联情报机关的报告，可见《战争前夜，1940—1941年：德国进攻苏联的准备情况》（Накануне войны, 1940-41 гг.: О подготовке германии к нападению на СССР；《苏联共产党中央委员会公报》，1990年4月）第251～264页。

38. 可见格兰茨《苏联军事战略：一部历史》第306～312页、《泥足巨人：大战前夜的苏联军队》第102～108页，以及扎哈罗夫《战前年代的总参谋部》第258～262页。

39. 扎哈罗夫《战前年代的总参谋部》第259页，以及A.G.霍里科夫（А. Г. Хорьков）《伟大卫国战争开始时苏联武装力量战略展开的某些问题》（Некоторые вопросы стратегического развертывания Советских вооруженных сил в начале Великой Отечественной войны）——《军事历史》杂志1986年1月号第11～12页。对于苏联计划更全面的考察可见霍里科夫《伟大卫国战争前夜西部边境各军区战备分析》（Анализ боевой готовности войск западных приграничных округов накануне Великой Отечественной войны；莫斯科，伏罗希洛夫总参学院，1985年）和《伟大卫国战争前夜边境各军区战斗和动员准备情况》（Боевая и мобилизационная готовность приграничных военных округов накануне Великой отечественной войны；莫斯科，伏罗希洛夫总参学院，1985年）。

---

① 译者注：于1957年3月创刊的《苏联历史》（История СССР）杂志在1992年更名为《祖国历史》，到2009年更名为《俄罗斯历史》（Российская история）。

40. 罗尔夫-迪特尔·米勒相关文章可见霍斯特·博格、于尔根·弗尔斯特、约阿希姆·霍夫曼、恩斯特·克林克、罗尔夫-迪特尔·米勒、格尔德·R.于贝尔舍著《德国和第二次世界大战》第4卷《攻击苏联》英文版第118~131和第174~177页。关于希特勒对经济的看法，可见亚当·图兹（Adam Tooze）《毁灭的报酬：纳粹经济的创造和失灵》（The Wages of Destruction: The Making and Breaking of the Nazi Economy；纽约，维京出版社，2006年——New York: Viking, 2006），尤其前言第23~24页，以及正文第429~432、461~464页。

41. 于尔根·弗尔斯特相关文章可见《德国和第二次世界大战》第4卷《攻击苏联》英文版第13~30页。关于布劳希奇参与决策的情况，可见布赖恩·I.富盖特（Bryan I. Fugate）《巴巴罗萨行动：东线战略战术，1941》（Operation Barbarossa: Strategy and Tactics on the Eastern Front, 1941；加利福尼亚州，诺瓦托，普雷西迪奥出版社，1984年——Novato, CA: Presidio Press, 1984）第61~62页。

第 3 章 苏德两军对比，1941 年

1. 关于德军学说的演进，可见罗伯特·M.奇蒂诺（Robert M. Citino）《德国战争之道：从三十年战争到第三帝国》（The German Way of War: From the Thirty Years' War to the Third Reich；劳伦斯，堪萨斯大学出版社，2005年），尤其第237~269页；以及詹姆斯·S.科勒姆（James S. Corum）《闪击战之根源：汉斯·冯·塞克特和德国军事改革》（The Roots of Blitzkrieg: Hans von Seeckt and German Military Reform；劳伦斯，堪萨斯大学出版社，1992年），尤其第25~67页。

2. 弗里泽尔《闪击战传奇：1940年西线战役》第75~81和第94~107页。

3. 关于德国机械化部队编制和学说的演进，可见豪斯《20世纪的诸兵种合成作战》第76~83、第111~112、第128~130页。半履带车营情况可见尼克拉斯·塞特林（Niklas Zetterling）和安德斯·弗兰克森（Anders Frankson）《莫斯科战役1941：二战"台风"行动与德军的首次大危机》（The Drive on Moscow, 1941: Operation Taifun and Germany's First Great Crisis in World War II；费城，炮台出版社，2012年——Philadelphia: Casemate, 2012）第131~132页。

4. 塞缪尔·J.刘易斯（Samuel J. Lewis）《被遗忘的军团：德国陆军步兵政策1918—1941》（Forgotten Legions: German Army Infantry Policy 1918-1941；纽约，普雷格出版社，1985年——New York: Praeger, 1985）第59~60页。

5. 蒂莫西·A.雷（Timothy A. Wray）《坚守：二战德军在俄国战线的防御学说，战前到1943年3月》（Standing Fast: German Defensive Doctrine on the Russian Front during World War II, Prewar to 1943；堪萨斯州，利文沃斯堡，作战研究学院，1986年——Fort Leavenworth, KS: Combat Studies Institute, 1986）第1~21页。

6. 贝尔纳德·R.克勒纳（Bernard R. Kroener）相关文章可见其与罗尔夫-迪特尔·米勒、汉斯·翁布赖特（Hans Umbreit）合著《德国和第二次世界大战》第5卷第1部分《战时行政、经济和人力资源，1939—1941年》（Wartime Administration, Economy, and Manpower Resources, 1939-1941；牛津，克拉伦登出版社，2000年）英文版第860页，埃瓦尔德·奥泽斯等译。文章指出1939年德国进行人口普查时拥有79529975人。同年，苏联在吞并波罗的海沿岸国家前的官方人口普查总数为1亿7050万人；但有些人口统计学家估计这个数字被夸大了500万~600万人，因为斯大林想要隐瞒

那些因集体化导致的死亡人口。可见迈克尔·K.鲁夫（Michael K. Roof）《俄罗斯人口之谜再研究》（The Russian Population Enigma Reconsidered）——《人口研究》杂志1960年7月第14期第1册（Population Studies 14, no. 1）。

7. 关于德军重新武装和扩充问题，可见贝雷妮丝·A.卡罗尔（Berenice A. Carroll）《德国解除武装和重新武装，1925—1935》（Germany Disarmed and Rearming, 1925–1935）——《和平研究》杂志1966年第3期第2册（Journal of Peace Research 3, no. 2）第114～124页，刘易斯《被遗忘的军团：德国陆军步兵政策1918—1941》第27～44、第57～58、第89～90、第121和第144页，克勒纳、米勒、翁布赖特《德国和第二次世界大战》第5卷第1部分第939和第984页。这三份资料都列举了德军在1941年6月的后备兵力情况。苏军数据见格兰茨《苏联军事战略：一部历史》第91～95页和《泥足巨人：大战前夜的苏联军队》第9～24页。

8. 克勒纳、米勒、翁布赖特《德国和第二次世界大战》第5卷第1部分第982和第839页。

9. 塞特林和弗兰克森《莫斯科战役1941：二战"台风"行动与德军的首次大危机》第28～30页。

10. 同上，第913页。劳动力短缺情况见图兹《毁灭的报酬：纳粹经济的创造和失灵》第358和第361页。

11. 克劳斯·赖因哈特（Klaus Reinhardt）著、卡尔·B.基南（Karl B. Keenan）译英文版《莫斯科——转折点：希特勒战略在1941—1942年冬季的失败》（Moscow—The Turning Point: The Failure of Hitler's Strategy in the Winter of 1941-42；牛津，伯格出版社，1992年——Oxford: Berg Publishing, 1992）第26～28页。

12. 亚当·图兹曾在《毁灭的报酬：纳粹经济的创造和失灵》（第429～432页）中批判了这种说法，认为德国事实上已经在认真进行战时生产。但他实际上也得到了相同结论，即出于种种原因，德国经济体系无力在1941年生产出更多产品，更没有办法与英国、美国和苏联（经济体系）的产量相抗衡。

13. 理查德·L.迪纳尔多（Richard L. DiNardo）《无敌的机械化还是军队的老古董？马匹和二战德军》（Mechanized Juggernaut or Military Anachronism? Horses and the German Army of World War II；康涅狄格州，韦斯特波特，格林伍德出版社，1991年——Westport, CT: Greenwood Press, 1991）第38、第40和第49页。另可见刘易斯《被遗忘的军团：德国陆军步兵政策1918—1941》第50～55页。

14. 可见托马斯·L.延茨（Thomas L. Jentz）编写《装甲兵：德国坦克兵创建和作战运用完全指南，1933—1945》（Panzertruppen: The Complete Guide to the Creation & Combat Employment of Germany's Tank Force, 1933-1945；宾夕法尼亚州，阿特格伦，希弗军事历史出版社，1996年——Atglen, PA: Schiffer Military History, 1996）第1卷第190～193页。

15. 博格等《德国和第二次世界大战》第4卷《攻击苏联》英文版223页。该表格（第222至223页）列出了侵苏各师的替代装备情况。第11装甲师后来换装了由德国制造的坦克。

16. 斯蒂芬·G.弗里茨（Stephen G. Fritz）《东方战争：希特勒在东方的灭绝战》（Ostkrieg: Hitler's War of Extermination in the East；列克星敦，肯塔基大学出版社，2011年——Lexington: University Press of Kentucky, 2011）第118页。

17. 罗伯特·M.肯尼迪（Robert M. Kennedy）《德军的波兰战役，1939年》（The German Campaign in Poland, 1939；华盛顿，哥伦比亚特区，军事历史主任办公室，1956年——Washington,

DC: Office of the Chief of Military History, 1956）第120页。关于集中维修体系可见肯尼思·麦克西（Kenneth Macksey）文章《1941年的德国陆军》（The German Army in 1941），出自格兰茨编《东线的战争初期，1941年6月22日—8月：第4次战争艺术研讨会记录》（The Initial Period of War on the Eastern Front, 22 June–August 1941: Proceedings of the 4th Art of War Symposium；伦敦，弗兰克·卡斯出版社，1993年）第64～65页。

18．关于"巴巴罗萨"计划发展情况的详细探讨，可见戴维·斯塔赫尔《"巴巴罗萨"行动和德国在东方的失败》（Operation Barbarossa and Germany's Defeat in the East；剑桥，剑桥大学出版社，2009年）第33～69页，以及富盖特《巴巴罗萨行动：东线战略战术，1941》第61～93页。

19．"巴巴罗萨"训令全文可见海因茨·古德里安著、康斯坦丁·菲茨吉本（Constantine Fitzgibbon）译《闪击英雄》英文版（Panzer Leader；纽约，E.P.达顿出版社，1952年——New York: E. P. Dutton, 1952）第513～516页附录22。另可见格兰茨《巴巴罗萨脱轨：斯摩棱斯克交战（1941年7月10日—9月10日）.第一卷：德军的推进、包围圈之战、第一次和第二次苏军反攻，1941年7月10日至8月24日》（Barbarossa Derailed: The Battle for Smolensk, 10 July–10 September 1941, vol. 1, The German Advance, the Encirclement Battle, and the First and Second Soviet Counteroffensives, 10 July–24 August 1941；英国，索利哈尔，希利恩出版社，2010年——Solihull, UK: Helion, 2010）第17～21页。

20．弗朗茨·哈尔德《哈尔德战时日志，1939—1942》（The Haider War Diaries, 1939-1942；加利福尼亚州，诺瓦托，普雷西迪奥出版社，1988年——Novato, CA: Presidio Press, 1988）第294页，编者为查尔斯·伯迪克（Charles Burdick）和汉斯-阿道夫·雅各布森（Hans-Adolf Jacobsen）。

21．汉斯-阿道夫·雅各布森汇编《国防军统帅部战争日志》第1卷《1940年8月1日—1941年12月31日》中《1940年12月5日与元首的谈话》第981～982页["Vortrag beim Führer am 5. Dezember 1940", Kriegstagebuch des Oberkommandos der Wehrmacht (Wehrmacht- fuhmngsstab), Band 1:1. August 1940–31. Dezember 1941；德国，美因河畔法兰克福，贝尔纳德和格雷费出版公司，1965年——Frankfurt am Main, Germany: Bernard & Graefe Verlag, 1965]。这次谈话对于理解希特勒为何要坚持在夺取莫斯科之前肃清中央集团军群两翼的大批苏军至关重要。

22．直到现在，1941年战役实际参战兵力仍然是个争议话题，这很大程度在于统计德军驻挪威部队及二线或后方警戒兵力方面出现的差异。这些数字反映出了整个战场的情况，可见厄尔·齐姆克和马格纳·鲍尔（Magna Bauer）《从莫斯科到斯大林格勒：东线的决策》（Moscow to Stalingrad: Decision in the East；华盛顿，哥伦比亚特区，美国陆军军事历史中心，1987年）第7～8页和格兰茨《巴巴罗萨脱轨》第1卷第20页。

23．相比之下，位于苏联西部边境的布列斯特到莫斯科之间的距离大约为1020公里。

24．关于对瓦格纳的评估，可见博格等《德国和第二次世界大战》第4卷《攻击苏联》英文版第140和第293～297页。关于铁路和公路网，可见齐姆克和鲍尔《从莫斯科到斯大林格勒：东线的决策》第14页。另可见斯塔赫尔《"巴巴罗萨"行动和德国在东方的失败》第127～138页。

25．图兹《毁灭的报酬：纳粹经济的创造和失灵》第453页。

26．斯塔赫尔《"巴巴罗萨"行动和德国在东方的失败》第54～60页。

27．格兰茨《东线的战争初期，1941年6月22日—8月：第4次战争艺术研讨会记录》第185～187页和

《泥足巨人：大战前夜的苏联军队》第102～106和第288～291页。

28. 塞特林和弗兰克森《莫斯科战役1941：二战"台风"行动与德军的首次大危机》第32～33页。

29. 可见格尔德·尼波尔德（Gerd Niepold）相关文章，出自格兰茨《东线的战争初期》第66～70页。另可见博格等《德国和第二次世界大战》第4卷《攻击苏联》英文版第274～278页。

30. 詹姆斯·J.施奈德（James J. Schneider）《眼镜蛇和猫鼬：两次大战之间时期的苏联防御学说以及战略错位问题》（"The Cobra and the Mongoose: Soviet Defensive Doctrine during the Interwar Period and the Problem of Strategic Dislocation"）——《斯拉夫军事研究》杂志第19期第1册（2006年1月）第57～66页。关于苏联军事理论和计划的更多细节，可见格兰茨《苏联军事战略：一部历史》第60～91页、《泥足巨人：大战前夜的苏联军队》，以及梅利秋霍夫《斯大林失去的机会》第221～313页。

31. 格兰茨《泥足巨人：大战前夜的苏联军队》第72～81页，以及里斯《斯大林的士兵为何而战：二战中红军的战斗力》第36～39和201～204页。

32. 罗伯茨《为战争筹划：红军和1941年的灾难》第1299～1310页。

33. 马克·哈里森撰《工业和经济》，选自戴维·R.斯通编写《战争中的苏联，1941—1945》（The Soviet Union at War, 1941-1945），尤其第29～30页。某些被德军忽视的仓库为战争早期的游击队提供了装备。

34. 德里格《战斗中的工农红军机械化军：1940—1941年红军汽车装甲坦克兵史》第51页。

35. 奥列格·亚历山德罗维奇·洛西克（Лосик, Олег Александрович）主编《伟大卫国战争时期苏军坦克兵建设和战斗运用》（Строительство и боевое применение Советских танковых войск в годы Великой Отечественной войны；莫斯科，军事出版社，1979年）第44页。详情可见德里格《战斗中的工农红军机械化军》和格兰茨《泥足巨人：大战前夜的苏联军队》第116～125及第154～155页。

36. 德里格《战斗中的工农红军机械化军》第160页。

37. 最准确的数字见德里格《战斗中的工农红军机械化军》第135页。另可见史蒂文·扎洛加《技术突然性和战争初期：T-34坦克的情况》（Technological Surprise and the Initial Period of War: The Case of the T-34 Tank）——《斯拉夫军事研究》杂志第6期第4册（1994年12月）第634～648页，以及格兰茨《泥足巨人：大战前夜的苏联军队》第116～145页。

38. 德里格《战斗中的工农红军机械化军》第375页。

39. 同上，第469页。

40. 康斯坦丁·康斯坦丁诺维奇·罗科索夫斯基《军人的天职》（A Soldier's Duty；莫斯科，进步出版社，1985年）英文版第12～15页。维克多·J.卡缅尼尔（Victor J. Kamenir）在《血腥三角：苏军装甲在乌克兰的失败，1941年6月》（The Bloody Triangle: The Defeat of Soviet Armor in the Ukraine, June 1941；明尼苏达州，明尼阿波利斯，顶点出版社，2008年——Minneapolis, MN: Zenith Press, 2008）第33～50页中给出了西南方面军机械化第19军及其他机械化军的详细装备情况。

41. 扎洛加《技术突然性和战争初期：T-34坦克的情况》。在这1861辆新式坦克中，有1475辆（含508辆KV和967辆T-34）被分配给了西部各军区下属部队。如果当时能将这些新式坦克集中使用，它们就足以压倒德军手头的1449辆III号和517辆IV号中型坦克。

42. 格兰茨《泥足巨人：大战前夜的苏联军队》第109～159页与S.阿尔费罗夫（S. Alferov）《1941年苏军在西部战区的战略部署》（Стратегическое развертывание советских войск на Западном ТВД в 1941

году）——《军事历史》杂志1981年6月号第31页。装备短缺情况可见卡缅尼尔《血腥三角》第48~50页。

43. 雅各布·基普《苏联战争计划》（Soviet War Planning），选自格兰茨《东线的战争初期》第53~54页。

44. 安德斯·弗兰克森《1941年夏天》（Summer 1941）——《斯拉夫军事研究》杂志第13期第3册第138页（2000年9月）。

45. 扎洛加《技术突然性和战争初期：T-34坦克的情况》第634~648页。

46. 威廉森·默里（Williamson Murray）《德国空军》（Luftwaffe；马里兰州，巴尔的摩，航海航空出版社，1985年——Baltimore, MD: Nautical and Aviation Publishing, 1985）第79和第83页。

47. 关于战争前夜苏联空军详情，可见冯·哈德斯蒂（Von Hardesty）和伊利亚·格林贝格（Ilya Grinberg）《红色不死鸟的崛起：二战中的苏联空军》（Red Phoenix Rising: The Soviet Air Force in World War II；劳伦斯，堪萨斯大学出版社，2012年）第5~22页、格兰茨《泥足巨人：大战前夜的苏联军队》第184~204页附录1、米哈伊尔·尼古拉耶维奇·科热夫尼科夫（M. N. Kozhevnikov）《1941—1945年伟大卫国战争中的苏军空军司令部》（Командование и штаб ВВС Советской Армии в Великой Отечественной войне 1941-1945 гг.；莫斯科，科学出版社，1977年）第15~35页，以及梅利秋霍夫《斯大林失去的机会》第264~271页。苏联飞机数量可见梅利秋霍夫《1941年6月22日：用数字说话》（22 июня 1941 г.: цифры свидетельствуют）——《苏联历史》杂志1991年3月号第16~28页。

48. 可见N.P.佐洛托夫（Н. П. Золотов）主编《伟大卫国战争期间（1941—1945年）苏联武装力量的战斗和数字编成：数据收集第1卷（1941年6月22日）》[Боевой и численный состав Вооруженных Сил СССР в период Великой Отечественной войны (1941-1945 гг.). Статистический сборник № 1 (22 июня 1941 г.);莫斯科，俄罗斯联邦国防部军事历史研究所，1994年]第11页。

49. 该部分主要基于冯·哈德斯蒂和格林贝格《红色不死鸟的崛起：二战中的苏联空军》第14~16页。另可见沃尔科戈诺夫《斯大林：胜利与悲剧》英文版第375页。

50. 格兰茨《苏联军事战略：一部历史》第78~81页、《泥足巨人：大战前夜的苏联军队》第82~108页，以及沃尔科戈诺夫《斯大林：胜利与悲剧》英文版第396~398页。

51. 该部分主要基于格兰茨《泥足巨人：大战前夜的苏联军队》第12~13和第102~107页、《“巴巴罗萨”行动：1941年希特勒入侵俄罗斯》（Operation Barbarossa: Hitler's Invasion of Russia 1941；英国，斯特劳德，历史出版社，2004年——Stroud, UK: History Press, 2004）第15~16页，以及援引谢苗·帕夫洛维奇·伊万诺夫（Иванов, Семён Павлович）《战争初期》（Начальный период войны；莫斯科，军事出版社，1974年）的齐姆克和鲍尔著《从莫斯科到斯大林格勒：东线的决策》第18~22页。另可见梅利秋霍夫《斯大林失去的机会》第281~313页、雅各布·基普《巴巴罗萨，苏联掩护兵力和战争初期：军事历史和空地一体战》（Barbarossa, Soviet Covering Forces, and the Initial Period of War: Military History and Airland Battle；堪萨斯州，利文沃斯堡，苏军研究办公室，1989年），以及Iu.Ya.基尔申（Ю.Я. Киршин）和N.M.拉曼尼切夫（Н.M. Раманичев）《1941年6月22日前夜（根据军事档案材料）》[Накануне 22 июня 1941 г.: (по материалам военных архивов)]——《近代和现代史》第3期（1991年3—4月）第3~19页。

52. 伊万诺夫《战争初期》第101、第106~107和第204页，以及什捷缅科《战争年代的苏联总参谋部，1941—1945》英文版第1卷第33页。

53. 维克多·苏沃洛夫（Viktor Suvorov）[1]著、托马斯·B.贝蒂（Thomas B. Beattie）英译《破冰船：谁发动了第二次世界大战》（Icebreaker: Who Started the Second World War；伦敦，哈米什·汉密尔顿出版社，1990年——London: Hamish Hamilton, 1990），尤其第25~114页。苏沃洛夫得到了一些作者支持，包括波贝列夫《红军总参谋部准备在1941年打一场怎样的战争？》第50~67页，以及鲍里斯·弗拉季米罗维奇·索科洛夫（Соколов, Борис Вадимович）[2]《斯大林想要攻击希特勒吗？》（Did Stalin Intend to Attack Hitler?）——《斯拉夫军事研究》杂志第11期第2册（1998年6月）第113~141页。对于这一话题的批判性评论可见阿列克谢·瓦列里耶维奇·伊萨耶夫（Исаев, Алексей Валерьевич）《反苏沃洛夫论：小人物的大谎言》[Антисуворов. Большая ложь маленького человечка；莫斯科，亚乌扎出版社和埃克斯莫出版社（ЭКСМО），2004年]、梅利秋霍夫《斯大林失去的机会》第264和第281~285页、格兰茨《泥足巨人：大战前夜的苏联军队》第95和第244~245页、弗拉季米尔·亚历山德罗维奇·涅韦任（Невежин, Владимир Александрович）《进攻战争综合症："神圣的战争"前夕苏联的宣传，1939—1941》[Синдром наступательной войны. Советская пропаганда в преддверии «священных боев», 1939–1941 гг.；莫斯科，20世纪俄罗斯社会研究者协会出版社（Аиро XX），1997年]、特迪·J.乌尔德里克斯（Teddy J. Uldricks）《破冰船之争：斯大林计划进攻希特勒吗？》（"The Icebreaker Controversy: Did Stalin Plan to Attack Hitler?"）——《斯拉夫评论》（Slavic Review）第58期第3册（1999年8月）第626~643页，以及戈罗杰茨基《大错觉：斯大林和德国入侵俄国》第3~9页。另可见亚历山大·希尔（Alexander Hill）《1941—1945苏联伟大卫国战争：文献读本》（The Great Patriotic War of the Soviet Union, 1941–45: A Documentary Reader；伦敦，劳特利奇出版社，2009年——London: Routledge, 2009），以及尤里·亚历山德罗维奇·戈里科夫（Горьков, Юрий Александрович）《斯大林准备在1941年先发制人进攻希特勒？》（Was Stalin Preparing a Preemptive Strike against Hitler in 1941?）——《俄罗斯历史研究》第36期第3册（1997年底至1998年初冬季）第22~46页；后者最初发表于《近代和现代史》第3期（1993年）第29~45页。

54. 铁木辛哥改革应于1942年夏完成。

55. 关于苏联军事力量鼓动了斯大林的侵略倾向的观点，可见艾伯特·L.威克斯（Albert L. Weeks）《斯大林的另一场战争：苏联大战略，1939—1941》（Stalin's Other War: Soviet Grand Strategy, 1939–1941；马里兰州，拉纳姆，罗曼和利特菲尔德出版社，2002年——Lanham, MD: Rowman & Littlefield, 2002），尤其第90~93和第100~101页。

56. 可见亚历山大·希尔《破冰船之争和苏联在1941年的意图：5月15日苏军战略展开计划和其他关键文件》（The Icebreaker Controversy and Soviet Intentions in 1941: The Plan for the Strategic Deployment of Soviet Forces of 15 May and Other Key Documents）——《斯拉夫军事研究》杂志第21期第1册（2008年）第119~128页，以及V.N.基谢廖夫（V. N. Kiselev）《与战争开始相关的不容改变的事实》（Stubborn Facts Associated with the Beginning of the War）——《俄罗斯历史研究》第36期第3册（1997年底至1998年初冬季）第8~21页；后者最初发表于《军事历史》杂志1992年2月号第14~22页。

57. 制订各种各样的预案是任何一个总参谋部都应该完成的任务，尽管有些（预案）看上去匪夷所思。

---

① 译者注："维克多·苏沃洛夫"是苏联变节者弗拉季米尔·波格丹诺维奇·列尊的笔名，其作品《苏军内幕》有中文版本。

② 译者注：鲍里斯·索科洛夫的作品《二战秘密档案：苏联惨胜真相》有中文版本。

比如美国在20世纪30年代晚期制订"颜色计划"时甚至考虑过一份与加拿大开战的方案。[①]

58．可见V.卡尔波夫（V. Karpov）《朱可夫》——《武装力量中的共产党人》（Коммунист Вооружённых Сил）1990年5月第5期第67～68页。

59．该部分主要基于巴顿·惠利（Barton Whaley）《代号巴巴罗萨》（Codeword Barbarossa；马萨诸塞州，坎布里奇，麻省理工学院出版社，1973年），墨菲《斯大林知道什么：巴巴罗萨之谜》——尤其第65～83、第117～121、第127～132和第173～179页，以及格兰茨《泥足巨人：大战前夜的苏联军队》第233～250页。另可见罗伯特·萨乌什金（Robert Savushkin）《追寻悲剧的源头：写在伟大卫国战争爆发50周年》（In the Tracks of a Tragedy: On the 50th Anniversary of the Start of the Great Patriotic War）——《斯拉夫军事研究》杂志1991年6月第4期第2册第213～251页、A.G.霍里科夫（А.Г. Хорьков）《致命事件的前夜》（Накануне грозных событий）——《军事历史》杂志1988年5月号第42～49页，以及L.德沃伊内赫（L. Dvoinykh）和N.塔尔霍娃（N. Tarkhova）《军事情报人员报告了什么：历史学家有机会分析战争前夜苏联情报人员的电文》（What Military Intelligence Reported: Historians Have a Chance to Analyze Soviet Intelligence Dispatches on the Eve of the War）——《俄罗斯历史研究》第36期第3册第76～93页；最后者最初发表于《科学与生命》（Наука и жизнь）第3期（1995年）第2～11页。

60．德沃伊内赫和塔尔霍娃《军事情报人员报告了什么》第81页。

61．亚历山大·沃斯（Alexander Werth）《战争中的苏联》（Russia at War,1941–1945；纽约，E.P.达顿出版社，1964年）第113页。

62．惠利《代号巴巴罗萨》第193～196页。戈利科夫的上一任局长伊万·约瑟夫维奇·普罗斯库罗夫（Проскуров, Иван Иосифович）更怀疑德国人，但他成了芬兰战争失败的替罪羊。[②]详见墨菲《斯大林知道什么：巴巴罗萨之谜》第7和第54～61页。

63．墨菲《斯大林知道什么：巴巴罗萨之谜》第173～179页。

64．这份通知的内容可见萨乌什金《追寻悲剧的源头》第221～222页。

第4章 德国的猛攻

1．选自《苏联西方面军行动相关的作战文件汇编：1941年6月24—30日》（A Collection of Combat Documents Covering Soviet Western Front Operations: 24–30 June 1941）——《斯拉夫军事研究》杂志第4期第2册（1991年6月）第334页，编译者为哈罗德·S.奥伦斯坦。全部文件合集可见《伟大卫国战争作战文件汇编》（Сборник боевых документов Великой Отечественной войны；莫斯科，军事出版社，1958年）第35卷中《关于西方面军部队在1941年6月22日—7月5日间作战行动的文件》（документы по боевым действиям войск Западного фронта с 22 июня по 5 июля 1941 г.），于1964年解密。这一系列著作的内容涵盖了各方面军、集团军、军及（部分）最高统帅部一级的文件，共有43卷，于1947—1961年

---

① 译者注：除针对德国的"黑色"和对日本的"橙色"战争方案外，还有对中国的"黄色"、对英国的"红色"、对加拿大的"深红"、对印度的"宝石红"、对澳大利亚的"猩红"、对新西兰的"石榴红"，以及对爱尔兰的"祖母绿"方案。针对美国本土的"白色"战争方案还曾通过骑兵和坦克成功镇压白宫门前上访的老兵。

② 译者注：普罗斯库罗夫曾是一名优秀的飞行员，在西班牙内战中荣膺"苏联英雄"称号。1940年7月，他离开情报部门后继续从事空军指挥工作；后于1941年6月27日被捕，在10月28日遭枪决。

间出版（下文将简写为"SBDVOV"，并标注相应的时间和卷数）。关于这些文件的翻译，可见格兰茨编写《西方面军作战行动的文件，1941年6月22日—7月5日》（宾夕法尼亚州，卡莱尔，自印，2006年）。

2. 冯·哈德斯蒂《红色不死鸟的崛起：二战中的苏联空军》第5页。

3. 克里斯蒂安·甘策尔（Christian Ganzer）《从苏德损失看布列斯特要塞之战的持续时间和激烈程度》（German and Soviet Losses as an Indicator of the Length and Intensity of the Battle for the Brest Fortress）——《斯拉夫军事研究》杂志第27期第3册（2014年9月）第1~18页，以及罗斯季斯拉夫·弗拉季米罗维奇·阿利耶夫（Алиев Ростислав Владимирович）《强击布列斯特要塞》（Штурм Брестской крепости；莫斯科，亚乌扎出版社和埃克斯莫出版社，2008年）。这些研究基于档案文件，认为战斗从6月22日持续到29日或30日，而原先的苏联资料认为战斗持续到了7月21日。

4. 富盖特《巴巴罗萨行动：东线战略战术，1941》第54~55页，以及格兰茨《东线的战争初期》第196~200页。

5. 反冲击（counterattack）、反突击（counterstrike）和反攻（counteroffensive）等反击动作（Counteraction）在规模和重要性上有所差异。反冲击从本质上讲属于战术层面，一般由部队在局部阻止敌人推进；反突击属于战役层面，用于抗击和打退推进中的敌军；反攻是具有战略意义的作战行动，通过迫使敌人转入防御或退却，实现彻底扭转战局的目的。[①]

6. 奥伦斯坦编译《苏联西方面军行动相关的作战文件汇编：1941年6月24—30日》第329页，以及格兰茨《东线的战争初期》第184~225页。博尔金对最初几天的叙述可见《生命中的几页》（Страницы жизни；莫斯科，军事出版社，1961年）。关于西方面军在战争爆发后那几天行动的最佳回忆文章是列昂尼德·米哈伊洛维奇·桑达洛夫（Сандалов, Леонид Михайлович）的《死战不退》（Стояли насмерть）——《军事历史》杂志1988年10月号第3~13页、1988年11月号第3~10页、1988年12月号第13~22页、1989年2月号第32~41页，以及1989年6月号第8~15页。桑达洛夫时任第4集团军参谋长。关于流产的格罗德诺反击及其他边境战斗的详情，可见格兰茨《边境交战地图册和作战综述，1941年6月22日—7月1日》（Atlas and Operational Summary of the Border Battles, 22 June-1 July 1941；宾夕法尼亚州，卡莱尔，自印，2003年）。

7. 关于第3号训令，可见格兰茨《"巴巴罗萨"行动：1941年希特勒入侵俄罗斯》第33页和附录2、约翰·埃里克森《通往斯大林格勒之路》第1卷（The Road to Stalingrad: Stalins War with Germany, vol. I；纽约，哈珀和罗出版社，1979年——New York: Harper & Row, 1979）第132页、什捷缅科《战争年代的苏联总参谋部，1941—1945》英文版第1卷第37~40页。边境交战详情可见阿列克谢·伊萨耶夫《边境交战的奇迹：1941年6月实际发生了什么？》（Чудо приграничного сражения. Что на самом деле произошло в июне 1941 года；莫斯科，亚乌扎出版社和埃克斯莫出版社，2013年）。

8. 出自与第6装甲师赫尔穆特·里特根（Helmut Ritgen）少尉的访谈。另可见格兰茨《列宁格勒会战：1941—1944》（劳伦斯，堪萨斯大学出版社，2002年）第31~33页、《东线的战争初期》第93~96和第112~119页、德里格《战斗中的工农红军机械化军》第136~139页，以及弗拉季米尔·瓦西里耶维

---

① 译者注：在苏军术语中，反冲击（Контратака）、反突击（Контрудар）、反攻（Контрнаступление）基本可以对应作者的上述用语，并分别为军师团级、集团军/方面军级、方面军群级。具体定义请参见《苏联军事百科全书：战争理论》。由于无法核实苏军方面对各次反击行动的具体定位，译者在翻译正文时一般只分成了战役战术级别的反击和战略级别的反攻。

奇·别沙诺夫（Бешанов, Владимир Васильевич）《坦克屠杀1941》[Танковый погром 1941 года；莫斯科，阿斯特出版社（AST），2001年]第222～225页。

9. 哈德斯蒂和格林贝格《红色不死鸟的崛起：二战中的苏联空军》第39～41页。关于边境空战的新记述可见德米特里·鲍里索维奇·哈扎诺夫（Хазанов, Дмитрий Борисович）《1941：争夺制空权》（1941. Война в воздухе；莫斯科，亚乌扎出版社和埃克斯莫出版社，2008年）和根纳季·瓦西里耶维奇·科尔纽欣（Корнюхин, Геннадий Васильевич）《苏联上空的空战，1941》（Воздушная война над СССР. 1941；莫斯科，韦切出版社，2008年）。

10. 德里格《战斗中的工农红军机械化军》和格兰茨《东线的战争初期》第87～100页。

11. 埃里希·冯·曼施泰因《失去的胜利》（加利福尼亚州，诺瓦托，普雷西迪奥出版社，1982年）第178～185页。相关苏方文件可见格兰茨《西北方面军作战行动的文件，1941年6月22日—7月9日》（Documents on the Northwestern Front's Combat Operations, 22 June-9 July 1941；宾夕法尼亚州，卡莱尔，自印，2006年）。

12. 奥伦斯坦编译《苏联西方面军行动相关的作战文件汇编：1941年6月24—30日》第339和第343页、格兰茨《东线的战争初期》第200～222页。根据德里格《战斗中的工农红军机械化军》第239页，剩余这3辆坦克（1辆KV和2辆T-34）隶属于机械化第6军坦克第7师的坦克第13团。

13. 奥伦斯坦编译《苏联西方面军行动相关的作战文件汇编：1941年6月24—30日》第346页。

14. 同上，第344页。

15. 同上，第355～356页。

16. 关于对帕夫洛夫的处决，可见《武装力量中的共产党人》1991年4月第8期第70～75页、5月第9期第68～73页、6月第11期第54～60页、7月第13期第63～68页和7月第14期第57～67页文章《R-24000号案件：德米特里·格里戈里耶维奇·帕夫洛夫将军》（Дело № Р-24000 генерала Павлова Дмитрия Григорьевича）。近年来，帕夫洛夫的名誉已经被部分恢复。

17. 铁木辛哥元帅于7月1日接替叶廖缅科担任西方面军司令，而后者担任前者副手。7月10日，大本营任命铁木辛哥担任西方向军队总司令。方向军队总指挥部属于战略司令部，最终会掌握多个方面军。该命令及1941年大本营的其他命令、训令可见《俄罗斯档案：伟大卫国战争》第16卷第5-1册、弗拉季米尔·安东诺维奇·佐洛塔廖夫主编《最高统帅部大本营：文件和材料，1941年》[Ставка ВГК. Документы и материалы. 1941 год；莫斯科，土壤出版社（TERRA），1996年]第62～63页。

18. 克里沃舍耶夫主编《20世纪战争中的俄罗斯和苏联：数据分析》第267～268和第484页指出西方面军在开战时拥有625000人，但截至7月9日已有417729人死亡、负伤、患病或被俘，并损失了4799辆坦克。[①]在同一时期，西北方面军损失了440000人中的87208人和2523辆坦克。[②]

19. 哈尔德《哈尔德战时日志，1939—1942》第432～435页，关于红军从合围圈中突围的情况请见第465页。除德国情报网非常活跃的考纳斯地域外，德军并未查明苏军前沿地域的大量机械化军，详见格兰茨《东线的战争初期》第83页。

---

① 译者注：总兵力和减员数字也包含同期支援西方面军的平斯克区舰队相关数据。
② 译者注：总兵力和减员数字包含同期波罗的海舰队部分损失。

20. 博格等《德国和第二次世界大战》第4卷《攻击苏联》英文版第527～529页，以及格兰茨《巴巴罗萨脱轨》第1卷第42～43页。

21. 卡缅尼尔《血腥三角》第109～243页。关于西南方面军的俄罗斯（苏联）资料有——伊萨耶夫《从杜布诺到罗斯托夫：1941年6—11月苏联武装力量在西南方向上的行动》[От души до Ростова: Операции советских вооруженных сил на юго-западном направлении в Июн е-но я в 1941 году；莫斯科，阿斯特出版社（AST），2005年]第113～254页、鲁斯兰·谢尔盖耶维奇·伊里纳尔霍夫（Р. С. Иринархов）《基辅特别……》（Киевский особый…；莫斯科，阿斯特出版社，2005年）第296～587页，以及阿列克谢·维克多罗维奇·弗拉季米尔斯基（Владимирский, Алексей Викторович）《在基辅方向》（На киевском направлении；莫斯科，军事出版社，1989年）。另可见罗科索夫斯基《军人的天职》英文版第14～24页[1]和格兰茨《东线的战争初期》第248～344页。有关文件请参见SBDVOV第36卷（1959年）。

22. 西南方向装甲战的描述基于卡缅尼尔《血腥三角》第107和第128～144页、伊萨耶夫《从杜布诺到罗斯托夫》第113～254页、格兰茨《东线的战争初期》第248～288页，以及德里格《战斗中的工农红军机械化军》。关于详细交战地图，可见格兰茨《边境交战地图册和作战综述，1941年6月22日—7月1日》地图第111～190。

23. 关于机械化第15军的实力和战斗行动详情，可见德里格《战斗中的工农红军机械化军》第393～417页。

24. 同上，第514～531页。机械化第22军的坦克第41师已经被派往西面，以保卫科韦利筑垒地域并抗击德军对弗拉季米尔–沃伦斯基的突击。步兵第135师参加了第22军的进攻。

25. 同上，第259～278页。

26. 同上，机械化第9和第19军进攻的详情分别见278～295和第465～479页。

27. 罗科索夫斯基《军人的天职》英文版第19～21页。未删减版请见罗科索夫斯基《军人的天职》（Солдатский долг；莫斯科，呼声出版社——Голос，2000年）第43～45页。

28. 克里沃舍耶夫主编《20世纪战争中的俄罗斯和苏联：数据分析》第268～269和第484页指出西南方面军在1941年6月22日至7月6日损失了最初864600人中的241594人，并损失了4481辆坦克。[2]

29. 详见戴维·斯塔赫尔《基辅1941：希特勒的东线争霸战》第77～87页。关于基辅战役初期的图示，可见格兰茨《基辅会战地图册，第1部分：突破斯大林防线和乌曼合围，1941年7月2日—8月9日》（Atlas of the Battle for Kiev, Part 1: Penetrating the Stalin Line and the Uman Encirclement, 2 July-9 August 1941；宾夕法尼亚州，卡莱尔，自印，2005年）地图第111～190。

30. 第17集团军报告俘虏62000人，摧毁或缴获100辆坦克和450门火炮；第1装甲集群报告俘虏45000人，摧毁或缴获186辆坦克和503门火炮。详见第17集团军战后总结（英文缩写为AAR）、第1装甲集群1941年8月7日第2号作战日志（First Pz Gp, KTB Nr. 2, 7 Aug 41；"作战日志"的德文为Kriegstagebuch，缩写为KTB）。苏军第6集团军估计损失了10个师，而第12集团军损失了13个师。另可见1941年8月8日第54号东线形势报告——南方集团军群13941/2卷宗（Lagebericht Ost, Nr. 54, 8 Aug 41, AGp South

---

① 译者注：本书初版注明其未删减版连载于1989年4月到1992年3月的《军事历史》杂志。

② 译者注：减员数字包含6月25日至7月6日间南方面军第18集团军的损失。

13941/2）。上述及其他文件选文可见格兰茨和查理·冯·吕蒂肖（Charles von Lüttichau）未出版的两卷本《巴巴罗萨行动》（Operation Barbarossa）第1卷第19章《南方集团军群：乌曼合围（1941年7月15日—8月8日）》[Army Group South: The Uman' Encirclement (15 July-8 August 1941)；华盛顿，哥伦比亚特区，美国陆军军事历史中心，2007年]、华盛顿哥伦比亚特区的国家档案馆微缩胶片（NAM）中的T-311和T-312系列，以及第764卷、T-312系列、14499/46卷宗、第17集团军1941年7月15日—8月9日、第17集团军参谋长、1号作战日志附件9《乌曼之战》（"Schlacht von Uman," Anlage 9 zum Kriegstagebuch Nr. 1, AOK 17, Ia, 15 Jul 1941-9 Aug 1941, AOK 17,14499/46 file, Series T-312, Roll 764, NAM）。具体统计数据出自别沙诺夫《坦克屠杀1941》第417页，并得到了同期苏方记录的佐证。

31. 本段主要基于斯塔赫尔《基辅1941：希特勒的东线争霸战》第74～87页。另可见埃文·莫兹利（Evan Mawdsley）《东方的雷声：1941—1945年纳粹与苏联的战争》（Thunder in the East: The Nazi-Soviet War 1941-1945；伦敦，霍德·阿诺德出版社，2005年——London: Hodder Arnold, 2005）和格兰茨《基辅会战地图册，第2部分：德军向第聂伯河推进，1941年8月9—26日》（Atlas of the Battle for Kiev, Part 2: The German Advance to the Dnepr River, 9-26 August 1941；宾夕法尼亚州，卡莱尔，自印，2005年）地图第111～190。

32. 奥默·巴尔托夫（Omer Bartov）《东线，1941—1945：德军和战事的野蛮化》（The Eastern Front, 1941-45: German Troops and the Barbarization of Warfare；纽约，圣马丁出版社，1986年——New York: St. Martin's Press, 1986）第51和66页。

33. 罗纳德·斯梅尔瑟（Ronald Smelser）和爱德华·J.戴维斯二世（Edward J. Davies II）《东线的神话：美国大众文化中的纳粹—苏联之战》（The Myth of the Eastern Front: The Nazi-Soviet War in American Popular Culture；剑桥，剑桥出版社，2008年），特别是第66～119页。

34. 菲利克斯·勒梅尔（Felix Römer）《意识形态之战中的德国国防军：东线的陆军和希特勒的罪恶命令》（The Wehrmacht in the War of Ideologies: The Army and Hitler's Criminal Orders on the Eastern Front），选自阿列克斯·J.凯（Alex J. Kay）、杰夫·拉瑟福德（Jeff Rutherford）和戴维·斯塔赫尔编写《纳粹在东线的政策，1941：总体战，种族灭绝和激进化》（Nazi Policy on the Eastern Front, 1941: Total War, Genocide, and Radicalization；纽约，罗切斯特，罗切斯特大学出版社，2012年）第85～88页。

35. 马塞尔·施泰因（Marcel Stein）《陆军元帅冯·曼施泰因，肖像画：双面神》（Field Marshal von Manstein, a Portrait: The Janus Head；英国，索利哈尔，希利恩出版社，2007年）英文版，作者自译、格威妮丝·费尔班克（Gwyneth Fairbank）编辑，第37、第48～50、第60和第286～304页。

36. 博格等《德国和第二次世界大战》第4卷《攻击苏联》英文版第470～471页。

37. 巴尔托夫《东线，1941—1945：德军和战事的野蛮化》第153页。

38. 同上，第109页。暴行情况请参见亚历山大·沃斯《战争中的苏联》第208、第373～376和第700～709页。征粮和掠夺情况可见杰夫·拉瑟福德《德国占领政策的激进化：1941年在帕夫洛夫斯克的东方经济部和第121步兵师》（The Radicalization of German Occupation Policies: The Wirtschaftsstab Ost and the 121st Infantry Division in Pavlovsk, 1941），选自凯、拉瑟福德和斯塔赫尔编写《纳粹在东线的政策，1941：总体战，种族灭绝和激进化》第130～146页。

39. 该记录基于本杰明·V.谢泼德（Benjamin V. Shepherd）《狂野东部的战争：德国陆军和苏联游

击队》（War in the Wild East: The German Army and Soviet Partisans；马萨诸塞州，坎布里奇，哈佛大学出版社，2004年），尤其是第48~74页。

40. 理查德·罗兹（Richard Rhodes）《死亡的主宰：党卫队别动总队和大屠杀的发明》（Masters of Death: The SS-Einsatzgruppen and the Invention of the Holocaust；纽约，阿尔弗雷德·A.克诺夫出版社，2002年——New York: Alfred A. Knopf, 2002）第38~45页，以及莫兹利《东方的雷声：1941—1945年纳粹与苏联的战争》第100~102页。

41. 凯、拉瑟福德和斯塔赫尔编写《纳粹在东线的政策，1941：总体战，种族灭绝和激进化》第64、第130~154和第318页。关于博克对后方地域安全的担心，可见克劳斯·格贝特（Klaus Gerbet）编写《陆军元帅费多尔·冯·博克：战争日志1939—1945》（Generalfeldmarschall Fedor von Bock: The War Diary 1939-1945；宾夕法尼亚州，阿特格伦，希弗军事历史出版社，1996年）英文版第240页，译者为戴维·约翰斯顿（David Johnston）。

42. 阿列克斯·J.凯《俄罗斯战役的目的是消灭3000万斯拉夫人》（The Purpose of the Russian Campaign Is the Decimation of the Slavic Population by Thirty Million），选自凯、拉瑟福德和斯塔赫尔编写《纳粹在东线的政策，1941：总体战，种族灭绝和激进化》第116页和巴尔托夫《东线，1941—1945：德军和战事的野蛮化》第153页。德军及其他轴心国战俘的命运可见本书第14章[①]。

43. 巴尔托夫《东线，1941—1945：德军和战事的野蛮化》第111页和赖因哈特英文版《莫斯科——转折点：希特勒战略在1941—1942年冬季的失败》。关于斯大林格勒居民的命运，其中有很多人被迫在德国工作，可见格兰茨和豪斯《斯大林格勒三部曲（第三部）：终局（卷二）》（Endgame at Stalingrad, Book Two: December 1942-February 1943, vol. 3 in The Stalingrad Trilogy；劳伦斯，堪萨斯大学出版社，2014年）第584页。

44. 肯尼思·斯列皮扬（Kenneth Slepyan）《斯大林的游击队员：二战中的苏联游击队》（Stalin's Guerrillas: Soviet Partisans in World War II；劳伦斯，堪萨斯大学出版社，2006年）第23~34页。战争爆发前，莫斯科一直在努力阻止为抵抗做准备，导致了（苏方）在战争第一年中表现不佳。

45. 里斯《斯大林的士兵为何而战：二战中红军的战斗力》第179~182页和富盖特《巴巴罗萨行动：东线战略战术，1941》第292页。

46. 哈尔德《哈尔德战时日志，1939—1942》第446页。

47. 这部分关于德军向斯摩棱斯克推进的探讨主要基于格兰茨《巴巴罗萨脱轨》第1卷第58~361页。

48. 详见A.I.叶夫谢耶夫（A. I. Evseev）《伟大卫国战争第一阶段中战略预备队的运用》（Маневр стратегическими резервами в первом периоде Великой Отечественной войны）——《军事历史》杂志1986年3月号第9~20页。

49. 关于这些部队的状况，可见格兰茨《泥足巨人：大战前夜的苏联军队》第109~232页。

50. 格兰茨《巴巴罗萨脱轨》第1卷第70~78页。可参见V.布特科夫（V. Butkov）《机械化第5军在列佩利方向上的反击（1941年7月6日—11日）》[Контрудар 5-ю механизированного корпуса на лепель'ском направлении (6-11 юлия 1941 года)]——《军事历史》杂志1971年9月号第59~65页。

---

① 译者注：实际上该内容不见于这两本书及本书第14章，不过本书第17章和附录表格列出了轴心国军队的损失情况。

另可见SBDVOV第37卷（莫斯科，军事出版社，1959年）、格兰茨《1941—1945苏德战争被遗忘的战斗，第1部分》[Forgotten Battles of the German-Soviet War (1941-1945), Part I]——《斯拉夫军事研究》杂志第12期第4册（1999年12月）第157~158页，以及加里·A.迪克森（Gary A. Dickson）《机械化第7军的反击，1941年7月5—9日》（The Counterattack of the 7th Mechanized Corps, 5-9 July 1941）——《斯拉夫军事研究》杂志第26期第2册（2013年6月）第310~340页。

51. 格兰茨《巴巴罗萨脱轨》第 1 卷第119~123和第270~280页。

52. 同上，第 1 卷第101~105页。

53. 关于索利齐和科罗斯坚反击，可见格兰茨《列宁格勒会战：1941—1944》第43~45页、《苏德战争（1941—1945）被遗忘的战斗第1卷，夏秋战局（1941年6月22日—12月4日）》[Forgotten Battles of the German-Soviet War (1941- 1945), vol. 1, The Summer-Fall Campaign (22 June-4 December 1941); 宾夕法尼亚州，卡莱尔，自印，1999年]第19~43和第44~47页，以及伊萨耶夫《从杜布诺到罗斯托夫》第262~264页。索利齐反击由瓦图京中将组织，这位前途无量的军官被朱可夫任命为西北方面军参谋长，以使该部变得坚决果断。

54. 格兰茨《巴巴罗萨脱轨》第1卷第124~128页。

55. 同上，第1卷第113~118和第256~264页。另还有古德里安著、菲茨吉本译《闪击英雄》英文版第167~174页，切列穆欣（К. Черемухин）《1941年夏在斯摩棱斯克—莫斯科方向上》（На смоленском-московском стратегическом направлении летом 1941 года）——《军事历史》杂志1966年10月号第3~18页，富盖特《巴巴罗萨行动：东线战略战术，1941》第137~142页，以及斯塔赫尔《"巴巴罗萨"行动和德国在东方的失败》第260~261页。

56. 格兰茨《巴巴罗萨脱轨》第1卷第161和第186~187页，以及富盖特《巴巴罗萨行动：东线战略战术，1941》第125~133页。

57. 为支援这些紧急部署的后备集团军，苏联最高统帅部把逃过头几个星期毁灭性打击的机械化军下属坦克师改编成了新的坦克师，番号为（第）100系列。这些师在纸面上至少各有180辆坦克。详见德里格《战斗中的工农红军机械化军》第632~661页和格兰茨《巨人重生：大战中的苏联军队》（Colossus Reborn: The Red Army at War, 1941-1943；劳伦斯，堪萨斯大学出版社，2005年）第219~220页。

58. 格兰茨《巴巴罗萨脱轨》第1卷第165~169页和罗科索夫斯基《军人的天职》英文版第27~31页。

59. 斯塔赫尔《"巴巴罗萨"行动和德国在东方的失败》第285~286和第316~317页。

60. 关于截至7月31日的合围战详情，可见格兰茨《巴巴罗萨脱轨》第1卷第224~255页。整个斯摩棱斯克会战的图示可见格兰茨《斯摩棱斯克会战地图册，1941年7月7日—9月10日》（Atlas of the Battle of Smolensk, 7 July-10 September 1941; 宾夕法尼亚州，卡莱尔，自印，2002年）。

61. 格兰茨《巴巴罗萨脱轨》第1卷第193~223页。

62. 富盖特《巴巴罗萨行动：东线战略战术，1941》第144~147和第153页，以及格兰茨《巴巴罗萨脱轨：斯摩棱斯克交战（1941年7月10日—9月10日）.第二卷：德军侧翼的推进和苏军的第三次反攻，1941年8月25日至9月10日》——特别是第186~188页。

63. 巴尔托夫《东线，1941—1945：德军和战事的野蛮化》第20页。

第5章 苏联的反应

1. 关于苏联统帅机构的变化，可见瓦列里·德米特里耶维奇·丹尼洛夫（Данилов, Валерий Дмитриевич）《最高统帅部大本营，1941—1945》（Ставка ВГК,1941–1945；莫斯科，知识出版社，1991年）；英文著作可见斯蒂芬·J.辛巴拉（Stephen J. Cimbala）《情报，C3，以及战争初期》（Intelligence, C3, and the Initial Period of War）——《斯拉夫军事研究》杂志第4期第3册（1991年9月）第397~447页。另可见格兰茨《巨人重生：大战中的苏联军队》第369~402页。

2. 格兰茨《巨人重生：大战中的苏联军队》第403~419页和埃里克森《通往斯大林格勒之路》第172~173页。另可见尤里·亚历山德罗维奇·戈里科夫《国防委员会决议（1941—1945）：数字，文件》[Государственный Комитет Обороны постановляет (1941—1945). Цифры, документы；莫斯科，奥尔马出版社，2002年]。

3. 罗伯茨《斯大林的战争：从世界大战到冷战，1939—1953》第89~91页，根据斯大林的预约日志及其个人助理的证言而来。斯大林的每日日程可见阿纳托利·亚历山德罗维奇·切尔诺巴耶夫（Чернобаев, Анатолий Александрович）编写《受斯大林接见：И.В.斯大林召见人员的登记簿（日志），1924—1953》[На приёме у Сталина. Тетради (журналы) записей лиц, принятых И. В. Сталиным (1924—1953)；莫斯科，新计时码表出版社，2008年]第337~338页，该书显示斯大林在6月22日会见了29个人。

4. 命令内容可见佐洛塔廖夫主编《最高统帅部大本营：文件和材料，1941年》第62页。另可见谢苗·帕夫洛维奇·伊万诺夫和N.舍霍夫措夫（Н. Шеховцов）《总指挥部在军事行动战区的工作经验》（Опыт работы главных командований на театрах военных действий）——《军事历史》杂志1981年9月号第11~18页，以及瓦列里·德米特里耶维奇·丹尼洛夫《伟大卫国战争中的方向总指挥部》（Главные команды управления в Великой Отечественной войне）——《军事历史》杂志1987年9月号第17~23页。西北方向军队总指挥部一直保留到1941年8月27日；西方向军队总指挥部保留到了1941年9月27日[①]，后于1942年2月1日重新建立，同年5月5日被撤销；西南方向军队总指挥部于1942年6月21日被撤销；北高加索方向军队总指挥部成立于1942年4月21日，于同年5月19日被撤销。

5. 比如前总参谋长、方面军司令梅列茨科夫就被捕入狱，还接受了内务人民委员部的审讯，而后又重返指挥岗位。

6. 有关特别处的文件可见尼古拉·普拉托诺维奇·帕特鲁舍夫（Патрушев, Николай Платонович）主编《伟大卫国战争中的苏联国家安全机关：文件汇编》第2卷第1册《1941年6月22日—8月31日》（Органы государственной безопасности СССР в Великой Отечественной войне: Сборник документов, Том второй, Книга 1，"Начало 22 июня-31 августа 1941 года"；莫斯科，罗斯出版社，2000年）第337~338和第346~347页。

7. 里斯《斯大林的士兵为何而战：二战中红军的战斗力》第228~232页、沃尔科戈诺夫《斯大林：胜利与悲剧》英文版第423和第427页，以及莫兹利《东方的雷声：1941—1945年纳粹与苏联的战争》第65页。

---

① 译者注：根据《苏联军事百科全书》，其撤销日期为9月10日。

8. 国防人民委员部关于部门调整和建立政治部的命令可见《俄罗斯档案：伟大卫国战争》第13卷第2-1册、佐洛塔廖夫主编《苏联国防人民委员令，1937年—1941年6月22日》[Приказы народного комиссара обороны СССР. 1937 — 22 июня 1941 г.；莫斯科，土壤出版社（TERRA），1994年]第284~298页。

9. 总参在《伟大卫国战争经验研究材料汇编》（Сборник материалов по изучению опыта войны，下文将简写为SMPIOV）系列中对这些问题直言不讳。另可见亚历山大·亚历山德罗维奇·斯特罗科夫（Строков, Александр Александрович）《军事艺术史》（История военного искусства；莫斯科，军事出版社，1966年）第388~392页。

10. 该训令的内容及由其引发的变化可见Iu.P.巴比奇（Ю. П. Бабич）和A.G.拜耶尔（А. Г. Байер）《伟大卫国战争中苏联地面部队军备和组织的发展》（Развитие вооружения и организации советских сухопутных войск в годы Великой Отечественной войны；莫斯科，学院出版社[①]，1990年）。另可见格兰茨《巨人重生：大战中的苏联军队》第177~368页或《1941年6月的红军地面部队》（Red Army Ground Forces in June 1941；卡莱尔，自印，1997年），后者还研究了苏军在1941年12月31日前组建部队的情况。

11. 巴比奇和拜耶尔《伟大卫国战争中苏联地面部队军备和组织的发展》第41~42页、格兰茨《巨人重生：大战中的苏联军队》第219~220页，以及德里格《战斗中的工农红军机械化军》第632~633页。

12. 巴比奇和拜耶尔《伟大卫国战争中苏联地面部队军备和组织的发展》第42页，以及格兰茨《巨人重生：大战中的苏联军队》第221~222页。

13. 阿列克谢·伊万诺维奇·拉济耶夫斯基（А. И. Радзиевский）主编《从战例学战术——团》（Тактика в боевых примерах, полк；莫斯科，军事出版社，1974年）图表2。

14. 巴比奇和拜耶尔《伟大卫国战争中苏联地面部队军备和组织的发展》第61页、格兰茨《巨人重生：大战中的苏联军队》第237~241页，以及A.Ya.索什尼科夫（А. Я. Сошников）《苏联骑兵》（Советская кавалерия；莫斯科，军事出版社，1984年）第163~198页。

15. 格兰茨《巨人重生：大战中的苏联军队》第311~315页和科热夫尼科夫《1941—1945年伟大卫国战争中的苏军空军司令部》第48~59页。近年来该方面最好的著作是科尔纽欣《苏联上空的空战，1941》。

16. 可见F.乌坚科夫（Ф. Утенков）《苏军司令部关于与敌坦克作战的相关文件》（Документы советского командования по борьбе с танками противника）——《军事历史》杂志1976年8月号第65~68页。这些文件被收录在《伟大卫国战争作战文件汇编》第16卷（1952年）中，于1964年解密。另可参见佐洛塔廖夫主编《最高统帅部大本营：文件和材料，1941年》第94~96页。

17. 格兰茨《苏联在平时和战时的动员，1924—1942：概述》第351页。修订版可见格兰茨《苏联在平时和战时的动员，1924—1942》（Soviet Mobilization in Peace and War, 1924-1942；卡莱尔，自印，1998年）。

18. 佐洛塔廖夫主编《伟大卫国战争1941—1945：作战军队》第77~221和第265~274页。苏联人在1941年10—12月还组建了10个所谓的"工兵集团军"，每个集团军平均有5万人，负责为野战集团军构筑防

---

① 译者注：本书初版认为此书是伏龙芝军事学院出版物。

御工事。详见格兰茨《巨人重生：大战中的苏联军队》第333~338页。

19. 格兰茨《泥足巨人：大战前夜的苏联军队》第14~17页。

20. 同上。另可见格兰茨《1941年6月的红军地面部队》、叶夫谢耶夫《伟大卫国战争第一阶段中战略预备队的运用》第11~13页，以及V.戈卢博维奇（B. Голубович）《战略预备队的组建》（Создание стратегических резервов）——《军事历史》杂志1977年4月号第12~19页。关于内务人民委员部和海军的动员情况，可见格兰茨《巨人重生：大战中的苏联军队》第165和第182~183页。海军陆战旅下辖4~6个陆战营及支援兵种，而海军步兵旅只有3个步兵营和支援分队。

21. 马克·哈里森撰《工业和经济》第25~26和第29页，选自戴维·R.斯通编写《战争中的苏联，1941—1945》。更多详情见马克·哈里森《为战争算笔账：苏联的生产、就业和国防负担，1940—1945》（Accounting for War: Soviet Production, Employment, and the Defence Burden, 1940-1945；伦敦，剑桥大学出版社，1996年）。

22. 为方便未来的经济动员和随后的疏散，斯大林委托其副手分别监管各部门。其中，维亚切斯拉夫·米哈伊洛维奇·莫洛托夫（V. M. Molotov）负责坦克生产，格里戈里·马克西米利安诺维奇·马林科夫（G. M. Malenkov）负责飞机和航空发动机，尼古拉·阿列克谢耶维奇·沃兹涅先斯基（N. A. Voznesensky）负责武器弹药，阿纳斯塔斯·伊万诺维奇·米高扬（A. I. Mikoyan）负责食品、油料和装备，拉夫连季·帕夫洛维奇·贝利亚（L. P. Beria）负责飞机和火箭装备，拉扎尔·莫伊谢耶维奇·卡冈诺维奇（L. M. Kaganovich）和安德烈·安德烈耶维奇·安德烈耶夫（A. A. Andreev）负责交通。可见佐洛塔廖夫主编四卷本《伟大卫国战争1941—1945：军事历史纲要》第1卷《严峻的考验》第386页。

23. 同上，第1卷第385~423页。另可见沃尔科戈诺夫《斯大林：胜利与悲剧》英文版第415和第418页、G.A.库马尼奥夫（Г. А. Куманёв）《伟大卫国战争第一阶段的苏联后方》（Советский тыл в первый период Великой Отечественной войны；莫斯科，科学出版社，1988年）第81~231页，以及伊万·马卡罗维奇·戈卢什科（Голушко, Иван Макарович）《1941—1945战争年代的红军后方司令部》（Штаб тыла Красной Армии в годы войны 1941-1945；莫斯科，经济和信息技术出版社，1998年——Экономика и информатика, 1998）第18~220页。

24. 参见哈尔德《哈尔德战时日志，1939—1942》第451页。

25. 佐洛塔廖夫主编四卷本《伟大卫国战争1941—1945：军事历史纲要》第1卷第405页。位于列宁格勒的基洛夫坦克厂和哈尔科夫坦克厂在1941年10月被疏散到车里雅宾斯克的坦克格勒前，与位于下塔吉尔（Nizhne Tagil）的红色索尔莫沃工厂共生产了1200辆T-34和KV坦克。

26. 同上，第1卷第393页。相比之下，1941年11月24日至1942年4月24日间，共有514069人和354200吨货物通过拉多加湖封冻湖面上著名的"生命之路"，从列宁格勒被疏散出去。详情可见格兰茨《列宁格勒会战：1941—1944》第129~145页。

27. 可见沃尔特·S.邓恩（Walter S. Dunn）《苏联经济和红军，1930—1945》（The Soviet Economy and the Red Army, 1930-1945；美国，康涅狄格州，韦斯特波特，普雷格出版社，1995年——Westport, CT: Praeger, 1995）第33页。

28. 佐洛塔廖夫主编四卷本《伟大卫国战争1941—1945：军事历史纲要》第1卷第385~403页，以及库马尼奥夫《战争和苏联的铁路运输，1941—1945》（Война и железнодорожный транспорт СССР. 1941-1945；莫斯科，科学出版社，1988年）第97页。这824家工厂中有122家与飞机相关，43家与坦克相关，71家与其他武器相关，96家与弹药相关，199家与黑色金属相关，80家与迫击炮相关，91家与化工相关，65家与中型机床相关，57家与重型机床相关。另可见A.尼基京（А. Никитин）《伟大卫国战争第一阶段中苏联军事工业的重建工作》（Перестройка работы военной промышленности СССР в первом периоде Великой Отечественной войны）——《军事历史》杂志1963年2月号第11~20页。

29. 斯塔赫尔《基辅1941：希特勒的东线争霸战》第39~40页。

30. 马克·哈里森撰《工业和经济》第17页，选自斯通编写《战争中的苏联，1941—1945》。佐洛塔廖夫主编四卷本《伟大卫国战争1941—1945：军事历史纲要》第1卷405页认为苏联在1941年下半年生产了"超过4700辆坦克"——然而这并不能弥补开战以来损失的20500辆坦克；同样，在1941年下半年生产的8200架作战飞机也不能弥补战斗中损失的17900架飞机（其中有10300架是作战飞机）。1941年德国坦克产量的估计可见2015年3月8日https://en.wikipedia.org/wiki/German_armored_fighting_vehicle_production_during_World_War_II网页上的数字，以及斯塔赫尔《基辅1941：希特勒的东线争霸战》第39~40页。

31. 哈里森撰《工业和经济》第26页。

32. 罗伯特·比德拉克（Robert Bidlack）撰《宣传和公众看法》（Propaganda and Public Opinion），选自斯通编写《战争中的苏联，1941—1945》第55~58页。

33. 赖因哈特《莫斯科——转折点：希特勒战略在1941—1942年冬季的失败》英文版第32和第146~147页。

34. 图兹《毁灭的报酬：纳粹经济的创造和失灵》第413页。

第6章 莫斯科之路

1. 斯塔赫尔《"巴巴罗萨"行动和德国在东方的失败》第251~255页。相比之下，红军和红海军在1941年6月22日至9月30日间损失了280万人，超过投入陆海军士兵的50%；其中有210万人是不可归队减员（死亡、失踪和被俘）。

2. 图兹《毁灭的报酬：纳粹经济的创造和失灵》第432~433和第451页。

3. 赖因哈特《莫斯科——转折点》英文版第26~27页。

4. 哈尔德《哈尔德战时日志，1939—1942》第480和第487~495页。希特勒并不知道陆军总司令部已经批准发放这些发动机。

5. 同上，第506页。

6. 古德里安《闪击英雄》英文版第190页。

7. 关于希特勒指令的内容，可见格兰茨《巴巴罗萨脱轨》第1卷第298~307页。

8. 同上，第1卷第307~328页。

9. 同上，合围战详情见第1卷第328~370页。

10. 同上，第1卷第360~384页。另可见斯塔赫尔《"巴巴罗萨"行动和德国在东方的失败》第369~374页。

11. 大本营在8月6日将预备队方面军的第34集团军转隶西北方面军，然后补充了新的第35集团军。8月11日，该部（第35集团军）番号被变更为第49集团军，同时大本营在远东组建了新的第35集团军。

12. 格兰茨《巴巴罗萨脱轨》第1卷第224页。命令内容可见佐洛塔廖夫主编《最高统帅部大本营：文件和材料，1941年》第98页。

13. 格兰茨《巴巴罗萨脱轨》第1卷第406～438和第532～547页。

14. 同上，第1卷第367～406页。

15. 根据报告，古德里安的部队在克里切夫（Кричев）地域俘虏了红军16000人，击毁和缴获15辆坦克；魏克斯的部队则在前往戈梅利的路上俘虏了超过25000人。

16. 格兰茨《巴巴罗萨脱轨》第1卷第393～394页。大本营于8月25日撤销中央方面军，将其下属的第3集团军司令部连同第21集团军转隶布良斯克方面军，而第3集团军下属各师转隶第21集团军。大本营还在8月26日组建了新的第40集团军，将其划归到西南方面军，这就让指挥和控制变得更加复杂。第40集团军被部署在了布良斯克方面军下属的第13和第21集团军之间。

17. 这一名不副实的绰号显然是由叶廖缅科在1939年波兰战役中领导骑兵－机械化集群①的经历而来。

18. 详见格兰茨《巴巴罗萨脱轨》第1卷第406～447页和格兰茨《巴巴罗萨脱轨：斯摩棱斯克交战（1941年7月10日—9月10日）.第二卷：德军侧翼的推进和苏军的第三次反攻，1941年8月25日至9月10日》（Barbarossa Derailed: The Battle for Smolensk, 10 July–10 September 1941, vol. 2, The German Advance on the Flanks and the Third Soviet Counteroffensive, 25 August–10 September 1941；英国，索利哈尔，希利恩出版社，2010年）第162～497页。

19. 格贝特编写《陆军元帅费多尔·冯·博克：战争日志1939—1945》英文版第482和第495页。

20. 斯塔赫尔《基辅1941：希特勒的东线争霸战》第212页。

21. 关于叶利尼亚之战的探讨基于斯塔赫尔《基辅1941：希特勒的东线争霸战》第322～366页、富盖特《巴巴罗萨行动：东线战略战术，1941》第167～183页，以及格兰茨《巴巴罗萨脱轨》（特别是第1卷第532～581页）。另可见刘易斯《被遗忘的军团：德国陆军步兵政策1918—1941》第138～144页、布赖恩·I.富盖特与列夫·德沃列茨基（Lev Dvoretsky）《第聂伯河上的惊雷：朱可夫、斯大林与希特勒闪击战的失败》（Thunder on the Dnepr: Zhukov-Stalin and the Defeat of Hitler's Blitzkrieg；加利福尼亚州，诺瓦托，普雷西迪奥出版社，1997年）第162～199页。

22. 伤亡计算可见格兰茨《巴巴罗萨脱轨》第2卷第357页。

23. 由于其本人拥有的影响力，1964年之后，苏联史学界常因叶利尼亚的标志性胜利而称颂朱可夫，却忽视了铁木辛哥在杜霍夫希纳的功绩。但在基辅危机期间，斯大林不仅任命铁木辛哥指挥西南方面军，还允许他在1942年5月组织哈尔科夫攻势——只是对于参战部队来说不幸的是，这又会是一场新的灾难。

24. 基辅会战的图示、综述和战斗序列可见格兰茨《基辅会战地图册，第3部分：围歼西南方面军，1941年8月25日—9月26日》（Atlas of the Battle for Kiev, Part III: The Encirclement and Destruction of the Southwestern Front, 25 August–26 September 1941；卡莱尔，自印，2005年）。

25. 格兰茨《巴巴罗萨脱轨》第2卷第123～129页。

26. 同上，第2卷第389～399页；以及斯塔赫尔《基辅1941：希特勒的东线争霸战》第164页。

---

① 译者注：原文为骑兵－坦克集群，实际应为骑兵－机械化集群（конно-механизированная группа），叶廖缅科的哥萨克骑兵第6军隶属于由伊万·瓦西里耶维奇·博尔金指挥的骑兵－机械化集群，该集群下辖1个骑兵军、1个机械化军、1个摩托化步兵师和1个重型坦克旅。

27. 斯塔赫尔《基辅1941》第265～267页和富盖特《巴巴罗萨行动：东线战略战术，1941》第265～272页。

28. 斯塔赫尔《基辅1941》第145～149页。

29. 大本营给叶廖缅科加强了450架飞机（包括新型伊尔-2强击机）。1941年9月上旬，德军首次遭遇了严重的空中威胁。详见格兰茨《巴巴罗萨脱轨》第2卷第425～488页。

30. 从8月30日开始，苏军残存的少量坦克师之———坦克第108师打击了掩护古德里安的左侧卫部队——装甲兵将军约阿希姆·莱梅尔森（Joachim Lemelsen）的第47摩托化军。坦克第108师有62辆坦克，其中包含5辆KV-1和32辆T-34。这些反击迫使莱梅尔森撤退到了杰斯纳河西岸。坦克第108师逃出包围圈时还有16辆坦克（2辆KV-1、10辆T-34和4辆T-40轻型坦克）。关于古德里安转向南面的探讨基于格兰茨《巴巴罗萨脱轨》第2卷第373和第425～488页，斯塔赫尔《基辅1941》第117～126、第141～149和第164～165页，以及富盖特《巴巴罗萨行动：东线战略战术，1941》第247～276页。坦克第108师的战后报告可见格兰茨《巴巴罗萨脱轨：斯摩棱斯克会战，1941年7月10日—9月10日》第3卷《相关文件：参战红军部队编写的表格、命令和报告》（The Documentary Companion. Tables, Orders and Reports prepared by participating Red Army forces；英国，索利哈尔，希利恩出版社，2014年）第587～591页。

31. 格兰茨《巴巴罗萨脱轨》第2卷第541页。在同一时期，德军第2装甲集群的坦克数量从2075辆减少到了746辆。

32. 斯塔赫尔《基辅1941》第207～217页和格兰茨《巴巴罗萨脱轨》第2卷第488～493页。

33. 斯塔赫尔《基辅1941》第218～219页和富盖特《巴巴罗萨行动：东线战略战术，1941》第265～272页。

34. 佐洛塔廖夫主编四卷本《伟大卫国战争1941—1945：军事历史纲要》第1卷《严峻的考验》第190～194页因基辅灾难而指责斯大林。西南方面军部队战斗日志可见《伟大卫国战争作战文件汇编》第40卷（1960年）中《1941年8月6日至9月25日西南方向部队在乌克兰右岸和左岸作战行动的文件》（документы по боевым действиям войск Юго-Западного направления на правобережной и левобережной Украине с 6 августа по 25 сентября 1941 г），该文件曾被列入机密，后于1964解密。

35. 沃尔科夫《危急的序幕：伟大卫国战争早期战局中未完成的方面军进攻战役》第76页。7月7日至9月26日间，西南方面军最初投入627000人参战，但损失585598人。中央方面军的第21集团军在战役中损失了35585人，南方面军的第6和第13集团军在乌曼包围圈中也损失了79220人。另可见佐洛塔廖夫《伟大卫国战争1941—1945：军事历史纲要》第4卷第195页，以及克里沃舍耶夫主编、克里斯蒂娜·巴纳德译《苏联在二十世纪的伤亡和作战损失》英文版第114页。

36. 苏军在顿巴斯—罗斯托夫防御战役中最初投入541600人，损失160567人。可见克里沃舍耶夫主编《苏联在二十世纪的伤亡和作战损失》英文版第117页。这些战役的综述和每日地图可见格兰茨《哈尔科夫和顿巴斯战役地图册：1941年9月26日—10月31日》（Atlas of the Battles for Kharkov and the Donbas: 26 September–31 October 1941；卡莱尔，自印，2005年）和《罗斯托夫之战地图册：1941年11月5日—12月5日》（Atlas of the Battle for Rostov: 5 November–5 December 1941；卡莱尔，自印，2005年）。

37. 理查德·L.迪纳尔多《德国和轴心国列强：从联合到崩溃》（Germany and the Axis Powers: From Coalition to Collapse；堪萨斯大学出版社，2005年）第96～101和第110～118页，以及J.李·雷迪

（J. Lee Ready）《被遗忘的轴心：二战中德国的同伙和外国志愿者》（The Forgotten Axis: Germany's Partners and Foreign Volunteers in World War II；北卡罗来纳州，杰斐逊，麦克法兰出版社，1987年）第148页。

38. 伤亡数字出自马克·阿克斯沃西、科尔内尔·斯卡费什、克里斯蒂安·克拉丘诺尤著《第三轴心，第四同盟：欧洲战争中的罗马尼亚武装力量，1941—1945》第52和第56页。另可见迪纳尔多《德国和轴心国列强：从联合到崩溃》第118～120页，战役每日地图见格兰茨《围攻敖德萨（1941年8月20日—10月16日）和征服克里木（1941年9月8日—11月28日）地图册》[Atlas of the Siege of Odessa (20 August–16 October 1941) and the Conquest of the Crimea (8 September–28 November 1941）；卡莱尔，自印，2007年]。

39. 温迪·洛厄（Wendy Lower）撰写《与轴心国合作，巴巴罗萨行动和在乌克兰的大屠杀》（Axis Collaboration, Operation Barbarossa, and the Holocaust in the Ukraine），选自凯、拉瑟福德和斯塔赫尔编写《纳粹在东线的政策，1941：总体战，种族灭绝和激进化》第190～192页。

40. 蒂洛森《芬兰战与和，1918—1933》第200～206页和博格等《德国和第二次世界大战》第4卷《攻击苏联》英文版第468～469页。

41. 格兰茨《1941—1945苏德战争被遗忘的战斗，第11部分》[Forgotten Battles of the German-Soviet War (1941– 1945), Part 11]——《斯拉夫军事研究》杂志第13期第1册（2000年3月）第175～177页。

42. 格兰茨《列宁格勒会战：1941—1944》第54～71和第128～133页，以及《列宁格勒会战地图册：苏军的防御和围困，1941年7月—1942年12月》（Atlas of the Battle of Leningrad: Soviet Defense and the Blockade, July 1941–December 1942；卡莱尔，自印，2001年）。另可见理查德·比德拉克（Richard Bidlack）和尼基塔·洛马金（Nikita Lomagin）《列宁格勒围城，1941–1944：根据苏联档案的新历史记录》（The Leningrad Blockade, 1941–1944: A New Documentary History from the Soviet Archives；康涅狄格州，新哈文，耶鲁大学出版社，2012年）、迈克尔·琼斯（Michael Jones）《列宁格勒：围城》（Leningrad: State of Siege；纽约，入门图书出版社，2008年——New York: Basic Books, 2008），以及安娜·里德（Anna Reid）《列宁格勒：二战中的史诗围困，1941—1944》（Leningrad: The Epic Siege of World War II, 1941–1944；纽约，沃克出版社，2011年——New York: Walker, 2011）。

43. 斯塔赫尔《基辅1941》第283、第251和第319页，以及博格等《德国和第二次世界大战》第4卷《攻击苏联》英文版第317页。

44. 博格等《德国和第二次世界大战》第4卷《攻击苏联》英文版第668～669页。这些数字将党卫军"帝国"师[①]当成了1个摩托化师来计算。

45. 坦克部队实力详情见斯塔赫尔《基辅1941》第324～325和第338～339页。

46. 同上，第241～242页；另可见富盖特《巴巴罗萨行动：东线战略战术，1941》第272页。

47. 博格等《德国和第二次世界大战》第4卷《攻击苏联》英文版第668～669和第677页。

48. 由于在杜霍夫希纳进攻战役中指挥第19集团军时表现出色，科涅夫被提拔到了新的指挥岗位上。另可见列夫·尼古拉耶维奇·洛普霍夫斯基（Лопуховский, Лев Николаевич）著、斯图亚特·布里顿

---

① 译者注：该师在1941年初升级为摩托化师，但毕竟不属于国防军作战序列。

（Stuart Britton）编译英文版《维亚济马大劫难，1941：红军惨烈抗击"台风"行动》（The Viaz'ma Catastrophe, 1941: The Red Army's Disastrous Stand against Operation Typhoon；英国，索利哈尔，希利恩出版社，2013年）。

49. 科涅夫《莫斯科会战的开始》（Начало Московской битвы）——《军事历史》杂志1966年10月号第56～57页。根据克里沃舍耶夫主编《苏联在二十世纪的伤亡和作战损失》英文版第118页，9月30日时苏军在莫斯科方向上的总兵力为125万人，包括84个步兵师、1个坦克师、2个摩步师和9个骑兵师，以及1个步兵旅、13个坦克旅和2个筑垒地域。

50. 洛普霍夫斯基《维亚济马大劫难，1941：红军惨烈抗击"台风"行动》第72～83页给出了苏军全部三个方面军的兵力数字，略有不同但更加准确。比如他认为西方面军在10月1日拥有477辆坦克，包括21辆KV-1和51辆T-34。

51. 斯塔赫尔《基辅1941》第336～338页。关于维亚济马合围及随后德军向莫斯科推进的综述、双方战斗序列和详细地图可见格兰茨《莫斯科会战地图册：防御阶段：1941年10月1日—12月5日》（Atlas of the Battle of Moscow: The Defensive Phase: 1 October–5 December 1941；卡莱尔，自印，1997年）。

52. 莫兹利《东方的雷声：1941—1945年纳粹与苏联的战争》第97～99页。关于德军第8航空军，可见詹姆斯·S.科勒姆（James S. Corum）《沃尔夫拉姆·冯·里希特霍芬：德军空战大师》（Wolfram von Richthofen: Master of the German Air War；堪萨斯大学出版社，2008年）第274～275页。

53. 关于苏军在维亚济马失利原因的探讨，可见戴维·斯塔赫尔《台风行动：希特勒向莫斯科进军，1941年10月》（Operation Typhoon: Hitler's March on Moscow, October 1941；剑桥大学出版社，2013年）第298～303页。关于维亚济马战役及随后莫斯科会战的完整文件汇总，可见维塔利·亚历山德罗维奇·日林（Жилин, Виталий Александрович）主编两卷本《莫斯科会战：编年、史实和人物》（Битва под Москвой. Хроника, факты, люди: в 2-х кн；莫斯科，奥尔马出版社，2001年），其中摘录有红军总参谋部每日战役汇总。另可见佐洛塔廖夫《伟大卫国战争1941—1945：军事历史纲要》第1卷第212～234页。

54. 维亚济马合围圈中红军有4个野战集团军司令部、37个师、9个坦克旅和31个独立炮兵团。他们的人员损失非常惨重，第19集团军的步兵第248师只有681人突围。可见V.I.涅夫佐罗夫（В. И. Невзоров）《燃烧的莫斯科接近地》（Пылающее Подмосковье）——《军事历史》杂志1991年11月号第18～25页。克里沃舍耶夫主编《苏联在二十世纪的伤亡和作战损失》英文版第118页认为西方面军在9月30日至12月5日之间的伤亡数量为310240人，而预备队方面军为188761人。

55. 另可见埃里克森《通往斯大林格勒之路》第215页，以及古德里安《闪击英雄》英文版第230～232页。

56. 布良斯克合围圈使苏军又损失了3个集团军司令部、27个师、2个坦克旅和19个独立炮兵团，截至12月5日共损失109914人。根据涅夫佐罗夫《燃烧的莫斯科接近地》第24页，苏军在维亚济马和布良斯克的伤亡人数有252600人。另可见洛普霍夫斯基《维亚济马大劫难，1941：红军惨烈抗击"台风"行动》第396～407页。

57. 博格等《德国和第二次世界大战》第4卷《攻击苏联》英文版第665和第673～676页。

58. 古德里安《闪击英雄》英文版第232～235页，以及列柳申科《姆岑斯克交战》（Бои под Мценском）——《军事历史》杂志1960年12月号第34～44页。塞特林和弗兰克森《莫斯科战役1941：二战"台风"行动与德军的首次大危机》第99～100页对此事不以为然，认为德军只有2个加强营参战，并且只有6辆坦克属于不可恢复损失。苏方视角可见洛普霍夫斯基《维亚济马大劫难，1941》第160～164页和理查德·N.阿姆斯特朗（Richard N. Armstrong）《红军坦克指挥官：装甲近卫》（Red Army Tank Commanders: The Armored Guards；宾夕法尼亚州，阿特格伦，希弗军事/航空历史出版社，1994年——Atglen, PA: Schiffer Military/Aviation History, 1994）第39～44页。

59. 关于加里宁地区关键战斗的详细描述及德军延伸过度的探讨，可见杰克·拉迪（Jack Radey）和查尔斯·夏普（Charles Sharp）《保卫莫斯科，1941：北翼》（The Defense of Moscow 1941: The Northern Flank；英国，南约克郡，巴恩斯利，笔与剑军事出版社，2012年）。

60. 罗伯茨《斯大林的战争：从世界大战到冷战，1939—1953》第108页、埃里克森《通往斯大林格勒之路》第216～221页、什捷缅科《战争年代的苏联总参谋部，1941—1945》英文版第1卷第49～50页，以及亚历山大·沃斯《战争中的苏联》第234～241页。

61. 哈德斯蒂和格林贝格《红色不死鸟的崛起：二战中的苏联空军》第71、第73和第80～87页。

62. 在季赫温地域的德军进攻和苏军反击情况，可见格兰茨《列宁格勒会战：1941—1944》第94～111页，以及佐洛塔廖夫《伟大卫国战争1941—1945：军事历史纲要》第1卷第197～211页。

63. 齐姆克和鲍尔《从莫斯科到斯大林格勒：东线的决策》第42～46页。在这次会议上，各集团军群参谋长认为交通瓶颈导致部队只能优先补充油料弹药，而无法补充冬装。

64. 哈尔德《哈尔德战时日志，1939—1942》第437页。

65. 由于博克准备冲向莫斯科，第3装甲集群到11月中旬已不再向加里宁地域推进。关于其后果可见拉迪和夏普《保卫莫斯科，1941：北翼》第165～169页。

66. 朱可夫与斯大林关于这些进攻的交谈可见朱可夫《在保卫首都的会战中》（В битва за столицу）——《军事历史》杂志1966年9月第62～63页。

67. 帕维尔·阿列克谢耶维奇·别洛夫少将的战役集群下辖他的近卫骑兵第2军，外加安德烈·拉夫连季耶维奇·格特曼（Гетман, Андрей Лаврентьевич）上校的坦克第112师和步兵第173师。可见格特曼《莫斯科会战中的坦克第112师》（112-я танковая дивизия в битве под Москвой）——《军事历史》杂志1981年11月第49页；以及沙波什尼科夫主编三卷本《在莫斯科城下粉碎德军：西方面军的莫斯科战役，1941年11月16日—1942年1月31日》[曾被列为机密，于1965年解密，莫斯科市总档案馆出版社开放股份公司"莫斯科人教材"（Издательство Главархива Москвы ОАО "Московские учебники"）在2006年进行了重印]，后由希利恩出版社译为英文出版[①]。坦克第112师在交战中的伤亡很大。

68. 可见沙波什尼科夫主编三卷本《在莫斯科城下粉碎德军》第1卷第44～46页和索什尼科夫《苏联骑兵》第187页，后者指出在7月组建于中亚军区的骑兵第44师在遭受了惨重损失后选择撤退。德军采用"蒙古人"的说法是因为该师人员看上去是亚洲面孔，他们中很可能有塔吉克人，也许还有中亚其他少数民族。可见保罗·卡雷尔（Paul Carell）《东进：1941—1943年的苏德战争》（Hitler Moves East 1941-1943；纽约，班塔姆图书，1968年——New York: Bantam Books, 1968）第177～178页。此战是第16集团军反击的一部分，参战部队包含了多瓦托尔的骑兵集群。

---

① 译者注：在2015年由理查德·哈里森编译出版，英文名为《The Battle of Moscow 1941－1942: The Red Army's Defensive Operations and Counter-offensive Along the Moscow Strategic Direction》。

69. 尽管德军的实力日渐下滑，但由于仍然集中在狭窄地点，在局部拥有优势。战役详情可见沙波什尼科夫主编三卷本《在莫斯科城下粉碎德军》第1卷第39和第859页。朱可夫的方面军下辖31个步兵师、3个摩步师、2个坦克师、9个骑兵师，以及14个坦克旅和6个航空兵师；此外，他还可以动用隶属于莫斯科防区和大本营预备队的400架飞机。

70. 德军进攻期间每日地图可见格兰茨《莫斯科会战地图册：防御阶段：1941年10月1日—12月5日》。

71. 埃里克森《通往斯大林格勒之路》第257～258页、齐姆克和鲍尔《从莫斯科到斯大林格勒：东线的决策》第49～53页，以及博格等《德国和第二次世界大战》第4卷《攻击苏联》英文版第700页。11月30日，德军第2装甲师占领了红波利亚纳村（Krasnaia Poliana），该村靠近现今的谢列梅捷沃机场（Sheremetevo），就在莫斯科郊区希姆基（Khimki）正北面。

72. 罗特米斯特罗夫《装甲坦克兵》（Бронетанковые войска）——《军事历史》杂志1982年1月号第23页。

73. 古德里安《闪击英雄》英文版第242～256页。

74. 可见F.盖沃龙斯基（F. Gaivoronsky）《战役法的发展》（Развитие оперативного искусства）——《军事历史》杂志1981年12月号第24～29页，以及М.西多罗夫（М. Сидоров）《莫斯科会战中兵种的战斗运用：炮兵》（Боевое применение родов войск в битва под Москвой: Артиллерия）——《军事历史》杂志1982年1月号第11～17页。

75. 战斗经过可见帕维尔·阿列克谢耶维奇·别洛夫《身后就是莫斯科》（За нами Москва；莫斯科，军事出版社，1963年）。别洛夫麾下最初有129辆坦克，其中绝大部分是轻型坦克。另可见沙波什尼科夫主编三卷本《在莫斯科城下粉碎德军》第1卷第117～119页。

76. 沙波什尼科夫主编三卷本《在莫斯科城下粉碎德军》第1卷第91～95页，以及博格等《德国和第二次世界大战》第4卷《攻击苏联》英文版第700～701页。

77. 博格等《德国和第二次世界大战》第4卷《攻击苏联》英文版第619～621页。此战的综述和图示请见格兰茨《罗斯托夫之战地图册：1941年11月5日—12月5日》。

78. 沙波什尼科夫主编三卷本《在莫斯科城下粉碎德军》第2卷第6～8页。1941年底至1942年初冬季莫斯科平均气温如下：11月，－5℃；12月，－12℃；1月，－19℃；而通常情况下（这些月份的）气温分别为－3℃、－8℃和－11℃。1月有几天的气温甚至下降到了－40℃，积雪厚度达50～60厘米。

79. 佐洛塔廖夫《伟大卫国战争1941—1945：军事历史纲要》第1卷第252页。沙波什尼科夫主编三卷本《在莫斯科城下粉碎德军》第2卷第5页显得更符合现实一些，列出西方面军作战兵力为388000人，拥有火炮和迫击炮4865门、坦克550辆、飞机750架；当面的中央集团军群作战兵力为240000人，拥有4760门火炮和迫击炮、900辆坦克和600架飞机。克里沃舍耶夫主编《苏联在二十世纪的伤亡和作战损失》英文版第120页认为防御方合计有1021700人，被编成了105个师和44个旅。其中西方面军有748700人，加里宁方面军有192200人，西南方面军右翼有80800人。距今更近的著作——日林的两卷本《莫斯科会战：编年、史实和人物》第2卷第9～11页认为加里宁方面军有10万人和67辆坦克，西方面军有558800人和624辆坦克，西南方面军有60000人和30辆坦克，合计718800人和721辆坦克。

80. 根据沙波什尼科夫主编三卷本《在莫斯科城下粉碎德军》第2卷第72页，西方面军右翼（北翼）有152000人，装备2295门火炮和迫击炮、360门反坦克炮、270辆坦克；而当面的德军有75000人，装备1410门火炮、470门反坦克炮和380辆坦克。德军对苏军实力的估计可见博格等《德国和第二次世界大战》

第4卷《攻击苏联》英文版第702页。

81. 莫斯科反攻的综述和图示可见格兰茨《莫斯科会战地图册：苏军进攻，1941年12月5日—1942年4月20日》（卡莱尔，自印，1998年）。

82. 可见A.A.扎巴鲁耶夫（А. А. Забалуев）和S.G.戈里亚切夫（С. Г. Горячев）《加里宁进攻战役》（Калининская наступательная операция；莫斯科，伏罗希洛夫军事学院，1942年），以及《伟大卫国战争作战文件汇编》第5卷（1943年）《在莫斯科歼灭德军的战役结果》（Оперативные итоги разгрома немцев под Москвой）第3～22页。

83. 沙波什尼科夫主编《在莫斯科城下粉碎德军》第2卷第57～60页。卡图科夫的坦克第4旅在进攻克林和沃洛科拉姆斯克时有同样英勇的表现。

84. 在叶列茨附近，第13集团军和费奥多尔·雅科夫列维奇·科斯坚科中将（F. Ia. Kostenko）的战役集群于12月6—19日间打击了延伸过度的德军。由骑兵第5军和坦克第129旅组成的战役集群给德军造成了大约16257人的损失，但苏军自身伤亡几乎相当。可见伊万·瓦西里耶维奇·帕罗季金（Паротькин, Иван Васильевич）《叶列茨战役（1941年12月6—16日）》[Елецкая операция (6-16 декабря 1941 г.)；莫斯科，军事出版社，1943年]。

85. 关于德军统帅部危机的描述可见博格等《德国和第二次世界大战》第4卷《攻击苏联》英文版第707～720页。另可见哈尔德《哈尔德战时日志，1939—1942》第571～574和第486～592页，以及博克《陆军元帅费多尔·冯·博克：战争日志1939—1945》英文版第373～401页。

86. 古德里安《闪击英雄》英文版第262～271页。

87. 对于突击第2集团军覆灭的最详细研究可见鲍里斯·伊万诺维奇·加夫里洛夫（Гаврилов, Борис Иванович）《死亡之谷：突击第2集团军的悲剧和功绩》（Долина смерти: Трагедия и подвиг 2-й ударной армии；俄罗斯，莫斯科，杜布拉瓦出版社，2006年——Дубравва, 2006），以及E.克利姆丘卡（Е.Климчука）《突击第2集团军和弗拉索夫，为何一人叛变，全军受罚》（Вторая ударная и Власов, или почему один предал, а в предатели попала вся армия）——《苏联军人》[1]（Советский воин）1989年2月号第76～81页。后者的英文版见《苏联军人》英文版《Soviet Soldier》1990年4月号第35～49页。另可见格兰茨《列宁格勒会战：1941—1944》第154～165页。

88. 见P.帕利奇科夫（П. Пальчиков）《根据秘密档案：第1713号案件》（Из секретных архивов: дело Н-1713）——《军事知识》[2]（Военные знания）杂志1990年1月号第6～7页，以及格兰茨《列宁格勒会战：1941—1944》第204～212页。

89. 加里宁方面军第057号命令和西方面军第0141号、第0152号命令可见沙波什尼科夫主编《在莫斯科城下粉碎德军》第3卷第4～5页。另可见博格等《德国和第二次世界大战》第4卷《攻击苏联》英文版第728和第732～733页。

90. 关于西北方面军的情况，可见格兰茨《1941—1945苏德战争被遗忘的战斗，第4部分：冬季战局（1941年12月5日—1942年4月）——杰米扬斯克反攻》[Forgotten Battles of the German-Soviet

---

① 译者注：《苏联军人》是苏军总政治部的社会政治和文艺杂志，于1919年4月创刊。
② 译者注：《军事知识》是苏联民防机构和全苏支援陆海空军志愿者协会合办的月刊。

War (1941—45), Part 4: The Winter Campaign (5 December 1941- April 1942)—The Demiansk Counteroffensive]——《斯拉夫军事研究》杂志第13期第3卷（2000年9月）第145～164页，以及《苏德战争（1941—1945）被遗忘的战斗，第2卷：冬季战局（1941年12月5日—1942年4月）》[Forgotten Battles of the German-Soviet War (1941-1945), vol. II, The Winter Campaign (5 December 1941-April 1942); 卡莱尔，自印，1999年]第47～63页。

91. 格兰茨《苏德战争（1941—1945）被遗忘的战斗，第2卷：冬季战局（1941年12月5日—1942年4月）》第11～47页。

92. 沙波什尼科夫主编《在莫斯科城下粉碎德军》第3卷第85页显示，苏军第49、第50和第10集团军的123450人面对着德军的44500人，但实际上前者的作战兵力应该要少些。A.V.瓦西里耶夫（A. V. Vasilev）《加里宁和西方面军的勒热夫—维亚济马战役（1942年1—2月）》[Ржевско-Вяземская операция калининского и западного фронтов (январь - февраль 1942 г.); 莫斯科，伏罗希洛夫军事学院，1949年]第13～20页指出加里宁方面军以85000名步兵和107辆坦克面对着德军65000人，而西方面军以168000名步兵和174辆坦克面对德军的150000人和200辆坦克。无论真实数字是多少，苏军与德军的兵力对比都至少为2:1，不过德军在装甲力量上占有优势。

93. 叶廖缅科《艰难的开始》英文版第296～309页。

94. 在杰米扬斯克战役中，最初拥有105700人的西北方面军在1942年1月7日至5月20日间有88908人死亡和失踪，156603人负伤。可见克里沃舍耶夫主编《苏联在二十世纪的伤亡和作战损失》英文版第108页，以及格兰茨《列宁格勒会战：1941—1944》第174页。

95. 哈德斯蒂和格林贝格《红色不死鸟的崛起：二战中的苏联空军》第100～101页。

96. 博格等《德国和第二次世界大战》第4卷《攻击苏联》英文版第728～730页。叶夫列莫夫死于4月19日，当时他正率领部队进行一次无果的突围。另可见谢尔盖·鲍里索维奇·米赫延科夫（Михеенков, Сергей Егорович）《被背叛的集团军，第33集团军和M.G.叶夫列莫夫将军的悲剧》（Армия, которую предали. Трагедия 33-й армии генерала М. Г. Ефремова. 1941-1942; 莫斯科，"复写中心"封闭股份式公司，2009年——ЗАО Центрполиграф, 2009）。

97. 在博尔霍夫进攻战役（1942年1月8日—4月20日）中，布良斯克方面军的第61、第13和第3集团军以210103人和54辆坦克进攻了得到大约145辆坦克支援的15万德军。仅第3集团军步兵第287师在9天的战斗中就损失了82%兵力。截至4月1日，布良斯克方面军兵力减少了85000人，成为最弱的那个方面军。可见克里沃舍耶夫主编《苏联在二十世纪的伤亡和作战损失》英文版第108页，以及沃尔科夫《危急的序幕：伟大卫国战争早期战局中未完成的方面军进攻战役》第122～127页。

98. 根据克里沃舍耶夫主编《苏联在二十世纪的伤亡和作战损失》英文版第108页，有20.4万人参与巴尔文科沃—洛佐瓦亚战役。苏军最初有接近2:1的兵力优势，但在战斗中损失40881人。关于西南方面军（在库尔斯克）和南方面军（在哈尔科夫）的进攻行动，可见格兰茨《1941—1945苏德战争被遗忘的战斗，第3部分：冬季战局（1941年12月5日—1942年4月）——莫斯科反攻》[Forgotten Battles of the German-Soviet War (1941-45), Part 3: The Winter Campaign (5 December 1941-April 1942)—The Moscow Counteroffensive]——《斯拉夫军事研究》杂志第13期第2卷（2000年6月），特别是第147～159页。

99. 格兰茨《1941—1945苏德战争被遗忘的战斗，第6部分：冬季战局（1941年12月5日—1942年4月）——克里木反攻和反思》[Forgotten Battles of the German-Soviet War (1941—45), Part

6: The Winter Campaign (5 December 1941–April 1942)—The Crimean Counteroffensive and Reflections]——《斯拉夫军事研究》第14期第1卷（2001年3月）第121~170页。克里沃舍耶夫主编《苏联在二十世纪的伤亡和作战损失》英文版第122页列出刻赤—费奥多西亚战役中共有82500名陆海军战士参战，但最终损失了其中几乎半数人员。关于施波内克，可见罗伯特·M.奇蒂诺《国防军：第一部·折戟沉沙，1942年德军历次战役》（Death of the Wehrmacht: The German Campaigns of 1942；堪萨斯大学出版社，2007年）第64~66页。该书对于希特勒干预指挥的陈词滥调进行了生动注解，正是负责克里木的指挥官曼施泰因本人鉴于施波内克擅自撤退而将其解除职务，送上军事法庭并处以监禁。①德军高级指挥官宣称这是自己的特权，而在莫斯科城下，希特勒也是这样解除了他们的职务。

100. 关于这些战役的详情，可见格兰茨《苏联空降兵史》（A History of Soviet Airborne Forces；伦敦，弗兰克·卡斯出版社，1994年），以及其前身《第4号研究调查：苏联空降兵经验》（The Soviet Airborne Experience, Research Survey No.4；堪萨斯州，利文沃斯堡，作战研究学院，1984年——Fort Leavenworth, KS: Combat Studies Institute, 1984）第37~90页。

101. 战后，第5步兵军司令部的一名德国军官回忆了苏军在1942年2月的空降突击，其中提到他们不用降落伞就被扔进了深深的积雪中。可见阿拉里克·瑟尔（Alaric Searle）《红军空降兵第4军在维亚济马战役（1942年2—3月）的运用》[The Employment of the Red Army 4th Airborne Corps in the Viaz'ma Operation (February–March 1942)]——《斯拉夫军事研究》杂志第12期第2卷（1999年6月）第245~250页。

第7章 泥泞季节，1942年春

1. 格兰茨《1941—1945苏德战争被遗忘的战斗，第4部分：冬季战局（1941年12月5日—1942年4月）——杰米扬斯克反攻》。

2. 1941年10月，美国总统罗斯福挫败了本国国会将苏联排除在租借法案援助对象外的企图。苏方资料显示，截至1941年底，美国已经送出或正在运送182辆坦克和204架飞机，到1942年7月已有2200辆坦克。苏军手头有16%的坦克是英制或美制型号。可见亚历山大·希尔《1941—1945苏联伟大卫国战争：文献读本》第168~172页。

3. 博格等《德国和第二次世界大战》第4卷《攻击苏联》英文版第1044~1048页。

4. 可见《俄罗斯档案：伟大卫国战争》第16卷第5-2册、佐洛塔廖夫主编《最高统帅部大本营：文件和材料，1942年》[Ставка ВГК. Документы и материалы. 1942 год；莫斯科，土壤出版社（TERRA），1996年]第33~35页。

5. 格兰茨《苏联在二战中的军事伪装》（Soviet Military Deception in the Second World War；弗兰克·卡斯出版社，1989年），尤其第21~39页。

---

① 译者注：曼施泰因在回忆录中指出，施波内克于12月26日和28日两次请求撤退，但均被自己驳回。29日，集团军司令部和第42步兵军的无线电联络中断，施波内克在苏军压力下令命撤离刻赤半岛。集团军司令部下令禁止撤退，然而施波内克没有收到命令。曼施泰因在得知情况后解除了施波内克的职务，但解释说自己这样做并不是因为这位军长自作主张，而是担心后者精神压力过大而不能履行职务。希特勒安排了审讯。虽然戈林宣判其死刑，但德国独裁者改成了将他关进要塞监狱。1944年7月23日，希姆莱在7月20日事件发生后下令处决了施波内克。

6. 格兰茨《巨人重生：大战中的苏联军队》第117～119页。另可见G.佩列杰利斯基（Г. Передельский）《集团军战役中的炮兵进攻》（Артиллерийское наступление в армейских операциях）——《军事历史》杂志1976年11月号第13～14页。

7. 沃尔特·S.邓恩《斯大林取胜的关键：红军的重生》第44～45和第95页（Stalin's Keys to Victory: The Rebirth of the Red Army；康涅狄格州，韦斯特波特，普雷格出版社，2006年），以及格兰茨《巨人重生：大战中的苏联军队》第180页。

8. 邓恩《斯大林取胜的关键：红军的重生》第24～41页及格兰茨《巨人重生：大战中的苏联军队》第248页。

9. 在苏军术语中，方面军属于军团（large formation，俄文为Объединение），集团军和军属于兵团（formation，俄文为соединение），旅和团属于部队（unit，俄文为часть），而团以下单位属于分队（subunit，俄文为подразделение）。[①]

10. 格兰茨《巨人重生：大战中的苏联军队》第225～226页，另见巴比奇和拜耶尔《伟大卫国战争中苏联地面部队军备和组织的发展》第42～43页、洛西克主编《伟大卫国战争时期苏联坦克兵建设和战斗运用》。

11. 格兰茨《巨人重生：大战中的苏联军队》第228～230和第257页。另可见巴比奇和拜耶尔《伟大卫国战争中苏联地面部队军备和组织的发展》第44～45页。

12. 巴比奇和拜耶尔《伟大卫国战争中苏联地面部队军备和组织的发展》第46页。从理论上说，步兵部队负责为坦克军打开突破口，以便其发展胜利；骑兵军则掩护两翼。但没有多少苏军的司令部有能力组织这么复杂的行动。

13. 根据朱可夫的建议，发布于1941年9月18日的第308号命令以在叶利尼亚表现突出的步兵师为基础，组建了首批4个近卫师。这些师的官兵会得到额外津贴和其他方面优先权，在整个战争期间被当作突击力量使用。到1945年，国防人民委员部已经将"近卫"称号授给了11个步兵集团军和6个坦克集团军、1个骑兵－机械化集群、68个各种类型的军、161个师，以及大量较小规模部队。可见S.I.伊萨耶夫（С.И. Исаев）《战斗中诞生》（Рожденная в боях）——《军事历史》杂志1986年9月号第78～83页，以及沃尔科戈诺夫《斯大林：胜利与悲剧》英文版第431页。

14. 格兰茨《巨人重生：大战中的苏联军队》第336～340页。每个工兵集团军大约编有5万人。

15. 哈德斯蒂和格林贝格《红色不死鸟的崛起：二战中的苏联空军》第105～109页。

16. 斯列皮扬《斯大林的游击队员：二战中的苏联游击队》第113～117页。

17. 赖因哈特《莫斯科——转折点》英文版第369～370页，以及乔治·E.布劳（George E. Blau）《德军在俄罗斯的战局：计划和行动，1940—1942》（The German Campaign in Russia: Planning and Operations, 1940–1942；华盛顿，哥伦比亚特区，军事历史主任办公室，1955年）第120页。

18. 赖因哈特《莫斯科——转折点》英文版第213～263和第381页、巴尔托夫《东线，1941—1945：

---

① 译者注：根据《苏联军事百科全书：军队建设卷》，在苏联武装力量中，方面军和舰队属于战役战略军团（高级战役军团）；集团军和区舰队、分舰队、舰队航空兵属于战役军团；军（有时还有分舰队）属于战役战术（高级战术）军团（兵团）；苏军没有战役兵团；师和舰艇总队（Дивизия кораблей）属于基本的战术兵团；团、独立营、独立连、一二三级舰艇、独立炮兵营和独立航空兵中队（авиационная эскадрилья，等同于美英空军中的Squadron，常被译为大队）及二战后取消的旅被称为部队，番号固定；非独立的营、连、航空兵小队（Звено，等同于美国空军的Flight，常被译为中队）、舰艇的战斗部门、排、班等均属分队。

488

德军和战事的野蛮化》第110～111页，以及图兹《毁灭的报酬：纳粹经济的创造和失灵》第523～532页。

19. 赖因哈特《莫斯科——转折点》英文版第395～396页、施佩尔（Speer）《第三帝国内部》（Inside the Third Reich）[1]第193～213页，以及默里《德国空军》第133～134页。

20. 图兹《毁灭的报酬：纳粹经济的创造和失灵》第515～523和第543～567页。

21. 迪纳尔多《无敌的机械化还是军队的老古董？马匹和二战德军》第56页。

22. 齐姆克和鲍尔《从莫斯科到斯大林格勒：东线的决策》第177和第293～295页、哈尔德《哈尔德战时日志，1939—1942》第613～615页，以及雷《坚守：二战德军在俄国战线的防御学说，战前到1943年3月》第112～113页。

23. 巴尔托夫《东线，1941—1945：德军和战事的野蛮化》第75～99页。另可见凯、拉瑟福德和斯塔赫尔编写《纳粹在东线的政策，1941：总体战，种族灭绝和激进化》第57、64和第84页。

24. 关于1942年春的战略争论，可见什捷缅科《战争年代的苏联总参谋部，1941—1945》英文版第1卷第60～72页、罗伯茨《斯大林的战争：从世界大战到冷战，1939—1953》第124～125页、格兰茨《哈尔科夫1942：剖析军事灾难》（Kharkov 1942: Anatomy of a Military Disaster；纽约州，罗克维尔中心，萨耳珀冬出版社，1998年——Rockville Center, NY: Sarpedon, 1998）第21～30页，相关文件见佐洛塔廖夫主编《最高统帅部大本营：文件和材料，1942年》。

25.《克里姆林宫行动》（Операция "Кремль"）——《军事历史》杂志1961年8月号第79～90页，其中包含有德军的计划文件。

26. 巴格拉米扬《我们这样走向胜利》（Так шли мы к победе；莫斯科，军事出版社，1966年）第47～88页，莫斯卡连科《在西南方向》（На Юго-Западном направлении；莫斯科，科学出版社，1969年）第1卷第172～191页，以及S.F.别古诺夫（С.Ф. Бегунов）、A.V.利特温丘克（А.В. Литвинчук）与V.A.苏图洛夫（В.А. Сутулов）《真相是什么，尼基塔·谢尔盖耶维奇！》（Вот где правда, Никита Сергеевич! ）——《军事历史》杂志1989年12月号第12～21页、1990年1月号第9～18页、1990年2月号第35～46页。最后者包含了1942年初与战略计划相关的计划和通信记录。

27. 齐姆克和鲍尔《从莫斯科到斯大林格勒：东线的决策》第225～231页，以及A.I.巴宾（А. И. Бабин）主编《1941—1945年伟大卫国战争中的卡累利阿方面军：军事历史文集》（Карельский фронт в Великой Отечественной войне 1941-1945 гг.: военно-исторический очерк；莫斯科，科学出版社，1984年）第71～86页。更多细节可见齐姆克《1940—1945年的德国北方战区，陆军部第20-271号宣传册》（The German Northern Theater of Operations 1940-1945, Department of the Army Pamphlet No. 20-271；华盛顿，哥伦比亚特区，美国政府文印办公室，1959年——Washington, DC: U.S. Government Printing Office, 1959），以及A.热尔托夫（А. Желтов）《在右翼：卡累利阿方面军军事委员会委员回忆》[На правом фланге (Воспоминания члена военного совета Карельского фронта)]——《军事历史》杂志1980年1月号第47～54页。关于更加不为人知且没有取得胜利的奥隆涅茨（Olonets）战役情况，可见A.L.舍缅科夫（А. Л. Шеменков）《奥隆涅茨进攻战役的准备》（Подготовка Олонецкой наступательной

---

① 译者注：作者并未给出版本信息。

операции；莫斯科，伏罗希洛夫学院科研部①，1942年；最初被列为机密，但不久后得以解密）。

第 8 章 "蓝色"行动：德军 1942 年攻势

1. 关于德军计划情况，可见布劳《德军在俄罗斯的战局：计划和行动，1940—1942》第100～142页、奇蒂诺《国防军：第一部．折戟沉沙，1942年德军历次战役》第156～164页，以及格兰茨和豪斯《斯大林格勒三部曲（第一部）：兵临城下》第11～16页。

2. 外高加索方面军在8月25日将第47和第44集团军，在8月27日将独立第53集团军的大量兵力部署在了伊朗北部。到11月1日，驻扎于伊朗的苏军已包括步兵第402师、山地骑兵第1师②、骑兵第23师、摩托车第13团、摩托化步兵第54团、独立高射炮兵第511营和舟桥第54营。可见佐洛塔廖夫《最高统帅部大本营：文件和材料，1941年》第128、第138、第150、第152、第183和第209页。

3. "蓝色"计划的最清晰概述见奇蒂诺《国防军：第一部．折戟沉沙，1942年德军历次战役》第160～162页。

4. 引自休·R.特雷弗-罗珀（Hugh R. Trevor-Roper）《从闪击战到失败：1939—1945年希特勒的战争指令》（Blitzkrieg to Defeat: Hitler's War Directives 1939-1945；纽约，霍尔特、莱因哈特和温斯顿出版社，1954年——New York: Holt, Rinehart and Winston, 1954）第119页。第41号指令的英文版可见第116～121页。

5. 曼施泰因《失去的胜利》英文版第291～293页。

6. 佐洛塔廖夫《伟大卫国战争1941—1945：军事历史纲要》第1卷第331页。

7. 曼施泰因《失去的胜利》英文版第233～235页、什捷缅科《战争年代的苏联总参谋部，1941—1945》英文版第1卷第68～70页、乔尔·S.A.海沃德（Joel S. A. Hayward）《止步斯大林格勒：德国空军和希特勒在东方的失败，1942—1943》（Stopped at Stalingrad: The Luftwaffe and Hitler's Defeat in the East, 1942-1943；堪萨斯大学出版社，1998年）第68～85页，以及保罗·卡雷尔[即保罗·卡尔·施密特（Paul Karl Schmidt）③著、戴维·约翰逊（David Johnston）英译《斯大林格勒：德国第6集团军的失败》（Stalingrad: The Defeat of the German 6th Army；希弗军事历史出版社，1993年）第25～29页。

8. 关于塞瓦斯托波尔的陷落，可见奇蒂诺《国防军：第一部．折戟沉沙，1942年德军历次战役》第77～81页，卡雷尔《斯大林格勒：德国第6集团军的失败》英文版第44～49页，曼施泰因《失去的胜利》英文版第248～258页，佐洛塔廖夫《伟大卫国战争1941—1945：军事历史纲要》第1卷第333～335页，瓦涅耶夫（G. I. Vaneev）、叶尔马什（S. L. Ermash）、马拉霍夫斯基（I. D. Malakhovsky）、萨赫诺（S. T. Sakhno）和赫连诺夫（A. F. Khrenov）《1941—1942塞瓦斯托波尔英勇防御》（Героическая оборона Севастополя 1941-1942；莫斯科，军事出版社，1969年），以及亚历克斯·布赫纳（Alex Buchner）

① 译者注：伏罗希洛夫高等军事学院直到1946年才成立计划科研工作的研究部。
② 译者注：即"горнокавалерийская дивизия"。
③ 译者注：党卫队高级突击大队长保罗·卡尔·施密特从1940年开始担任德国外交部新闻发言人，作为喉舌专司为纳粹涂脂抹粉，战后化名保罗·卡雷尔成为畅销书作家，继续从事着相同工作。

《塞瓦斯托波尔：1942年攻击世界最强要塞》（Sewastopol: Der Angriff auf die stärkste Festung der Welt 1942；联邦德国，弗赖贝格，波德聪-帕拉斯出版社，1978年——Friedberg, FRG: Podzun-Pallas Verlag, 1978）。佐洛塔廖夫《伟大卫国战争1941—1945：军事历史纲要》第1卷第335页指出苏军伤亡20万人，其中有15.6万人死亡、被俘或失踪。

9. 关于灾难性的第二次哈尔科夫会战，可见格兰茨《哈尔科夫1942：剖析军事灾难》，以及格兰茨和豪斯《斯大林格勒三部曲（第一部）：兵临城下》第77～83页。

10. 可见格兰茨和豪斯《兵临斯大林格勒城下》第78～79页，以及V.V.别沙诺夫（В. В. Бешанов）《1942年——学习》（Год 1942—"Учебный"；明斯克，收获出版社，2002年——Харвест, 2002)第51～56和第212～214页。格兰茨《哈尔科夫1942：剖析军事灾难》附录3第256～258页包含有西南方向总指挥部的进攻计划。

11. 详情可见哈尔德《哈尔德战时日志，1939—1942》第616～617页、齐姆克和鲍尔《从莫斯科到斯大林格勒：东线的决策》第275～278页，以及埃贝哈德·冯·马肯森《从布格河到高加索：1941—1942年对苏维埃俄国战局中的第3装甲军》（Vom Bug zum Kaukasus: Das III. Panzerkorps im Feldzug gegen Sowjetrussland 1941/42；联邦德国，内卡尔格明德，库尔特·福温克尔出版社，1967年——Neckargemünd, FRG: Kurt Vowinkel Verlag, 1967）。关于德国空中支援力量的转移，可见海沃德《止步斯大林格勒：德国空军和希特勒在东方的失败，1942—1943》第82～83页。

12. 奇蒂诺《国防军：第一部. 折戟沉沙，1942年德军历次战役》第102～109页、格兰茨和豪斯《兵临斯大林格勒城下》第82～83页、《前线插图》系列6-2000号、安德烈·加卢什科（Андрей Галушко）和马克西姆·科洛米耶茨（Максим Коломиец）《1942年5月哈尔科夫战斗》（Бои за Харьков в мае 1942 года；莫斯科，КМ战略出版社，1999年）第73页，以及阿列克谢·瓦列里耶维奇·伊萨耶夫《伟大卫国战争片段：沙波什尼科夫元帅攻势》（Краткий курс истории ВОВ. Наступление маршала Шапошникова；莫斯科，亚乌扎出版社和埃克斯莫出版社，2005年）第352～353页。

13. 可见华西列夫斯基《毕生的事业》（Дело всей жизни；莫斯科，军事出版社，1983年）第197页、莫斯卡连科《在西南方向》第1卷第214～215页，以及格兰茨《战争中的苏联军事情报机关》（Soviet Military Intelligence in War；伦敦，弗兰克·卡斯出版社，1990年）第61～72页。

14. 格兰茨和豪斯《斯大林格勒三部曲（第三部）：终局（卷二）》第102～104页，卡雷尔《斯大林格勒：德国第6集团军的失败》英文版第50～57页，威廉·凯特尔著、戴维·欧文（David Irving）英译《为帝国服务》（In the Service of the Reich；纽约，施泰因和戴出版社，1966年——New York: Stein and Day, 1966）第178页，以及什捷缅科《战争年代的苏联总参谋部，1941—1945》英文版第1卷第79～80页。

15. 《伟大卫国战争军事历史材料汇编》（Сборник военно-исторических материалов Великой Отечественной войны）第15期（1955年）《1942年夏季布良斯克和沃罗涅日方面军部队在沃罗涅日方向上的战斗》（Боевые действия войск Брянского и Воронежского фронтов летом 1942 г. на воронежском направлении）第128页，以及格兰茨与豪斯《兵临斯大林格勒城下》第336～339页。关于此次进攻的图示，可见格兰茨《"蓝色"行动地图册：德军向斯大林格勒推进：1942年6月28日—11月18日》（卡莱尔，自印，1998年）。

16. 《1942年夏季布良斯克和沃罗涅日方面军部队在沃罗涅日方向上的战斗》第133页引述了斯大林与

戈利科夫在6月30日的谈话，可见佐洛塔廖夫《最高统帅部大本营：文件和材料，1942年》第271页。关于沃罗涅日城内外的战斗，可见维克多·亚历山德罗维奇·沙姆赖（Шамрай, Виктор Александрович）《沃罗涅日会战：防御阶段（1942年6月28日—7月11日）》[Сражение за Воронеж. Оборонительный период (28 июня - 11 июля 1942 г.); 俄联邦，沃罗涅日，黑土区精神复兴中心，2013年——Центр духовного возрождения Черноземного края, 2013]。

17. 关于沃罗涅日地域战斗详情，可见格兰茨《1941—1945苏德战争被遗忘的战斗，第7部分：夏季战局（1942年5月12日—11月18日）——沃罗涅日，1942年7月》[Forgotten Battles of the German-Soviet War (1941-1945), pt. 7: The Summer Campaign (12 May-18 November 1942)—Voronezh, July 1942]——《斯拉夫军事研究》杂志第14期第3册（2001年9月）第150~220页，也可参见格兰茨《苏德战争（1941—1945）被遗忘的战斗，第3卷：夏季战局（1942年5月12日—11月18日）》[Forgotten Battles of the German-Soviet War (1941-1945), vol. III, The Summer Campaign (12 May-18 November 1942); 卡莱尔，自印，1999年]第11~86页。更短一些的综述请见格兰茨和豪斯《兵临斯大林格勒城下》第143~156和第251~261页。

18. 格兰茨和豪斯《兵临斯大林格勒城下》第146~156页、齐姆克和鲍尔《从莫斯科到斯大林格勒：东线的决策》第342~343页，以及什捷缅科《战争年代的苏联总参谋部，1941—1945》英文版第2卷第79~84页。另可见《斯拉夫军事研究》杂志第6期第2册（1993年6月）第300~340页翻译《伟大卫国战争军事历史材料汇编》第15期第115~146页内容的文章《1942年夏季布良斯克和沃罗涅日方面军部队在沃罗涅日方向上的作战行动》（Combat Operations of Briansk and Voronezh Front Forces in Summer 1942 on the Voronezh Axis），以及M.卡扎科夫（М. Казаков）《1942年夏季在沃罗涅日方向》（На воронежском направлении летом 1942 года）——《军事历史》杂志1964年10月号第27~44页。卡扎科夫认为坦克第5集团军拥有600辆坦克，是其当面德军的两倍。

19. 霍斯特·博格、维尔纳·拉姆（Werner Rahm）、赖因哈德·施通普夫（Reinhard Stumpf）和贝恩德·韦格纳（Bernd Wegner）著，埃瓦尔德·奥泽斯等英译《德国和第二次世界大战》第6卷《全球战争：冲突扩大为世界大战和主动权易手，1941—1943》（The Global War: Widening of the Conflict into a World War and the Shift of the Initiative, 1941-1943; 牛津，克拉伦登出版社，2001年）第977页。

20. 格兰茨和豪斯《兵临斯大林格勒城下》第164~166页。此前对"蓝色"行动的记载错误地认为斯大林和他的大本营在7月6日指示西南方面军和南方面军实施战略总撤退。另外，如齐姆克和鲍尔《从莫斯科到斯大林格勒：东线的决策》第340~343页、华西列夫斯基《毕生的事业》第201~202页和什捷缅科《战争年代的苏联总参谋部，1941—1945》英文版第1卷第88~91页——这些苏方资料在此说法基础上更进一步，试图掩饰苏军在这一地域遭受的巨大损失，并将这场灾难描绘成精心计划之举，甚至为后来在斯大林格勒的胜利创造了有利条件。奇蒂诺《国防军：第一部．折戟沉沙，1942年德军历次战役》第172~173页正确地质疑了该说法。实际上，在7月6日的撤退仅限于顿河一线从沃罗涅日向南撤往德军早已拿下的帕夫洛夫斯克（Pavlovsk），然后继续向南沿河撤到伏罗希洛夫格勒地区（Voroshilovgrad，今乌克兰卢甘斯克）。

21. 如同在1941年4—5月那样，斯大林在7月10—12日开始将之前于4—6月组建的后备第1、第3、第5、第6和第7集团军更名为第64、第60、第63、第6和第62集团军，然后命令这些部队防守沃罗涅日向南到谢拉菲莫维奇和向南越过顿河大弯曲部西侧的顿河东岸。新组建的斯大林格勒方面军指挥顿河一线的第63和第21集团军，以及横跨顿河大弯曲部西侧的第62和第64集团军。7月12日，斯大林命令斯大林格勒方面军"牢牢把守顿河以西的斯大林格勒阵地，无论如何也不得让敌人在此线以东打开突破口，冲向斯大林格勒"，南方面军的集团军则"组织坚决的回击①，防止敌人在米列罗沃（Millerovo）和米古林斯卡亚（Мигулинская）之间向前推进"——但（完成）这些任务是完全不现实的。可见格兰茨和豪斯《兵临斯大林格勒城下》第185~190页，以及维塔利·亚历山德罗维奇·日林主编两卷本《斯大林格勒会战：编年、史实和人物》（Сталинградская битва: Хроника, факты, люди; 莫斯科，奥尔马出版社，2002年）第1卷第183页。

22. 布劳《德军在俄罗斯的战局：计划和行动，1940—1942》第150页。由于俘虏的苏军人数较少，德军以为斯大林已经命令进行总退却，实则不然。俘虏数量少的原因在于南方集团军群（后来的A和B集团军群）缺少足够的步兵师来消灭己方装甲部队合围的敌军，只能依靠跟在后面的罗马尼亚军队来肃清被合围或迂回的（处于口袋中的）苏军。最后，尽管西南方面军和南方面军绝大部分集团军都被合围或几乎被歼，德军的俘虏数量却少得可怜。比如7月下旬在米列罗沃地域被围歼后，西南方面军的第28、第38集团军及南方面军第24集团军仅仅是被撤销番号，到9月又（用相同番号）组建了新的集团军。此外，南方面军在防御战役开始时有50万人，战后还有12万战斗人员。鉴于该部报告损失人数不到20万，很可能其余部仅仅是被打散，而在几天或更长时间后重新加入了红军。

23. 可见哈尔德《哈尔德战时日志，1939—1942》第633~636页，以及格兰茨和豪斯《兵临斯大林格勒城下》第156~159页。

24. 《关于西方面军左翼战役的一些结论》（Некоторые выводы о действиях левого крыла Западного фронта）——《伟大卫国战争军事历史材料汇编》第5期（1943年）第60~75页。

25. 布劳《德军在俄罗斯的战局：计划和行动，1940—1942》第145~149和第155页。

26. 格兰茨和豪斯《兵临斯大林格勒城下》第167~216页，以及日林主编两卷本《斯大林格勒会战：编年、史实和人物》第1卷第158~243页。关于马肯森的突袭，可见奇蒂诺《国防军：第一部. 折戟沉沙，1942年德军历次战役》第178~180页。占领罗斯托夫的具体描述可见安东尼·比弗（Anthony Beevor）《斯大林格勒：决定性的围攻，1942—1943》（The Fateful Siege, 1942-1943；纽约，维京出版社，1998年）②第79页。

27. 第227号命令可见《俄罗斯档案：伟大卫国战争》第13卷第2-2册——佐洛塔廖夫主编《苏联国防人民委员命令：1941年6月22日—1942年》[Русский архив: Великая Отечественная: Т. 13 (2—2). Приказы народного комиссара обороны СССР. 22 июня 1941 г. — 1942 г.; 莫斯科，特帕出版社（ТЕРРА），1997年]第276~278页。

28. 第45号指令可见特雷弗-罗珀《从闪击战到失败：1939—1945年希特勒的战争指令》第129~131页。此处引自第130页。

29. 关于德国的战略争论，可见V.E.塔兰特（V. E. Tarrant）《斯大林格勒》（Stalingrad；纽约，灵泉出版社，1992年——New York: Hippocrene, 1992）第37~38页。接替哈尔德担任陆军总参谋长的库尔特·蔡茨勒将军声称在10月中旬向希特勒做简要报告时已经提到这一点。希特勒耐心听取了他的意见，但向这位新参谋长保证，说一切尽在掌握。蔡茨勒向希特勒做简要报告的情况引自西摩·弗里登（Seymour

---

① 译者注：俄文原文为отпор。

② 译者注：安东尼·比弗关于斯大林格勒的畅销书多次再版，最初在英国由企鹅图书有限公司于1998年出版，名为《Stalingrad》；随后在1999年于美国出版时使用了《Stalingrad: The Fateful Siege: 1942-1943》之名。

Frieden）和威廉·理查德森（William Richardson）编写、康斯坦丁·菲茨吉本英译《致命决策》（The Fatal Decisions；纽约，威廉·斯隆联合公司，1956年——New York: William Sloane Associates, 1956）第137～139页。

30. 格兰茨和豪斯《兵临斯大林格勒城下》第396～409页、奇蒂诺《国防军：第一部．折戟沉沙，1942年德军历次战役》第227～233页，以及谢尔盖·伊万诺维奇·利涅茨（Линец, Сергей Иванович）和S.V.亚努什（С. В. Януш）《伟大卫国战争年代保卫北高加索（1942年7—12月）》[Оборона Северного Кавказа в годы Великой Отечественной войны (июль-декабрь 1942 года)；莫斯科，伊列克萨出版社，2010年——Илекса, 2010]。

31. 戴维·格兰茨和乔纳森·豪斯《斯大林格勒三部曲（第二部）：决战》（Armageddon in Stalingrad: September–November 1942；堪萨斯大学出版社，2009年），尤其第574～586页。另可见威廉·蒂克（Wilhelm Tieke）著、约瑟夫·G.韦尔什（Joseph G. Welsh）英译《高加索和石油：高加索地区的苏德战争，1942—1943》（The Caucasus and the Oil: The German–Soviet War in the Caucasus 1942/43；加拿大，温尼伯，J.J.费多罗维奇出版社，1995年——Winnipeg, Canada: J. J. Fedorowicz, 1995）第223～237页，以及安德烈·安东诺奇·格列奇科《高加索会战》（Битва за Кавказ；莫斯科，军事出版社，1973年）第205～217页。相关苏方文件可见V.A.沙波瓦洛夫（В. А. Шаповалов）主编《从文件材料看高加索会战》（Битва за Кавказ в документах и материалах；斯塔夫罗波尔，斯塔夫罗波尔大学出版社，2003年）。

32. 塔塔特《斯大林格勒》第39页。关于航空补给，可见海沃德《止步斯大林格勒：德国空军和希特勒在东方的失败，1942—1943》第183页。

33. 格兰茨和豪斯《兵临斯大林格勒城下》，尤其第219～240页，部分内容基于下列文献：美国国家档案馆微缩胶片（NAM）的T-312系列第1446卷"第6集团军参谋长第23948号、1942年7月13日—10月作战日志参谋长1号态势图"（Ia. Lagenkarten Nr. 1 zum KTB Nr. 13 Jul–Oct 1942, AOK 6, 23948/Ia）、日林主编两卷本《斯大林格勒会战：编年、史实和人物》第1卷第239～418页，以及佐洛塔廖夫《最高统帅部大本营：文件和材料，1942年》。另可见罗科索夫斯基《伏尔加河上的伟大胜利》（Великая победа на Волге；莫斯科，军事出版社，1965年），尤其第63～67页；阿列克谢·伊萨耶夫《斯大林格勒：被遗忘的战斗》（Сталинград: Забытое сражение；莫斯科，阿斯特出版社，2005年）第45～49页、伊萨耶夫《斯大林格勒：身后就是伏尔加河》（Сталинград. За Волгой для нас земли нет；莫斯科，亚乌扎出版社和埃克斯莫出版社，2008年），以及沃尔夫冈·韦尔滕（Wolfgang Werthen）《第16装甲师史，1939—1945》（Geschichte der 16. Panzer-Division 1939-1945；联邦德国，巴特瑙海姆，波德聪-帕拉斯出版社，1978年）。

34. 格兰茨和豪斯《兵临斯大林格勒城下》第383～393和第453～473页。

35. 可见格兰茨和豪斯《决战斯大林格勒：1942年9—11月》第1～3页，并基于下列文献：韦尔滕《第16装甲师史，1939—1945》第106～111页，罗科索夫斯基《伏尔加河上的伟大胜利》第124～133页，以及海因茨·施勒特尔（Heinz Schröter）著、菲茨吉本英译《斯大林格勒》（Stalingrad；纽约，E.P.达顿出版社，1958年）第31页。

36. 格兰茨和豪斯《决战斯大林格勒：1942年9—11月》详细重构了这次会战——首先在第25～28页探讨了地形，然后在第105～106页给出了第62集团军最初的具体编成。一手材料可见日林主编两卷本《斯大林格勒会战：编年、史实和人物》第1卷第467～903页、第62集团军及其下属部队的每日记录，以及男爵弗洛里安·冯·奥弗塞斯（Florian Freiherr von und zu Aufsess）著《第6集团军1942年9月14日—1943年2月2日作战日志卷宗》第1-3卷（Die Anlagenbänder zu den Kriegstagebüchern der 6. Armee vom 14.09.1942 bis 02.02.1943, Band I-III；施瓦巴赫，2006年1月——Schwabach: January 2006）中仍然存世的第6集团军每日记录。英文版记述可见崔可夫著、哈罗德·西尔弗（Harold Silver）英译《斯大林格勒会战》（The Battle for Stalingrad；纽约，霍尔特、莱因哈特和温斯顿出版社，1954年）。俄文记述可见罗科索夫斯基《伏尔加河上的伟大胜利》。人性视角著作可见卡雷尔《斯大林格勒：德国第6集团军的失败》英文版、比弗《斯大林格勒：决定性的围攻，1942—1943》、迈克尔·K.琼斯（Michael K. Jones）《斯大林格勒：红军何以顶住德军猛攻》（Stalingrad: How the Red Army Survived the German Onslaught；费城，炮台出版社，2007年），以及弗兰克·埃利斯（Frank Ellis）《斯大林格勒大锅：合围圈之内和第6集团军的覆灭》（The Stalingrad Cauldron: Inside the Encirclement and Destruction of the 6th Army；堪萨斯大学出版社，2013年）。

37. 除此之外，第6集团军还下辖罗马尼亚第1骑兵师、配属给第100猎兵师作为第3个团的克罗地亚第369步兵团，以及超过1万人的俄罗斯辅助人员。

38. 科特卢班攻势具体情况如下，大部分是在朱可夫指示下进行：

8月23—29日——由斯大林格勒方面军的科瓦连科和什捷夫涅夫集群进行；

9月3—12日——由斯大林格勒方面军的坦克第4集团军、近卫第1集团军、第24和第66集团军进行；

9月18日—10月2日——由斯大林格勒方面军的近卫第1集团军、第24和第66集团军进行；

10月20—26日——由顿河方面军的第24和第66集团军进行。

39. 格兰茨和豪斯《决战斯大林格勒：1942年9—11月》第136页表格15。

40. 贾森·D.马克（Jason D. Mark）《飞越骑士①之死：第24装甲师斯大林格勒，1942年8月12日—11月20日》（Death of the Leaping Horseman: 24. Panzer-Division in Stalingrad, 12th August-20th November 1942；澳大利亚，悉尼，飞越骑士图书，2002年——Sydney, Australia: Leaping Horseman Books, 2002）第333～334页。

41. 布劳《德军在俄罗斯的战局：计划和行动，1940—1942》第168～175页。关于工兵的进攻，可见奇蒂诺《国防军：第一部．折戟沉沙，1942年德军历次战役》第253页。以德方视角进行的城中每日作战记述，可见弗伦奇·L.麦克莱恩（French L. MacLean）《斯大林格勒：德军第6集团军在伏尔加河的灭亡，1942—1943》第1卷《血战城陷》（Stalingrad: The Death of the German Sixth Army on the Volga, 1942-1943, vol. 1, The Bloody Fall；希弗军事历史出版社，2013年），以及贾森·马克《赤焰孤岛：斯大林格勒巷战实录》（Island of Fire: The Battle for the Barrikady Gun Factory in Stalingrad, November 1942-February 1943；飞越骑士图书，2006年）。根据克里沃舍耶夫主编《苏联在二十世纪的伤亡和作战损失》英文版第125页，苏军在4个月的斯大林格勒防御战役中的总减员为643842人（平均每

---

① 译者注："飞越骑士"是1941—1942年间第24装甲师的师徽。

天5100人），是其最初兵力的118%——最初3个方面军加上顿河区舰队共有547000人。

42. 克里沃舍耶夫主编《苏联在二十世纪的伤亡和作战损失》英文版第95和第123～126页。在斯大林格勒和高加索抗击德军的246.1万名红军中，减员数为158.6万人，其中有887169人为不可归队减员（死亡、被俘或失踪）。同期德军和其他轴心国军队的损失大约为25万人。

43. 包含步兵、坦克和工兵集团军。

44. 格兰茨《巨人重生：大战中的苏联军队》第475页。

第9章 "天王星"战役：第6集团军的覆灭

1. 关于苏联最高统帅部大本营和总参谋部运作的具体描述，可见什捷缅科《战争年代的苏联总参谋部，1941—1945》英文版。

2. 可见丹尼洛夫《最高统帅部大本营，1941—1945》。

3. 朱可夫《回忆与思考》（Reminiscences and Reflections；莫斯科，进步出版社，1985年）英文版第2卷第94页。根据斯大林办公室来客登记簿[①]，朱可夫在1942年8月31日至9月26日期间并未与其上级会面，华西列夫斯基也同样没有在9月9—21日间出现。这两位高级军官可能为"行星"系列攻势起到了启发作用，但谈不上进行计划。可见罗伯茨《斯大林的战争》第149页引述《历史档案》（Исторический Архив）杂志1996年第2期第35～38页的《约·维·斯大林克里姆林宫办公室来客登记簿》（Посетители Кремлевского Кабинета И. В. Сталина）。

4. 可见日林主编两卷本《斯大林格勒会战：编年、史实和人物》第1卷第694页、叶廖缅科《斯大林格勒：献给伟大的斯大林格勒会战的参与者》（Сталинград : участникам великой битвы под Сталинградом посвящается；莫斯科，阿斯特出版社，2006年）第352～353页，以及伊萨耶夫《斯大林格勒》（作者并未写出完整书名）第270页。

5. 苏军1942年秋季战略规划情况——特别是"天王星"战役起源，可见格兰茨和豪斯《斯大林格勒三部曲（第三部）：终局（卷一）》第20～54页。

6. 最终，"火星"战役还包括西北方面军对杰米扬斯克，以及加里宁方面军对大卢基的进攻。在"火星"战役的作战方向上，加里宁方面军的第39集团军将实施"金星"（俄文为Венера）战役，夺取勒热夫城。可见佐洛塔廖夫《最高统帅部大本营：文件和材料，1942年》第394和第543～544页。

7. 格兰茨《朱可夫最大的失败：红军在1942年"火星"战役中的巨大灾难》（Zhukov's Greatest Defeat: The Red Army's Epic Disaster in Operation Mars, 1942；堪萨斯大学出版社，1999年）第18～25页。

8. 关于"天王星"战役的准备，可见格兰茨和豪斯《斯大林格勒之战终结》第1册第55～126页、埃里克森《通往斯大林格勒之路》第448～449页、朱可夫《回忆与思考》英文版第2卷第116页、塔兰特《斯大林格勒》第96页，以及路易斯·S.罗通多（Louis C. Rotundo）编写的包含红军对此次战役的两部研究材料的《斯大林格勒会战：1943年苏联总参研究》（Battle for Stalingrad: The 1943 Soviet General Staff

---

① 译者注：中文版可见沈志华主编《苏联历史档案选编》第20卷。

496

Study；华盛顿，哥伦比亚特区，佩尔加蒙-布拉西国际，1989年——Washington, DC: Pergamon-Brassey's International, 1989）第15和第78～79页。

9. 舒克曼《斯大林的将军们》第292～293页。

10. 罗科索夫斯基《军人的天职》英文版第135～142页。档案记录可见《伟大卫国战争经验研究材料汇编》第6期（1943年4—5月）第37～62页《红军在斯大林格勒会战中的翼侧突击》（Фланговые удары Красной Армии в Сталинградском сражении）和《坦克第5集团军在突破时的行动》（Действия подвижной группы 5 танковой армии в прорыве）。

11. 苏军战后报告显示，坦克军在10天的战斗中会损失多达80%的坦克——主要原因是机械故障。可见《管窥利用突破发展胜利时坦克和机械化军的运用》（A Few Observations Regarding the Employment of Tank and Mechanized Corps in the Exploitation of the Penetration）——《斯拉夫军事研究》杂志第1期第3卷（1988年9月）第361～407页。原文可见《伟大卫国战争经验研究材料汇编》第8期（1943年8—10月）第48～80页。

12. 哈德斯蒂和格林贝格《红色不死鸟的崛起：二战中的苏联空军》第122～137页。

13. 布劳《德军在俄罗斯的战局：计划和行动，1940—1942》第161和第171～172页。

14. 在朱可夫监督下，7月31日至8月23日间，加里宁和西方面军对中央集团军群实施了勒热夫—瑟乔夫卡战役，在德军第9集团军盘踞的勒热夫突出部夺取了大片阵地，但战果依然不如朱可夫之意。详见朱可夫《回忆与思考》英文版第2卷第86页。"火星"战役为朱可夫提供了所需资源。最后，在遥远的北面，沃尔霍夫和列宁格勒方面军于8月20日和9月上旬发动了锡尼亚维诺战役，然而没能为城市解围。

15. M.科兹洛夫（M. Козлов）《战略和战役法的发展》（Развитие стратегии и оперативного искусства）——《军事历史》杂志1982年11月号第12页，以及布劳《德军在俄罗斯的战局：计划和行动，1940—1942》第173页。另可见格兰茨《苏联在二战中的军事伪装》第105～119页和戴维·卡恩（David Kahn）《情报案例研究：奥苏加防御，1942》（An Intelligence Case Study: The Defense of Osuga, 1942）——《航空航天历史学家》（Aerospace Historian）第28期第4卷（1981年12月）第248页。

16. 罗尔夫·施托韦斯（Rolf Stoves）《第25装甲师、第27装甲师和第232预备装甲师：分配、行列和使用》（Die 22. Panzer-Division, 25. Panzer-Division, 27. Panzer- Division und die 233. Reserve Panzer-Division: Aufstellung, Gliederung, Einsatz；联邦德国，弗赖贝格，波德聪-帕拉斯出版社，1985年）第45～49页、塔兰特《斯大林格勒》第92～93页、沃尔特·格利茨（Walter Goerlitz）《保卢斯和斯大林格勒：陆军元帅弗里德里希·保卢斯的一生和个人文档中的笔记、书信和文件》（Paulus and Stalingrad: A Life of Field-Marshal Friedrich Paulus with Notes, Correspondence, and Documents from His Papers；纽约，城堡出版社，1963年——New York: Citadel Press, 1963）第218～219页，以及小塞缪尔·W.米查姆（Samuel W. Mitcham, Jr.）《装甲军团：二战德国陆军坦克师及其指挥官指南》（The Panzer Legions: A Guide to the German Army Tank Divisions of World. War II and Their Commanders；康涅狄格州，韦斯特波特，格林伍德出版社，2001年）第165～166页。

17. 双方兵力强弱对比的详细探讨可见格兰茨和豪斯《斯大林格勒之战终结》第1册第127～183页。罗科索夫斯基《伏尔加河上的伟大胜利》估计斯大林格勒地域的德军和轴心国军队拥有60万人，装备500辆坦克和400架飞机。其中包括德军第6集团军（30万人）、罗马尼亚第3和第4集团军（20万人），以及第4装甲集团军部分兵力（约10万人）。意大利第8集团军的10万人直到12月16日才遭到进攻。西南方面军（近卫第1集团军）的大约10万人也并未直接参与到11月的行动中来。

18. 显然，德军哨兵误以为菲利波夫的坦克是附近某个训练场中（由己方人员使用）的缴获车辆。尽管德军在卡拉奇又防守了24小时，苏军却始终控制着关键桥梁，直到坦克第26军主力赶来。"天王星"攻势第一阶段详情可见格兰茨和豪斯《斯大林格勒之战终结》第1册第185~534页。

19. 同上，第1卷第268~370页。

20. 同上，第1卷第371~384页。另可见迪纳尔多《无敌的机械化还是军队的老古董？马匹和二战德军》第59~60页。绝大部分早期历史著作引用了保卢斯在11月23日向希特勒申请撤退的电文，比如卡雷尔《东进：1941—1943年的苏德战争》第590~591页。

21. 关于空运决策的最佳探讨可见海沃德《止步斯大林格勒：德国空军和希特勒在东方的失败，1942—1943》第234~239页，以及《斯大林格勒：德国第6集团军的失败》英文版第163页。

22. 在弗里登和理查德森编写、菲茨吉本英译《致命决策》第166~167页中，接替哈尔德担任陆军总参谋长的库尔特·蔡茨勒叙述了关于空运的争论。另可见卡尤斯·贝克（Cajus Bekker）《德国空军作战日志》（The Luftwaffe War Diaries；纽约，巴伦坦出版社，1969年——New York: Ballentine, 1969）第407~410页和海沃德《止步斯大林格勒：德国空军和希特勒在东方的失败，1942—1943》第246~249页。博格等编写《德国和第二次世界大战》第6卷《全球战争：冲突扩大为世界大战和主动权易手，1941—1943》英文版第1150~1151页提供了每日飞机和补给的数量信息。

23. 哈德斯蒂和格林贝格《红色不死鸟的崛起：二战中的苏联空军》第141~154页，以及海沃德《止步斯大林格勒：德国空军和希特勒在东方的失败，1942—1943》第225、第246和第249页。

24. 海沃德《止步斯大林格勒》第272、第310和第322页，以及哈德斯蒂和格林贝格《红色不死鸟的崛起：二战中的苏联空军》第142页。空战（导致的）压力常常会造成这种差异，数字不同也并不完全是因为某一方造假所致。

25. 关于"火星"战役范畴内的杰米扬斯克战役，可见格兰茨《斯大林格勒之后：红军1942—1943年冬季攻势》（After Stalingrad: The Red Army's Winter Offensive 1942-1943；英国，索利哈尔，希利恩出版社，2008年）第92~107页。

26. "火星"战役的最初突击力量包括2个坦克军、2个机械化军和1个骑兵军。其余的军会在"木星"或"海王星"战役中投入使用。迄今为止，"木星"或"海王星"仍没有出现在俄罗斯军事档案馆解密的任何材料中。

27. 苏军为"火星"战役集结了其31%的总兵力、32%的炮兵、45%的坦克和将近39%的飞机；相比之下，"天王星"只有18%的总兵力、20%的炮兵、20%的坦克和30%的飞机。在战役中，苏军共有193683人死亡、负伤、患病或被俘。详见克里沃舍耶夫主编《苏联在二十世纪的伤亡和作战损失》英文版第108页。

28. 格兰茨《朱可夫最大的失败》第77~85页。

29. 同上，第223~241和第304~306页；另可见格兰茨《苏德战争（1941—1945）被遗忘的战斗，第4卷：冬季战局（1942年11月19日—1943年3月21日）》[Forgotten Battles of the German-Soviet War (1941-1945), vol. IV, The Winter Campaign (19 November 1942-21 March 1943)；卡莱尔，自印，1999年]第38和第65~66页。

30. 在合围战役中，对内正面负责消灭被围之敌，对外正面则会击退解围之敌并扩大攻势。在"天王星"战役中，被派往对外正面的主要是骑兵和步兵师，但事实证明他们无力完成这两个任务。

31. 当坦克第5集团军在奇尔河一线牵制德军第48装甲军的第11装甲师时，到12月15日，突击第5集团军已经在第聂伯河对岸的德军地盘上夺取了若干登陆场，有力打破了第48装甲军拯救第6集团军的任何企图。可见格兰茨和豪斯《斯大林格勒之战终结》第2册第46～85页。

32. 博格等编写《德国和第二次世界大战》第6卷《全球战争：冲突扩大为世界大战和主动权易手，1941—1943》英文版第1141～1145页，以及曼施泰因《失去的胜利》英文版第325～328页。

33. 此段关于"冬季风暴"的记述主要基于曼弗雷德·克里希（Manfred Kehrig）《斯大林格勒：作战分析和文件》（Stalingrad: Analyse und Dokumentation einer Schlacht；联邦德国，斯图加特，德意志出版社，1974年）、博格等编写《德国和第二次世界大战》第6卷《全球战争》英文版第1145～1147页、格兰茨和豪斯《斯大林格勒之战终结》第2册第4～19和第86～158页、曼施泰因《失去的胜利》英文版第330～337页、齐姆克和鲍尔《从莫斯科到斯大林格勒：东线的决策》第480～483页，以及达纳·V.萨达拉南达（Dana V. Sadarananda）《斯大林格勒另一边：曼施泰因和顿河集团军群的行动》（Beyond Stalingrad: Manstein and the Operations of Army Group Don；纽约，普雷格出版社，1990年）第28～48页。

34. 第6集团军突围计划和近卫第2集团军反击详情，可见格兰茨和豪斯《斯大林格勒之战终结》第2册第286～297、第351～375和第317～332页。

35. 同上，"小土星"计划情况可见该书第2册第20～38和第223～226页。同时，坦克第5集团军、突击第5集团军和近卫第2集团军发动了进攻，旨在肃清奇尔河下游德军，并占领托尔莫辛。详见上书第2册第245～285页。

36. 曼施泰因《失去的胜利》英文版第342～344页。

37. 日林主编两卷本《斯大林格勒会战：编年、史实和人物》第2卷第226～227页《根据德国国防军统帅部每日作战日志》（Из дневника боевых действий Верховного Главнокомандования Вермахта），另可见格兰茨《从顿河到第聂伯河：1942年12月—1943年8月的苏军进攻战役》（From the Don to the Dnepr: Soviet Offensive Operations, December 1942–August 1943；弗兰克·卡斯出版社，1991年）第10～82页。关于意大利人视角的突围描述，可见霍普·汉密尔顿（Hope Hamilton）《在草原上的牺牲：1942—1943年斯大林格勒战局中的意大利"阿尔卑斯"军》（Sacrifice on the Steppe: The Italian Alpine Corps in the Stalingrad Campaign, 1942–1943；费城，炮台出版社，2011年）第72～75页。

38. 关于塔钦斯卡亚突袭，可见格兰茨《从顿河到第聂伯河》第65～69页、装甲坦克兵元帅奥列格·亚历山德罗维奇·洛西克《装甲坦克和机械化兵的战斗运用》（Боевое применение бронетанковых и механизированных войск）——《军事历史》杂志1982年10月号第32～38页，以及阿姆斯特朗《红军坦克指挥官：装甲近卫》第268～269页。

39. 萨达拉南达《斯大林格勒另一边》第59页。

40. 《在斯大林格勒地域消灭被围之敌的行动中充分运用炮兵》（Adequate Provision of Artillery Means for the Operation Directed to Destroying an Encircled Enemy in the Stalingrad Area；莫斯科，出版社不详，1943年），翻译编号为F-9083，第12页，最初被列为机密，译文在1964年3月13日解密；堪萨斯州，利文沃斯堡，诸兵种合成研究图书馆。

41. "指环"战役的详情请见格兰茨和豪斯《斯大林格勒之战终结》第2册第395～570页。

42. 同上，第2册第559～571页。

43. 根据塔兰特《斯大林格勒》第230页，被围在斯大林格勒的德军和罗马尼亚军队共计26.7万人，其中有3.6万人通过空运撤出，14万人被打死，9.1万人投降。第6集团军在苏军最初的反攻（"天王星"）中还有1.5万人被打死，这样合计就有24.1万人死亡。轴心国一方在斯大林格勒及相关战役中还损失了大约30万罗马尼亚、意大利和匈牙利的军人。

44. 萨达拉南达《斯大林格勒另一边》第57页。

45. 齐姆克和鲍尔《从莫斯科到斯大林格勒：东线的决策》第74及第16～17页；伊利亚·莫先斯基（Илья Мощанский）和瓦西里·斯托亚诺夫（Василий Стоянов）《在斯大林格勒侧翼：在北高加索的战役，1943年1月1日—2月4日》（На флангах Сталинграда: Операции на Северном Кавказе 1 января - 4 февраля 1943 года），《军事编年史》3-2002册（莫斯科，BTV-MH出版社，2002年）。其他"虎"式坦克曾于9月在列宁格勒方面军地段投入战斗，但结果令人失望。

46. 萨达拉南达《斯大林格勒另一边》第78页，以及曼施泰因《失去的胜利》英文版第396～398页。

47. 罗斯托夫攻势失利的部分原因在于近卫第2集团军被要求同时在顿河南北两面作战。近卫第2集团军的报告可见佐洛塔廖夫主编《俄罗斯档案：伟大卫国战争》第15卷第4-3册《库尔斯克会战前奏》（Русский архив: Великая Отечественная. Прелюдия Курской битвы; 莫斯科，土壤出版社，1997年）第247～258页。

48. 《伟大卫国战争军事历史材料汇编》第9期（1953年）第1～121页《沃罗涅日方面军部队的奥斯特罗戈日斯克—罗索什战役》（Острогожско-россошанская наступательная операция войск Воронежского фронта），起初被列为机密，后解密。关于红军1943年1月攻势的综述，可见格兰茨《斯大林格勒之后：红军1942—1943年冬季攻势》第14～35页。另可见绍博·彼得（Szabó Péter）《顿河弯曲部1942—1943：匈牙利王家第2集团军史》（Don-kanyar – Don Bend 1942-1943: A Magyar Királyi 2. Honvéd Hadsereg képes krónikája; 布达佩斯，国防部研究所和军事历史博物馆，2013年）。

49. 《伟大卫国战争军事历史材料汇编》第13期（1954年）第1～91页《沃罗涅日方面军和布良斯克方面军左翼部队的沃罗涅日—卡斯托尔诺耶进攻战役》（Воронежско-касторненская наступательная операция войск воронежского и левого крыла брянского фронтов），起初被列为机密，现已解密。另可见博格等编写《德国和第二次世界大战》第6卷《全球战争》英文版第1180页。

50. 关于"星"和"跳跃"战役的详情，可见格兰茨《斯大林格勒之后》第110～227页，以及《从顿河到第聂伯河》第82～215页。"星""跳跃"战役及中央方面军对谢夫斯克的进攻相关文件可见佐洛塔廖夫主编《库尔斯克会战前奏》。

51. 约翰·埃里克森《通往柏林之路》第2卷（The Road to Berlin: Continuing the History of Stalin's War with Germany, vol. II.；科罗拉多州，博尔德，西方视角出版社，1983年）第46～49页。波波夫集群下辖4个坦克军，应有超过700辆坦克。苏方记录显示，到1月25日，波波夫的装甲力量减少到了212辆坦克；2月7日时大约有140辆；曼施泰因所部发动反攻后，又于2月21日陡然减少至25辆。该集群实力的下降证明了德军第6和第7装甲师在1月防御顿巴斯东部时（表现出）的强大战斗力。可见格兰茨《从顿河到第聂伯河》第384页。

52. 博格等编写《德国和第二次世界大战》第6卷《全球战争》英文版第1183～1184页、格兰茨《从顿河到第聂伯河》第151～179页，以及萨达拉南达《斯大林格勒另一边》第106～109页。

53. 科勒姆《沃尔夫拉姆·冯·里希特霍芬：德军空战大师》第312页。科勒姆表示，希特勒在2月17日造访曼施泰因并非为了训斥，而是打算提升士气。得知这名陆军元帅正在准备反攻后，希特勒可能还会希望大家觉得自己赞同这次进攻。这再次表明了希特勒似乎不太愿意去扮演最高领导人的角色。

54. 格兰茨《斯大林格勒之后》第228~389页，以及华西列夫斯基《毕生的事业》第278~279页。

55. 关于中央方面军的努力，可见格兰茨《库尔斯克前奏：苏联战略战役，1943年2—3月》（Prelude to Kursk: Soviet Strategic Operations,February–March 1943），出自罗兰·G.弗尔斯特（Roland G. Förster）《二战潮流逆转？1942年春夏的哈尔科夫和库尔斯克会战的作战部署、过程和政治意义：军事历史讲稿》第15卷（Gezeitenwechsel im Zweiten Weltkrieg? Die Schlachten von Charkov und Kursk im Frühjahr und Sommer 1943 in operativer Anlage, Verlauf und politischer Bedeutung: Vorträge zur Militärgeschichte, Band 15；联邦德国，汉堡，E.S.米特勒和佐恩出版社，1996年——Hamburg, FRG: Verlag E. S. Mittler & Sohn, 1996）第38~41页。

56. 罗科索夫斯基《军人的天职》英文版第174~178页。

57. 巴格拉米扬《我们这样走向胜利》第371~378页。

58. 关于坦克第2集团军角色的绝佳记述可见F.I.维索茨基（Ф. И. Высоцкий）《近卫坦克》（Гвардейская танковая；莫斯科，军事出版社，1963年）第15~23页。骑兵-机械化集群是一个独特的苏军概念，正如其名字所示，它试图将骑兵和摩托化部队结合起来，在传统装甲兵难以通行的复杂地形中作战。

59. 绝大部分参战部队都损失惨重。波波夫的快速集群到2月20日只剩25辆坦克；2月6日，德军第7和第11装甲师分别只拥有35辆和16辆。在曼施泰因的反攻中，第48装甲军的第17装甲师只剩8辆坦克和11辆自行火炮。相比之下，苏军坦克第25军和近卫坦克第1军共有300辆坦克，相当于党卫军的2个装甲掷弹兵师。

60. 曼施泰因《失去的胜利》英文版第431~433页，以及萨达拉南达《斯大林格勒另一边》第120~126页。德方记录显示，苏军的损失包括23200人死亡、9071人被俘、615辆坦克被击毁。尽管对曼施泰因反攻期间苏军在顿巴斯地区的损失只字不提，但克里沃舍耶夫主编《20世纪战争中的俄罗斯和苏联：数据分析》第284和第312~313页显示，布良斯克方面军在2月5日—3月3日间损失54299人（不可归队减员为19684人），中央方面军在2月25日—3月28日间损失70407人（不可归队减员为30439人），沃罗涅日方面军在3月3—25日间损失86469人（不可归队减员为45219人）。再加上西南方面军在顿巴斯地区损失的大约8万人，这四个方面军在1943年2月上旬至3月下旬间应该损失了超过30万人。

61. 博格等编写《德国和第二次世界大战》第6卷《全球战争》英文版第1190~1191页，以及格兰茨《从顿河到第聂伯河》第121~145和186~211页。

第 10 章 泥泞季节和作战间歇，1943 年春

1. 布劳《德军在俄罗斯的战局：计划和行动，1940—1942》第153、第156和第162页，以及古德里安《闪击英雄》英文版第310页。

2. 奇蒂诺《国防军：第一部.折戟沉沙，1942年德军历次战役》第272~288页。希特勒的"就地死守"命令并不应当为这次失败负全部责任，因为埃尔温·隆美尔的部队实力已经大大下降，且缺乏油料，所以无论如何也是无法逃脱的。

3. 布劳《德军在俄罗斯的战局：计划和行动，1940—1942》第169页。

4. 默里《德国空军》第158页。

5. 同上，第144页（表31）。

6. 引自布赖恩·莫伊纳汉（Brian Moynahan）《熊之爪，苏联武装力量史》（Claws of the Bear, the history of the Soviet Armed Forces[①]；波士顿，霍顿·米夫林出版社，1989年——Boston: Houghton Mifflin, 1989）第129页，进口总数请见第127～129页。希尔《1941—1945苏联伟大卫国战争：文献读本》第163～191页给出了更详尽的介绍（包括第174页的飞机数字）。铀问题可见扎洛加《目标美利坚：苏联和战略军备竞赛，1945—1965》（The Soviet Union and the Strategic Arms Race, 1945-1965; 加利福尼亚州，诺瓦托，普雷西迪奥出版社，1997年）第18～19页。另可见鲍里斯·索科洛夫《租借法案在苏联军事努力中的角色，1941—1945》（The Role of Lend-Lease in Soviet Military Efforts, 1941-1945）——《斯拉夫军事研究》杂志第7期第3册（1994年9月）第567～586页。

7. 哈德斯蒂和格林贝格《红色不死鸟的崛起：二战中的苏联空军》第165～170页。

8. 罗兹《死亡的主宰：党卫队别动总队和大屠杀的发明》第230～231页。

9. 图兹《毁灭的报酬：纳粹经济的创造和失灵》第515～523页。

10. 雷迪《被遗忘的轴心：二战中德国的同伙和外国志愿者》第247～250页，汉密尔顿《在草原上的牺牲：1942—1943年斯大林格勒战局中的意大利"阿尔卑斯"军》第300～303页，以及阿克斯沃西、斯卡费什、克拉丘诺尤著《第三轴心，第四同盟：欧洲战争中的罗马尼亚武装力量，1941—1945》第114和第145～146页。

11. 埃德蒙兹·斯文克斯（Edmunds Svencs）在美国陆军指挥和总参学院的军事艺术和科学硕士论文《拉脱维亚军团（1943—1945）及其在拉脱维亚史中的角色》[The Latvian Legion (1943-1945) and Its Role in Latvia's History]第78～91页。

12. 雷迪《被遗忘的轴心》第259～260页。

13. 格兰茨《巨人重生：大战中的苏联军队》第541～544页。

14. 琼·莱韦斯克（Jean Levesque）撰《一个农民的煎熬》（A Peasant Ordeal），选自戴维·R.斯通编写《战争中的苏联，1941—1945》第195页。

15. 雷娜·彭宁顿（Reina Pennington）撰《妇女》（Women），选自戴维·R.斯通编写《战争中的苏联，1941—1945》第93～115页。另可见彭宁顿撰《有攻击性的妇女：第二次世界大战红军中战斗中的妇女》（Offensive Women: Women in Combat in the Red Army in the Second World War）——《斯拉夫军事研究》杂志第74期第3册（2010年7月）第775～820页。

16. 苏军大量研究著作和部队史都记录了该事实，国家档案馆微缩胶片（NAM）的现代军事记录部分中大量的东线外国陆军处文件也证实了这一点。

17. 德军兵力信息出自国家档案馆微缩胶片T-78系列第552卷，1943年10月17日起、限指挥官接收和保留的第80/43号东线外国陆军处（Ⅰ）附录4b《1943年4月1日兵力对比》["Kräfte gegenüberstellung Stand: 1.4.43," Anlage 4b zu Abt. Fr. H.Ost(I), No. 80/43 g. Kdos vom 17.10.43, Series T-78, Roll 552, NAM]。德军估计苏军兵力为515.2万人，拥有6040辆坦克和20683门火炮。根据马列主义研究院中央党务档

---

① 译者注：请注意，1989年版和2014年版英文书书名略有不同。

案馆（ЦПА УМЛ）第644全宗、第1目录、第100卷宗的国防委员会（ГКО）文件数据，1943年4月3日时，苏军实力如下：领取给养人数（作战方面军和独立集团军人员，加上军区、外高加索和远东方面军人员）948.6万、住院人数（军队）106.6万、作战方面军和集团军579.2万人、非作战部队（外高加索和远东）146.9万人、内地军区222.5万人、海军40万人、内务人民委员部47.1万人，以及国防委员会下属71.8万人。

18. 雷《坚守：二战德军在俄国战线的防御学说，战前到1943年3月》第113页。对德军防御组织和学说的探讨基于此书第112～172页。

19. 齐姆克和鲍尔《从莫斯科到斯大林格勒：东线的决策》第325页。

20. 陆军元帅曼施泰因宣称他曾在1942年10月自己的晋升仪式上对这一政策提出抗议[①]。可见曼施泰因《失去的胜利》英文版第268～269和第280页。

21. 雷《坚守：二战德军在俄国战线的防御学说，战前到1943年3月》第118～123页。

22. 随着战争的进行，德国人越来越缺少情报来源以查明苏军战线后方的情况，而固有的偏见也使他们很难相信敌人竟然可以有效欺骗自己。可见格兰茨《苏联在二战中的军事伪装》，尤其第558～570页。

23. 布劳《德军在俄罗斯的战局：计划和行动，1940—1942》第166～167页，以及古德里安《闪击英雄》英文版第275页。

24. 古德里安《闪击英雄》英文版第287～300页。

25. 布赖恩·佩雷特（Brian Perrett）《黑十字骑士：希特勒的装甲战及其领导人》（Knights of the Black Cross: Hitler's Panzerwaffe and Its Leaders；纽约，圣马丁出版社，1986年）第103～105页。另可见理查德·L.迪纳尔多《德国的装甲武器》（Germany's Panzer Arm；康涅狄格州，韦斯特波特，格林伍德出版社，1997年）第17～18页。

26. 古德里安《闪击英雄》英文版第299和第311页，以及佩雷特《黑十字骑士：希特勒的装甲战及其领导人》第104～105页。库尔斯克会战后，有一些"象"式装备了机枪。

27. 迪纳尔多《德国的装甲武器》第17～18页，以及小沃尔特·S.邓恩（Walter S. Dunn, Jr.）《库尔斯克：希特勒的豪赌，1943》（Kursk: Hitler's Gamble, 1943；康涅狄格州，韦斯特波特，普雷格出版社，1997年）第88页。另可见托马斯·延茨（Thomas Jentz）著《德国"豹"式坦克：寻求压倒性作战优势》（Germany's Panther Tank: The Quest for Combat Supremacy；宾夕法尼亚州，切斯特，希弗出版社，1995年——Chester, PA: Schiffer, 1995）第190～193页。

28. 朱可夫《回忆与思考》第1卷第451页。

29. 扎洛加和詹姆斯·格兰德森（James Grandsen）《二战中的苏联坦克和战斗车辆》（Soviet Tanks and Combat Vehicles of World War II；伦敦，武器和装甲出版社，1984年）第156～166页。关于1943年战局的技术准备，史蒂文·扎洛加给出了他的参考意见，本书作者受益良多。

30. 关于这一演化的优秀论述，可见帕维尔·阿列克谢耶维奇·库罗奇金（Курочкин, Павел Алексеевич）《进攻中的诸兵种合成集团军：根据1941—1945年伟大卫国战争经验》（Общевойсковая армия в наступлении: По опыту Великой Отечеств. войны 1941-1945 гг.；莫斯科，军事出版社，1966年），以及巴比奇和拜耶尔《伟大卫国战争中苏联地面部队军备和组织的发展》第46页。另可见格兰茨《巨

---

① 译者注：7月1日，希特勒发电报晋升攻陷塞瓦斯托波尔的曼施泰因为陆军元帅，在10月举行晋升仪式并授予其元帅权杖。

人重生：大战中的苏联军队》第143~146和第179~180页。

31. 格兰茨《巨人重生：大战中的苏联军队》第288~293页。

32. 坦克集团军是根据国防委员会1943年1月28日第2791号命令组建的。可见巴比奇和拜耶尔《伟大卫国战争中苏联地面部队军备和组织的发展》与格兰茨《巨人重生：大战中的苏联军队》第232~234页。

33. 这些命令的英文版可见格兰茨和豪斯《库尔斯克会战》（The Battle of Kursk；堪萨斯大学出版社，1999年）第354~358页。

34. 慕尼黑会议的描述主要基于古德里安《闪击英雄》英文版第241~247页，另可见雅努什·皮耶卡尔凯维奇（Janusz Piekalkiewicz）著、米夏埃拉·尼尔豪斯（Michaela Nierhaus）英译《"堡垒"行动：库尔斯克和奥廖尔——二战最大坦克战》（Operation "Citadel"：Kursk and Orel—The Greatest Tank Battle of the Second World War；加利福尼亚州，诺瓦托，普雷西迪奥出版社，1987年）第91~93页。

35. 古德里安《闪击英雄》英文版第306~309页。另可见佩雷特《黑十字骑士：希特勒的装甲战及其领导人》第161~163页。

36. 朱可夫《在库尔斯克突出部》（На Курской дуге）——《军事历史》杂志1967年8月号第72和第76页，以及什捷缅科《战争年代的苏联总参谋部，1941—1945》英文版第1卷第221页。关于战略争论的完整探讨，可见格兰茨和豪斯《库尔斯克会战》第27~32和第361~373页。

37. 华西列夫斯基《毕生的事业》第288~306页、朱可夫《回忆与思考》英文版第2卷第144~182页，以及什捷缅科《战争年代的苏联总参谋部，1941—1945》英文版第1卷第211~234页。

第 11 章 从库尔斯克到第聂伯河

1. 库尔斯克会战完整交战序列见格兰茨和豪斯《库尔斯克会战》第283~335页，后文的讨论也主要基于此处。另可见《库尔斯克会战：从防御到进攻》（Битва под Курском: От обороны к наступлению；莫斯科，阿斯特出版社，2006年），本书最初由红军总参于1945年出版，并被列为机密；尼克拉斯·塞特林和安德鲁·弗兰克森合著《库尔斯克1943：统计分析》（Kursk 1943: A Statistical analysis；伦敦，弗兰克·卡斯出版社，2000年）第18和第20页，以及瓦列里·尼古拉耶维奇·扎穆林（Замулин, Валерий Николаевич）[①]《挫败"堡垒"行动：库尔斯克会战-已解密》（Срыв операции "Цитадель": Курская битва - гриф секретности снят；莫斯科，埃克斯莫出版社，2013年）。

2. 德军第9集团军战斗序列见国家档案馆微缩胶片T-312系列第320卷，1943年3月26日至8月18日第35939号、第9集团军参谋长《9号作战日志附录部署图》（"Lagenkarten, Anlage zu KTB Nr. 8." AOK 9, 1a, AOK 9.35939.7, 26 Mar-18 Aug 1943, Series T-312, Roll 320, NAM）。该战斗序列很难得以准确建立，因为红军最终缴获了第9集团军这一时期的档案，但至今仍未公开。第20步兵军由于当时正掩护第9集团军右翼，因此并未参与进攻。

① 译者注：扎穆林先生在1968年出生于普罗霍罗夫卡，曾在普罗霍罗夫卡战场博物馆工作13年，并担任过副馆长，是研究库尔斯克会战——尤其南线战场的首席专家。

504

3. 德军第9集团军的装甲部队包括第2、第4、第9、第12、第18和第20装甲师。关于德国空军受到的限制，可见赫尔曼·普洛赫尔（Hermann Plocher）《德国空军对战俄罗斯，1943》（The German Air Force versus Russia, 1943；纽约，亚诺出版社，1967年——New York: Arno Press, 1967）第78和第81页。普洛赫尔时任第6航空队第1航空兵师师长①。

4. 塞特林和弗兰克森《库尔斯克1943：统计分析》第29~30页。另可见西尔韦斯特·施塔德勒（Silvester Stadler）《1943年对库尔斯克的进攻：在主要会战中作为楔子的党卫军第2装甲军》（Die Offensive gegen Kursk 1943. Ⅱ. SS-Panzerkorps als Stoßkeil im Großkampf；联邦德国，奥斯纳布吕克，穆宁出版有限责任公司，1980年——Osnabrück, FRG: Munin Verlag GmbH, 1980），以及戈特哈德·海因里齐和弗里德里克·威廉·豪克（Friedrick Wilhelm Hauck）在战争之后的任务总结手稿、由约瑟夫·韦尔奇（Joseph Welch）译为英文的《堡垒：攻击俄罗斯的库尔斯克突出部》（Citadel: The Attack on the Russian Kursk Salient；华盛顿，哥伦比亚特区，国家档案和记录管理局）注释92。

5. 关于肯普夫集团军级支队，可见国家档案馆微缩胶片T-312系列第56卷、44701/14卷宗，第8集团军司令部、第8集团军参谋长2号作战日志《1943年7月1日–12月31日每日态势图》（"Tägliche Lagenkarten vom 1.7.43-31.12.43," Kriegtagesbuch No. 2, AOK 8, Ia, AOK 8, 44701/14），同一系列其他第8集团军司令部报告，以及塞特林和弗兰克森《库尔斯克1943：统计分析》第18和第30页。另可见延茨著《装甲兵：德国坦克兵创建和作战运用完全指南，1933—1945》，但列出的兵力数字略有不同。

6. 普洛赫尔（Hermann Plocher）《德国空军对战俄罗斯，1943》第75~78和第83页。

7. 格兰茨《库尔斯克战役中苏军的战役情报，1943年7月》（Soviet Operational Intelligence in the Kursk Operation, July 1943）、《情报和国家安全》（Intelligence and National Security）第5期第1册（1990年1月）第8~15页，以及《战争中的苏联军事情报机关》第184~283页。另可见皮耶卡尔凯维奇《"堡垒"行动：库尔斯克和奥廖尔——二战最大坦克战》英文版第115页。

8. 苏军防御的详细情况可见格兰茨和豪斯《库尔斯克会战》第63~77页。战役计划、实施相关文件及红军总参每日战役总结见日林主编两卷本《库尔斯克会战：编年、史实和人物》（Курская битва. Хроника, факты, люди: В 2 кн；莫斯科，奥尔马出版社，2003年），以及佐洛塔廖夫主编《俄罗斯档案：伟大卫国战争》第15卷第4-4册《库尔斯克会战：文件和材料，1943年3月27日—8月23日》[Русский архив: Великая Отечественная: Курская битва. Документы и материалы 27 марта – 23 августа 1943 г. Т. 15(4-4)；莫斯科，土壤出版社，1997年]。

9. 格兰茨和豪斯《库尔斯克会战》第56页，以及G.科尔图诺夫（Г. Колтунов）《从数字看库尔斯克会战（反攻阶段）》[Курская битва в цифрах (Период контрнаступления)]——《军事历史》杂志1980年②7月号第80页。

10. 格兰茨和豪斯《库尔斯克会战》第56和第291~292页，第50集团军编成详情见费奥多尔·德米特里耶维奇·潘科夫（Панков, Фёдор Дмитриевич）《阵地在燃烧：第50集团军在伟大卫国战争中的战斗道路》（Огненные рубежи: Боевой путь 50-й армии в Великой Отечественной войне；莫斯科，军事出

---

① 译者注：此处有误，普洛赫尔在1942年10月1—31日间担任该师师长，1943年7月1日—8月25日间担任第4航空兵师师长。
② 译者注：但1980年并无科尔图诺夫的文章，应为1968年6月和7月号。

版社，1984年）第140～169页。

11. G.A.科尔图诺夫（Г. А. Колтунов и）和B.G.索洛维约夫（Б. Г. Соловьев）著《库尔斯克会战》（Курская битва；莫斯科，军事出版社，1970年）认为中央方面军有1607辆坦克和自行火炮。《伟大卫国战争经验研究材料汇编》第11期（1944年）给出的数字为1150辆——或许这是可用坦克和自行火炮的数量。

12. 格兰茨和豪斯《库尔斯克会战》第299～305页；M.A.科兹洛夫（М. А. Козлов）主编《在战火中：第13集团军的战斗道路》（В пламени сражений. Боевой путь 13-й армии；莫斯科，军事出版社，1973年）第89～128页；《伟大卫国战争经验研究材料汇编》第11期（1944年）；V.T.伊米诺夫（В. Т. Иминов）《库尔斯克会战中防御的组织和实施，以中央方面军第13集团军为例》[Организация и ведение обороны в битве под Курском на примере 13-и армии центрального фронта (июль 1943 г.)；莫斯科，伏罗希洛夫总参军事学院，1979年]，该研究著作已被列为机密。

13. 格兰茨和豪斯《库尔斯克会战》第60～61和第306～320页；科尔图诺夫和索洛维约夫著《库尔斯克会战》第61～62页；《苏军的战斗编成》第3卷《1943年1—12月》（莫斯科，军事出版社）第163页，最初被列为机密，后解密。

14. 根据V.N.辛博利科夫（В. Н. Символиков）《库尔斯克会战，1943》（Курская битва, 1943；莫斯科，伏罗希洛夫总参军事学院，1950年，被列入机密），中央方面军兵力为711575人，沃罗涅日方面军为625591人，草原方面军为573195人，总兵力为1920361人（包括非战斗人员）。另可见G.科尔图诺夫（Г. Колтунов）《从数字看库尔斯克会战》（Курская битва в цифрах）——《军事历史》杂志1968年6月号第58～68页。请注意，苏军估算数据往往倾向于夸大敌军实力，这样my数量优势就显得不突出了。

15. 《库尔斯克会战：从防御到进攻》第762页。米罗斯拉夫·爱德华多维奇·莫罗佐夫主编两卷本《伟大卫国战争1941—1945：从数据看战局和战略战役》第2卷第26页所列数据略少，因为只统计了作战兵力。

16. 可见R.A.萨乌什金（Р. А. Савушкин）《1941—1945年伟大卫国战争中苏联武装力量和军事艺术的发展》（Развитие Советских вооруженных сил и военного искусства в Великой Отечественной войне 1941-1945 гг.；莫斯科，列宁军事政治学院，1988年）第65页。这些数字包括了从奥廖尔到哈尔科夫之间整条战线上的兵力。

17. 可见格兰茨和豪斯《库尔斯克会战》第74～76页，以及《战争中的苏联军事情报机关》第267～279页。

18. 关于会战每日图示，可见格兰茨《库尔斯克会战（1943年7—8月）地图册》[Atlas of the Battle of Kursk (July–August 1943)；卡莱尔，自印，2005年]。

19. 可见丹尼斯·E.肖沃尔特（Dennis E. Showalter）《装甲和鲜血：库尔斯克会战，二战转折点》（Armor and Blood: The Battle of Kursk, the Turning Point of World War II；纽约，兰登书屋，2013年——New York: Random House, 2013）第75～76页，以及皮耶卡尔凯维奇《"堡垒"行动：库尔斯克和奥廖尔——二战最大坦克战》英文版第137～138页。其他资料认为这次反准备（防御方针对进攻方的一种压制手段）效果不佳。可见海因齐和豪克《堡垒：攻击俄罗斯的库尔斯克突出部》英文版注释72。

20. 苏军最初试图使用伊尔-2强击机打击德军，但未竟全功。可见哈德斯蒂和格林贝格《红色不死鸟的崛起》第239～243页。俄罗斯方面关于此次空战的最佳著作是维塔利·格里戈里耶维奇·戈尔巴奇（Горбач,Виталий Григорьевич）《在燃烧的弧形地带上空：库尔斯克会战中的苏维埃航空兵》（Над Огненной Дугой. Советская авиация в Курской битве；莫斯科，亚乌扎出版社和埃克斯莫出版社，

2008年）。

21. 关于库尔斯克北面的战斗可见格兰茨和豪斯《库尔斯克会战》第86~94和第115~121页。另可见《伟大卫国战争经验研究材料汇编》第11期第77~80页，科尔图诺夫和索洛维约夫著《库尔斯克会战》第125~128页，保罗·卡雷尔著、埃瓦尔德·奥泽斯英译《焦土：1943—1944年的苏德战争》第2卷①（Scorched Earth: Hitler's War on Russia, 1941-1943, vol. II；伦敦，乔治·哈拉普出版社，1970年——London: George Harrap, 1970）第46~48页，以及马克·希利（Mark Healy）《库尔斯克1943：东线潮流逆转》（Kursk 1943: The Tide Turns in the East；伦敦，鱼鹰出版社，1992年——London: Osprey, 1992）第72页。

22. 格兰茨和豪斯《库尔斯克会战》第123页和瓦列里·扎穆林著、斯图亚特·布里顿英译《打碎神话：普罗霍罗夫卡坦克战，库尔斯克，1943年7月：作战记述》（Demolishing the Myth: The Tank Battle at Prokhorovka, Kursk, July 1943: An Operational Narrative；英国，索利哈尔，希利恩出版社，2011年），后者是描述沃罗涅日方面军在挫败"堡垒"战役中作用的最佳著作。另可见弗里德里希·W.冯·梅伦廷、贝茨勒（H. Betzler）英译《装甲战》（Panzer Battles；诺曼，俄克拉荷马大学出版社，1956年——Norman: University of Oklahoma Press, 1956）第218~225页。德军装备有200辆"豹"式坦克的装甲旅深陷夜间被雷雨打湿的地面中，遭到苏军反坦克火力猛烈打击，并深受机械故障困扰，对随后的战斗几乎没有造成影响。

23. 扎穆林《普罗霍罗夫卡：神话的诞生和演变》（Prokhorovka: The Origins and Evolution of a Myth）——《斯拉夫军事研究》杂志第25期第4册（2012年10~12月）第584页计算出在7月12日时，苏德双方实际可用坦克及自行火炮数分别为672辆和306辆。对普罗霍罗夫卡之战的详细重构，可见格兰茨和豪斯《库尔斯克会战》第164~196和第212~216页，以及罗特米斯特罗夫《钢铁近卫军》（Стальная гвардия；莫斯科，军事出版社，1988年），尤其第174~190页。以前的苏方著作错误地估计党卫军第2装甲军拥有600辆坦克——包括100辆"虎"式和"象"式，他们认为其中的500辆参加了普罗霍罗夫卡之战。实际上，罗特米斯特罗夫的近卫坦克第5集团军在经过加强后共有793辆坦克，包括501辆T-34、261辆T-70（轻型坦克）和31辆英制"丘吉尔"（重型坦克）。但这793辆坦克中有很多隶属于在普罗霍罗夫卡以南的近卫机械化第5军和近卫坦克第2军，并不在主战场。可见辛博利科夫《库尔斯克会战，1943》，以及《伟大卫国战争经验研究材料汇编》第11期第149~151页，还有鲁道夫·莱曼（Rudolf Lehmann）著、尼克·奥尔科特（Nick Olcott）英译《警卫旗队》第3卷（The Leihstandarte III；加拿大，温尼伯，J.J.费多罗维奇出版社，1995年），尤其227~238页。

24. 曼施泰因《失去的胜利》英文版第448~449页。考虑到库尔斯克之战规模巨大，因此曼施泰因的记述就显得过于简略了。他直到在1958年动笔写回忆录时都仍未意识到苏军在库尔斯克突出部的底部有5个新锐集团军作为预备队。

25. 埃里克森《通往柏林之路》第108页。

26. 苏方对奥廖尔战役的记述，可见彼得·叶夫根尼耶维奇·布克伊哈诺夫（Букейханов, Петр

---

① 译者注：卡雷尔所描述1941年"巴巴罗萨"至1943年斯大林格勒会战结束的《东进》并未表明其是某部著作的第1卷，而描述1943年库尔斯克会战至1944年6月的《焦土》自称是第2卷，因此可以认为二者是一部两卷本著作。

Евгеньевич）《库尔斯克会战——进攻："库图佐夫"战役,"鲁缅采夫统帅"战役,1943年7—8月》（Курская битва—Наступление: Операция "Кутузов," Операция "Полководец Румянцев" Июль- август 1943；莫斯科,"复写中心"出版社,2013年）第9~325页、《伟大卫国战争经验研究材料汇编》第10期（1944年）《突破德军奥廖尔集团两翼防御》（Прорыв обороны на фланге орловской группировки немцев）、巴格拉米扬《近卫第11集团军的翼侧突击》（Фланговый удар 11-й гвардейской армии）——《军事历史》杂志1963年7月号第83~95页,以及列昂尼德·米哈伊洛维奇·桑达洛夫（Сандалов, Леонид Михайлович）《奥廖尔战役中的布良斯克方面军》（Брянский фронт в орловской операции）——《军事历史》杂志1963年8月号第62~72页。桑达洛夫时任布良斯克方面军参谋长。

27. 艾伯特·西顿《苏德战争,1941—1945》（纽约,普雷格出版社,1971年）第366~367页,以及桑达洛夫《奥廖尔战役中的布良斯克方面军》第67页。

28. 曼施泰因《失去的胜利》英文版第450~453页。曼施泰因尤其指责希特勒防御顿巴斯的要求。苏方关于此次南方面军和西南方面军失败战役的最佳记述可见A.G.叶尔绍夫（А. Г. Ершов）《解放顿巴斯》（Освобождение Донбасса；莫斯科,军事出版社,1973年）,以及米哈伊尔·亚历山德罗维奇·日罗霍夫（Жирохов, Михаил Александрович）《顿巴斯会战：米乌斯河战线,1941—1943》（Битва за Донбасс. Миус-фронт. 1941–1943；莫斯科,"复写中心"出版社,2011年）。

29. 关于别尔哥罗德—哈尔科夫战役详情,可见格兰茨《从顿河到第聂伯河》第215~366页、布克伊哈诺夫《库尔斯克会战——进攻》第326~657页,以及格兰茨《苏联在二战中的军事伪装》第174~179页。

30. 到8月13日,坦克第1集团军的实力已下降到134辆坦克和自行火炮,近卫坦克第5集团军也只有100多辆。可见格兰茨《从顿河到第聂伯河》第393页,以及科尔图诺夫和索洛维约夫著《库尔斯克会战》第303~352页。

31. 根据克里沃舍耶夫主编《苏联在二十世纪的伤亡和作战损失》英文版第134页,苏军在别尔哥罗德—哈尔科夫战役中投入兵力114.4万人（沃罗涅日方面军73.94万人,以及草原方面军40.46万人）,当面德军约有35万人[①]。苏军减员数为255566人,包括71611人死亡或失踪,183955人负伤。

32. 什捷缅科《战争年代的苏联总参谋部,1941—1945》英文版第1卷第251~252页。

33. 可见格兰茨《苏联在二战中的军事伪装》第186~202页。苏方最优秀的记述是瓦西里·彼得罗维奇·伊斯托明（Истомин, Василий Петрович）《斯摩棱斯克进攻战役（1943年）》[Смоленская наступательная операция (1943 г.)；莫斯科,军事出版社,1975年]。根据克里沃舍耶夫主编《苏联在二十世纪的伤亡和作战损失》英文版第134~135页,苏军在"苏沃洛夫"战役中投入了125.26万人（其中加里宁方面军为42.84万人,西方面军为82.42万人）。8月7日至10月2日间,他们在此次战役中损失了451466人,其中死亡失踪107645人,负伤348821人。这次进攻使苏军在10月前出到了白俄罗斯维捷布斯克和奥尔沙的东部接近地。

34. 罗科索夫斯基在切尔尼戈夫—普里皮亚季战役中投入了57.96万人。根据克里沃舍耶夫主编《苏联在二十世纪的伤亡和作战损失》英文版第137页,苏军共死亡失踪141401人,负伤107878人。可见格兰茨《苏联在二战中的军事伪装》第208~216页。

[①] 译者注：克里沃舍耶夫英文版并未提及德军数量,但在2010年俄文版中提到德军南方集团军群有30万人。

508

35. 克里沃舍耶夫主编《苏联在二十世纪的伤亡和作战损失》英文版第109页显示，波波夫在布良斯克战役中投入了53万人，减员56657人，其中死亡失踪13033人。

36. 叶尔绍夫《解放顿巴斯》，以及日罗霍夫《顿巴斯会战：米乌斯河战线，1941—1943》。根据克里沃舍耶夫主编《苏联在二十世纪的伤亡和作战损失》英文版第136页，马利诺夫斯基和托尔布欣分别投入了56.52万人和44.67万人参战，共计减员273522人（其中死亡失踪66166人，负伤207356人）。

37. 曼施泰因《失去的胜利》英文版第450～453页，以及齐姆克《从斯大林格勒到柏林：德国在东线的失败》（华盛顿，哥伦比亚特区，美国陆军军事历史主任办公室，1968年）第163～164页。

38. 引自莫斯卡连科《在西南方向》第2卷第122页。关于焦土政策导致的德军纪律败坏，可见弗里茨《东方战争：希特勒在东方的灭绝战》第372～373页。

39. 可见亚历山大·帕夫洛维奇·梁赞斯基（Рязанский, Александр Павлович）《在坦克战的战火中》（В огне танковых сражений；莫斯科，科学出版社，1975年）第95页。

40. 详见格兰茨《苏联空降兵史》第262～288页。

41. 关于托尔布欣的梅利托波尔战役详情，可见叶尔绍夫《解放顿巴斯》。克里沃舍耶夫主编《苏联在二十世纪的伤亡和作战损失》英文版第136页指出，托尔布欣投入了55.53万人，减员198749人，其中有42790人死亡或失踪。

42. 沃罗涅日、草原、西南和南方面军于1943年10月20日分别更名为乌克兰第1、第2、第3及第4方面军。大约在同一时间，中央和布良斯克方面军合并成为白俄罗斯方面军（后更名为白俄罗斯第1方面军），由罗科索夫斯基指挥。加里宁方面军更名为波罗的海沿岸方面军，由叶廖缅科指挥；此后不久，他的司令部分成了波罗的海沿岸第1和第2方面军（司令部）。11月20日，西北方面军被撤销。番号变更反映了这些司令部（及部队）未来任务目标的变化。曼施泰因《失去的胜利》英文版第482页列举了由古德里安重建的装甲师。

43. 苏军10月在基辅地域的减员情况如下：第一次，从柳捷日出击（1943年10月1日—11月2日），投入253830人，减员85064人（不可归队减员为24422人）；第二次，从大布克林出击（1943年10月12—24日），投入185960人，减员27938人（不可归队减员为6498人）；第三次，从柳捷日出击（1943年11月3—13日），投入67.1万人，减员30569人（不可归队减员为6491人）；基辅登陆场防御（1943年11月13日—12月22日），投入73万人，减员87473人（不可归队减员为26443人）。这些失利进攻的详情可见格兰茨《苏德战争（1941—1945）被遗忘的战斗，第5卷第2部分：夏秋战局（1943年7月1日—12月31日）》[Forgotten Battles of the German-Soviet War (1941-1945), vol. V, The Summer-Fall Campaign (1 July-31 December 1943) (Part 2)；卡莱尔，自印，2000年]第565～674页。

44. 可见康斯坦丁·瓦西里耶维奇·克赖纽科夫（Крайнюков, Константин Васильевич）《解放基辅》（Освобождение Киева）——《军事历史》1963年10月号第67～79页、格里戈里·马克西莫维奇·乌特金（Уткин, Григорий Максимович）《强击"东方壁垒"：解放左岸乌克兰和强渡第聂伯河》（Штурм "Восточного вала"：Освобождение Левобережной Украины и форсирование Днепра；莫斯科，军事出版社，1967年），以及什捷缅科《战争年代的苏联总参谋部，1941—1945》英文版第1卷第253～255页。克赖纽科夫时任乌克兰第1方面军军事委员会委员。克里沃舍耶夫主编《苏联在二十世纪的伤亡和作战损失》英文版第139页显示，瓦图京在战役中共投入了67.1万人。由于达成突然性，他的方面军损失相对较小，共计30569人（其中6491人死亡失踪，24078人负伤）。

45. 曼施泰因《失去的胜利》英文版第496～497页宣称第48装甲军在科罗斯坚附近重创了苏军3个机械

化军，并对后者的伪装只字不提。另可见齐姆克《从斯大林格勒到柏林：德国在东线的失败》第218~219页，以及埃里克森《通往柏林之路》第163页。关于对基辅以西战斗的详细描述可见格兰茨编著《1985年战争艺术研究会记录：从第聂伯河到维斯瓦河——苏军进攻战役，1943年11月—1944年8月》（1985 Art of War Symposium : from the Dnepr to the Vistula, Soviet offensive operations, November 1943 – August 1944: transcript of proceedings；宾夕法尼亚州，卡莱尔，美国陆军战争学院地面战中心，1985年——Carlisle, PA: Center for Land Warfare, U.S. Army War College, 1985）第1~114页，2001年重印时加入了每日地图。红军总参谋部对于此次战役的研究可见弗拉季斯拉夫·利沃维奇·贡恰罗夫编著的《1943年第聂伯河会战》（Битва за Днепр 1943 г.；莫斯科，阿斯特出版社，2007年）。

46. 根据克里沃舍耶夫主编《苏联在二十世纪的伤亡和作战损失》英文版第109页，罗科索夫斯基的白俄罗斯方面军在戈梅利—列奇察战役中投入76.13万人，减员88206人（其中21650人死亡失踪，66556人负伤）。

47. 克里沃舍耶夫主编《苏联在二十世纪的伤亡和作战损失》英文版第109页显示，叶廖缅科的波罗的海沿岸第1方面军在涅韦尔和维捷布斯克以比2个多月的激烈战斗中共投入19.8万人，减员16.89万人。关于1943年秋在维捷布斯克、奥尔沙、戈梅利及第聂伯河南面战斗的详情见格兰茨《苏德战争（1941—1945）被遗忘的战斗》第5卷第1部分第171~405页和第2部分第675~818页。克里沃舍耶夫主编《20世纪战争中的俄罗斯和苏联：数据分析》第314页指出，索科洛夫斯基的西方面军有31.09万人，减员104420人，其中不可归队减员为24553人。根据马赫穆特·阿赫梅托维奇·加列耶夫《1943—1944年冬西方面军失利进攻战役的原因和教训》（Причины и уроки неудачных наступательных операций Западного фронта зимой 1943-44 года）——《军事思考》1994年2月号第50~58页，西方面军在1943年10月12日和12月沿奥尔沙方向发动了4次进攻，共计损失104064人。加列耶夫认为失败原因在于糟糕的指挥及大本营过于贪心。德军档案材料也强调了苏军的意图和失败。

48. 雷《坚守：二战德军在俄国战线的防御学说，战前到1943年3月》第114和第150页。

49. 巨大的伤亡已经对战斗力造成了影响。1943年秋，西方面军的步兵师人数多在2500~3000之间；即使在主攻地段，苏军的很多步兵师也只有不到6000人。

第12章 战争的第三个冬天

1. 古德里安《闪击英雄》英文版第314页。

2. 迪纳尔多《德国的装甲武器》第24和第19页。

3. 图兹《毁灭的报酬：纳粹经济的创造和失灵》第603~611和第644~645页。

4. 雷迪《被遗忘的轴心》第454页。

5. 弗里茨·施特克利（Fritz Stoeckli）《战时伤亡率：二战中苏德损失率，胜利的代价》（Wartime Casualty Rates: Soviet and German Loss Rates during the Second World War, the Price of Victory）——《斯拉夫军事研究》杂志第3期第4册（1990年12月）第659页。苏军在主要突击地段上实施进攻的团一般会在突破战役第一天至第三天内损失50%的兵力。

6. 到1944年初，苏军共有10个近卫集团军（番号为第1至第8、第10、第11，而近卫第9集团军是一个特别的空降兵集团军，于1945年1月组建）。有3个坦克集团军（第1、第3和第5）和大量军、师及其他小规模部队获得近卫称号，在战争结束前还有更多部队成为"近卫军"。

7. 美国陆军2处（情报）助理参谋长办公室（Office of the Assistant Chief of Staff, G2, U.S. Army）译《1944年红军野战条令（ПУ–44）》[Полевой Устав Красной Армии 1944 (ПУ-44)]第9页。另可见格兰茨编著《红军总参1944年突破阵地防御手册（草稿）》{Instructions for the Breakthrough of a Positional Defense [Draft (Proekt)], 1944, General Staff of the Red Army；卡莱尔，自印，2006年}，该手册最初由军事出版社在1944年出版。

8. 这一部分主要根据1944年条令、战争经验汇编（Сборники）、回忆录、对25名参战苏联军官的采访及格兰茨《巨人重生：大战中的苏联军队》第63～134页撰写；此外还特别参考了格兰茨《红军军官讲述：采访维斯瓦河—奥得河战役（1945年1～2月）参战老兵》[Red Army Officers Speak! Interviews with Veterans of the Vistula–Oder Operation (January–February 1945)；卡莱尔，自印，1997年]。

9. 可见格兰茨《纵深进攻：苏联战役机动的实施》（Deep Attack: The Soviet Conduct of Operational Maneuver；卡莱尔，自印，1998年）。1944年末，德国情报机关发现乌克兰有敌方另外两个坦克集团军的蛛丝马迹。战后，苏联人也确实在波兰和喀尔巴阡山脉部署了这样两支部队，但番号已改为机械化第7和第8集团军。苏军在战时并未使用这些司令部（及部队），只是将其作为战略后备力量以防不测，而这"不测"或许就包括与西方盟友发生冲突。

10. 豪斯《20世纪的诸兵种合成作战》第160～162页，关于先遣支队如何运用的详细情况，可见格兰茨《纵深进攻：苏军战役机动的实施》。

11. 德军兵力情况见《"Kraftegegunüberstellung," Abt. Fr. H. Ost (1) No. 80/43 gk des vom 17.10.43》。德军估计苏军在1944年1月1日有551.2万人，装备8400辆坦克、20770门火炮和迫击炮。马列主义研究院中央党务档案馆第644全宗，第1目录，第218卷宗第11、第101～102和第103～104页的国防委员会档案数据显示苏军在1944年3月12日兵力情况如下：领取给养人数（作战方面军和独立集团军人员，加上军区、外高加索和远东方面军人员）998万、住院人数（军队）125.5万、作战方面军和集团军639.45万人、非作战部队（外高加索和远东）133.85万人、内地军区224.7万人、海军42.3万人，以及国防委员会下属86万人。克里沃舍耶夫主编《苏联在二十世纪的伤亡和作战损失》英文版第101页显示，所有野战集团军[①]每月平均兵力在1943年第三季度为681.68万人，1944年第一季度为626.86万人，1944年第二季度为644.7万人。他在第245页还提供了1944年1月1日所有野战集团军的装备情况——5800辆坦克和自行火炮、101400门火炮和迫击炮，以及13400架作战飞机。

12. 关于这一时期的历史著作及苏军第三次全面进攻的企图，可见格兰茨《红色风暴席卷巴尔干：苏军攻入罗马尼亚失利，1944年春》（Red Storm over the Balkans: The Failed Soviet Invasion of Romania, Spring 1944；堪萨斯大学出版社，2007年），尤其前言第11～12页和正文第1～22页。

13. 关于这些战役的筹划，可见什捷缅科《战争年代的苏联总参谋部，1941—1945》英文版第1卷第266～272页。被列入机密的《伟大卫国战争作战文件汇编》中的文件证实了什捷缅科，以及朱可夫与华西列夫斯基回忆录中的大部分说法，后两者对于研究大本营的计划非常有价值。可见朱可夫《回忆与思考》英

---

① 译者注：克里沃舍耶夫英文版原文是作战方面军和独立集团军，并且不含海军、军区、大本营预备队、防空方面军和集团军人员。

文版第2卷及华西列夫斯基《毕生的事业》。组成冬季战局第一阶段的5个战役分别是——日托米尔—别尔季切夫进攻战役（乌克兰第1方面军），1943年12月24日—1944年1月14日；基洛夫格勒进攻战役（乌克兰第2方面军），1944年1月5—16日；科尔孙—舍甫琴科夫斯基进攻战役（乌克兰第1和第2方面军），1944年1月24日—2月17日；罗夫诺—卢茨克进攻战役（乌克兰第1方面军），1944年1月29日—2月11日；尼科波尔—克里沃伊罗格进攻战役（乌克兰第3和第4方面军），1944年1月30日—2月29日。这五个战役加上后来在乌克兰实施的几个战役有时也被称为第聂伯河—喀尔巴阡山脉战略进攻战役。

14. 克里沃舍耶夫主编《苏联在二十世纪的伤亡和作战损失》英文版第109页指出，乌克兰第1方面军在日托米尔—别尔季切夫战役中投入了83.1万人，减员100018人（23163人死亡失踪，76855人负伤）。乌克兰第2方面军在基洛夫格勒战役中投入了55万人。这两个战役可见阿纳托利·尼古拉耶维奇·格雷列夫（Грылев, Анатолий Николаевич）《第聂伯河—喀尔巴阡—克里木：1944年解放右岸乌克兰和克里木》（Днепр-Карпаты-Крым. Освобождение Правобережной Украины и Крыма в 1944 году；莫斯科，科学出版社，1970年）。德方说法可见罗尔夫·欣策（Rolf Hinze）《战斗考验：1943—1944年德国在乌克兰的防御战》第157~180页（Crucible of Combat: Germany's Defensive Battles in the Ukraine 1943–44；英国，索利哈尔，希利恩出版社，2011年）。

15. 格兰茨《苏联在二战中的军事伪装》第315~322页。

16. 德方称该合围圈为"切尔卡瑟口袋"，尽管该城早在此战前就落入了红军手中[①]。科尔孙—舍甫琴科夫斯基战役详情可见《伟大卫国战争经验研究材料汇编》第14期（1945年）第3~65页《科尔孙—舍甫琴科夫斯基战役》（Корсунь-Шевченковская операция），最初被列为机密；希《1941—1945苏联伟大卫国战争：文献读本》第223~226页；以及格兰茨编著《1985年战争艺术研讨会记录》第115~252页。此次合围的每日地图可见格兰茨和奥伦斯坦编译《乌克兰之战：红军的科尔孙—舍甫琴科夫斯基战役，1944年（苏联总参研究）》[The Battle for the Ukraine: The Red Army's Korsun'– Shevchenkovskii Operation, 1944 (The Soviet General Staff Study)；伦敦，弗兰克·卡斯出版社，2003年]，以及格兰茨《科尔孙—舍甫琴科夫斯基战役（切尔卡瑟口袋）地图册，1944年1月25日—2月17日》[Atlas of the Korsun'–Shevchenkovskii Operation (The Cherkassy Pocket), 25 January–17 February 1944；卡莱尔，自印，2003年]。

17. 切尔卡瑟口袋的德国方面最准确记述见卡尔–海因茨·弗里泽尔、克劳斯·舍恩赫尔、格哈德·施赖伯、克里斯蒂安·温格瓦里和贝恩德·韦格纳《德国和第二次世界大战》第8卷《东线1943/1944年：在东方和邻近战线的战争》（Das Deutsche Reich und der Zweite Weltkrieg, Band 8, Die Ostfront, 1943/44: Der Krieg im Osten und an den Nebenfronten；联邦德国，慕尼黑，德意志出版社，2007年）第397~419页，以及道格拉斯·E.纳什（Douglas E. Nash）《地狱之门：切尔卡瑟战役1944.1—1944.2》[Hell's Gate: The Battle of the Cherkassy Pocket, January–February 1944；康涅狄格州，斯坦福德，尔兹姆出版社（RZM），2002年——Stamford, CT; RZM Imports, 2002]。亚历克斯·布赫纳（Alex Buchner）著、戴维·约翰逊（David Johnston）英译《东线1944：德军在俄罗斯前线的防御战，1944》（Ostfront 1944: The German Defensive Battles and the Russian Front, 1944；宾夕法

---

① 译者注：1943年12月14日，第52集团军、空军第5集团军和游击队一起解放了切尔卡瑟。

尼亚州，阿特格伦，希弗军事/航空历史出版社，1995年）第35～69页的当事人记述表明，很多德国人未能逃脱。德方关于乌克兰冬季战局最详尽的记述可见欣策《战斗考验：1943—1944年德国在乌克兰的防御战》。另可见伊利亚·鲍里索维奇·莫先斯基（Мощанский, Илья Борисович）《解放右岸乌克兰》（Освобождение Правобережной Украины；莫斯科，韦切出版社，2011年）。

18. 军兵种元帅是仅次于苏联元帅的军衔①。克里沃舍耶夫主编《苏联在二十世纪的伤亡和作战损失》英文版第109页指出，苏军这两个方面军加上为其提供支援的空军集团军和战役中配属的加强部队，以及协助阻止德军解围的坦克第1和第2集团军部分兵力共有33.67万人。德军总兵力约为13万人。苏军减员数为80188人，其中有24286人死亡或失踪。

19. 可见伊利亚·米哈伊洛维奇·别尔金（Белкин, Илья Михайлович）《1944年卢茨克一罗夫诺战役中的第13集团军》（13-я армия в Луцко-Ровенской операции 1944 г.；莫斯科，军事出版社，1960年）。

20. 齐姆克《从斯大林格勒到柏林：德国在东线的失败》第238～247页。

21. 希尔《1941—1945苏联伟大卫国战争：文献读本》第220～221页指出，斯大林在一次演讲中列举了这些突击。事后为了宣传，"斯大林的十次突击"并没有算入同一时期在波罗的海地区、白俄罗斯、科韦利和罗马尼亚的进攻失利战役。

22. 这些战役包括——1944年3月15日—4月5日白俄罗斯第2方面军的科韦利进攻战役、3月4日—4月17日乌克兰第1方面军的普罗斯库罗夫一切尔诺夫策进攻战役、3月5日—4月17日乌克兰第2方面军的乌曼—博托沙尼进攻战役、3月6日—18日乌克兰第3方面军的别列兹涅戈瓦托耶—斯尼吉廖夫卡进攻战役、3月26日—4月14日乌克兰第3方面军的敖德萨进攻战役，以及4月8日—5月12日乌克兰第4方面军的克里木进攻战役。大本营指示全部四个乌克兰方面军和白俄罗斯第2方面军（于3月15日在科韦利地域组建）实施这些战役（属于第聂伯河—喀尔巴阡山脉战略进攻战役）。根据克里沃舍耶夫主编《苏联在二十世纪的伤亡和作战损失》英文版第140～141页，苏军共有240.61万人参战，减员1109528人，其中死亡失踪270298人。这一方面最优秀的著述可见格雷列夫《第聂伯河—喀尔巴阡—克里木：1944年解放右岸乌克兰和克里木》第14～277页。

23. 格雷列夫《第聂伯河—喀尔巴阡—克里木》第137～160页，以及莫先斯基《解放右岸乌克兰》第165～211页。另可见格兰茨《普罗斯库罗夫一切尔诺夫策战役（卡缅涅茨-波多利斯克口袋）地图册：1944年3月4日—4月17日》（卡莱尔，自印，2006年）。

24. 阿姆斯特朗《红军坦克指挥官：装甲近卫》第74和第268～271页。

25. 齐姆克《从斯大林格勒到柏林：德国在东线的失败》第277和第280页。齐姆克找到了元首第11号命令中要求作为筑垒地域的地点名单。关于此次战役德方情况，可见欣策《战斗考验：1943—1944年德国在乌克兰的防御战》第349～402页。

26. 格雷列夫《第聂伯河—喀尔巴阡—克里木》第160～178页，以及《伟大卫国战争军事历史材料汇编》第15期（1955年）第1～116页《乌克兰第2方面军在第二次突击中的乌曼进攻战役》（Уманская наступательная операция войск 2-го Украинского фронта во втором ударе）。后者最初被列为机密，现已解密。

---

① 译者注：军兵种元帅在1943年1月16日设立时仅次于苏联元帅；但同年10月9日，苏军又在苏联元帅和军兵种元帅之间设立了军兵种主帅。

27. 乌克兰第2方面军最初约有50万人，损失不到10万人。可见克里沃舍耶夫主编《苏联在二十世纪的伤亡和作战损失》英文版第140页。

28. 格雷列夫《第聂伯河—喀尔巴阡—克里木》第179～200页、莫先斯基《解放右岸乌克兰》第240～251页、欣策《战斗考验：1943—1944年德国在乌克兰的防御战》第199～232页，以及伊萨·亚历山德罗维奇·普利耶夫（Плиев, Исса Александрович）《在近卫军旗下》[Под гвардейским знаменем；俄罗斯苏维埃联邦社会主义共和国，奥尔忠尼启则，伊尔出版社（Ир），1976年]第100～110页。普利耶夫于1962年担任苏军驻古巴集群司令。

29. 克里沃舍耶夫主编《苏联在二十世纪的伤亡和作战损失》英文版第140～141页提供了1943年12月24日至1944年4月17日全部四个乌克兰方面军参加的第聂伯河—喀尔巴阡山脉战略进攻战役的所有数据。他指出苏军在这次战役中投入了240.61万人，减员1109528人，其中死亡失踪270298人。德方记录显示南方和A集团军群在秋末分别有70万和25.3万人，另还有5万罗马尼亚军人。德方估计苏军加上预备队共有250万人，这个数字相当准确。可见《"Kraftegegunüberstellung, Stand: 14.10.43" in the files of Fremde Heeres Ost (Fr. H. Ost), Anlage 4c zu Abt. Fr. H. Ost(I) No. 80/43 g. kdos vom 17.10.43.》。关于德军和罗马尼亚军防御克里木的情况，可见布赫纳《东线1944：德军在俄罗斯前线的防御战，1944》英文版第99～137页。

30. 齐姆克《从斯大林格勒到柏林：德国在东线的失败》第286页。

31. 详情见《伟大卫国战争经验研究材料汇编》第13期（1944年）第3～69页《1944年乌克兰第4方面军部队的克里木战役》（Крымская операция войск 4-го Украинского фронта, 1944 г.），曾被列入机密。另可见欣策《战斗考验：1943—1944年德国在乌克兰的防御战》第403～445页，以及什捷缅科《战争年代的苏联总参谋部，1941—1945》英文版第1卷第269～296页。苏军收复克里木时，什捷缅科正伴随在大本营代表伏罗希洛夫左右。

32. 根据齐姆克《从斯大林格勒到柏林：德国在东线的失败》第290～295页，在轴心国最初投入的152216人中，直到1944年5月上旬还有大约64700人滞留在塞瓦斯托波尔，其中的26700人被"扔在海滩上"，落入了苏军手中（见第295页）。希尔《1941—1945苏联伟大卫国战争：文献读本》第227页推断，有多达13万人通过海路逃脱，2.1万人乘飞机逃脱，这意味着红海军和红空军打得并不好。苏联人宣称德军损失了10万人，其中61580人被俘虏。罗马尼亚撤出了7个师的骨干，尽管他们需要在很长一段时间内使用德国装备来重新补充部队。可见阿克斯沃西、斯卡费什、克拉丘诺尤著《第三轴心，第四同盟：欧洲战争中的罗马尼亚武装力量，1941—1945》第159页。根据克里沃舍耶夫主编《苏联在二十世纪的伤亡和作战损失》英文版第143页，苏联陆海空三军共投入46.24万人，减员84819人（其中死亡失踪17754人）。

33. 伊利耶·齐奥塞斯库（Ilie Ceaușescu）[①]、弗洛林·康斯坦丁纽（Florin Constantiniu）和米哈伊尔·E.约内斯库（Mihail E. Ionescu）《二战转折点：1944年8月23日在罗马尼亚》（A Turning Point in World War II: 23 August 1944 in Romania；纽约，哥伦比亚大学出版社，1985年）英文版第18页。

34. 阿克斯沃西、斯卡费什、克拉丘诺尤著《第三轴心，第四同盟》第156～158页。

35. 弗里茨《东方战争：希特勒在东方的灭绝战》第362页，以及埃里克森《通往柏林之路》第

---

① 译者注：罗马尼亚共产党领导人尼古拉·齐奥塞斯库的弟弟。

187~188页。

36. 格兰茨《红色风暴席卷巴尔干》第38~102和第158~162页、欣策《战斗考验：1943—1944年德国在乌克兰的防御战》第280~297页，以及弗里泽尔等著《德国和第二次世界大战》德文原版第8卷《东线1943/1944年：在东方和邻近战线的战争》第482~486页简要描述了德军和罗马尼亚军的防御情况。另可见赫尔穆特·施佩特尔（Helmuth Spaeter）《"大德意志"装甲军史》（The History of the Panzerkorps Grossdeutschland；加拿大，温尼伯，J.J.费多罗维奇出版社，1995年）第2卷第312~314页，以及费迪南·玛丽亚·冯·森格尔和埃特林（Ferdinand Maria von Senger und Etterlin）杰出的战术研究著作《反击》（Der Gegenschlag；联邦德国，内卡尔格明德，沙恩霍斯特书友会，1959年——Neckargemünd, BRD: Scharnhorst Buchkameradschaft,1959）第93~141页。

37. 格兰茨《红色风暴席卷巴尔干》第172~176页。

38. 同上，第177~193、第203和第249页。

39. 同上，第218~318页。

40. 格兰茨《列宁格勒会战》第266~303页。

41. 弗里泽尔等著《德国和第二次世界大战》德文原版第8卷《东线1943/1944年：在东方和邻近战线的战争》第285~287页。

42. 亚历山大·希尔（Alexander Hill）《东线背后的战争：1941—1944年俄罗斯西北部的苏联游击运动》（The War behind the Eastern Front: The Soviet Partisan Movement in North-West Russia 1941-44；伦敦，弗兰克·卡斯出版社）第150~161页。

43. 埃里克森《通往柏林之路》第172~177页。

44. 格兰茨《列宁格勒会战》第340~413页。

45. 关于扩大纳尔瓦登陆场的激烈战斗及越过坚不可摧的"豹"防线的详情，可见格兰茨《苏德战争（1941—1945）被遗忘的战斗，第6卷：冬季战局（1943年12月24日—1944年4月），第1部分，西北方向》[Forgotten Battles of the Soviet-German War (1941-1945), vol. VI, The Winter Campaign (24 December 1943-April 1944, pt. I, The Northwestern Axis)；卡莱尔，自印，2003年]第565~674页。

46. 关于夺取白俄罗斯的失利进攻的详情，可见格兰茨《苏德战争（1941—1945）被遗忘的战斗，第6卷：冬季战局（1943年12月24日—1944年4月），第2部分，西方向》[Forgotten Battles of the German-Soviet War (1941-1945), vol. VI, The Winter Campaign (24 December 1943-April 1944), pt. II, The Western Axis；卡莱尔，自印，2004年]第565~674页。西方面军的战役在《近代和现代史》1994年1月号第3~29页、加列耶夫著《关于伟大卫国战争中苏军不成功的进攻战役》（О неудачных наступательных операциях Советских войск в Великой Отечественной войне）中都有论述。鉴于该方面军作战不力，索科洛夫斯基和包括第33集团军司令戈尔多夫上将（Гордов, Василий Николаевич）在内的许多下属都被撤职或更换岗位。大本营在4月12日将西方面军更名为白俄罗斯第3方面军，并将该部所属集团军转隶给了新的（白俄罗斯第3）方面军。

第13章 "巴格拉季翁"战役：中央集团军群的覆灭

1. 关于战略争论，可见什捷缅科《战争年代的苏联总参谋部，1941—1945》英文版第1卷第200~202

页，以及什捷缅科《向白俄罗斯突击之前》（Перед ударом в Белоруссии）——《军事历史》杂志1965年9月号第45~71页。

2. 根据克里沃舍耶夫主编《苏联在二十世纪的伤亡和作战损失》英文版第144页及佐洛塔廖夫主编四卷本《伟大卫国战争1941—1945：军事历史纲要》第3卷第149页，苏军在对芬兰的维堡—彼得罗扎沃茨克战略战役中投入了45.1万人（其中列宁格勒方面军有20.23万人，卡累利阿方面军有18.88万人，波罗的海舰队有6.04万人）、1万门火炮和迫击炮、800辆坦克和自行火炮、1547架作战飞机；当面芬军有26.8万人、1930门火炮、110辆坦克和突击炮、248架飞机。然而莫罗佐夫主编两卷本《伟大卫国战争1941—1945：从数据看战局和战略战役》第2卷[①]第355页声称苏军最初有290975人（其中列宁格勒方面军有186233人，卡累利阿方面军有104742人），装备了11157门火炮和迫击炮、535辆坦克和自行火炮、2198架作战飞机；当面芬军有28万人、3200门火炮、250辆坦克和突击炮、270架飞机。苏军在此次战役中死亡失踪23674人，负伤72701人，另有489门火炮和294辆坦克被击毁。详情可见格兰茨《列宁格勒会战》第415~458页；尼古拉·伊万诺维奇·巴雷什尼科夫（Барышников, Николай Иванович）著，彼得·莫尔利（Peter Morely）、维多利亚·科瓦连科（Viktoria Kovalenko）和索马·比斯瓦斯（Soma Biswas）英译《芬兰和围困列宁格勒，1941—1944》（Finland and the Siege of Leningrad 1941-1944；赫尔辛基，约翰·贝克曼学院，2005年——Helsinki: Johan Beckman Institute, 2005）第141~207页；S.P.普拉托诺夫（С. П. Платонов）《列宁格勒会战，1941—1944》（Битва за Ленинград 1941-1945；莫斯科，军事出版社，1964年）第428~430页；格里戈里·基里洛维奇·科兹洛夫（Козлов, Георгий Кириллович）《在卡累利阿森林中》（В лесах Карелии；莫斯科，军事出版社，1963年）；《伟大卫国战争经验研究材料汇编》第14期（1945年）第180~194页《突破芬兰军队在卡累利阿地峡防御中的工程兵支援》（Инженерное обеспечение прорыва обороны финнов на Карельском перешейке），最初被列为机密。芬兰方面情况可见齐姆克《1940—1945年的德国北方战区，陆军部第20-271号宣传册》第272~291页。

3. 瓦尔德马·爱尔福特（Waldemar Erfurth）《芬兰最后一场战争》（The Last Finnish War；华盛顿，哥伦比亚特区，美利坚大学出版社，1979年）第204页。

4. 齐姆克《1940—1945年的德国北方战区》第284~291页。

5. 同上，第295~309页。另可见莫兹利《东方的雷声：1941—1945年纳粹与苏联的战争》第294~296页。

6. 《斯拉夫军事研究》杂志第26期第1册（2013年1—3月）第81~113页中，丹·阿米尔（Dan Amir）、鲍里斯·莫罗佐夫（Boris Morozov）和亚历山大·E.马斯洛夫（Aleksander A. Maslov）《橱柜中的骷髅？关于切尔尼亚霍夫斯基的争论》（Skeletons in the Closet? On the Cherniakhovsky Controversy）一文确认了所谓切尔尼亚霍夫斯基是犹太人之说纯属无稽之谈。

7. 埃里克森《通往柏林之路》第197和第199页。

8. 华西列夫斯基《毕生的事业》第388~389页及朱可夫《回忆与思考》英文版第2卷第516~518页。

9. 格兰茨《苏联在二战中的军事伪装》第315~322页、保罗·阿代尔（Paul Adair）《希特勒最大的失败：中央集团军群的覆灭，1944年6月》（Hitler's Greatest Defeat: The Collapse of Army

---

① 译者注：原文为第3卷，有误。

Group Centre, June 1944；伦敦，武器和装甲出版社，1994年）第56～62页、格尔德·尼波尔德（Gerd Niepold）《白俄罗斯之战：中央集团军群的灭亡，1944年6月》（Battle for White Russia: The Destruction of Army Group Centre June 1944；伦敦，布拉西出版社，1987年）第1～71页、V.A.马楚连科（В. А. Мацуленко）《部队的战役伪装》（Оперативная маскировка войск；莫斯科，军事出版社，1975年）第113页，以及N.雅科夫列夫（Н. Яковлев）《白俄罗斯战役准备期间部队战役变更部署》（Оперативные перегруппировки войск при подготовке Белорусской операции）——《军事历史》杂志1975年9月号第91～97页。

10. 可见А.М.萨姆索诺夫（А. М. Самсонов）主编《解放白俄罗斯，1944》（Освобождение Белоруссии. 1944；莫斯科，科学出版社，1974年）第5～156页；什捷缅科《向白俄罗斯突击之前》第56页；罗科索夫斯基《两个主要突击》（Два главных удар）——《军事历史》杂志1964年6月号[①]第13～17页；罗科索夫斯基《军人的天职》（Солдатский долг；莫斯科，呼声出版社，2000年）第292～397页，此为未删减版；两卷本《1944年消灭在白俄罗斯的德国法西斯军队》（Разгром немецко-фашистских войск в Белоруссии в 1944 года в двух томах；莫斯科，总参军事学院，1959年），曾被列为机密，现已解密。

11. 埃里克森《通往柏林之路》第206～207页，以及科涅夫《方面军司令笔记，1943—1945》（Записки командующего фронтом, 1943-1945；莫斯科，呼声出版社，2000年），后者是科涅夫1972年版回忆录的未删减版。

12. 此文件等与"巴格拉季翁"战役相关的文件可见佐洛塔廖夫主编《俄罗斯档案：伟大卫国战争》第16卷第5-4册《最高统帅部大本营：文件和材料，1944—1945年》（莫斯科，土壤出版社，1999年）第94页。

13. 可见尼古拉·亚历山德罗维奇·安季片科（Антипенко, Николай Александрович）《白俄罗斯战役中的后勤问题》（Вопросы тылового обеспечения Белорусской операции）——《军事历史》杂志1964年6月号第36～51页，以及格兰茨《苏联在二战中的军事伪装》第360～378页。

14. 关于此战汇总的苏军兵力，可见莫once佐夫主编两卷本《伟大卫国战争1941—1945：从数据看战局和战略战役》第2卷第382页，以及曾被列为机密的两卷本《1944年消灭在白俄罗斯的德国法西斯军队》第1卷《1944年白俄罗斯战役的准备》（Разгром немецко-фашистских войск в Белоруссии в 1944 годы, том первый, Подготовка Белорусской операции 1944 года；莫斯科，总参军事学院，1959年）第39页。这与《军事历史》杂志1964年6月号第74～77页《从数据看白俄罗斯战役》（Белорусская операция в цифрах）一文数据相吻合。克里沃舍耶夫主编《苏联在二十世纪的伤亡和作战损失》英文版第145页列出苏军四个方面军在战役期间总兵力为241.26万人，其中包括波兰第1集团军的7.99万人。此时，德军估计中央集团军群当面苏军总兵力为123万人，并得到了1100辆坦克和自行火炮、5000门火炮和迫击炮的支援。可见《"Kraftegeguniiberstellung, Stand: Siehe Fussnote (1.5-1.6.44)," Fremde Heere Ost (ic), Prüf No. 1551》。德国官方历史学家的兵力推算，可见弗里泽尔等著《德国和第二次世界大战》第8卷《东线1943/1944年：在东方和邻近战线的战争》德文原版第534页。我们略微调整了德方的苏军数字，以便与本注释的俄方资料口径一致。

15. 格兰茨和奥伦斯坦编译《白俄罗斯1944：苏联总参研究》（Belorussia 1944: The Soviet

---

① 译者注：原文为1965年6月号，有误。

General Staff Study；伦敦，弗兰克·卡斯出版社，2001年）第5～6页。弗里泽尔等著《德国和第二次世界大战》德文原版第8卷《东线1943/1944年：在东方和邻近战线的战争》第530页指出对"统帅堂"装甲掷弹兵师是如何使用的仍然存疑[1]，并列出了野战集团军预备队中有下列师：第3装甲集团军有第95步兵师和第201保安师；第4集团军有第286保安师；第9集团军有第707步兵师（原为保安师）；第2集团军（最初不参战）有匈牙利第1骑兵师。

16. 齐姆克《从斯大林格勒到柏林：德国在东线的失败》第314页。另可见弗里泽尔等著《德国和第二次世界大战》德文原版第8卷《东线1943/1944年：在东方和邻近战线的战争》第574页地图。

17. 格兰茨《苏联在二战中的军事伪装》第370和第407～408页。

18. 格兰茨编著《1985年战争艺术研讨会记录》第251和第278页中，汉斯·冯·内斯（Hans von Ness）撰《从军事情报角度研究1944年夏中央集团军群的覆灭》（Study of the Destruction of Army Group Center during the Summer of 1944 as Seen from the Point of View of Military Intelligence）。重印版为格兰茨编著《1985年战争艺术研讨会记录文集》（1985 Art of War Symposium Transcript；卡莱尔，自印，2003年）。

19. 格兰茨编著《1985年战争艺术研讨会记录文集》第366～367页中，乔治·莱姆（George Lemm）撰《第12步兵师在莫吉廖夫的防御》（Defense of Mogilev by the 12th Infantry Division）。莱姆和他的营逃出了莫吉廖夫。

20. 齐姆克《从斯大林格勒到柏林：德国在东线的失败》第313～314页。值得一提的是，这位据说总是冥顽不灵的独裁者再一次（错误地）听从了其军事高参们的建议，而非传说中的一向和专家反着来。

21. 比如可见B.切尔托克（Б. Черток）《解放白俄罗斯中游击队与第65集团军部队的配合》（Взаимодействие партизан с войсками 65-й армии при освобождении Белоруссии）——《军事历史》杂志1984年7月号第85～89页。

22. 格兰茨和奥伦斯坦编译《白俄罗斯1944：苏联总参研究》第204页。进攻详情可见维塔利·亚历山德罗维奇·日林《"巴格拉季翁"战役：解放白俄罗斯》（Операция "Багратион". Освобождение Белоруссии；莫斯科，奥尔马出版社，2004年）、弗拉季斯拉夫·利沃维奇·贡恰罗夫《"巴格拉季翁"战役》（Операция "Багратион"；莫斯科，韦切出版社，2011年）、萨姆索诺夫主编《解放白俄罗斯，1944》、格兰茨编著《1985年战争艺术研讨会记录》第243～448页，以及苏联总参研究两卷本《1944年消灭在白俄罗斯的德国法西斯军队》。

23. 可见Р.比留科夫（П. Бирюков）《白俄罗斯战役中运用工程兵的特点》（Особенности применения инженерных войск в Белорусской операции）——《军事历史》杂志1984年6月号第34～40页、V.米哈尔金（В. Михалкин）《白俄罗斯战役中炮兵的战斗运用》（Боевое применение артиллерии.в Белорусской операции）——《军事历史》杂志1984年7月号第25～33页，以及洛西克《白俄罗斯战役中装甲坦克和机械化兵的运用》（Применение бронетанковых и механизированных войск в Белорусской операции）——《军事历史》杂志1984年7月号第20～24页。战役详情的记述可见萨姆索诺夫主编《解放白俄罗斯，1944》以及两卷本《1944年消灭在白俄罗斯的德国法西斯军队》，后者曾被列入

---

① 译者注：英文版中认为该师是执行陆军总司令部专门任务的。

518

机密。关于近卫第11集团军，可见格兰茨和奥伦斯坦编译《白俄罗斯1944：苏联总参研究》第45~46页。

24. 莱姆《第12步兵师在莫吉廖夫的防御》第372和第376~377页。

25. 比留科夫《白俄罗斯战役中运用工程兵的特点》第35~36页，以及卢钦斯基《博布鲁伊斯克战役中的第28集团军》（28-я армия в Бобруйской операции）——《军事历史》杂志1969年2月号第66~75页。关于德方视角的第一星期战况，可见弗里泽尔等著《德国和第二次世界大战》德文原版第8卷《东线1943/1944年：在东方和邻近战线的战争》第537~543页。

26. 俄方回忆录和部队史中有不少此次战役的重要细节，比如可见米哈伊尔·费奥多罗维奇·帕诺夫（Панов, Михаил Фёдорович）[1]著近卫坦克第1军军史《在主攻方向上》（На направлении главного удара；莫斯科，1995年）。

27. 可见К.捷列金（К. Телегин）《在解放白俄罗斯的战斗中》（В боях за освобождение Белоруссии）——《军事历史》杂志1969年6月号第88页，以及А.齐利金（А. Цилькин）《歼灭敌博布鲁伊斯克集团时空军第16集团军的航空兵》（Авиация 16-й воздушной армии при разгроме группировка противника под Бобруйском）——《军事历史》杂志1962年7月号第22~23页。

28. 安德烈·阿列克谢耶维奇·西多连科（Сидоренко, Андрей Алексеевич）《在莫吉廖夫方向》（На могилевском направлении；莫斯科，军事出版社，1959年），以及弗里泽尔等著《德国和第二次世界大战》德文原版第8卷《东线1943/1944年：在东方和邻近战线的战争》第543页。

29. 莱姆《第12步兵师在莫吉廖夫的防御》第374~375和第427页。

30. 格兰茨和奥伦斯坦编译《白俄罗斯1944：苏联总参研究》第71和第78~79页。

31. 可见A.D.冯·普拉托（A. D. von Plato）《1938—1945第5装甲师史》（Die Geschichte der 5. Panzerdivision 1938 via 1945；联邦德国，雷根斯堡，格奥尔格·茨维兴普夫卢格的瓦尔哈拉神殿和罗马禁卫军出版公司；Regensburg, FRG: Walhalla u Praetoria Verlag KG Georg Zwichenpflug, 1978）。简短记述可见格兰茨编著《1985年战争艺术研讨会记录》第385~418页中普拉托撰《第5装甲师的防御战斗》（Defensive Combat of 5th Panzer Division）。普拉托时任第5装甲师参谋长。

32. 在向明斯克推进的过程中，罗特米斯特罗夫损失了相当多的坦克，主要原因是被敌伏击和（在维尔纽斯）遭到"装甲拳"的袭击。战役发起时，他的坦克集团军有524辆坦克和自行火炮，到7月5日拿下明斯克后还剩307辆；在7月16日攻克维尔纽斯后，该集团军只有50辆坦克，因此不得不撤出战斗进行补充。于是，罗特米斯特罗夫被明升暗降，担任了装甲坦克和机械化兵副司令[2]。可参见《1944年消灭在白俄罗斯的德国法西斯军队》第168~169、第195和第286页。损失还体现在了指挥岗位（人员）的频繁变动这一方面：近卫坦克第5集团军在8月因为（人员）负伤而连续或过3名司令，每个坦克军都失去了1名军长[3]。可见格兰茨和奥伦斯坦编译《白俄罗斯1944：苏联总参研究》第222页。

33. 可见А.别洛乌索夫（А. Белоусов）《明斯克之战中的近卫坦克第4旅》（4-я гвардейская танковая

---

① 译者注：帕诺夫在1943年4月28日至1945年5月9日间担任近卫坦克第1军军长。

② 译者注：原文为司令，有误。

③ 译者注：罗特米斯特罗夫在8月8日去职，由装甲坦克和机械化兵副司令米哈伊尔·德米特里耶维奇·索洛马京中将代理指挥，18日由装甲坦克和机械化兵副司令瓦西里·季莫费耶维奇·沃利斯基中将接手指挥。坦克第29军的叶甫根尼·伊万诺维奇·福米内赫少将在8月13日去职，原因可能是负伤，自11月10日起指挥坦克第25军；近卫坦克第3军的伊万·安东诺维奇·沃夫琴科少将在8月10日去职，可能也是负伤所致，9月起担任基辅第2自行火炮学校校长。

бригада в боях за Минск）——《军事历史》杂志1974年7月号第45～49页，以及A.卡拉万（А. Караван）《在明斯克方向》（На минском направлении）——《军事历史》杂志1964年[1]6月号第52～57页。

34. 消灭第4集团军的情况可见《1944年消灭在白俄罗斯的德国法西斯军队》第114～118页。另可见弗里泽尔等著《德国和第二次世界大战》德文原版第8卷《东线1943/1944年：在东方和邻近战线的战争》第552～557页。

35. 引自格兰茨编著《1985年战争艺术研讨会记录》第432页中格尔德·尼波尔德撰《第12装甲师的防御》（The Defense of 12th Panzer Division）。尼波尔德时任该师参谋长（作战军官）[2]。

36. 同上，第442～443页。

37. 可见S.波普瓦夫斯基（С. Поплавский）《解放维尔纽斯20周年》（К 20-летию освобождения Вильнюса）——《军事历史》杂志1964年7月号第42～46页。

38. 巴格拉米扬《波罗的海沿岸第1方面军部队在白俄罗斯战役中的进攻》（Наступление войск 1-го Прибалтийского фронта в Белорусской операции）——《军事历史》杂志1961年4月号第12～27页，以及5月号第15～31页。

39. 罗特米斯特罗夫的继任者是曾经成功指挥机械化第1军的索洛马京中将，于8月8日到任。10天后，索洛马京被德军地雷炸伤，由沃利斯基接替指挥。尽管只有一部关于切尔尼亚霍夫斯基生平的小说提到了罗特米斯特罗夫去职的原因，但近卫坦克第5集团军的损失却被很好地记录在了档案文件中（详见本章注释32）。另可见阿姆斯特朗《红军坦克指挥官：装甲近卫》第373～374页，其中就有对罗特米斯特罗夫批评的小说化描写[3]。

40. 弗里泽尔等著《德国和第二次世界大战》德文原版第8卷《东线1943/1944年：在东方和邻近战线的战争》第686页表格。

41. 详细的秘密记录可见《伟大卫国战争经验研究材料汇编》第22期（1946年）第3～91页《乌克兰第1方面军的利沃夫—佩列梅什利战役，1944年7—8月》（Львовско-Перемышльская операция 1-го Украинского фронта, Июль-август 1944 гг.），以及第17期（1945年）第31～43页《围歼德军布罗德集团，1944年7月》（Окружение и разгром бродской группировка немцев, июль 1944 г.）。战役计划的详情，可见格兰茨和奥伦斯坦编译《利沃夫之战，1944年7月：苏联总参研究》（The Battle for Lvov, July 1944: The Soviet General Staff Study；伦敦，弗兰克·卡斯出版社，2002年）第17～27页。

42. 莫罗佐夫主编两卷本《伟大卫国战争1941—1945：从数据看战局和战略战役》第2卷第417页指出，战役中乌克兰第1方面军兵力为1070953人、19387门火炮和迫击炮、2479辆坦克和自行火炮、3241架飞机，面对着60万德军和匈牙利军、6300门火炮和迫击炮、900辆坦克和突击炮、700架飞机。相比之下，克里沃舍耶夫主编《苏联在二十世纪的伤亡和作战损失》英文版第146页和M.波卢什金（М. Полушкин）在

---

① 译者注：原文为1969年，有误。
② 译者注：德军的师部"Ia"，即第一总参军官，相当于作战处长兼参谋长，是师长的第一副手。
③ 译者注：根据阿克拉姆·阿格扎莫维奇·沙里波夫（Шарипов, Акрам Агзамович）的小说《切尔尼亚霍夫斯基》（А. А. Черняховский；莫斯科，青年近卫军出版社，1980年第2版），切尔尼亚霍夫斯基派出了一个委员会审查近卫坦克第5集团军坦克第29军在克鲁普基地域遭德军第5装甲军伏击的情况。柳德尼科夫将军对此的结论非常精彩：“德军在某些地域使用了我们对通道的相同战术。这一战术曾被卡图科夫成功使用。当时他只是一名上校，在莫斯科近接近地的战斗中对抗古德里安的坦克。这种战术就是——伏击。”近卫坦克第3军的战况令人满意。阿姆斯特朗的《红军坦克指挥官：装甲近卫》只能当纪实文学看，书中声称近卫坦克第3军生擒了第5装甲师师长。

《军事历史》杂志1969年8月号第58页的文章《从数字看乌克兰第1方面军的利沃夫—桑多梅日进攻战役》（Львовско-Сандомирская наступательная операция 1-го Украинского фронта в цифрах）中提供的数字略有不同，二者认为科涅夫的方面军共有100.22万人（作战兵力为843772人）、13825门火炮和迫击炮、2206辆坦克和自行火炮。德军档案《"Kraftegegunuberstellung, Stand: Siehe Fussnote (1.5–1.6.44)"》指出，轴心国一方兵力为43万德军和19.6万匈牙利军，并得到了1100门火炮和迫击炮、811辆坦克和突击炮的支援。掩护南翼的匈牙利军队几乎没有参战。苏军兵力对比的计算可见格兰茨和奥伦斯坦编译《利沃夫之战，1944年7月：苏联总参研究》第26～27页，以及莫罗夫主编两卷本《伟大卫国战争1941—1945：从数据看战局和战略战役》第2卷第426页，但二者都夸大了德军武器装备的数量。

43. 此次战役的每日地图可见格兰茨《利沃夫—桑多梅日战役地图册，1944年7月13日—8月29日》（Atlas of the L'vov-Sandomiersz Operation, 13 July–29 August 1944; 卡莱尔，自印，2001年）。德方情况可见罗尔夫·欣策著、弗雷德里克·P.斯坦哈特（Frederick P. Steinhardt）英译《苦涩的结局：A、北乌克兰和中央集团军群的最后战斗——东线1944—1945》（To the Bitter End: The Final Battles of Army Groups A, North Ukraine, Centre-Eastern Front, 1944–45; 费城，炮台出版社，2005年）第15～24页。

44. 可见S.彼得罗夫（С. Петров）《利沃夫—桑多梅日战役中突然性的达成》（Достижение внезапности в Львовско-Сандомирской операции）——《军事历史》杂志1974年7月号第31页，以及格兰茨《苏联在二战中的军事伪装》第379～399页。

45. 可见P.库罗奇金（П. Курочкин）《在利沃夫方向突破敌防御》（Прорыв обороны противника на львовском направлении）——《军事历史》杂志1964年7月号第22～30页，以及科涅夫《完全解放苏维埃乌克兰和打开通往维斯瓦河的道路》（Завершение освобождения Советской Украины и выход на Вислу）——《军事历史》杂志1964年7月号第3～21页。

46. 弗里泽尔等著《德国和第二次世界大战》德文原版第8卷《东线1943/1944年：在东方和邻近战线的战争》第691～694页。

47. 可见A.扎多夫（А. Жадов）《在桑多梅日登陆场的战斗行动》（Боевые действия на сандомирском плацдарме）——《军事历史》杂志1975年7月号第50～59页。

48. 齐姆克《从斯大林格勒到柏林：德国在东线的失败》第335页。

49. 根据《1944年消灭在白俄罗斯的德国法西斯军队》第267页，罗科索夫斯基的左翼兵力为410162人、1654辆坦克和自行火炮、8742门火炮和迫击炮；对面的德军估计有84175人、214辆坦克和突击炮、1530门火炮和迫击炮。

50. 此次战役的每日图示，见格兰茨《卢布林—布列斯特战役（1944年7月18日—8月2日）和向华沙推进（1944年7月28日—9月30日）地图册》[Atlas of the Lublin-Brest Operation (18 July–2 August 1944) and the Advance on Warsaw (28 July–30 September 1944); 卡莱尔，自印，2005年]。

51. 见B.彼得罗夫（Б. Петров）在《军事历史》杂志1978年3月号第83～89页《关于在卢布林—布列斯特进攻战役中建立突击集团》（О создании ударной группировки войск в Люблинско-Брестской наступательной операции）文章中描述的战役早期阶段情况。拉济耶夫斯基在《军事历史》杂志1971年10月号第68～77页《在前往华沙的道路上》（На пути к Варшаве）一文中叙述了向华沙发展胜利的情况。德军第9和第2集团军记录证实了他的说法及由于德军反击造成的损失。

52. 拉济耶夫斯基《在前往华沙的道路上》，以及齐姆克《从斯大林格勒到柏林：德国在东线的失败》

第337和第341页。

53. 关于俄罗斯和波兰联合编纂的华沙起义和苏联试图协助起义者的文件汇编，可见《情报机构档案文件中的1944年华沙起义》（Powstanie Warszawskie 1944 w dokumentach z archiwów służb specjalnych/Варшавское восстание 1944 в документах из архивов спецслужб；莫斯科和华沙同时出版，由俄罗斯联邦安全局中央档案馆、俄罗斯科学院俄罗斯历史研究所、波兰内务与行政部、波兰国家记忆研究院等联合编写，2007年）。

54. 对华沙起义的这一解释是根据扬·M.切哈诺夫斯基（Jan M. Ciechanowski）《1944年华沙起义》（The Warsaw Rising of 1944；伦敦，剑桥大学出版社，1974年）和雅努什·卡齐米日·扎沃德内（Janusz Kazimierz Zawo）《唯有光荣：华沙起义的故事，1944》（Nothing but Honour: The Story of the Warsaw Uprising, 1944；加利福尼亚州，斯坦福，胡佛研究所出版社，1978年）而来。俄罗斯方面最近的著述，可见Yu.V.伊万诺夫（Ю. В. Иванов）和I.N.科先科（И. Н. Косенко）《谁背叛了谁？》（Кто кого предал）——《军事历史》杂志1993年3月号第16～24页和4月号第13～21页，文中包含有最新解密的文件。另可见豪斯《冷战军事历史，1944—1962》（A Military History of the Cold War, 1944-1962；诺曼，俄克拉荷马大学出版社，2012年）第3～9页。

55. 详情可见R.纳扎列维奇（Р. Назаревич）《1944年华沙起义》（Варшавское восстание 1944 г.）——《近代和现代史》1989年1月号第2期第186～210页。

56. 马克·J.康弗西诺（Mark J. Conversino）《与苏联人并肩作战："狂暴"行动的失败，1944—1945》（Fighting with the Soviets: The Failure of Operation FRANTIC, 1944-1945；劳伦斯，堪萨斯大学出版社，1997年）第130～160页。

57. 可见德国档案《"Kraftegeguniiberstellung, Stand: Siehe Fussnote (1.7-1.8.44)"Fremde Heere Ost》。另可见齐姆克《从斯大林格勒到柏林：德国在东线的失败》第340页。

58. 克里沃舍耶夫主编《苏联在二十世纪的伤亡和作战损失》英文版第145～146和第184页。

59. 可见德国档案《"Kraftegeguniiberstellung, Stand: Siehe Fussnote (1.7-1.844),"and "Kraft-egeguniiberstellung, Stand, 1.9.44,"Fremde Heere Ost (He), Prüf Nr. 1859"-,"Kraft-egeguniiberstellung, Stand: 1.11.44"(handwritten changes), Fremde Heere Ost (lie), Prüf Nr. 1904》，以及克里沃舍耶夫主编《苏联在二十世纪的伤亡和作战损失》英文版第245～253页。苏军兵力可见马列主义研究院中央党务档案馆第644全宗、第1目录、第218卷宗第1和第100～101页的《国防委员会1944年3月12日决议》（Постановление ГКО 12 Марта 1944 г.）。

第 14 章 扫荡侧翼

1. 关于南乌克兰集团军群的战斗序列，可见弗里泽尔等著《德国和第二次世界大战》德文原版第8卷《东线1943/1944年：在东方和邻近战线的战争》第739页，这里指出在8月15日有德军26个师、罗马尼亚军24个师和旅。关于"大罗马尼亚"第1装甲师的编制，可见阿克斯沃西、斯卡费什、克拉丘诺尤著《第三轴心，第四同盟》第163～164页。该部在1944年装备的68辆坦克大多是由德军移交的已经长期使用的IV号。8月危机中，原本应该指导罗马尼亚人如何使用这种装备的德军第20装甲师却将其中很多坦克挪为己用。在此之前，第20装甲师没有1辆坦克，而第13装甲师拥有42辆。关于1943—1945年间德军装甲师的实力，可见卡门·内文金（Kamen Nevenkin）《救火队：1943—1945年的装甲师》（Fire Brigades: The Panzer Divisions 1943–1945；加拿大，温尼伯，J.J.费多罗维奇出版社，2008年）。

2. 赫尔曼·冯·特罗塔（Hermann von Trotha）《德军南乌克兰集团军群的防御措施，1944年8月》（German Defensive Measures in Army Group South Ukraine, August 1944），选自格兰茨编著《1985年战争艺术研讨会记录》第465页。

3. 阿克斯沃西、斯卡费什、克拉丘诺尤著《第三轴心，第四同盟》第159页。

4. 莫罗佐夫主编两卷本《伟大卫国战争1941—1945：从数据看战局和战略战役》第2卷第441页列出马利诺夫斯基和托尔布欣的方面军总兵力为873322人（其中乌克兰第2方面军为532403人，第3方面军为340919人），装备有20286门火炮[1]、迫击炮[2]和火箭炮（俗称"喀秋莎"）——分别为10740门、8371门、1175门；还有1855辆坦克和自行火炮（两个方面军各为1164辆和691辆），以及2148架作战飞机（两个方面军分别为880和1037架），其余飞机[3]隶属于黑海舰队。他们当面有64.3万德军和罗马尼亚军，装备7618门火炮和迫击炮、404辆坦克和突击炮、810架作战飞机。然而罗马尼亚人在苏军开始进攻后不久就集体投降了。

5. 苏军的很多师史都提到过这一问题。1个师往往只有2500~5000人，只有精锐部队（近卫师、近卫空降兵师，以及少量常规部队）的人数才会超过5000。德军东线外国陆军处不少报告都强调了这一问题，并指出其中有大量非俄罗斯人（如中亚士兵），还有一些特别年轻或年老的士兵；如正文第十二章所述，某些作战部队乃至领导岗位上也不乏妇女的身影。

6. 见《伟大卫国战争经验研究材料汇编》第19期（1945年）《雅西—基希讷乌战役》（Ясско-Кишиневская операция）、《伟大卫国战争军事历史材料汇编》第3期（1950年）第55~119页《雅西—基希讷乌战役中骑兵–坦克兵集群的战斗行动》（Боевые действия конно-танковой группы в Ясско-Кишиневская операция）[4]和《步兵第104军在突破雅西西北敌预有准备的防御时的进攻》（Наступление 104-го стрелкового корпуса с прорывом подготовленной обороны противники северо-западнее Яссы）。以上资料都曾被列入机密，现已解密。另见维克多·安东诺维奇·马楚连科（Мацуленко, Виктор Антонович）《从德涅斯特河登陆场出击》（Удар с Днестровского плацдарма；莫斯科，军事出版社，1961年）。战役和计划文件可见V.P.克里库诺夫（В. П. Крикунов）《歼灭"南乌克兰"集团军群》（Разгром группы армий "Южная Украина"）——《军事历史》杂志1989年10月号第7~19页。还可见格兰茨编著《1985年战争艺术研讨会记录》第449~538页，其中有进攻战役的每日地图。

7. 可见格兰茨《苏联在二战中的军事伪装》第409~421页。

8. 阿克斯沃西、斯卡费什、克拉丘诺尤著《第三轴心，第四同盟》第182页。

9. 齐姆克《从斯大林格勒到柏林：德国在东线的失败》第352~354页。共产主义时代罗马尼亚方面对此次政变和阵营变化的说法，可见伊利耶·齐奥塞斯库、康斯坦丁纽和约内斯库《二战转折点：1944年8月23日在罗马尼亚》英文版，尤其第35~94页。该著作第71页宣称罗马尼亚在反正过程中击毙和俘虏了

---

① 译者注：野战炮，包含反坦克炮，但不含高射炮。
② 译者注：口径在82毫米以上。
③ 译者注：即另外的231架。
④ 译者注：文章标题和正文多次使用"骑兵–坦克兵集群"，原文为"конно-танковой группы"。

61503名德军[1]。阿克斯沃西、斯卡费什、克拉丘诺尤著《第三轴心,第四同盟》第185页指出位于前线的罗马尼亚第3和第4集团军有8305人死亡、24989人负伤、153883人失踪或被俘,占开战时431800名官兵的43%。很多幸存士兵认为战争已经结束,所以纷纷返乡。1946年,安东内斯库元帅在经过审判后被枪毙。

10. 见I.申卡列夫(И. Шинкарев)《消灭在罗马尼亚的德国法西斯军队》(Разгром немецко-фашистских войск в Румынии)——《军事历史》杂志1981年10月号第65~72页。德方情况可见弗里泽尔等著《德国和第二次世界大战》德文原版第8卷《东线1943/1944年:在东方和邻近战线的战争》第746~772页的详细记录。9月6日,乌克兰第2方面军接手指挥全部罗马尼亚野战部队,其中就包括罗马尼亚第1和第4集团军、独立第4航空军及第1航空军的138073人。罗马尼亚第1集团军防御战斗情况可见阿克斯沃西、斯卡费什、克拉丘诺尤著《第三轴心,第四同盟》第195~198页。

11. 克里库诺夫《歼灭"南乌克兰"集团军群》第15~17页。方面军之间的指挥问题可见M.扎哈罗夫(М. Захаров)《闪电般的战役》(Молниеносная операция)——《军事历史》杂志1964年8月号第15~28页。

12. 苏方文献宣称敌军有超过20万人死亡或失踪,20.86万人被俘,830辆坦克和突击炮、3500门火炮和迫击炮被击毁。可见克里库诺夫《歼灭"南乌克兰"集团军群》第13页。克里沃舍耶夫主编《苏联在二十世纪的伤亡和作战损失》英文版第147页列出苏军减员67130人(其中13197人死亡失踪、53933人负伤),损失了75辆坦克和自行火炮、108门火炮和迫击炮。

13. 可见德军档案《"Kraftegegeniiberstellung, Stand: 1.9.44." Fremde Heere Ost (lie) Prüf Nr. 1859》。

14. 莫兹利《东方的雷声:1941—1945年纳粹与苏联的战争》第354页。

15. 关于苏军巴尔干之战最好的整体研究著作是M.V.扎哈罗夫(М. В. Захаров)《乌克兰第2和第3方面军部队解放东南欧和中欧,1944—1945》(Освобождение юго-восточной и центральной Европы войсками 2-го и 3-го Украинских фронтов. 1944-1945; 莫斯科,科学出版社,1970年)和穆舍格·米纳索维奇·米纳相(Минасян, Мушег Минасович)《解放东南欧人民》(Освобождение народов Юго-Восточной Европы; 莫斯科,军事出版社,1967年)。在保加利亚的行动可见А.热尔托夫(А. Желтов)《解放保加利亚》(Освобождение Болгарии)——《军事历史》杂志1969年9月号第59~69页。

16. 可见А.热尔托夫(А. Желтов)《解放匈牙利》(Освобождение Венгрии)——《军事历史》杂志1974年10月号第44~50页,以及克里沃舍耶夫主编《苏联在二十世纪的伤亡和作战损失》英文版第151页。到10月下旬,马利诺夫斯基的方面军有71.2万人、750辆坦克和自行火炮、10200门火炮和迫击炮。其中包括22个不满员的罗马尼亚师。德军和匈牙利军队合计约有25万人、300辆坦克和突击炮、3500门火炮和迫击炮。

17. 与德布勒森进攻战役相关的大本营训令和方面军命令可见佐洛塔廖夫主编《俄罗斯档案:伟大卫国战争》第16卷第5-4册《最高统帅部大本营:文件和材料,1944—1945》第146、第154、第158和第305~307页。

---

① 译者注:苏联维诺格拉多夫两卷本《罗马尼亚近现代史》中文版第546~547页认为,8月24—31日间,罗马尼亚军队和爱国卫队俘虏德军53159人,击毙5000多人。

18. 齐姆克《从斯大林格勒到柏林：德国在东线的失败》第360页。弗里泽尔等著《德国和第二次世界大战》德文原版第8卷《东线1943/1944年：在东方和邻近战线的战争》第835页有南方集团军群在8月底的详细战斗序列，（该序列）表明其此时只相当于8个德国师和14个匈牙利师。

19. 德布勒森进攻战役详情可见德军档案，国家档案馆微缩胶片T-311系列、75126/63卷宗中A集团军群的《参谋长态势图，南方集团军群作战日志，1944年10月当月地图》（"Karten im Monat Oktober 1944, K. T. B. H. Gr. Süd, la Lagenkarten," H. Gr. A, 75126/63 file, Series T-311, NAM）；佩里·穆尔（Perry Moore）《装甲战：匈牙利平原上的装甲行动，1944年9—11月》（Panzerschlacht: Armoured Operations on the Hungarian Plains, September-November 1944；英国，索利哈尔，希利恩出版社，2008年）、罗兰·辛格（Roland Singer）《喀尔巴阡山脉之战：一战和二战中的喀尔巴阡弧形地区》（Karpatenschlachten: Der Erste und der Zweite Weltkrieg am oberen Karpatenbogen；柏林，专业商务出版社，2012年——Berlin: Pro BUSINESS, 2012），以及萨姆韦贝尔·诺贝特（Számvéber Norbert）《蒂萨地区的装甲兵：1944年10月大平原之战》（Páncélosok a Tiszántúlon; Az alföldi páncéloscsata 1944 októberében；布达佩斯，"一致"出版公司，2002年——Paktum Nyomdaipari Társaság, 2002）。关于近卫坦克第6集团军在此次战役中角色的最佳描写著述是P.瓦拉金（П. Варакин）《德布勒森战役中的近卫坦克第6集团军》（6-я гвардейская танковая армия в Дебреценской операции）——《军事历史》1975年11月号第69～75页。克里沃舍耶夫主编《苏联在二十世纪的伤亡和作战损失》英文版第110页指出马利诺夫斯基的方面军总兵力为69.82万人，装备约500辆坦克。根据瓦拉金《德布勒森战役中的近卫坦克第6集团军》第71页，近卫坦克第6集团军共有34494人、188辆坦克和自行火炮、982门火炮和迫击炮。

20. 弗里泽尔等著《德国和第二次世界大战》德文原版第8卷《东线1943/1944年：在东方和邻近战线的战争》第872～875页。根据穆尔《装甲战：匈牙利平原上的装甲行动，1944年9—11月》第158页，德军第3装甲军在10月10日有65辆坦克和突击炮（下同），19日有49辆，28日有59辆。普利耶夫和戈尔什科夫集群在争夺德布勒森的战斗中大约损失了100辆坦克，在尼赖吉哈佐附近又损失100辆。克里沃舍耶夫主编《苏联在二十世纪的伤亡和作战损失》英文版第110页指出，乌克兰第2方面军在德布勒森战役中投入了69.82万人，减员84010人，其中死亡失踪19713人、负伤64297人，可能有500辆坦克被击毁——其中的350辆属于近卫坦克第6集团军。

21. 关于布达佩斯之战的最详尽英文著作是克里斯蒂安·温格瓦里（Krisztián Ungváry）的《围攻布达佩斯：二战中的100天》（The siege of Budapest: One Hundred Days in World War II；康涅狄格州，新哈文，耶鲁大学出版社，2005年）。

22. 可见佐洛塔廖夫主编《最高统帅部大本营：文件和材料，1944—1945年》第163页。后续进攻最详尽的记述可见红军总参《伟大卫国战争经验研究材料汇编》第21辑（1946年）《布达佩斯战役》（Будапештская операция）；以及格兰茨《在匈牙利的行动，1944年10月26日—12月31日》（Operations in Hungary, 26 October-31 December 1944），出自格兰茨编著《1986年战争艺术研讨会记录文集》（1986 Art of War Symposium Transcript；宾夕法尼亚州，卡莱尔，美国陆军战争学院地面战中心，1986年）第99～278页，2003年由其本人重印。克里沃舍耶夫主编《苏联在二十世纪的伤亡和作战损失》英文版第152和第262页指出，苏军2个方面军加上多瑙河区舰队共有71.95万人，在1944年10月28日至1945年2月13日间合计死亡失踪80026人、负伤240056人，2个方面军减员大致相等，另有1766辆坦克和自行火炮被击毁。随着德国人大举增兵，德军和匈牙利军总兵力从10月下旬的25万人上升到了12月的44万人（其中德军为33万，匈牙利军为11万）。德军装甲力量也相应增加到超过400辆坦克和突击炮。兵力对比的改变让苏军推进速度降了下来。

23. 乌克兰第3方面军的战役可见格兰茨编著《1986年战争艺术研讨会记录文集》第99~278页、S.阿尔费罗夫（С. Алферов）《进攻：布达佩斯战役中的近卫第4集团军》（Наступление - 4-й гвардейской армии в Будапештской операции）——《军事历史》杂志1982年9月号第13~19页，以及M.沙罗欣（М. Шарохин）和V.彼得鲁欣（В. Петрухин）《第57集团军部队强渡多瑙河以及在巴蒂纳地区夺取战役登陆场》（Форсирование Дуная войсками 57-й армии и захват оперативного плацдарма в районе Батины）——《军事历史》杂志1960年2月号第25~36页。另可见克里斯蒂安·温格瓦里《围攻布达佩斯：二战中的100天》第5~44页。

24. 齐姆克《从斯大林格勒到柏林：德国在东线的失败》第383页。

25. 温格瓦里《围攻布达佩斯：二战中的100天》第48~69页、阿尔费罗夫《进攻：布达佩斯战役中的近卫第4集团军》第17~19页，以及N.比留科夫（Н. Бирюков）《在布达佩斯接近地》（На подступах к Будапешту）——《军事历史》杂志1965年3月号[①]第94页。关于围攻布达佩斯的详情，可见安德烈·瓦西利琴科（Андрей Васильченко）《血腥地狱100天：布达佩斯——"多瑙河畔的斯大林格勒"？》（100 дней в кровавом аду: Будапешт — «дунайский Сталинград»；莫斯科，亚乌扎出版社和埃克斯莫出版社，2008年）。

26. 齐姆克《从斯大林格勒到柏林：德国在东线的失败》第383~386页。热尔托夫《解放匈牙利》声称，有18.8万德军和匈牙利军被围在布达佩斯城内，最终有13.8万人在1945年2月13日投降。

27. 反击详情可见格兰茨《1986年战争艺术研讨会记录文集》第665~788页。

28. 详情见现已解密的《伟大卫国战争军事历史材料汇编》第17辑（1956年），以及丹尼尔·米哈伊洛维奇·普罗埃克托尔（Проэктор, Даниил Михайлович）《穿过杜克拉山口》（Через Дуклинский перевал；莫斯科，军事出版社，1960年）。克里沃舍耶夫主编《苏联在二十世纪的伤亡和作战损失》英文版第148页指出，第38集团军共有9.91万人，并有300辆坦克和自行火炮提供支援。该集团军在战役中减员62014人（其中13264人死亡失踪，48750人负伤），可以看出战斗是何等激烈。

29. 《伟大卫国战争经验研究材料汇编》第23辑（1946年3—6月）第3~95页《乌克兰第4方面军的喀尔巴阡战役，1944年9—10月》（Карпецкая операция 4-го Украинского фронта, сентябрь-октябрь 1944 г.）。乌克兰第4方面军共有26.4万人及100辆坦克和自行火炮。苏军相较其对手有2.5~3比1的兵力优势。

30. 巴格拉米扬的两篇文章是对希奥利艾—米陶[②]战役的最好著述——《波罗的海沿岸第1方面军部队的希奥利艾—米陶战役》（Шяуляйско-Митавская операция войск 1-го Прибалтийского фронта）——《军事历史》杂志1962年10月号第3~23页，以及《希奥利艾战役的最后阶段》（На завершающем этапе Шяуляйской операции）——《军事历史》杂志1976年5月号第51~61页。根据克里沃舍耶夫主编《苏联在二十世纪的伤亡和作战损失》英文版第145页，波罗的海沿岸第1方面军共有39.55万人。《1944年消灭在

---

① 译者注：原文为1964年3月号，有误。
② 译者注：Mitau，即德国人对拉脱维亚城市叶尔加瓦的称呼。

白俄罗斯的德国法西斯军队》（1959年）第173页指出其共有358辆坦克和自行火炮可投入战斗，另有230辆待修。以上数字均不包含在8月中旬转隶过来的近卫坦克第5集团军和坦克第19军。

31. 齐姆克《从斯大林格勒到柏林：德国在东线的失败》第342～343页，以及弗里泽尔等著《德国和第二次世界大战》德文原版第8卷《东线1943/1944年：在东方和邻近战线的战争》第634～635页和第647页地图。1944年波罗的海战局的总体情况可见K.L.奥尔洛夫（К. Л. Орлов）主编三卷本《1941—1945年伟大卫国战争中的苏维埃波罗的海沿岸地区之战》第2卷《通向波罗的海》[Борьба за Советскую Прибалтику в Великой Отечественной войне 1941-1945 гг. В 3 кн. Кн.2. К Балтийскому морю；里加，火焰（俄文为Лиесма，拉脱维亚文为Liesma）出版社，1967年]。

32. 苏军防御详情可见佐洛塔廖夫《伟大卫国战争1941—1945：军事历史纲要》第3卷第156～158页、巴格拉米扬《希奥利艾战役的最后阶段》，以及I.斯特列利比茨基（И. Стрельбицкий）《炮兵在希奥利艾的壮举》（Подвиг артиллеристов под Шяуляем）——《军事历史》杂志1970年1月号第52～59页。苏方资料宣称德军有500辆坦克和突击炮，而己方只有大约400辆。苏军报告自身减员67606人（其中死亡、失踪、被俘15900人）；而德军损失6.7万人（死伤6万人，7000人被俘），有300辆坦克被击毁。实际上德军共有194辆坦克（144辆可投入战斗），其中有157辆是V号"豹"式（120辆可投入战斗）。可见内文金《救火队：1943—1945年的装甲师》第172、第222和第266页。

33. 战斗详情可见位于爱沙尼亚城市塔尔图的波罗的海防御学院（Baltic Defence College）编写的《第二次世界大战和波罗的海沿岸国家》（The Second World War and the Baltic States）中由格兰茨撰写的《苏德战争中的波罗的海沿岸地区》（The Baltic Region in the Soviet-German War）。另见格兰茨《苏德战争中的波罗的海沿岸地区：持续时间、对阵兵力和作战地图》（The Baltic Region in the Soviet-German War: Duration, Opposing Forces, and Operational Maps；卡莱尔，自印，2011年）。根据克里沃舍耶夫主编《20世纪战争中的俄罗斯和苏联：数据分析》第315页，苏军在这些战役中的兵力和损失如下：

战役名称	参战部队	时间	最初兵力	减员数	不可归队减员数	备注
雷泽克内—德文斯克战役	波罗的海沿岸第2方面军	7月10—27日	391200	57995	12880	
普斯科夫—奥斯特罗夫战役	波罗的海沿岸第3方面军	7月11—31日	258400	33584	7633	
纳尔瓦战役	列宁格勒方面军	7月24—30日	136830	23287	4685	在8月3—10日间还有更多减员
马多纳战役	波罗的海沿岸第2方面军	8月1—28日	390000	69506	14669	
塔尔图战役	波罗的海沿岸第3方面军	8月10日—9月6日	272800	71806	16292	

关于爱沙尼亚之战，可见安德鲁·迈克尔·德尔高迪奥（Andrew Michael Del Gaudio）① 《战役法与1944年纳尔瓦战线，锡尼迈埃和战局计划》（Operational Art and the Narva Front 1944, Sinimäed and Campaign Planning；利物浦大学博士论文，2012年），以及马雷克·尼苏马（Marek Nisuma）《1944年纳尔瓦战线上的爱沙尼亚边防团和警察营》[Eesti piirikaitserügemendid ja politseipataljonid Narva rindel 1944. aastal；塔林，"瓦拉克"（Varrak）出版社，2011年]。

34. 这些命令可见佐洛塔廖夫主编《最高统帅部大本营：文件和材料，1944—1945年》第132～133和第142页。还有一份命令要求华西列夫斯基负责协调波罗的海沿岸地区的战役行动。

35. 莫罗佐夫主编两卷本《伟大卫国战争1941—1945：从数据看战局和战略战役》第2卷第497页。佐洛塔廖夫《伟大卫国战争1941—1945：军事历史纲要》第3卷第161页指出，4个方面军共有90万人、3081辆坦克和自行火炮、17483门火炮和迫击炮、2643架作战飞机。克里沃舍耶夫主编《苏联在二十世纪的伤亡和作战损失》英文版第148～149页认为苏军在长达两个月的战役中兵力为154.64万人，因为他将整个波罗的海沿岸第1方面军计算在内了。参战的4个方面军大概减员280090人（死亡失踪61468人，负伤218622人）。苏军绝大部分装甲战斗车辆都被用于支援步兵。根据德军东线外国陆军处文件，德军到9月1日兵力减少至51万人，另有4.5万名仆从军；到11月1日减至40万人（另有仆从军2万人）。可见德军档案《"Kraftegeguniiberstellung, Stand: 1.9.44," Fremde Heere Ost (lie) Prüf 1859》和《"Kraftegeguniiberstellung, Stand: 1.11.44," Fremde Heere Ost (lie) Prüf1904》。

36. 关于这些战役的著述很多，可见奥尔洛夫主编三卷本《1941—1945年伟大卫国战争中的苏维埃波罗的海沿岸地区之战》第2卷《通向波罗的海》第127～173页。另可见弗里泽尔等著《德国和第二次世界大战》德文原版第8卷《东线1943/1944年：在东方和邻近战线的战争》第623～644页，以及第652和第653页地图。

37. 齐姆克《从斯大林格勒到柏林：德国在东线的失败》第403～407页。

38. 佐洛塔廖夫主编《最高统帅部大本营：文件和材料，1944—1945年》第149页，以及D.穆里耶夫（Д. Муриев）《1944年波罗的海沿岸战略战役中实施方面军和集团军战役的某些突出特点》（Некоторые характерные черты фронтовых и армейских операций, проведенных в Прибалтийской стратегической операции 1944 года）——《军事历史》杂志1984年9月号第22～28页。

39. 格兰茨《苏联在二战中的军事伪装》第433～440页。此次变更部署涉及50万人、9303门火炮和迫击炮、1340辆坦克和自行火炮。可见奥尔洛夫主编三卷本《1941—1945年伟大卫国战争中的苏维埃波罗的海沿岸地区之战》第2卷《通向波罗的海》第182页。

40. 齐姆克《从斯大林格勒到柏林：德国在东线的失败》第407页记录了德军的震惊程度。

41. 可见奥尔洛夫主编三卷本《1941—1945年伟大卫国战争中的苏维埃波罗的海沿岸地区之战》第2卷《通向波罗的海》第174～213页；以及"梅梅尔战役"（Мемельская операция）词条，出自伊戈尔·德米特里耶维奇·谢尔盖耶夫（Сергеев, Игорь Дмитриевич）主编八卷本《军事百科全书》（Военная энциклопедия；莫斯科，军事出版社，2001年）第5卷第89～91页。经过变更部署后，波罗的海沿岸第1方面军

① 译者注：原文作者姓名写作Michael Del Greco，有误。德尔高迪奥当时是美国海军陆战队少校，此处已根据从利物浦大学下载的2012年8月31日论文修正。

兵力超过60万人，装备1323辆坦克和自行火炮（其中有777辆参与主要突击），这样就对德军第3装甲集团军形成了大约5:1的兵力优势——德国官方历史用了"绝望"这样一个词语来加以形容（可见弗里泽尔等著《德国和第二次世界大战》德文原版第8卷《东线1943/1944年：在东方和邻近战线的战争》第643页）。

42. 齐姆克《从斯大林格勒到柏林：德国在东线的失败》第409页。

43. 弗里泽尔等著《德国和第二次世界大战》德文原版第8卷《东线1943/1944年：在东方和邻近战线的战争》第637页。另可见弗朗茨·库罗夫斯基（Franz Kurowski）著、弗雷德·斯坦哈特（Fred Steinhardt）英译《库尔兰桥头堡：库尔兰集团军群的六场大战》（Bridgehead Kurland: The Six Epic Battles of Heeresgruppe Kurland；加拿大，温尼伯，J.J.费多罗维奇出版社，2002年），尤其第22~23页。霍华德·D.格里尔（Howard D. Grier）研究了希特勒战略中关于21型潜艇的争论，可见《希特勒、邓尼茨和波罗的海：第三帝国最后的希望，1944—1945》（Hitler, Donitz, and the Baltic Sea: The Third Reich's Last Hope, 1944-1945；马里兰州，安纳波利斯，海军学院出版社，2007年），尤其介绍部分第18~21页和正文第216~223页。

44. 由于此次战役是在取得白俄罗斯和波罗的海沿岸的巨大胜利后发生且最终失败，因此一直被忽视。然而此战对于苏军1945年1月的战役有着重大影响。可见M.阿列克谢耶夫（М. Алексеев）《东普鲁士战斗的开始》（Начало боев в Восточной Пруссии）——《军事历史》杂志1964年10月号第11~22页。克里沃舍耶夫主编《20世纪战争中的俄罗斯和苏联：数据分析》第316页指出，切尔尼亚霍夫斯基的兵力为40.45万人，减员79527人（死亡失踪16819人，负伤62708人）。苏军的坦克和自行火炮数量大概为350辆。阿列克谢耶夫认为德军的装甲车辆共有500辆，但实际上可能只是这个数字的一半。

45. 关于此次战役的最详尽研究是詹姆斯·F.格布哈特（James F. Gebhardt）著第17号利文沃斯论文《佩特萨莫—希尔克内斯战役：苏军在北极的突破和追击，1944年10月》（The Petsamo-Kirkenes Operation: Soviet Breakthrough and Pursuit in the Arctic, October 1944, Leavenworth Paper No. 17；堪萨斯州，利文沃斯堡，作战研究学院，1984年）。另可见齐姆克《1940—1945年的德国北方战区》第300~310页。

46. 克里沃舍耶夫主编《苏联在二十世纪的伤亡和作战损失》英文版第151页指出苏军投入了13.35万人（包括北方舰队的2.03万人），减员21233人（死亡失踪6084人，负伤15149人）。Kh.胡达洛夫（Х. Худалов）在《军事历史》1969年10月号的文章《佩特萨莫—希尔克内斯战役》（Петсамо-Киркенесская операция）第116页声称德军有1.8人被击毙，713人被俘。

47. 齐姆克《从斯大林格勒到柏林：德国在东线的失败》第412~413页。德军东线外国陆军处关于苏德两军实力的记录也描绘出了一幅同样凄惨的画面。

第15章 冰雪中的搏杀，1944—1945年冬季战局

1. 温格瓦里《围攻布达佩斯：二战中的100天》第70~77页，以及格兰茨《1986年战争艺术研讨会记录》第187~202页。

2. 可见S.P.伊万诺夫（С. П. Иванов）《纪念布达佩斯战役40周年》（К 40-летию Будапештской операции）——《军事历史》杂志1984年11月号第18~19页。另可见瓦西利琴科《血腥地狱100天》第180~186页。

3. 古德里安《闪击英雄》英文版第384页。苏联情报机关发现了党卫军的这个军从波兰调出，但显然自该部抵达匈牙利后就无法查明其准确位置。尽管苏方无线电侦听和破解行动面对绝大多数德军部队时都卓有成效，可对于使用独立密码和通信网的党卫军却不怎么奏效。当然在战术层面上，由于党卫军一贯看不上苏军的战斗力，这常常会让他们忽视给己方的无线电通信加密。可见格兰茨《苏联在二战中的军事伪装》第466~467页。

4. 关于党卫军第4装甲军反击的详情，可见格兰茨《1986年战争艺术研讨会记录》第199~206和第666~717页，以及瓦西利琴科《血腥地狱100天》第367页。该装甲军及其他援军合计约有2万人，装备200辆坦克，但在"康拉德1"行动中损失了39辆。党卫军的2个师在1月1日只有100多辆可以投入战斗的坦克。

5. 埃里克森《通往柏林之路》第439~441页，以及格兰茨《1986年战争艺术研讨会记录》第663~789页。在最初的反击中（1945年1月1—10日），党卫军第4装甲军有260辆坦克，国防军第3装甲军有146辆；其当面苏军最初只有坦克第18军先头旅的30辆坦克，然后是该军主力部队的约100辆，以及近卫机械化第2军超过150辆坦克。1月20日，德军2个装甲军合计约有250辆坦克和突击炮。在此次和后续的夜间攻击中，德军使用了试验型号的红外夜视仪。这一新技术的突然应用让苏军坦克第18军的装甲车辆遭到了毁灭性打击，苏方为此十分抓狂，并急于反制这一新技术。最终，苏军凭借昼间交战战术和雄厚的实力抵消了德军暂时的（技术）优势。

6. 埃里克森《通往柏林之路》第441~444页、温格瓦里《围攻布达佩斯：二战中的100天》第140~148页、瓦西利琴科《血腥地狱100天》第226~316页，以及伊万诺夫《纪念布达佩斯战役40周年》第18页。根据温格瓦里《围攻布达佩斯：二战中的100天》第42和第82页，轴心国一方防御失利的一大原因在于党卫军第9山地军的军长卡尔·普费弗-维尔登布鲁赫（Karl Pfeffer-Wildenbruch）只是一个做警察的，从来都不敢迈出自己那防守坚固的指挥部。

7. 温格瓦里《围攻布达佩斯：二战中的100天》第206~255页，以及瓦西利琴科《血腥地狱100天》第317~346页。根据温格瓦里的说法，德军只有不到700人逃回己方战线。

8. 使用"看起来"这个说法还是很合适的，因为希特勒应当清楚，苏联最高统帅部大本营已经派出最强大的预备队——近卫第9集团军——前往匈牙利，这显然表明了斯大林打算发动强力突击，以深入匈牙利和多瑙河流域其他部分。实际上，在柏林1月27日的每日例会上，据说希特勒已经预料到这一点："但这里（匈牙利）也必须要照顾到，因为下一次重大突击将在这里……我重复一遍，这里是最危险的地方。如果他在这里达成突破，一切就都完了。"会议速记记录可见赫尔穆特·海贝尔（Helmut Heiber）和戴维·格兰茨合著《希特勒及其将领：1942—1945年军事会议》[Hitler and His Generals: Military Conferences 1942-1945；纽约，"谜"（Enigma）图书，2002—2003年]第638~639页。

9. 埃里克森《通往柏林之路》第422页。关于维斯瓦—奥得河战役的评估、准备及实施详情，可见《伟大卫国战争经验研究材料汇编》第25辑（1947年），以及A.V.瓦西里耶夫（А. В. Васильев）《维斯瓦河—奥得河战役》（Висла-одерская операция；莫斯科，伏罗希洛夫总参军事学院，1948年），后者已经解密。这些资料认为德军在1945年1月1日保有相当于338个师的规模。其中约三分之二，即228个被部署在东线（188个师、50个独立团和180个独立营）；另有73个在西线，18个在意大利北部，9个在挪威和丹麦。德军东线外国陆军处11月1日记录显示，己方东线总兵力为203万人，另有19万仆从军。补充一部分人员后，该数字在1945年1月1日后还略有增加。苏联的公开资料一般会算上国民冲锋队和一些非正规部队，从而将这一数字夸大到310万人，这样就使人们提升、拔高了对红军战斗力的认识。根据克里沃舍耶夫主编

530

《苏联在二十世纪的伤亡和作战损失》英文版第101页，红军在1945年第一季度的月均兵力为646.11万人。这样一来，即使不算上西方国家盟军，苏联相比德国在人力方面的战略优势也约为3:1；其在装甲和火炮方面的优势更为明显。

10. 近年来俄罗斯关于1945年初战略的分析有很多，可见伊萨耶夫《1945年攻防皆胜：从维斯瓦河—奥得河到巴拉顿湖》（1945-й……Триумф в наступлении и в обороне: от Висло-Одерской до Балатона；莫斯科，韦切出版社，2009年）。

11. 根据克里沃舍耶夫主编《苏联在二十世纪的伤亡和作战损失》英文版第153页及苏联其他原先的秘密资料，此次战役中苏军总兵力为221.17万人（作战兵力为156.5万人），装备7042辆坦克和自行火炮、33500门火炮和迫击炮，此外还有9.09万名波兰军人。德军东线外国陆军处记录估计德军有40万人（另有4万名国民冲锋队成员），装备800辆坦克和突击炮（在战役过程中增至1136辆）、4103门火炮和迫击炮。

12. 集中兵力于主要突击方向和在其余地段节约使用兵力使苏军原本5:1的战略优势在每个登陆场地都上升到了10:1，在战术地段（军及以下级别）则达到了13:1。尽管如此，在某些地段上（由筑垒地域把守的多达30%的地段），德军兵力甚至超过了当面苏军，但德方著述往往对此只字不提。

13. 关于德军计划和部队调遣的更多细节，可见齐姆克《从斯大林格勒到柏林：德国在东线的失败》第410~419页。

14. 更多细节可见艾尔弗雷德·普赖斯（Alfred Price）《德国空军的最后一年：1944年5月—1945年5月》（The Last Year of the Luftwaffe: May 1944 to May 1945；伦敦，绿山图书，2001年——London: Greenhill Books, 2001），尤其第91~96和130~134页。

15. 齐姆克《从斯大林格勒到柏林：德国在东线的失败》第411~414页。

16. 例如古德里安《闪击英雄》英文版第385~395页。

17. 详见阿列克谢·瓦列里耶维奇·伊萨耶夫《最后一层地狱：国会大厦上的旗帜》（Последний круг ада: Флаг над Рейхстагом；莫斯科，亚克扎出版社和埃克斯莫出版社，2009年）、《柏林1945：兽穴之战》（Берлин 45-го. Сражения в логове зверя；莫斯科，亚乌扎出版社和埃克斯莫出版社，2007年），以及格兰茨《1986年战争艺术研讨会记录》第663~697页。苏联方面有很多优秀著作，例如《伟大卫国战争经验研究材料汇编》第25辑、A.D.巴格列耶夫（А. Д. Багреев）《维斯瓦河—奥得河战役：1945年1月苏军消灭在波兰的德国法西斯军队》（Висла-одерская операция: Разгром немецко-фашистских войск в Польше советскими войсками в январе 1945 года；莫斯科，伏罗希洛夫高等军事学院，1957年）、N.A.安东诺夫（Н. А. Антонов）《白俄罗斯第1方面军部队在维斯瓦河—奥得河战役（1945年1月）中突破敌防御》[Прорыв обороны противника войсками 1-го Белорусского Фронта в Висло-Одерской операции (январь 1945)；莫斯科，伏罗希洛夫总参军事学院，1980年]、A.P.斯涅戈夫（А. П. Снегов）《维斯瓦河—奥得河战役的军事艺术》（Военное искусство в Висло-Одерской операции；莫斯科，列宁军事政治学院，1979年）。上述秘密资料现均已解密。德方视角可见欣策《苦涩的结局：A、北乌克兰和中央集团军群的最后战斗——东线1944—1945》英文版第79~154页。

18. 关于坦克集团军行动的繁复细节，可见I.M.克拉夫琴科（И. М. Кравченко）《维斯瓦河—奥得河战役期间近卫坦克第3集团军部队的战斗行动》（Боевые действия войск 3 гвардейской танковой армии в ходе Висло-одерской операции；莫斯科，伏罗希洛夫总参军事学院，1980年），现已解密。另可见德米特里·舍因（Дмитрий Шеин）《雷巴尔科麾下的坦克：近卫坦克第3集团军的战斗道路》（Танки ведет

Рыбалко. Боевой путь 3-й Гвардейской танковой армии；莫斯科，亚乌扎出版社和埃克斯莫出版社，2007年），以及该部司令雷巴尔科的回忆录。空地协同问题可见А.叶菲莫夫（А. Ефимов）《在实施高速大纵深战役过程中如何使用航空兵》（Применение авиации при ведении операции в высоких темпах и на большую глубину）——《军事历史》杂志1985年1月号第22~29页。

19. 从德方视角看第24装甲师作战行动的上佳之作可见格兰茨《1986年战争艺术研讨会记录》第609~626页中H.G.利比施（H. G. Liebisch）的《截至1月27日的第17装甲师作战行动》（17th Panzer Division Operations to 27 January）。利比施是该师少数几名与部下一起生还的营长之一。此处和下文关于苏军先遣支队作战技巧的信息部分是基于作者1989年6月在莫斯科对I.I.古萨科夫斯基（I. I. Gusakovsky，曾任近卫坦克第1集团军近卫坦克第11军近卫坦克第44旅旅长）、A.F.斯米尔诺夫（A. F. Smirnov，曾任坦克第31军坦克第100旅参谋长）、B.P.伊万诺夫（B. P. Ivanov，曾在近卫坦克第1集团军近卫坦克第11军近卫坦克第40旅中担任营长）、D.A.德拉贡斯基（D. A. Dragunsky，曾任近卫坦克第3集团军近卫坦克第7军近卫坦克第55旅旅长）和A.A.杰缅季耶夫（A. A. Dement'ev，曾任近卫坦克第4集团军独立坦克第93旅旅长）的大量访谈而来。德军第16和第17装甲师最初分别有85辆和72辆坦克。可见内文金《救火队：1943—1945年的装甲师》第401和第426页。

20. 利比施《第17装甲师在奥得河以东退却行动的第二阶段》（Second Phase of 17th Panzer Division Retrograde Operations East of the Oder River）——格兰茨《1986年战争艺术研讨会记录》第639~642页。

21. 克拉夫琴科《维斯瓦河—奥得河战役期间近卫坦克第3集团军部队的战斗行动》第41~55页。

22. 关于朱可夫的突破行动有很多著作，例如A.P.斯涅戈夫《维斯瓦河—奥得河战役中白俄罗斯第1方面军突击第5集团军步兵第32军兵团组织和实施突破敌预有准备防御》（Организация и осуществление прорыва подготовленной обороны противника соединениями 32-го стрелкового корпуса 5-й ударной армии 1-го Белорусского фронта в Висло-Одерской операции；莫斯科，列宁军事政治学院，1980年），现已解密。

23. 波兰人在收复华沙过程中扮演的角色可见S.波普瓦夫斯基的《华沙之战中的波兰第1集团军》（1-я армия Войска Польского в боях за Варшаву）——《军事历史》杂志1965年1月号第47~53页。当时波普瓦夫斯基是该集团军司令。

24. 关于这次悲惨经历的详情，可见W.哈特尔特（W. Hartelt）《"赫尔曼·戈林"装甲师的"豹"式坦克连战报》——格兰茨《1986年战争艺术研讨会记录》第627~638页。根据内文金《救火队：1943—1945年的装甲师》第623和第715页，"大德意志"装甲军约有114辆坦克，但只能分批送来，每次20辆——这样就削弱了（这些坦克所发挥的）战斗力。

25. 苏军使用了专门的后续集群，以清剿那些被迂回的德军。相关部队包括第33集团军和近卫第3集团军部分兵力，以及近卫机械化第7军。详见D.巴里诺夫（Д. Баринов）和G.涅霍诺夫（Г. Нехонов）的《敌"流动"集团的覆灭》（Уничтожение "блуждающей" группировки противника）——《军事历史》杂志1965年3月号第62~68页。巴里诺夫时任近卫机械化第7军参谋长。

26. 齐姆克《从斯大林格勒到柏林：德国在东线的失败》第423和第427页。

27. 波兹南战例可见格尔曼·普罗科佩耶维奇·赫洛平（Хлопин, Герман Прокопьевич）《强击"劳赫"要塞》（Штурм форта Раух）——《军事通报》1988年6月号第15~17页。

28. 苏军夺取奥得河登陆场及后续战斗可见F.博科夫（Ф. Боков）《燃烧的登陆场》（Пылающий плацдарм）——《军事历史》杂志1972年5月号第49～55页，以及A.M.索科洛夫（А. М. Соколов）《维斯瓦河—奥得河战役中登陆场的强化和扩大》（Закрепление и расширение плацдармов в Висло-Одерской операции）——《军事历史》杂志1986年4月号第32～38页。克里沃舍耶夫主编《苏联在二十世纪的伤亡和作战损失》英文版第153页指出，苏军在此次战役中减员193125人（其中死亡失踪43251人，卫生减员149874人）。根据瓦西里耶夫的《维斯瓦河—奥得河战役》第58和第76页，白俄罗斯第1方面军在1月14日至22日间共计击毙德军13万人、俘虏3.73万人、击毁614辆坦克和突击炮，另缴获617辆；到2月4日共计击毙德军216970人、俘虏60308人、击毁1237辆坦克和突击炮并缴获1119辆。乌克兰第1方面军统计的战果也相当可观，但要相对少一些。德军总计损失超过30万人。2月1日，德军第9集团军下属第606特种师（Division z.b. V. 606）的"奥得河"集群（4个应急营）把守着柏林以东奥得河防线；到2月3日增加了申普夫集群（Schimpf，原柏林集群，后改为第309步兵师）①，辖有数个应急营，以及第25装甲掷弹兵师的先头部队[6个营中的2个，有25辆"豹"式坦克和10辆坦克歼击车——即IV/70（V）歼击坦克]。他们在2月5日得到了第21装甲师的增援，该师拥有47辆坦克和15辆坦克歼击车，被部署在巴特弗赖恩瓦尔德（Bad Freienwalde）向南至艾森许滕施塔特（Eisenhüttenstadt）之间80公里宽的地段上；此外，第303"德贝里茨"步兵师（Döberitz，6个营）、重建后的"统帅堂"师中2个营，以及几支小规模部队还在赶来的路上。2月3日，党卫军第5山地军接手防御法兰克福，并在2月4日接收第433后备师（雷格纳）②，2月5日接收"库尔马克"装甲掷弹兵师（4个营，共55辆坦克，其中不下半数为"豹"式）。这些乌合之众于2月第一个星期在屈斯特林登陆场进行了多次战斗。第9集团军当面是白俄罗斯第1方面军的突击第5集团军、近卫第8集团军、第69集团军，并拥有来自近卫坦克第1集团军的支援。可见美国国家档案馆微缩胶片（NAM）T−311系列，维斯瓦集团军群参谋长75122/13卷宗中的《维斯瓦集团军群1945年2月1—28日态势图，维斯瓦集团军群1945年2月1—5日态势图》（"Hgr. Weichsel, Lage Stand 1-5.2.54, Lage-Karten der Heeresgruppe Weichsel. 1-28 February 1945," in H. Gr. Weichsel, la 75122/13file）。同时，根据伊萨耶夫《柏林1945：兽穴之战》第94页，朱可夫给近卫第8集团军加强了坦克第11军（装备83辆坦克和25辆自行火炮）。

29. 关于东普鲁士战役，可见格兰茨《1986年战争艺术研讨会记录》第279～486页；《伟大卫国战争经验研究材料汇编》第22辑（1946）第131～160页、第24辑（1947），以及第6辑（1952）——《第28集团军在东普鲁士突破敌防御（1945年1月）》[Прорыв неприятельской обороны 28-й армией в Восточной Пруссии (январь 1945 г.)]。以上资料现均已解密。

30. 根据克里沃舍耶夫主编《苏联在二十世纪的伤亡和作战损失》英文版第155页、苏方资料及德军东线外国陆军处记录，东普鲁士战役中苏军兵力为166.91万人（作战兵力为122万人），装备3859辆坦克和自行火炮、25426门火炮和迫击炮；对阵的德军有58万人（另有国民冲锋队20万人），装备700辆坦克和突击炮、8200门火炮。关于此次战役的最优秀英文著作是普里特·巴塔（Prit Buttar）《普鲁士战场：苏德战

---

① 译者注：1月30日，炮兵将军威廉·贝尔林（Wilhelm Berlin）奉命指挥奥得河军（Oderkorps），该部后更名为第101步兵军。该军下辖第25装甲掷弹兵师、德贝里茨步兵师和第606步兵师。正以"大德意志"警卫团为基础进行改编的"大柏林"师也在2月8日配属给该军，该师后更名为第309步兵师。

② 译者注：师长为阿道夫·雷格纳（Adolf Raegener）。

争1944—1945 》（Battleground Prussia: The Assault on Germany's Eastern Front, 1944-45; 牛津，鱼鹰出版社，2010年）。另可见阿拉斯泰尔·诺布尔（Alastair Noble）《纳粹统治和苏联对德国东部的进攻，1944—1945: 最黑暗的时刻》（Nazi Rule and the Soviet Offensive in Eastern Germany, 1944-1945: The Darkest Hour; 俄勒冈州，波特兰，苏塞克斯学院出版社，2009年——Portland, OR: Sussex Academic Press, 2009）。

31. 可见J.康德内（J. Condne）《以装甲战斗群为重心使用第7装甲师》（Employment of 7th Panzer Division with Emphasis on Its Armored Group）——格兰茨《1986年战争艺术研讨会记录》第451~485页。当时康德内是该师的一名装甲营营长。

32. 克里沃舍耶夫主编《苏联在二十世纪的伤亡和作战损失》英文版第155页指出，苏军在这次战役中减员584778人（死亡失踪126464人，卫生减员458314人）。德军的损失应该超过10万人，另有至少30万人被合围在柯尼斯贝格和海尔斯贝格筑垒地域中。

33. 可见佐洛塔廖夫主编《最高统帅部大本营：文件和材料，1944—1945年》第198页。

34. 见《1945年2月10日15:15时第00297号：白俄罗斯第1方面军部队司令呈送最高统帅的柏林进攻战役计划报告》（Доклад командующего войсками 1-го Белорусского фронта Верховному Главнокомандующему о плане берлинской наступательной операции. № 00297/оп. 10 февраля 1945г.15.15），引自佐洛塔廖夫主编《俄罗斯档案：伟大卫国战争》第15卷第4-5册《柏林会战：红军在被击败的德国》[Русский архив: Великая Отечественная: Т. 15 (4-5). Битва за Берлин (Красная Армия в поверженной Германии）; 莫斯科，土壤出版社，1995年]第56~60页。

35. 佐洛塔廖夫主编《柏林会战：红军在被击败的德国》——第60~62页《1945年2月13日02:10时第00310号：白俄罗斯第1方面军部队司令给近卫第8、第69和第33集团军司令的关于实施柏林战役的作战命令》（Оперативная директива командующего войсками 1-го Белорусского фронта командующим 8-й гвардейской, 69-й и 33-й армиями на проведение берлинской операции № 00310/оп. 13 февраля 1945 г. 02.10），以及第62~64页《1945年2月13日02:45时第00309号：白俄罗斯第1方面军部队司令给第47、突击第5、近卫坦克第1和近卫坦克第2集团军司令的关于实施柏林战役的作战命令》（Оперативная директива командующего войсками 1-го Белорусского фронта командующим 47-й, 5-й ударной,1-й и 2-й гвардейскими танковыми армиями на проведениеберлинской операции. № 00309/оп. 13 февраля 1945 г. 02.45）。

36. 可见佐洛塔廖夫主编《俄罗斯档案：伟大卫国战争》第16卷第5-4册第328~329页——1945年2月16日23:00时第00318号《白俄罗斯第1方面军部队司令呈送统帅关于在施特廷方向发动进攻的报告》（ДОКЛАД КОМАНДУЮЩЕГО ВОЙСКАМИ 1-го БЕЛОРУССКОГО ФРОНТА № 00318/оп ВЕРХОВНОМУ ГЛАВНОКОМАНДУЮЩЕМУ ПЛАНА НАСТУПЛЕНИЯ НА ШТЕТТИНСКОМ НАПРАВЛЕНИИ; 莫斯科，土壤出版社，1999年）。

37. 科涅夫的提议可见《伟大卫国战争军事历史材料汇编》第10-11辑（1953年）第139~140页。

38. 大本营2月17日18:15时第11024号训令可见佐洛塔廖夫主编《最高统帅部大本营：文件和材料，1944—1945年》第200页。批准科涅夫方案的相关训令尚未公布。

39. 大本营2月9日第11023号训令要求白俄罗斯第3方面军在2月20—25日前完全歼灭东普鲁士德军。可见佐洛塔廖夫主编《最高统帅部大本营：文件和材料，1944—1945年》第199页。

40. 大本营2月17日20:15时第11027号训令可见佐洛塔廖夫主编《最高统帅部大本营：文件和材料，1944—1945年》第202~203页。2月15日，1名特工向格伦的东线外国陆军处报告："乌克兰第2和第3方面军部队正在计划向维也纳大举进攻。"原件复本可见东线外国陆军处1组文件《Nr. 1161/45 g. Kdos, H. Qu., den 25.2.1945》。

41. 大本营1945年2月17日20:10时第11029号训令可见佐洛塔廖夫主编《最高统帅部大本营：文件和材料，1944—1945年》第201页。乌克兰第4方面军所提交方案见第330~333页。

42. 可见格兰茨《从苏德战争中苏联的军事行动看苏联战后领土野心和国际影响》（Soviet Military Operations during the Soviet-German War as Indicators of the USSR's Postwar Territorial Ambitions and International Influence）——《防卫研究所年刊》[National Institute for Defence Studies (NIDS) Annual；东京，防卫研究所，2015年——Tokyo: NIDS, 2015]，以及《斯大林的战略企图，1941—1945：从苏联军事行动看斯大林的战后领土野心》（Stalin's Strategic Intentions, 1941–1945: Soviet Military Operations as Indicators of Stalin's Postwar Territorial Ambitions）——《斯拉夫军事研究》第4期（2014年10~12月）第676~720页。

43. 对斯大林决策最令人信服的辩护可见伊萨耶夫《柏林1945：兽穴之战》第158~159页。斯大林停止向柏林挺进的最重要因素在于防御柏林的德军和白俄罗斯第1与乌克兰第1方面军两翼西里西亚及波美拉尼亚的德军实力。根据维斯瓦集团军群的报告《"Zusammenstellung uber den Bestand an Pz. Kpfw. Sowie den Einsatz der Pz.—Inst.—und Bergdienste im Monat Februar 1945, 9 Mar 1945," in H. Gr. Weichsel, O. Qu/V (Pz.) 75122/18file》（原件复本），该集团军群2月12日共有630辆坦克和突击炮可以投入战斗，其中第9集团军有155辆，党卫军第11集团军有295辆，第2集团军有160辆，"奥得河"军有20辆。到2月28日，这一数字上升到了704辆，其中第9集团军有280辆，第3装甲集团军有183辆，第2集团军有181辆，"奥得河"军和第184突击炮旅有59辆。相比之下，截至3月1日，白俄罗斯第1方面军的近卫坦克第1和第2集团军共有1067辆坦克和自行火炮——其中近卫坦克第1集团军有424辆坦克和154辆自行火炮。可见伊萨耶夫《柏林1945：兽穴之战》第172~173页。除此之外，红军还有独立坦克和机械化部队中的几百辆坦克和自行火炮来对阵德军第9和第3装甲集团军的460辆坦克和突击炮。

44. 可见苏联元帅瓦西里·伊万诺维奇·崔可夫著《攻克柏林》（The Fall of Berlin；纽约，巴尔的摩图书出版社，1967年）第114~115页。此书是其1965年第一版回忆录《第三帝国的末日》（Конец третьего рейха；莫斯科，苏维埃俄罗斯出版社）的英文版。崔可夫在书中写道：

我们有足够的兵力继续实施维斯瓦河—奥得河战役，直接强击柏林。

担心白俄罗斯第1方面军右翼是毫无必要的，因为敌人手头根本没有足够的预备队来发动强力反击（无独有偶，古德里安在其回忆录中也承认了这一点）。

敌人从施特廷地域发动攻击的计划不可能在2月15日之前实行，而且其兵力也不会太多。

从2月开始用包含3~4个坦克集团军在内的7~8个集团军向前坚决推进，应该就可以使我们挫败敌军从施特廷地域发动的攻击，并继续向西推进。

在2月之初，希特勒没有足够兵力和装备来保卫他的首都，也还没有构筑好精心设计的防线。

如此一来，通向柏林的道路就敞开了。

当时崔可夫很有可能是受赫鲁晓夫怂恿而写出了这本书，而后者正处于去斯大林化的最后阶段。赫鲁晓夫失势后，对崔可夫的驳斥也随之展开。至少很有可能发生的是，赫鲁晓夫最终会将雅尔塔会议与斯大林停止奥得河一线战斗的决定联系起来，并将红军4月强占柏林的伤亡算在后者（斯大林）头上。

45. 可见朱可夫《在柏林方向》（На берлинском направлении）——《军事历史》杂志1965年6月号第12～22页。此文发表之前还可见安季片科《从维斯瓦河到奥得河》（От Вислы до Одера）——《军事历史》1965年3月号第74～76和第80～81页；К.捷列金（К. Телегин）《在战争最后阶段》（На заключительном этапе войны）——《军事历史》1965年4月号第55～70页，尤其第62～64页；科涅夫《柏林－布拉格》（Берлин - Прага）——《军事历史》1965年4月号第17～25页。特别有意思的是，尽管什捷缅科在《军事历史》1965年5月号第68～69页文章《消灭希特勒德国的最后一个战局是如何计划的》（Как планировалась последняя кампания по разгрому гитлеровской Германии）中证实了朱可夫和大本营的判断，即考虑到白俄罗斯第1方面军右翼的威胁，需要停止在柏林方向的进攻，但他也透露了总参谋部认为向维也纳推进不仅可行，而且（对己方）是有帮助的。什捷缅科指出："希特勒分子在布达佩斯的抵抗最终于2月13日被打垮。这样一来——按照总参谋部的看法——就为沿奥洛莫乌茨－布拉格及维也纳－比尔森方向杀入法西斯德国腹地创造了有利条件，而且可以尽可能地将更多敌军吸引到那里，其中就包括中央方向之敌。"然而，什捷缅科在文章中并未将雅尔塔会议与总参随后的计划联系起来。

46. 关于雅尔塔会议著述颇多，例如谢尔盖·米哈伊洛维奇·普洛希（S. M. Plokhy）《雅尔塔：和平的代价》（Yalta: The Price of Peace；纽约，维京出版社，2010年）。

47. 关于1944年9月12日的《伦敦协议》和1945年2月7～11日的雅尔塔会议，可见《"大柏林"占领和行政区协定（1944年9月12日）》[Protocol on Zones of Occupation and the Administration of "Greater Berlin" (September 12, 1944)]，引自《两个国家的占领和出现，1945—1961》（Occupation and the Emergence of Two States, 1945-1961）第8卷，出自《文件和想象中的德国历史》（German History in Documents and Images；网址为germanhistorydocs.ghi-dc.org/pdf/eng/Allied%20Policies%201_ENG.pdf，于2015年3月28日下载）；1945年雅尔塔会议可见美国国务院历史学家办公室网站《里程碑，1937—1945》（Milestones,1937–1945；网址为http://history.state.gov/milestones/1937–1945 /YaltaConf，于2015年3月28日下载）；1945年2月雅尔塔会议情况还可见《阿瓦隆项目：雅尔塔（克里木会议）》[The Avalon Project: Yalta (Crimea Conference)；网址为https://avalon.law.yale.edu/wwii/yalta.asp，于2015年3月28日下载]。

48. 最高统帅部大本营在2月17日至3月16日间加强给乌克兰第2和第3方面军的部队包括近卫第9集团军、近卫迫击炮第6师、步兵第387师，以及反坦克歼击炮兵第51和第52旅。3月9日，大本营指示这两个方面军在巴拉顿湖以北打退德军反击，并禁止乌克兰第3方面军将近卫第9集团军用于防御；另外还命令两个方面军从3月15日起实施进攻，分别以近卫第9集团军和近卫坦克第6集团军为前锋，歼灭巴拉顿湖以北德军，并向帕波、肖普朗（Sopron）和杰尔（Győr）发展进攻。3月16日，大本营将近卫坦克第6集团军从乌克兰第2方面军转隶给了乌克兰第3方面军，以便与第27集团军一起歼灭巴拉顿湖以北德军。

49. 详情可见《伟大卫国战争军事历史材料汇编》第10~11辑。克里沃舍耶夫主编《苏联在二十世纪的伤亡和作战损失》英文版第110页指出，科涅夫的方面军在这次战役中投入98.08万人，减员99386人（死亡失踪23577人，卫生减员75809人）。近卫坦克第3集团军投入48027人，2月8日时有567辆坦克和自行火炮可以用于战斗，包括359辆T-34（坦克）、20辆IS-2（坦克）、188辆自行火炮。可见舍因《雷巴尔科夫《下的坦克》第280页。相比之下，在2月8日，坦克第4集团军拥有414辆坦克和自行火炮，还有121辆正在维修；近卫机械化第7军有241辆坦克和自行火炮。然而根据弗拉季米尔·瓦西里耶维奇·别沙诺夫《胜利的残酷真相：血腥的1945年》（Горькая правда о победе: Кровавый 1945 год；莫斯科，亚乌扎出版社，2013年）第236页，近卫坦克第3集团军和坦克第4集团军的上级方面军在随后8天的战斗中损失了其2215辆坦克和自行火炮中的一半。他（别沙诺夫）认为这就是推迟向柏林进军的理由。若想完整地看清全局，我们就还需要注意到白俄罗斯第1和第2方面军在始于2月12日的东波美拉尼亚战役中总共损失了1027辆坦克和自行火炮。可见克里沃舍耶夫主编《20世纪战争中的俄罗斯和苏联：数据分析》第486页。

50. 根据维斯瓦集团军群记录，党卫军第11集团军在2月12日拥有295辆坦克和突击炮。

51. 详情可见A.S.扎维亚洛夫（А. С. Завьялов）和T.E.卡利亚金（Т. Е. Калядин）《苏军的东波美拉尼亚进攻战役，1945年2—3月》（Восточно-Померанская наступательная операция советских войск. Февраль-март 1945 г.；莫斯科，军事出版社，1960年）。克里沃舍耶夫主编《苏联在二十世纪的伤亡和作战损失》英文版第156和第263页指出，此次战役中苏军总兵力为99.61万人（含波兰第1集团军），减员225692人（死亡失踪52740人，卫生减员172952人；注意该数字不含波兰第1集团军），有1027辆坦克和自行火炮、1005门火炮和迫击炮被击毁。德军的兵力可能没有超过20万人、295辆坦克和突击炮。

52. 详情见《强击柯尼斯贝格》（Штурм Кёнигсберга；加里宁格勒，加里宁格勒出版社，1973年）；巴格拉米扬《强击柯尼斯贝格》（Штурм Кёнигсберга）——《军事历史》杂志1976年8月号第56～64页，9月号第47～57页；N.克雷洛夫（Н. Крылов）《敌泽姆兰集团的覆灭》（Разгром земландской группировки противника）——《军事历史》杂志1972年4月号第52～58页；B.阿鲁沙尼扬（Б. Арушанян）《在泽姆兰半岛》（На Земландском полуострове）——《军事历史》杂志1970年4月号第80～88页；以及希尔《1941—1945苏联伟大卫国战争：文献读本》第254～262页中相关文件。

53. 可见M.M.科兹洛夫（М. М. Козлов）主编《伟大卫国战争1941—1945，百科全书》（Великая Отечественная война 1941-1945: энциклопедия；莫斯科，苏联百科全书出版社，1985年）第329页"柯尼斯贝格战役1945"（Кёнигсбергская операция 1945）词条。有超过30万名苏军官兵参与攻城战斗，并得到了538辆坦克和自行火炮、5200门火炮和迫击炮的支援。[1]

54. 《伟大卫国战争1941—1945：百科全书》第288页"泽姆兰战役1945"（Земландская операция 1945）词条指出，参与这次战役的有11.1万名苏军，并得到了538辆坦克和自行火炮、5200门火炮和迫击炮的支援。[2]这份资料还估计半岛上的德军有6.5万人、166辆坦克和突击炮、1200门火炮——但这些数字可能有所夸大。

55. 埃里克森《通往柏林之路》第520～521页。

56. 见《伟大卫国战争军事历史材料汇编》第6辑（1952年）第3～80页——《乌克兰第1方面军部队的上西里西亚进攻战役，1945年3月15～31日》（Верхне-Силезская наступательная операция войск 1-го Украинского фронта, 15-31 марта 1945 г.），现已解密。克里沃舍耶夫主编《苏联在二十世纪的伤亡和作战损失》英文版第110页及其他资料认为，这次战役中苏军的总兵力为40.84万人，并得到了988辆坦克和自

---

① 译者注：该书原文并未提到苏军投入了30万人。实际上，苏军投入的兵力约为13万，与其估计的被围德军数量大致相等。

② 译者注：原文为11.1万人、5200门火炮和迫击炮、451门火箭炮、324辆坦克和自行火炮。

行火炮、5640门火炮和迫击炮的支援。

57. 克里沃舍耶夫主编《苏联在二十世纪的伤亡和作战损失》英文版第110页指出，苏军减员66801人（死亡失踪15876人，卫生减员50925人）。《伟大卫国战争1941—1945：百科全书》第126页"上西里西亚战役1945"（Верхне-силезская операция 1945）词条认为德军有4万人被歼灭，1.4万人被俘。

58. 维也纳战役的计划详情可见马利诺夫斯基《布达佩斯—维也纳—布拉格》（Будапешт- Вена- Прага；莫斯科，科学出版社，1965年），以及A.拉基茨基（А. Ракицкий）《从布达佩斯到维也纳》（От Будапешта до Вены）——《军事历史》杂志1975年4月号第119~123页。战役计划和实施情况可见《伟大卫国战争军事历史材料汇编》第3辑（1959年）第3~54页——《乌克兰第2和第3方面军部队的维也纳战役》（Венская операция войск 2-го и 3-го Украинских фронтов），现已解密。

59. 关于此次战役中的情报和伪装工作，可见格兰茨《苏联在二战中的军事伪装》第515~520页。党卫军第6装甲集团军在此战中扮演的角色可见A.韦内克（A. Werncke）《1945年2—5月党卫军第6装甲集团军在匈牙利和奥地利的行动》（The Employment of 6th SS Panzer Army in Hungary and Austria from February to May 1945），选自格兰茨《1986年战争艺术研讨会记录》第771~787页。韦内克时任该集团军后勤副处长。

60. 作战行动的详情请见格兰茨《匈牙利作战行动综述，1945年1月1日—3月16日》（An Overview of Operations in Hungary, 1 January–16 March 1945），出自格兰茨《1986年战争艺术研讨会记录》第665~756页；以及R.施托韦斯（R. Stoves，当时指挥第1装甲师中的1个装甲连，此后对于他所在的师及整个德国装甲兵都有大量著述）《点评德军在匈牙利的反击》（Comments on German Counterattacks in Hungary），出自格兰茨《1986年战争艺术研讨会记录》第761~770页。德方对此最详尽的著述是格奥尔格·迈尔（Georg Maier）《布达佩斯与维也纳之间的戏剧性事件：1945年第6装甲集团军最后的战斗》（Drama zwischen Budapest und Wien: Der Endkampf der 6. Panzerarmee 1945；联邦德国，奥斯纳布吕克，穆宁出版有限责任公司，1985年）。苏方记录包括《伟大卫国战争军事历史材料汇编》第9辑（1953年）第121~166页——《1945年3月步兵第64军在巴拉顿湖以南的防御战斗》（Оборонительные бои 64- го стрелкового корпуса южнее озера Балатон в март 1945 г.），已解密；安德烈·维亚切斯拉沃维奇·瓦西利琴科（Васильченко, Андрей Вячеславович）《希特勒最后一次进攻：消灭帝国坦克精锐》（Последнее наступление Гитлера. Разгром танковой элиты Рейха；莫斯科，亚乌扎出版社，2008年）；阿列克谢·伊萨耶夫和马克西姆·科洛米耶茨《党卫军第6装甲集团军的覆灭：装甲兵之墓》（Разгром 6-й танковой армии СС: Могила Панцерваффе；莫斯科，KM战略出版社，1999年）；奥列格·巴拉诺夫（Олег Баронов）《巴拉顿湖防御战役》（Балатонская оборонительная операция；莫斯科，"快印"私营有限公司，2001年——ООО «ЭКСПРИНТ», 2001）。克里沃舍耶夫主编《苏联在二十世纪的伤亡和作战损失》英文版第110页指出，苏军在巴拉顿湖战役中的总兵力为46.5万人，并得到了407辆坦克和自行火炮（不包括近卫坦克第6集团军）、6889门火炮和迫击炮的支援。上述数字只包含乌克兰第3方面军部队。实际上还必须加上布达佩斯以西乌克兰第2方面军的10.15万人和将近400辆坦克和自行火炮，以及布达佩斯以东留作预备队的近卫第9集团军（超过10万人）。俄罗斯方面资料声称南方集团军群在整条战线上投入了43万人，并得到了900辆坦克和突击炮的支援。其中绝大部分——据苏军估计有807辆装甲车辆——被集中起来用于巴拉顿湖反击。然而根据迈尔《布达佩斯与维也纳之间的戏剧性事件》第203和第556页所提供文件，德军南方集团军群实际上只有22万名官兵[其中党卫军第6装甲集团军有8.14万人，巴尔克集团军级集群（第6集团军）和第1骑兵军有8.86万人，第2装甲集团军有5万人]、548辆坦克和突击炮

（其中第6装甲集团军有320辆，第6集团军有138辆，第2装甲集团军有70辆）。

61. 到1945年3月6日，有2个装甲师和1个装甲掷弹兵师仍在集结中。当日南方集团军群完整战斗序列可见弗里泽尔等著《德国和第二次世界大战》德文原版第8卷《东线1943/1944年：在东方和邻近战线的战争》第941页。

62. 克里沃舍耶夫主编《苏联在二十世纪的伤亡和作战损失》英文版第110页指出，苏军在巴拉顿湖战役中减员32899人（其中死亡失踪8492人，卫生减员24407人）。拉基茨基《从布达佩斯到维也纳》第119页宣称德军损失了4万人、500辆坦克和突击炮、300门火炮和迫击炮——当然这些数字有所夸大。根据迈尔《布达佩斯与维也纳之间的戏剧性事件》第240页提供的德军文件，在3月6—13日间，德军减员了14181人，其中死亡2451人、负伤11116人、失踪1251人；同时第6装甲集团军损失了102辆坦克和突击炮，第6集团军损失了大约20辆。

63. 克里沃舍耶夫主编《苏联在二十世纪的伤亡和作战损失》英文版第156页指出，苏军在维也纳战役中投入了74.56万人（其中包括10.09万名保加利亚军人），得到了估计400辆坦克和自行火炮的支援。以上数字包含了乌克兰第2方面军的第46集团军及其他支援部队。马利诺夫斯基的乌克兰第2方面军其余27.22万人（外加超过10万名罗马尼亚军人）在300辆坦克和自行火炮的支援下，于3月25日在多瑙河以北的斯洛伐克和匈牙利实施了布拉迪斯拉发—布尔诺战役。尽管苏联方面是把两个战役区分开来，但德军南方集团军群却不得不同时应对敌人两个方面军。在巴拉顿湖损兵折将后，南方集团军群加上匈牙利军已经不足40万人，以及大约400辆坦克和突击炮。

64. 根据克里沃舍耶夫主编《苏联在二十世纪的伤亡和作战损失》英文版第157页，苏军在维也纳战役中减员167940人（死亡失踪38661人，卫生减员129279人）；另外，保加利亚第1集团军损失了9805人（死亡失踪2698人，卫生减员7107人）。乌克兰第2方面军在布拉迪斯拉发—布尔诺战役中减员79596人（死亡失踪16933人，卫生减员62663人）。

65. 根据克里沃舍耶夫主编《苏联在二十世纪的伤亡和作战损失》英文版第101页，1944年10月1日至12月31日间，苏军死亡失踪259766人，卫生减员1026645人；在1945年1月1日至3月31日间则死亡失踪468407人，卫生减员1582517人。1—2月间德军兵力和损失数字均取自齐姆克《从斯大林格勒到柏林：德国在东线的失败》第457页。

第16章 战争结束

1. 安东尼·比弗《攻克柏林1945》（The Fall of Berlin 1945；纽约，维京出版社，2002年）第65、第67和第107～109页。

2. 柏林方向上德军战斗序列可见《柏林战役1945年》（Берлинская операция 1945 года；莫斯科，军事出版社，1950年）第1～44页，已解密。重印版为V.贡恰罗夫编辑《柏林会战：伟大卫国战争最后一战》（Битва за Берлин: Завершающее сражение Великой Отечественной войны；莫斯科，阿斯特出版社，2007年）。该书是迄今为止苏联对此战最为详尽的研究著作，计划由希利恩出版社发布英文版[①]。

---

① 译者注：现已由理查德·哈里森编译，希利恩出版社出版。

另可见托尼·勒蒂西耶（Tony Le Tissier）《柏林之战1945》（The Battle of Berlin 1945；伦敦，乔纳森·凯普出版社，1988年——London: Jonathan Cape, 1988）、《冲向国会大厦：1945年柏林之战》（Race for the Reichstag: The 1945 Battle for Berlin；伦敦，弗兰克·卡斯出版社，1999年）、《朱可夫在奥得河畔：决定性的柏林会战》（Zhukov at the Oder: The Decisive Battle for Berlin；宾夕法尼亚州，阿特格伦，斯塔克波尔图书出版社，2009年）第273～276页，最后这本提供了朱可夫当面德军第9集团军的详细战斗序列；伊萨耶夫《柏林1945：兽穴之战》和《最后一层地狱：国会大厦上的旗帜》；以及W.维勒默（W. Willemer）《德军在柏林的防御》（The German Defense of Berlin），MS No.P-136（历史部、美国陆军司令部，欧洲，1953年）——此书是根据参战德国老兵所提供的信息编写而成。

3. 勒蒂西耶《朱可夫在奥得河畔：决定性的柏林会战》第117～118页。

4. 希特勒对形势判断的改变可见齐姆克《从斯大林格勒到柏林：德国在东线的失败》第463页。关于劳班反击战，可见伊萨耶夫《柏林1945：兽穴之战》第142～144页，以及别沙诺夫《胜利的残酷真相：血腥的1945年》第247～249页。2月1日至3月10日间，雷巴尔科的坦克集团军损失了370辆坦克和自行火炮，其中有不少是在劳班地域折损，最后只剩255辆。负责实施包抄任务的德军部队是内林集群的第39和第57装甲军——前者由"元首"掷弹兵师、第21和第17装甲师一部组成，后者由第8装甲师、第408步兵师、"元首卫队"（Führerbegleit）师和第103装甲旅组成。内林将军宣称摧毁了苏军149辆坦克和142辆自行火炮，这些数字还是相当接近事实的。

5. 关于屈斯特林之战的最详尽著述可见伊萨耶夫《柏林1945：兽穴之战》第257～282页。另可见勒蒂西耶《朱可夫在奥得河畔》第79～98页，以及齐姆克《从斯大林格勒到柏林：德国在东线的失败》第464～465页。3月22—23日间，在屈斯特林被围后，德军于3月27日试图以第20和第25装甲掷弹兵师、"元首"掷弹兵师、"明谢贝格"装甲师、"一千零一夜"战斗群（Kampfgruppe "1001 Nacht"）及党卫军第502重装甲营（"虎"式）为要塞解围。反击部队共有133辆坦克和突击炮，其中39辆是"虎王"。此次进攻以惨败告终，党卫军第502重装甲营在苏军的雷场里损失了31辆"虎王"坦克中的18辆。但苏军在屈斯特林的损失也不少，3月21—31日间，突击第5集团军有982人死亡、3281人负伤、5人失踪，共有62辆坦克和24辆自行火炮损毁；近卫第8集团军的损失更大，有1124人死亡、4052人负伤。这两个集团军在2月2日至3月30日间共减员61799人（其中不可归队减员为15466人）。

6. 莫兹利《东方的雷声：1941—1945年纳粹与苏联的战争》第383～384页。克雷布斯影响力有限，在战争结束时选择了自杀身亡。

7. 关于苏联人的疑虑，可见V.波兹佳克（В. Поздяк）《对敌人的最后一击》（Завершающие удары по врагу）——《军事历史》杂志1965年5月号第26页。什捷缅科的多部著作中也表达出了相同疑虑。

8. 勒蒂西耶《朱可夫在奥得河畔》第273～276页指出，德军第9集团军在4月中旬有90836人（不含国民冲锋队），装备653辆坦克和自行火炮。国家档案馆微缩胶片T-311系列、维斯瓦集团军群军需官75122/18-19卷宗中的《维斯瓦集团军群司令部1945年4月13日第77/45号档案关于1945年4月13日坦克及突击炮情况》（"Stand der Panzer und Sturmgeschütze an 13.4.1945, Heeresgruppe Weichsel Nr. 77/45 Kdos, H. Qu., den 13.4.45", H. Gr. Weichsel, O. Qu 75122/18-19file, Series T-311, NAM）表明，该集团军拥有587辆坦克和突击炮，其中的512辆可以随时投入战斗。在同一天，德军第3装甲集团军有255辆坦克和突击炮（有232辆可以随时投入战斗）。相比之下，根据贡恰罗夫《柏林会战：伟大卫国战争最后一战》第37～55页，红军总参认为柏林城中和前方的德军共有760750人，拥有1519辆坦克和突击炮、

9303门火炮。其他苏联著作估计德军有100万人,其中包含200个国民冲锋队的营(约有20万人)。这些估计数字不仅算入了维斯瓦集团军群,还加上了在西线的第12集团军。最后,伊萨耶夫《柏林1945:兽穴之战》第293～296页根据德国文件认为,第9集团军大约有20万人,其中作战人员为90836人,装备了2625门火炮和迫击炮(含695门高射炮)、512辆可以投入战斗的坦克和突击炮。根据投降数字来看,德军实际数量大概如下:维斯瓦集团军群,55万人;中央集团军群,50万人(其中有15万人在协助保卫柏林);南方/奥地利集团军群①,45万人;北方集团军群(在库尔兰),30万人;柏林卫戍部队,12万人。

9. 维勒默《德军在柏林的防御》第25～39页。

10. 贡恰罗夫《柏林会战:伟大卫国战争最后一战》第56～160页提供了计划的完整细节。另可见伊萨耶夫《柏林1945:兽穴之战》第308～361页,相对简略的记述可见崔可夫《第三帝国的末日》(End of the Third Reich)英文版第166～177页。

11. 崔可夫《第三帝国的末日》英文版第166页,以及V.A.马楚连科(В. А. Мацуленко)《柏林战役中的军事艺术》(Военное искусство в Берлинской операции;莫斯科,伏罗希洛夫总参军事学院,1983年)第7～20页,后者现已解密。

12. 可见朱可夫《在柏林方向上》(На Берлинском направлении)——《军事历史》杂志1965年6月号第12～22页。苏联装甲兵和炮兵实力可见V.I.加尼申(В. И. Ганьшин)已解密的《柏林战役中的坦克和机械化兵》(Танковые и механизированные войска в Берлинской операции;莫斯科,伏罗希洛夫高等军事学院,1948年),以及贡恰罗夫编辑《柏林会战:伟大卫国战争最后一战》第161～178页。

13. 勒蒂西耶《朱可夫在奥得河畔》第139页。

14. 科涅夫《胜利的那一年》(Year of Victory;莫斯科,进步出版社,1984年)第315～316页。本书是《胜利的那一年》(Год победы;莫斯科,军事出版社,1966年)的英文版。

15. 罗科索夫斯基《军人的天职》英文版第314～345页,未删减版可见罗科索夫斯基《军人的天职》(莫斯科,呼声出版社,2000年)第408～431页,以及罗科索夫斯基《柏林以北》(Севернее Берлина)——《军事历史》杂志1965年5月号第36～41页。

16. 克里沃舍耶夫主编《苏联在二十世纪的伤亡和作战损失》英文版第158页。关于德军兵力的探讨可见贡恰罗夫编辑《柏林会战:伟大卫国战争最后一战》第728页。苏军兵力分配情况如下:白俄罗斯第1方面军,90.85万人;乌克兰第1方面军,55.09万人;乌克兰第2方面军,44.16万人;波兰第1和第2集团军,15.59万人;第聂伯河区舰队,5200人。

17. 勒蒂西耶《朱可夫在奥得河畔》第125页。

18. 可见N.M.拉马尼切夫(Н. М. Раманичев)《柏林战役准备期间的集团军变更部署经验总结》(Из опыта перегруппировки армий при подготовке Берлинской операции)——《军事历史》杂志1979年8月号第9～16页;《伟大卫国战争军事历史材料汇编》第7辑(1952年)第97～118页——《第70集团军步兵第47军在白俄罗斯第2方面军部队从但泽方向向施特廷方向变更部署期间的综合行军》[Комбинированный марш 47-го стрелкового корпуса 70-й армии при перегруппировке войска 2-го Белорусского фронта с данцигского на штеттинское направление (апреф 1945 г.)],现已解密。

---

① 译者注:1945年4月30日,南方集团军群更名为奥地利集团军群。

19. 计划情况可见贡恰罗夫编辑《柏林会战：伟大卫国战争最后一战》正文和表格。空地协同的细节可见《论柏林战役中航空兵的运用：我们的访谈》（О применении авиации в Берлинской операции. Наши интервью）——《军事历史》杂志1985年4月号第18~26页，本文包含有对参战的空军第16集团军司令谢尔盖·伊万诺维奇·鲁坚科（Руденко, Сергей Игнатьевич）的访谈。

20. 崔可夫《第三帝国的末日》英文版第177~181页。另可见谢尔盖·赫里斯托福罗维奇·阿加诺夫（Аганов, Сергей Христофорович）《柏林战役中的工程兵》（Инженерные войска в Берлинской операции）——《军事历史》杂志1985年4月号第36~40页。

21. 勒蒂西耶《朱可夫在奥得河畔》第149页、贡恰罗夫编辑《柏林会战：伟大卫国战争最后一战》第177~184页，以及伊萨耶夫《柏林1945：兽穴之战》第362~373页。

22. 勒蒂西耶《朱可夫在奥得河畔》第134页。

23. 哈德斯蒂和格林贝格《红色不死鸟的崛起：二战中的苏联空军》第333页。

24. 勒蒂西耶《朱可夫在奥得河畔》第142页。

25. 详情可见贡恰罗夫编辑《柏林会战：伟大卫国战争最后一战》第184~193页、伊萨耶夫《柏林1945：兽穴之战》第373~400页、别沙诺夫《胜利的残酷真相：血腥的1945年》第448~458页，英文材料可见崔可夫《第三帝国的末日》英文版第178~182页。

26. 根据伊萨耶夫《柏林1945：兽穴之战》第400页，4月16日时，白俄罗斯第1方面军因被击毁击伤和机械故障而损失了188辆坦克和自行火炮，另有1128人死亡、4496人负伤（不包含近卫第8集团军，该部减员数大概为2000人）。根据加尼申《柏林战役中的坦克和机械化兵》第40页，在4月16—19日的突破战斗中，白俄罗斯第1方面军损失了727辆坦克，相当于该部最初兵力的23%。近卫坦克第1集团军在整个战役中损失了706辆坦克和自行火炮里的431辆，其中在柏林巷战中损失104辆，所损失的431辆里有232辆属于不可恢复损失。每日损失情况可见伊萨耶夫《柏林1945：兽穴之战》第401~439页。

27. 科涅夫《胜利的那一年》英文版第317~325页、D.列柳申科（Д. Лелюшенко）《柏林就在我们前方》（Перед нами Берлин!）——《军事历史》杂志1970年6月号第65~72页；更详细的情况可见贡恰罗夫编辑《柏林会战：伟大卫国战争最后一战》和伊萨耶夫《柏林1945：兽穴之战》相关章节。

28. 关于波兰军队所起作用，见E.德姆科夫斯基（Е. Дымковский）《柏林战役和布拉格战役中的波兰第2集团军》（2-я армия Войска Польского в Берлинской и Пражской операциях）——《军事历史》1975年6月号第41~45页，以及E.博齐沃夫斯基（Е. Бордзиловский）《波兰第1集团军参加柏林战役》（Участие 1-й армии Войска Польского в Берлинской операции）——《军事历史》1963年10月号第15~29页。

29. 崔可夫《第三帝国的末日》英文版第189页、波兹佳克《对敌人的最后一击》第31页、O.A.勒热舍夫斯基（O. A. Rzheshevsky）《向柏林赛跑》（The Race for Berlin）——《斯拉夫军事研究》杂志第8期第3册（1995年9月）第566~579页，以及伊萨耶夫《柏林1945：兽穴之战》第412~414页。

30. 关于这次复杂的战斗有很多著作进行了描写，可见崔可夫《第三帝国的末日》英文版第18页、V.马卡列夫斯基（В. Макаревский）《柏林战役中的摩托化工程兵第17旅》（17-я мотоинженерная бригада в Берлинской операции）——《军事历史》1976年4月号第61~65页，以及I.西年科（И. Синенко）《步兵第164团夺取柏林附近巴茨洛（Batzlow）战斗的组织和实施》（Организация и ведение боя 164-м стрелковым полком за Бацлов под Берлином）——《军事历史》1976年4月号第65~70页。摩托化工

程兵第17旅负责支援近卫坦克第1集团军，而步兵第164团是隶属于突击第3集团军[①]。

31. 齐姆克《从斯大林格勒到柏林：德国在东线的失败》第479~485页。

32. 除了在之前注释中列出的研究著作外，另可见А.卢钦斯基（А. Лучинский）《冲向柏林！》（На Берлин!）——《军事历史》杂志1965年5月号第81~91页。

33. 可见А.法伊祖林（А. Файзулин）和Р.多布罗沃利斯基（П. Добровольский）《易北河会师》（Встреча на Эльбе）——《军事历史》1979年4月号第52~53页，此文包含有相关报告文件；G.涅霍诺夫（Г. Нехонов）《易北河会师》（Встреча на Эльбе）——《军事历史》1965年4月号第119~121页。当天（即4月25日）晚些时候，近卫步兵第15师（隶属于近卫第5集团军）所部与美军第69步兵师在里萨（Riesa）会师[②]。次日，近卫步兵第121师（隶属于第13集团军）与美军第9步兵师先头部队在维滕贝格（Wittenberg）会师。5月2日，北面，苏军第70集团军（隶属于白俄罗斯第2方面军）先头部队在什未林（Schwerin）附近与第18空降军（由英国第2集团军指挥）的美军会师。

34. 关于柏林市区战斗，可见V.S.安东诺夫（В. С. Антонов）《战争的最后日子里》（Последние дни войны）——《军事历史》杂志1987年7月号第70~75页、斯捷潘·安德烈耶维奇·涅乌斯特罗耶夫（Неустроев, Степан Андреевич）[③]《强击国会大厦》（Штурм рейхстага）——《军事历史》杂志1960年5月号第42~51页、伊萨耶夫《柏林1945：兽穴之战》第600~672页、贡恰罗夫编辑《柏林会战：伟大卫国战争最后一战》第385~542页，以及勒蒂西耶《冲向国会大厦：1945年柏林之战》第138~174页。

35. 柏林宣布投降的详情及相关文件，可见I.N.文科夫（И. Н. Венков）[④]《垂死挣扎》（Агония）——《军事历史》杂志1992年6—7月号第4~12页，以及勒蒂西耶《冲向国会大厦：1945年柏林之战》第188~190页。

36. 根据克里沃舍耶夫主编《苏联在二十世纪的伤亡和作战损失》英文版第158页，苏军在柏林战役中死亡失踪78291人，卫生减员274184人，占投入兵力的18%；波兰军队的损失包括死亡失踪2825人，卫生减员6067人。苏军还损失了1997辆坦克和自行火炮、2108门火炮及917架飞机。伊萨耶夫《柏林1945：兽穴之战》第673~684页给出了各个集团军和坦克集团军的损失数字。苏方秘密研究中的德军损失数字可见贡恰罗夫编辑《柏林会战：伟大卫国战争最后一战》第730~732页。

37. 这些会议是1946年2—4月间由苏联驻德占领军队集群[⑤]与中央军队集群[⑥]司令部举办的。两份会议报告后来分别以《根据苏联驻德军队集群装甲坦克和机械化兵司令、装甲坦克兵元帅Р.А.罗特米斯特罗夫在柏林战役军事科学研究会议上的报告》（Из доклада командующего бронетанковыми и механизированными войсками Группы советских войск в Германии маршала бронетанковых войск П. А. Ротмистрова на военно-научной конференции по изучению Берлинской операции）和《根据苏联元帅I.S.科涅夫在中央军队集群高级司令部人员柏林和布拉格战役军事科学研究会议上的发言》（Из выступления Маршала Советского Союза

---

① 译者注：该团隶属于近卫步兵第12军步兵第33师。

② 译者注：本书第一版指出与美国第69军师巡逻队会师的苏军隶属于近卫第5集团军近卫第58师近卫步兵第173团第2营。

③ 译者注：涅乌斯特罗耶夫时任直接攻击国会大厦的步兵第150师步兵第756团步兵第1营营长，正是他手下的叶戈罗夫和坎塔里亚奉命升起了突击第3集团军军事委员会的5号红旗——经修改后成了伟大卫国战争胜利的官方象征——胜利旗。

④ 译者注：原文作者有误，已修改。

⑤ 译者注：1945—1954年间全称为Группа советских оккупационных войск в Германии，俄文缩写为ГСОВГ，英文缩写为GSOFG。

⑥ 译者注：全称为Центральная группа войск，俄文缩写为ЦГВ，英文缩写为CGF。

И. С. Конева на военно-научной конференции высшего командного состава Центральной группы войск по изучению опыта Берлинской и Пражской операций）为标题发表在了《军事历史》杂志1985年9月号第43~50页和4月号第53~59页上。这两份报告在结论中认为中欧地区的地形因素及作战性质的变化要求军队结构由战时流行的坦克重型兵团转换为更加平衡的诸兵种混编结构。因此，苏军在1946年和1947年撤销了坦克集团军及坦克和机械化军，取而代之的是由坦克和机械化师组成的机械化集团军。坦克和机械化师增加了步兵和支援兵种的比重。步兵师也开始加强火力和支援兵种，并慢慢实现了摩托化。

38. 根据莫罗佐夫主编两卷本《伟大卫国战争1941—1945：从数据看战局和战略战役》第2卷第767页，布拉格战役中德军的总兵力为90万人，装备1900辆坦克和突击炮、9700门火炮和迫击炮、1000架飞机。这一数字包含了中央集团军群全部和奥地利集团军群（原南方集团军群）半数以上兵力。齐姆克《从斯大林格勒到柏林》第498页认为德军中央集团军群在5月8日时有60万人，而奥地利（德文为Ostmark）集团军群有43万人，实际上也等于认同了莫罗佐夫（所列出）的数字。

39. 克里沃舍耶夫主编《苏联在二十世纪的伤亡和作战损失》英文版第159页及莫罗佐夫主编两卷本《伟大卫国战争1941—1945：从数据看战局和战略战役》第2卷第753~754页都认为苏军在布拉格战役中投入了202.81万人、1808辆坦克和自行火炮、29496门火炮和迫击炮、3014架飞机。其中的257417人隶属于盟军部队，包括69522名波兰人、48400名捷克人，以及139495名罗马尼亚人[①]。

40. 关于战役计划和实施详情，可见什捷缅科《最后六个月：二战中俄罗斯与希特勒军队的最后战斗》（The Last Six Months: Russia's Final Battles with Hlitler's Armies in World War II；纽约花园城，道布尔迪出版社，1977年——Garden City, NY: Doubleday, 1977）第393~396页。最优秀的俄文著作可见A.N.格雷廖夫（А. Н. Грылёв）、V.P.莫罗佐夫（В. П. Морозов）、A.F.雷扎科夫（А. Ф. Рыжаков）和V.V.古尔金（В. В. Гуркин）《解放捷克斯洛伐克》（За освобождение Чехословакии；莫斯科，军事出版社，1965年）。另可见马利诺夫斯基《解放捷克斯洛伐克之战中的乌克兰第2方面军》（2-и Украинский Фронт в борьбе за освобождение Чехословакии）——《军事历史》杂志1960年5月号第11~25页。德军方面情况可见欣策《苦涩的结局：A、北乌克兰和中央集团军群的最后战斗——东线1944~1945》英文版第159~191页。

41. 克里沃舍耶夫主编《苏联在二十世纪的伤亡和作战损失》英文版第159页指出，苏联、保加利亚、罗马尼亚和捷克军队在此次战役中共减员52498人，其中死亡失踪11997人、卫生减员40501人。技术装备的损失包括373辆坦克和自行火炮、1006门火炮和迫击炮、80架飞机。

42. 什捷缅科《最后六个月：二战中俄罗斯与希特勒军队的最后战斗》第401~410页。

43. 特里亚达菲洛斯·特里亚达菲普洛斯（Triadafilos Triadafilopoulos）撰《强制人口迁徙的政治后果：难民涌入希腊和西德》（The Political Consequences of Forced Population Transfers: Refugee Incorporation in Greece and West Germany），出自赖纳·奥利格（Rainer Ohliger）、卡伦·舍恩韦尔德（Karen Schönwälder）和特里亚达菲普洛斯编著《欧洲的相遇：1945年后的移民、迁徙和欧洲社会》（European Encounters: Migrants, Migration and European Societies Since 1945；英国，奥尔德肖特，阿什盖特出版社，2003年——Aldershot, UK: Ashgate Publishing, 2003）第103页；另

---

① 译者注：莫罗佐夫书中并未提及盟军兵力，而克里沃舍耶夫书中波兰、捷克斯洛伐克和罗马尼亚的军人数量分别为6.95万、4.84万和13.95万；莫罗佐夫提供的苏军兵力为1770637人，其中作战兵力为1196390人，比克里沃舍耶夫书中所列出的170.07万人更为精确。

可见《德国人口流失：德国丢失领土的人口变动1939—1950》（Die deutschen Vertreibungsverluste. Bevölkerungsbilanz für die deutschen Vertreibungsgebiete 1939/50；联邦德国，威斯巴登，W.科尔哈默尔出版公司，1958年——Wiesbaden, FRG: Verlag W. Kohlhammer, 1958），由联邦统计办公室（Statistisches Bundesamt）编写。

44. 托马斯·格罗瑟（Thomas Grosser）《被驱逐者融入德意志联邦共和国社会》（Integration of Deportees into the Society of the Federal Republic of Germany），选自阿尔弗雷德·J.里伯（Alfred J. Rieber）编著《中欧和东欧的强制迁徙，1939—1950》（Forced Migration in Central and Eastern Europe, 1939-1950；伦敦，弗兰克·卡斯出版社，2002年）第97页。

第 17 章 总结

1. 罗伯茨《斯大林的战争》第280~281页。

2. 关于1941—1945年苏军在远东和外贝加尔地区的战斗序列，可见《苏军的战斗编成》（Боевой состав Советской Армии）第1–5卷；以及格兰茨《里夏德·佐尔格给苏联提供的情报对于苏军1941年和1942年从远东向西部调兵的影响》（The Impact of Intelligence Provided to the Soviet Union by Richard Zorge on Soviet Force Deployments from the Far East to the West in 1941 and 1942；卡莱尔，自印，2014年），这是2013年10月给日本防卫研究所的研究文章。1941年6月22日，远东苏军包括24个步兵、摩托化步兵和骑兵师；8个坦克和机械化师；以及13个筑垒地域——组建这种部队的初衷是节约边境兵力。1941年，苏联最高统帅部大本营在莫斯科城下抵挡德军进攻和发起第一次反攻时抽调了不少远东和外贝加尔军区的部队。从6月到12月，大本营从远东调遣了18个师（11个步兵师、5个坦克师和2个摩步师）前往西部，此外还以太平洋舰队的大量人员组建了12个海军步兵旅赴往战场。很多西方作者笔下的"西伯利亚师"——例如阿法纳西·帕夫兰季耶维奇·别洛博罗多夫上校著名的步兵第78师[①]以及摩托化步兵第82师——实际上主要来自于远东和外贝加尔军区。在将经验丰富的师派往西部的同时，大本营也在东部军区组建了战斗力相对差些的新部队，这样远东红军的兵力在战争的第一个冬天里就几乎没有变化。即使是在1942年夏季又被抽调了10个步兵师和4个步兵旅，该地区的苏军也依然从1942年1月1日的32个师和14个筑垒地域增加到了1945年1月1日的47个师和19个筑垒地域。截至（在远东）发起进攻的1945年8月，其规模已被扩充为80个师、4个坦克和机械化军、21个筑垒地域，被编为1个坦克集团军、11个诸兵种合成集团军，并得到了4个空军集团军的支援。

3. 可见《日本在中国东北的行动准备，1943年1月—1945年8月》（Japanese Preparations for Operations in Manchuria, January 1943-August 1945）第90~110和第141~151页，来自日本专题第138号（东京，美国陆军远东部队，美国陆军军事历史处，1951年）。

4. 详情可见丹尼斯·M.詹格雷科（Dennis M. Giangreco）《严惩不贷："没落"行动和登陆日本，1945—1947》（Hell to Pay: Operation Downfall and the Invasion of Japan, 1945-1947；马里兰州，安纳波利斯，海军学院出版社，2009年）第94~97页。以往的说法忽略了伤亡采用估算（导致）的影响，

---

① 译者注：1941年11月26日改编为近卫步兵第9师。

此类言论可见理查德·B.弗兰克（Richard B. Frank）《"没落"：日本帝国的终结》（Downfall: The End of the Imperial Japanese Empire；纽约，兰登书屋，1999年），尤其第133~148页。

5.（本书）作者们如往常一样得益于雅各布·基普的帮助。他审阅了这一部分的原稿，并根据自己关于美苏对中国东北计划的研究提供了大量信息。基普教授引用了位于纽约海德公园的罗斯福总统图书馆的三份文件——《地图资料室，埃夫里尔·哈里曼致F.D.罗斯福，1944年10月16日关于美方对苏方的情况通报》（Map Room, Averell Harriman to F. D. Roosevelt, 16 October 1944 on the U.S. briefing to the Soviets）、《地图资料室，哈里曼致罗斯福，1944年10月18日关于苏方情况通报的汇报》（Map Room, Harriman to FDR, 18 October 1944 on the Soviet briefing）、《美国军事代表团，莫斯科（迪恩将军）呈参谋长联席会议，M-21419,1944年10月18日》[U.S. Military Mission, Moscow (General Deane) to Joint Chiefs of Staff, M-21419, 18 October 1944]。这些文件中包含了对于此次战局的租借物资需求。

6. 战斗序列报告文件已由原"超机密"（Ultra）级别解密，并由诸兵种合成研究图书馆数字化，下载地址可见http://cgsc.cdmhost.com/cdm/singleitem/collection/p4013c0118/id/3999/rec/11，下载日期为2013年8月23日。

7. 关于邀请苏联介入的协商和北海道计划，可见格兰茨《苏德战争期间的苏联军事行动》（Soviet Military Operations during the Soviet-German War）；约翰·埃里克森《斯大林、苏联战略和大同盟》（Stalin, Soviet Strategy, and the Grand Alliance），选自安·莱恩（Ann Lane）和霍华德·坦珀利（Howard Temperley）编著《大同盟的崛起和衰落，1941—1945》（The Rise and Fall of the Grand Alliance, 1941-1945；英国，豪恩德米尔斯，麦克米伦出版有限公司，1995年——Houndmills, UK: Macmillan, 1995）第164~167页；以及V.P.加利茨基（В. П. Галицкий）和V.P.济莫宁（В. П. Зимонин）《登陆北海道取消》（Десант на Хоккайдо отменить!）——《军事历史》杂志1994年3月号第5~10页，文中包含有斯大林与华西列夫斯基就此次战役的通信记录。

8. 爱德华·J.德雷《意图不明：日本情报机关和苏联进攻中国东北，1945》（Missing Intentions: Japanese Intelligence and the Soviet Invasion of Manchuria, 1945）——《军事事务》（Military Affairs）第48期第2期（1984年4月）第66~73页。另可见格兰茨《苏联在二战中的军事伪装》第544~555页。

9. 关于苏军变更部署工作情况，可见N.V.叶罗宁（Н. В. Еронин）《苏联武装力量的战略变更部署（1945年远东战局准备期间）》[Стратегическая перегруппировка Советских Вооруженнх Сил (при подготовка Дальневосточной кампании 1945 года)；莫斯科，伏罗希洛夫总参军事学院，1980年]，已解密。从1945年1月1日至8月9日，远东苏军的兵力由101.04万人增加到了157.77万人。此外，这份资料在准确描述苏方情况的同时也严重高估了日军在中国东北的实力。

10. 埃里克森《斯大林、苏联战略和大同盟》第165~166页。苏军计划改变和战役实施的细节可见格兰茨《苏联在中国东北的战略进攻：1945年"八月风暴"》（The Soviet Strategic Offensive in Manchuria, 1945 "August Storm"；伦敦，弗兰克·卡斯出版社，2003年），以及《苏联在中国东北的战役战术作战：1945年"八月风暴"》（Soviet Operational and Tactical Combat in Manchuria, 1945 "August Storm"；伦敦，弗兰克·卡斯出版社，2003年）。

11. 日军警备师①下辖4个团②，而非3个，且不具有反坦克和炮兵能力。即便是下辖3个团的常规野战师也几乎没有反坦克能力，因为日军以为苏联人没有能力在中国东北投入坦克，此外在太平洋进行的战斗也不需要他们研制现代化的反坦克炮。所以日本人在中国东北给每个野战师增设了"特攻"营③。特攻营人员携带炸药包充当人肉炸弹，以破坏敌方坦克。但事实证明这种自杀性攻击对于苏联坦克来说起不到什么作用，直到日军指挥部把装药量加倍。苏军绝大部分的坦克损失都源于这种自杀性攻击，他们将其称为"Смертники"（意为"自杀者"，类似于使用飞机发动自杀攻击的"神风"特攻队）。

12. 根据克里沃舍耶夫主编《苏联在二十世纪的伤亡和作战损失》英文版第160～161页，苏军在远东战役中（包括在中国东北、朝鲜、库页岛和千岛群岛的作战行动）共投入了166.95万人。此外，蒙古人为普利耶夫的骑兵-机械化集群提供了1.6万人。如果只看中国东北，那么苏军的三个方面军共投入了1577725人，并得到了5556辆坦克和自行火炮、27086门火炮和迫击炮、3721架飞机的支援，对阵拥有71.3万人的日本关东军（还有17万"伪满洲国"军队和4.4万内蒙古伪军，但其中绝大部分都拒绝战斗或不堪一击）。尽管日军在要塞区中和集团军直属下拥有相当多火炮，却几乎没有现代化的坦克。可见格兰茨《苏联在中国东北的战略进攻：1945年"八月风暴"》第60～91页。

13. 雅各布·基普《苏联远东兵力集结和中国东北战局，1945年2—8月：教训和影响》第8～13页（The Soviet Far Eastern Build-Up and the Manchurian Campaign, February-August 1945: Lessons and Implications；堪萨斯州，利文沃斯堡，苏军研究办公室，1988年）。

14. 苏军在远东的兵力编制和战后改编可见格兰茨《苏联在中国东北的战略进攻：1945年"八月风暴"》第92～118和第311～346页。俄罗斯方面关于此战的新著作包括亚历山大·鲍里索维奇·希罗科拉德（Широкорад, Александр Борисович）《远东的结局》（Дальневосточный финал；莫斯科，阿斯特出版社，2005年）、阿纳托利·安德烈耶维奇·亚历山德罗夫（Александров, Анатолий Андреевич）《1945年8月在远东的伟大胜利：从外贝加尔到朝鲜》（Великая победа на Дальнем Востоке. Август 1945 года: от Забайкалья до Кореи；莫斯科，韦切出版社，2004年）、К.Е.切列夫科（К. Е. Черевко）和А.А.基里琴科（А. А. Кириченко）著《苏日战争（1945年8月9日—9月2日）：解密档案》[Советско-японская война (9 августа - 2 сентября 1945 г.). Рассекреченные архивы；莫斯科，比姆帕（Бимпа）出版社，2006г]。

15. 见I.克鲁普琴科（И. Крупченко）《兴安岭—沈阳战役中的近卫坦克第6集团军》（6-я гвардейская танковая армия в Хингано-Мукденской операции）——《军事历史》杂志1962年12月号第15～30页。

16. 可见А.卢钦斯基（А. Лучинский）《外贝加尔部队在"满洲"的山岗上》（Забайкальцы на сопках Маньчжурии）④——《军事历史》杂志1971年8月号第67～74页。

17. 可见N.I.克雷洛夫（Н. И. Крылов）、N.I.阿列克谢耶夫（Н. И. Алексеев）、I.G.德拉甘（И. Г. Драган）《胜利就在前方：第5集团军的战斗道路，1941年10月—1945年8月》（Навстречу победе: Боевой путь 5-й армии. Октябрь 1941 г. - август 1945 г.；莫斯科，科学出版社，1970年）。

18. 根据克里沃舍耶夫主编《苏联在二十世纪的伤亡和作战损失》英文版第160～161页，苏军损失了78

---

① 译者注：现代日文为"警備師団"。
② 译者注：旧日文为"聯隊"，现代日文为"連隊"。
③ 译者注：估计为"特別攻擊隊"。
④ 译者注：《在"满洲"的山岗上》（На сопках Маньчжурии，"满洲"即中国东北，曾被误译为"在满洲里的山岗上"）是一首悼念日俄战争中死在中国东北的俄军士兵的歌曲，作者以此为标题显然是为了缅怀他们的强盗祖先。

辆坦克和自行火炮（绝大多数是因为日方"自杀者"）、232门火炮和迫击炮。蒙古人的损失为死亡失踪72人，卫生减员125人。书中第277页认为日军有8.37万人死亡，60.94万人被俘，另还俘虏了伪军——汉族16100人、朝鲜族10300人、蒙古族3600人①，以及满族等少数民族700人。日军战俘被送往西伯利亚和远东，与德国战俘一起长住劳改营，并在那里为苏联经济重建出力。与德国战俘的结局相似，他们中也有很多人死掉，而不是最终被遣返回国。

19．关于坦克第257旅的情况，可见A.别洛博罗多夫《在"满洲"的山岗上》（На сопках Маньчжурии）——《军事历史》杂志1980年12月号第30～35页和1981年1月号第45～51页。

20．爱德华·J.德雷《效忠天皇：日本帝国陆军文集》（In the Service of the Emperor: Essays on the Imperial Japanese Army；林肯，内布拉斯加大学出版社，1998年），尤其第209～215页。另可见长谷川毅（長谷川毅，Tsuyoshi Hasegawa）《暗斗：斯大林、杜鲁门和日本投降》（Racing the Enemy: Stalin, Truman, and the Surrender of Japan；马萨诸塞州，坎布里奇，哈佛大学出版社贝尔纳普出版社，2005年），该书认为苏联进攻中国东北是天皇决定投降的最决定性因素。

21．加利茨基和济莫宁《登陆北海道取消》第9页。关于杜鲁门在说服斯大林停止进攻北海道中起到的作用及苏军如何成功夺取整个千岛群岛，可见格兰茨《苏德战争期间的苏联军事行动》。

22．弗兰克《"没落"：日本帝国的终结》第323页。占守岛登陆情况可见唐纳德·W.米切尔（Donald W. Mitchell）《俄罗斯与苏联海权史》（A History of Russian and Soviet Sea Power；纽约，麦克米伦出版社，1974年）第450页。日军加强北海道防御的情况可见詹雷科《严惩不贷："没落"行动和登陆日本，1945—1947》第162～163页。

23．曼施泰因《失去的胜利》英文版第547页。

24．格里尔《希特勒、邓尼茨和波罗的海：第三帝国最后的希望，1944—1945》第221页。

25．例如弗里德里希·冯·梅伦廷将军关于他在斯大林格勒城外与苏军作战情况的描述——贝茨勒英译《装甲战：二战中装甲兵运用的研究》（Panzer Battles: A Study of the Employment of Armor in the Second World War；诺曼，俄克拉荷马大学出版社，1956年）第186和第209页；梅伦廷也特别说明了苏军的装甲部队常常是个例外。

26．齐姆克《从斯大林格勒到柏林：德国在东线的失败》第412页。

27．同上，第213页。另可见本书附录表15。

28．齐姆克《从斯大林格勒到柏林：德国在东线的失败》第213～214和第412页认为，德军死亡总数在300万至350万人之间；本书作者估计其中有88%死在了东线。克里沃舍耶夫主编《苏联在二十世纪的伤亡和作战损失》英文版第272～278页分析了很多不统一的数据，认为至少有388万名德军（含奥地利人、党卫军和外国辅助人员）死亡，303.57万人被俘。第278页给出的官方数据认为有45.06万德军、9.47万匈牙利和罗马尼亚军人死在了战俘营。

29．关于德军在西线的兵力和损失，可见弗兰克·P.钱伯斯（Frank P. Chambers）《这个冲突的时代》（This Age of Conflict；纽约，哈考特、布雷斯和世界出版社，1962年——New York: Harcourt, Brace & World, 1962）第589～596页。

---

① 译者注：原文为5600名蒙古人，有误。

30. 亚历山大·希尔有多部作品能帮助我们全面了解租借法案的作用，例如《1941—1945苏联伟大卫国战争：文献读本》第163~191页。俄罗斯的修正历史学家们也认识到了其作用，包括鲍里斯·索科洛夫《租借法案在苏联军事努力中的角色，1941—1945》——《斯拉夫军事研究》杂志第7期第3册（1994年9月）第567~586页。

31. 莫伊纳汉《熊之爪，苏联武装力量史》第208~209页。

32. 根据作者于1989年7月对苏联老战士的访谈，苏联步兵——特别是第一梯队突击部队的步兵——伤亡一直很大。当被问到突破阶段主要突击方向上第一梯队中团的一般损失情况时，原近卫步兵第97师某团长回答说是全团兵力的"将近半数"（почти половина）。他接着说这已经是战争快要结束时的事情了。[1]

33. 关于入党的详细数据，可见莫兹利《东方的雷声：1941—1945年纳粹与苏联的战争》第228页。关于党和军官的关系，可见里斯《红色指挥员：苏军军官团的社会史，1918—1991》第157~171页。

34. 威廉·E.奥多姆《苏联军队的瓦解》（The Collapse of the Soviet Military；康涅狄格州，新哈文，耶鲁大学出版社，1998年）第389页。

---

① 译者注：通过查阅格兰茨在1989年6月对近卫步兵第97师近卫步兵第289团团长尤里·安德烈耶维奇·纳乌缅科的采访记录，发现其中并没有提到伤亡达到"将近半数"的地方，但这可能是他们私下谈话中的内容。

关于资料的说明

尽管关于苏德战争已经出现了大量著作，但其中大多数都因为无法接触到苏方军事记录和缺乏苏联档案材料而存在不少问题。海因茨·古德里安、冯·梅伦廷和埃里希·冯·曼施泰因等人的畅销回忆录虽然引人入胜，却只是描绘出了一幅与毫无特点的敌人之间进行战争的画卷——这个对手既没有具体的形象，也没有鲜明的特征。正如在总结章节所说，这些作者严重影响了厄尔·齐姆克、艾伯特·西顿等历史学家为构建苏联战争面貌所付出的杰出贡献，其一手材料主要还是来自德国方面，或者受到了原陆军总司令部首脑弗朗茨·哈尔德等人的严重影响。[1]

缺乏档案记录的问题同样影响到了格奥尔基·朱可夫、康斯坦丁·罗科索夫斯基和瓦西里·崔可夫等红军卓越指挥员们的少数回忆录。在尼基塔·赫鲁晓夫的自由化政策下，他们得以在20世纪60年代发表回忆录。然而，苏联档案也不是完全对其敞开，这样他们就不得不综合利用某些档案记录和自己对战争已经谈不上完整的记忆。于是，举例来说，没有一方能真正准确地讲述在斯大林格勒城内的战斗过程。此外，对于一些有争议的问题，例如1941年那似乎无休无止的灾难、斯大林未能从基辅撤兵及朱可夫的"火星"战役失利也仍然不允许公开讨论。少数历史学家凭借其语言天赋或是独特渠道可以接触到苏方资料，得以揭示苏联在战争中的基本特点。其中最杰出的莫过于约翰·埃里克森，他的大部头著作《苏联最高统帅部》（The Soviet High Command）、《通往斯大林格勒之路》（The Road to Stalingrad）及《通往柏林之路》（The Road To Berlin）一直都会是经典的军事作品。马尔科姆·麦金塔的《世界主宰：苏联武装力量史》（Juggernaut: A History of the Soviet Armed Forces）则是单卷本历史著作中颇具洞察力的一部作品。除此之外，在苏联时期出版的最有价值和最详尽的资料文献合集就是迈克尔·帕里什（Michael Parrish）关于1985年之前苏联出版的各种参考文献的两卷本著作了。

1990年，形势开始出现变化，当时美国和苏联及两国军人之间逐渐发生紧密的接触。美国总统乔治·布什（George H. W. Bush）通过其政治纲领缓和了与苏联总统米哈伊尔·戈尔巴乔夫及后来的俄罗斯联邦总统鲍里斯·叶利钦之间的关系，并促使双方军事机构开始寻求合作，包括交流在过去编写、用于未来教学的军事材料和研究著作。如此一来，苏联总参谋部和伏龙芝军事学院的教材、军官论文等材料，以及红军总参谋部全套战争经验汇编（Сборники）就流入了西方，美国军队的教材和经验教训总结则来到东方。1991年苏联解体后，俄罗斯联邦更是加快了这些联系和交流项目，后来国防部中央档案馆也开始在www.podvig.naroda.ru网站上公布苏德战争的最新档案材料。

20世纪90年代中期，诸如国防部、军事历史研究所、俄罗斯科学院、俄罗斯科学院通史研究所、俄罗斯内务部联合编辑部、联邦安全局、联邦安全局学院、莫斯科市档案总局等政府机构开始通过各自的出版社公开大量档案文献。其中就包括国防部的军事出版社（全称为Военное издательство，简称为Воениздат）、俄罗斯科学院的科学出版社（Наука）、通史研究所的出版社"ИВИ РАН"，以及其他相关出版社。已出版的汇编著作包括大本营、国防人民委员部、红军总参谋部、内务人民委员部和情报总局的战时命令和报告，还有与某些军事战役（例如莫斯科、斯大林格勒、库尔斯克、第聂伯河、白俄罗斯、柏林）及二战其他方面相关的专门归类的文件。

同时，亚乌扎（Яуза）、埃克斯莫（ЭКСМО）、韦切（Вече）、阿斯特（AST）、奥尔马出版（Олма-Пресс）、复写中心（Центрполиграф）等私人出版公司也出版了俄罗斯历史学家的几十甚至上百部著作。这些历史学家可以更顺利地接触到档案材料，从而仔细审视整场战争的多个方面。

冷战结束对于德国档案研究的作用更大。东德倒台使学者们找到了很多德方文件，在民事档案馆里常常能发现一些历史学家们一直以为已经永远消失的档案复本——于是现在出版了大量最新的轴心国方面的出色学术著作。其中最优秀的是德国权威官方战史，克拉伦登出版社已经将其中绝大部分译为英文，即《德国和第二次世界大战》（Germany and the Second World War）。此外，罗伯特·奇蒂诺（Robert Citino）、戴维·斯塔赫尔（David Stahel）、亚历山大·希尔（Alexander Hill）、罗尔夫·欣策（Rolf Hinze）和贾森·马克（Jason Mark）等学者也仍在逐渐修正我们对于德国方面的理解。最详尽的参考书目可以参见罗尔夫-迪特尔·米勒（Rolf-Dieter Müller）和格尔德·R.于贝尔舍尔（Gerd R. Ueberschär）于1997年出版于德国和英国牛津的《希特勒在东方的战争，1941—1945：批判的评价》（Hitler's War in the East 1941—1945: A Critical Assessment）[1]。

后文中的参考文献章节精选了上文所提到各种资料的代表作。

注释

1.关于德方形成的影响，可参见斯梅尔瑟（Smelser）和戴维斯（Davies）的精彩论述《东线的神话》（The Myth of the Eastern Front），尤其第56~73页。

---

① 译者注：原文书名有误，现已更正。

译者说明

1."Глубокая операция"字面义为纵深很大的战役,尽管英文翻译也使用"Deep"来形容深远,但俄文字面义的深度要更大一些,所以译为"大纵深"是非常准确的。

2.俄罗斯陆军的"Капитан"军衔是1630年参照西欧各国常备军编制组建"新制"即"外军制"部队时为连长设立的军衔,无论词源、历史还是内外交流时都和"Captain"完全一致。国内曾有一段时期将俄罗斯和苏联的"Капитан"译为"大尉",而将"Captain"译为"上尉",(这样做)除了徒增困扰之外别无意义。

3.苏军的术语"战局"(кампания)对应英文的"Campaign"和德文的"Feldzug"。

4.尽管英文原书中多处使用"Axis",但苏军术语只使用"Направлении",即"方向"。

5.关于"Armeeabteilung"和"Armeegruppe"这两个在战事混乱不堪时临时设立的集团军级编制,考虑到德军中还有"Korpsgruppe"——军级集群等其他级别的临时编制,按其字面直译为"集团军级支队"和"集团军级集群",前者通常编有1个(偶尔是2个)军的兵力,其司令部在级别上高于军(司令部),略低于集团军(司令部);而后者指德军集团军为执行专门任务而配属1个(或2个)盟国集团军时,即组成了此集群,这种集团军级集群由德军集团军司令部通过联合参谋部实施指挥。实际情况中,古德里安的第2装甲集群在1941年7月28日至8月3日间也曾更名为"集团军级集群",这可能是配属了数个步兵军的缘故。具体信息请查阅实时编成序列。

6.对于二战德军的最高级诸军兵种合成战略战役军团"Heeresgruppe",其字面义为"陆军集群"。法国人早在1913年就将多个集团军组成的更大军事单位称为"Groupe d'armées",直译为"多集团军组成的集群"。可能是因为这样,再加上英美俄等国的"Army"或"армий"确实兼有"陆军"和"集团军"之意,国内习惯上将德军的这一单位也译为"集团军群";为保持一致性,本书同样将其译为"集团军群"。请注意,德军也确实有可以直译为"集团军群"的"Armeegruppe"(即"集团军级集群")。

7.纳粹党德文全称是"Nationalsozialistische Deutsche Arbeiterpartei",考虑到纳粹党并非关爱全部国民,而是一个具有极端狭隘民族主义倾向的党派,故将其译为"民族社会主义德意志工人党"。

8.对于文中多处出现的"伸展过度"等类似说法,其原文为"Overextend",往往是指攻方冲击过远导致战线和补给线被拉长的现象,一般采取直译。

9.书中的"机动军"原文为"Mobile corps",即苏军中的坦克、机械化和骑兵军,常用作集团军快速集群,有时也作为方面军快速集群的补充力量。

10.关于德军中将军的最高一级——"Generaloberst",这里将其译为"上将"而非"大将"。对苏联和中国来说,大将是一个极为特殊的衔级。1974年后,苏军的大将甚至也可以佩戴军兵种主帅和军兵种元帅配发的小元帅星;而中国的大将是(迄今)只有10人获得过的崇高军衔级别。至于日本等国的所谓"大将"军衔是翻译自欧美的"上将"(General或Colonel General),且认为苏军的大将为"上级大将"。

另考虑到"Generaloberst"是成为集团军司令即可取得的军衔,故未将其定义为"大将"。

11.对于德军的军长通常可以获得的"General der XXX",本书将其译为"兵种将军",例如装甲兵将军、航空兵将军、空军将军、武装党卫军将军等。

12.尽管德军的师长常常可以获得英美苏军队中军长才能得到的"Generalleutnant"军衔,但文中并未按照英美惯例将其贬低一级,与(英美军队的)"少将"相对应,而是按照字面义翻译为"中将"。"少将"的情况与之类似。

13.红军中的"Военный Комиссар"字面义为"军事委员",习惯上也被译为"政治委员"或简称为"政委"。军事委员是部队中所有政工人员的领导。1942年10月9日,苏军再次取消军事委员制,同时撤销政治指导员,将其改为政治副指挥员(Замполит),如"政治副团长"。方面军和集团军革命军事委员会下设政治处(Политический отдел),师一级也是如此(设立政治处)。政治处归总政治部(ГЛАВНОЕ ПОЛИТИЧЕСКОЕ УПРАВЛЕНИЕ)领导,后者则向苏共中央汇报工作。

14.方面军和集团军的军事委员会(ВОЕННЫЙ СОВЕТ)由司令担任主席,其他军事委员会委员(ЧЛЕН ВОЕННОГО СОВЕТА)包括政治处主任、地方党政领导人或其他负责人。有时会有2名军事委员会委员,例如1941年6月西南方面军的瓦舒金和赫鲁晓夫。

15.对于"Управление",只有在总政治部和野战部队中被译为"部",人民委员部和国防人民委员部下属的机关均为"局"。

16.1944年1月27日,北方集团军群遭到列宁格勒方面军的重创,各路残兵败将合并成了步兵将军奥托·施蓬海默指挥的"施蓬海默集群"(Gruppe Sponheimer)。该集群一路退向纳尔瓦;2月13日,改由威廉·贝尔林中将(Wilhelm Berlin)接手指挥,此时尚未更名;后于2月23日更名为纳尔瓦集团军级集群(Armeegruppe Narwa),并改由约翰内斯·弗里斯纳中将(Johannes Frießner)指挥;5月30日起,更名为"纳尔瓦集团军级支队"(Armeeabteilung Narwa);7月3日起,由步兵将军安东·格拉塞尔(Anton Grasser)指挥;9月25日改称"格拉塞尔集团军级支队"。

而"弗里斯纳集团军级集群"(Armeegruppe Frießner)是1944年2月2—21日间由约翰内斯·弗里斯纳中将指挥的一个临时集群,2月22日—3月2日间由炮兵将军库尔特·赫尔佐克(Kurt Herzog)指挥。

17.1941年苏德战争爆发时德军装甲部队下辖的摩托化步兵被称为"射击兵"(Schütze),后于1942年7月5日更名为"装甲掷弹兵"(Panzergrenadier)。

18.苏联武装力量的步兵一般被称为"射击兵"(Стрелковые войска)或"徒步的人"(Пехота),前者是红军的主要组成部分,习惯将其译为"步兵"。后者一般出现在海军,舰队下属接受专业训练并遂行两栖登陆作战任务的"海军步兵"(Морская пехота)被译为"海军陆战队";而由海军人员组成,一般在红军指挥下进行地面作战的"海军射击兵旅"(Морская стрелковая бригада)则被译为"海军步兵旅"。

19."空白一代"(Weißer Jahrgang)指无需服兵役的一代人,在本书中指1901—1913年间出生的德国人。他们在一战期间没有达到服役年龄,在战后的1919—1935年间无需服兵役,多数人在恢复义务兵役制的1935年后又因岁数大大而不用立即当兵。二战后和现代一些时期不用服兵役的人也被称为"空白一代"。

20.德文的"Panzer"原意为"盔甲""铠甲",在二战期间指"坦克"。为便于区分苏德部队,仍按原意将其译为"装甲"。德军的坦克兵被称为"装甲兵"(Panzertruppe),装甲步兵(Panzer-Infanterie)、装甲兵和反坦克兵(Panzerjäger)等被合称为"快速兵种"(schnelle Truppen)。和其他国家一样，二战期间的所有"装甲部队"都是指坦克部队。

21.德国"Panzerkampfwagen V"坦克的绰号"Panther"在德语中指"豹"，但日常一般指"黑豹"，所以将其译为"豹"式或"黑豹"均可。本书采用"豹"式坦克的译法。

22.德国正式编号为"Panzerkampfwagen VI Tiger Ausf. E"的重型坦克一般被称为"虎"式或"虎1"坦克。而"Panzerkampfwagen Tiger Ausf. B"一般被称为"虎B"，在1943年3月16日至6月2日获得此正式编号前也被称为"虎2"坦克（Tiger II）。1945年1月初施佩尔的帝国军备和战争生产部月度生产报告和一些新闻纪录片称其为"Königstiger"，尽管这个单词在德语中指"孟加拉虎"，但其词源是英语的"Royal tiger"。有一种说法认为，最初英国猎人将他们在印度地区猎杀的大型老虎都称为"Royal tiger"；另外普遍认为孟加拉虎是体型最大的老虎，因此这个命名本身就有"虎中之王"的意味。再加上"虎B"原本就是对"虎"式坦克的加强，"Königstiger"这个非正式绰号更多地是采用了其本义而非单纯的一个物种，因而将其译为"虎王"也合情合理，本书仍根据作者英文原文译为"虎王"坦克。1944年10月，盟军在诺曼底遭遇这种重型坦克后，因为它就像放大版的"豹"式，所以将其称为"豹虎"（Pantiger），后改称"虎2"（Tiger II）、"虎王"（King Tiger）或"王室之虎"（Royal Tiger）。

23.二战期间的苏联武装力量最主要组成部分的正式名称是"工农红军"和"工农红海军"，正文为行文方便，一般称其为"苏军"，或是"红军""红海军"。而1935—1945年间德国武装力量主要是"国防军"（Wehrmacht）和党卫军/武装党卫军（Waffen-SS），一般称其为"德军"。对于魏玛共和国、纳粹德国和联邦德国的武装力量——"Reichswehr""Wehrmacht"和"Bundeswehr"，其字面意思分别为"国防军""防御力量"和"联邦防卫军"，一般分别译为"魏玛国防军""国防军"和"联邦国防军"。

24.尽管德文的"Reich"字面上只表示"国家""国土"，但也常常用来指代"帝国"（本书全部译为"帝国"）。

25.俄罗斯和苏联特有的最高级别战略军团"Фронт"字面义为"战线、正面"，标准且合理的翻译为"方面军"，相当于欧美的集团军群。中国最早出现"方面军"是在北伐战争期间，国民革命军和各路军阀都组建了相当于"方面军"或"方面军团"的部队；但在国民革命军中，方面军介于集团军和军之间。直到1930年8月，中国工农红军终于建立起了"方面军-军团-军-师"的编制体系。而日本直到1937年之后才第一次组建"方面军"（也相当于集团军群）。

26.关于日军的军衔和编制等，国内近现代以来绝大多数时候都直接照搬日文，并未深究其实际对应关系。这一做法的优点在于方便高效，缺点在于容易造成误解。请读者注意甄别。

27.作者在书中出现了一些职务、番号、军衔、方向和地名等方面的笔误，在很大程度上是因为早期互联网不发达、专门资料不丰富时出现的失误，目前德军编制可参考http://www.lexikon-der-wehrmacht.de/网站，或是官方的《1939—1945年第二次世界大战中德国国防军和党卫军的编成》（Verbände und Truppen der deutschen Wehrmacht und Waffen-SS im Zweiten Weltkrieg 1939-45）。红军编制可参考《苏军的战斗编成》（Боевой состав Советской Армии）第1～5卷，装甲坦克和机械化兵编制等可参考http://tankfront.ru/网站。在pamyat-naroda.ru网站上可以找到红军的人事和部队档案文件。在http://www.warheroes.ru/网站上可以找到全部"苏联英雄"称号获得者的介绍。

参考文献[1]

一手资料

男爵弗洛里安·冯·奥弗塞斯（Florian Freiherr von und zu Aufsess）著《第6集团军1942年9月14日—1943年2月2日作战日志卷宗》第1–3卷（Die Anlagenbänder zu den Kriegstagebüchern der 6. Armee vom 14.09.1942 bis 02.02.1943, Band I-III）。施瓦巴赫（Schwabach），自印，2006年。

《苏军的战斗编成》第1–5卷，含1941年6—12月、1942—1944年全部年份、1945年1—9月战斗序列[Боевой состав Советской Армии, части 1-части 5 (июнь-декабрь 1941 года, Январь-декабрь 1942-1944 годы, Январь – сентябрь 1945 г.)]。莫斯科，伏罗希洛夫总参军事学院（1964年），以及军事出版社（1966年、1972年、1988年和1990年）。

《苏联国防人民委员K.E.伏罗希洛夫在全联盟共产党（布）中央委员会给I.V.斯大林和在苏联人民委员会给V.M.莫洛托夫的关于改编红军框架原则的报告》[Доклад наркома обороны СССР К. Е. Ворошилова в Политбюро ЦК ВКП (б) И. В. Сталину и в СНК СССР — В. М. Молотову об основах реорганизации Красной Армии]，出自《工农红军总军事委员会：1938年3月13日—1941年6月20日：文件和材料》（Главный военный совет РККА: 13 марта 1938 г.-20 июня 1941 г.: Документы и материалы）。莫斯科，俄罗斯政治百科全书出版社（РОССПЭН），2004年。

安德烈·罗斯季斯拉沃维奇·泽尼斯凯维奇（Дзенискевич, Андрей Ростиславович）编写《围困中的列宁格勒：伟大卫国战争中的列宁格勒英勇防御文件汇编，1941—1944》（Ленинград в осаде : сборник документов о героической обороне Ленинграда в годы Великой Отечественной войны, 1941–1944）。圣彼得堡，俄罗斯面孔出版社（Лики России），1995年。

《爱沙尼亚1940—1945：爱沙尼亚反人类罪调查委员会报告》（Estonia 1940-1945: Reports of the Estonian International Commission for the Investigation of Crimes against Humanity），塔林，塔林图书出版社（Tallinna Raamatutrükikoda），2006年。

V.A.加夫里洛夫（В. А. Гаврилов）著《军事侦察报告：红军侦察局文件，1939年1月—1941年6月》（Военная разведка информирует : документы Разведуправления Красной Армии, январь 1939 июнь 1941 г.）。选自《二十世纪俄罗斯：文献》系列（Россия. XX век. Документы）。莫斯科，"民主"国际基金（Международный фонд «Демократия），2008年。

戴维·格兰茨编写Documents on the Northwestern Front's Combat Operations, 22 June-9 July

---

① 为方便读者查阅，以下参考文献只给出了一手资料中俄文资料的中文书名，对于二手资料则只保留原文。

1941. Carlisle, PA: 自印, 2006.

——编写Documents of the Western Front's Combat Operations, 22 June-5 July 1941. Carlisle, PA: 自印, 2006.

——编写Instructions for the Breakthrough of a Positional Defense (Draft) [Proekt], 1944, General Staff of the Red Army. Carlisle, PA: 自印, 2006.

——编写Red Army Officers Speak! Interviews with Veterans of the Vistula-Oder Operation (January-February 1945). Carlisle, PA: 自印, 1997.

V.贡恰罗夫（В. Гончаров）编写《库尔斯克会战：从防御到进攻》（Битва под Курском: От обороны к наступлению）。莫斯科，阿斯特出版社（AST），2006年。原版名为《库尔斯克会战：简述》（Битва под Курском: Краткий очерк）。莫斯科，军事出版社，1945年。红军总参军事历史局编写，于1965年解密。

——编写《柏林会战：伟大卫国战争最后一战》（Битва за Берлин: Завершающее сражение Великой Отечественной войны）。莫斯科，AST，2007年。红军总参军事历史局编写，于1965年解密。

——编写《1943年第聂伯河会战》（Битва за Днепр 1943 г.）。莫斯科，AST，2007年。最初于1946年和1953年发布在红军战争经验总结汇编内，1965年时解密。

V.P.亚姆波利斯基（В. П. Ямпольский）编写《"1941年春摧毁俄罗斯"，希特勒1940年7月31日说：苏联和德国特别部门文件，1937—1945年》[…Уничтожить Россию весной 1941 г. (А. Гитлер, 31 июля 1940 года): Документы спецслужб СССР и Германии. 1937-1945 гг.]。莫斯科，Kuchkovo pole，2008年。

A.I.科科林（А. И. Кокорин）和N.V.彼得罗夫（Н. В. Петров）主编《卢比扬卡：契卡-国家政治保卫局-内务人民委员部-国家安全人民委员部-国家安全部-内务部-国家安全委员会手册，1917—1960》（Лубянка: ВЧК—ОГПУ—НКВД—НКГБ—МГБ—МВД—КГБ. 19171960 Справочник）。选自《二十世纪俄罗斯：文献》系列。莫斯科，"民主"国际基金，2003年。

《1941—1945年伟大卫国战争期间苏联武装力量的军长和师长》（Командование корпусного и дивизионного звена Советских Вооруженных Сил периода Великой Отечественной войны 1941-1945 гг）。莫斯科，伏龙芝军事学院，1964年。

《德国国防军统帅部战争日志（国防军参谋部）》第1卷第1册《1940年8月1日—1941年12月31日》[Kriegstagebuch des Oherkommandos der Wehnnacht (Wehrmachtführungsstab), Band I, 1. August 1940-31. Dezember 1941]。由汉斯-阿道夫·雅各布森（Hans-Adolf Jacobsen）编纂。美茵河畔法兰克福，Bernard & Graefe Verlag，1965年。

V.G.马卡罗夫（В.Г.Макаров）和V.S.克里斯托福罗夫（В.С.Христофоров）主编《德国国防军将军和军官们的叙述：德军战俘审讯材料文件，1944—1951》（Генералы и офицеры вермахта рассказывают…Документы из следственных дел немецких военнопленных. 1944-1951）。选自《二十世纪俄罗斯：文献》系列。莫斯科，"民主"国际基金，2009年。

《前夜：西部特别军区（1939年底—1941年）：文件和材料》[Накануне: Западный особый военный округ (конец 1939 г. 1941 г.): Документы и материалы]。明斯克，白俄罗斯共和国国家档案馆 [NARB (National Archives of the Republic of Belarus)]，2007年。

V.P.纳乌莫夫（В. П. Наумов）两卷本《1941年》（1941 год）。选自《二十世纪俄罗斯：文献》系列。莫斯科，"民主"国际基金，1998年。

Harold S. Orenstein,译Soviet Documents on the Use of War Experience, vol. I, The Initial Period of War 1941. London: Frank Cass, 1991.

——译Soviet Documents on the Use of War Experience, vol. II, The Winter Campaign 1941-1942. London: Frank Cass, 1991.

——译Soviet Documents on the Use of War Experience, vol. III, Military Operations 1941-1942. London: Frank Cass, 1993.

N.P.帕特鲁舍夫（Н. П. Патрушев）编著《伟大卫国战争中的苏联国家安全部门》1-5卷（Органы государственной безопасности СССР в Великой Отечественной войне）。涉及1938年11月至1944年12月31日相关内容。莫斯科，Kniga i bisnes，1995；Rus', 2003-2008；Kuchkovo pole, 2007。

《1944年红军野战条令（ПУ-44）》[Полевой Устав Красной Армии 1944 (ПУ-44)]。莫斯科，军事出版社，1944年。

《情报机构档案文件中的1944年华沙起义》（莫斯科和华沙同时出版，俄联邦联邦安全局中央档案馆、俄罗斯科学院俄罗斯历史研究所、波兰内务与行政部、波兰国家记忆研究院等联合编写，2007年；Powstanie Warszawskie 1944 w dokumentach z archiwów służb specjalnych/Варшавское восстание 1944 в документах из архивов спецслужб）。

两卷本《1944年消灭在白俄罗斯的德国法西斯军队》（Разгром немецко-фашистских войск в Белоруссии в 1944 года в двух томах）。莫斯科，总参军事学院，1959年。于1965年解密。

А.А.热舒夫斯基（А.А.Ржешевский）著《帕夫洛夫：被处决将军的秘密》（Павлов: Тайна расстрелянного генерала）。莫斯科，韦切出版社（Veche），2005年。

《伟大卫国战争作战文件汇编》（Сборник боевых документов Великой Отечественной войны），共43辑。莫斯科，军事出版社，1947—1961年。于1964年解密。

《伟大卫国战争经验研究材料汇编》（Сборник материалов по изучению опыта войны），共26辑。莫斯科，军事出版社，1942—1948年。于1964年解密。

《苏联海军战斗行动经验材料汇编》（Сборник материалов по опыту боевой деятельности Военно-Морских Сил Союза ССР），共39辑。苏联海军总司令部，1943—1950年。于1964年解密。

《基于伟大卫国战争经验的战术范例汇编》（Сборник тактических примеров по опыту Отечественной войны），共23辑。莫斯科，1942—1947年。于1964年解密。

《伟大卫国战争军事历史材料汇编》（Сборник военно-исторических материалов Великой Отечественной войны），共19辑。莫斯科，军事出版社，1949—1968年。1—18辑曾被列入机密，于1964年解密。

鲍里斯·米哈伊洛维奇·沙波什尼科夫（Boris M. Shaposhnikov）主编三卷本《在莫斯科城下粉碎德军：西方面军的莫斯科战役，1941年11月16日—1942年1月31日》[Разгром немецких войск под Москвой (Московская операция Западного фронта 16 ноября 1941 г. – 31 января 1942 г.)]。莫斯科，军事出版社，1943年。于1965年解密。2006年由莫斯科市总档案馆出版社开放股份公司"莫斯科人教材"以同名重印（实际名为《Битва за Москву. Московская операция Западного фронта 16 ноября 1941 г. – 31 января 1942 г.》）。

V.A.沙波什尼科夫主编《从文件材料看高加索会战》（Битва за Кавказ в документах и материалах）。斯塔夫罗波尔，斯塔夫罗波尔大学出版社，2003年。

《1941—1945年伟大卫国战争中的内卫部队：文件和材料》。莫斯科，军事出版社，司法部法律著作出版社（Юридическая литература），1975年。

N.L.沃尔科夫斯基编写《从文件和解密档案看列宁格勒围困》（Блокада Ленинграда в документах рассекреченных архивов）。莫斯科，AST，2004年。

V.A.日林主编两卷本《莫斯科会战：编年、史实和人物》（Битва под Москвой. Хроника, факты, люди: в 2-х кн）。莫斯科，奥尔马出版（Olma-Press），2001年。

——主编两卷本《库尔斯克会战：编年、史实和人物》（Курская битва. Хроника, факты, люди: В 2 кн）莫斯科，Olma-Press，2003年。

——主编《"巴格拉季翁"战役：解放白俄罗斯》（Операция "Багратион". Освобождение Белоруссии）。莫斯科，Olma-Press，2004年。

——主编两卷本《斯大林格勒会战：编年、史实和人物》（Сталинградская битва: Хроника, факты, люди）。莫斯科，Olma-Press，2002年。

《"冬季战争"：纠错（1940年4—5月，红军总军事委员会芬兰战局经验总结委员会材料）》["Зимняя война": работа над ошибками (апрель-май 1940 г.). Материалы комиссий Главного военного совета Красной Армии по обобщению опыта финской кампании]。莫斯科和圣彼得堡，夏宫出版社（Летний сад），2004年。

V.A.佐洛塔廖夫主编《莫斯科会战：文件汇编》（Битва под Москвой: Сборник документов）。选自《俄罗斯档案：伟大卫国战争》第15卷第4-1册[Русский архив: Великая Отечественная. Т. 15 (4-1)]。莫斯科，TERRA，1997年。

——主编《柏林会战：红军在被击败的德国）》[Битва за Берлин (Красная Армия в поверженной Германии)]。选自《俄罗斯档案：伟大卫国战争》第15卷第4-5册。莫斯科，TERRA，1995年。

——主编 "General'nyi shtab v gody Velikoi Otechestvennoi voiny: Dokumenty i materially, 1941-1945 gg."[The General Staff in the Great Patriotic War: Docu-ments and materials, 1941-1945]. Russki arkhiv: Velikaia Otechestvennaia, t. 23 (12-I)-23 (12-4) [The Russian Archives: The Great Patriotic (War), vol. 23 (12-1)—(12-4)]。莫斯科，TERRA，1997—2001年。

——主编《莫斯科会战中的朱可夫：文件汇编》（Г. К. Жуков в битве под Москвой: Сборник документов）。莫斯科，莫斯科总档案馆，1994年。

——主编《库尔斯克会战：文件和材料，1943年3月27日—8月23日》（Курская битва. Документы и материалы 27 марта – 23 августа 1943 г.）。选自《俄罗斯档案：伟大卫国战争》第15卷第4-4册。莫斯科，TERRA，1997年。

——主编《战争前夜：1940年12月23—31日工农红军高级干部会议记录》（Накануне войны. Материалы совещания высшего руководящего состава РККА 23-31 декабря 1940 г.）。选自《俄罗斯档案：伟大卫国战争》第12卷第1册。莫斯科，TERRA，1993年。

——主编《解放波罗的海沿岸：文件和材料 》（Освобождение Прибалтики: Документы и материалы）。选自《俄罗斯档案：伟大卫国战争 》第15卷第4—10册。莫斯科，TERRA，2001年。

——主编《库尔斯克会战前奏：文件和材料，1942年12月6日—1943年4月25日 》（Прелюдия Курской битвы : документы и материалы, 6 декабря 1942 г. 25 апреля 1943 г.）。选自《俄罗斯档案：伟大卫国战争 》第15卷第4-3册。莫斯科，TERRA，1997年。

——主编《苏联国防人民委员命令，1937—1945年 》（Приказы народного комиссара обороны СССР, 1937-1945 гг.）。选自《俄罗斯档案：伟大卫国战争 》第13卷第2-1、第2-2和第2-3册。莫斯科，TERRA，1994—1997年。

——主编《最高统帅部大本营：文件和材料，1941—1945年 》（Ставка ВГК: Документы и материалы. 1941-1945）。选自《俄罗斯档案：伟大卫国战争 》第16卷第5-1到第5-4册。莫斯科，TERRA，1996—1999年。

N.P.佐洛托夫（Н. П. Золотов）主编《伟大卫国战争期间（1941—1945年）苏联武装力量的战斗和数字编成：数据收集第1卷（1941年6月22日） 》[Боевой и численный состав Вооруженных Сил СССР в период Великой Отечественной войны (1941-1945 гг.). Статистический сборник № 1 (22 июня 1941 г.)]。莫斯科，俄罗斯联邦国防部军事历史研究所，1994年。

二手资料

Abashidze, Teimuraz, and Il'ia Moshchansky. Katastrofa pod Kievom: Kievskaia strategicheskaia oboronitel'naia operatsiia, 7 iiulia–26 sentiabria 1941 goda, chast' 3 [The catastrophe at Kiev: The Kiev strategic defensive operation, 7 July–26 September 1941, pt. 3]. Voennaia letopis', 6–2003. Moscow: "BTV-MH," 2003.

. Okruzhenie Iugo-Zapadnogo fronta: Kievskaia strategicheskaia oboronitel'naia operatsiia, 7 iiulia–26 sentiabria 1941 goda, chast' 2 [The encirclement of the Southwestern Front: The Kiev strategic defensive operation, 7 July–26 September 1941, pt. 2]. Voennaia letopis', 4–2003. Moscow: "BTV-MH," 2003.

. Operatsiia "Tsitadel," 5–23 iiulia 1943 goda: Oboronitel'nye boi na sevemom fase Kurskoi dugi, 5–12 iiulia 1943 goda [Operation "Citadel," 5–23 July 1943: The defensive battle on the northern face of the Kursk arc, 5–12 July 1943]. Voennaia letopis', 1–2004. Moscow: "BTV-MH," 2004.

. Tragediia pod Uman'iu: Kievskaia strategicheskaia oboronitel'naia operatsii, 7 iiulia–26 sentiabria 1941 goda, chast' 1 [The tragedy at Uman: The Kiev strategic defensive operation, 7 July–26 September 1941, pt. 1]. Voennaia letopis', 2–2003. Moscow: "BTV-MH," 2003.

Abaturov, V. V., and M. E. Morozov. Neizvestnye tragedii Velikoi Otechestvennoi. Srazheniia bez pobed [Unknown tragedies of the Great Patriotic (War): Battles without victory], Moscow: "Iauza" "Eksmo," 2008. About failures on the north-western axis in 1941 and 1942.

Abaturov, Valerii. 1941 na Zapadnom napravlenii [1941 on the western axis], Moscow: "Iauza"

"Eksmo," 2007.

Abaturov, Valerii, and Richard Portugal'skii. Kharkov: Prokliatoe mesto Krasnoi Armii [Khar' kov: A cursed place of the Red Army], Moscow: "Iauza" "Eksmo," 2008.

Abramov, Vadim. SMERSH: Sovietskaia voennaia kontrrazvedka protiv razvedka Tret' evo Reikha [SMERSH: Soviet military counterintelligence against the intel-ligence of the Third Reich]. Moscow: "Iauza" "Eksmo," 2005.

Abramov, Vsevolod. Kerchenskaia katastrofa 1942 [The Kerch' catastrophe of 1942]. Moscow: "Iauza" "Eksmo," 2006.

Abramovich, Ales' , and Danil Granin. Leningrad under Siege: First-hand accounts of the Ordeal. Trans. Claire Burstall and Vladimir Kisselnikov. Barnsley, UK: Pen & Sword Military, 2007.

Adair, Paul. Hitler' s Greatest Defeat: The Collapse of Army Group Centre, June 1944. London: Arms & Armour Press, 1994.

Aleksandrov, A. Velikaia pobeda na Dal' nem vostoke, Avgust 1945 goda: Ot Zabaikal' ia do Korei [The great victory in the Far East, August 1945: From Trans-Baikal to Korea], Moscow: "Veche," 2004.

Aleksandrov, Kirill. Armiia generala Vlasova, 1944–1945 [The army of General Vlasov 1944–1945]. Moscow: "Iauza" "Eksmo," 2006.

Aliev, Rostislav V. Shturm Rrestskoi kreposti [The storm of the Brest fortress]. Mos-cow: "Iauza" "Eksmo," 2008.

Anfilov, V. A. Krushenie pokhoda Gitlera na Moskvu 1941 [The collapse of Hitler' s march on Moscow 1941]. Moscow: "Nauka," 1989.

. Nezabyvaemyi sorok pervyi [Unforgettable forty-one]. Moscow: "Sovetskaia Rossiia," 1989.

Anfilov, V. A., and F. I. Golikov. Zagadka 1941 goda: V voine pod raznymi rakursami [The mystery of 1941: Into war under differing anticipated circumstances]. Mos-cow: "Veche," 2005.

Antonov, N. A. Proryv oborony protivnika voiskami 1-go Belorusskogo fronta v VisloOderskoi operatsii (ianvar 1945) [Penetration of the enemy defenses by 1st Belo-russian Front' s forces in the Vistula-Oder operation, January 1945]. Moscow: Voroshilov Academy of the General Staff, 1980. Classified secret but now declassified.

Apiev, Rostislav. Shturm Brestskoi kreposti [The storming of the Brest fortress], Moscow: "Iauza" "Eksmo," 2008.

Aptekar' , Pavel. Sovetsko-Finskie voiny: Samye pozomye v istorii Russkovo oruzhiia [The Soviet-Finnishwar: The most infamous in the history of Russian arms]. Moscow: "Iauza" "Eksmo," 2004.

Armstrong, Richard N. Red Army Tank Commanders: The Armored Guards. Atglen, PA: Schiffer Military/Aviation History, 1994.

Axworthy, Mark, Cornel Scafe$, and Cristian Craciunoiu, Third Axis, Fourth Ally: Romanian

Armed Forces in the European War, 1941–1945. London: Arms & Ar–mour Press, 1995.

Babadzhanian, Amazasp Kh. Tankovye reidy 1941–1945 [Tank raids 1941–1945]. Moscow: "Iauza" "Eksmo," 2009.

Babich, Iu. P., and A. G. Baier. Razvitie vooruzheniia i organizatsii sovetskikh sukhoputnykh voisk v gody Velikoi Otechestvennoi voiny [Development of the ar–mament and organization of the Soviet ground forces in the Great Patriotic War]. Moscow: Izdanie Akademii, 1990.

Babin, A. I., ed. Karel' skii front v Velikoi Otechestvennoi voine 1941–1945 gg.: Voennoistoricheskii ocherk [The Karelian Front in the Great Patriotic War 1941–1945: A military–historical survey]. Moscow: "Nauka," 1984.

Bagramian, I. Kh. Tak nachinalas' voina [How the war began], Moscow: "Golos," 2000. Unexpurgated version of a previously published memoir.

. Tak shli my k pobede [As we went on to victory]. Moscow: Voenizdat, 1966 and 1988.

Bagreev, A. D. Visla–oderskaia operatsiia: Razgrom nemetsko–fashistskikh voisk v Pol' she sovetskimi voiskami v ianvare 1945 goda [The Vistula–Oder operation: The destruction of German–Fascist forces in Poland by Soviet forces in 1945]. Moscow: Voroshilov Academy of the General Staff, 1957. Classified secret but now declassified.

Ban' kovskaia, I. N., ed. Sovetsko–Iaponskaia voina, 9 avgusta–2 sentiabria 1945 g. Rassekrechennye arkhivy [The Soviet–Japanese War, 9 August–2 September 1945: Declassified archives]. Moscow: BIMPA, 2006.

Baranov, Viktor. SMERSH: Budni frontovogo kontrrazvedchika [SMERSH: The humdrum life of front counterintelligence workers], Moscow: "Iauza" "Eksmo," 2008.

Baronov, O. Balatonskaia oboroniteTnaia operatsiia [The Batalon defensive operation], Moscow: "Eksprint," 2001.

Bartov, Omer. The Eastern Front, 1941–45: German Troops and the Barbarization of Warfare. New York: St. Martin s Press, 1986.

Baryshnikov, Nikolai I. Finland and the Siege of Leningrad 1941–1944. Trans. Peter Morely, Viktoria Kovalenko, and Soma Biswas. Helsinki–St. Petersburg: Johan Beckman Institute, 2005.

. Mannerheim without the Mask 1940–1944. Trans. Peter Morley. Helsinki–St. Petersburg: Johan Beckman Institute, 2005.

Batov, P. I. V pokhodakh i boiakh [In marches and battles]. Moscow: "Golos,' 2000. The unexpurgated version of a previously published memoir.

Beevor, Anthony. The Fall of Berlin 1945. New York: Viking, 2002.

. Stalingrad: The Fateful Siege, 1942–1943. New York: Viking, 1998.

Bekker, Cajus. The Luftwaffe War Diaries. New York: Ballantine Books, 1969.

Belkin, I. M. 13 armiia v Lutsko–Rovenskoi operatsii 1944 g. [13th Army in the Rovno–Lutsk operation, 1944]. Moscow: Voenizdat, 1960.

Bellamy, Chris. Absolute War: Soviet Russia in the Second World War. London: Macmillan, 2007.

Belokon', Vitalii, and Il' ia Moshchansky. Naflangakh Stalingrada: Operatsii na Srednem i Verkhnem Donu, 17 iiulia 1942–2 fevralia 1943 goda [On the flanks of Stalingrad: Operations on the Middle and Upper Don, 17 July 1942–2 February 1943]. Voennaia letopis', 2–2002. Moscow: "PKV," 2002.

Belov, P. A. Za nami Moskva [Behind us, Moscow], Moscow: Voenizdat, 1963.

Beshanov, Vladimir. Desiat' Stalinskikh udarov [The ten Stalin blows]. Moscow: "AST," 2005.

. God 1942— "Uchebnyi" [The year 1942— "Training"]. Minsk: Kharvest, 2002.

. God 1943— "Perelomnyi" [The year 1943— "Critical"]. Moscow: "Iauza" "Eksmo," 2008.

. Gor' kaia Pravda o poBEDE. Krovavyi 1945 god [The bitter truth about the matter (a play on the word victory—pobeda): Bloody 1945]. Moscow: "Iauza," 2013.

. Krasnyi blitskrig [Red blitzkrieg]. Moscow: "IzdateP Bystrov," 2006.

. "Krovavo-Krasnaia" Armiia: Po ch' ei vineP [The "Blood-Red" Army: Who is guilty for what?]. Moscow: "Iauza" "Eksmo," 2010.

. Leningradskaia oborona [The Leningrad defense], Minsk: Kharvest, 2005.

. Leningradskaia voinia, Strashnaia pravda o blockade: Nikakoi oborony ne bylo! [The Leningrad warriors, the dreadful truth about the blockade: There was no sort of defense!]. Moscow: "Iauza," 2011.

. Tankovyi pogrom 1941 goda [The tank massacre of 1941]. Moscow: "AST," 2001.

. Voevali na "grobakh" : Upadok v tankovykh voiskakh [They fought to the grave: The collapse in the tank forces]. Moscow: "Iauza," 2011.

Bezymensky, Lev. Bitva za Moskvu: Proval operatsii "Taifun" [The battle for Moscow: The failure of Operation "Typhoon"]. Moscow: "Iauza" "Eksmo," 2007.

Bialer, Seweryn, ed. Stalin and His Generals: Soviet Military Memoirs of World War II. Boulder, CO: Westview Press, 1984.

Bidlack, Richard, and Nikita Lomagin. The Leningrad Blockade, 1941–1945: A New Documentary History from the Soviet Archives. New Haven, CT: Yale University Press, 2012.

Bitva pod Moskvoi [The battle at Moscow], Moscow: Voenizdat, 1989. Prepared by the Institute of Military History of the Ministry of Defense of the USSR.

Blau, George. The German Campaign in Russia: Planning and Operations, 19401942. Department of the Army Pamphlet No. 2–261a. Washington, DC: Office of the Chief of Military History [hereafter cited as OCMH], 1955, reprinted 1988.

Boiarsky, Viacheslav. Diversanty Zapadnogo fronta: Artur Sprogis i drugie. Stranitsa Pamiati

[Saboteurs of the Western Front: Artur Sprogis and others—Pages of memory]. Moscow: "Krasnaia Zvezda," 2007.

Boldin, I. V. Stranitsy zhizni [Pages of a life]. Moscow: Voenizdat, 1961.

Bondarenko, A. Iu., and N. N. Efimov. Gor' koe leto 1941-go [The bitter summer of 1941]. Moscow: "Veche," 2011.

Boog, Horst, Jurgen Forster, Joachim Hoffmann, Ernst Klink, Rolf-Dieter Muller, and Gerd R. Ueberschar. Germany and the Second World War, vol. IV, The Attack on the Soviet Union. Trans. Dean S. McMurry, Ewald Osers, and Louise Willmot. Oxford: Clarendon Press, 1999.

Boog, Horst, Werner Rahm, Reinhard Stumpf, and Bernd Wegner. Germany and the Second World War, vol. VI, The Global War: Widening of the Conflict into a World War and the Shift of the Initiative, 1941–1943. Trans. Ewald Osers et al. Oxford: Clarendon Press, 2001.

Buchner, Alex. Ostfront 1944: The German Defensive Battles and the Russian Front, 1944. Trans. David Johnston. Atglen, PA: Schiffer Military/Aviation History, 1995.

———. Sewastopol: Der Angriff auf die stärkste Festung der Welt 1942. Friedberg, FRG: Podzun-Pallas Verlag, 1978.

Bukeikhanov, Petr. Kurskaia bitva: Nastuplenie. Operatsia "Kutuzov." Operatsiia "Polkovodets Rumiantsev." Iiul' –avgust 1943 g. [The Battle of Kursk: The of-fensive— Operation "Kutuzov," Operation "Military Chieften Rumiantsev," JulyAugust 1943]. Moscow: "Tsentrpoligraf," 2013.

———. Kurskaia bitva: Oborona. Planirovanie i podgotovka operatsii "Tsitadel." Srazhenie na sevemom fase Kurskoi dugi. Iiul' 1943 g. [The Battle of Kursk: Defense—The planning and preparation of Operation "Citadel," the battle on the northern face of the Kursk bulge, July 1943]. Moscow: "Tsentrpoligraf," 2011.

———. Kurskaia bitva. Perelom. Srazhenie na iuzhnom fase Kurskoi dugi. Krakh operatsii "Tsitadel' ." 1943 [The Battle of Kursk: Turning point—The battle on the southern face of the Kursk bulge, the failure of Operation "Citadel," 1943]. Moscow: "Tsentrpoligraf," 2012.

Burnusov, I. L., ed. Frontovye i voiskovye razvedchiki v Stalingradskoi bitve (v dokumentov i litsakh) [Front and force reconnaissance men in the Battle of Stalingrad (documents and persons)]. Moscow: Kuchkovo pole, 2013.

Buttar, Prit. Battleground Prussia: The Assault on Germany' s Eastern Front, 1944–45. Oxford: Osprey Publishing, 2010.

Bykov, Konstantin. B. Kharkovskii "kotel," 1942 god. Krushenie nadezhd [The Kharkov cauldron 1942: Ruined hope]. Moscow: "Iauza" "Eksmo," 2007.

———. Velichaishaia voennaia katastrofa: Kievskii "kotel" [The greatest military ca-tastrophe: The Kiev "cauldron"]. Moscow: "Iauza" "Eksmo," 2008.

Bylinin, Sergei. Tankovoe srazhenie pod Brodami–Rovno 1941 [The tank battle at Brody-

Rovno 1941]. Moscow: "Eksprint," 2005.

Carell, Paul [Paul K. Schmidt]. Hitler Moves East 1941–1943. New York: Bantam Books, 1968.

. Scorched Earth: Hitler's War on Russia, 1941–1943, vol. II. Trans. Ewald
Osers. London: George Harrap, 1970.

. Stalingrad: The Defeat of the German 6th Army. Trans. David Johnston.
Atglen, PA: Schiffer Military History, 1993.

Ceaujescu, Ilie, Florin Constantiniu, and Mihail E. Ionescu. A Turning Point in World War II: 23
Aumst 1944 in Romania. New York: Columbia University Press, 1985.

Chambers, Frank P. This Age of Conflict. New York: Harcourt, Brace & World, 1962.

Cherenin, O. V. Shpionskii Königsberg. Operatsii spetssluzhb Germanii, Pol'shi i SSSR v
Vostochnoi Prussii. 1924–1942 [Spying Königsberg: The operations of the special services of
Germany, Poland, and the USSR in East Prussia. 1924–1942]. Moscow: "Veche," 2012.

Chernobaev, A. A., ed. Na priem u Stalina. Tetradi (zhumaly) zapisei lits, priniatikh I. V. Stalinym
(1924–1953 gg.) [Invited by Stalin: Notebooks (journals) of registered persons received by I. V.
Stalin (1924–1953)]. Moscow: Novyi khronograf, 2008.

Chubaryan, Alexander O., and Harold Shukman, eds. Stalin and the Soviet-Finnish War 1939–
40. London: Frank Cass, 2002.

Chuikov, Vasily I. The Battle for Stalingrad. Trans. Harold Silver. New York: Holt, Rinehart and
Winston, 1964.

—. The End of the Third Reich. Moscow: Progress Publishers, 1978.

. The Fall of Berlin. New York: Ballantine Books, 1967.

——. Konets tret'ego reikha [The end of the Third Reich], Moscow: "SovetskaiaRossiia,"
1965.

Ciechanowsld, Jan M. The Warsaw Rising of 1944. London: Cambridge University Press,
1974.

Citino, Robert M. Death of the Wehrmacht: The German Campaigns of 1942. Lawrence:
University Press of Kansas, 2007.

. The German Way of War: From the Thirty Years' War to the Third Reich.
Lawrence: University Press of Kansas, 2005.

Conversino, Mark J. Fighting with the Soviets: The Failure of Operation FRANTIC, 1944–1945.
Lawrence: University Press of Kansas, 1997.

Corum, James S. The Roots of Blitzkrieg: Hans von Seeckt and German Military Reform.
Lawrence: University Press of Kansas, 1992.

. Wolfram von Richthofen: Master of the German Air War. Lawrence: University Press of
Kansas, 2008.

Cottam, Kazimiera J. Women in War and Resistance: Selected Biographies of Soviet Women
Soldiers. Nepean, Canada: New Military Publishing, 1998.

Daines, Vladimir. General Chemiakhovsky: Genii oborony i nastupleniia [General Cherniakhovsky: A genius of defense and the offensive]. Moscow: "Iauza" "Eksmo," 2007.

——. Rokossovsky: Genii inanevra [Rokossovsky: A genius of maneuver], Moscow: "Iauza" "Eksmo," 2008.

——. Shtrafbaty i zagradotriady Krasnoi Armii [Penal battalions and blocking de-tachments in the Red Army], Moscow: "Iauza" "Eksmo," 2008.

——. Vasilevsky. Moscow: "Veche," 2012. In the series Velikie istoricheskie per-sony [Great historical persons].

Daines, Vladimir, and V. V. Abaturov. Pravda o shtrafbatakh [The truth about penal battalions], Moscow: "Iauza" "Eksmo," 2008.

Danilov, S. Iu. Grazhdanskaia voina v Ispanii [The Civil War in Spain], Moscow: "Veche," 2004.

Danilov, V. D. Stavka VGK, 1941–1945 [Stavka of the Supreme High Command, 1941–1945]. Moscow: "Znanie," 1991.

Del Greco, Michael. Operational Art and the Narva Front 1944, Sinimaed and Cam-paign Planning. Liverpool, UK: University of Liverpool, 2012.

Die deutschen Vertreibungsverluste. Bevolkerungsbilanzen fur die deutschen Vertreibungsgebiete 1939/50. Herausgeber: Statistisches Bundesamt. Wiesbaden, FRG: Verlag W. Kohlhammer, 1958.

DiNardo, Richard L. Germany and the Axis Powers: From Coalition to Collapse. Lawrence: University Press of Kansas, 2005.

——. Germany's Panzer Arm. Westport, CT: Greenwood Press, 1997.

——. Mechanized Juggernaut or Military Anachronism? Horses and the German Army of World War II. Westport, CT: Greenwood Press, 1991.

Drabkin, Artem, and Aleksei Isaev. 22 iiunia. Chernyi den calendar [22 June: A black day on the calendar], Moscow: "Iuza" "Eksmo," 2008.

Drea, Edward J. In the Service of the Emperor: Essays on the Imperial Japanese Army. Lincoln: University of Nebraska Press, 1998.

——. "Missing Intentions: Japanese Intelligence and the Soviet Invasion of Manchuria, 1945." Military Affairs 48, no. 2 (April 1984): 66–73.

——. Nomonhan: Japanese-Soviet Tactical Combat, 1939. Leavenworth Papers No. 2. Fort Leavenworth, KS: U.S. Army Command and General Staff College, 1981.

Drig, Evgenii. Mekhanizirovannye korpusa RKKA v boiu: Istoriia avtobronetankovykh voisk Krasnoi Armii v 1940–1941 godakh [The RKKAs mechanized corps in combat: A history of the Red Army's auto-armored forces in 1940–1941]. Moscow: "AST," 2005.

Dunn, Walter S. Kursk: Hitler's Gamble, 1943. Westport, CT: Praeger, 1997.

——. The Soviet Economy and, the Red Army, 1930–1945. Westport, CT: Praeger, 1995.

. Stalin's Keys to Victory: The Rebirth of the Red Army. Westport, CT: Praeger,2006.

Edwards, Robert. The Winter War: Russia's Invasion of Finland, 1939–1940. New York: Pegasus Books, 2008.

Egorov, Dmitrii. Iiun 41-go: Razgrom Zapadnogofronta [June 41: The defeat of the Western Front]. Moscow: "Iauza" "Eksmo," 2008.

Ellis, Frank. The Damned and the Dead: The Eastern Front through the Eyes of Soviet and Russian Novelists. Lawrence: University Press of Kansas, 2011.

. The Stalingrad Cauldron: Inside the Encirclement and Destruction of 6th Army. Lawrence: University Press of Kansas, 2013.

Emel'ianov, Sergei, and I'lia Moshchansky. Osvobozhdenie Kieva: Deistviia voisk 1-go Ukrainskogo fronta, 3 noiabria–23 dekabria 1943 goda [The liberation of Kiev: The operations of the forces of the 1st Ukrainian Front, 3 November–23 December 1943]. Voennaia letopis', 1–2005. Moscow: "BTV-MH," 2005.

Engle, Eloise, and Lauri Paananen. The Winter War: The Russo-Finnish Conflict, 1939–40. New York: Scribners, 1973.

Eremenko, Andrei I. The Arduous Beginning. Moscow: Progress Publishers, 1974.

. Dnevniki, zapiski, vospominaniia. 1939–1946 [Diaries, notes, and recollections, 1939–1946]. Moscow: Rossiiskaiapoliticheskaiaentsiklopediia(ROSSPEN), 2013.

. Smolenskoe srazhenie [The battle of Smolensk], Moscow: "Veche," 2012. The unexpurgated version of a previously published memoir.

. Stalingrad: Uchastnikam velikoi bitvy pod Stalingradom posviashchaetsia [Stalingrad: A participant in the great battle at Stalingrad explains]. Moscow: "AST," 2006. The unexpurgated version of a previously published memoir.

. V nachale voiny: Vospominania Marshala Sovetskogo Soiuza [At the beginning of the war: The memoirs of a Marshal of the Soviet Union], Moscow: "AST," 2006. The unexpurgated version of The Arduous Beginning.

Erfurth, Waldemar, The Last Finnish War. Washington, DC: University Publications of America, 1979,

Erickson, John. The Road to Berlin: Continuing the History of Stalin's War with Ger-many, vol. II. Boulder, CO: Westview Press, 1983.

. The Road to Stalingrad: Stalin's War with Germany, vol. I. New York: Harper & Row, 1979.

. The Soviet High Command: A Military-Political History, 1918–1941. London: Frank Cass, 2001.

. "Stalin, Soviet Strategy, and the Grand Alliance." In Ann Lane and Howard Temperley. eds., The Rise and Fall of the Grand Alliance, 1941–1945. Houndsmill, UK: Macmillan, 1995.

Eronin, N. V. Strategicheskaia peregruppirovka sovetskikh vooruzhennkh sil (pri podgotovka Dal' nevostochnoi kampanii 1945 goda) [Strategic regrouping of the Soviet Armed Forces (during preparations for the 1945 Far Eastern campaign)]. Moscow: Voroshilov Academy, 1980. Classified secret but now declassified.

Ershov, A. G. Osvohozhdenie donhassa [Liberation of the Donbas], Moscow: Voenizdat, 1973.

Fel' shtinsky, Iu., ed. Oglasheniiu podlezhit: SSSR-Germaniia 1939-1941: Dokumenty i materialy [Subject to publication: USSR-Germany 1939-1941—Documents and materials], Moscow: Terra—Knizhnyi klub, 2004.

Filippenkov, M. N. Viazemskaia golgofa generala Koneva [The Viaz' ma golgatha of General Konev], Moscow: "Veche," 2012.

Filippi, A. Pripiatskaia problema [The Pripiat' problem]. Moscow: Izdatel' stvo inostrannoi literatury [Foreign Language Publishing House], 1959.

Filonenko, S. I., and N. V. Filonenko. Krakhfashistsko-'novogo poriadok" na Verkhnem Donu (iiuV 1942-fevral' 1943) [The failure of the Fascist "new order" on the Upper Don (July 1942-February 1943)]. Voronezh, Russian Federation: BGAU, 2005.

Förster, Roland G. Gezeitenwechsel im Zweiten WeltkriegP Die Schlachten von Char' kov und Kursk im Frühjahr und Sommer 1943 in operativer Anlage, Verlauf und politischer Bedeutung. Vorträge zur Militärgeschichte, Band 15. Hamburg, Germany: Verlag E. S. Mittler & Sohn, 1996.

Frank, Richard B. Downfall: The End of the Imperial Japanese Empire. New York: Random House, 1999.

Frieden, Seymour, and William Richardson, eds. The Fatal Decisions. Trans. Con-stantine Fitzgibbon. New York: William Sloane Associates, 1956.

Frieser, Karl-Heinz. The Blitzkrieg Legend: The 1940 Campaign in the West. Trans. John T. Greenwood. Annapolis, MD: Naval Institute Press, 2005.

Frieser, Karl-Heinz, Klaus Schmider, Klaus Schönherr, Gerhard Schreiber, Krisztiän Ungväry, and Bernd Wegner. Das Deutsche Reich und der Zweite Weltkrieg, Band 8, Dis Ostfront, 1943/44: Der Krieg im Osten und an den Nebenfronten. Munich, Germany: Deutsche Verlags-Anstalt, 2007.

Fritz, Stephen G. Ostkrieg: Hitlers War of Extermination in the East. Lexington: University Press of Kentucky, 2011.

Fugate, Biyan I. Operation Barbarossa: Strategy and Tactics on the Eastern Front, 1941. Novato, CA: Presidio Press, 1984.

Fugate, Bryan I., and Lev Dvoretsky. Thunder on the Dnepr: Zhukov-Stalin and the Defeat of Hitler' s Blitzkrieg. Novato, CA: Presidio Press, 1997.

Galushko, Andrei, and Maksim Kolomiets. Boi za Kharkov v mae 1942 goda [The battle for Kharkov in May 1942]. Frontovaia illiustratsiia [Front illustrated], 6-2000. Moscow: "Strategiia KM," 2000.

Ganshin, V. I. Tankovye i mekhanizirovannye voiska v Berlinskoi operatsii [Tanks and mechanized forces in the Berlin operation]. Moscow: Voroshilov Academy, 1948. Classified secret but later declassified.

Ganzer, Christian. "German and Soviet Losses as an Indicator of the Length and Inten-sity of the Battle for the Brest Fortress." JSMS 27, no. 3 (September 2014): 1–18.

Gareev, M. A. Marshal Zhukov. Velichie i unikal' nost' polkovodcheskogo iskusstva [Marshal Zhukov: The greatness and uniqueness of a military leaders art]. Moscow: Vostochnyi universitet, 1996.

Gavrilov, B. I. Cherez "Dolinu smerti": Podvig i tragediia voinov Volkhovskogofronta, Ianvar' –iiun' 1942. Tom 1. Vospominaniia i materialy. Tom 2. Vospominaniia, dokumenty i materialy [Through the "valley of death": The feats and tragedy of the soldiers of the Volkhov Front, January–June 1942, vol. 1, Recollections and materials, vol. 2, Recollections, documents and materials]. Moscow: Institute of Russian History RAN, 2002 and 2004.

———. Dolina smerti: Tragediia i nodvig 2-i udamoi armii [The valley of the dead: The tragedy and feat of 2nd Shock Army]. Moscow: Dubrawa, 2006.

———. V Miasnom bom, v 'Dolina smerti': Podvig i tragediia voinov 2-i Udamoi armii [At Miasnoi Bor, and in the "Valley of Death": The tragedy and feat of the soldiers of 2nd Shock Army]. Moscow: "Kodeks," 2010.

Gebhardt, James F. The Petsamo-Rirkenes Operation: Soviet Breakthrough and Pursuit in the Arctic, October 1944. Leavenworth Paper No. 17. Fort Leavenworth, KS: Combat Studies Institute, 1989.

Gerasimova, Svetlana. The Rzhev Slaughterhouse: The Red Army' s Forgotten 15-Month Campaign against Army Group Center, 1942–1943. Trans, from Rus-sian by Stuart Britton. Solihull, UK: Helion, 2013. A translation of Rzhev 42: Pozitsionnaia voinia. Moscow: "Iauza" "Eksmo," 2007.

Gerbet, Klaus, ed. Generalfeldmarschall Fedor von Bock: The War Diary 1939–1945. Trans. David Johnston. Atglen, PA: Schiffer Military History, 1996.

Giangreco, Dennis M. Hell to Pay: Operation Downfall and the Invasion of Japan, 1945–1947. Annapolis, MD: Naval Institute Press, 2009.

Gioev, M. I. Bitva za Kavkaz [The battle for the Caucasus]. Vladikavkaz: "Ir," 2007.

Glantz, David M. After Stalingrad: The Red Army' s Winter Offensive 1942–1943. Solihull, UK: Helion, 2008.

———. Atlas of the Battles for Kharkov and the Donbas: 26 September–31 October 1941. Carlisle, PA: Self-published, 2005.

———. Atlas of the Battle for Kiev, Parts I–III, 2 July–26 September 1941. Carlisle, PA: Self-published, 2005.

———. Atlas of the Battle of Kursk (July–August 1943). Carlisle, PA: Self-published,2005.

———. Atlas of the Battle of Leningrad: Soviet Defense and the Blockade, July 1941–

Decemher 1942. Carlisle, PA: Self–published, 2001.

. Atlas of the Battle of Moscow: The Defensive Phase—1 October–5 December 1941. Carlisle, PA: Self–published, 1997.

. Atlas of the Battle of Moscow: The Soviet Offensive, 5 December 1941–20 April 1942. Carlisle, PA: Self–puhlished, 1998.

. Atlas of the Battle for Rostov: 5 November–5 December 1941. Carlisle, PA: Self–published, 2005.

. Atlas of the Battle of Smolensk, 7 July–10 September 1941. Carlisle, PA: Self–published, 2002.

. Atlas of the Korsun–Shevchenkovskii Operation (The Cherkassy Pocket) 25 January–17 February 1944. Carlisle, PA: Self–published, 2003.

. Atlas of the Lublin–Brest Operation (18 July–2 August 1944) and the Advance on Warsaw (28 July–30 September 1944). Carlisle, PA: Self–published, 2005.

. Atlas of the L' vov–Sandomiersz Operation, 13 July–29 August 1944. Carlisle, PA: Self–published, 2001.

. Atlas of Operation Blau [Blue]: The German Advance to Stalingrad: 28 June–18 November 1942. Carlisle, PA: Self–published, 1998.

. Atlas and Operational Summary of the Border Battles, 22 June–1 July 1941. Carlisle, PA: Self–published, 2003.

. Atlas of the Proskurov–Chemovitsy Operation (The Kamenets–Podol' sk Pocket), 4 March–17 April 1944. Carlisle, PA: Self–published, 2006.

. Atlas of the Siege of Odessa (20 August–16 October 1941) and the Conquest of the Crimea (8 September–28 November 1941). Carlisle, PA: Self–published,2007.

. The Baltic Region in the Soviet–German War: Duration, Opposing Forces, and Operational Maps. Carlisle, PA: Self–published, 2011.

. Barbarossa Derailed: The Battle for Smolensk, 10 July–10 September 1941. Vol. 1, The German Advance, the Encirclement Battle, and the First and Second Soviet Counteroffensives, 10 July–24 August 1941. Solihull, UK: Helion, 2010.

. Barbarossa Derailed: The Battle for Smolensk, 10 July–1 September 1941. Vol. II, The German Advance on the Flanks and the Third Soviet Counteroffensive, 25 August–10 September 1941. Solihull, UK: Helion, 2012.

. Barbarossa Derailed: The Battle for Smolensk, 10 July–10 September 1941. Vol. III, The Documentary Companion: Tables, Orders and Reports Prepared by Participating Red Army Forces. Solihull, UK: Helion, 2015.

. The Battle for Leningrad, 1941–1944. Lawrence: University Press of Kansas, 2002. Published in Russian as Bitva za Leningrad 1941–1945, Moscow: Astrel' , 2008, and in Czech as Bitva o Leningrad 1941–1945, Prague: Na8e vojsko, 2011.

. Colossus Reborn: The Red Army at War, 1941–1943. Lawrence: University
Press of Kansas, 2005. Published in Russian as 1941–1943 Sovetskoe voennoe chudo:
Vozrozhdenie Krasnoi Armii, Moscow: "Iauza" "Eksmo," 2008, and Vosstavshchie iz pella:
Kak Krasniai Armiia 1941 goda prevratilas' v armiiu pobedy, Moscow: "Iauza" "Eksmo," 2009.

. Companion to Endgame at Stalingrad. Lawrence: University Press of Kansas, 2014.

. Deep Attack: The Soviet Conduct of Operational Maneuver. Carlisle, PA:
Self-published, 1998.

. "Forgotten Battles of the German-Soviet War (1941 —45)." A multipart series of
articles in Journal of Slavic Military Studies (hereafter cited as JSMS), 1999–2001.

. Forgotten Battles of the German-Soviet War (1941–45). Vols. 1–6. Carlisle,
PA: Self-published, 1999–2004. A series of studies covering six of the war's eight campaigns.

. From the Don to the Dnepr: Soviet Offensive Operations, December 1942 to
August 1943. London: Frank Cass, 1991.

. A History of Soviet Airborne Forces. London: Frank Cass, 1994.

. The Impact of Intelligence Provided to the Soviet Union by Richard Zorge
on Soviet Force Deployments from the Far East to the West in 1941 and 1942. Carlisle, PA:
Self-published, 2014.

. The Initial Period of War on the Eastern Front, 22 June–August 1941: Pro-ceedings of
the 4th Art of War Symposium. London: Frank Cass, 1993.

———. Kharkov 1942: Anatomy of a Military Disaster. Rockville Center, NY: Sarpedon, 1998.

. The Military Strategy of the Soviet Union: A History. London: Frank Cass,1992.

, ed. 1984 Art of War Symposium: From the Don to the Dnepr—Soviet Of-fensive
Operations, December 1942–August 1943. Carlisle, PA: U.S. Army War College, 1984. Self-
published reprint in 2004.

, ed. 1985 Art of War Symposium: From the Dnepr to the Vistula—Soviet Offensive
Operations, November 1943–August 1944. Carlisle, PA: U.S. Army War College, 1985. Self-
published reprint in 2004.

. 1986 Art of War Symposium: From the Vistula to the Oder—Soviet Offensive
Operations, October 1944–March 1945. Carlisle, PA: U.S. Army War College, 1986. Self-
published reprint in 2004.

. Operation Barbarossa: Hitler's Invasion of Russia 1941. Stroud, UK: History
Press, 2001.

•. "Prelude to Kursk: Soviet Strategic Operations, February–March 1943." In
Roland G. Foerster, ed., Gezeitenwechsel im Zweiten Weltkrieg? Die Schlachten von
Char'kov und Kursk im Frühjahr und Sommer 1943 in operativer Anlage, Verlauf und politischer
Bedeutung. Vorträge zur Militärgeschichte, Band 15. Hamburg, Germany: Verlag E. S. Mittler & Sohn,
1996.

. Red Army Ground Forces in June 1941. Carlisle, PA: Self-published, 1997.

. Red Storm over the Balkans: The Failed Soviet Invasion of Romania, Spring 1944. Lawrence: University Press of Kansas, 2007.

. The Siege of Leningrad 1941–1944: 900 Days of Terror. London: Brown Part-works, 2001. Published in Italian as L'assedio di Leningrado: Novocento giomi di terrore, Rome: Newton Compton editori, 2006.

. The Soviet-German War 1941–1945: Myths and Realities—A Survey Essay. Carlisle, PA: Self-published, 2003. Published in French as "1941–1945: La guerre germane-sovietique—mythes & realites du front de Test," in Champs de Bataille thematique, February 2014.

. Soviet Military Deception in the Second World War. London: Frank Cass, 1989.

. Soviet Military Intelligence in War. London: Frank Cass, 1990.

. Soviet Military Operational Art: In Pursuit of Deep Battle. London: Frank Cass, 1991.

. "Soviet Military Operations during the Soviet-German War as Indicators of the USSR's Postwar Territorial Ambitions and International Influence." In Na-tional Institute for Defence Studies (NIDS) Annual. Tokyo: NIDS, 2015.

. Soviet Mobilization in Peace and War, 1924–1942. Carlisle, PA: Self-published, 1998.

. The Soviet Strategic Offensive in Manchuria, 1945 "August Storm." London: Frank Cass, 2003. Published in Czech as Srpnova Boure: SovOtska Strategicka Ofensiva v Mandzusku v Roce 1945, Prague: Nase vojsko, 2006.

. Soviet Tactical and Operational Combat in Manchuria, 1945 "August Storm." London: Frank Cass, 2003).

. Stumbling Colossus: The Red Army on the Eve of World War II. Lawrence: University Press of Kansas, 1998. Published in Russian as Koloss poverzhennyi: Krasnaia Armiia v 1941-gody, Moscow: "lauza" "Eksmo," 2008.

. Zhukov's Greatest Defeat: The Red Army's Epic Disaster in Operation Mars, 1942. Lawrence: University Press of Kansas, 1999. Published in Russian as Krupneishee porazhenie Zhukova: Katastrofa Krasnoi armii v operatsii "Mars" 1942, Moscow: Astrel', 2006, and in Czech as Zukovova NejvUtsl Pord&ka: Tragicky Debakl RudeArmady B □ hem Operace Mars Roku 1942, Brno, Czech Republic: Jota, 2005.

Glantz, David M., and Jonathan M. House. Armageddon in Stalingrad: SeptemberNovember 1942. Vol. 2 of The Stalingrad Trilogy. Lawrence: University Press of Kansas, 2009.

. The Battle of Kursk. Lawrence: University Press of Kansas, 1999. Published in Russian as Kurskaia bitva: Reshaiushchii povorotnyi punkt vtoroi mirovoi voiny, Moscow:

Astrel'，2006.

　　　　. Endgame at Stalingrad: December 1942−February 1943. Vol. 3 of The Stalingrad Trilogy, in two books. Lawrence: University Press of Kansas, 2014.

　　　　. To the Gates of Stalingrad: Soviet−German Combat Operations, April− August 1942. Vol 1 of The Stalingrad Trilogy. Lawrence: University Press of Kan−sas, 2009.

　　　　———. When Titans Clashed: How the Red Army Stopped Hitler. Lawrence: University Press of Kansas, 1995. Published in Russian as Bitva titanov: Kak Krasnaia Armiia ostanovila Gitlera, Moscow: AST Astrel'，2007; in Czech as Souboj Titanic Jak Rudd Armada Zastavila Hitlera, Brno: Jota, 2005; in Portuguese as Confronto de Titas: Como o Exercito Vermelho Deteve Hitler, Sao Paulo: C & R Editorial, 2009; and in Japanese, Korean, and Chinese.

Glantz, David M., ed., and Harold S. Orenstein, trans. The Battle for Kursk 1943: The Soviet General Staff Study. London: Frank Cass, 1999.

　　　　. The Battle for L'vov, July 1944: The Soviet General Staff Study. London: Frank Cass, 2002.

　　　　. The Battle for the Ukraine: The Red Army's Korsun'−Shevchenkovskii Offensive, 1944. London: Frank Cass, 1999.

　　　　. Belorussia 1944: The Soviet General Staff Study. London: Frank Cass, 2001.

　　　　. The Evolution of Soviet Operational Art 1927−1991: The Documentary Basis. Vol. 1, Operational Art, 1927−1964. London: Frank Cass, 1995.

Goldman, Stuart D. Nomonhan, 1939: The Red Army's Victory That Shaped World War II. Annapolis, MD: Naval Institute Press, 2012.

Golushko, I. M. Shtab tyla Krasnoi Armii v gody voiny 1941−1945 [The headquarters of the Red Army's rear 1941−1945]. Moscow: Ekonomika i informatika, 1998.

Goncharov, V. L., ed. Operatsiia "Bagration" [Operation "Bagration"]. Moscow: "Veche," 2011.

Gorbach, Vitalii. Nad ognennoi dugoi: Sovetskaia aviatsiia v Kurskom hitve [Above the fiery arc: Soviet aviation in the Battle of Kursk]. Moscow: "Iauza" "Eksmo," 2007.

Gorbatov, A. V. Gody i voiny. Zapiski komandarma. 1941−1945 [Years and wars: The notes of an army commander, 1941−1945]. Moscow: "Tsentropoligraf," 2008. The unexpurgated version of a previously published memoir.

Gorbunov, E. A. Vostochnyi rubezh: OKDVA protiv iaponskoi armii [The eastern boundary: The OKDVA (Special Red Banner Far Eastern Army) against the Japanese Army]. Moscow: "Veche," 2010.

Gor'kov, Iu. A. Gosudarstvennyi Komitet Oborony postanovlaet (1941−1945): Tsifry, dokumenty [The State Defense Committee decrees (1941−1945): Figures and documents]. Moscow: "Olma-Press," 2002.

Gorlitz, Walter. Paidus and Stalingrad: A Life of Field−Marshal Friedrich Prndus with Notes,

Correspondence, and Documents from His Papers. Trans. R. H. Stevens. New York: Citadel Press, 1963.

Gorodetsky, Gabriel. Grand Delusion: Stalin and the German Invasion of Russia. New Haven, CT: Yale University Press, 1999.

Grechko, A. A. Bitva za Kavkaz [The battle for the Caucasus]. Moscow: Voenizdat, 1973.

Grier, Howard D. Hitler, Donitz, and the Baltic Sea: The Third Reich's Last Hope, 1944–1945. Annapolis, MD: Naval Institute Press, 2007.

Grylev, A. N. Dnepr–karpaty–krym: Osvobozhdenie pravoberezhnoi ukrainy i kryma v 1944 gody [Dnepr–Carpathia–Crimea: The liberation of the right bank of Ukraine and the Crimea in 1944]. Moscow: "Nauka," 1970.

Grylev, A. N., V. P. Morozov, A. F. Ryzhakov, and V. V. Gurkin. Za osvobozhdenie Chekoslovakii [For the liberation of Czechoslovakia]. Moscow: Voenizdat, 1965.

Guderian, Heinz. Panzer Leader. Trans. Constantine Fitzgibbon. New York: E. P. Dut-ton, 1952.

Haider, Franz. The Haider War Diaries, 1939–1942. Ed. Charles Burdick and HansAdolf Jacobsen. Novato, CA: Presidio Press, 1988.

Hamilton, Hope. Sacrifice on the Steppe: The Italian Alpine Corps in the Stalingrad Campaign, 1942–1943. Philadelphia: Casemate, 2011.

Hardesty, Von. Red Phoenix: The Rise of Soviet Air Power, 1941–1945. Washington, DC: Smithsonian Institution Press, 1982.

Hardesty, Von, and Ilya Grinberg. Red Phoenix Rising: The Soviet Air Force in World War II. Lawrence: University Press of Kansas, 2012.

Harrison, Mark. Accounting for War: Soviet Production, Employment, and the Defence Burden, 1940–1945. London: Cambridge University Press, 1996.

Harrison, Richard W. Architect of Soviet Victory in World War II: The Life and Theories of G. S. Isserson. Jefferson, NC: McFarland, 2010.

Hasegawa, Tsuyoshi. Racing the Enemy: Stalin, Truman, and the Surrender of Japan. Cambridge, MA: Belknap Press of Harvard University Press, 2005.

Hayward, Joel S. A. Stopped at Stalingrad: The Luftwaffe and Hitler's Defeat in the East, 1942–1943. Lawrence: University Press of Kansas, 1998.

Healy, Mark. Kursk 1943: The Tide Turns in the East. London: Osprey, 1992.

Heiber, Helmut, and David M. Glantz. Hitler and His Generals: Military Conferences 1942–1945. New York: Enigma Books, 2002–2003.

Heinrici, Gotthard, and Friedrick Wilhelm Hauck. "Citadel: The Attack on the Russian Kursk Salient," manuscript of postwar debriefing. Trans, from German by Joseph Welch. U.S. National Archives, Washington, DC.

Hill, Alexander. The Great Patriotic War of the Soviet Union, 1941–45: A Documentary Reader.

London: Routledge, 2009.

. "The Icebreaker Controversy and Soviet Intentions in 1941: The Plan for the Strategic Deployment of Soviet Forces of 15 May and Other Key Documents." JSMS 21, no. 1 (2008): 113–128.

. The War behind the Eastern Front: The Soviet Partisan Movement in North-West Russia 1941–44. London: Frank Cass, 2005.

Hinze, Rolfe. Crucible of Combat: Germany's Defensive Battles in the Ukraine 194344. Trans, from German by F. P. Steinhardt. Solihull, UK: Helion, 2009.

House, Jonathan M. Combined Arms Warfare in the Twentieth Century. Lawrence: University Press of Kansas, 2001.

. A Military History of the Cold War, 1944–1962. Norman: University of Oklahoma Press, 2012.

Ibragimbeili, Khadzhi Murat. Bitva za Kavkaz: Krakh operatsii "Edel'veis" [The battle for the Caucasus: The failure of operation "Edelweiss"]. Moscow: "Veche," 2012.

H'iushechldn, A. A., and M. N. Mosiagin. Varshavskoe shosse—liuboi tsenoi. Tragediia Zaitsevoi gory, 1942–1943 [The Warsaw highway—at any cost: The tragedy of Zaitseva Gora, 1942–1943]. Moscow: "Tsentrpoligraf," 2014.

Ilizarov, S. S., and S. V. Kostina. Bitva za Moskvu: Istoriia Moskovskoi zony oborony [The battle for Moscow: A history of the Moscow Defense Zone]. Moscow: "Moskovskie uehebnild i Kartolitorgraffiia," 2001.

Iminov, V. T. Organitzatsiia i vedenie oborony v bitve pod Kurskom na primere 13-i armii tsentral'nogo fronta (iiul' 1943 g.) [The organization and conduct of the de-fense in the Battle of Kursk based on the example of Central Fronts 13th Army (July 1943)]. Moscow: Voroshilov General Staff Academy, 1979. Classified secret but later declassified.

Irinarkhov, Ruslan S.Agoniia 1941: Krovavye dorogi otstupleniia [The agony of 1941: Bloody roads of retreat]. Moscow: "Iauza" "Eksmo," 2011.

. Kievskii osobyi. . . [The Kiev Special. . .]. Moscow: "AST," 2006.

. 1941. Propushchennyi udar. Pochemu Krasnoi Armiiu zastali vrasplokh? [An attack let through: Why was the Red Army caught napping?]. Moscow: "Iauza" "Eksmo," 2011.

. Pribaltiiskii osobyi. . . [The Baltic Special. . .]. Minsk: Kharvest, 2004.

Isaev, Aleksei. Anti-Suvorov: Bol'shaia lozh', malen'kovo chelovechka [Anti-Suvorov: The big lie of a small young man], Moscow: "Iauza" "Eksmo," 2004.

—. Berlin 45-go: Srazheniia v logovo zveria [Berlin 1945: The battle in the lair of the beast]. Moscow: "Iauza" "Eksmo," 2007.

. Chudo prigranichnogo srazheniia: Chto na samom dele proizoshlo v iiune 1941 goda? [The wonder of the border battles: What really took place in June 1941?]. Moscow:

"Iauza" "Eksmo," 2013.

. Kogda vnezapnosti uzhe ne bylo: Istoriiia VOV kotoruiu my ne znali [When there was already no surprise: The history of the VOV that we do not know], Mos-cow: "Iauza" "Eksmo," 2005.

. "Kotly" 1941-go: Istoriia VOV, kotoruiu my ne znali [The cauldrons of 1941: The history of the VOV that we do not know], Moscow: "Iauza" "Eksmo," 2005.

. Kratkii kurs istorii Velikoi Otechestvennoi voiny: Nastuplenie marshala Sha-poshnikova [A short course in the history of the Great Patriotic War: The offensives of Marshal Shaposhnikov], Moscow: "Iauza" "Eksmo," 2005.

. Neisvestnyi Stalingrad: Kak pereviraiut istoriiu [Unknown Stalingrad: How history turns], Moscow: "Iauza" "Eksmo," 2012.

. Neizvestnyi 1941: Ostanovlennyiblitskrig [Unknown 1941: Blitzkrieg stopped], Moscow: "Iauza" "Eksmo," 2010.

. 1941: Boi na Ukraine [1941: The battle in the Ukraine]. Frontovaia illiustrat-siia [Front illustrated], 4–2004. Moscow: "Strategiia KM," 2004.

—. 1943-i: Ot tragedii Kharkova do Kurskogo propryva [1943: From the tragedy of Kharkov to the Kursk penetration]. Moscow: "Veche," 2008.

—. 1945, Poslednii krug ada: Flag nad Reikhstagom [1945, the last circle of hell:
Flag over the Reichstag], Moscow: "Iauza" "Eksmo," 2009.

. 1945-i, Triumf v nastuplenii i v oborone: ot Vislo-Oderskoi do Balatana [1945, triumph in the offensive and the defense: From Vistula-Oder to Balaton]. Moscow: "Veche," 2009.

. Operatsiia "Bagration": Stalin's blitskrig v Belorussii [Operation "Bagration": Stalins blitzkrieg in Belorussia]. Moscow: "Iauza" "Eksmo," 2014.

. Ot Dubno do Rostova: Operatsii Sovetskikh vooruzhennykh sil na iugo-zapadnom napravlenii v iiune–noiarbre 1941 goda [From Dubno to Rostov: Op-erations of the Soviet armed forces on the southwestern axis in June-November 1941]. Moscow: "AST," 2005.

. Stalingrad: Zabytoe Srazhenie [Stalingrad: The forgotten battle]. Moscow: "AST," 2005.

. Stalingrad: Za volgoi dlia nas zemli net [Stalingrad: There is no land for use beyond the Volga], Moscow: "Iauza" "Eksmo," 2008.

Isaev, Aleksei, and Maksim Kolomiets. Razgrom 6-i tankovoi annii SS: Mogila Pantserwaffe [The defeat of 6th SS Panzer Army: The graveyard of the Panzerwaffe], Moscow: "Iauza" "Eksmo" Strategiia KM, 2009.

Isaev, Aleksei, Mikhail Svirin, Evgenii Drig, Vladislav Goncharov, and Ivan Komkin. Tankovyi proryv: Sovetskie tanki v boiakh 1937–1942 gg. [Tank penetration: Soviet tanks in battle 1937–

1941]. Moscow: "Iauza" "Eksmo," 2007.

Isaev, Aleksei, Vladislav Goncharov, Ivan Koshkin, Semen Fedoseev, et al. Tankovyi ucLar: Sovetskie tanki v boiakh, 1942–1943 [Tank blow: Soviet tanks in battle, 1942–1943]. Moscow: "Iauza" "Eksmo," 2007.

Isaev, A. V., V. Suvorov, M. Solonin, et al. 1941: Velikaia Otechestvennaia katastrofe. Itogi diskussii [1941: The Great Patriotic catastrophe—The results of a discussion], Moscow: "Iauza" "Eksmo," 2009.

Istomin, V. P. Smolenskaia nastupatel' naia operatsiia (1943 g.) [The Smolensk offensive operation, 1943]. Moscow: Voenizdat, 1975.

Iunovidov, A. S. Oborona Odessy 1941: Pervaia bitva za Chemoe more [The defense of Odessa 1941: The first battle for the Black Sea], Moscow: "Veche," 2011.

. Odinokaia voina: Neizvestnyi podvig 385-i strelkovoi divizii [The solitary war: The unknown feat of 385th Rifle Division], Moscow: "Ves' mir," 2013.

Ivanov, S. P. Nachal' nyi period voiny [The initial period of war], Moscow: Voenizdat, 1974.

Ivanov, V. I. Solnechnogorsk: Na poslednem ruhezhe. Noiabr' –dekabr 1941: K istorii oborony, okkupatsii i osvobozhdeniia Solnechnogorskogo raiona Moskovskoi obi. [Solnechnogorsk: On the last line. November–December 1941—On the history of the defense, occupation, and liberation of Solnechnogorsk region of Moscow oblast']. Moscow: Russkii mir' , 2010.

. V tylakh Kvantunskoi armii: Pravda o 88-i kutaisko–koreiskoi brigade Dal' nevostochnogofronta [In the rear of the Kwantung Army: The truth about the 88th Chinese–Korean Brigade of the Far Eastern Front]. Moscow: RAN, 2009.

Ivanova, I. A. Tragediia Miasnogo Bora: Sbomik vospominanii uchstnikov i ochevidtsev Liubanskoi operatsii [The tragedy of Miasnoi Bor: A collection of recollections of the participants and eyewitnesses to the Liuban' operation], St. Petersburg: "Politekhnika," 2001.

Ivanovsky, Artem. Uterianye pobedy Krasnoi Armii. Voina mogla zakonchit' sia namhogo ran' she [Lost victories of the Red Army: The war could have ended somewhat earlier], Moscow: "Iauza" "Eksmo," 2007.

"Japanese Preparations for Operations in Manchuria, January 1943–August 1945." Japanese Monograph No. 138. U.S. Army Military History Section, U.S. Army Forces, Far East, Tokyo, 1951.

Jentz, Thomas L. Germany' s Panther Tank: The Quest for Combat Supremacy. Chester, PA: Schiffer, 1995.

, ed. Panzertruppen: The Complete Guide to the Creation ¿r Combat Employment of Germany' s Tank Force, 1933–1945. 2 vols. Atglen, PA: Schiffer Military History, 1996.

Jones, Michael K. Leningrad: State of Siege. New York: Basic Books, 2008.

. Stalingrad: How the Red Army Survived the German Onslaught. Philadelphia: Casemate, 2007.

Kamenir, Victor J. The Bloody Triangle: The Defeat of Soviet Armor in the Ukraine, June 1941. Minneapolis, MN: Zenith Press, 2008.

Kasatonov, V. A., ed. Krasnoznamennyi Baltiiskiiflot v Velikoi Otechestvennoi voine Sovetskogo naroda 1941–1945 gg.: Oborona Pnhaltiki i Leningrada (1941–1944 gg.), Kn. 1 [The Red Banner Baltic Fleet in the Great Patriotic War of the Soviet people 1941–1945: The defense of the Baltic region and Leningrad (1941–1944), bk. 1]. Moscow: "Nauka," 1990.

———. Rrasnoznamennyi Baltiiskiiflot v Velikoi Otechestvennoi voine Sovetskogo naroda 1941–1945 gg.: Sniatie blokady Leningrada i osvobozhdenie Pribaltii (1944–1945 gg.), Kn, 2 [The Red Banner Baltic Fleet in the Great Patriotic War of the Soviet people 1941–1945: Raising the blockade of Leningrad and the liberation of the Baltic region (1944–1945), bk. 2]. Moscow: "Nauka," 1990,

Kay, Alex J., Jeff Rutherford, and David Stahel, eds. Nazi Policy on the Eastern Front, 1941: Total War, Genocide, and Radicalization. Rochester, NY: University of Rochester Press, 2012.

Kehrig, Manfred. Stalingrad: Analyse und Dokumentation einer Schlacht. Stuttgart: Deutsche Verlag-Anstalt, 1974.

Keitel, Wilhelm. In the Service of the Reich. Trans. David Irving. New York: Stein and Day, 1966.

Kennedy, Robert M. The German Campaign in Poland, 1939. Washington, DC: OCMH, 1956.

Khazanov, Dmitrii. 1941: Bor' ba za gospodstvo v vozdukhe [1941: The struggle for supremacy in the air]. Moscow: "Iauza" "Eksmo," 2008.

Khetchikov, M. D. Fakty protiv vymysla o sobytiiakh Velikoi Otechestvennoi v raione rzhevsko-viazemskogo vystupa [Facts against fantasy about the events of the Great Patriotic War in the region of the Rzhev–Viaz' ma salient], Tver: "Dokument tsentr," 2013.

Khor' kov, A. G. Analiz boevoi gotovnosti voisk zapadnykh prigranichnykh voennykh okrugov nakanune Velikoi Ochestvennoi voiny [An analysis of the combat readi-ness of the western military districts on the eve of the Great Patriotic War], Moscow: Voroshilov Academy of the General Staff, 1985.

———. Boevaia i mobilizatsionnaia gotovnost' prigranichnykh voennykh okrugov nakanune Velikoi Otechestvennoi voiny [The combat and mobilization readiness of the border military districts on the eve of the Great Patriotic War], Moscow: Voroshilov Academy of the General Staff, 1985.

Khristoforov, V. S. Stalingrad: Organy NKVD nakanune i v dni srazheniia [Stalingrad: Organs of the NKVD on the eve and in the days of battle], Moscow: "Moskovskie uchebnik i Kartolitografiia," 2008.

———. Velikaia Otechestvennaia voina. 1941 god: Issledovaniia, dokumenty, kom-mentarii [The Great Patriotic War, 1941: Research, documents, and commentary], Moscow: Glavnogo arkhivnogo upravleniia goroda Moskvy [Main Archives Directorate of the City of Moscow], 2011.

Kipp, Jacob W. "Barbarossa, Soviet Covering Forces, and the Initial Period of War: Military History and Airland Battle." Fort Leavenworth, KS: Soviet Army Studies Office (hereafter cited as SASO), 1989.

———. "Mass, Maneuver, and the Red Army's Road to Operational Art, 1918–1936." Fort Leavenworth, KS: SASO, 1988.

Kolomiets, Maksim. Bitva za Moskvu, 30 sentiabria–5 dekabria 1941 goda [The battle for Moscow, 30 September–5 December 1941]. Frontovaia illiustratsiia [Front illustrated], 1–2002. Moscow: "Strategiia KM," 2002.

———. 1941: Boi v Prihaltike, 22 iiunia–10 iiulia 1941 goda [1941: The battle in the Baltic region, 22 June–10 July 1941]. Frontovaia illiustratsiia [Front illustrated], 5–2001. Moscow: "Strategiia KM," 2001.

Kolomiets, Maksim, and Mikhail Makarov. Preliudiia k "Barbarosse" [Prelude to "Barbarossa"]. Frontovaia illinstratsiia [Front illustrated], 4–2001. Moscow: "Strategiia KM," 2001.

Kolomiets, Maksim, and Il'ia Moshchansky. Oborona Kavkaza, iiul'–dekabr' 1942 goda [The defense of the Caucasus, July–December 1942]. Frontovaia illiustratsiia [Front illustrated], 2–2000. Moscow: "Strategiia KM," 2000.

Kolomiets, Maksim, and Aleksandr Smirnov. Boi v izluchine Dona, 28 iiunia–23 iiulia 1942 goda [The battle in the bend of the Don, 28 June–23 July 1942]. Frontovaia illiustratsiia [Front illustrated], 6–2002. Moscow: "Strategiia KM," 2002.

Kolomiets, M., and M. Svirin. Kurskaia duga [The Kursk arc], Moscow: EksPrint NB, 1998.

Kolpakidi, Aleksandr, and Aleksandr Sever. Razvedka v Velikoi Otechestvennoi voine [Intelligence in the Great Patriotic War]. Moscow: "Eksmo" "Iauza," 2010.

Koltunov, G., and B. G. Solov'ev. Kurskaia bitva [The Battle of Kursk], Moscow: Voenizdat, 1970.

Komarov, N. Ia., and G. A. Kumanov. Velikaia bitva pod Moskvoi: Letopis' vazhneishikh sobytii, kommentarii [The great battle at Moscow: A chronicle of the most important events and commentary], Moscow: Institute of Russian History RAN, 2002.

Konev, I. S. Year of Victory. Moscow: Progress Publishers, 1984.

———. Zapiski komanduiushchego frontom [Notes of a front commander], Moscow: "Golos," 2000. The unexpurgated version of a previously published memoir.

Konstantinov, Kirill. Rokossovsky: Pobeda ne liuboi tsenoi [Rokossovsky: Victory not at any cost], Moscow: "Iauza" "Eksmo," 2006.

Komiukhin, G. V. Vozdushnaia voina nad SSSR. 1941 [The air war over the USSR, 1941]. Moscow: "Veche," 2008.

Kovalevskis, Paula, Oskars Noritis, and Mikelis Goppers, eds. Latvia: Year of Horror. Riga, Latvia: Zelta Abele, 1942.

Kozhevnikov, M. N. Komandovanie i shtab WS Sovetskoi Armii v Velikoi Oteche-stvennoi voine 1941–1945 gg. [The command and staff of the Soviet Army's WS in the Great Patriotic War 1941–1945]. Moscow: "Nauka," 1977.

Kozlov, G. K. V lesakh Karelii [In the forests of Karelia]. Moscow: Voenizdat, 1963.

Kozlov, M. A., ed. V plameni srazhenii: Boevoi put' 13-i armii [In the flame of battle: The combat path of 13th Army], Moscow: Voenizdat, 1973.

Krasnykh, Iurii, and Il'ia Moshchansky. Bitva za Rostov: Operatsii Iuzhnogo i IugoZapadnogo frontov, 29 sentiabria–2 dekabria 1941 goda [The battle for Rostov: The operations of the Southern and Southwestern Fronts, 29 September–2 December 1941]. Voennaia letopis', 1–2006. Moscow: "BTV–MH," 2006.

Kravchenko, I. M. Boevye deistviia voisk 3 gvareiskoi tankovoi armii v khode Vislooderskoi operatsii [Combat operations of 3rd Guards Tank Army during the Vistula–Oder operation], Moscow: Voroshilov Academy of the General Staff, 1978. Classified secret but later declassified.

Kravtsov, V. M. Toropets operatsii (Ianvar' 1942 g.): Kratkii ocherk [The Toropets operation (January 1942): A short survey], Tver: Sed' maia bukva, 2011. Reissued study published by Voenizdat in 1943. Classified secret but later declassified.

Krivosheev, G. F., ed. Soviet Casualties and Combat Losses in the Twentieth Century. Trans. from Russian by Christine Barnard. Mechanicsburg, PA: Stackpole Books,

1993. A translation of Grif sekretnosti sniat: Poteri Vooruzhennykh sil SSSR v voinakh, boevykh deistviiakh i voennykh konfliktakh [The secret classification is removed: The losses of the Armed Forces of the USSR in wars, military actions and military conflicts], Moscow: Voenizdat, 1993.

, ed. Velikaia Otechestvennaia bez grifa sekretnosti. Kniga poter [The Great Patriotic (War) without the secret classification: A book of losses], Moscow: "Veche," 2009.

Krivosheev, G. F., V M. Andronikov, P. D. Berikov, V. V. Gurkin, A. I. Kruglov, E. I. Rodionov, and M. V. Filimoshin, eds. Rossiia i SSSR v voinakh XX veka: Statisticheskoe issledovanie [Russia and the USSR in wars of the twentieth century: A statistical study]. Moscow: "Olma–Press," 2001.

Kroener, Bernard R., Rolf–Dieter Muller, and Hans Umbreit. Germany and the Second World War. Vol. V, pt. I, Wartime Administration, Economy, and Manpower Resources, 1939–1941. Trans. Ewald Osers et al. Oxford: Clarendon Press, 2000.

Krylov, N. I., N. I. Alekseev, and I. G. Dragan. Navstrechu pobede: Boevoi put' 5-i armii, oktiabr 1941g.–avgust 1945g. [Toward victory: The combat path of 5th Army, October 1941–August 1945]. Moscow: "Nauka," 1970.

Kumanov, G. A., ed. Sovetskii tyl v pervyi period Velikoi Otechestvennoi voiny [The Soviet rear in the first period of the Great Patriotic War], Moscow: "Nauka," 1988.

. Voina i zhelznodorozhnyi transport SSSR 1941–1945 [War and rail transport in the USSR 1941–1945]. Moscow: "Nauka," 1988.

Kurochkin, P. A. Obshchevoiskovaia armiia na nastuplenii [The combined-arms army on the offensive], Moscow: Voenizdat, 1966.

Kurowsld, Franz. Bridgehead Kurland: The Six Epic Battles of Heeresgruppe Kurland. Trans. Fred Steinhardt. Winnipeg, Canada: J. J. Fedorowicz, 2002.

Kuznetsov, I. I. Marshaly, generaly i admiraly 1940 goda [The marshals, generals and admirals of 1940]. Irkutsk, Russian Federation: Eastern Siberian Publishing, 2000.

. Sud' by general' skie: Vysshie komandnie kadry Krasnoi Armii v 1940-1953

gg. [The fate of the generals: The highest command cadre of the Red Army in

1940-1953]. Irkutsk, Russian Federation: Irkutsk University Press, 2000.

Kuznetsov, N. G. Kursom k pobede [The course to victory], Moscow: "Golos," 2000. The unexpurgated version of a previously published memoir.

Kuznetsov, V. V. Protivostoianie: Sovetskaia razvedka v gody Vtoroi Mirovoi voiny [Confrontation: Soviet intelligence (razvedka) in the Great Patriotic War]. St. Pe-tersburg, Russian Federation: n.p., 2006).

Lehmann, Rudolf. The Leibstandarte 111. Trans. Nick Olcott. Winnipeg, Canada: J. J. Fedorowicz, 1993.

Le Tissier, Tony. The Battle for Berlin. London: Jonathan Cape, 1988.

. Race for the Reichstag: The 1945 Battle for Berlin. London: Frank Cass, 1999.

. Zhukov at the Oder: The Decisive Battle for Berlin. Westport, CT: Praeger, 1996.

Lewis, Samuel J. Forgotten Legions: German Army Infantry Policy 1918-1941. New York: Praeger, 1985.

Linets, S. I., and S. V. Ianush. Oborona sevemogo Kavkaza v gody Velikoi Oteche-stvennoi voiny (iiun-dekabr 1942 goda) [The defense of the northern Caucasus in the great Patriotic War (June-December 1942)]. Moscow: "Ileksa," 2010.

Lobarsky, S. Nekotorye operativno-takticheskie vyvody iz opyta voina v Ispanii [Some operational-tactical conclusions from the experiences of the war in Spain], Moscow: State Military Press of the People' s Commissariat of Defense of the USSR, 1939. Classified secret but later declassified.

Lomagin, Nikita A. Leningrad v blockade [Leningrad in the blockade]. Moscow: "Iauza" "Eksmo," 2005.

. Neizvestnaia blokada v 2 knigakh [Unknown blockade in 2 books]. Moscow: "Olma-Press," 2002.

. V tiskakh roloda: Blokada Leningrad v dokumentakh germanskikh spets-

sluzhb i NKVD [In the grip of hunger: The blockade of Leningrad in documents of the German special services and NKVD], St. Petersburg, Russian Federation: "Evropeiskii Dom," 2000.

Lopukhovsky, Lev. Prokhorovka bez grifa sekretnosti [Prokhorovka without the secret classification], Moscow: "Iauza" "Eksmo," 2005.

. The Viaz' ma Catastrophe, 1941: The Red Army' s Disastrous Stand against Operation Typhoon. Trans. Stuart Britton. Solihull, UK: Helion, 2013. A translation of Viazemskaia katastrofe 41-go goda [The Viaz' ma tragedy of 1941]. Moscow: "Iauza" "Eksmo," 2006.

Lopukhovsky, Lev, and Boris Kavalarchik. Iiun 1941: Zaprogrammirovanoe porazhenie [June 1941: An unprogrammed defeat]. Moscow: "Iauza" "Eksmo," 2010.

Losik, O. A., ed. Stroitel' stvo i boevoe primenenie sovetskikh tankovykh voisk v gody Velikoi Otechestvennoi voiny [The formation and combat use of Soviet tank forces in the years of the Great Patriotic War], Moscow: Voenizdat, 1979.

Lubchenkov, Iurii, and Viktor Artemov. Marshal Malinovsky: Ot soldata do Marshala [Marshal Malinovsky: From soldier to Marshal], Moscow: "Iauza" "Eksmo," 2008.

Lubiagov, Mikhail D. Pod El' nei v sorok pervom [At El' nia in forty-one], Smolensk, Russian Federation: "Rusich," 2005.

Luther, Craig W. H. Barbarossa Unleashed: The German Blitzkrieg through Central Russia to the Gates of Moscow, June-December 1941. Atglen, PA: Schiffer, 2013.

Lvov, Aleksandr, and Il' ia Moshchansky. Na zemle Iugoslavii: Belgradskaia strategicheskaia nastupatel' naia operatsiia, 28 sentiabria-20 oktiabria 1944 goda [On the land of Yugoslavia: The Belgrade strategic offensive operation, 28 September-20 October 1944]. Voennaia letopis' , 6-2005. Moscow: "BTV-MH," 2005.

Mackensen, Eberhard von. Vom Bug zum Kaukasus: Das III. Panzerkorps im Feldzug gegen Sowjetrussland 1941/42. Neckargemund, FRG: Kurt Vowinkel Verlag, 1967.

MacLean, French L. Stalingrad: The Death of the German Sixth Army on the Volga, 1942-1943. 2 vols. Atglen, PA: Schiffer, 2013.

Magometov, A. A. Razgrom nemtsev pod Vladikavkazom [The defeat of the Germans at Vladikavkaz]. Moscow: Proekt-Press, 2008.

Maier, Georg. Drama zwischen Budapest und Wien: Der Endkampf der 6. Panzerarmee 1945. Osnabrück, FRG: Munin-Verlag GMBH, 1985.

Malinovsky, P. Ia. Budapesht-Vena-Praga [Budapest-Vienna-Prague], Moscow: "Nauka," 1965.

Manstein, Erich von. Lost Victories. Trans, from German by Anthony G. Powell. Chicago: Henry Regnery, 1958.

Mark, Jason D. Death of the Leaping Horseman: 24. Panzer-Division in Stalingrad, 12th August-20th November 1942. Sydney, Australia: Self-published, 2002.

. Island of Fire: The Battle for the Barrikady Gun Factory in Stalingrad, November 1942-February 1943. Sydney, Australia: Leaping Horseman Books, 2006.

Martirosian, Arsen. Tragediia 22 iiunia: Blitskrig ili izmena? Pravda Stalina [The tragedy of 22 June: Blitzkrieg or betrayal? The truth of Stalin], Moscow: "Iauza" "Eksmo," 2006.

. 22 iiunia. Pravda generalissimusa [22 June: Truth of the generalissimo].
Moscow: "Veche," 2005.

Maslov, Aleksander A. Captured German Generals: The Fate of Soviet Generals Captured by the Germans, 1941–1945. London: Frank Cass, 2001.

. Fallen Soviet Generals: Soviet General Officers Killed in Battle, 1941–1945.
London: Frank Cass, 1998.

Matuslenko, A. Operativnaia maskirovka voisk [Operational deception of forces], Moscow: Voenizdat, 1975.

. Udar s dnestrovskogo platsdarma [Blow from the Dnestr bridgehead]. Moscow: Voenizdat, 1961.

. Voennoe iskusstvo v Berlinskoi operatsii [Military art in the Berlin operation]. Moscow: Voroshilov Academy of the General Staff, 1983. Classified secret but now declassified.

Mawdsley, Evan. Thunder in the East: The Nazi–Soviet War 1941–1945. London: Hodder Arnold, 2005.

McIntosh, Malcolm. Juggernaut: A History of the Soviet Armed Forces. New York: Macmillan, n.d.

Mellenthin, Friedrich W. von. Panzer Battles. Trans, from German by H. Betzler. Norman: University of Oklahoma Press, 1956.

Mel'nikov, V. M. Na dneprovskom rubezhe: Taina gibeli generala Petrovskogo [On the Dnepr line: Secrets of the death of General Petrovsky]. Moscow: "Veche," 2013.

. Naro–Fominskii proryv: Zabytye stranitsy bitvy za Moskvu [The Naro–Fominsk penetration: Forgotten pages of the battle for Moscow]. Moscow: Patriot, 2012.

. Tylovoe obespechenie voisk v Moskovskom bitve [Rear service support of forces in the battle of Moscow]. Moscow: Patriot, 2009.

Mel'tiukhov, Mikhail I. Pribaltiskii platsdarm (1939–1940 gg.): Vozvrashchenie Sovetskogo Soiuza na berega Baltiskogo moria [Baltic bridgehead (1939–1940): Return of the Soviet Union to the Baltic Sea's shores]. Moscow: Algoritim, 2014.

. Sovetsko–Pol'skie voina: Belyi orel protiv Krasnoi Zvezda [The Soviet–Polish War: The white eagle against the red star], Moscow: "Iauza" "Eksmo," 2004.

j—. Upushchennyi shans Stalina: Skhvatka za Evropu 1939–1941 gg. [The lost chance of Stalin: The fight for Europe 1939–1941]. Moscow: "Veche," 2008.

Menning, Bruce, ed. "At the Threshold of War: The Soviet High Command in 1941," special issue of Russian Studies in History 36, no. 3 (Winter 1997–1998).

Men'shikov, Viacheslav. Rzhev–Stalingrad: Skrytyi gambit Marshala Stalina [RzhevStalingrad: The secret gambit of Marshal Stalin]. St. Petersburg, Russian Federa-tion: Piter, 2012.

Meretskov, Kiril A. Serving the People. Moscow: Progress Publishers, 1971.

Merridale, Catherine. Ivan's War: Life and Death in the Red Army, 1939–1945. New York: Henry Holt, 2006.

Mezhiritsky, Peter. On the Precipice: Stalin, the Red Army Leadership and the Road to Stalingrad, 1931–1942. Solihull, UK: Helion, 2012.

Miagkov, M. Iu. Vermakht u vorot Moskvy. 1941–1942 [The Wehrmacht at the gates of Moscow, 1941–1942]. Moscow: Institute of General History RAN (Russian Academy of Science), 1999; "Olma-Press," 2005.

Mikheenkov, Sergei. Armiia, kotoryiu predali: Tragediia 33-i armii generala M. G. Efremova 1941–1942 [The army that they betrayed: The tragedy of General M. G. Efremovs 33rd Army 1941–1942]. Moscow: ZAO Tsentrpoligraf, 2009.

. Doroga smerti: 43-ia armiia v boiakh na Varshavskom shosse. Skhvatka s "Taifunom" 1941–1942 [The road of death: 43rd Army in battles on the Warsaw highway. A fight with "Typhoon," 1941–1942]. Moscow: Tsentrpoligraf, 2011.

. Tragediia 33-i armii: Rzhevsko-Viazemskaia nastupatel' naia operatsiia. 1942 [The tragedy of 33rd Army: The Rzhev-Viaz' ma offensive operation, 1942]. Mos-cow: Tsentrpoligraf, 2012.

Minasian, M. M. Osvobozhdenie narodov iugo-vostochnoi evropy [The liberation of the peoples of southeastern Europe], Moscow: Voenizdat, 1967.

Mitcham, Samuel W., Jr. The Panzer Legions: A Guide to the German Army Tank Divisions of World War II and Their Commanders. Westport, CT: Greenwood Press, 2001.

Mitchell, Donald W. A History of Russian and Soviet Sea Power. New York: Macmillan, 1974.

Moore, Perry. Panzerschlacht: Armoured Operations on the Hungarian Plains, September–November 1944. Solihull, UK: Helion, 2008.

Morozov, M. E., ed. Velikaia Otechestvennaia voina 1941–1945 gg. Kampanii i strategicheskie operatsii v tsifrakh. V. 2 tomakh [The Great Patriotic War 1941–1945: Campaigns and strategic operations in numbers, in 2 vols.]. Moscow: Glavarkhiv goroda Moskvy, 2010.

Morozov, Miroslav. Vozdushnaia bitva za Sevastopol' 1941–1942 [The air battle for Sevastopol' 1941–1942]. Moscow: "Iauza" "Eksmo," 2007.

Moshchansky, I. B. 1941: Taktika tankovoi voiny [1941: The tactics of tank war], Voennaia letopis', no. 1. Moscow: "PKV" [Bronetankovyi muzei proekt 72BM–1], 2001.

. 1941-i: Ot tragedii Viaz' my do pobedy pod Moskvoi [1941: From the tragedy of Viaz' ma to victory at Moscow], Moscow: "Veche," 2008.

. 1942-i: Ot tragedii Kryma do pobedy pod Stalingradom [1942: From the tragedy of Crimea to the victory at Stalingrad]. Moscow: "Veche," 2008.

. 1944-i: Ot Korsuni do Belgrada [1944: From Korsun' to Belgrade], Moscow: "Veche," 2008.

—. Oborona Pribaltiki, 22 iiunia–9 iiulia 1941 goda [The defense of the Baltic region, 22 June–9 July 1941]. Voennaia letopis’, no. 1. Moscow: “BTV-MH,” 2002.

. Operatsiia Barbarossa: Tankovoe srazhenie na zapadnoi Ukraine, 22 iiunia–7 iiulia 1941 goda [Operation Barbarossa: The tank battle in western Ukraine, 22 June–7 July 1941]. Voennaia letopis’, no. 3. Moscow: “BTV-MH” [Bronetankovyi muzei proekt 72BM-3], 2002.

. Oshibka generala Zhukova [The mistake of General Zhukov], Moscow: “Veche,” 2011.

. Osvobozhdenia Avstrii: Venskaia strategicheskkaia nastupatel’naia operat- siia, 16 marta–15 aprelia 1945 goda [The liberation of Austria: The Vienna strategic offensive operation, 16 March–15 April 1945]. Voennaia letopis’ 7–2003. Moscow: “BTV-MH,” 2003.

. Osvobozhdenie Belorussii: Boevye deistviia Kalininskogo, Zapadnogo i Belo- russkogo frontov, 26 sentiabria 1943–5 aprelia 1944. Nachala [The liberation of Belorussia: The combat operations of the Kalinin, Western and Belorussian Fronts, 26 September 1943–5 April 1944—The beginning], Voennaia letopis’, 2–2006. Moscow: “BTV-MH,” 2006.

. Osvobozhdenie pravoberezhnoi Ukrainy [The liberation of the right bank of Ukraine], Moscow: “Veche,” 2011.

. Razgrom pod Cherkassami: Korsun’–Shevchenkovskaia nastupatel’naia oper- atsiia, 24 ianvaria–17fevralia 1944 goda [The defeat at Cherkassy: The Korsun’ Shevchenkovskii offensive operation, 24 Januaiy–17 February 1944]. Voennaia letopis’, no. 7. Moscow: “BTV-MH,” 2005.

. Shturm “Karel’skogo vala”: Vyborgsko-Petrozavodskaia strategicheskaia nastupatel’naia operatsiia, 10 iiunia–9 avgusta 1944 goda [Storm of the Karelian Wall: The Vyborg-Petrozavodsk strategic offensive operation, 10 June–9 August 1944]. Voennaia letopis’ 5–2005. Moscow: “BTV-MH,” 2005.

. Smolenskoe srazhenie: Dva mesiatsa krovavogo protivostoianiia [The battle of Smolensk: Two months of bloody resistance], Moscow: “Iauza” “BTV-Kniga” “Eksmo,” 2007.

. Stoiat’ nasmert’! [Stand to the death]. Moscow: “Veche,” 2010.

—. “Tanki, vpered”: Kur’esy tankovoi voiny v bitva za Leningrad 1941–1945 gg. [“The tanks, forward”: Curiosities of the tank war in the battle for Leningrad, 1941–1945]. Moscow: “Veche,” 2009.

. U vorot Berlina, 3 fevralia–15 aprelia 1945 goda, chast’ 1, chast’ 2 [At the gates of Berlin, 3 February–15 April 1945, pt. 1 and pt. 2]. Voennaia letopis’ 5–62006. Moscow: “BTV-MH,” 2006.

Moshchansky, Ilia, and Elena Kharitonova. Na dal’nykh podstupakh k Moskve: Viazemsko-Brianskaia strategicheskaia oboronitel’naia operatsiia, 30 sentiabria–30 oktiabria 1941 goda

[On the distant approaches to Moscow: The Viaz' maBriansk strategic defensive operation, 30 September–30 October 1941]. Voennaia letopis', no. 4. Moscow: "BTV-MH," 2003.

Moshchansky, Ilia, and Ivan Khokhlov. Protivostoianie: Smolenskoe srazhenie, 10 iiulia–10 sentiabria 1941 goda, chast' 1 [In the struggle for a turning point: The battle of Smolensk, 10 July–10 September 1941, pt. 1]. Voennaia letopis', 3–2003. Moscow: "BTV-MH," 2003.

—. Sorevnovanie frontov: Voronezhsko–Khar' kovskaia strategicheskaia nastu-patel' naia operatsiia, 13 ianvaria–3 marta 1943 goda [Competition offronts: The Voronezh-Khar' kov strategic offensive operation, 13 January–3 March 1943]. Voennaia letopis', no. 8. Moscow: "BTV-MH," 2006.

. V bor' be za perelom: Smolenskoe srazhenie, 10 iiulia–10 sentiabria 1941 goda, chast' 2 [In the struggle for a turning point: The battle of Smolensk, 10 July–10 September 1941, pt, 2], Voennaia letopis', 5–2003. Moscow: "BTV-MH," 2003.

. Vperedi Germaniia!: Vislo–Oderskaia strategicheskaia nastupatel' nia oper-atsiiia, 12 ianvaria–3 fevralia 1945 goda. 1–i Belorusskii front [Germany ahead!: The Vistula-Oder strategic offensive operation, 12 January–3 February 1945— The 1st Belorussian Front]. Voennaia letopis' 4–2005. Moscow: "BTV-MH," 2005.

Moshchansky, Il' ia, and Dmitrii Sakhonchik. Blokada Leningrada: Kontmastuplenie pod Tikhvinom. 10 noiarbria–30 dekabria 1941 goda [The blockade of Leningrad: The counteroffensive at Tikhvin, 10 November–30 December 1941]. Voennaia letopis', 2–2004. Moscow: "BTV-MH," 2004.

Moshchansky, Il' ia, and Aleksandr Savin. Bor' ba za Krym, sentiabr' 1941–iiul' 1942 goda [The struggle for the Crimea, September 1941–July 1942]. Voennaia letopis', 1–2002. Moscow: "PKV," 2001.

Moshchansky, Il' ia, and Sergei Smolinov. Oborona Stalingrada: Stalingradskaia stra-tegicheskaia oboronitel' naia operatsiia, 17 iiulia–18 noiabria 1942 goda [The defense of Stalingrad: The Stalingrad strategic defensive operation, 17 July–18 November 1942]. Voennaia letopis', 6–2002. Moscow: "BTV-MH," 2002.

Moshchansky, Il' ia, and Vasilii Stoianov. Naflangakh Stalingrada: Operatsii na Severnom Kavkaze, 1 ianvaria–4 fevralia 1943 goda [On the flanks of Stalingrad: Oper–ations in the Northern Caucasus, 1 January–4 February 1943]. Voennaia letopis', 3–2002. Moscow: "PKV," 2002.

Moskalenko, S. K. Na iugo–zapadnom napravlenii v dvukh tomakh [On the southwestern direction, in 2 vols.]. Moscow: "Nauka," 1969.

Moynahan, Brian. Claws of the Bear. Boston: Houghton Mifflin, 1989.

Müller, Rolf–Dieter, and Gerd R. Ueberschär. Hitler' s War in the East, 1941–1945: A Critical Assessment. Trans, from German by Bruce D. Little. Oxford: Berghahn Books, 1997.

Murphy, David E. What Stalin Knew: The Enigma of Barbarossa. New Haven, CT: Yale University Press, 2005.

Murray, Williamson. Luftwaffe. Baltimore, MD: Nautical and Aviation Publishing, 1985.

Nash, Douglas E. Hell's Gate: The Battle of the Cherkassy Pocket, January–February 1944. Stamford, CT: RZM Imports, 2002.

Nevenkin, Kamen. Fire Brigades: The Panzer Divisions 1943–1945. Winnipeg, Canada: J. J. Fedorowicz, 2008.

Nevezhin, V. A. Sindrom nastupatel' noi voiny: Sovetskaia propaganda v preddverii "sviashchennyk boev" 1939–1941 gg. [The syndrome of offensive war: Soviet propaganda on the threshold of "sacred battles" 1939–1941]. Moscow: "AIRO–XX," 1997.

Niepold, Gerd. Battle for White Russia: The Destruction of Army Group Centre June 1944. London: Brassey's, 1987.

1941. Zabytye pobedy Krasnoi Annii [1941: Forgotten victories of the Red Army], Moscow: "lauza" "Eksmo," 2009.

Nisuma, Marek. Eesti. Piirikaitseriigemendid Ja Politseipataljonid Narva Rindel 1944. Aastal [Estonia: Border Guards Regiments and Police Battalions on the Narva Front, 1944]. Tallinn, Estonia: Kirjastas Varrak, 2011.

Noble, Alastair. Nazi Rule and the Soviet Offensive in Eastern Germany, 1944–1945: The Darkest Hour. Portland, OR: Sussex Academic Press, 2009,

Norbert, Szamveber. Pdncelosok a Tiszantulon: Az alfoldi panceloscsata 1944 oktobereben. Budapest: Nyomdaipari Tarsasdg, 2002.

Odom, William E. The Collapse of the Soviet Military. New Haven, CT: Yale University Press, 1998.

Ognennaia duga. Belgorod–Kursk–Orel [The fiery arc. Belgorod–Kursk–Orel]. Moscow: "Zvonnitsa–MG," 2013.

Ohliger, Rainer, Karen Schonwalder, and Triadafilos Triadafilopoulos, eds. European Encounters: Migrants, Migration, and European Societies since 1945. Aldershot, UK: Ashgate Publishing, 2003.

Oleinikov, G. A. Geroicheskie strantitsy bitvy za Leningrad: Issledovanie khoda i analiz nekotorykh operatsii i srazhenii na Sevemom (Leningradskom) i Volkhovskomfrontakh 1941–1942 godov [The heroic pages of the battle for Leningrad: An investigation of the course and analysis of several operations on the Northern (Leningrad) and Volkhov Fronts 1941–1942]. St. Petersburg, Russian Federation: "Nestor," 2000.

Orlov, A. S., and O. A. Rzheshevsldi, eds. Nakanune 22 iiunia 1941 god. Dokumental' nye ocherk [On the eve of 22 June 1941: A documentary survey], Moscow: "Nauka," 2001.

Orlov, K. A., ed. Bor' ba za Sovetskuiu Pribaltiki v Veloikoi Otechestvennoi voine, Kniga vtoraia: K Baltiiskomu moriu [The struggle for the Soviet Baltic Region in the Great Patriotic War, bk. 2: To the Baltic Sea]. Riga, Latvia: Piesma, 1967.

Pankov, F. D. Ognennye rubezhi [Firing lines], Moscow: Voenizdat, 1984.

Panov, M. F.Na napravlenii glavnogo udara [On the axis of the main attack], Moscow: n.p., 1995. A history of 1st Guards Tank Corps.

Parot' kin, I. V. Eletskaia operatsiia (6–16 dekabria 1941 g.) [Elets operation, 6–16 De–cember 1941]. Moscow: Voenizdat, 1943. Classified secret but later declassified.

Parrish, Michael. The Lesser Terror: Soviet State Security, 1939–1953. Westport, CT: Praeger, 1996.

———. The U.S.S.R. in World War II: An Annotated Bibliography of Books Published in the Soviet Union, 1945–1975, with an Addenda for the Years 1975–1980. 2 vols. New York: Garland Publishing, 1981.

Pennington, Reina. "Offensive Women: Women in Combat in the Red Army in the Second World War.' ' /SMS 74, no. 3 (July 2010): 775–820.

———. Wings, Women, & War: Soviet Airwomen in World War II Combat. Lawrence: University Press of Kansas, 2001.

Permiakov, I. A. Boi za Voronezh v khode Voronezhsko–Voroshilovgradskoi strategicheskoi oboronitel' noi operatsii 1942 g. [The battle for Voronezh during the course of the Voronezh–Voroshilovgrad strategic defensive operation 1942]. Voronezh, Russian Federation: FGBOI VPO Voronezhsldi GAU, 2012.

Perrett, Brian. Knights of the Black Cross: Hitler' s Panzerwajfe and Its Leaders. New York: St. Martins Press, 1986.

Piekalldewicz, Janusz. Operation "Citadel": Kursk and Orel—The Greatest Tank Battle of the Second World War. Trans, from German by Michaela Nierhaus. Novato, CA: Presidio Press, 1987.

Pinchenkov, A. S. Rzhevskaia duga generala Belova [The Rzhev arc of General Belov], Moscow: "Veche," 2013.

Plato, A, D, von. Die Geschichte der 5. Panzerdivision 1938 via 1945]. Regensburg, FRG: Walhalla u Praetoria Verlag KG George Zwichenpflug, 1978.

Platonov, S. P. Bitva za Leningrad 1941–1944 [The battle for Leningrad 1941–1944]. Moscow: Voenizdat, 1964.

Pliev, I. A. Pod gvardeiskim znamenem [Under the guards banner], Ordzhonikidze, Soviet Union: Izdatel' stvo "IR," 1976.

Plocher, Herman. The German Air Force versus Russia, 1941,1942, and 1943. USAF Historical Studies, Nos. 153, 154, and 155. USAF Historical Division, Aerospace Studies Institute, Air University, July 1965, June 1966, and June 1967. Repub–lished in New York by Arno Press, 1967.

Plokhy, S. M. Yalta: The Price of Peace. New York: Viking, 2010.

Popel' , N. K. V tiazhkuiu poru/Tanki povemuli na zapad/Voennye memuary [In a serious time/ Tanks turn to the west/Military memoirs], Moscow: Grifón M, 2005.

Portugal' sky, Richard. Marshal Konev: Master okruzhenii [Marshal Konev: A master of encirclement], Moscow: "lauza" "Eksmo," 2007.

. Marshal Timoshenko: "Postante menia na opasnyi uchastok …" [Marshal Timoshenko: "Place me in a dangerous sector …"]. Moscow: "Iauza" "Eksmo," 2007.

Price, Alfred. The Last Year of the Luftwaffe, May 1944 to May 1945. London: Greenhill Books, 2001.

Proektor, D. M. Cherez Duklinskii perenal [Through the Dukla Pass]. Moscow: Voe-nizdat, 1960.

Prudnikov, Viktor. Katukov protiv Guderiana [Katukov against Guderian], Moscow: "Iauza" "Eksmo," 2005.

Pshenianik, Georgii. Krakh plana "Edel' veis" : Sovetskaia aviatsiia v bitve za Kavkaz 1942-1943 [The failure of plan "Edelweiss" : Soviet aviation in the battle for the Caucasus 1942-1943]. Moscow: Tsentrpoligraf, 2013.

Radey, Jack, and Charles Sharp. The Defense of Moscow 1941: The Northern Flank. Barnsley, UK: Pen & Sword Military, 2012.

Radzievsky, A. I., ed. Taktika v boevykh primerakh, polk [Tactics in combat examples, the regiment]. Moscow: Voenizdat, 1974.

Rastrenin, Oleg. Raskolotoe nebo. Mai-iiun 1943 goda [The broken skies, May-June 1943]. Moscow: "Iauza" "Eksmo," 2007.

Ready, J. Lee. The Forgotten Axis: Germany' s Partners and Foreign Volunteers in World WarII. Jefferson, NC: McFarland, 1987.

Reese, Roger R. Red Commanders: A Social History of the Soviet Army Officer Corps, 1918-1991. Lawrence: University Press of Kansas, 2005.

———. Why Stalin' s Soldiers Fought: The Red Army' s Military Effectiveness in World War II. Lawrence: University Press of Kansas, 2011.

Reid, Anna. Leningrad: The Epic Siege of World War II, 1941-1944. New York: Walker, 2011.

Reinhardt, Klaus. Moscow—The Turning Point: The Failure of Hitler' s Strategy in the Winter of 1941-42. Trans, from German by Karl B. Keenan. Oxford: Berg Publishing, 1992.

Rhodes, Richard. Masters of Death: The SS-Einsatzgruppen and the Invention of the Holocaust. New York: Alfred A. Knopf, 2002.

Rieber, Alfred J., ed. Forced Migration in Central and Eastern Europe, 1939-1950. London: Frank Cass, 2002.

Riiazansky, A. P. V ogne tankovykh srazhenii [In the fire of tank battles]. Moscow: "Nauka," 1975.

Roberts, Cynthia A. "Planning for War: The Red Army and the Catastrophe of 1941" Europe-Asia Studies 47, no. 8 (December 1995): 1293-1326.

Roberts, Geoffrey. "The Soviet Decision for a Pact with Nazi Germany." Soviet Studies 44, no. 1 (1992): 57-71.

. Stalin' s Wars: From World War to Cold War, 1939-1953. New Haven, CT:

Yale University Press, 2006.

Rokossovsky, Konstantin K. Soldatskii dolg [A soldiers duty]. Moscow: "Golos," 2000.

———. A Soldier's Duty. Moscow: Progress Publishers, 1985.

———, ed. Velikaia bitva na Volge [Great victory on the Volga], Moscow: Voenizdat, 1965.

Rotmistrov, P. A. Stal' naia gvardiia [Steel guards]. Moscow: Voenizdat, 1988.

Rotundo, Louis C., ed. Battle for Stalingrad: The 1943 Soviet General Staff Study. Washington, DC: Pergamon–Brassey's International, 1989.

Runov, Valintin. 1941. Pobednyiparad Gitlera: Pravda ob umansko poboishche [1941: The victorious parade of Hitler—The truth about the Uman' slaughter], Moscow: "Iauza" "Eksmo," 2010.

———. Udarpo Ukraine: Vermakht protiv Krasnoi Armii [Blow against the Ukraine: The Wehrmacht against the Red Army]. Moscow: "Veche," 2011.

Sadarananda, Dana V. Beyond Stalingrad: Manstein and the Operations of Army Group Don. New York: Praeger, 1990.

Salisbury, Harrison. The 900 Days: The Siege of Leningrad. New York: Harper & Row, 1969.

Samsonov, A. M. Osvobozhdenie Belorussii 1944 [The liberation of Belorussia 1944]. Moscow: "Nauka," 1974.

———. Stalingradskaia bitva [The Battle of Stalingrad], Moscow: "Nauka," 1983.

Sandalov, L. M. 1941. Na moskovskom napravlenii [1941: On the Moscow axis], Mos-cow: "Veche," 2006. The unexpurgated version of a previously published memoir.

Savuskhin, R. A., ed. Razvitie Sovetskikh vooruzhennykh sil i voennogo iskusstva v mezhvoennyi period (1921–1941 gg.) [The development of the Soviet Armed Forces and military art in the interwar period (1921–1941)]. Moscow: MilitaryPolitical Department of the Orders of Lenin and October Revolution and Red Banner V. I. Lenin Academy, 1989.

———. Razvitie Sovetskikh vooruzhennykh sil i voennogo iskusstva v Velikoi Oteche-stvennoi voine 1941–1945 gg. [The development of the Soviet Armed Forces and military art in the Great Patriotic War, 1941–1945]. Moscow: VPA, 1988.

Schroter, Heinz. Stalingrad. Trans, from German by Constantine Fitzgibbon. New York: E. P. Dutton, 1958.

Seaton, Albert. The Russo–German War, 1941–1945. New York: Praeger, 1971.

Senger und Etterlin, F. M. von. Der Gegenschlag. Neckargemund, FRG: Scharhorst Buchkameradsschaft, 1959.

Sevast' ianov, G. H. Voina i obshchestvo, 1941–1945 v dvukh knigakh [War and society, in 2 bks.]. Moscow: "Nauka," 2004. Prepared by the Russian Academy of Science s Institute of Russian History.

Shamrai, V. A. Srazhenie za Voronezh. Oboronttel' nyi period (28 iiunia–11 iiulia 1942 g) [The battle for Voronezh: The defensive period (28 June–11 July 1942]. Voronezh, Russian Federation: Tsentr dukhovnogo vozrozhdeniia Chemozemnogo kraia, 2013.

Shchekotikhin, Egor. Krupneishee tankovoe srazhenie Velikoi Otechestvennoi: Bitva za Orel [The largest tank battle of the Great Patriotic (War): The battle for Orel]. Moscow: "Iauza" "Eksmo," 2009.

Shein, Dmitrii B. Tank vedet Rybalko: Boevoi put' 3-i Gvardeiskoi tankovoi armii [Rybalko led tanks: The combat path of 3rd Guards Tank Army], Moscow: "Iauza" "Eksmo," 2007.

Shein, Oleg. Neizvestnyifront Velikoi Otechestvennoi: Krovavaia bania v kalmytskikh stepiakh [The unknown front of the Great Patriotic (War): Bloodbath in the Kalmyk steppes], Moscow: "Iauza" "Eksmo," 2008.

Shemenkov, A. L. Podgotovka Olonetskoi nastupatel' noi operatsii [Preparation of the Olonets offensive operation], Moscow: Scientific–Research Department of the Voroshilov Academy, 1942. Formerly classified secret but later declassified.

Shepherd, Benjamin V. War in the Wild East: The German Army and Soviet Partisans. Cambridge, MA: Harvard University Press, 2004.

Sherstnev, Vladimir D. Komandarmy [Army commanders], Smolensk, Russian Fed-eration: "Rusich," 2006.

. Tragediia sorok pervogo: Dokumenty i razmyshleniia [Tragedies of forty-one: Documents and reflections], Smolensk, Russian Federation: "Rusich," 2005.

Shigin, G. A. Bitva za Leningrad: Krupnye operatsii, "belye piatna," poteri [The battle for Leningrad: Large operations, "blank spots," and losses], Moscow: "AST," 2004.

Shirokorad, A. B. Dal' nevostochnyifinal [Far Eastern finale], Moscow: "AST," 2005.

Shkalov, I. N. Ozero Khasan, god 1938 [Lake Khasan, 1938]. Moscow: Voenizdat, 1988.

Showalter, Dennis E. Armor and Blood: The Battle of Kursk, the Turning Point of World War 11. New York: Random House, 2013.

Shtemenko, Sergei M. The Last Six Months: Russia' s Final Battles with Hitler' s Armies in World War II. Trans, from Russian by Guy Daniels. Garden City, NY: Doubleday, 1977.

. The Soviet General Staff at War, 1941–1945. Vol. I. Trans, from Russian by Robert Daglish. Moscow: Progress Publishers, 1985.

Shturm Konigsberga [The storming of Königsberg], Kaliningrad: IzdateFstvo Kaliningrada, 1973.

Shukman, Harold, ed. Stalin' s Generals. New York: Grove Press, 1993.

Sidorenko, A. A. Na mogilevskom napravlenii [On the Mogilev axis], Moscow: Voe–nizdat, 1958.

Simbolikov, V. N. Kurskaia bitva, 1943 [The Battle of Kursk, 1943]. Moscow: Voroshi–lov General Staff Academy, 1950. Classified secret but later declassified.

Simmons, Cynthia, and Nina Perlina. Writing the Siege of Leningrad: Women' s Diaries, Memoirs and Docwmntary Prose. Pittsburgh, PA: University of Pittsburgh Press, 2002.

Singer, Roland. Karpatenschlachten: Der Erste und Zweite Weltkrieg am oberen Karpatenbogenn. Berlin: Pro BUSINESS, 2012.

Slepyan, Kenneth. Stalins Guerrillas: Soviet Partisans in World War II. Lawrence: University Press of Kansas, 2006.

Smelser, Ronald, and Edward J. Davies II. The Myth of the Eastern Front: The NaziSoviet War in American Popular Culture. Cambridge: Cambridge University Press, 2008.

Smirnov, Aleksandr, and Aleksandr Surkov. 1941: Boi v Belorussii [1941: The battle in Belorussia]. Frontovaia illiustratsiia [Front illustrated], 2–2003. Moscow: "Strategiia KM," 2003.

Snegov, A. P. Organizatsiia i osushchestvlenie proryv podgotovlennoi oborony protivnika soedineniami 32–go strelkovogo korpusa 5–go udamoi armii v Vislaoderskoi operatsii [The organization and realization of a penetration of prepared enemy defenses by formations of the 1st Belorussian Fronts 5th Shock Army's 32nd Rifle Corps in the Vistula–Oder operation], Moscow: Lenin MilitaryPolitical Academy, 1980. Classified secret but later declassified.

. Voennoe iskusstvo v Vislo–Oderskoi operatsii [Military art in the Vistula–Oder operation], Moscow: Lenin Military–Political Academy, 1979. Classified secret but later declassified.

Sokolovsky, V. D., ed. Razgrom nemetsko–fashistskikh voisk pod Moskvoi [The defeat of German–Fascist forces at Moscow], Moscow: Voenizdat, 1964.

Solonin, Mark. 22 iiunia, ili Kogda nachalas' Velikaia Otechestvennaia voina [22 June, or when the Great Patriotic War began], Moscow: "lauza" "Eksmo," 2007.

———. Zapretnaia Pravda o Velikoi Otechestvennoi. Net blaga na voine! [The forbidden truth about the Great Patriotic (War): There is no good in the war!]. Moscow: "lauza," 2011.

Solonin, Mark, Lev Lopukhovsky, Mikhail MePtiukhov, and Dmitri Khme' nitsky. Velikaia Otechestvennaia katastrofa 3 [The Great Patriotic catastrophe—3]. Mos-cow: "lauza" "Eksmo," 2008.

Sorokin, K. L. Trudnye dni sorok pervogo [Difficult days of forty–one]. Moscow: Voenizdat, 1991.

Soshnikov, A. la., ed. Sovetskaia kavaleriia [Soviet cavalry]. Moscow: Voenizdat, 1984.

Spaeter, Helmuth. The Flistory of the Panzerkorps Grossdeutschland. Vol. 2. Winnipeg, Canada: J. J. Fedorowicz, 1995.

Stadler, Silverster. Die Offensive gegen Kursk 1943: II. SS–Panzerkorps als Stosskeil im Grosskampf. Osnabrück, FRG: Munin Verlag GmbH, 1980.

Stahel, David. Kiev, 1941: Hitler's Battle for Supremacy in the East. Cambridge: Cambridge University Press, 2012.

. Operation Barbarossa and Germany's Defeat in the East. Cambridge: Cambridge University Press, 2009.

—. Operation Typhoon: Hitler's March on Moscow, October 1941. Cambridge:

Cambridge University Press, 2013.

Stalingrad: Tsena pobedy [Stalingrad: The cost of victory], Moscow: "AST," 2005.

Stalingrad: Zabytoe srazhenie [Stalingrad: The forgotten battle]. Moscow: "AST," 2005.

Stalingradskaia epopeia: Vpervye publikuemye dokumenty, rassekrechennye FSB RF: Vospominaniia fel'dmarshala Pauliusa; Dnevniki i pis'ma Soldat RKKA i

vermakhta; Agentumije doneseniia; Protokoly doprosov; Dokladnye zapiski osobykh otdelov frontov i armii [Documents published for the first time, declassified by the FSB RF; the recollections of Field Marshal Paulus; diaries and letter of RKKA and Wehrmacht soldiers; agent reports; protocols of interrogations; and report notes of the special departments of fronts and armies]. Moscow: "Evonnitsa-MG," 2000.

Stein, Marcel. Field Marshal von Manstein, a Portrait: The Janus Head. Trans, from German by Gwyneth Fairbank. Solihull, UK: Helion, 2007.

Stephan, Robert W. Stalin's Secret War: Soviet Counterintelligence against the Nazis, 1941–1945. Lawrence: University Press of Kansas, 2004.

Stoecker, Sally W. Forging Stalin's Army: Marshal Tukhachevsky and the Politics of Military Innovation. Boulder, CO: Westview Press/HarperCollins, 1998.

Stone, David R., ed. Hammer ¿r Rifle: The Militarization of the Soviet Union, 19261933. Lawrence: University Press of Kansas, 2000.

———. The Soviet Union at War, 1941–1945. Barnsley, UK: Pen & Sword Books, 2010.

Stoves, Rolf. Die Gepanzerten und Motorisierten Deutschen Grossverbande 19351945. Friedberg, FRG: Podzun-Pallas-Verlag, 1986.

———. Die 22. Panzer-Division, 25. Panzer-Division, 27. Panzer-Division und die 233. Reserve Panzer-Division: Aufstellung, Gleiderung, Einsatz. Friedberg, FRG: Podzun-Pallas-Verlag, 1985.

Strokov, A. A. Istoriia voennogo iskusstva [History of military art]. Moscow: Voenizdat, 1966.

Sudoplatov, P. A. Raznye dni tainoi voiny i diplomatii. 1941 god [Different days of secrets on war and diplomacy, 1941]. Moscow: "Olma-Press," 2001.

———. Razvedka i Kreml': Zapiski nezhelatel'nogo svidetelia [Intelligence and the Kremlin: Notes of an undesirable witness]. Moscow: "Teia," 1996.

Sudoplatov, Pavel, and Anatoli Sudoplatov, with Jerrold L. and Leona P. Schecter. Special Tasks: The Memoirs of an Unwanted Witness—A Soviet Spymaster. New York: Little, Brown, 1994.

Sukhanov, A. A., and D. G. Tselorungo, eds. Boi za Moskvu na Mozhaiskom napravlenii: Issledovaniia, dokumenty, vozpominaniia [The battle for Moscow on the Mozhaisk axis: Research, documents, and recollections]. Moscow: "Poligraf servis," 2007.

Sul'din, A. V. Bitva za Moskvu. Polnaia khronika—203 dni [The battle for Moscow: A full chronicle—203 days], Moscow: "AST," 2014.

Suprun, M. N., ed. Lend-liz i Rossiia [Lend-Lease and Russia], Arkhangelsk, Russian Federation: OAO IPP "Pravka severa," 2006.

Suvenirov, O. F. Tragediia RKKA 1937-1938 [The tragedy of the RKKA 1937-1938]. Moscow: "TERRA," 1998.

Suvorov, Viktor. Den' -M: Kogda nachalas' Vtoroi Mirovoi voina? [When did the Sec-ond World War begin?]. Moscow: "VSE DLIA VAS," 1994.

_____. Icebreaker: Who Started the Second World War? London: Hamish Hamilton, 1990.

Sverdlov, F. D., Oshibki G. K. Zhukova (god 1942) [The mistakes of G. K. Zhukov (1942)]. Moscow: "Monolit," 1996.

Svirin, Mikhail. Samkhodki Stalina: Istoriia Sovetskoi SAU, 1919-1945 [The selfpropelled of Stalin: A history of Soviet self-propelled weapons, 1919-1945]. Moscow: "Iauza" "Eksmo," 2008.

Szab6, Peter. Don-Kanyar [Bend] 1942-1943: A Magyar Kiralyi 2. Honved Hadseeg Kepes Kronikaja [An illustrated chronicle of the Royal Hungarian 2nd Army], Budapest: MoD Institute and Museum of Military History, 2013.

Tarrant, V. E. Stalingrad. New York: Hippocrene, 1992.

Tieke, Wilhelm. Trans, from German by Joseph G. Welsh. The Caucasus and the Oil: The German-Soviet War in the Caucasus 1942/43. Winnipeg, Canada: J. J. Fedorowicz, 1995.

Tillotson, H. M. Finland at Peace and War, 1918-1993. Norwich, UK: Michael Russell, 1993.

Timoshechldn, Mikhail Fedorovich. Zimnie hudni: Stalin i ego komanda v 1942 godu [Winter workdays: Stalin and his command in 1942]. Voronezh, Russian Federa-tion: IPF "Voronezh," 2006.

Tiulenev, I. V. Cherez tri voiny.Vospominaniia komanduiushchego Iuzhnym i Zakavkazskim frontami. 1941-1945. [Across three wars: The memoirs of the commander in chief of the Southern and Transcaucasus Fronts]. Moscow: Tsentropoligraf, 2007. The unexpurgated version of a previously published memoir.

Tkachenko, S. N., ed. Kryml944. Vesna osvobozhdeniia [Crimea 1944: The spring of liberation], Moscow: "Veche," 2014.

Tooze, Adam. The Wages of Destruction: The Making and Breaking of the Nazi Economy. New York: Viking, 2006.

Trevor-Roper, Hugh R. Blitzkrieg to Defeat: Hitler' s War Directives 1939-1945. New York: Holt, Rinehart and Winston, 1954.

Trubnikov, V. I., ed. Ocherki istorii rossiiskoi vneshnei razvedki v 6 tomakh. Tom 4, 1941-1945 gody [Studies of the history of Russian external intelligence, in 6 vols., vol. 4,1941-1945]. Moscow: "Mezhdunarodnye otmosheniia," 1999.

Ulanov, A., and D. Shein. Poriadok v tankovykh voiskakh. Kuda propali tanki Stalina? [Order in the tank forces: Where were Stalin' s tanks lost?]. Moscow: "Veche," 2011.

Uldricks, Teddie J. "The Icebreaker Controversy: Did Stalin Plan to Attack Hitler?" Slavic Review 58, no. 3 (August 1999): 626–643.

Ungvary, Krisztian. The Siege of Budapest: One Hundred Days in World War II. New Haven, CT: Yale University Press, 2005.

Utkin, Anatolii. Sorok vtoroi god [Forty–two], Smolensk, Russian Federation: "Rusich," 2002.

Utkin, G. Shturm "Vostochnogo vala'" [Storm of the "Eastern Wall"]. Moscow: Voenizdat, 1967.

van Dyke, Carl. The Soviet Invasion of Finland 1939^10. London: Frank Cass, 1997.

Vaneev, G. I., S. L. Ermash, I. D. Malakhovsky, S. T. Sakhno, and A. F. Khrenov. Geroicheskaia oborona Sevastopolia 1941–1942 [The heroic defense of Sevastopol', 1941–1942]. Moscow: Voenizdat, 1969.

Vasil' chenko, Andrei. 100 dnei v krovavom adu: Budapesht— "Danubian Stalingrad"? [100 days in bloody hell: Budapest—"Danubian Stalingrad"?]. Moscow: "Iauza–Press," 2008.

———. Poslednee nastuplenie Gitlera: Razgrom tankovoi elity reikha [The last offensive of Hider: The defeat of the tank elite of the Reich], Moscow: "Iauza–Press," 2008.

Vasil' ev, A. V. Rzhevsko–Viazemskaia operatsiia kalininskogo i zapadnogo fronton (ianvar' – fenrol' 1942 g.) [The Rzhev–Viaz' ma operation of the Kalinin and Western Fronts (January–February 1942)]. Moscow: Voroshilov Higher Military Academy, 1949. Classified secret but later declassified.

———. Visla–oderskaia operatsiia [The Vistula–Oder operation], Moscow: Voroshilov Academy of the General Staff, 1948. Classified secret but later declassified.

Vasil' eva, O. Iu. Skrytaia pravda voiny: 1941 god. Neizvestnye dokumenty [The hidden truth of the war: 1941—Unknown documents]. Moscow: "Russkaia kniga," 1992.

Vasilevsky, Aleksandr M. Delo vsei zhizni [A lifelong cause], Minsk, Belarus: "Belarus," 1984.

Velikaia Otechestvennaia. Komandarmy. Voennyi hiograficheskii slovar' [The Great Patriotic (War): Army commanders—A military biographical dictionary], Mos-cow: Kuchkovo pole, 2005.

Velikaia Otechestvennaia. Komdivy. Voennyi hiograficheskii slovar v 4 tomakh [The Great Patriotic (War): Division commanders—A military biographical dictionary], 3 vols. Moscow: Kuchkovo pole, 2011–2014.

Velikaia Otechestvennaia. Komkonj. Voennyi hiograficheskii slovar' v 2 tomakh [The Great Patriotic (War): Corps commanders—A military biographical dictionary], Moscow: Kuchkovo pole, 2006.

Velikaia Otechestvennaia voina 1941–1945, entsiklopediia [The Great Patriotic War 1941–1945, an encyclopedia]. Moscow: "Sovetskaia entsiklopediia," 1985.

Velikaia Otechestvennaia voina 1941–1945 gg.: Deistmiushchaia armiia [The Great Patriotic War 1941–1945: The operating army], Moscow: Kuchkovo pole, 2005.

Vikhavainen, T., et al., eds. Zimnaia voina 1939–1940 gg.: Issledovaniia, dokumenty, kommentarii. K 70-letiiu sovetsko-finliandskoi voiny [The winter war 1939–1940: Studies, documents, and commentary—On the 70th anniversary of the SovietFinnish war]. Moscow: IKTs "Akademkniga," 2009.

Vladimirsky, A. V. Na kievskom napravlenii [On the Kiev axis], Moscow: Voenizdat, 1989.

Voennaia entsiklopedii v vos' mi tomakh [Military encyclopedia, in 8 vols.]. Moscow: Voenizdat, 1997–2004.

Voina, aviatsiia, zhizn . . . K 100-letniiu glavnogo marshala aviatsii A. A. Novikov [War, aviation, life . . . On the 100th anniversary of chief Marshal of Aviation A. A. Novikov], Moscow: Voenizdat, 2000.

Volkogonov, Dmitri. Stalin: Triumph and Tragedy. Ed. and trans. from Russian by Harold Shukman. Rocklin, CA: Prima Publishing, 1992.

Volkov, A. A. Kriticheskii prolog: Nezavershennye frontovye nastupatel' ny operatsii pervykh kampanii Velikoi Otechestvennoi voiny [Critical prologue: Incomplete front offensive operations in the initial campaigns of the Great Patriotic War]. Moscow: "Aviar," 1992.

Vysotsky, F. E., et al. Gvardeiskaia tankovaia [Guards tank], Moscow: Voenizdat, 1963.

Weeks, Albert L. Stalin' s Other War: Soviet Grand Strategy, 1939–1941. Lanham, MD: Rowman & Littlefield, 2002.

Werth, Alexander. Russia at War, 1941–1945. New York: E. P. Dutton, 1964.

Werthen, Wolfgang. Geschichte der 16. Panzer-Division 1939–1945. Bad Neuheim, FRG: Podzun-Pallas-Verlag, 1958.

Whaley, Barton. Codeword Barbarossa. Cambridge, MA: MIT Press, 1973.

Willemer, W. "The German Defense of Berlin." MS no. P-136. Historical Division, Headquarters, United States Army, Europe, 1953.

Wray, Timothy A. Standing Fast: German Defensive Doctrine on the Russian Front during World War II, Prewar to 1943. Research Survey no. 5. Fort Leavenworth, KS: Combat Studies Institute, 1986.

Zabaluev, A. A., and S. G. Goriachev, Kalininskaianastupatel' naiaoperatsiia [The Ka-linin offensive operation], Moscow: Voroshilov Higher Military Academy, 1942. Classified secret but later declassified.

Zakharov, M. V. General' hyi shtab v predvoennye gody [The General Staff in the prewar years], Moscow: Voenizdat, 1989.

, ed. Osvobozhdenie iugo-vostochnoi i tsentral' noi evropy voiskama 2-go i 3-go ukrainskikh fronton, 1944–1945 [The liberation of southeastern and central Europe by forces of 2nd and 3rd Ukrainian Fronts, 1944–1945]. Moscow: "Nauka," 1970.

Zaloga, Steven J. "Soviet Tank Operations in the Spanish Civil War." JSMS 12, no. 3 (September 1999): 134–162.

. Target America: The Soviet Union and the Strategic Arms Race, 1945–1965.

Novato, CA: Presidio Press, 1993.

. "Technological Surprise and the Initial Period of War: The Case of the T-34 Tank." JSMS 6, no. 4 (December 1994): 634–648.

Zaloga, Steven J., and James Grandsen. Soviet Tanks and Combat Vehicles of World War Two. London: Arms & Armour, 1984.

Zamulin, Valeriy. Demolishing the Myth: The Tank Battle at Prokhorovka, Kursk, July 1943: An Operational Narrative. Trans, from Russian by Stuart Britton. Solihull, UK: Helion, 2011. A translation of Prokhorovka: Neizvestnoe srazhenie velikoi voiny [Prokhorovka: An unknown battle of a great war], Moscow: "AST" Transkniga, 2005.

. Sryv operatsii "Tsitadel'": Kurskaia bitva—Grif sekretnosti sniat [The disruption of Operation "Citadel": The Battle of Kursk—The secret classification is removed], Moscow: "Eksmo" "Iauza," 2013.

Zav'ialov, A. S., and T. E. Kaliadin. Vostochnaia-Pomeranskaia nastupatel' naia op-eratsiia Sovetskikh voisk, fevral' –mart 1945 [The Eastern Pomeranian offensive operation of Soviet forces, February–March 1945]. Moscow: Voenizdat, 1960.

Zawodny, Janusz K. Nothing but Flonour: The Story of the Warsaw Uprising, 1944. Stanford, CA: Hoover Institution Press, 1978.

Zetterling, Niklas, and Anders Frankson. The Drive on Moscow, 1941: Operation Taifun and Germany's First Great Crisis in World War II. Philadelphia: Casemate, 2012.

. Kursk 1943: A Statistical Analysis. London: Frank Cass, 2000.

Zhilin, P. A., ed. Pobeda na reke Khalkhin-Gol [Victory on the Khalkhin-Gol River], Moscow: "Nauka," 1981.

Zhil' tsova, Elena, and Vasilii Stoianov. Na Kubanskom platsdamie: Tankovye hoi na Kubani, 5 fevralia–9 sentiabria 1943 goda [On the Kuban' bridgehead: Tank battles in the Kuban', 5 February–9 September 1943]. Voennaia letopis', no. 4. Moscow: "MTV-MH," 2002.

Zhirokhov, Mikhail. Bitva za Donbass: Mius front, 1941–1943 [The battle for the Donbas: The Mius front, 1941–1943]. Moscow: Tsentrpoligraf, 2011.

———. Bol' shoe nebo dal' nei aviatsii. Sovetskie dal' nie bombardirovshiki v Velikoi otechestvennoi voine 1941–1945 [The great skies of long-range aviation: Soviet long-range bombers in the Great Patriotic War 1941–1945]. Moscow: Tsentrpoli-graf, 2014.

Zhuk, Iu. A. Neizvestnye stranitsy bitvy za Moskvu: Krakh operatsii "Taifun." / Neizvestnoe ob izvestnom. Moskovskaia bitva: Fakty i mify [Unknown pages of the battle for Moscow: The failure of operation "Typhoon"—Unknown about the known: The battle of Moscow. Facts and myths]. Moscow: "AST," 2007.

Zhukov, Georgii K. Reminiscences and Reflections. Moscow: Progress Publishers, 1985.

Ziemke, Earl F. The German Northern Theater of Operations, 1940–1945. Department of the Army Pamphlet No. 20–271. Washington, DC: OCMH, 1959.

596

       . Stalingrad to Berlin: The German Defeat in the East. Washington, DC:
OCMH, 1968; reprinted 2002.

       , and Magna Bauer. Moscow to Stalingrad: Decision in the East. Washington,
DC: U.S. Army Center of Military History, 1987.

Zolotarev, V. A., ed. Mirovye voiny XX veka v chetyrekh knigakh [World wars of the twentieth
century, in 4 bks]. Moscow: "Nauka," 2002.

       . Velikaia Otechestvennaia voina 1941–1945 gg.: Deistvuiushchaia armiia
[The Great Patriotic War 1941–1945: The operating army], Moscow: Kuchkovo pole, 2005.

       . Velikaia Otechestvennaia voina 1941–1945: Voenno–istorichskii ocherki v
cheryrekh books [The Great Patriotic War 1941–1945: A military–historical survey, in 4 bks.].
Moscow: "Nauka," 1998.